国家制造强国建设战略咨询委员会
《中国制造2025》重点领域技术路线图推进项目

节能与新能源汽车技术路线图

节能与新能源汽车技术路线图战略咨询委员会
中国汽车工程学会 ◎ 编著

TECHNOLOGY ROADMAP

FOR ENERGY SAVING AND NEW ENERGY VEHICLES

机械工业出版社
CHINA MACHINE PRESS

本书包括8章，分别介绍了节能与新能源汽车总体技术路线图，以及节能汽车、纯电动和插电式混合动力汽车、氢燃料电池汽车、智能网联汽车、汽车制造、汽车动力电池、汽车轻量化7个关键细分领域的专题技术路线图。本书是受国家制造强国建设战略咨询委员会、工业和信息化部委托，中国汽车工程学会组织行业力量开展的一项大型联合研究的成果，共有500余位汽车及相关行业专家参与内容讨论，是《中国制造2025》节能与新能源汽车技术路线图的延续、拓展和深化，旨在细化和明确实现《中国制造2025》汽车强国目标的路径和具体措施，识别未来15年汽车技术的重点发展方向、关键技术及其优先程度，提出协同推进汽车技术创新的行动指南，促进新技术的研发和应用，引导创新资源的优化配置，并为相关企业开展技术研发活动提供指引。

本书适合汽车行业与相关行业从事技术研发、企业战略研究的人员，以及负责制定和实施与汽车产业相关政策的各级政府人员阅读，也适合作为对汽车产业发展感兴趣的人员了解汽车技术发展方向的专业读物。

图书在版编目（CIP）数据

节能与新能源汽车技术路线图／节能与新能源汽车技术路线图战略咨询委员会，中国汽车工程学会编著. —北京：机械工业出版社，2016.10

《中国制造2025》重点领域技术路线图推进项目

ISBN 978-7-111-55081-5

Ⅰ.①节… Ⅱ.①节…②中… Ⅲ.①节能-新能源-汽车-产业发展-中国 Ⅳ.①U469.7

中国版本图书馆CIP数据核字（2016）第238347号

机械工业出版社（北京市百万庄大街22号 邮政编码100037）
策划编辑：赵海青 责任编辑：赵海青 丁 锋 母云红
版式设计：张文贵 责任校对：杨 曦
责任印制：李 洋
北京新华印刷有限公司印刷（装订）
2016年10月第1版 第1次印刷
184mm×260mm·29印张·2插页·670千字
标准书号：ISBN 978-7-111-55081-5
定价：299.00元

凡购本书，如有缺页、倒页、脱页，由本社发行部调换

电话服务	网络服务
服务咨询热线：010-88361066	机 工 官 网：www.cmpbook.com
读者购书热线：010-68326294	机 工 官 博：weibo.com/cmp1952
010-88379203	金 书 网：www.golden-book.com
封面无防伪标均为盗版	教育服务网：www.cmpedu.com

节能与新能源汽车技术路线图指导委员会

主　任：付于武　中国汽车工程学会

副主任：董　扬　中国汽车工业协会

委　员：（按姓氏笔画排序）

马春生　工业和信息化部装备工业司
毛新平　中国工程院院士、武汉钢铁（集团）公司
李　东　工业和信息化部装备工业司
李　骏　中国工程院院士、中国第一汽车集团公司
佘伟珍　工业和信息化部装备工业司
曾庆洪　广州汽车工业集团有限公司
陈　虹　上海汽车集团股份有限公司
陈立泉　中国工程院院士、中国科学院物理研究所
林忠钦　中国工程院院士、上海交通大学
竺延风　东风汽车公司
屈贤明　中国工程院战略咨询中心制造业研究室
柳百成　中国工程院院士、清华大学
钟志华　中国工程院院士、同济大学
徐　平　中国第一汽车集团公司
徐和谊　北京汽车集团有限公司
徐留平　中国长安汽车集团股份有限公司
郭孔辉　中国工程院院士、吉林大学
瞿国春　工业和信息化部装备工业司

节能与新能源汽车技术路线图战略咨询委员会

主　任：李　骏　　中国工程院院士、中国第一汽车集团公司

副主任：张进华　　中国汽车工程学会
欧阳明高　　清华大学汽车安全与节能国家重点实验室
赵福全　　清华大学汽车产业与技术战略研究院

委　员：（按姓氏笔画排序）
王秉刚　　中国汽车技术研究中心
王登峰　　吉林大学汽车工程学院
公维洁　　中国汽车工程学会
刘　波　　中国长安汽车集团股份有限公司
许艳华　　中国汽车工业协会
孙逢春　　电动车辆国家工程实验室
李　康　　中国第一汽车集团公司
李开国　　中国汽车工程研究院股份有限公司
李克强　　清华大学汽车工程系
李建刚　　东风汽车公司
肖成伟　　中国电子科技集团第十八研究所
吴志新　　中国汽车技术研究中心
余卓平　　同济大学汽车学院
邹恒琪　　东风汽车公司
张　宁　　中国汽车工程学会
林　逸　　国汽（北京）汽车轻量化技术研究院
侯福深　　中国汽车工程学会
顾　镭　　北京汽车股份有限公司
高振海　　吉林大学汽车工程学院
黄向东　　广州汽车集团股份有限公司
黄学杰　　中国科学院物理研究所
韩　镭　　中国汽车制造装备创新联盟
程惊雷　　上海汽车集团股份有限公司
詹文章　　北京汽车集团有限公司

序

汽车产业是制造业的典型代表，是体现国家竞争力和制造业实现创新驱动、转型升级、由大变强的标志性领域之一。党中央、国务院历来高度重视汽车产业发展。习近平总书记强调：“发展新能源汽车是我国从汽车大国迈向汽车强国的必由之路”。李克强总理指出：“加快发展节能与新能源汽车，是促进汽车产业转型升级、抢占国际竞争制高点的紧迫任务，也是推动绿色发展、培育新的经济增长点的重要举措”。

当前，新一轮科技革命和产业变革方兴未艾，引发了新一代信息技术与制造技术的深度融合。在此过程中，汽车产业正加快与新能源、新材料、电子信息等融合发展，绿色化、信息化、智能化发展趋势愈加明晰。汽车行业新的生产方式和产品形态初现端倪，整个汽车产业结构面临重塑。2015 年 5 月，我国发布实施了制造强国战略第一个十年的行动纲领——《中国制造 2025》，把节能与新能源汽车列入十大重点发展领域。2015 年 9 月，国家制造强国建设战略咨询委员会发布了《 < 中国制造 2025 > 重点领域技术创新路线图绿皮书》，指明节能与新能源汽车等十大重点领域的发展趋势、发展重点，引导企业的创新活动。

改革开放三十多年，我国汽车产业规模和总体实力大幅提升。2009 年以来，我国汽车产销量已连续七年稳居全球第一，成为名副其实的汽车大国。但我国的汽车产业仍大而不强，在汽车强国三大要素上还未取得显著突破：核心技术尚未完全掌握；还没有形成一批具有国际竞争力的企业和知名品牌；主导利用国际国内两种资源、两个市场的能力还不够强，特别是国际市场占有率较低。在三要素中，掌握核心技术是重中之重，是后两个要素的基础，也是我国汽车产业把握产业发展新机遇的关键。

制定产业技术路线图是主要发达国家把握战略机遇、引导产业创新发展的通行做法。在汽车领域，美欧日等汽车强国都开展了不同层次的汽车产业技术路线图研究和制定工作。其中，美国能源部支持美国汽车研发理事会制定了三大领域十二个细分方向的技术路线图，并定期评估路线图的落实情况。德国支持相关机构针对电动汽车发展需求，制定了电动汽车平台愿景、电动汽车标准化和动力电池等方面的发展路线图。日本着眼于未来产业发展，支持相关机构发布了动力电池技术路线图。

为加强对我国汽车产业创新发展的引导，中国汽车工程学会受国家制造强国建设战略咨询委员会和工业和信息化部委托，组织汽车领域的专业力量，共同开展节能和新能源汽车技术路线图的研制工作。研究专家来自汽车、能源、材料、信息等相关产业的行业组织、科研机构、大学、整车及零部件企业，总数达 500 多位。研究工作前后历时一年有余，经反复讨论和修改完善，最终形成了本技术路线图。总体来看，本技术路线图是在《中国制造 2025》重点领域技术路线图基础上，就节能与新能源汽车技术路线图进行的进一步细化，并将时间延展至2030年。本技术路线图包括：节能与新能源汽车总体技术路线图，以及节能汽车、纯电动和插电式混合动力汽车、氢燃料电池汽车、智能网联汽车、汽车动力电池、汽车轻量化、汽车制造等7个关键细分领域的专题技术路线图。本技术路线图旨在为行业识别未来15年汽车技术的重点发展方向、关键技术及其优先程度，研究并提出各方力量协同推进汽车技术创新的行动指南，为政产学研协同创新提供指引，引导企业结合自身实际确立发展方向和重点，引导市场和社会资源向产业战略重点领域聚集，为相关政府部门支持重点领域和创新资源布局提供重要参考和依据。

《节能与新能源汽车技术路线图》凝聚了广大专家的心智和共识，对汽车产业技术创新发展具有重要的引导、参考作用。路线图发布之后，有关方面要持续做好研究、宣传和推广工作，进一步凝聚共识。也希望中国汽车工程学会根据产业实践和技术发展的实际情况，适时组织专家对其进行动态评估和修订，与时俱进，发挥好汽车技术路线图的参考价值和指导作用。

在此，我代表国家制造强国建设战略咨询委员会对组织、参与本技术路线图研究编制工作的专家、学者等表示衷心的感谢！希望我国汽车行业相关各方共同努力、创新协作，为早日实现汽车强国梦做出更大贡献！

路甬祥

国家制造强国建设战略咨询委员会 主任

2016年10月

前　言

20 多年来，我国汽车产业有了长足的发展。2015 年汽车产销规模超过 2450 万辆，已经连续 7 年蝉联全球第一。虽然已成为名副其实的汽车大国，但是我国还不是汽车强国。在此背景下，中国政府于 2012 年发布了《节能与新能源汽车产业发展规划（2012—2020）》，2015 年发布了《中国制造 2025》，正式提出制造强国战略，并将节能与新能源汽车列为重点发展的十大领域之一。由此，汽车强国正式上升为国家战略。实现由汽车大国向汽车强国的转变，成为我国汽车产业必须承担的重大战略使命。

2015 年 10 月发布的《中国制造 2025》的重点领域技术路线图，在总体上指明了节能汽车、新能源汽车和智能网联汽车技术的发展方向和路径。为进一步细化汽车强国战略目标的发展路径和具体措施，识别未来 15 年汽车产业技术发展方向、关键技术及优先级，提出汽车产业技术联合创新的框架，促进新技术的研发和应用，引导企业的创新活动，受国家制造强国建设战略咨询委员会、工业和信息化部委托，中国汽车工程学会组织众多专家学者持续深入开展了节能与新能源汽车的技术路线图研究，并形成了“1 +7”路线图，即一个总体技术路线图，以及节能汽车、纯电动和插电式混合动力汽车、氢燃料电池汽车、智能网联汽车、汽车制造、汽车动力电池、汽车轻量化等 7 个细分领域的技术路线图。

《节能与新能源汽车技术路线图》的研究编制工作于 2015 年 9 月中旬启动，历经逾一年正式完成，期间共动员了来自企业、高校、科研机构、行业组织等各个方面的超过 500 位专家、学者参与。这些专家、学者涵盖汽车以及能源、信息、材料等相关行业。项目实施过程中，产学研相关专家进行了充分讨论和深入研究，累计进行 60 余场研讨或评审会，期间六易其稿，最终完成了“1 +7”的《节能与新能源汽车技术路线图》。受国家制造强国建设战略咨询委员会、工业和信息化部委托，现予以正式发布。

《节能与新能源汽车技术路线图》是参与研究编制工作的数百位专家集体智慧的结晶，是落实《中国制造 2025》中有关汽车强国目标的一次产学研联合和协同。在研究过程中，中国汽车工程学会负责总体组织和协调工作，“1 +7”各项具体研究的主要参与单位如下。

总体技术路线图，由中国汽车工程学会、清华大学汽车产业与技术战略研究院、中国第一汽车集团技术中心，在 7 项细分领域技术路线图研究成果的基础上，共同研究和总结完成。

节能汽车技术路线图，由中国汽车工程研究院牵头，联合长安汽车、东风汽车、北汽集团、奇瑞汽车、广汽集团、华晨汽车、长城汽车、东风商用车、中国重汽、陕汽集团、宇通汽车、丰田汽车、中石化石科院、中石油兰州所、江麓容大、云内动力、广西玉柴、盛瑞传动、湖南科力远、上海电驱动、上海交大、北京恒润、三角轮胎、深圳航盛、精进电动等单位共同完成。

纯电动和插电式混合动力汽车技术路线图，由中国汽车技术研究中心牵头，联合北汽集团、中科院电工所、一汽集团、比亚迪、江淮汽车、华晨汽车、郑州宇通、精进电动、上海电驱动、上海大郡、宁德新能源、天津力神、中兴通讯等单位共同完成。

氢燃料电池汽车技术路线图，由清华大学牵头，联合同济大学、上汽集团、长安汽车、东风汽车、北汽新能源、大连化物所、新源动力、神华集团低碳研究所等单位共同完成。

智能网联汽车技术路线图，由智能网联汽车产业技术创新战略联盟牵头，联合清华大学、中国汽车工业协会、吉林大学、中国第一汽车集团技术中心、中国汽车工程研究院、中国汽车技术研究中心、北京航空航天大学、同济大学、长安汽车、吉利汽车、广汽集团、通用汽车中国科学研究院、交通运输部公路科学研究院、中国信息通信研究院、大唐、华为、奇虎360、武汉光庭、博泰、智行者、苏州智华等单位共同完成。

汽车制造技术路线图，由中国汽车工程学会制造分会和东风汽车公司牵头，联合中国汽车制造装备创新联盟、中国第一汽车集团技术中心、上汽集团、上汽大众、上汽通用、广汽集团、比亚迪汽车、北汽新能源、郑州宇通、宝钢集团、机械工业第九设计院、机械研究院总院、大连机床、力劲集团、苏州有色金属研究院、苏州三基、苏州恒神、十堰同创、康德复合材料、精进电动、北京京磁、上海电驱动、科力远、上海交通大学、湖北工业大学、哈尔滨工业大学、吉林大学等单位共同完成。

汽车动力电池技术路线图，由电动汽车产业技术创新战略联盟牵头，联合国联汽车动力电池研究院、上汽集团、北汽新能源、江淮汽车、中国电子科技集团第十八所、中科院物理所、中国汽车技术研究中心、天津力神、深圳比克、宁德新能源、深圳贝特瑞、天津巴莫、星源材质、吉阳自动化、格林美、广东邦普等单位共同完成。

汽车轻量化技术路线图，由汽车轻量化技术创新战略联盟牵头，联合长安汽车、一汽集团技术中心、中铝公司、钢铁研究总院、北京中材、中汽学会材料分会、中汽学会制造分会、吉林大学、重庆大学等单位共同完成。

本次编制的汽车技术路线图，具有如下六个方面的鲜明特色：

- **高起点：**本技术路线图的编制工作是在《中国制造2025》基础上的持续深化研究。
- **权威性：**相关领导、院士及主要汽车集团负责人组成指导委员会进行总体指导，汽车产业技术领军人物组成战略咨询委员会负责技术把关。
- **广泛性：**一汽、上汽、东风、长安、北汽、广汽等16家国内主要整车企业选派专家参与相关专题研究工作，汽车产业主要的上下游企业、科研机构、高等院校等单位的相关专家广泛参与其中。截至项目完成，参与本技术路线图研究工作的专家由2015年9月份启动时的237人，增加到500多人。
- **引领性：**基于专家群体智慧，形成对未来的技术预判和前瞻的布局方案，对汽车技术创新的方向及具体研发活动具有较强的引领作用。
- **国际性：**采取国际上普遍采用的技术路线图研究范式，并依托中国汽车技术战略国际咨询委员会（iTAC），广泛听取了国际专家的意见和建议。

- **跨界性**：除汽车产业之外，能源、材料、信息等相关产业的专家也参与到相关专题的研究中，如中石油、中石化、神华、中铝、宝钢、华为、中兴、大唐电信等。

《节能与新能源汽车技术路线图》的发布，可以为广大的汽车及相关产业的企业、科研机构，提供技术决策和战略规划的重要参考和清晰指引，也可以为相关政府部门确定科技支持重点领域和创新项目，提供评价依据和有效借鉴，同时有利于科技、人才、资金等创新资源向我国汽车产业的战略重点有效集聚。

当前，汽车产业及相关技术的变化愈来愈快，为此本技术路线图计划每年进行一次动态评估，每3～5年进行一次系统修订并滚动发布，以最大程度地发挥其引领作用和指导价值。

最后，感谢参与本技术路线图研究编制工作的全体同志的努力和贡献！感谢课题委托方及汽车产业界、科技界、学术界及能源、材料、信息等相关产业同仁们的大力支持！希望《节能与新能源汽车技术路线图》的发布，能为《中国制造2025》在汽车领域的贯彻落实发挥重要作用。

中国汽车工程学会理事长

2016年10月

目　录

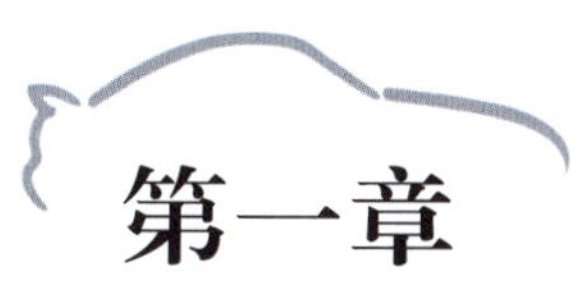

第一章

节能与新能源汽车总体技术路线图

1 世界汽车技术发展趋势与进展

1.1 世界汽车技术总体发展趋势

当前，以万物互联、大数据、云计算、增材制造和人工智能等为代表技术的新一轮科技变革方兴未艾，正在引领全球制造业的全面转型升级，并引发产业格局和生态的重构。面对这一变局，世界各工业强国都制定了相应的应对策略，加大科技创新力度，推动前沿技术发展，欲抢先建立智能制造体系，占得制造业未来发展的战略先机。其中，具有代表性的包括德国的“工业4.0”、美国的“工业互联网”和日本的“机器人革命”等。在这些发展战略中，汽车产业和技术都占据了至关重要的位置，各国纷纷选择汽车产业作为制造业整体升级的突破口，依托汽车产业的基础性、关联性和带动性，加快推进制造业转型。这一战略指向带动全球汽车技术进入了加速进步和融合发展的新时期，并呈现出低碳化、信息化、智能化三大发展趋势。

实际上，汽车低碳化、信息化、智能化并不限于技术，而是涉及全产业、各环节的总体发展方向，如各国汽车产品结构倾向小型化、在汽车全生命周期内控制能耗和污染等，都是低碳化的重要组成部分。本书聚焦于汽车技术领域展开研究，汽车技术的低碳化、信息化、智能化趋势既有各自的独特内涵，又有紧密的相互联系。低碳化代表着汽车产业不断降低能源消耗和污染物排放的技术趋势，主要包括传统动力技术和传动技术的升级、新能源技术和混合动力技术的发展，以及汽车共性技术进步等。低碳化最终指向的是节能汽车和新能源汽车产品。信息化代表着以网络、通信及电子技术为基础，信息技术不断在汽车产品上得到更多应用的技术趋势。这一趋势实际上涵盖了信息技术在汽车产品和汽车产业链整体两方面的应用，包括车联网、基于网联的设计/制造/服务一体化等技术。智能化则代表着以车载传感器、控制器、执行器等装置为基础，实现车辆对复杂环境感知、智能决策、协同控制等功能的技术趋势。各级别的自动驾驶技术、人工智能在汽车上的应用都是这一趋势的表征性技术。信息化与智能化两大趋势实际上是密不可分的，两者共同指向高度信息化和高度智能化技术在汽车产业和产品的有效集成，基于充分网联的智能工厂和智能汽车是其最终的核心目标，如图1-1-1所示。

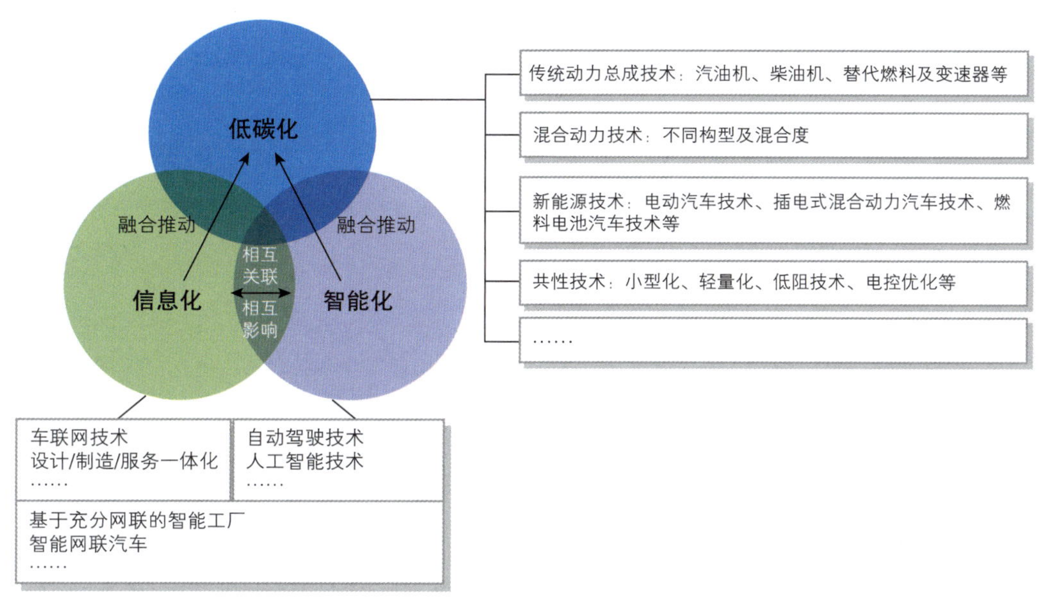

图 1-1-1　汽车技术未来发展趋势的内涵及相互关系

汽车技术低碳化、信息化、智能化的发展趋势是密切相关的。其中，信息化技术与智能化技术相互关联，相互影响。信息化是智能化的基础，没有充分的信息化作为支撑，智能化就不可能达到较高的水平。反之，智能化技术的应用又对信息化起到了促进作用，使信息化技术可以得到更好的效果。与此同时，信息化和智能化又对低碳化具有极强的推进作用，高度网联智能的汽车产品将实现更大程度的节能减排，从而使汽车低碳化技术发挥更大的效用。

目前，针对未来汽车技术低碳化、信息化、智能化的发展趋势和升级方向，世界各主要汽车强国纷纷出台了相应的指导性纲领文件，全球各大汽车强企也制定了各自的企业发展战略，以推动汽车技术加速发展，如表 1-1-1 所示。

表 1-1-1　主要汽车战略及方向

类　别		主要战略	发展方向
国家战略	美国	《电动汽车普及大挑战蓝图》 《智能交通系统战略计划 2015—2019》	新能源 智能化 智能交通体系
	欧洲	《欧盟 2020 年战略创新计划》 《智能交通系统发展行动计划》	低 CO_2 排放 智能交通体系
	日本	《下一代汽车战略 2010》 《日本汽车战略 2014》	新能源 低能耗 自动驾驶与智能交通体系

（续）

类别		主要战略	发展方向
企业战略	福特	《移动出行蓝图 2050》 《气候战略 2030》	低碳化 移动出行服务 自动驾驶
	大众	《共同战略 2050》	电气化 数字化 自动驾驶
	丰田	《气候挑战 2050》 《智慧出行社会》	CO_2 零排放 智慧出行社会 自动驾驶

在汽车技术低碳化、信息化、智能化的趋势下，各大汽车强国在汽车节能技术、新能源汽车技术、智能网联汽车技术等方面持续取得了较大进展和突破。

1.2 汽车节能技术不断优化

作为化石燃料的使用大户，汽车产业面临着全球能源紧缺的严峻挑战。各国相继制定了日益严苛的油耗或燃效法规，例如美国、日本、欧洲及中国分别要求到 2020 年，新车油耗限值达到 45mile/US gal㊀（约 5. 5L/100km）、20. 3km/L（约 4. 9L/100km）、95g/km 的 CO_2（约 4. 2L/100km）和 5L/100km。后续，相关法规还将持续加严。法规不断升级倒逼汽车节能技术不断优化，全球主要车企都高度重视节能技术的研发，投入了大量的资金和人员，多种先进节能技术因此不断取得突破，并被日益广泛地应用在汽车产品上，显著降低了车辆的平均油耗水平。当前，传统乘用车正逐渐逼近内燃机热效率的极限，商用车的节能性能也在逐步提升。除技术维度外，世界各工业强国与强企正在更广泛的视角下，重视和推进汽车产业的低碳化发展，如在产品结构上倾向于车辆的小型化、开始逐步加强从全生命周期角度规划和控制汽车及相关产业的碳排放。

汽车节能技术主要包括传统动力优化、混合动力技术、整车节能技术三大方面，其发展趋势如图 1 - 1 - 2 所示。整车节能技术作为共性技术，其重点在于应用的低成本。传统动力技术主要包括发动机和变速器，未来都将得到持续改善，进一步优化燃油消耗和排放效果，而有效的集成与优化的匹配至关重要。混合动力技术节能效果显著，其中重混车型的节油效果有望达到 30% 以上，正在成为汽车技术的研究热点，其研发重点在于如何控制成本。

总体来看，在整车节能技术的基础上，发展小型化及混合动力车型是实现乘用车节能

㊀ 1 mile = 1609. 344m，1 Us gal = 3. 785dm^3。

的有效途径；而对于商用车的节能，则可通过动力总成升级优化，逐步发展混合动力，以及采用更多新型节能技术来实现。

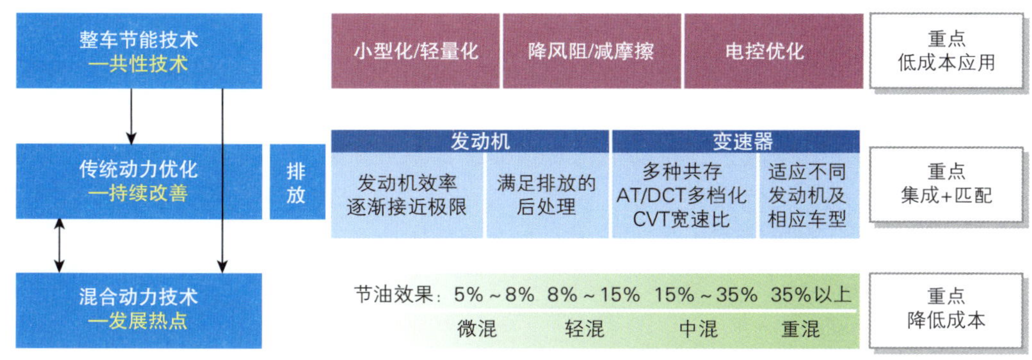

图 1-1-2 汽车节能技术发展趋势

在传统动力总成方面，内燃发动机的性能持续提升：通过进排气优化、燃烧优化、提高压缩比、结构优化、降低发动机内阻等技术的应用，汽油机热效率持续提升；高压共轨、排放后处理等高效清洁柴油机技术则在欧洲乘用车上得到了大量应用；各种代用燃料发动机技术也在提升，并在一定区域得到采用；而动力系统升级则是商用车节能的重要途径。自动变速器技术同样发展迅猛：自动变速器（AT）、无级变速器（CVT）、双离合器自动变速器（DCT）等多种自动变速器都有明显进步，美国自动变速器装备率已达90%以上。AT、DCT 多档化和 CVT 宽速比趋势日益明显，高性能齿轮、轴承等共性关键技术不断提升。相比之下，钢带技术突破带动 CVT 变速器的适用范围扩大，尤其值得关注。

在混合动力技术方面，各国均逐渐将其视为满足未来节能法规的有效技术路线之一，而日本在该领域处于领先位置。目前，全世界已有多款混合动力车型投放市场，其油耗水平相对传统车型都有较大程度的改善，代表车型如日本丰田普锐斯混合动力汽车。据机动车公告数据显示，其油耗为 4.3L/100km，明显优于同级别车辆。混合动力的核心技术包括专用发动机开发、机电耦合装置的设计与应用等。目前，国外已成功开发了多款适用于混合动力汽车的高效发动机，并已实现涵盖乘用车和商用车的产业化应用；而机电耦合方面，已有多种可行的技术路线，并应用在不同的整车产品上。不同技术路线和混合度的各种混合动力技术，具有不同的节油效果和成本代价，为企业提供了更多样的选择可能。

除以上技术外，大量共性节能技术的作用不容忽视。最主要的包括轻量化技术、低阻力技术和电子控制系统优化等。其中，轻量化材料在汽车上的应用比例、结构优化的设计水平以及相应的工艺水平不断提高，使全球汽车强企在过去 20 年间显著降低了其产品的平均重量。低风阻、减摩擦等技术的应用，一方面提高了传动系统的机械效率，另一方面降低了行驶阻力，也成为汽车节能的重要手段。而电子电器自身的节能化，以及车辆各系统的电控管理优化也逐渐成为研发热点。

节能技术的不断优化及产业化应用，使汽车产业新车油耗水平不断下降。例如，目前日本和欧洲乘用车新车平均油耗已分别达到 4.5L/100km 和 5.27L/100km，代表了世界先进汽车节能技术的较大潜力。

1.3 新能源汽车技术快速发展

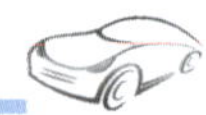

新能源汽车代表着未来汽车的发展方向，其在全球范围内所占的比例正在迅速增长。石油作为不可再生能源，从长期来看无法持续支撑车用燃料的巨大需求，且不可避免地存在碳排放等污染问题。为此，寻找清洁的替代能源作为汽车动力，一直是各国努力探索的目标。新能源汽车因此得到高度重视，一些欧洲国家及车企甚至提出了到2030年或之后只销售新能源汽车的动议，日本各大车企也公布了逐渐降低传统动力汽车销售比例并最终停售的愿景。

新能源汽车“1+3+2”的技术发展体系如图1-1-3所示。“1”代表整车平台技术，作为新能源技术的综合载体，可通过传统汽车平台、传统平台的电气化改进以及开发电动汽车专用平台来实现。“3”代表动力电池技术、驱动电机技术和电控技术（即“三电”），这三者是新能源技术的核心。其中最为核心的是动力电池技术，提高其能量密度和循环寿命是当前新能源汽车领域研究的重中之重。“2”代表充电技术和智能技术，分别是新能源汽车发展的保障和未来发展方向。

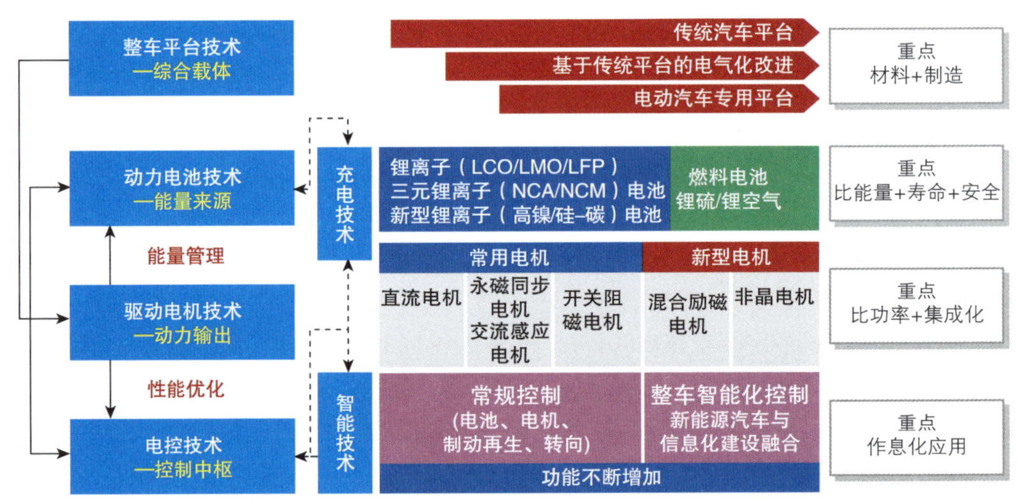

图1-1-3 新能源汽车技术发展体系

从产品角度看，新能源汽车包括纯电动汽车、插电式混合动力汽车以及氢燃料电池汽车，其各自发展情况如下：

纯电动汽车当前发展较快，关键技术和性能指标持续提升，产业规模迅速增长，2015年全球销量达到43万辆。近年来，纯电动汽车保持了较高的增速，各国相继推出代表车型。随着动力电池、驱动电机和电控系统等相关技术的进步，电动汽车的续驶里程、动力电池比功率等关键指标逐渐得到提升，也推动了全球新能源汽车市场的稳步增长。代表车型如日本日产的Leaf、美国特斯拉的Model S等，均已有较大的销量。从趋势上看，未来电动汽车将追求续驶里程、充电便利性与使用用途之间的均衡，其中动力电池以及充电技术最为关键。

插电式混合动力汽车技术已较为成熟，正逐步进入规模化阶段，2015 年全球销量约 15 万辆。插电式混合动力汽车属于混合动力技术的一种类型，由于理论上以电能驱动为主，发动机只在纯电行驶里程不足时起补充保障作用，故归入新能源汽车中。国外已对混合动力发动机、动力耦合装置、动力电池等关键技术进行了深入开发，已有一些成熟车型量产，并取得了一定的销量积累，代表车型包括美国通用 Volt、日本丰田普锐斯插混版、德国宝马 530Le 等。欧洲在电机与电机控制器等关键零部件领域有优势，日本在混合动力系统开发及动力电池方面实力较强。目前，插电式混合动力车型呈现纯电行驶里程增长、发动机热效率提高的发展趋势，降低汽车油耗的效果日益明显。

氢燃料电池汽车目前处于基础研发及小批量试营运阶段，2015 年燃料电池乘用车全球累计销量约 500 辆。各汽车强国对于氢燃料电池汽车都有一定的研究，其中日本处于领先位置，其代表车型如丰田 Mirai 氢燃料电池汽车，续驶里程已达到 650km，可满足日常行车需求。相对乘用车而言，燃料电池商用车更易实现，现有技术的可靠性、经济性和便利性已能满足商业示范运行需要。北美燃料电池公交车的示范表明，燃料电池系统平均故障间隔里程已超过 5 万 km。当前，燃料电池汽车的研究和推进重点主要集中在提高燃料电池比功率、降低燃料电池系统成本、延长燃料电池寿命、提升燃料电池系统低温启动性能，以及大规模建设加氢基础设施和推广商业化示范等方面。

1.4　汽车智能网联技术渐成热点

当前，新一轮科技变革方兴未艾，由此引发全球制造业向“智能制造”全面转型升级的趋势日益明显。这一深刻变革投射到汽车领域，体现为智能和网联相关技术正逐渐成为研究热点，受到高度关注。

智能网联汽车作为相关技术的载体，在技术层面上包括智能化与网联化两个方面。其中，汽车智能化技术是提高车辆安全性、经济性以及舒适性的主要技术手段之一，汽车网联化则是提供车载在线信息娱乐服务以及车辆全面接入网联环境进行车、路、人、云等信息交互甚至协同决策与控制的主要实现方式。两者并非各自孤立的存在，而是一个相互促进并互为依托的整体，全面网联化是未来高度智能化的有力支撑，而高度智能化则将使车辆在网联化后得到更大的正向收益。

汽车智能网联技术发展趋势如图 1－1－4 所示。

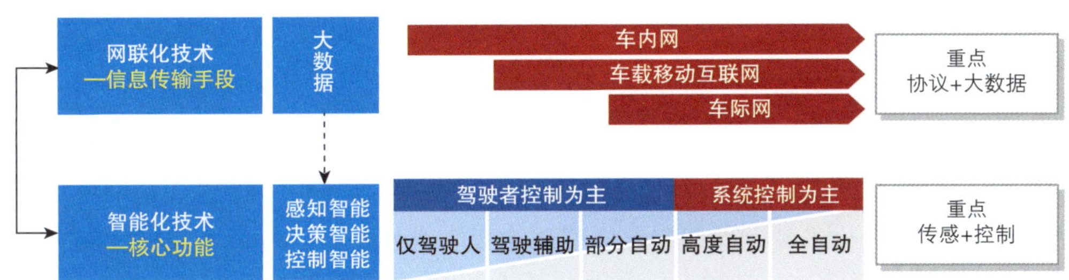

图 1－1－4　汽车智能网联技术发展趋势

在智能化技术方面，低等级的驾驶辅助技术已比较成熟，得到了较大范围的应用，各国正逐步推动高等级自动驾驶及相关技术的发展。美国在人车交互技术、系统安全及可靠性、自动驾驶系统开发、智能网联汽车测试评价方法及标准等方面开展了研究。欧洲的研究重点在智能交通体系方面，辅助驾驶系统、无人驾驶等技术有较大进展。日本在自动驾驶系统的开发和智能交通系统构建方面取得了较大成果，在传感技术、驾驶人模型、自动驾驶系统的安全性等方面也进行了规划和研发。各国智能化技术发展以提高出行安全和行车效率为主要目的，以传感技术、信息处理、通信技术、智能控制为核心，车路、车车协同系统和高度自动驾驶成为现阶段各国发展的重点。

而网联化技术，主要可分为网联辅助信息交互、网联协同感知、网联协同决策与控制三个方面。目前，美国在网联化技术领域处于相对领先的位置，正在全面推动汽车网联技术的安全性研究、移动性研究、网联车辆相关技术研究以及示范应用工程等多个方面的协同发展。欧洲在智能交通体系构建中，也把网络互联互通作为发展重点之一，在道路信息化建设、物流信息化管理等方面取得了较大进展。日本则将网联化技术整合到其智能交通体系研究中，主要对先进驾驶人监控技术、协同通信技术、网联汽车安全性及相关技术标准进行重点攻关。

纵观美、日、欧智能网联汽车的发展情况，总体上各国和地区对智能网联汽车技术的规划较早，投入力度较大，目前已开始收到成效，在多个领域取得了技术突破。同时，发达国家间在通信、网络及信息标准等领域有加强合作、融合发展的趋势，致力于共同构建智能网联汽车及相关的行业法规与技术标准，抢占未来的战略制高点。美、日、欧等国家和地区一流的整车企业，如通用、福特、奔驰、宝马、沃尔沃、丰田等已经实现了 1 级自动驾驶产品的商业化，部分车企已有 2 级自动驾驶产品，预计 2020 年左右，各大汽车企业将会推出 3 级、4 级自动驾驶汽车产品。对此，中国必须引起高度重视，积极应对，加快发展，把握汽车智能网联技术的难得机遇。

2 我国汽车技术现状与对比分析

近 20 年来，我国汽车产业发展迅猛，自主品牌汽车企业的总体技术水平有了很大的提升。但由于我国汽车产业起步较晚、基础薄弱，目前尚不是汽车强国，其中很重要的一个方面体现在，汽车技术与世界先进水平相比还有明显差距。

2.1　我国汽车技术现状

2.1.1　产销规模奠定技术发展基础

我国汽车产销量在过去15年间增长了10倍以上，至2015年分别达到2450.3万辆和2459.8万辆，连续七年位居世界第一，远超美国巅峰时期约1800万辆的市场规模。据《中国汽车工业年鉴》对规模以上汽车企业的统计数据显示，我国汽车工业总产值由2001年的4433.2亿元增加到2014年的42324.2亿元，在全国工业总产值中占比已超过4%；汽车工业增加值则由2001年的1055.6亿元增加到2014年的9174.3亿元，在全国国内生产总值（GDP）总量中占比达到1.44%。与此同时，汽车产业对于众多的相关产业都具有巨大的拉动效应，业界公认的保守估计也在1:5以上。也就是说，由汽车产业拉动的产值和增加值至少五倍于其自身规模，为国家提供了大量的财税收入。正因如此，很多国家和地区在经济发展中都倾向于首选汽车产业作为主要突破口之一。

尽管产业规模已经处于全球第一，但我国汽车产业仍有较为广阔的发展空间，如图1-2-1所示。第一，在汽车市场未饱和的情况下，经济增长必然带来汽车消费的同步增长，这是一条客观规律。我国国民经济的持续发展，使越来越多的国人开始有能力购买汽车，也有意愿享受汽车生活，一些大城市的限购政策恰恰证明了我国汽车消费的旺盛需求。未来，我国致力于到2020年使国内生产总值和城乡居民收入再翻一番，“十三五”期间二者年均增长率均超过6.5%，汽车消费也必然随之增长。第二，2015年我国千人汽车保有量仅为110辆，而包含不发达国家在内的世界平均水平约为160辆，发达国家则普遍在500辆以上，美国更超过了800辆，这说明我国汽车市场容量远未饱和，仍有提升空间。第三，我国地域辽阔，地区差异大，尽管一二线城市当前面临的汽车社会问题日趋严重，但三四线城市以及广大农村有望递次成为汽车消费热点，在未来城市集群发展中，汽车更可为有效连接城市圈提供助力。第四，以汽车海外出口为主的国际化增长潜力较大。2015年我国汽车对外出口量仅占总量的3%，与我国世界第一汽车产销大国的地位不相匹配，未来在我国“产业输出”的蓝图中，面向发达国家和发展中国家差异明显的市场，汽车出口具有良好前景。

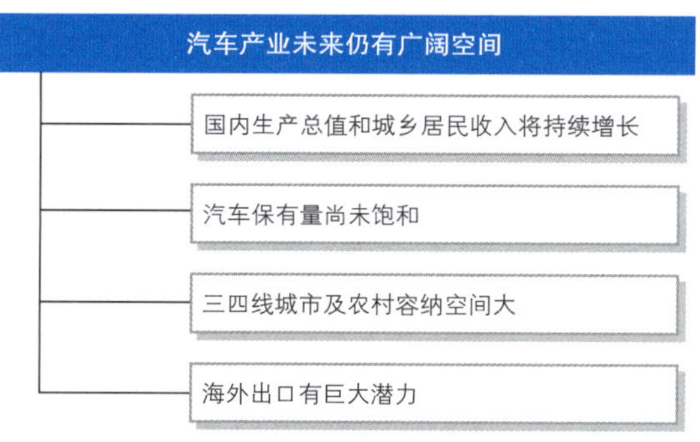

图1-2-1　我国汽车产业未来的发展

我国汽车产业的现有规模和发展潜力均十分巨大。一方面，将使汽车产业发展中所遇到的各种问题成倍放大、更加严重，唯有依靠技术的加速进步予以有效解决，因此对技术发展提出更高要求；另一方面，汽车产业极度追求规模效应，坐拥全球最大汽车市场和汽车产能的中国，将产生明显的产业集聚效应，使全球优质资源向中国倾斜，从而也将对技术发展产生强大的推动作用。总之，我国汽车产业庞大的产销规模和增长需求，将为汽车技术的发展奠定坚实的基础。

2.1.2 整体技术水平呈现显著提升

经过多年发展，我国汽车产业的整体技术水平显著提升，自主研发能力不断提高，集中体现在汽车产品取得了长足的进步。

（1）节能汽车

在节能汽车方面，我国已基本掌握传统内燃发动机开发与制造的核心技术，汽油机的品质稳步提升，种类日益齐备；商用车柴油机技术也有较好的发展；完全掌握了手动变速器技术，部分本土零部件企业正在努力对自动变速器技术实现突破。有多种混合动力车型陆续推出，2015 年我国有多款公告油耗为 4L/100km 左右的混合动力车型已经上市，部分车型节油效果达 40% 左右。整车集成及控制技术明显提升，主流汽车企业初步形成了底盘开发和调校能力。共性技术如轻量化设计、低阻技术等也有较大进步。机动车公告数据显示，在这些技术的支撑下，近年来国产乘用车平均油耗逐年下降，已从 2009 年 7.77L/100km 降至 2012 年的 7.38L/100km，又降至 2015 年的 6.98L/100km。

（2）新能源汽车

在新能源汽车方面，我国成为全球新能源汽车发展最为迅速的市场，多款纯电动、插电式混合动力车型相继推出，并得到了较好的市场响应。目前，纯电动及插电式混合动力汽车整体技术水平正在逐步接近国外同类产品，一些自主品牌汽车的产品性能指标甚至已经与国外产品不相上下。在政策激励和技术进步的共同作用下，新能源汽车逐渐得到了一定的商业化推广，2015 年销量首次突破总销量的 1%，一跃成为全球最大的新能源汽车市场。同时，氢燃料电池汽车也在攻克关键难点中初步形成了燃料电池动力系统技术平台和配套研发体系，并有氢燃料电池客车和氢燃料电池轿车样车相继开发完成。

（3）智能网联汽车

在两化深度融合的大背景下，智能网联汽车逐渐成为国家重点发展的重要领域。部分汽车企业、高等院校和科研院所，在感知、决策、控制和通信等诸多环节，取得了积极进展，并开发出无人驾驶汽车演示样车。国内各大自主品牌车企已开始推出装备先进驾驶辅助系统（ADAS）、车载信息娱乐系统的产品。同时，互联网企业开始涉足汽车领域，部分企业在信息技术方面具有国际竞争力，跨界联合使汽车技术有了进一步提升的助力。

总体上，我国汽车技术水平呈现稳步提升的态势，业已基本形成了自主研发能力，不断取得各领域的重点突破，初步掌控了部分关键技术，对前沿技术也有所布局。当然，与世界先进水平相比，我国汽车技术仍有不足，如自动变速器尚在攻关，汽车电子电器还有很大提升空间，整车集成优化能力需要进一步提升，新能源汽车技术也无国际优势等。

2.1.3　关键技术领域取得重大突破

汽车整体技术水平的提升，与各关键技术领域的进步密不可分。其中，在先进动力总成、动力电池及驱动电机、氢燃料电池动力系统和整车轻量化等关键技术领域，近年来我国都在不同程度上取得了重大突破。

（1）发动机技术

可变气门正时、涡轮增压、缸内直喷等先进汽油机技术的应用比例不断提高，国内先进的乘用车用汽油发动机热效率已达到36%甚至更高，逐步接近国际先进水平，国产柴油机装备车型基本满足第三阶段油耗法规。在现有发动机平台技术升级有序进行的同时，适应第四阶段油耗法规的全新发动机平台开发也在加紧推进，预计未来5年内我国汽车发动机技术将实现全面升级。

（2）自动变速器技术

自动变速器一直是我国汽车核心零部件的短板之一，但是我国在自动变速器的关键零部件、控制及标定等方面持续开展重点攻关，已经取得了一定的实质性进展。目前，国产手动变速器已接近国际先进水平，多档AT实现了小批量应用，CVT自主化能力初步形成，多档DCT技术研究已在加紧攻关。

（3）动力电池技术

我国已具备主流动力电池的大规模产业化基础。国内磷酸铁锂电池单体能量密度已达到140W·h/kg，接近国际先进水平，其产业成熟度和规模国际领先。锂离子电池产业链已基本完备，镍钴锰三元材料锂离子动力电池单体能量密度在130～220W·h/kg。快充电池已实现示范应用，正负极材料、电解液和隔膜实现国产化。

（4）驱动电机技术

我国已基本掌握了先进驱动电机设计及开发关键技术，自主开发的电机产品已经实现了与整车的产业化配套，比功率、效率、电机控制器等关键技术与国际水平基本相当，电机峰值功率达到2.8～3.0kW/kg，系列化产品可覆盖大多数车用电机需求。规格化驱动电机及其控制系统产品已具备量产能力，并有个别产品实现出口。

（5）燃料电池动力系统技术

我国已初步掌握了氢燃料电池（本书亦称燃料电池）关键材料、部件及电池堆的关键技术，基本建立了具有自主知识产权的车用燃料电池技术平台，质子交换膜、催化剂、炭纸、膜电极和双极板的关键技术指标接近国际先进水平，具备百辆级氢燃料电池汽车动力系统平台与整车生产能力，完成世界首例客车用氢—电系统台车碰撞试验。自主研发的轿车和客车燃料电池动力系统在比功率、运行耐久性、低温启动性能上都有较大突破。下一步将聚焦于应用方面，致力于解决技术开发不充分、产品实现能力不足、缺乏批量生产能力等问题。

（6）轻量化技术

我国的轻量化技术在材料、制造工艺、优化设计等方面，都取得了一定成果，包括高强度钢、轻质合金、复合材料在内的轻量化材料已实现应用并逐渐扩大比例。高强度钢使用量已占到整车质量的50%左右，铝合金用量达到6%～10%，镁合金也开始得到应用。面向轻量化材料的激光拼焊技术、内高压成形技术、超高强度热冲压成形技术等有一定推广。汽车轻量化结构优化技术已在设计阶段大量普及。

总体而言，我国汽车产业在若干核心技术领域取得了突破性进展，部分技术接近或达到了国际先进水平。当然，我国仍在诸多核心技术领域或单项关键技术上落后于人，如发动机新型燃烧技术应用不足、能量管理技术尚待突破，自动变速器尚待大规模产业化检验，电子电器关键零部件与核心技术多为外资企业掌控，混合动力技术尚需系统性整体提升，三元锂电池先进技术多由日、韩企业把持，智能网联技术有待实质性突破且部分关键部件还受制于人等。

2.2 国内外对比分析

2.2.1 技术研发能力明显进步但仍存差距

经过几十年的努力，特别是改革开放以来的快速发展，我国汽车技术的自主研发能力已有明显提升，但是总体来看与国外先进水平相比仍有一定差距。可以从科技人才、研发投入、知识积累三方面进行对比分析。

从科技人才方面来看，随着汽车产业的蓬勃发展，国家及行业对汽车科技人才培养的重视程度日益提升，我国汽车科技人才的数量和质量都有很大进步，汽车工程技术人员的人数及其在行业从业者总数中的占比连年增长，如表1-2-1所示。不断成长的汽车科技人才大军，成为我国汽车产业技术发展最重要的基础和动力。但是，由于汽车人才培育周期长、我国汽车产业发展起步晚，目前我国汽车产业的科研人员和工程师，与国外相比，经验丰富的资深工程师数量严重不足，交叉学科人才缺乏，工匠级别技工缺乏，整体人才结构偏向年轻化，经验相对欠缺。而汽车产业和产品异常复杂，需要广泛而深入的积累，因此科技人才的差距仍是制约汽车行业整体研发能力的突出问题之一。

表1-2-1　我国汽车行业工程技术人员情况

年　份	从业者人数/万人	工程技术人员/万人	工程技术人员占比
2006	185.5	22.0	11.9%

（续）

年　份	从业者人数/万人	工程技术人员/万人	工程技术人员占比
2007	204.1	24.5	12.0%
2008	209.4	25.4	12.1%
2009	216.5	26.7	12.3%
2010	220.3	31.1	14.1%
2011	241.7	35.5	14.7%
2012	250.8	37.3	14.9%
2013	340.0	42.2	12.5%
2014	350.5	47.6	13.6%

数据来源：《中国汽车工业年鉴2015》。

从研发投入方面来看，我国汽车产业的研发投入总量连年提高，研发投入在营收中的占比总体上呈增长态势，并高于全国科技投入的平均水平，持续增长的研发投入有力地支撑和推动了自主品牌的发展，也表明自主品牌车企对提升研发能力、掌控核心技术的重视程度不断提高。但无论从研发投入总量还是其占营收的比例，我国与汽车强国相比都还有一定差距，如表1-2-2所示。数据显示，全球主要汽车强企每年的研发投入占营业收入的比例大都在4%以上，投入额度在300亿元以上，如大众2015年研发投入高达992.86亿元，占比超过6%。显然，作为后发者，我国在研发投入方面还需要进一步加强。

表1-2-2　2015年中外车企研发投入情况对比

企　业		营业收入/亿元	研发投入/亿元	研发投入占比
国内	一汽集团	3951	62.4	1.58%
	上汽集团	6704.48	83.71	1.25%
	长安汽车	667.72	25.63	3.84%
	比亚迪	800.09	36.75	4.59%
国外	大众	15353.67	992.86	6.47%
	丰田	15353.15	597.01	3.89%
	通用	9886.83	480.21	4.86%
	福特	9705.26	447.76	4.61%
	本田	7892.54	356.91	4.52%

注：1. 单位：人民币。

2. 国外企业按2015年12月31日人民币/美元汇率6.489折算。

3. 数据来源：各大公司年报、社会责任报告等。

从知识积累方面来看，目前多数主流自主品牌车企已经初步建立了较为完善的汽车技术基础数据库，既包括大量的技术参数与数据，也包括丰富的技术标准与规范等。同时也基本形成了较为完整的产品开发流程。此外，发明专利的申请数量也在逐年增长。知识积累为自主品牌车企不断提升技术水平和产品竞争力打下了良好的基础。但是必须清醒地认识到，我国汽车产业真正的技术积累不过20年，而西方汽车产业发展自工业革命以来已经有100多年的历史，双方的差距仍很明显。在知识积累方面没有速成的可能，唯有踏踏实实努力，点点滴滴沉淀，才能逐渐缩短差距、最终实现赶超。

总之，我国汽车技术研发能力虽然经历了快速发展，取得了明显进步，但是与国际先进水平相比，仍存在一定的差距，亟需加大投入，加紧追赶。

2.2.2 技术创新体系初步形成但有待完善

汽车技术既需要前瞻性的创新研究，更需要面向产业化的开发应用，因此多领域、多学科和多方面的协同创新至关重要，而分工明确、环环相扣的技术创新体系是支撑核心技术不断突破的动力源泉，也是把握历史机遇、实现后来居上的关键因素。

目前，我国汽车产业初步形成了包括政府、行业、企业以及高校等研究机构在内的技术创新体系。在国家层面，以《中国制造2025》及相关落实文件为指导纲领，以不断完善中的汽车产业标准法规与政策体系为重要保障，以“互联网+”和“大众创业、万众创新”营造创新环境，以国家科技计划和产业技术创新工程为支撑，围绕重大战略需求，逐渐形成创新体系；在行业层面，多行业的跨界合作与行业内的交流协同也呈现日趋紧密的态势，产业技术创新联盟和共性技术研发平台等创新机制正在发挥越来越大的作用；在企业层面，创新主体地位得到充分肯定，加强技术攻关成为多数主流企业的共识；在研究机构层面，高等院校和科研院所的学术成果也有明显的增加。

然而，汽车强国的技术创新体系更为完善，整体上仍领先于我国。例如，美国的美国汽车产业共性技术（USCAR）创新平台，分为公共、行业和企业三级，通过合理的管理架构有效联通产学研用各方力量。德国的国家科技创新体系，通过政府的有效引导和行业组织、科技中介的纽带作用，广泛连通了科研系统、企业、高校等各方面资源，使技术从基础研究、应用研究到产业化研究真正连接成为一个完整的链条。

相比之下，我国技术创新与成果转化还存在一些较为突出的问题。主要包括：“产学研”创新主体定位不突出，创新资源分散重复，未形成稳定创新链；产业技术转化价值链的各个环节相对薄弱，甚至存在相互割裂、断档的情况，尤其是从基础研究到产业化之间的工程转化能力不强；专业化程度高、种类齐全的工程公司在技术创新中的作用被低估；缺乏具备核心零部件、模块、总成开发能力的供应商；各环节对自己的工作定位及分工认识不够清晰，彼此之间互动不足。为此，我国应积极借鉴汽车强国的先进经验，构建并不断完善新型的技术创新平台，真正打通产学研用之间的藩篱，有效支撑汽车技术的突破与应用。

> 总体来看，我国汽车技术创新体系虽初步形成，但仍存在明显短板，有待进一步完善。一方面，缺少各种专业化的工程公司和完整的零部件供应体系支撑，在高校学术研究与企业技术开发之间的衔接存在突出短板；另一方面，现有各方力量的分工还不够明确，协作也不够紧密，很多时候仍停留在形式化合作的层面。显然，加快构建完整的新型汽车技术创新体系势在必行，需求强烈而迫切。

2.2.3 技术升级受制于整体工业基础薄弱

工业基础是一个国家制造业发展的共性基础，也是产业做强的基石和技术创新的支柱。汽车关联性强、涉及面广，是民用工业中最为复杂的产业之一，汽车产业的做强在很大程度上受制于整个工业的基础技术水平。工业基础主要包括基础材料、基础零部件、基础工艺和产业技术基础，即“四基”。“四基”对于汽车技术进步有重要意义，如果基础材料不过硬、基础元器件不过关、基础工艺不掌握、产业技术基础积累不足，就无法打造出高质量、低成本、有竞争力的优秀汽车产品。以下就“四基”对汽车技术的支撑作用和当前制约进行分析：

（1）基础材料方面

汽车作为在运动中体现价值的复杂产品，需要应用不同种类的大量材料，且往往都有很严苛的使用要求。细分起来，汽车上的材料多达百种以上，如橡胶、金属、复合材料等在汽车产品中都有大量应用。我国在车用高强度钢（HSS）、超高强度钢（UHSS）、轻质合金、车身用复合材料、高品质底盘橡胶件用材料、后处理催化材料等方面尚与国外存在差距。以高强度钢为例，国内已有车用高强度钢产品推出，但尚不能覆盖全部车用需求强度级别，成形性等关键指标也尚显不足。目前，国内车型上的高强度钢屈服强度主要集中在210~340MPa之间，屈服强度大于550MPa的超高强度钢用量较少。相比之下，国外的一些车型产品上，780MPa及以上超高强度钢在整车上的应用比例已达到30%以上。未来，汽车轻量化等技术不断发展，将对基础材料提出更多要求。

（2）基础工艺方面

汽车产品和技术的开发与基础工艺水平有直接关联，汽车整车及零部件的开发需要高精度、高性能以及复杂结构、薄壁件等的成型和连接技术提供支持。当前，我国基础工艺水平不足，关键高端装备缺乏，工艺装备主要集中在粗加工，加工稳定性低、可靠性差，虽然也有部分精加工和自动化程度高的加工中心，但加工质量与国外先进水平相比也有差距。这一劣势集中体现在高精度切削加工、大型铝/镁合金精密真空压铸、高强度薄壁铸铁结构精密铸造、碳纤维材料成型及连接、内高压成形、精密冷温挤压成形等技术以及相应的高端制造装备都有欠缺，对包括汽车产业在内的高端制造业形成了严重制约。

（3）基础零部件方面

我国汽车技术发展受制于基础零部件薄弱的现象非常明显。我国本土零部件企业普遍规模小、技术差，竞争力不足，绝大多数处于产业链下游，附加值高的关键零部件仍几乎全部依靠进口或外资独资企业在华生产，如动力总成电控系统、底盘电控系统、超低摩擦关键零部件、可变配气机构、发动机后处理器、双离合总成、高效执行器、高品质底盘橡胶元件、高精度电流传感器等关键零部件都存在较大的自主缺失。以发动机技术为例，我国虽然在缸内直喷涡轮增压发动机方面有所突破，但所使用的许多关键零部件/元器件都是国外产品，如电喷系统、增压器和链条以及可变气门机构等。一部分技术难度相对较低的零部件，国内虽可自行开发，但产品质量无法完全达到要求，因此如气门、气门座、活塞与轴瓦、活塞环等零部件，也仍有很大比例需要向外方采购。

（4）产业技术基础方面

产业技术基础在工业“四基”中处于共性基础地位，包括形成完善的工业质量技术基础（如标准、数据库、检测检验、认证认可）和共性技术创新体系（如汽车共性技术创新平台与服务平台）。这些内容也是汽车技术发展所必需的支撑。我国的汽车产业技术基础还有较大欠缺：在标准与数据积累方面，标准制度化和汽车技术数据库建设还相对滞后，同时中国特色不明显，技术标准系统性不强；在检测配套方面，检测设备多为引进，自主配套能力不强，汽车检测设备品种不全、技术更新较慢、技术含量偏低；在共性技术创新体系建设方面，自主创新的产业体系尚存在明显短板。在产业转型升级的发展前景下，汽车技术的发展将对汽车产业及产品的基础数据库、整车与零部件的检验检测技术、基础共性的方法、工具与流程等提出更多、更高的需求，加快提升汽车产业技术基础势在必行。

反观各大汽车强国，其工业基础都较为雄厚。其中，作为一直高度重视实体经济的老牌工业强国，德国的总体工业基础实力最强，与汽车相关的基础产业发展最为全面。相比之下，美国在基础材料领域具有较强实力，日本的优势则主要体现在基础工艺领域。而我国无论在基础材料、基础工艺，还是在基础零部件、技术基础方面，与上述汽车强国相比都还存在着较大的差距。

由于我国制造业总体基础较为薄弱，技术水平不高，自主创新能力不足，导致汽车技术的升级发展受到严重制约。由此可知，建设汽车强国是一项艰巨的系统工程，不仅需要汽车产业自身理清发展战略，加强自主创新，提升技术水平，也需要我国整体工业能力的不断提升和工业基础的持续完善。

3 我国汽车技术发展需求分析

目前，汽车产业遇到了诸多制约因素，如能源紧缺、交通拥堵、环境污染等问题愈演愈烈，日益严苛的法规和限行限购的政策，让汽车产业的发展遭遇到前所未有的挑战。然而，中国汽车产业仍有广阔的市场空间和发展前景，并且作为经济和社会的支柱产业，作为新一轮科技变革的排头兵、引领相关工业创新发展的重要力量，汽车产业必须得到进一步发展。以上两方面因素的综合作用，对于当前中国汽车产业来说，既是挑战也是机遇，其中，汽车核心技术的支撑作用越来越明显。当前，我国新的经济社会形势对汽车技术的发展提出了新的需求，也指明了发展方向。

3.1　经济社会可持续发展要求汽车技术协调发展

3.1.1　产业战略定位提出汽车技术加速发展需求

汽车产业在我国经济社会发展中具有重要地位，这一战略定位要求汽车技术必须加速发展，以支撑产业的可持续发展。汽车产业的战略定位具体体现在以下几个方面，如图 1－3－1 所示。

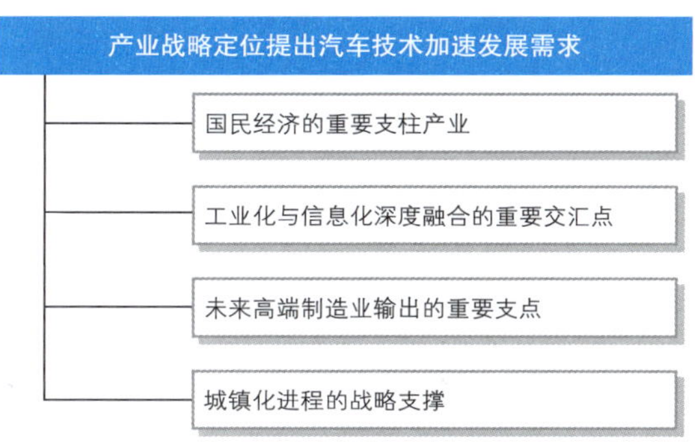

图 1－3－1　汽车产业的战略定位

（1）汽车产业是我国国民经济的重要支柱产业

我国汽车产销规模在过去 10 年间飞速增长，已连续七年稳居全球第一。汽车产业的产值和增加值连年攀升，并带动大量相关产业的快速发展，在国家经济增长中发挥了重要作用。同时，汽车产业也为国家提供了大量的优质就业岗位。当前我国经济进入“稳增长”，汽车产业成为少数可以有效提供增长支撑的产业之一，是重要的支柱产业。然而，尽管坐拥全球最大的国内市场，但如果汽车技术始终滞后，我国也无法建成汽车强国，更难以实现汽车产业与能源、环境友好的可持续发展，这势必动摇到汽车产业的支柱地位，对国民经济发展造成严重影响。

（2）汽车产业是我国工业化与信息化深度融合的重要交汇点

规模庞大的汽车产业涉及面广、集成度高、资金技术人才高度密集，是未来我国两化深度融合的最强需求、最佳载体和最大平台，也是我国推进《中国制造 2025》、建设制造强国的龙头和抓手，具有带动引领整个制造业抢占未来战略制高点的核心地位。正因如此，德国选择以汽车产业作为“工业 4.0”的示范产业和突破口；美国、日本、韩国等国关于未来制造业的发展蓝图中，汽车产业也都占据重要位置。信息化技术的全面介入及其与工业化技术的深度融合，使汽车技术有了全新内涵，也给汽车技术的发展提出了新的需求。

（3）汽车是未来我国高端制造业输出的重要支点

我国未来的工业产品输出将从劳动密集型的轻工业制品逐渐向技术密集型的高端制造业产品转变。核电、高铁等的输出固然重要，但这类大宗的政府采购类产业受政治等因素影响较大，市场需求也存在不确定性，而汽车则是面向民生的高端制造业。作为产品价值、技术含量及品牌附加值均很高的产业，汽车是重要的大众消费品，其海外输出潜力不容忽视。当前，“一带一路”战略正逐步夯实我国与沿线60多个国家的经贸基础，打开了广阔的市场空间。在不断进步的汽车技术支撑下，日益增强的汽车产业有望成为我国输出高端制造业的又一战略选项。

（4）汽车是我国城镇化进程的重要战略支撑

当前，我国进入了城镇化建设的新阶段，这要求居民的“移动能力”必须与之相匹配。不同于航空的“点”对接、铁路的“线”贯穿，汽车是唯一可以自由移动的交通运载工具，能够真正实现全“面”联通。这与未来中小城镇星罗棋布于若干中心大都市周围的城市集群规划相得益彰，有利于城市集群的优化布局和内外资源的顺畅流通，从而为我国城镇化进程提供有力支撑和可靠保障。在此前景下，汽车技术亟需加快发展，持续完善产品性能和质量，并不断提升信息化、智能化程度，方能适应未来智能交通体系和智慧城市规划的需求，有效发挥自身在城镇化进程中的重要作用。

综上，汽车产业的战略地位至关重要，建设汽车强国是建设制造强国的基础和关键，是事关中华民族的伟大复兴和未来发展的核心利益。汽车产业必须承担起这样光荣而艰巨的历史使命，而各个关键领域的核心技术以及相应的自主创新能力，是必不可少的重要支撑。汽车产业的战略定位要求汽车技术必须加速发展，以提升产品竞争力，支撑产业由大变强，为我国经济和社会发展做出更大贡献。

3.1.2 能源环境压力提出汽车技术绿色发展需求

同时，影响汽车产业可持续发展的多种制约因素日益凸显，对汽车技术的进步形成了倒逼作用。如图1－3－2所示，由于我国汽车保有量快速不断增长，能源、环境、安全、拥堵等一系列汽车社会问题日趋严重，这些问题最终需要通过汽车的低碳化、信息化、智能化发展来应对和解决。“三化”趋势不仅体现在汽车技术的创新发展上，也体现在汽车产业的整体进步中，是核心技术、产业基础和产业生态的全面创新。如低碳化要求汽车及相关产业在全生命周期的各个环节上都实现减碳，因此除了汽车产品应用低碳化技术外，从能源供给到汽车制造、使用的全过程也必须趋向低碳化，如低碳电能、低碳工厂等。信息化、智能化发展更是涉及整个汽车生态的变化，通过汽车技术的创新，使汽车产业和产品在未来的智能时代发挥更为重要的作用。“三化”趋势体现在产品上，就是节能汽车、新能源汽车和智能网联汽车，三者之间相互联系、互为支撑。其中，节能汽车与新能源汽车是基础载体，最终都将升华为智能网联汽车；而智能网联汽车则将促进节能汽车与新能源汽车更好地节能减排，充分体现其价值。三者共同推进汽车产业在技术、产品、用户体验、应用场景、商业模式等多方面的协同创新，为解决能源、环境、安全、拥堵问题提供了全新可能。

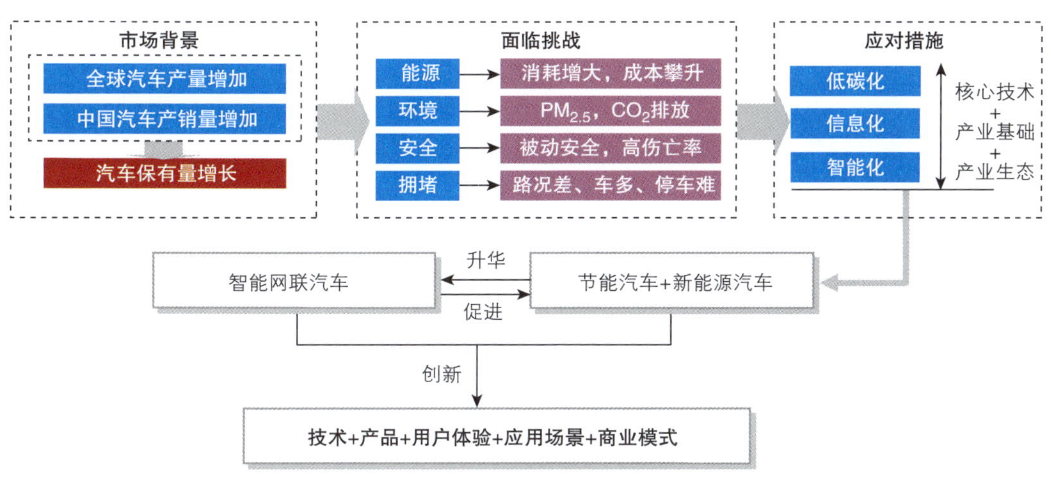

图 1-3-2　制约因素倒推汽车技术进步

在能源与环境方面，随着现代化进程的不断深入，我国整体的能源需求和环境压力也持续增大。而汽车产业既是化石能源消耗的“大户”，也是城市环境污染的重要来源之一。

从能源角度来看，中国石油经济技术研究院发布的《2015 年国内外油气行业发展报告》显示，2015 年我国的石油对外依存度已达到 60.6%，远超世界公认 50% 的安全线。这其中，随着汽车保有量的持续增加，汽车产业油耗已经占到我国石油消费总量的 1/3 左右，预计到 2020 年这个比例将上升到 50% 以上。因此，减少汽车产业和产品能耗，不仅是能源效率问题，更是能源安全问题。

从环境角度来看，长期粗放式增长的积累，使我国环境保护形势日趋严峻。目前全国主要城市中，九成以上出现空气质量超标，多个主要城市出现雾霾、酸雨等不良天气现象，受国民关注的程度也在不断提高。同时，作为负责任的大国，我国在国际上已经做出了逐步缩减碳排放的承诺。而汽车产业环境治理的重要性毋庸置疑：在大气污染方面，汽车尾气排放在多种污染物中都有较大贡献；在碳排放方面，有数据显示，道路交通部门 CO_2 排放目前占我国总体排放的 7% 以上，是造成温室效应的重要原因之一。因此，持续降低我国汽车排放水平、实现低碳发展势在必行。

正因如此，针对节能减排技术的研究和开发一直是全球汽车产业的热点，且受重视程度还在不断提高。我国则计划通过节能汽车、新能源汽车双管齐下，并借力信息化、智能化技术的有效应用，实现低碳化技术的效能最大化，持续减少汽车产业发展对能源和环境的压力。可以说，能源和环境方面的刚性约束，给我国汽车产业带来了空前的压力。但是同时，应对节能环保的挑战，也为汽车技术的进步和产业的做强提供了刚性需求和战略机遇。

3.1.3 交通体系升级提出汽车技术融合发展需求

汽车产业规模的井喷式增长，使我国“跑步”迈入汽车社会，也使交通拥堵与行车安全两大汽车社会问题尤为凸显。因此，升级交通体系，提高交通效率和安全，成为城市规划与建设的紧迫需求。

在城市交通效率方面，汽车保有量的持续增长，使我国各主要城市的交通状况出现不同程度的恶化，拥堵时段和路段逐年增加，出行成本不断增加。交通效率的低下严重阻碍和制约了城市的总体竞争力和经济的健康发展。北京大学国家发展研究院研究表明，在北京市，每天平均拥堵时间长达2h以上，而每年由于拥堵造成的直接经济损失高达700亿元。一些城市因此出台了汽车限购和限行政策，以缓解交通压力。但是限购限行只有短期的治标效果，从长期来看无法使交通拥堵问题得到根本改观，而且限制性政策将制约汽车这一支柱产业的可持续发展，影响经济的稳定增长和国民的出行需求。实际上，发达国家的经验早已证明，交通拥堵等汽车社会病并非无法治愈，关键是要理清问题症结，进行合理规划和综合治理。特别是在新一轮科技变革和城镇化进程正在到来之际，我国获得了解决问题的全新途径，即设计和构建新型的智能交通体系与智慧城市，彻底化解交通拥堵。正因如此，如何减少交通拥堵，提高道路通行能力，使出行者更快捷、更安全、更环保地到达目的地，也成为未来汽车产业和技术发展的重要课题。而与交通系统的信息化建设相匹配，车辆信息化、智能化技术的应用将大行其道，并助力高效交通系统的成功升级。

在行车安全方面，当前我国道路交通事故造成的人员伤亡和财产损失非常严重。据国家统计局数据显示，2014年我国共发生汽车交通事故136386起，造成42847人死亡、141718人受伤，直接经济损失达93837万元。在全球范围来看，我国汽车交通事故的数量和死亡率都远高于平均水平。交通安全已成为对国民生命和财产安全影响最大的社会问题之一，更加安全也是未来交通体系升级的必然方向之一。在这方面，尽管汽车主被动安全技术有了很大进步，取得了提升交通安全度的良好效果，但是通往“零事故、零伤害”理想境界之路依然漫长。未来高度信息化交通环境下的智能网联汽车，将集传统汽车技术和信息化智能化技术于一身，有望通过汽车技术的融合发展，从根本上解决行车安全问题。

总之，面向未来更加高效、安全的交通体系升级，汽车信息化、智能化的大量应用和融合发展将是一个不可或缺的重要支撑。

3.2 科技变革与产业重构要求汽车技术创新发展

3.2.1 新一轮科技变革指明汽车技术发展方向

以万物互联、大数据、云计算、增材制造和人工智能等为代表技术的新一轮科技变革正在到来。与此前历次科技变革主要以某个领域的技术突破为标志进而带动整体进步不同，本次科技变革的广度和深度都前所未有，不仅是在多个重要领域同时发生突破，而且各个领域之间又紧密联系、相互影响，波及人类社会的方方面面。仅从制造业角度来说，将进一步增强工业化与信息化深度融合的趋势，使全球制造业向“智能制造”体系转型升级。

“智能制造”是一种数据驱动、充分互联的全新体系和产业生态，其核心就是智能工厂。智能工厂并不等同于现有工厂的升级，而将具有更多的功能，成为整个智能制造体系的数据中心、交互中心、判断中心、决策中心以及控制中心。其中也包含了面向需求端整合的智能设计、面向生产链整合的智能生产、面向物流链整合的智能物流，以及面向制造业产业链延展整合的智能服务，最终构成需求端、设计端、生产端、物流端、服务端互联互动智能的有机整体，如图 1-3-3 所示。

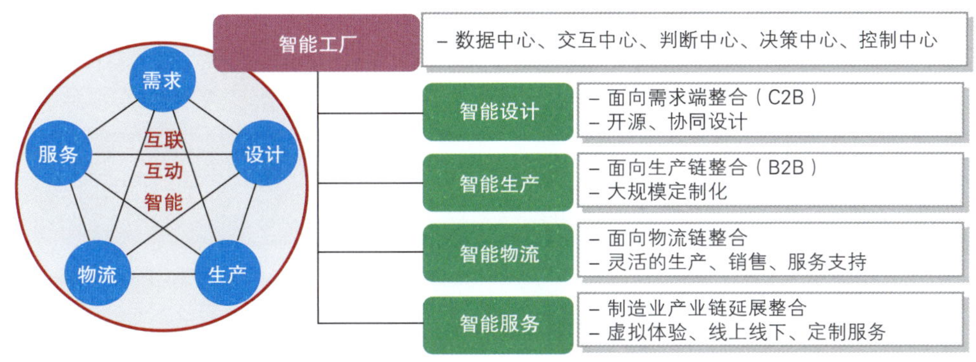

图 1-3-3　未来智能制造体系

与一般产业的情况不同，汽车产业的升级将是汽车“智能制造”与智能汽车产品的双向并行、共同发展。一方面，未来汽车产品将向网联、智能和新能源的方向持续发展，并以智能汽车作为必然的产品体现形式；另一方面，汽车智能制造则是工业体系整体升级到“智能制造”的先导、基础和载体。两者相互影响、相互促进，引发汽车产业、产品与技术内涵和范畴的重新定义，并形成汽车产业的新变局。受此影响，未来的能源、交通和环境格局都将发生根本性改变，未来的产品、产业和社会形态也将完全不同。这一系列全方位改变的指向，正是汽车科技的低碳化、信息化、智能化发展，如图 1-3-4 所示。

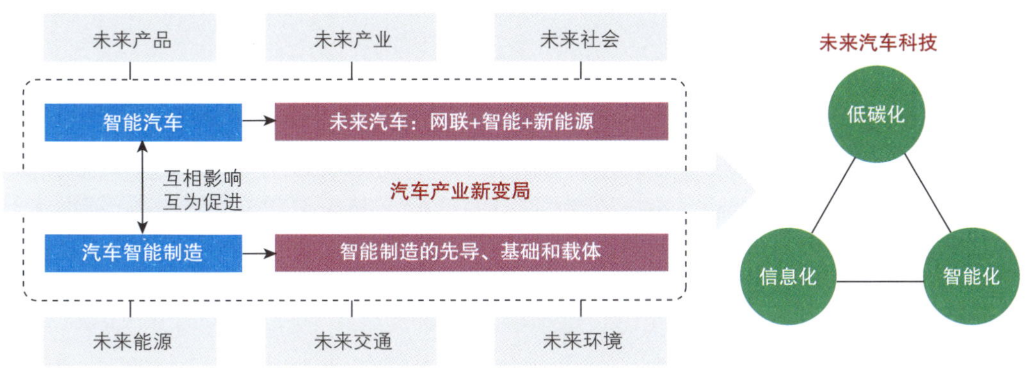

图 1-3-4　汽车产业转型升级的深远影响

在新一轮科技变革的引领下，汽车产品与汽车制造的双重“智能化”升级，不仅将催生全新的汽车产业，更将对人类社会的发展产生深远影响。如果说，过去一百年，汽车改变了人类；那么，未来一百年，人类将通过改变汽车，进而改变自己的生活。

3.2.2 产业全生态重构创造汽车技术全新可能

新一轮科技变革将引发汽车产业向充分互联协作的智能制造体系演进，促使汽车的生产方式、产品形态、合作模式和商业模式等各个方面都发生根本改变，带来产业全生态的重构。这个转变过程，是以相关技术的进步为基础和支撑的，特别有赖于网联技术与汽车移动属性的有效结合。反之，新的产业生态又将促进相关技术的深度融合和快速发展。

如图 1-3-5 所示，未来汽车将以卓越的传统汽车为基础，并由充分互联协作的智能制造体系打造而出，两者共同推动汽车产业的转型升级。同时，未来汽车将成为分布式、可移动的储能单元，在智能电网和智能家居中发挥重要作用，并构成智能电动汽车生态。此外，未来汽车还将成为智能交通体系不可或缺的组成单元，带来汽车共享等全新商业模式，并由此构成新型的智慧城市。

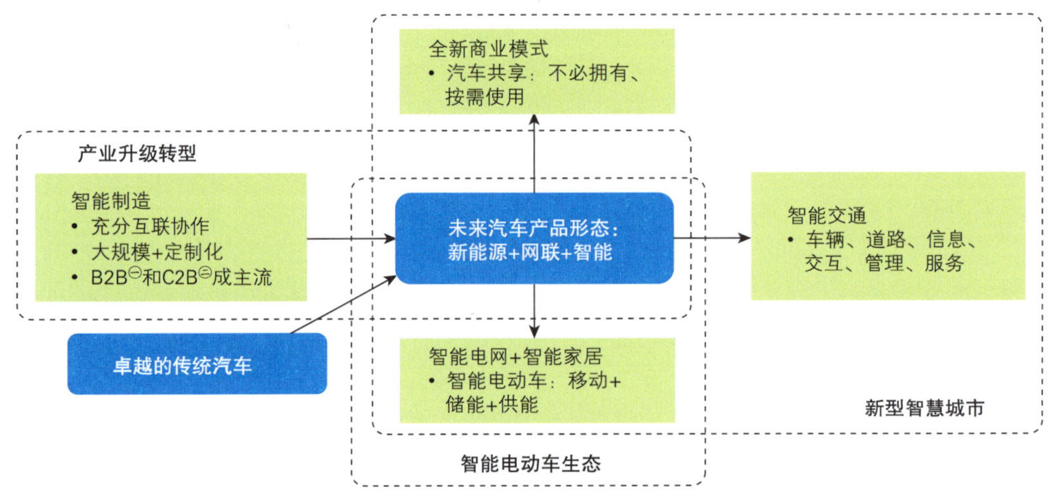

图 1-3-5 汽车产业的全生态重构

下面针对主要领域的重点变化展开具体分析。

(1) 生产方式

未来智能制造体系的突出优势和最大特点，就是通过充分网联与深度协作，建立可实现大规模定制化的生产模式。在此格局下，原本泾渭分明的产业上下游关系渐趋模糊，线性的传统产业链将逐步演变成为网状的产业生态圈，分散的生产资源由“工业互联网”连接成为一个有机的整体，并可进行实时动态的调配，甚至可以实现全球范围内的优化

㊀ B2B，是 Business to Business 的缩写，指企业之间通过网络进行信息交换、传递，开展交易活动的商业模式。

㊁ C2B，是 Consumer to Business 的缩写，指从消费者到企业，是互联网经济时代新的商业模式。

组合，如图1－3－6所示。由此，汽车整零关系将被彻底重塑，掌握核心技术诀窍、具有质量保障能力的供应商，将成为满足消费者个性化需求的关键，并为众多不同领域、层级的合作伙伴提供定制化的零部件支持。

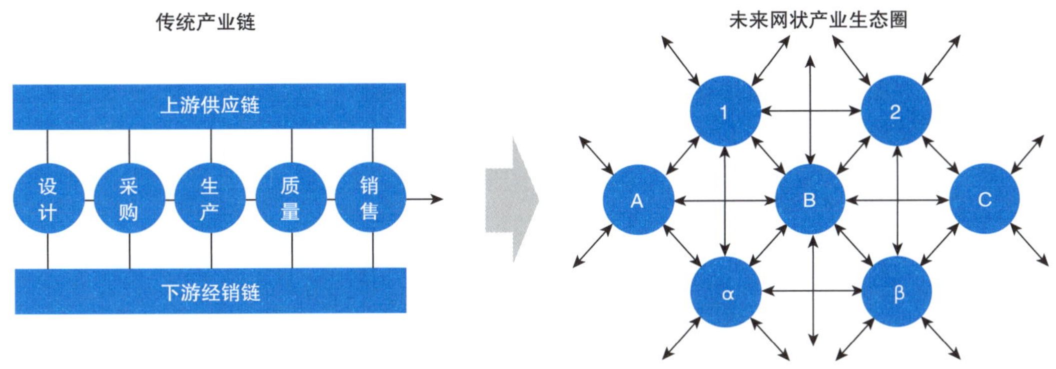

图1－3－6 未来生产方式的变化

(2) 产品形态

未来使用新能源、充分网联的智能汽车将成为所有汽车技术集成的载体，代表着全新的汽车产品形态和汽车产业的战略制高点。未来智能汽车将成为物联网的典型连接节点，是大数据等新兴技术的重要应用载体，成为智能交通的重要组成部分，并作为基本的移动工具支撑智慧城市建设。智能汽车将逐步由交通工具发展成为人类的伙伴，并从三个方面来实现汽车对人的最大化延伸。其一，帮助人，未来智能汽车将成为人类的帮手，比如可以自己去找停车场、充电站、洗车店，甚至帮助订餐、订票；其二，解放人，主要是实现自动驾驶，其目的是节省驾乘者的体力、精力和时间，同时也可以实现车辆在无人情况下的自由移动；其三，理解人，未来的智能汽车将充分感知甚至预测驾乘人员的需求和情绪，提供伙伴式的对话和关心，从而更好地帮助人和解放人。最终，智能汽车将成为更高效、更便捷、更安全、更节能的自由移动方式和综合解决方案，并由此构建起绿色和谐的智能汽车社会，如图1－3－7所示。

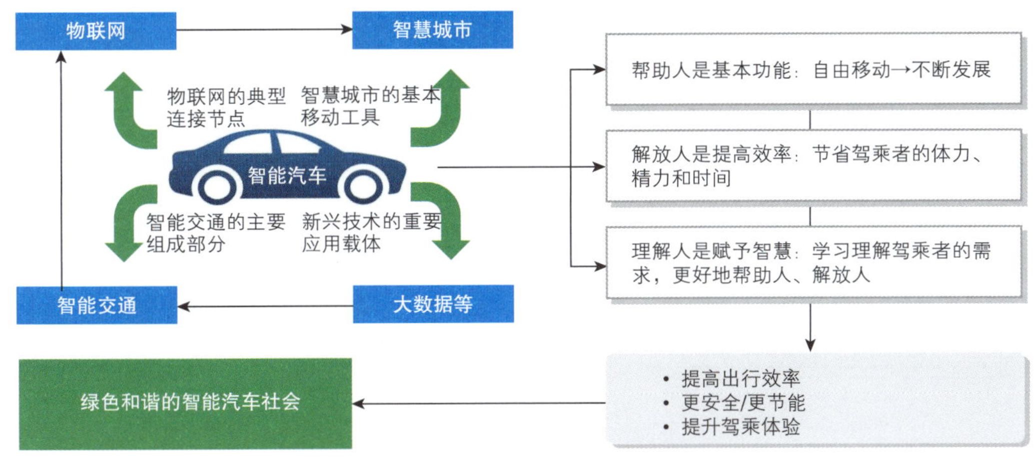

图1－3－7 汽车智能化带来的变化

(3) 合作模式

当前在全球范围内，外部“新”力量跨界进入汽车领域已成为趋势，特别是众多信息技术强企表现得非常积极。汽车产业的合作将不再局限于传统的整车企业和零部件企业，具备互联网思维和先进信息技术的 IT 企业也将参与并推动汽车产业发展，如图 1-3-8 所示。三方企业各有其核心优势，传统企业可以提供汽车产品和零部件，构成信息化、智能化技术的载体；IT 企业则可提供车联网、大数据平台、智能技术等的支持。三大类企业开展跨界合作与竞争，将改变未来汽车产业的格局。

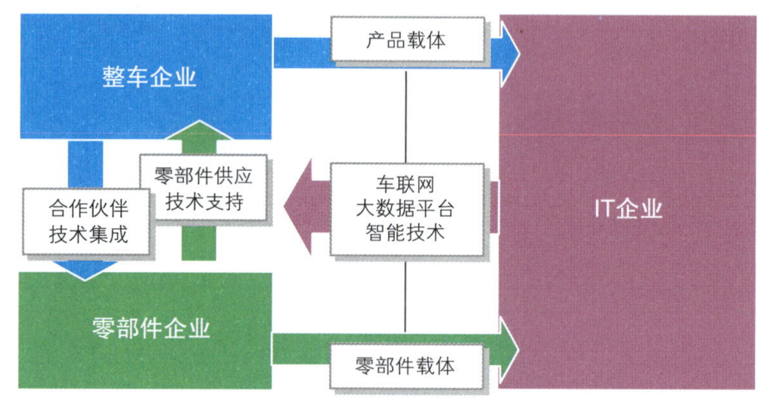

图 1-3-8　科技革命带来的跨界合作可能

(4) 商业模式

信息化、智能化技术在汽车产品上的普及和应用，为诞生全新的商业模式创造了可能。其中，车联网和自动驾驶技术走向成熟，将有力推动共享经济在汽车领域的发展，而汽车共享也将为自动驾驶的智能汽车提供全新的使用模式和市场机会。如图 1-3-9 所示，

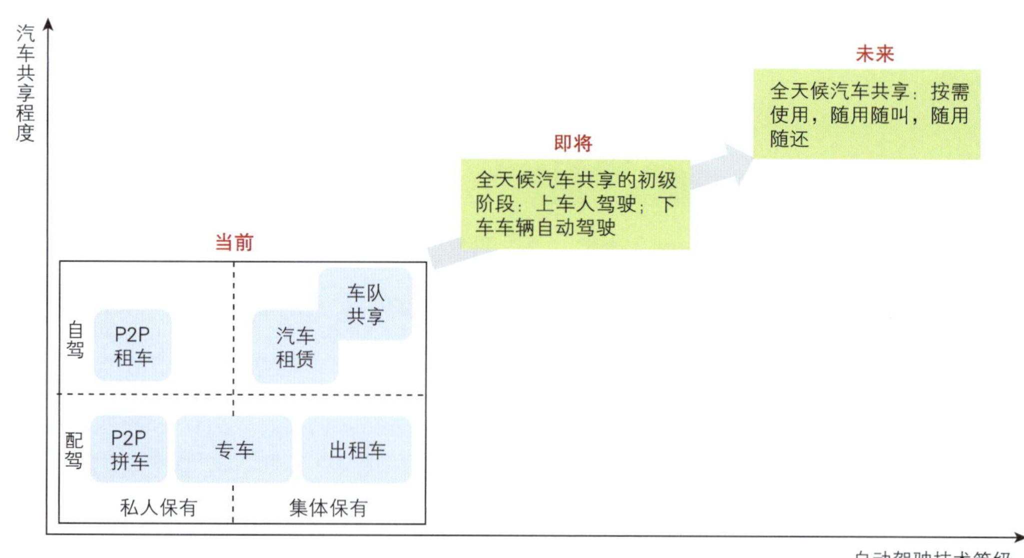

图 1-3-9　自动驾驶技术为汽车共享提供支撑

预计汽车共享的程度将与自动驾驶技术的发展水平相匹配。实际上，汽车共享并不是新的概念，当前各种 P2P[㊀]租车、拼车、专车、汽车租赁、分时租赁，甚至也包括出租车等都带有汽车共享的性质；接下来，基于现有的自动驾驶技术，“人上车后自己驾驶、下车后车辆自动驾驶”的初级汽车共享模式已经可以应用；而未来具备完全自动驾驶能力的智能汽车，将使全天候的汽车共享成为可能，真正实现汽车使用的“理想主义”：即无须拥有，按需使用，随用随叫，随用随还。这种“轻拥有、重使用”的新型汽车文化将显著提高汽车的利用率，从而兼顾百姓用车需求和节约型汽车社会建设。

此外，智能制造体系将使真正的个性化定制成为可能，直接连通“需求端”与“生产端”，使消费者与工厂直接对话成为常态，从而使整个产业链和全业态发生根本性变化。

总之，在科技与产业全面变革的前景下，汽车技术的发展出现了全新的可能，孕育着无限商机，也带来了强劲动力。

3.2.3 核心技术成为把握重大历史机遇的关键

全球新一轮科技变革引发的产业重构期和我国建设制造强国的关键攻关期形成了历史性交汇，未来汽车产业和产品也将与现在大不相同，从而为后来居上创造了更大可能。为把握这一前所未有的战略机遇，我国汽车产业必须加紧部署，加大力度弥补硬性短板，加快行动形成多方合力。在这其中，掌控核心技术是至为关键的重要因素之一，如图 1－3－10 所示。以下将对汽车产业的重大历史机遇，以及掌控核心技术的重要性和行动方向进行分析和阐述。

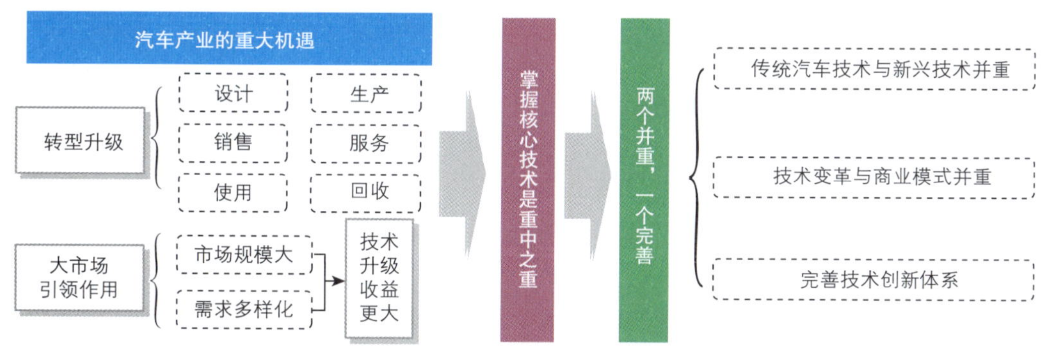

图 1－3－10 核心技术成为把握重大历史机遇的关键

当前，我国汽车产业的发展机遇主要体现在两方面。第一，全球制造业向“智能制造”体系升级的变革期，与我国加快建设汽车强国的攻关期形成历史性交汇。汽车的设计、生产、销售、使用和服务全过程，包括相关的管理、维护、备件、回收与再利用、金融、保险以及信用等都可能完全不同，新的模式中孕育着无数种可能。第二，我国大市场的引领作用日益凸显，而在把握我国消费者的需求方面，本土企业具有先天优势。我国庞大的销量规模、复杂的使用环境、不断升级的法规标准和本土消费者对新技术（如智能互

㊀ P2P 指 peer to peer，点对点。

联等）的青睐，使我国成为全球最为复杂多样的汽车市场，而通过技术升级满足市场需求的收益也将更大。

巨大的机遇同时也意味着巨大的挑战，如何应对挑战、把握机遇成为我国建设汽车强国乃至制造强国的关键。而掌控核心技术无疑是重中之重，未来汽车产业的竞争归根到底还是核心技术的竞争，如果不能加快弥补在核心技术水平和自主研发能力方面与国外的差距，我国汽车产业的整体竞争力将不可能进入世界先进行列。同时，在转型时期，大量“新”技术将与“旧”技术发生交融和组合，产生各种不同变化。这就需要我们既要加强对传统技术的持续追赶，也必须关注对新兴技术的不断开拓。最终，通过汽车核心技术的有效掌控、有效融合，把握最大历史机遇，占据未来的战略制高点。

为此，必须努力做到“两个并重，一个完善”：一是传统汽车技术与新兴技术并重，不断推动新一代信息化技术与传统汽车技术的融合发展，在提升传统汽车技术的基础上，着力发展信息化和智能化技术，提高产业和产品的信息化、智能化程度，全面提升汽车企业的研发、生产、管理和服务水平。二是技术变革与商业模式并重，不仅要重视技术革新本身，同时也要积极思考和尝试新的商业模式及其带来的新机遇。在这方面，技术创新是汽车产业发展与转型升级的推动力量，而商业模式创新则是技术创新有效发挥作用的保障和引导力量。三是完善技术创新体系，包括设计技术创新链条、优化科研组织结构、建立各方协同机制，以实现清晰的政府监督管理、明确的创新主体定位、合理的创新资源分配，打造集汽车技术基础科学、工程研究、应用示范于一体的完整技术创新体系。

汽车产业和产品涉及的技术种类繁多、异常复杂，且各种技术相互交织、彼此影响，认识到发展汽车技术的战略意义和总体方向远远不够，还必须通过综合研究和深入分析，进行系统的梳理和准确的识别，以确定具体的关键技术领域，明确细分技术的发展目标和优先级，为汽车技术发展指明方向，进而形成集中优势资源重点攻关，加快推进核心技术的良好态势。因此，针对各关键技术领域，制定科学、合理、清晰的技术路线图，具有至关重要的指导意义和深远价值，这也正是本研究的目标所在。

4 我国汽车技术的发展愿景与目标

4.1 发展愿景

未来，以节能汽车、新能源汽车和智能网联汽车为产品方向和集成载体，汽车技术向低碳化、信息化和智能化发展的趋势将日趋明显，而随着汽车技术的不断进步，最终期待在社会和产业两个维度实现如下发展愿景：

4.1.1 社会愿景

1）能源环境的友好关系：持续提升汽车低碳化技术水平，使汽车产业的发展能够与我国能源、环境战略目标相适应，为建设绿色、低碳社会做出应有的贡献。

2）安全高效的智能交通：以智能网联汽车为核心枢纽环节，促进智能交通体系的有效应用和加快完善，以大幅度减少交通事故、提升交通效率，同时助力整个交通系统的能耗和排放降低。

3）社会资源的顺畅移动：通过充分网联、高度智能的汽车产品，提高车辆的运输能力与效率，满足包括人在内的各种社会资源自由移动和顺畅流通的战略需求。

4）和谐健康的汽车社会：通过节能环保水平、交通运载能力的提升，综合解决汽车社会的能耗、污染、拥堵和行车安全问题，确保汽车与人员、其他交通工具、道路设施及城市规划与建筑的协调发展，构建和谐健康的汽车社会。

4.1.2　产业愿景

1）产品品质不断提高：持续提升汽车产品的安全性、经济性、动力性、舒适性、可靠性及耐久性，使我国汽车产品质量控制能力逐步达到世界先进水平，全面提高消费者对于汽车产品的综合感受和满意程度。

2）产业生态全面升级：引导并构建适应新一轮科技变革的汽车产品形态、使用方式、商业模式及全产业链，以产业转型升级与核心竞争力提升为目标，重构未来的新型汽车产业生态。

3）汽车产业持续发展：推动汽车制造、使用直至报废全生命周期的低碳化，确保汽车产业能够在能源、环境承载范围内实现绿色发展。同时，通过更高效、节约的汽车使用模式，提高车辆利用率，确保产业发展对资源消耗的总体可控。保持汽车产业稳步发展，2020年销量达到3000万辆左右，2025年达到3500万辆左右，2030年销量达到3800万辆左右。

4）汽车强国成功建成：以自主品牌逐步掌控重点核心技术为依托，培育两到三家具有国际竞争力和品牌知名度的自主整车企业和健全的零部件体系，把我国成功建设成为汽车强国。

发展愿景与汽车技术进步的关系如图1-4-1所示。

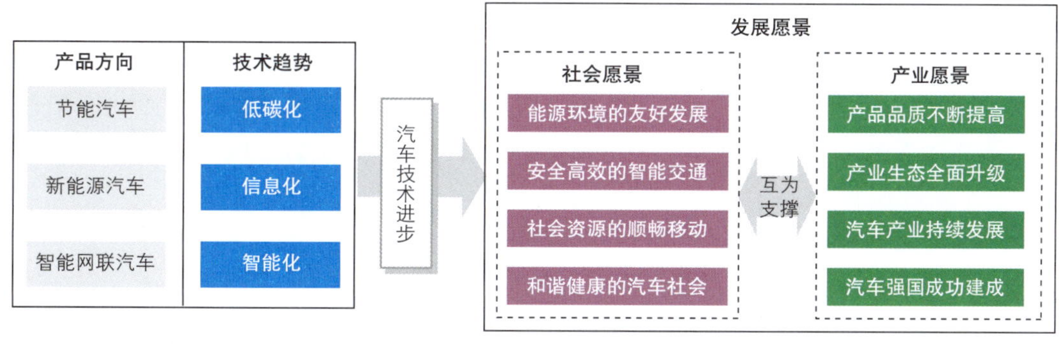

图1-4-1　汽车技术的发展愿景

上述社会愿景与产业愿景并非是孤立的，而是相互促进、互为支撑的。能源与环境的友好发展，是汽车产业可持续发展的基本前提；而产业能够可持续发展，有赖于低碳化技术的充分应用，这本身又是实现能源环境友好发展的动力和保障。

4.2 总体目标

发展愿景为我国汽车技术提出了明确需求，也指出了前进方向。以此为出发点，在制造强国战略的指引下，结合全球汽车技术“低碳化、信息化、智能化”的发展趋势，依据“创新驱动、质量为先、绿色发展、两化融合”的基本方针，按照“重点突破、全面推进”的指导思想，通过对我国汽车技术未来15年发展的系统梳理，选取最能体现主要领域持续进步的表征性指标，提出的我国汽车技术总体发展目标如图1-4-2所示。

总体发展目标			
	汽车产业碳排放总量先于国家碳减排承诺和产业规模在2028年提前达到峰值		
	新能源汽车逐渐成为主流产品，汽车产业初步实现电动化转型		
	智能网联技术产生一系列原创性科技成果，并有效普及应用		
	技术创新体系基本成熟，持续创新能力和零部件产业具备国际竞争力		
主要里程碑	**2020年**	**2025年**	**2030年**
节能汽车	乘用车新车平均油耗5L/100km 商用车新车油耗接近国际先进水平	乘用车新车平均油耗4L/100km 商用车新车油耗达到国际先进水平	乘用车新车平均油耗3.2L/100km 商用车新车油耗与国际领先水平同步
新能源汽车	新能源汽车占总销量7%以上	新能源汽车占总销量15%以上	新能源汽车占总销量40%以上
智能网联汽车	驾驶辅助/部分自动驾驶车辆市场占有率达到约50%	高度自动驾驶车辆市场占有率达到约15%	完全自动驾驶车辆市场占有率接近10%

图1-4-2 我国汽车技术总体发展目标

（1）节能汽车技术

推动汽车低碳化方向发展进程，通过技术进步和重点产品的推广，汽车产业碳排放总量先于国家碳减排承诺和产业规模在2028年提前达到峰值。新车油耗水平达到国际先进水平，形成自主、可控、完整的节能汽车产业链，具有知识产权的自主产品份额不断提升。掌控包括先进动力系统、高效传动系统、多种混合动力以及轻量化、低阻等共性技术在内的节能汽车关键技术。到2020年，乘用车新车平均油耗达到5L/100km，商用车新车油耗接近国际先进水平；到2025年，乘用车新车平均油耗达到4L/100km，商用车新车油耗达到国际先进水平；到2030年，乘用车新车平均油耗达到3.2L/100km，商用车新车油耗与国际领先水平同步。

（2）新能源汽车技术

在稳步提升的新能源汽车技术支撑下，新能源汽车逐渐成为市场上的主流产品，汽车产业初步实现电动化转型。全面掌握高能量密度动力电池、高效驱动电机、先进电控系统、全新整车平台以及低成本燃料电池等新能源汽车关键技术，并达到国际先进水平。以技术突破为支撑，推动新能源汽车销量不断提升，助力我国汽车产业低碳化进程。到2020年，新能源汽车销量占总销量7%以上；到2025年，新能源汽车销量占比15%以上；到2030年，新能源汽车销量占比达到40%以上。

（3）智能网联汽车技术

智能网联汽车技术不断发展，产生一系列原创性科技成果，并有效普及应用，使我国在该领域能够逐渐引领全球趋势。逐步掌握智能网联汽车领域内的车辆感知、决策及控制关键技术，信息交互关键技术以及高精度地图与定位等基础支撑关键技术。依托我国较为强大的信息产业实力和堪称全球翘楚的汽车产业规模，加速在汽车领域实现信息化与工业化的深度融合，有效形成发展合力，推动汽车技术信息化、智能化发展。到 2020 年，实现以自主环境感知为主，网联信息服务为辅的部分自动驾驶市场占有率达到约 50%；到 2025 年，实现 V2X 协同控制，完成高度/完全自动驾驶功能，实现高度自动驾驶车辆市场占有率达到约 15%；到 2030 年，完全自动驾驶车辆市场占有率接近 10%。

（4）技术创新体系

培育并完善完整的汽车技术创新价值链，使技术创新体系基本成熟，持续创新能力具备国际竞争力。建成支撑汽车技术自主研发与持续创新的完整体系，全面覆盖汽车技术的各个领域。包括国家层面的顶层设计、企业层面的有效实施以及研究机构层面的有力支持，通过搭建自主研发共性关键技术的公共平台、持续完善科技创新的管理机制、构建科技创新的支撑服务体系，实现政产学研的各司其职、协力发展，使我国汽车产业科技创新能力和持续创新能力具备国际竞争力。

4.3　主要方向

汽车技术涉及要素广、关键领域多、相互影响强、发展变数大。因此，必须准确识别关键技术领域及其相互关系，并在此基础上，清晰描绘出这些领域的技术路线图，才能有效指引汽车技术的重点攻关和全面推进，最终顺利实现前述的总体发展目标。

根据汽车各项技术的内涵、特点及相互关联，将低碳化、信息化、智能化技术予以综合分析与系统分解，明确如图 1－4－3 所示的我国汽车技术重点发展方向。

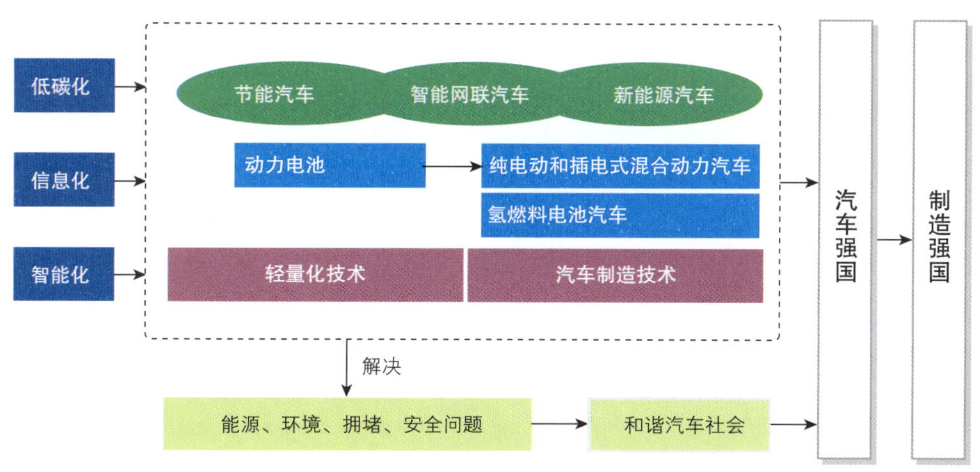

图 1－4－3　我国汽车技术重点发展方向

当前，节能汽车、新能源汽车以及智能网联汽车已被确定为我国汽车产业的发展重点。新能源汽车包括纯电动、插电式混合动力及氢燃料电池汽车。其中，动力电池又处于关键地位。同时，汽车制造技术和轻量化技术作为两项共性基础技术，也具有重要价值。由此，确定了以下 7 个汽车技术重点发展方向，具体分别为：

（1）节能汽车技术

在可预期的未来，传统内燃机汽车仍将占据汽车产品的重要份额，因此节能汽车是未来汽车产品的重要形态之一。提高节能汽车在传统动力汽车中所占的比例，推广先进节能技术在节能汽车上的应用，推动其不断向低碳化方向发展，是汽车产业降低能源消耗、减轻环境污染、最终实现低碳目标的重要保障。

（2）纯电动和插电式混合动力汽车技术

新能源汽车有助于国家能源结构调整，最终确保汽车产业的绿色和谐发展，代表了未来汽车的发展方向。当前，纯电动和插电式混合动力汽车是已经产业化推广的两类重要产品，也是未来 10～15 年内新能源汽车逐渐成为汽车产品主流的关键所在。

（3）氢燃料电池汽车技术

氢燃料电池汽车具有零排放、零污染的特点，是氢能清洁能源应用的重要领域之一，代表着人类能源结构“脱碳入氢”的发展方向。

（4）智能网联汽车技术

智能网联汽车是在新一轮技术变革和产业重构前景下，打造全新智能汽车生态圈的核心，也是实现汽车产业与技术转型升级的重要支撑。

（5）汽车动力电池技术

支撑纯电动汽车和插电式混合动力汽车的核心是动力电池，其技术进步和性能水平直接决定新能源汽车的续驶里程、使用寿命、成本等关键指标，是普及推广新能源汽车的关键要素。

（6）汽车轻量化技术

减轻车辆重量意味着在汽车行驶过程中可直接节省大量能量，同时汽车行驶过程中所受到的阻力也与车辆重量相关，汽车轻量化将使汽车获得更好的动态响应，包括加速性能、操纵稳定性和制动性能等。作为共性基础技术之一，汽车轻量化是有效降低能耗及排放的重要手段。

（7）汽车制造技术

作为节能汽车、新能源汽车、智能网联汽车的共性基础，汽车制造技术是有效打造未来汽车产品的前提。同时，汽车制造过程中的低碳化、信息化、智能化技术应用，也是未来汽车技术发展的重要方向。

以上 7 个重点技术领域共同体现了汽车技术低碳化、信息化、智能化的发展方向，它们彼此之间紧密关联、相互影响。

其中，节能汽车、新能源汽车和智能网联汽车，是汽车技术发展与应用的体现形式和最终载体。三者之间不是割裂的，节能汽车与新能源汽车共同面对节能、环保等严峻挑战，而智能网联汽车不仅直接关系到交通拥堵、行车安全等问题的最终解决，也与节能汽车、新能源汽车彼此作用、相互促进。一方面，无论节能汽车还是新能源汽车，最终都可以也必须成为智能网联汽车；另一方面，充分网联与高度智能将大大提升车辆的节能环保效果、运行效率以及安全性能。

汽车轻量化和先进汽车制造技术等，是节能汽车、新能源汽车与智能网联汽车的共性基础技术，将为所有未来的汽车产品提供有效支撑。面向新一轮科技变革及其引发的产业重构，共性基础技术的重要性并未下降，而是具有了全新内涵与发展空间。例如，与应用于传统的节能汽车不同，轻量化技术对于新能源汽车而言，意味着大量节约高成本动力电池的可能性；又如，作为高度复杂的民用工业品，智能汽车是与汽车“智能制造”相向并行、同步升级的，前者为后者提出了最高的发展需求，后者则确保前者能够真正制造出来。

因此，我国应沿着上述7个重点发展方向，加快推进相关关键技术的不断进步，以最终解决能源、环境、拥堵与安全问题，支撑我国向着汽车制造强国的目标不断迈进。

5 重点任务

基于我国汽车技术发展的总体愿景，统筹考虑国内外汽车技术差距、国家经济社会发展需求及传统产业与新兴产业的融合发展，围绕重点突破基础技术、逐步掌控关键核心技术、新能源汽车技术与国际接轨、全面实现信息化与智能化的基本思路，分别研究并确定了节能汽车、纯电动和插电式混合动力汽车、氢燃料电池汽车、智能网联汽车、汽车制造、汽车动力电池和汽车轻量化七个领域的发展目标与重点任务。

5.1 节能汽车

为应对日益严峻的能源环境挑战，全球汽车节能水平不断提升。我国乘用车和商用车新车油耗虽持续下降，但与国际先进水平仍有差距，长期存在核心技术掌握不足、先进技术研发滞后等问题。

目前乘用车的发动机以汽油机为主，多采用气道喷射和可变气门正时技术。燃烧系统、低摩擦、热管理等技术相对落后，汽油机有效热效率普遍低于36%。AT、CVT、DCT、机械式自动变速器（AMT）、机械式变速器（MT）等多种变速器同步发展，在多档化、高效化、自动化等方面依然存在差距，液力变矩器、双离合器、液压泵、电磁阀等核心零部件研发和生产能力依然不足。整车风阻系数为0.32～0.36，低滚动阻力轮胎开发能力欠缺，能量管理技术应用尚处于初级阶段。混合动力乘用车产销规模依然较小。

商用车的发动机以柴油机为主，替代燃料发动机份额很小。商用车柴油机以电控共轨、增压中冷产品为主，同时已掌握可变增压、废气再循环等技术。柴油机有效热效率普遍在42%～43%。国内厂商具备变速器开发和生产能力，效率为92%～95%。商用车低风阻、低滚动阻力、能量回收技术应用较少，整车油耗相对较高。客车混合动力技术较为成熟，但是货车混合动力技术研发和应用很少。

从前述的我国汽车技术总体发展目标看，在未来发展预期内，每年都会有2200万~3000万辆以内燃机为主要动力系统的新车大规模投放市场。因此，加快提升汽车节能技术整体水平，加大优于当期油耗水平的节能汽车占比，对我国汽车产业节能减排具有重要作用。

5.1.1 发展目标

到2020年，乘用车新车平均燃料消耗量降至5L/100km，商用车新车燃料消耗量接近国际先进水平，节能汽车年销量占比超过30%。掌握混合动力、先进内燃机、高效变速器、汽车电子等汽车节能关键核心技术。

到2025年，乘用车新车平均燃料消耗量降至4L/100km，商用车新车燃料消耗量达到国际先进水平，节能汽车年销量占比达到40%。提升动力电池、驱动电机、高效内燃机、先进变速器、商用车混合动力技术等核心技术的工程化和产业化能力，形成从关键零部件到整车的完整工业体系和创新体系。

到2030年，乘用车新车平均燃料消耗量降至3.2L/100km，商用车新车燃料消耗量与国际领先水平同步，节能汽车年销量占比达到50%。重点开展新型燃烧、低摩擦、废热能量回收等前沿节能技术的前瞻研究。

5.1.2 技术路径分析

节能汽车技术主要包括发动机技术、传动技术、整车技术、混合动力技术等方面。在节能乘用车方面，需要大力发展节能汽油机乘用车和混合动力乘用车降油耗技术。提高发动机热效率、优化动力总成及整车匹配、降低传动损失、减少整车能量损耗是提高汽油乘用车燃油经济性的主要方向。发动机专用化、混合动力系统效率提高是改善混合动力汽车燃油经济性的主要发展方向。在节能商用车方面，提高柴油机热效率、降低整车能量损耗和混合动力是研究的主题。

5.1.3 发展重点

（1）先进内燃机燃烧机理研究

建立燃烧基础研究平台，以提高发动机燃烧效率为中心，开展燃烧规律的相关影响因素研究，精益燃烧系统方案。探索高压缩比燃烧、稀薄燃烧、低温燃烧等高效率燃烧模式，为产品开发提供技术平台保证。

（2）自主控制系统开发

随着汽车智能化、信息化进程的加快，对控制系统软、硬件的自主开发需求日益提高。目前，国内自主品牌整车多采用国外供应商的控制系统软、硬件，这在提升品牌形象、实现差异化竞争等方面严重制约着自主产品的发展。在现有主要基于脉普（MAP）控制的基础上，大力开展基于模型、具有神经网络自学习功能的控制及车载诊断（OBD）策略，同步开发相应的电子控制器硬件，实现电子控制系统的自主掌控。

(3) 全可变气门(VVA)技术

通过对全可变气门技术特征的分析，研究并提出全可变气门系统的结构及控制方法，规避现有专利，最终实现在整机上的商品化应用。

(4) 废热能量回收技术

发动机废热能量超过总能量的30%，因此废热能量回收是目前最具潜力的发动机节能技术，而国外已处于整车验证阶段。要加强废热能量回收核心零部件技术研究，包括热电材料、换热器、膨胀机、工质泵等，尽快实现产业化。重点开发汽油机热电回收技术和柴油机朗肯循环回收技术。

(5) 发动机热管理技术

通过结构优化、电动附件应用和控制系统升级开发，逐步提高发动机热管理水平，实现油耗的降低。

(6) 变速器自动化、高效化及核心零部件技术

为实现节能效果的不断提升，变速器多档化、自动化、高效化等技术的研究需要持续开展，同时对自动变速器的液力变矩器、离合器、液压泵、电磁阀、液压阀体、高效执行机构等零部件进行重点研究，攻克制造工艺难题，实现产业化。

(7) 低摩擦技术

深入研究摩擦机理，研究材料、结构及表面技术对摩擦的影响。重点开展摩擦材料的基础特性、涂层、配合、润滑脂特性等多方面的研究。

(8) 增压器与应用技术

创新增压理念，提高增压器结构设计和制造技术水平，探索集成发电及电动功能的机电耦合增压器技术，提升整车动力性、经济性和驾驶性。

(9) 先进燃油喷射系统研究

燃油喷射系统是发动机的核心部件，也是最重要的系统，对发动机燃烧放热过程起到关键性作用。需大力发展高压喷射、多次喷射、可变速率喷射技术，提高行业工艺和精密制造水平，实现产业化应用。

(10) 48V系统开发

研究48V电机及其控制器一体化技术，开发高度集成的电机总成[比功率≥1.5kW/kg，集成式功率单元比功率≥11kW/L(含散热器)]；研究48V电机与传动系统的集成技术，实现12%~15%的整车节油效果。

(11) 混合动力发动机技术

针对混合动力发动机工况特点，开发专用的燃烧系统，以实现常用工况效率的最高化，降低整车油耗；针对频繁起停的工作条件，进行起停控制策略开发，以降低排放和油耗，提高可靠性。

(12) 混合动力机电耦合系统技术

研究新型混合动力系统构型，集成发动机高效运行控制、一体化电机及控制、动力电池寿命预估与优化控制、整体能量管理与转矩协调控制等，开发高效率、高集成度、高性价比的机电耦合系统。

5.2 纯电动和插电式混合动力汽车

发展纯电动和插电式混合动力汽车是我国汽车产业缓解石油压力、实现环境友好、促进转型升级的重大任务。目前，在整车、关键零部件和充电基础设施等重要技术领域都取得了较大进展。

在整车方面，虽然我国纯电动和插电式混合动力汽车部分产品的动力性和经济性等性能指标已与国外公司产品不相上下，但是整车驾驶性能和振动与噪声（NVH）的控制还需进一步提升，整车可靠性控制以及成本控制也有待提升；混合动力专用发动机、高集成机电耦合装置、电机系统等核心零部件可靠性和成本控制方面也有一定差距，在整车及关键零部件的批量化生产、品质控制等方面还有待提升。

在驱动电机方面，基本掌握了先进的电磁设计技术，驱动电机的比功率、效率等技术指标与国际水平基本接近，峰值比功率 2.8 ~ 3.0kW/kg，效率≥93%，最高转速达到12000r/min。电机控制器的焊接式封装技术已基本掌握，国产薄膜电容、电流传感器实现了规模化应用，比功率为 5 ~ 8kW/L，与国际先进水平有差距；在国外已经开展的下一代半导体器件研发方面，我国尚处于起步状态，需要注重进行高温电力电子等基础理论研究，在 SiC 半导体材料、功率器件和控制器等技术方面展开工程开发。

在充电技术和设施方面，我国研发了交流慢充、直流快充等关键设备和运营平台，建立了充换电设施试验检测环境；国内无线充电技术研究取得了长足进步，已有产品样机，处于装车试验阶段；电动汽车与电网互通（V2G）技术、与外界环境的通信（V2X）技术研究已初步开展。与国外相比，我国充电基础设施在功率模块、电子芯片、漏电保护器和安全防护等方面尚有差距，充电接口和充电系统在兼容性方面存在不足，无线充电技术需进一步提升，充电基础设施与智能电网的互联互通方面还需要进一步验证。

> 伴随 2015 年 12 月巴黎气候大会的历史性突破，全球进入低碳发展新时期，新能源汽车将呈现加速发展。因此，必须尽快完善我国新能源汽车产业链，促进纯电动和插电式混合动力汽车的大规模普及。

5.2.1 发展目标

到 2020 年，初步建成以市场为导向、企业为主体、产学研用紧密结合的新能源汽车创新与产业体系。纯电动汽车和插电式混合动力新能源汽车年销量占汽车总销量的 7% 以上；打造明星车型，进入全球销量排名前 10；动力电池、驱动电机等关键系统达到国际先进水平。建设超过 1.2 万个充换电站，超过 500 万个充电桩，建立若干个具有一定规模的无线充电试验示范区域，完成商业化实用性验证。

到 2025 年，形成自主且完整的产业链，纯电动汽车和插电式混合动力新能源汽车年销量占汽车总销量 15% 以上；自主品牌纯电动和插电式混合动力汽车产品技术水平与国际同步，拥有在全球销量进入前五名的一流整车企业，动力电池、驱动电机等关键系统实现批量出口；建设超过3.6万个充换电站，超过2000万个充电桩，完成纯电动汽车和插电式混合动力汽车、融合风/光发电的智能电网的整体联网区域试点，无线充电技术完成较大规模示范。

到2030年，新能源汽车自主产业链进一步完善，纯电动汽车和插电式混合动力汽车年销量占汽车总销量40%以上；自主品牌纯电动和插电式混合动力汽车在国内市场占绝对主导地位，主流自主企业的关键技术国际领先，培育具有国际领先水平的零部件企业。建设超过4.8万个充换电站，超过8000万个充电桩，全面实现纯电动汽车和插电式混合动力汽车、智能电网与智能社区的联网运行。

5.2.2　技术路径分析

纯电动汽车方面，为了实现续驶里程和低能耗的发展目标，更好地满足用户使用需求，需要持续提高动力电池能量密度和电驱动系统效率，开发专用电动化底盘平台，以减少整车能量损耗、降低整车整备质量和成本。

插电式混合动力汽车方面，优化混合动力系统构型，开发与车辆传感、导航信息、地理信息和智能交通系统相结合的整车预测控制技术，提高动力系统的集成设计能力，实现电驱动系统效率提升和整车能耗降低。

为了促进纯电动和插电式混合动力汽车的推广应用，充电速度需要不断提高，以大幅缩短充电时间，并且使车辆、充电设施以及智能电网实现互联互通，提高充电的方便性，促进纯电动和插电式混合动力汽车大规模应用后的电力资源合理利用。

5.2.3　发展重点

（1）低成本、高效率插电式混合动力总成开发技术

研究新型插电式混合动力系统构型，研究机电耦合机构和电机的集成技术，开发结构紧凑、可靠性高、平台通用性好的新型插电式混合动力总成。

（2）驱动电机与底盘集成技术

研究轮毂/轮边电机与底盘集成技术、线控转向和线控制动技术，开发专用化分布式驱动底盘平台；研究一体化底盘运动控制技术、分布式驱动整车控制技术及协调式制动能量回收技术。

（3）纯电动汽车动力系统集成及其控制技术

研究驱动电机与逆变器及减速器一体化集成技术，开发高集成度、高效率、低成本的纯电动汽车动力系统；研究动力电池与车身地板一体化集成技术，提升动力电池系统能量密度，开发高安全性、低成本的纯电动汽车专用底盘平台。

（4）高性能驱动电机技术

研究新型高速、高效、高比功率电机的设计与工艺技术、液冷与密封技术、高压安全及防护技术，以及电机铁心、永磁体、漆包绕组等材料技术，开发高性价比的电机产品及其关键零部件。

（5）新型电机控制器技术

研究车用高温大电流碳化硅芯片技术、低感/高密度碳化硅模块封装技术、高温高频

驱动技术及碳化硅电机控制器集成技术，开发电机控制器用大电流碳化硅芯片、高效/高密度碳化硅模块和电机控制器产品。

(6) 先进充电技术

研究无线充电技术、大功率快速充电技术，以及智能化、高效率双向充放电技术，研究车载能源与可再生能源发电系统、与电网相融合的协调控制和智能管理技术。

(7) 整车智能能量管理技术

基于智能交通系统、导航信息和地理信息，开发基于路径规划的插电式混合动力汽车整车预测能量管理技术，开发基于路径规划的纯电动汽车续驶里程预估技术；基于车辆传感和车辆定位技术，开发纯电动和插电式混合动力汽车智能驱动控制技术，提高动力系统工作效率和制动能量回收率。

(8) 纯电动和插电式混合动力汽车整车控制技术

开发基于驾驶人意图识别、动力系统工作效率最优且工况适应性强的动力系统模式管理和驱动转矩分配策略，提升整车驾驶性和经济性；开展整车功能安全和故障诊断技术开发，提升整车安全水平；开发基于 AutoSar 和 ISO 26262 要求的整车控制策略软件平台。

5.3 氢燃料电池汽车

氢燃料电池汽车具有零排放、续驶里程长、燃料加注快的典型特点，是未来汽车行业发展的重要趋势之一。同时，发展氢燃料电池汽车，对改善能源结构，发展低碳交通，具有非常显著的意义。

国际上，欧、美、日等地区和国家已基本完成性能开发验证，逐步进入氢能及燃料电池产业化阶段。我国经过多年研究，取得了不小进步，但在系统比功率、寿命及成本控制等方面，相较国际先进水平仍有一定差距。

随着车用燃料电池技术发展方向逐渐明确，除了燃料电池材料、电池堆、系统、整车动力系统以及氢能基础等各产业链技术的进一步成熟、性能进一步提升外，主要趋势表现为燃料电池的模块化和系列化、氢燃料电池汽车动力系统混合化、车载能源载体氢气化和来源多样化、氢燃料电池汽车运行规模化等。

5.3.1 发展目标

发挥产学研用联动优势，突破关键技术瓶颈，建立健全氢燃料电池产业链，实现氢燃料电池汽车的大规模产业化发展。

到 2020 年，实现氢燃料电池汽车规模化示范运行，示范车辆达到 5000 辆；到 2025 年，实现氢燃料电池汽车的推广应用，规模达到 5 万辆；到 2030 年，实现氢燃料电池汽车的大规模推广应用，氢燃料电池汽车规模超过 1 百万辆。

5.3.2 技术路径分析

氢燃料电池汽车总体发展路径，通过三个五年的技术研发、示范考核和领域推广，开展燃料电池关键材料技术、电池堆技术、系统集成与控制技术、动力系统开发技术以及制氢、储氢、运氢等基础技术研究，掌握氢燃料电池汽车的设计与集成技术，完善包括燃料电池堆及关键材料、燃料电池系统及核心部件、氢燃料电池汽车及关键零部件、氢能供应基础设施在内的完整的技术链与产业链，实现构建面向未来的清洁、低碳、高效氢燃料电池汽车研发和应用体系的整体发展目标。

5.3.3 发展重点

（1）新型燃料电池核心材料

新型燃料电池核心材料及燃料电池过程机理研究，包括低铂或非铂催化剂、高强度固体电解质膜、低成本气体扩散层、耐蚀长寿命超薄双极板等新材料过程机理、制备工艺及部件产品的研究与开发。

（2）先进燃料电池堆

基于高性能低成本膜电极（MEA）技术，研究燃料电池堆传热传质、结构设计及流体仿真技术，开发高比功率、长寿命、低成本的先进燃料电池堆产品，并形成一致性保障的批量生产制造能力。

（3）关键辅助系统零部件技术

加强空压机组件、氢气喷射与再循环泵等关键辅助系统零部件研发。开发小型化、低功耗、快速响应的空气压缩机，提高燃料电池系统效率与比功率；研究高流量控制精度的氢气喷射与宽适应范围的氢气循环装置，提高氢气利用率，改善系统经济性。

（4）高性能燃料电池系统（发动机）

开展高性能燃料电池系统性能设计、零部件集成技术以及系统控制技术等关键技术研究，开发以高比功率、长寿命为特征的分别适应于燃料电池乘用车及燃料电池商用车的系列化燃料电池系统产品。

（5）混合型燃料电池动力系统

深入研究以燃料电池及动力电池共同驱动的燃料电池动力系统技术平台，开发燃料电池系统、动力电池和驱动电机等关键部件的匹配与控制技术，形成创新的燃料电池动力系统技术与产品平台。

（6）制氢、运氢、储氢及加氢基础设施

开发高效、低成本分布式制氢技术，加大可再生能源制氢比例；发展多种氢气储存运输形式；开发高质量储氢率、高体积储氢密度、低成本车载储氢容器及瓶、阀等关键零部件；完善加氢站布局规划，为氢燃料电池汽车示范及批量推广提供基础设施条件。

5.4 智能网联汽车

伴随移动互联网、智能化技术的快速发展，智能网联汽车已成为全球汽车产业的发展重点。根据各大汽车公司发布的计划，到 2025 年智能网联汽车将实现大规模商业化的推广普及，因此智能网联汽车已进入实用化的竞争发展阶段。纵观国外智能汽车发展历程和现状，都是以提高出行安全和行车效率为主要目的。以传感技术、信息处理、通信技术、智能控制为核心，车与路、车与车协同系统与高度自动驾驶已经成为现阶段各国发展的重点，也已成为市场竞争制胜的关键因素。

从行业技术水平来看，目前欧、美、日在智能网联汽车技术领域形成了三足鼎立的局面。欧洲拥有世界领先的汽车电子零部件供应商和整车企业，其自主式自动驾驶技术相对领先；美国的重点在于网联化，其通过政府强大的研发体系，已快速形成了基于 V2X 的汽车产业化能力；日本的交通设施基础较好，自动驾驶方面技术水平也在稳步推进。我国的优势在于快速发展的通信产业、完整的全球卫星导航系统和世界第一的汽车产销量水平，这些为我国智能网联汽车的发展奠定了良好的基础。

我国部分高校、科研院所和企业在环境感知、车辆自主决策与控制、基于车载和基于车路通信的驾驶辅助系统的研究开发方面取得了积极进展，并开发出无人驾驶汽车演示样车。但我国发展智能网联汽车依然存在一些问题。如：尚未形成国家层面的智能网联汽车发展战略，智能网联汽车领域的基础技术还十分薄弱，自主零部件企业非常弱小，行业缺乏有效协同研发机制，信息产业与汽车融合层次较浅，智能网联汽车标准法规及测试能力建设落后较多。

5.4.1 发展目标

到 2020 年，初步形成以企业为主体、市场为导向、政产学研用紧密结合、跨产业协同发展的智能网联汽车自主创新体系。初步建立智能网联汽车标准法规体系、自主研发体系、生产配套体系，掌握乘用车及商用车智能驾驶辅助系统关键技术，制定我国智能网联汽车数据安全技术标准。汽车驾驶辅助（DA）、部分自动驾驶（PA）、有条件自动驾驶（CA）新车装备率超过 50%，网联式驾驶辅助系统装备率达到 10%。汽车交通事故减少 30%，交通效率提升 10%，油耗与排放分别降低 5%。

到 2025 年，基本建成面向乘用车与商用车的自主智能网联汽车产业链与智慧交通体系。建立较为完善的智能网联汽车标准法规体系、自主研发体系、生产配套体系及产业群，掌握自动驾驶系统关键技术，拥有供应量在世界排名前十的供应商企业一家；实现汽车全生命周期的数字化、网络化、智能化，基本完成汽车产业转型升级，智能网联汽车实行国家信息安全强制认证。DA、PA、CA 级新车装备率达 80%，其中，PA、CA 级新车装备率达 25%。高度自动驾驶（HA）、完全自动驾驶（FA）级汽车开始进入市场。汽车交通事故减少 80%，普通道路的交通效率提升 30%，油耗与排放均降低 20%。

到 2030 年，建成面向完善的自主智能网联汽车产业链与智能交通体系。形成完善的自主智能网联汽车标准法规体系、研发体系及生产配套体系，中国品牌智能网联汽车以及核心汽车零部件企业具备较强国际竞争力，实现产品大规模出口。建立完善的智能交通体系，智能汽车与智能道路间形成高效的协作发展模式。DA、PA、CA 级新车装配率以及汽车联网率均接近 100%，HA/FA 级新车装配率达到 10%。在部分区域初步形成“零伤亡、零拥堵”的智能交通体系，全国范围内交通事故率、拥堵时间与能耗排放均大幅度降低。

5.4.2 技术路径分析

加速发展感知、定位、通信技术，并且以之为主要基础支撑，同步发展多源信息融合技术，与整车控制相结合，实现智能系统整车的协同控制。推进智能网联汽车相关标准的出台，尽早布局核心零部件的基础研究、开发和生产，占领智能网联汽车这一新领域的制高点。以智能网联汽车需求出发，推动与智能网联汽车相关其他领域的基础研究、技术开发和产品开发；推动道路交通等设施向信息化和智能化发展，为智能网联汽车营造合适的生态环境。

5.4.3 发展重点

（1）智能网联汽车环境感知技术

研发可适用于行人穿戴/手持电子终端的行人传感与车载接收系统；开发基于视觉的乘员状态检测系统，基于非接触式的车辆机械健康监测系统；突破深度学习模型算法在车载环境感知领域的优化集成，开发基于图形处理器（GPU）/现场可编程逻辑门阵列（FPGA）嵌入式软硬件系统；研制产业化激光雷达器件。突破多传感器的时空融合技术并实现产业化，突破复杂交通路况下多类交通参与者动态行为预测、态势感知；研制支持高度自动驾驶的智能域控制器，开发自动驾驶2~4级的高可靠产品。

（2）智能汽车集成控制技术

建立系统动态能量方程并开展基于动态能量交换的系统耦合机理分析，建立以最小能耗为控制目标的集成控制方法和能量管理子系统架构。开展多源传感信息融合的建模与算法研究，开展集成控制架构和集成控制方法研究。建立基于模拟仿真软硬件和实车一体化的测试验证平台。开展可持续发展的智能驾驶功能模型库搭建和车载以太网规范设计。

（3）车载V2X无线通信技术的应用

开展网络层和应用层协议研究，以及标准制定；搭建各汽车厂商之间能够实现互联互通的V2X无线通信系统；研发各类主动安全预警或效率类应用算法；实现V2X无线通信与高精度导航、定位融合的部分自动驾驶应用。

（4）智能网联汽车信息安全检测与防护关键技术

基于“端—管—云”架构开展车载网络异常状态识别、车载无线通信漏洞探测、车载传感器网络可信构造、车载信息伪装与泄露等关键技术研发；针对智能网联车辆的不同等级设计信息安全保护框架和防护机制。基于智能网联汽车信息安全模型、检测机制和防护体系研发不同防护等级的安全网关产品；通过不同典型应用场景进行安全网关产品的示范运营并实现产业化。

（5）云网一体化技术研究及应用

实现物理、虚拟网络设备统一管理，研究虚拟网络设备作为隧道端点技术，研究云数据中心内虚拟网络服务链技术，优化云平台网络东西向网络流量。自顶向下搭建一个可演进、开放、共享的产业生态环境。建立车辆通信终端标准、数据平台接口与协议标准、网联数据规范、公共服务标准与规范、应用平台接口与权限标准，以满足智能网联汽车信息安全的需求。

（6）智能网联汽车测试评价体系与测试环境建设

研究智能网联驾驶功能的测试方法和技术，制定科学完整的智能网联汽车测试评价标准，建设符合我国区域特色的智能网联汽车专用试验场，建设智能网联汽车示范区。研究智能网联汽车功能、性能、运营模式、基础设施等。研究建成我国智能网联驾驶标准体系框架与关键技术标准。重点推动 V2X 互联协议、自动驾驶等级认证、信息安全规范等标准的研究。

（7）动态高精度地图综合研究

全面收集地理、气候、道路、车辆和行人的实时动态数据，包括位置、交通以及预测信息等，在静态高精度地图基础上，实现驾驶外部环境的真实、详尽和实时表达。研究基于北斗系统和机器视觉的高精度定位技术，高精度地图数据、高精度定位位置数据及多传感器观测数据的存储管理及融合处理，以及在复杂道路工况及恶劣天气下试验、测试和评价。

5.5　汽车制造技术

目前，我国已建立起具备大工业生产特征的较完整的工业体系，骨干车企新建厂制造技术应用水平接近国际先进水平，自主品牌新建厂制造技术应用水平接近合资公司水平，但整体水平极不均衡，如老工厂制造技术普遍落后于新工厂，自主品牌汽车制造技术平均水平低于合资企业品牌汽车水平。制造技术自主开发能力薄弱，基础工艺研究滞后，工艺技术创新体系不健全，关键制造装备仍然依赖合资企业或进口，先进汽车制造装备、生产线重复引进的现象严重。

从未来发展看，随着信息技术、网络通信技术、数字化技术、人工智能技术的发展，世界制造业由手工操作模式逐步向机械化制造、自动化制造、智能化制造模式转变。针对现状与发展需求，我国汽车制造应重点围绕以下三方面实现转型升级。

（1）实现新能源汽车关键装备的突破发展

以驱动电机为例，我国自主开发的永磁同步电机、交流异步电机等已经实现了整车配套，功率覆盖 200kW 以下新能源汽车电机动力需求。在高性能、新结构电机制造工艺方面，我国只有少数电机供应商在开发样件，国际上已经开始批量生产；高端试验和关键生产设备、检验设备基本依赖进口；自动化生产线短板明显；我国驱动电机产业链不够完善，在电机控制器方面，我国电动汽车市场处于初步发展阶段，电动汽车电机控制器行业尚未形成清晰、稳定的市场竞争格局。

（2）促进现有汽车制造技术和装备的优化升级

如铸造、锻造、涂装是汽车制造过程中三大高能耗、高污染的专业领域，我国每吨铸件的能耗比日本、德国、美国高出 1 倍，比英国也高出 20%。我国现行的铸造车间粉尘排放标准比德国低很多。我国锻压中频加热炉、热处理炉应用技术接近国际先进水平，但在能源利用效率、可靠性等方面还有差距。国内汽车涂装平均能耗是国际先进水平的 2 倍左右。汽车涂装的可挥发性有机溶剂（VOC）排放水平也很不均衡，乘用车车身涂装的 VOC 排放量在 10～60 g/m^2。

（3）推动汽车产业向智能制造全面转型

汽车制造商应重点突破加工工艺数字化技术和生产线数字化与装备集成技术，构建标准化平台，构建基于网络的设计、制造、服务一体化，实现向数字化、智能化、智慧工厂的逐级转型。

5.5.1 发展目标

2020年前，汽车制造技术国际竞争力及“中国制造”的品牌效应进一步巩固；实现后工程不良品率比2015年下降25%，全员劳动生产率年均增长7.5%，单位生产总值能耗水平比2015年下降20%。

2025年前，汽车制造技术自主创新能力大幅提高，节能与新能源汽车制造技术能够引领世界发展；实现后工程不良品率比2015年下降45%，全员劳动生产率年均增长6.5%，单位生产总值能耗水平比2015年下降35%。

2030年前，汽车制造技术达到国际先进水平；初步进入世界汽车制造强国阵营；实现后工程不良品率比2015年下降65%，全员劳动生产率年均增长6.5%，单位生产总值能耗水平比2015年下降50%。

5.5.2 技术路径分析

为了实现制造技术的发展目标，满足高品质汽车生产的需求，需要在传统制造技术、新材料制造技术、新总成及零部件制造技术、智能化制造技术等方面实现快速提升。

传统制造技术是汽车制造的基础，大部分零部件采用传统制造技术生产，进一步提高传统制造技术水平是提高汽车品质的基本需求。随着汽车轻量化设计的逐步推进，新材料的应用种类和应用量将逐步提升，新材料制造技术的重要性也将逐渐显现。新能源汽车的发展带来的新总成和零部件，对制造技术提出了新的需求和挑战，是未来汽车制造技术发展的重要方向之一。伴随信息化和智能化的发展，定制化等商业模式的出现会促进对智能制造的需求。

5.5.3 发展重点

（1）轻量化车身制造技术

超高强度钢板复杂零件高性价比冷成形技术，超高强度钢板复杂零件高性价比热冲压技术，铝/镁合金车身覆盖件制造技术，低成本碳纤维复合材料覆盖件制造技术，超高强度钢车身框架零件热态气胀—淬火技术，铝合金车身结构件热态内高压成形技术，铝/镁合金复杂薄壁结构件压铸成型技术，钢/铝、铝/铝、铝/镁、镁/镁连接技术。

（2）轻量化底盘制造技术

高强度钢零件内压成形技术，铝合金底盘结构件热态内高压成形技术，高性能铝合金汽车结构件挤压铸造技术，铝/镁合金零件半固态压铸技术，高强度铝/镁合金件锻造及热处理技术。

（3）动力总成精密制造技术

发动机全工序制造误差流建模与质量控制技术，加工工艺大数据分析与机床、刀具状态管理技术，高性能发动机核心零部件（涡轮增压器、直喷喷油器、高压共轨）制造技术。

（4）新能源汽车电驱动系统制造技术

高效率、高比功率、高性价比驱动电机制造技术，高可靠性、高比功率、高性价比驱动电机控制器制造技术，高转速、低噪声、高性价比减速器和变速器制造技术。

（5）数字化制造及优质制造技术

数字化制造技术包括：加工工艺数字化技术，生产线数字化与装备集成技术，数字化物流技术，实现以网联与大数据为基础的设计、制造、服务一体化。优质制造技术包括：毛坯精密制造（精密锻造、精密铸造等）技术，充分考虑质量、成本、效率的尺寸公差设计技术，基于误差流分析和大数据分析的质量检测和控制技术，大批量生产零件质量提高与质量稳定性保证技术。

（6）3D 打印技术

汽车尾气处理用高性能蜂窝陶瓷的激光选区烧结制备及性能调控技术，激光 3D 打印整体成型汽车喷油嘴技术，3D 打印成型碳纤维复合材料技术，3D 打印缸体、缸盖技术，3D 打印工装模具技术。

（7）智能制造技术

汽车智能制造标准与技术体系，汽车智能制造车间传感物联网络与大数据平台技术，面向个性化定制的柔性制造系统规划与集成技术，虚拟现实（VR）与增强现实（AR）及混合现实（MR）技术，汽车制造过程与工艺大数据技术及其应用，汽车制造智能综合管控技术，工业机器人技术及其在汽车智能制造中的应用，传感器技术。

（8）绿色制造技术

节能减排铸造技术（真空压铸、挤压铸造等工艺及装备）；节能减排锻造技术（冷锻、温锻、热精锻等少/无切削工艺及装备技术），节能减排的涂装技术（无磷前处理技术、无前处理技术，干式喷漆室技术，低温、室温固化涂料技术，涂装替代技术，免涂装技术等）。

5.6 汽车动力电池

动力电池是新能源汽车的核心总成，关系到新能源汽车的安全性、动力性、经济性、续驶里程寿命与充电方便性等。目前，动力电池仍然是制约新能源汽车规模普及应用的关键技术瓶颈之一。

动力电池的关键技术为电芯，我国动力电池关键材料基本上实现了国产化，形成了上下游相对完整的产业链，但材料的总体技术水平与国外还存在一定差距，尤其是高性能动力电池正极材料及高端隔膜方面。国内开发的锂离子电池单体单个技术指标与国外先进水平相当甚至更优，但产品性能、安全性和寿命等综合指标还有待提高。我国缺乏动力电池制造相关的自动化生产技术、高精度制造装备及品质保证技术，导致电池产品的安全性、一致性、制造成本较国外还有一定差距。我国在电池管理系统开发及系统集成方面投入较少，系统级别的可靠性、安全性还有待进一步提高。动力电池测试评价及标准体系方面以法规测试验证为主，缺少机理层面的测试分析标准。

动力电池的发展仍以保证电池可靠性和安全性，提高电池比能量、比功率，降低成本为主要目标。实现现有锂离子电池的性能升级，研发新型锂离子电池和新体系电池，提升动力电池智能制造水平，研发动力电池回收再利用技术，是目前动力电池主要的发展方向。

5.6.1　发展目标

2020年之前，为动力电池技术提升阶段。新型锂离子电池实现产业化。能量型锂离子电池单体比能量达到350W·h/kg，能量功率兼顾型动力电池单体比能量达到200W·h/kg。动力电池实现智能化制造，产品性能、品质大幅度提升，成本显著降低。

2020年到2025年，为动力电池产业发展阶段。能量型电池单体比能量达到400W·h/kg以上，动力电池产业发展与国际先进水平接轨。

2025年到2030年，为动力电池产业成熟阶段。新体系电池实现实用化，电池单体比能量达到500W·h/kg以上，成本进一步下降。动力电池技术及产业发展处于国际领先水平。

5.6.2　技术路径分析

为了满足我国新能源汽车发展的需求，需持续提高动力电池比能量，降低成本。主要的实现方式包括提升现有体系电池的技术水平，加大新体系电池的研发，提升关键材料及关键装备水平，提高电池的安全性、寿命和一致性，加速动力电池标准体系建设和电池回收再利用技术研究。

5.6.3　发展重点

（1）动力电池新材料、新体系

开展锂硫电池、全固态电池、金属空气电池等下一代电池技术的研究。研究开发具有良好导电性和稳定性的正极材料。制备高安全性、高稳定性、循环性能好的金属合金负极。开发高电导、宽电化学窗口和高热稳定性的新型液态电解质、聚合物固体电解质和无机硫化物固体电解质。降低电池的内阻，提高充放电效率，研究新体系电池设计及制备工艺。

（2）动力电池安全性及长寿命技术

探究电池热失控机理、热失控诱因和电池最大产热来源，开发具有针对性的安全技术，显著提高电池单体安全性。研究高比能量电池寿命失效机制。研究抑制正、负极材料及电极结构劣化技术。研究新型正、负极材料体系电池的长寿命电化学匹配技术等。

（3）动力电池设计及仿真技术

研究电池单体设计开发技术。基于电化学模型，研究电池单体电、热耦合仿真技术及寿命、安全性仿真技术。开展电池单体及电池系统在全寿命周期下的整车等效使用仿真技术研究。

（4）动力电池及其关键材料产业化技术研究

开发新型高比能量动力电池关键正、负极材料制备技术，开展新型动力电池产业化技术研究、智能制造技术研究。

(5) 动力电池系统及控制技术

研究电池成组和电池控制等技术。研究动力电池不一致性演化机理和控制方法。从电池单体、电池模组、电池包几个层面开展机、电、热安全设计研究，构建电池管理系统的安全策略。基于系统安全思想，对热失控原理、过程和防控方法开展系统性研究。开展基于整车需求的电池包设计、电池系统安全性在线监测、安全策略集成、安全性测试验证等。

(6) 动力电池测试分析技术及标准体系

研究动力电池关键材料、单体电池的测试评估技术，研究电池老化过程中的电池性能衰减机理，研究电池热稳定性的表征技术，研究动力电池安全性测试评价方法等。完善动力电池尺寸规格、电性能、可靠性及安全性、电池回收利用等标准体系。

(7) 动力电池梯次利用及资源回收技术

研究电池可靠性、安全性评估技术，以及电池使用寿命预测技术。建立电池编码制度及相关数据监测系统。研究梯次利用电池结构设计及管理系统开发。研究废旧电池分级梯次利用系统。研究专用拆解及相关材料回收设备。测试—拆解—深度破碎技术，以及金属元素复杂溶液提纯与循环利用。

5.7 汽车轻量化技术

汽车行驶时要克服四种阻力，其中的三种（滚动阻力、坡度阻力和加速阻力）与重量成正比。按使用环境，汽车市区行驶有92%、郊区行驶有55%、高速路行驶有30%的阻力与重量相关。因此，汽车减重（轻量化）也是节能减排的重要举措。一般说来，汽车每降重10%，可节油6%~8%。按欧洲和我国的汽车油耗评价方法，对于乘用汽油车，每降低100kg，最多可节油0.39L/100km。

综合考虑汽车的尺寸和主要性能，用整车轻量化指数来比较，我国自主品牌乘用车与日系车相差11.8%，与韩系车相差7.9%，与美系车相差3.3%。与合资品牌相比，自主品牌乘用车有4.9%的轻量化空间；自主品牌商用重型自卸车比国外偏重约15%，载质量利用系数偏小13%；牵引车的整备质量降低和挂牵比提升都有较大潜力。

从材料方面，首先是高强度钢及铝合金、镁合金及碳纤维复合材料等轻质材料在汽车上的应用比例有差距。由于在原材料、模具、成形和焊接的技术不足，在自主品牌汽车上大于550MPa的高强度钢用量较少。受成本和技术的限制，国外乘用车单车平均用铝量超过150kg，我国不到100kg；单车镁合金用量欧洲为9.3~20.3kg，北美为5.8~26.3kg，我国不足1.5kg。碳纤维复合材料也已在国外的商品车上应用（比如宝马i3），在我国几乎为零。在结构设计与优化方面仍有余地，如通过部件结构尺寸与形貌的设计优化去除冗余重量，关注部件厚度减薄和轴类件的空心化、尺寸紧凑化和部件集成化；多种材料合理组合，合适的材料用在合适的部位；加强对轻量化材料和部件的工艺研究和制造技术研究。

5.7.1　发展目标

通过轻质材料的广泛应用，轻量化结构设计的深入和轻量化制造的研究与推广，提高汽车先进高强度钢（AHSS）、超高强度钢和轻质材料的使用量。

到2020年，强度在600MPa以上的AHSS钢应用达到50%，铝合金单车用量达到190kg，镁合金单车用量达到15kg，碳纤维有一定使用量。

到2025年，第三代汽车钢应用比例达到白车身重量的30%，铝合金单车用量达到250kg，镁合金单车用量达到25kg，碳纤维使用量占车重2%。

到2030年，强度在2000MPa及以上钢材有一定比例应用，铝合金单车用量达到350kg，镁合金单车用量达到45kg，碳纤维使用量占车重5%。

5.7.2　技术路径分析

汽车轻量化是材料技术、制造技术与结构设计技术集成的综合工程，包括轻质材料的应用、新的制造技术和工艺，以及先进的结构优化或设计方法，体现在产品结构、材料和制造三个方面。大力推进高强度钢、铝合金、镁合金、工程塑料、复合材料等在汽车上的应用。加大对应高强度钢板的制造技术包括成形、焊接等的投入。研究铝合金、镁合金、复合材料等汽车部件的生产工艺技术，研究不同材料部件的连接技术，推进商品化应用。就乘用车产品而言，按汽车结构组成分解轻量化的次序是车身、底盘、动力系统、油箱和电池等附件。相比而言，车身是最大、最重的汽车部件，是整车上部的大总成，是轻量化汽车部件的首选。车身轻了，作为承载车身的底盘系统也就不需要那么强了，可以设计得小一点。车身底盘轻了，动力需求也小了，动力系统可以小型化，油箱和电池等附件也可变小或变少，从而实现了越来越轻的良性循环。

5.7.3　发展重点

（1）乘用车车身的轻量化

方向之一是全铝车身，方向之二是钢铝混合材料车身，方向之三是以碳纤维为主的非金属车身。需要解决的问题是铝合金材料的制造，铝材/复合材料的性能测试与评价，铝材/碳纤维车身的性能（强度和安全等）模拟，以及模具的制造技术和不同材料的连接技术。

（2）乘用车动力传动的轻量化

方向之一是铝合金、镁合金或铝/镁合金的缸体或缸盖、变速器壳体等，方向之二是空心曲轴和空心凸轮轴、空心驱动轴等，方向之三是非金属（玻纤/碳纤维复合材料、工程塑料）齿轮、罩盖、油底壳、进气管、传动轴等轻质材料的应用。

（3）底盘轻量化

方向之一是线控转向和线控制动，方向之二是悬架部件中的空心稳定杆、高强度钢/碳纤维复合材料弹簧、铝或复合材料副车架/控制臂/减振器壳体等，方向之三是陶瓷/碳纤维复合材料制动盘、碳纤维复合材料/镁合金车轮。

（4）高强度钢的材料与工艺提升

钢仍是汽车材料的主体，其成本低于铝/镁合金。加强国产汽车用钢的研究，特别是高强度钢板和超高强度钢板等新钢板品种，具有更高的强度和较好的成形性，有减重性和安全性的双重优势，是汽车中承重和碰撞结构安全用件的主体。在品种和品质上突破，建立材料标准，建立材料性能数据库，为汽车研发的结构设计、性能分析与模拟提供支撑。进行差厚板、车身梁类部件辊压成形技术的研究与应用。

（5）轻质材料的部件制作工艺研究

突破铝板（5 系/6 系/7 系）的制造技术，形成批量生产能力，建立汽车铝板的材料标准，研究、建立和积累铝板的材料性能数据，摸索汽车铝冲压件成形、回弹及热处理特征，掌握模具制作技术，降低铝的材料成本。

提高镁合金的性能，解决镁合金的防腐性问题。扩大镁合金在汽车上的使用范围，降低成本，提高在座椅骨架、仪表板横梁等方面的应用普及率。突破其在车轮上的应用限制。

结合汽车应用中的具体部件与结构，研究铺层方向、层数、工艺及树脂等对碳纤维复合材料（强度、刚度等）性能的影响，降低纤维成本，提高制件效率，以满足汽车生产节拍的需求。

开展薄壁铸铁和薄壁铝合金铸件的制作技术研究，结合拓扑优化、尺寸优化、形状优化及形貌优化，实现精细化产品结构，降低重量，提高性能。

（6）汽车轻质材料典型部件的标准化、系列化研究

统计分析不同类型、不同级别车辆的典型部件的结构与工艺特征；研制汽车专用铝型材并形成系列化，供给不同的汽车生产厂及不同级别的车型；完善辊压成形技术，根据汽车不同的部件，形成辊压型材的标准和系列，以实现大批量生产，降低成本。

（7）复合材料工艺及高效制备

加大超轻复合材料、车身用碳纤维复合材料、覆盖件用高性能工程塑料的材料及成型工艺研究，尤其是碳纤维复合材料，针对具体的汽车部件，研究结构、铺层、制作工艺及关键装备的开发与应用。

探索其他轻质材料的研发及其在汽车上的应用，尤其是环境友好型材料，追求从材料的生产、部件的制作，到汽车在用户中的使用，最后再到报废回收利用的整个生命周期内的节能减排，对环境没有污染。

（8）轻质材料汽车部件的设计与工艺模拟技术

车身的性能模拟，尤其是碰撞的安全模拟，对于钢制的并以电阻点焊为主要连接形式的车身结构，较为成熟；但对铝制、钢铝混合或者复合材料的车身而言，既缺少材料性能的数据，也缺乏新的连接方式的模型简化、边界条件等相关的模型方法、计算和试验经验的修正与比对等成功案例的积累。

在传统静载工况下的拓扑优化技术的基础上，以保证车体结构抗撞性为前提，进行满足多碰撞工况下的车身结构轻量化拓扑优化技术的研究与应用。

6 技术路线图

在已发布的《中国制造 2025》重点领域技术路线图基础上，为进一步明确我国汽车产业实施路线，围绕七大领域的专题分析结果，立足当前，着眼长远，统筹整体推进与重点突破，以创新、协调、绿色、开放、共享为指导原则，制定我国汽车产业的总体路线图、重点产品路线图和关键领域技术突破路线图。

6.1　产业总体路线图

基于全面解决制约我国汽车产业转型升级的创新能力不强、产业生态不佳、能源环境约束、国际化进程缓慢及共性基础薄弱等发展问题，在节能与新能源汽车规模化发展的同时，布局基于大数据的智能网联汽车产业链建设，开展车联网标准、运营标准等系列国家标准建设，获取引领竞争新规则的机会，形成从整车到关键零部件的完整工业体系和较强的自主创新能力，并以《中国制造 2025》五大方针为指导，形成五大发展主线。

（1）创新驱动

通过科技创新实现节能汽车与国际接轨，新能源汽车与国外先进水平同台竞争，智能网联汽车通过一批原创性成果力争引领。

（2）质量为先

强化企业质量主体责任，营造高品质经营环境，走以质取胜的发展道路。

（3）绿色发展

以低碳化、信息化、智能化为核心，构建汽车绿色制造与运行体系，走生态文明的发展道路。

（4）结构优化

实现基于网络的汽车设计、制造、服务一体化，培育一批具有核心竞争力的产业集群和企业联盟，走提质增效的高效益发展道路。

（5）人才为本

以国家智能网联汽车创新中心建设为核心，营造大众创业、万众创新的众创众筹、共建共享氛围。

我国汽车产业发展总体路线如图 1－6－1 所示。

	2020年	2025年	2030年
市场需求	汽车年产销规模达到3000万辆	汽车年产销规模达到3500万辆	汽车年产销规模达到3800万辆
	乘用车新车整体油耗降至5 L/100km	乘用车新车整体油耗降至4 L/100km	乘用车新车整体油耗降至3.2 L/100km
	乘用车国五排放标准	乘用车国六排放标准	测试循环调整，乘用车国七排放标准
	商用车平均油耗累计降低10%以上	商用车平均油耗累计降低15%以上	商用车平均油耗累计降低20%以上
	消费者对信息化与智能化产品的需求持续增强		低碳化、信息化和智能化成为解决“能源、污染、拥堵、安全”汽车四大公害的重大举措
产品应用	节能汽车年销量占比超过30%	节能汽车年销量占比达到40%	节能汽车年销量占比50%
	新能源汽车年销量超过总销量的7%	新能源汽车年销量超过总销量的15%	新能源汽车年销量超过总销量的40%
	远程通信互联终端整车装备率将达50%	远程通信终端整车装备率增至80%，近距通信互联终端整车装备率达到30%	智慧交通系统基础设施建设完成，信息化、智能化法律法规与标准完善
	驾驶辅助(DA)、部分自动驾驶(PA)车辆市场占有率约50%	DA、PA车辆占有率保持稳定，HA车辆占有率约10%～20%	FA车辆市场占有率近10%
产业基础	形成低碳消费与管理体系	形成全国生命周期低碳管理体系	汽车碳排放总量在2028年提前达到峰值并呈现下降
	单位生产总值能耗水平下降20%	单位生产总值能耗水平下降35%	单位生产总值能耗水平下降50%
	初步形成以企业为主体、市场为导向、政产学研用紧密结合、跨产业协同发展的汽车自主创新体系	基本建成自主可控完整的汽车产业链与绿色、智慧交通体系	普通道路的交通效率提高80%，交通事故数减少80%，交通事故死亡人数减少90%，汽车交通碳排放减少20%
	启动智慧交通城市建设，基于网络的设计、制造、服务一体化工程	实现汽车全生命周期的数字化网络化智能化，初步完成汽车产业转型升级	初步形成可实现“超低碳、零伤亡、零拥堵”的智慧交通体系
	突破动力电池、电控系统、传感器等核心关键技术	以智能网联汽车为重点形成产业共性技术创新中心	形成完善的汽车技术创新体系，围绕产业链形成完备的创新链与资源链

图1-6-1　我国汽车产业发展总体路线图

6.2　重点产品路线图

节能汽车、纯电动和插电式混合动力汽车、氢燃料电池汽车、智能网联汽车是我国汽车产业解决当前发展问题、占据未来竞争制高点的重点产品。

6.2.1　节能汽车

节能汽车应以结构节能与技术节能并重，加快紧凑型及以下小型车的推广，显著提高小型车比例，抑制大型车快速增长的势头；以混合动力技术为重点，以动力总成优化升级、降摩擦和先进电子电气技术为支撑，全面提升传统燃油汽车节能技术和燃油经济性水平；以发展天然气车辆为主要方向，因地制宜适度发展替代燃料汽车，推动我国汽车燃料的低碳化、多元化，降低对石油的依赖。节能汽车产品路线如图 1－6－2 所示。

领域	方向	2020年	2025年	2030年
总体目标		乘用车油耗5L/100km	乘用车油耗4L/100km	乘用车油耗3.2L/100km
		商用车油耗接近国际先进	商用车油耗达到国际先进	商用车油耗同步国际领先
		重点突破核心技术	核心技术实现产业化	前沿性节能技术研发成功
乘用车领域	车辆小型化	紧凑型及以下车型销量占比超过55%	紧凑型及以下车型销量占比超过60%	紧凑型及以下车型销量占比为70%左右
	大力发展混合动力	混合动力车型占乘用车销量8%，油耗比传统车降低25%	混合动力车型占比达到20%，油耗比2020年降低10%	混合动力车型占比达到25%，油耗比2020年降低20%
	动力总成升级优化	汽油机热效率40%	汽油机热效率44%	汽油机热效率48%
	电子电气节能	发展48V系统并提升效率	普及高效电动空调等	降低车辆用电设备能耗
	降低阻力损失	重点降低摩擦、滚阻、风阻		
	替代燃料分担	替代燃料车型占乘用车销量3%	替代燃料车型占比达到6%	替代燃料车型占比达到8%
商用车领域	动力总成升级优化	柴油机热效率50%、低速高转矩、小后桥速比	柴油机热效率52%、热管理、自动变速器	柴油机热效率55%、朗肯循环
	逐步发展混合动力	轻型货车及普通客车率先应用	中型货车逐步应用	重型货车逐步应用
	优化空气动力学	半长头、车挂间隙缩小、自动裙板、电子后视镜等流线形外观设计		
	智能化信息化	推进智能化和信息化技术在商用车上应用，进一步促进商用车降低油耗		
	替代燃料分担	适度发展天然气、生物燃油、甲醇/柴油、二甲醚等替代燃料车型，并持续降低能耗，减少成品油消耗量		

图 1－6－2 节能汽车产品路线图

6.2.2 纯电动和插电式混合动力汽车

纯电动和插电式混合动力汽车以中型及以下车型规模化发展纯电动乘用车为主，实现纯电动技术在家庭用车、公务用车、租赁服务以及短途商用车等领域的推广应用；以紧凑型及以上车型规模化发展插电式混合动力乘用车为主，实现插电式混合动力技术在私人用车、公务用车以及其他日均行驶里程较短的领域推广应用；以动力电池、驱动电机突破发展支撑整车竞争力提升并实现关键部件批量出口；以覆盖全国的充电设施与服务网络建设支撑电动汽车大规模推广。纯电动和插电式混合动力汽车产品路线如图 1-6-3 所示。

		2020年	2025年	2030年
总体目标		初步建成以市场为导向、企业为主体、产学研用紧密结合的新能源汽车产业体系	形成自主且完整的新能源汽车产业链	新能源汽车自主产业链进一步完善，建成具有国际竞争力的新能源汽车产业体系
总体目标		纯电动和插电式混合动力新能源汽车占乘用车年销量7%以上	纯电动和插电式混合动力新能源汽车占比达到15%以上	纯电动和插电式混合动力新能源汽车占比达到40%以上
纯电动汽车	应用领域	部分城市家庭用车、租赁服务、公务车实现批量应用；在公交客车、市政卡车、短途物流车以及其他特定市场、特定用途等领域实现大批量应用	多数城市的公共领域与私人领域实现批量应用	在全国范围内大批量应用
纯电动汽车	关键指标	乘用车：典型小型纯电动车（整备质量1200kg）法规工况电耗小于12kW・h/100km	乘用车：法规工况整车电耗在2020年指标基础上降低10%	
纯电动汽车	关键指标	公交客车：法规工况整车电耗小于3.5kW・h/100km・t	公交客车：法规工况整车电耗小于3.2kW・h/100km・t	公交客车：法规工况整车电耗小于3.0kW・h/100km・t
插电式混合动力汽车	应用领域	在紧凑型及以上的私人用车、公务用车以及其他日均行程较短的使用领域实现批量应用		
插电式混合动力汽车	关键指标	纯电动行驶时的电耗与同重量的纯电动汽车电耗相等，混合动力模式油耗相比传统车型节油25%（不包括增程式电动车）	混合动力模式下整车油耗相比2020年水平降低10%以上	混合动力模式下整车油耗相比2020年水平降低20%以上
零部件技术		动力电池、驱动电机等关键零部件达到国际先进水平		
充电基础设施		建成超过1.2万座充换电站，超过500万个交直流充电桩	建成超过3.6万座充换电站，超过2000万个交直流充电桩	建成超过4.8万座充换电站，超过8000万个交直流充电桩
充电基础设施		在小规模城市群建设充电服务网络	基本建成覆盖全国的充电服务网络	进一步完善全国充电服务网络

图 1-6-3　纯电动和插电式混合动力汽车产品路线图

6.2.3　氢燃料电池汽车

氢燃料电池汽车首先实现在特定地区的公共服务用车领域 5000 辆规模示范应用；逐步推广至城市私人用车、公共服务用车等领域的大批量应用，达到 50000 辆规模；最终，在私人乘用车、大型商用车领域实现百万辆规模的商业推广。在此过程中，进一步提高氢燃料电池汽车低温启动、可靠耐久、使用寿命等性能并降低整车成本，逐步扩大燃料电池系统产能，完善氢气供应、运输及加注基础设施建设，支撑氢燃料电池汽车的产业化发展。燃料电池汽车产品路线如图 1-6-4 所示。

		2020年	2025年	2030年
总体目标		在特定地区的公共服务用车领域小规模示范应用，5000辆规模	在城市私人用车、公共服务用车领域实现大批量应用，50000辆规模	在私人乘用车、大型商用车领域实现大规模化商业推广，百万辆规模
		燃料电池系统产能超过1000套/企业	燃料电池系统产能超过1万套/企业	燃料电池系统产能超过10万套/企业
氢能燃料电池汽车	功能要求	冷启动温度达到−30℃，动力系统构型设计优化，整车成本与纯电动车相当	冷启动温度达到−40℃，批量化降低整车购置成本，与同级别混合动力汽车相当	整车性能达到与传统车相当，具有相对产品竞争力优势
	商用车	耐久性40万km 成本≤150万元	耐久性80万km 成本≤100万元	耐久性100万km 成本≤60万元
	乘用车	寿命20万km 成本≤30万元	寿命25万km 成本≤20万元	寿命30万km 成本≤18万元
关键零部件技术		高速无油空压机、氢循环系统、70MPa储氢瓶等关键系统附件性能满足车用指标要求		系统成本低于200元/kW
氢能基础设施	氢气供应	可再生能源分布式制氢；焦炉煤气等副产氢气制氢/高效低成本氢气分离纯化技术		可再生能源分布式制氢
	氢气运输	高压气态氢气储存与运输	低温液体氢气运输	常压高密度有机液体储氢与运输
	加氢站	数量超过100座	数量超过300座	数量超过1000座

图 1－6－4　氢燃料电池汽车产品路线图

6.2.4　智能网联汽车

基于自主环境感知的单项驾驶辅助功能（即 DA 级）大规模运用将于 2016 年实现；以自主环境感知为主、网联信息服务为辅的部分自动驾驶（即 PA 级）应用将于 2018 年实现；融合自车传感器和网联信息、可在复杂工况下的半自动驾驶（即 CA 级）将于 2020 年实现；在 2025 年以后可实现 V2X 协同控制，完成高度/完全自动驾驶功能（即 HA/FA 级），在 2030 年左右实现一定规模的产业化应用。智能网联汽车产品路线图如图 1－6－5 所示。

		2020年	2025年	2030年
总体目标		远程通信互联终端整车装备率将达50%，网联式驾驶辅助系统装备率达10%	远程通信终端整车装备率增至80%，网联式驾驶辅助系统装备率达30%以上	智能交通系统基础设施建设完成，信息化、智能化法律法规与标准完善
		DA、PA、CA级新车装备率超过50%	DA、PA、CA级新车装备率达到80%	HA/FA级新车装备率达到10%
网联	网联信息系统	部分实现远程通信，信息化装备率达50%	部分V2X通信，信息化装备率达80%	普及V2X，信息化装备率达100%
		为驾驶和出行提供交通、资讯和车辆运行状态等信息服务，突出信息化和人机交互升级		为智能控制等提供信息服务

图 1－6－5　智能网联汽车产品路线图

		2020年	2025年	2030年
驾驶辅助	DA级智能汽车	制定中国版自动驾驶辅助标准，突出安全性、舒适性和便利性		
		交通事故减少30%，交通死亡人数减少10%，DA级新车装备率达到40%		
部分/高度自动驾驶	PA、HA级智能汽车	制定中国版乘用车城市自动驾驶标准和高速公路自动驾驶标准；乘用车突出安全性、舒适性、便利性和高机动性，高速公路普及PA级，一线城市普及DA级		
		制定中国版商用车城郊自动驾驶标准和高速公路自动驾驶标准，商用车以提高效率、经济性、安全性和便利性为主，高速公路普及DA级，逐步应用PA级		
		PA、CA级新车装备率达25%		
完全自主驾驶	FA级智能汽车	制定中国版完全自动驾驶标准，基于多源信息融合和三网融合，利用人工智能及自动控制技术，配合智能化环境实现自动驾驶，改变出行模式，在部分区域初步形成“零伤亡、零拥堵”的智能交通体系，全国范围内交通事故率、拥堵时间与能耗排放均大幅度降低		
		HA/FA级新车装备率达到10%		
智慧共享	智慧出行用车	制定中国版智能交通标准，依托智慧城市和智能交通体系建设，实现智能化管理		
		普及DA级和远程通信系统，信息化装备率达到50%，智能化装备率达到50%	普及PA级，实现远程服务，信息化装备率达到100%，智能化装备率达到80%	实现公共交通智能化管理

图1-6-5　智能网联汽车产品路线图（续）

6.3　关键技术突破路线图

为了落实我国汽车发展总体路线，支撑节能汽车、纯电动和混合动力汽车、氢燃料电池汽车、智能网联汽车等重要产品的发展，制定了节能汽车关键技术路线图、纯电动和插电式混合动力汽车关键技术路线图、氢燃料电池汽车关键技术路线图、智能网联汽车关键技术路线图、汽车动力电池技术路线图、汽车轻量化技术路线图、汽车制造技术路线图。

6.3.1　节能汽车关键技术路线图

节能汽车技术路线重点在于采用高效燃烧、降摩擦、先进控制等技术提高发动机热效率，以多档化和高效化提高传动效率，采用混合动力技术进一步降低整车油耗。节能汽车技术路线如图1-6-6所示。

6.3.2　纯电动和插电式混合动力汽车关键技术路线图

纯电动和插电式混合动力汽车技术路线重点在于：为了实现纯电动汽车和插电式混合动力汽车的大批量市场推广，形成完善的整车、关键总成生产体系和社会生态环境；以降低整车成本、提升整车技术先进性为目标，突破先进驱动电机和动力电池等关键零部件开发技术，加快充电设备技术研究及充电基础设施推广普及。纯电动和插电式混合动力汽车技术路线如图1-6-7所示。

	2020年	2025年	2030年
技术目标	乘用车汽油机热效率≥40%，重型商用车柴油机热效率≥50%，接近国际先进水平	乘用车汽油机热效率≥44%，重型商用车柴油机热效率≥52%，达到国际先进水平	乘用车汽油机热效率≥48%，重型商用车柴油机热效率≥55%，与国际领先水平同步
燃油喷射系统	突破自主汽油直喷系统200bar⊖喷油技术	突破自主汽油直喷系统250bar喷油技术，实现高压共轨系统产业化	突破自主汽油直喷系统300bar及以上喷油技术，实现超高压直喷系统产业化
	突破自主柴油共轨系统1800bar喷油技术与可变喷油规律技术，实现柴油机节油2%，自主开发1600bar产品批量应用	突破自主柴油共轨系统2000~2200bar喷油技术，实现高压共轨系统产业化，行业建立自主共轨产品批量生产能力	突破自主柴油共轨系统2500bar及以上喷油技术，实现超高压共轨系统产业化
可变气门	突破分段式可变气门升程技术	突破全可变气门技术	
增压	汽油机突破废气旁通阀电动执行器技术、双流道技术、可变增压技术，实现汽油机节油	汽油机突破电动压气机技术	突破电辅助增压技术
	柴油机采用废气旁通阀电动执行器	柴油机突破可变增压器技术，实现柴油机节油	
废热能量回收	实现排气和EGR能量回收		实现冷却系统等多源能量回收
控制	基于模型的控制技术	模型预测控制技术	
低摩擦	低摩擦水平的持续改进		
混合动力	混合动力专用发动机技术		
	一体化48V电机开发技术	48V电动机械增压器开发技术	
	一体化48V电机与变速器集成技术	一体化48V电机与变速器集成技术	
变速器	离合器总成技术、电液耦合液压阀体技术、液力变矩器技术、高压静音油泵技术等自动变速器核心零部件技术逐步提升		
	多档自动变速器、双离合自动变速器、无级变速器等技术不断突破，效率逐步提升		
	混合动力专用变速器开发	低泄漏液压系统、高效液压泵等技术，混合动力专用变速器效率持续提升	

图 1-6-6　节能汽车关键技术路线图

	2020年	2025年	2030年
技术目标	动力电机： 乘用车20s有效比功率≥3.5kW/kg 商用车30s有效比转矩≥18N·m/kg	动力电机： 乘用车20s有效比功率≥4kW/kg 商用车30s有效比转矩≥19N·m/kg	动力电机： 乘用车20s有效比功率≥5kW/kg 商用车30s有效比转矩≥20N·m/kg
	电机控制器：比功率≥15kW/L	电机控制器：比功率≥25kW/L	电机控制器：比功率≥35kW/L
	纯电驱动系统最高传动效率大于91%	纯电驱动系统最高传动效率大于93%	
	机电耦合变速器，最高传动效率大于88%	高集成度专用机电耦合变速器，最高传动效率大于90%	
	电动汽车快充每充电15min可行驶里程≥100km	电动汽车快充每充电10min可行驶里程≥100km	

图 1-6-7　纯电动和插电式混合动力汽车关键技术路线图

⊖ 1 bar = 10^5 Pa。

	2020年	2025年	2030年
动力系统集成技术	电机与传动装置、电机控制器集成技术	轮边/轮毂电机系统技术	电机内置功率电子集成技术
	结构集成、高效率机电耦合变速器开发技术	高集成度、低成本机电耦合变速器开发技术	
	以动力总成转矩控制为核心的整车控制技术	以能量管理为核心的整车智能控制技术	与信息化、智能化相融合的整车智能控制技术
	电动车整车安全、NVH、寿命等性能控制技术		
动力电机技术	高输出密度、高效率永磁电机技术高可靠低成本电机控制器技术	新类型、新结构电机技术高输出能力低成本电机控制器技术	高压化、高速化电机技术，应用宽禁带材料功率模块的新型电机控制器技术
电动部件技术	高压配电装置结构小型化、高安全性技术	高压配电装置高可靠性技术	高压配电装置低成本技术
	协调式制动能量回收系统	基于线控技术的制动能量回收系统	新型电动车制动系统
	电动助力转向系统	电动化、智能化相融合的转向系统	
	基于热泵的电动车空调系统	车室和电池一体化的电动车空调系统	新型高效环保电动车空调系统
充电技术	车辆对车辆（V2V）、对家庭（V2H）及对其他用电负载供电技术（V2L）	车辆与电网双向充电技术（V2G）	
	大功率快速充电技术	脉冲式超极快速充电技术	新型超快速充电技术
	高效率、小型化无线充电技术	基于自动驾驶和位置识别的无线充电技术	移动式无线充电技术

图 1-6-7 纯电动和插电式混合动力汽车关键技术路线图（续）

6.3.3 氢燃料电池汽车关键技术路线图

氢燃料电池汽车技术路线以实现氢燃料电池汽车产业化为目标，开展燃料电池系统、燃料电池堆及材料、车载储氢与加氢站等关键产业环节技术与产品攻关，突破核心技术，提高性能并进一步降低成本，建立并完善燃料电池关键技术及产业链，燃料电池乘用车与商用车具有较强市场竞争力并实现全面产业化。燃料电池汽车技术路线如图 1-6-8 所示。

6.3.4 智能网联汽车关键技术路线图

智能网联汽车技术路线重点在于开展以环境感知技术、高精度定位与地图、车载智能终端及人机接口（HMI）产品、集成控制及执行系统为代表的关键零部件技术研究；开展以多源信息融合技术、车辆协同控制技术、通信与信息交互平台技术、电子电气架构、信息安全技术、人机交互与共驾技术、道路基础设施、标准法规等为代表的共性关键技术研究。智能网联汽车技术路线如图 1-6-9 所示。

	2020年	2025年	2030年
技术目标	整车性能初步满足使用需求，具备区域示范基础及设施条件	整车性能完全满足使用需求，氢能基础设施建设能够支撑典型城市日常使用	整车成本具有较强市场竞争力，完全达到市场化要求，基础设施逐步趋于完善
	乘用车寿命接近20万km，成本控制在30万元	乘用车寿命提高到25万km，成本控制在20万元	乘用车寿命提高到30万km，成本小于18万元
	商用车耐久性达到40万km，成本低于150万元	商用车耐久性达到80万km，成本低于100万元	商用车耐久性提高到100万km，成本低于60万元
燃料电池系统	乘用车燃料电池系统：系统比功率达到400W/L，冷启动温度达到−30℃，寿命超过5000h	乘用车燃料电池系统：系统比功率达到600W/L，冷启动温度达到−40℃	乘用车燃料电池系统：系统比功率达到850W/L，系统成本控制在200元/kW
	商用车燃料电池系统：系统比功率达到300W/kg，冷启动温度达到−20℃，寿命超过10000h	商用车燃料电池系统：系统比功率达到400W/kg，冷启动温度达到−30℃，寿命超过20000h	商用车燃料电池系统：系统比功率达到500W/kg，冷启动温度达到−40℃，寿命超过30000h
燃料电池电堆	寿命达到商业化指标要求，乘用车达到5000h以上，商用车达到10000h；材料成本＜1000元/kW	成本接近商业化指标要求，减低到500元/kW；进一步提高寿命，乘用车达到6000h，商用车达到20000h	全面达到商业化要求；冷启动温度≤−40℃；材料成本＜150元/kW
车载储氢	质量储氢率达到5.0%，体积储氢密度达到35g/L，系统成本＜3000元/kg(储氢)	质量储氢率达到5.5%，体积储氢密度达到40g/L，系统成本＜2000元/kg(储氢)	质量储氢率达到7.5%，体积储氢密度达到70g/L，系统成本＜1800元/kg(储氢)
加氢站	氢能基础设施，加氢站超过100座	氢能基础设施，加氢站超过300座	氢能基础设施，加氢站超过1000座

图1－6－8　氢燃料电池汽车关键技术路线图

	2020年	2025年	2030年
技术目标	自主式环境感知为主，网联信息服务，部分自动驾驶应用（PA） 自主式与网联式环境感知融合，实现较复杂工况下有条件自动驾驶（CA）	V2X协同控制，实现高度自动驾驶（HA）	V2X协同控制，实现完全自动驾驶（HA）
环境感知技术	突破车载雷达芯片关键技术，实现自主毫米波雷达的开发	基于视觉或视觉与其他感知系统融合的自主化控制类产品大规模应用	作为HA/FA级智能网联汽车环境感知系统的重要支撑，车载视觉系统实现大规模装配，自主产品具有较强竞争力
	突破车载雷达芯片关键技术，实现自主毫米波雷达的开发	实现低成本的基于国产高集成度芯片的车载雷达开发及规模化应用	实现三维毫米波车载雷达和成像雷达的自主开发与大规模应用，与其他环境传感器实现深度融合与信息共享
	实现单线激光雷达相关硬件的自主制造，实现厘米级实时测距技术，其中激光探测器相关技术指标达国外先进水平	突破全波形高精度扫描成像技术，实现低成本、小型化车载测距激光雷达样机生产与测试，探测范围、成像分辨率、成像效果等方面满足HA/FA级智能化需求	突破车载激光雷达与视觉等传感器融合关键技术，自主化激光雷达三维成像技术，实现4线到64线车载激光雷达软硬件技术的自主化
高精度定位与地图	实现独立自主的北斗系统车载高精度定位定姿，动态下精度达到亚分米级，实现基于多传感器的辅助定位及精度补偿关键技术	实现北斗系统高精度定位与多源辅助定位的组合应用，形成具备高可靠性的高精度车载定位定姿系统，动态下精度达到厘米级	实现北斗系统高精度定位、多源辅助定位及其他新型定位定姿技术的深度融合，满足FA级智能网联车的感知和认知需求

图1－6－9　智能网联汽车关键技术路线图

技术领域	2020年	2025年	2030年
高精度定位与地图	提供全国范围内骨干路网及主要城市路网的ADAS Map数据，精度达到亚分米级	提供适用于无人驾驶的高精度地图数据，精度达到厘米级，且数据质量达到国际先进水平；高精度地图数据模型和存储式样的标准化	实现高精度地图生产自动化及标准化，提供动态三维高精度地图，满足HA/FA级智能网联汽车的感知和认知需求
通信与信息交互平台技术	实现V2X底层通信模块原理样机的开发和技术标准初稿的制定 实现V2X通信模块样机的批量生产，完成大规模测试，完成V2X频谱规划初步工作	实现技术标准规范完善，完成V2X频谱规划和频谱指派，完成认证体系建设，实现商用V2X通信模块产品开发	
	支持多通信模式的数据交互管理平台，完成应用层数据交互标准，开展基于V2X大规模的示范与应用 结合底层通信模块的商业化开发，开展基于V2X技术的车辆测试、认证和大规模产业化推广和应用	不同品牌车辆间、车辆与路侧设备以及车辆与平台间实现标准协议下的V2X通信，V2X系统应用大幅提升交通安全与能效	融合V2X技术的智能汽车和无人驾驶技术大幅度降低自车传感器依赖，提高无人驾驶的可行性
	建立“基础数据–公共服务–应用服务”的三级信息交互平台架构体系，研究各平台间数据交互标准 全国性基础数据平台形成规模化运营，实现不同品牌汽车的大规模接入，三级平台间通过标准协议实现实时对接	完善各级平台标准化与运营工作，网联汽车在基础数据平台的接入率达到80%以上	全国网联汽车数据实现在基础数据平台上的交互共享，形成三级平台架构下的开发、运营标准化体系
车载智能终端及HMI产品	突破车载智能网关、数据协同处理、智能信息服务等车载智能终端核心技术	强化车载终端软硬件运行能力与信息安全防护能力，建立完善的通信协议和标准体系，构建开放、共享的智能信息服务业务框架体系	突破集成信息娱乐、信息协同和安全保障的车载智能化终端创新设计关键技术，实现智能终端产业化、规模化应用
	构建面向智能网联汽车的用户操控体验感的人机交互主客观评价体系，建立HMI市场调研和用户质量反馈体系	实现低成本、多点触控、大尺寸、增加触感反馈的液晶交互界面关键技术开发，突破显示界面的增强现实关键技术	开发基于人体多生物特征融合的多模态人机智能交互方式，初步探索基于人脑信息识别的新一代人机交互技术
集成控制及执行系统	实现多项驾驶辅助功能的集成控制，实现底层执行控制模块、ADAS功能模块及协同控制器的产业化	可有效利用网联感知信息的集成式控制器，可实现部分自动驾驶和有条件自动驾驶功能的集成控制器	开发具有高度/完全自动驾驶的集成控制器，支撑HA/FA智能化整车产品
	攻克智能驱动、制动、线控转向等关键技术，实现对车辆电控驱动、制动、转向系统的精确、高效、可靠及协调控制	实现自主的线控制动、高安全性线控转向系统的系统开发与产业化	
多源信息融合技术	建立车辆多源感知信息的优化组合与自组织方法，提高前方车辆、行人等障碍物检测的精度和可靠性，满足高速行驶环境下的检测要求	多方向多传感器信息融合，提升检测精度与复杂工况适用性	基于网联通信开展多车多源信息融合技术，实现多车信息共享，提高感知的精度和可靠性，满足车辆高速行驶的要求
车辆协同控制技术	建立适用于自主停车等部分自动驾驶系统的单车智能决策控制方法 建立适用于有条件自动驾驶的单车决策控制方法，针对路径规划的目的点或特征点建立自主决策的优化模型	完成从有条件自动驾驶到高度自动驾驶的过渡，建立适用于高度自动驾驶的单车智能决策控制方法	完成从高度自动驾驶到完全自动驾驶的过渡，最终建立适用于完全自动驾驶的单车智能决策控制方法
	横、纵向分别实现多车多目标协同决策和控制方法，支撑PA级智能化整车产品	构建多车通信拓扑结构与编队几何构型的分析与优化方法，突破非理想通信环境下多车协同控制方法。支撑CA级智能化整车产品	建立多车协同控制的测试评估方法，实现协同控制下网联车辆安全节能示范应用
电子电气架构	制定智能网联汽车的电子电气构架需求标准，提出满足需求的新型构架，并搭建仿真测试平台	优化新型构架，在实车上应用示范，形成智能网联汽车电子电气构架设计规范	建立智能网联汽车电子电气构架测试评估规范，为电子电气构架的测试与验证提供基础
信息安全技术	形成智能网联汽车信息安全管理要求，制定智能网联汽车信息安全技术标准，完善智能网联汽车信息安全测试规范，建立智能网联汽车信息安全应急响应体系	实现市面上70%的智能网联汽车满足信息安全标准，DA/PA级智能网联汽车自愿认证，CA、HA/FA级智能网联汽车实行强制安全认证	构建感知决策控制多域的智能网联汽车信息安全架构，构建基于端–管–云的智能关联汽车信息安全保障体系

图 1–6–9　智能网联汽车关键技术路线图（续）

	2020年	2025年	2030年
人机交互与共驾技术	设计考虑驾乘体验感的控制权切换适宜性的主客观评价指标，构建不同智能等级下人车控制权切换的性能评估与测试方法	明确驾驶辅助技术的适用范围和驾驶员交互接管控制能力，实现人机控制权的动态优化分配与失效补偿技术	实现车载控制系统复杂环境下的无人接管驾驶能力，人机共驾任务的环境预知能力，实现对人驾驶权的主动诱导
道路基础设施	初步形成智能化道路基础设施的雏形，基本满足DA、PA级智能网联汽车的网联化和智能化需求	实现车路通信V2I网络覆盖范围的进一步扩大，基本覆盖高速公路；干线公路与城市道路全面支持CA级智能网联汽车发展	车路通信V2I网络覆盖全国主要高速公路和城市快速路；干线公路和城市道路全面支持HA/FA级智能网联汽车发展
标准法规	研究制定以DA、PA级智能化水平和网联化等级中的辅助信息网联为重点的技术及应用系列标准	研究制定以CA级智能化水平和网联化等级中的环境感知、信息网联、协同决策与控制为重点的技术及应用系列标准	研究制定以HA/FA级智能化水平和网联化等级中的环境感知、信息网联、协同决策与控制为重点的技术及应用系列标准

图 1－6－9　智能网联汽车关键技术路线图（续）

6.3.5　汽车制造技术路线图

汽车制造技术路线图以“绿色制造、智能制造、优质制造、快速制造”为发展主线，全面提质增效降耗；以铝/镁合金和碳纤维复合材料为重点，逐步掌握轻量化材料制造技术；以动力总成及新能源汽车电驱动系统为突破口，显著提升轴、齿等零部件的加工制造技术，实现制造装备的数字化、智能化。汽车制造技术路线如图 1－6－10 所示。

	2020年	2025年	2030年
技术目标	后工程不良品率下降25%单位 生产总值能耗下降20%（较2015年） 生产率年均提高7.5%	后工程不良品率下降45%单位 生产总值能耗下降35%（较2015年） 生产率年均提高6.5%	后工程不良品率下降65%单位 生产总值能耗下降50%（较2015年） 生产率年均提高6.5%
车身覆盖件	开发铝合金、镁合金、碳纤维覆盖件成形及连接技术	铝合金覆盖件制造技术可实现率100%，开发出碳纤维覆盖件批量生产技术，钢、铝、镁、碳纤维连接技术成熟	车身镁合金件制造技术可实现率10%，钢、铝、镁、碳纤维等混合车身、碳纤维车身批量生产
车身结构件	超高强度板成形有限元分析精度达到70%，形成复杂铝合金薄壁件结构及工艺设计能力	超高强度钢板冷成形有限元分析精度达到80%，形成复杂镁合金薄壁件结构及工艺设计能力	超高强度钢板冷成形有限元分析精度达到90%，实现压铸装备的全面数字化和智能化
底盘结构件	实现大型挤压铸造设备关键技术突破，半固态小型压铸件合格率达到90%，自主开发复杂铝合金零件锻造、热处理工艺及设备，高强度钢及铝合金内高压成形有限元分析精度75%以上	完成400t智能挤压铸造生产线关键技术开发，半固态小型压铸件合格率达到95%，复杂铝合金零件锻造、热处理工艺及设备用于批产，超高强钢及铝合金管热态内高压成形技术用于批产	建成国际先进智能挤压铸造生产车间，半固态小型压铸件合格率98%，建成国际先进的铝合金零件锻造、热处理生产线，智能内高压成形设备用于批产
动力总成零部件	突破缸体、缸盖精密制造关键技术，突破新型材料齿轮精密加工及刀具涂层技术，突破锻钢曲轴的精加工技术，轻量化曲轴精加工技术实现产业化，开发活塞异形孔精密镗削技术，开发连杆镗孔在线监测及补偿技术		缸体、缸盖精加工技术达到国际先进水平，形成面向变速器制造工艺及装备一体化开发能力，轻量化曲轴精加工技术达到国际先进水平，活塞异形孔精密镗削技术用于批产，建成柔性、自动化连杆生产线

图 1－6－10　汽车制造技术路线图

	2020年	2025年	2030年
高性能发动机核心件	突破陶瓷、钛合金涡轮加工技术、整体叶片等精密加工技术，实现装备自主化开发，突破阀座锥面和喷油器孔座面等微加工技术和配副技术，具备产业化应用能力		实现单晶涡轮和整体叶片等加工技术产业化，自主设备替代进口，精密偶件的精密加工技术用于批量生产，实现工艺及装备的自主开发
新能源车电驱动系统	实现乘用车20s比功率>4.0kW/kg；电机控制器功率密度>17kVA/L (IGBT)，功率密度>30kVA/L(SiC)；减、变速器转速达到14000r/min	实现乘用车20s比功率>4.5kW/kg；电机控制器功率密度>24kVA/L (IGBT)，功率密度>36kVA/L(SiC)；减、变速器转速达到15000r/min	实现乘用车20s比功率>5.0kW/kg，电机控制器功率密度>30kVA/L(IGBT)，功率密度>45kVA/L(SiC)；减、变速器转速达到16000r/min
数字制造	构建模型定义技术（MBD）标准数字化体系，实现生产线数字化和关键装备集成，发展刀具在线检测和加工补偿技术	实现基于MBD标准的三维装配工艺全流程管理，实现生产线数字化仿真，实现刀具离/在线管理、刀具与生产线数字化集成	实现制造全过程MBD工艺数字化管理，实现工厂智能化管理，实现刀具离/在线智能管理和状态检测
3D打印	应用3D打印技术缩短关键零部件铸型/模具制造周期50%	应用3D打印技术缩短汽车研发周期50%	高端车、概念车关键零部件直接3D打印
优质制造	批量生产尺寸一致性水平达到国际先进水平，建立性能和制造精度之间的关系，确定公差设计准则	批量生产尺寸一致性水平达到国际领先水平，建立制造精度和产品性能之间的关系模型	实现设计制造与大数据的全面融合，实现设计与制造一体化的质量控制体系，树立中国制造品牌形象
智能制造	突破智能工厂、智能车间关键技术，过程与工艺大数据技术逐渐成熟，智能体系逐步建立	智能决策软件和智能设备在骨干汽车厂大量应用，实现企业纵向、横向以及端对端全面集成，过程与工艺大数据技术逐渐成熟，智能体系逐渐完善	汽车制造实现从设计、生产、物流到服务的全面智能化，过程与工艺大数据技术成熟，建立智能汽车标准及安全体系，满足高端产品定制化生产
绿色制造	铸造废品率≤2%，热锻能耗达到0.5t标准煤，VOC排放量新源≤20g/mm²	铸造废品率≤1.5%，热锻能耗达到0.3t标准煤，VOC排放量新源≤15g/mm²	铸造废品率≤1%，热锻能耗达到0.27t标准煤，VOC排放量新源≤10g/mm²

图 1-6-10 汽车制造技术路线图（续）

6.3.6 汽车动力电池技术路线图

汽车动力电池技术路线以高安全、高比能、长寿命、低成本为总目标，以电池材料研发为核心，以能量型和能量功率兼顾型动力电池产品为重点，以先进制造技术装备为保障，远近结合，统筹推进新型锂离子电池和新体系电池的研发和产业化。近期主要以提升现有体系电池性能为主，支撑目前新能源汽车技术快速发展；中期以开发新体系电池为主，突破核心技术；远期实现新体系电池的产业化。汽车动力电池技术路线如图 1-6-11 所示。

6.3.7 汽车轻量化技术路线图

近期（2016—2020）为第一阶段，重点发展超高强度钢和先进高强度钢技术，包括材料性能开发、轻量化设计方法、成形技术、焊接工艺和测试评价方法等，实现高强度钢在汽车应用比例达到50%以上，开展铝合金板材冲压制作技术研究并在车身上实践，研究不

		2020年	2025年	2030年
技术目标	能量型电池	电池单体比能量350W・h/kg，系统比能量250W・h/kg；单体比功率1000W/kg，系统700W/kg；单体循环寿命4000次/10年，系统循环寿命3000次/10年；单体成本0.6元/W・h，系统成本1元/W・h	电池单体比能量400W・h/kg，系统比能量280W・h/kg；单体比功率1000W/kg，系统700W/kg；单体循环寿命4500次/12年，系统循环寿命3500次/12年；单体成本0.5元/W・h，系统成本0.9元/W・h	电池单体比能量500W・h/kg，系统比能量350W・h/kg；单体比功率1000W/kg，系统700W/kg；单体循环寿命5000次/15年，系统循环寿命4000次/15年，单体成本0.4元/W・h，系统成本0.8元/W・h
	能量功率兼顾型电池	电池单体比能量200W・h/kg，系统比能量120W・h/kg；单体比功率1500W/kg，系统比功率900W/kg；系统循环次数3000次/10年；单体成本1.0元/W・h，系统成本1.5元/W・h	电池单体比能量250W・h/kg，系统比能量150W・h/kg；单体比功率1500W/kg，系统比功率1000W/kg；系统循环寿命4000次/12年，单体成本0.9元/W・h，系统成本1.3元/W・h	电池单体比能量300W・h/kg，系统比能量180W・h/kg；单体比功率1500W/kg，系统比功率1000W/kg；系统循环寿命5000次/15年，单体成本0.4元/W・h，系统成本0.8元/W・h
电池体系		镍钴锰层状正极、石墨类负极等高容量锂离子电池材料技术	高容量/高压电极材料、全固态电池锂二次电池技术	锂硫电池、金属空气电池新体系电池材料技术
电池体系		高精度、高可靠性电池管理技术	低成本、高集成化电池管理技术	新型电池管理技术
系统集成		高比能、高安全电池总成技术	电池总成与车身、底盘结构一体化技术	
共性技术		基础研究：电池内部极化分布、性能衰减机制、多尺度/多维度电化学模型和原位分析法、表面分析法等 电池制造：数字化智能化制造装备技术，材料基本数据库、工程数据库和产品数据库，产品质量控制等技术 电池测试：产品功能、耐久性、环境适应性、安全性等产品设计验证测试及分析方法		

图 1-6-11 汽车动力电池技术路线图

同材料的连接技术。中期（2021—2025）为第二阶段，以第三代汽车钢和铝合金技术为主线，实现钢/铝等多种材料混合车身、全铝车身的大范围应用，实现铝合金覆盖件和铝合金零部件的批量生产和产业化应用，同时加大对镁合金和碳纤维复合材料零部件生产制造技术的开发，增加镁合金和碳纤维零部件的应用比例。远期（2026—2030）为第三阶段，重点发展镁合金和碳纤维复合材料技术，解决镁合金及复合材料循环再利用问题，实现碳纤维复合材料混合车身及碳纤维零部件的大范围应用，突破复杂零件成型技术和异种零件连接技术。汽车轻量化技术路线如图 1-6-12 所示。

	2020年	2025年	2030年
技术目标	国产汽车在2015年的基础上减重10%	国产汽车在2015年的基础上减重20%	国产汽车在2015年的基础上减重25%
材料应用	抗拉强度600MPa以上级别的AHSS钢应用比例达到50%以上 平均单车用铝量190kg 平均单车用镁量15kg 碳纤维等复合材料开始应用	第三代汽车钢应用比例达到30% 平均单车用铝量250kg 平均单车用镁量25kg 碳纤维等符合材料平均单车用量占车重2%	2000MPa级以上钢材有一定比例的应用，密度下降5%，模量增加10% 平均单车用铝量350kg 平均单车用镁量45kg 碳纤维等复合材料平均单车用量占车重5%

图 1-6-12 汽车轻量化技术路线图

	2020年	2025年	2030年
设计和工艺	轻质材料性能与测试 轻质材料车身及整车性能与碰撞模拟 轻质材料部件的制作 铝板冲压件的冲压模拟 铝板车身冲压件的模具制作 高能性薄壁铸铝件的制作 轻质材料车身部件之间的连接 镁材料的防腐技术（如车轮）	轻质材料制作与部件制作的模拟 轻质材料部件的性能模拟 高性能铝型材的制作 空心部件的制作（如发动机曲轴） 高效的纤维复合材料部件制作 镁铝合金在壳体部件应用技术 铝/纤维材料在底盘部件上的应用	底盘线控转向、线控制动 混合材料车身的大批量生产制作

图 1-6-12　汽车轻量化技术路线图（续）

6.4　技术路线图实施效果预估

我国政府已承诺 2030 年 CO_2 排放总量达到峰值，因此对于还处于发展中的我国而言，必须由高碳经济向低碳经济转型。对于汽车产业而言，随着汽车保有水平的快速增长，已成为国家节能减排的重点领域。从预测结果看，2030 年汽车年产销增长虽继续放缓，但仍处于增长状态。如果按当前情景发展，2030 年乘用车新车平均 CO_2 排放量以 95g/km 计，2030 年汽车产业从油井到车轮的 CO_2 排放总量将达到顶峰，但之后总量数值处于平缓，并无明显下降趋势。如果 2030 年按本次路线图提出的 75g/km（3.2L/100km）、新能源汽车占销量 40% 以上测算，我国汽车产业从油井到车轮的 CO_2 排放总量将从 2028 年就开始呈现下降趋势；如果 2025 年前我国电网能实现从高碳电网向低碳电网的转型，汽车产业从油井到车轮的 CO_2 排放总量将在 2026 年之后就开始明显下降，为我国 2030 年 CO_2 排放量达到峰值做出亿吨级贡献。技术路线图实施效果预估如图 1-6-13 所示。

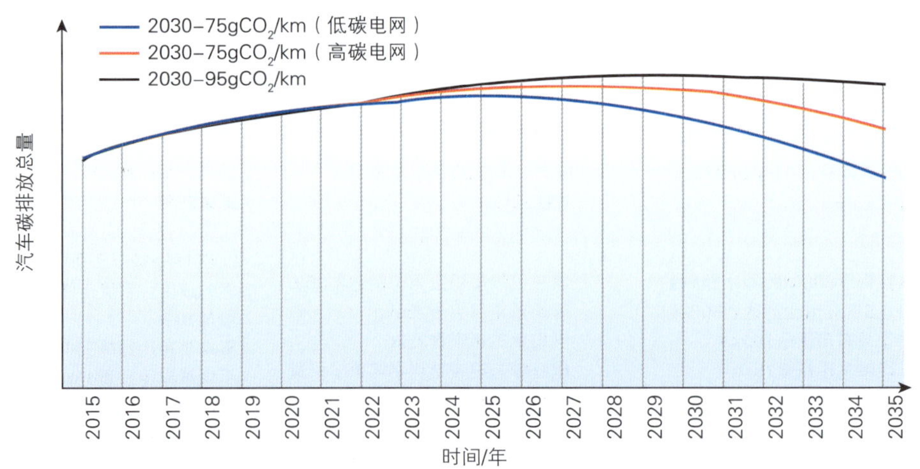

图 1-6-13　技术路线图实施效果预估

7 战略支撑与保障措施建议

汽车产业规模大，关联行业多，且是众多产业技术创新的集合体。有效实施汽车产业技术路线图，推动汽车产业由大变强，必须发挥制度优势，动员各方面力量，完善政策措施，建立灵活高效的实施机制，营造良好的发展环境。

（1）成立国家汽车强国建设领导小组

建立由国务院领导任组长、有关部门参加的国家汽车强国建设领导小组，建立组织协调工作机制，统筹考虑汽车与国民经济发展、社会生活环境和相关产业间的关联和协调发展。下设若干工作组，具体负责发展战略、产业规划、技术创新、相关政策研究制定、专项实施等重大问题的组织协调。制定国家战略，系统规划，统筹部署，协同推进。

建议以《中国制造 2025》节能与新能源汽车技术路线图推进为目标，组织形成科学的政策法规和计划评估体系，并有序推进汽车税法变革；以汽车全产业链建设为目标，统筹推进基础材料、基础工艺、基础部件和产业技术基础的协同发展。

（2）打造新型汽车产业创新体系

整合和新建相结合，打造“1 + N”形式的网络化、矩阵式的非营利机构——国家汽车产业联合创新中心，增强对汽车基础研究和前瞻技术研究的供给。择优支持产业技术创新联盟，充分发挥其在有效连接政、产、学、研等方面的创新网络和组织作用。参考国际经验，打造专业机构，在创新项目立项、评审、管理、验收等环节，突出权威性、专业性、专职化，并切实反映产业界创新需求。

（3）创新方式充分发挥财政资金的引导和杠杆效应

实施“市场哺技术”战略，在巨大汽车市场带来的新增税收红利中，每年提出一定额度或比例的财政资金，设立国家汽车产业创新发展基金，持续反哺和支持汽车产业创新，直到汽车技术领先优势的形成和巩固。

以财政资金为引导，吸引大型企业、金融机构及社会资金参与，以市场化机制筹建国家汽车产业投资基金，发挥资金的规模效应，聚焦投向汽车电动化、智能化等战略领域。

（4）组建国家智能网联汽车创新中心

组建国家智能网联汽车创新中心，整合优势资源，开展前瞻性技术研究和产业化共性关键技术开发，成为产业技术攻关和引领产业相关技术发展的重要力量。支持并形成跨专业、跨行业、跨区域的共性技术众创平台。

（5）多措并举培育优势领域与领跑者企业

结合在小排量乘用车及部分商用车方面的优势，持续培育和推动汽车优势领先的形成和进一步巩固。在节能、新能源、智能网联汽车方面，在税费、金融、重大创新项目等方面，给予领跑企业一定的政策倾斜。

(6) 建立基于车辆能效的奖惩体系

在现有的企业平均燃料消耗值（CAFC）油耗管理制度中，加快推进落实与油耗/碳排放相关的奖惩制度；基于节能与新能源汽车的能效、技术成熟度，形成稳定的促进低碳技术发展的绿色税制，形成长期、稳定的导向。

(7) 加快国有汽车企业管理和考核体制改革

推进国有汽车企业机制和体制改革，建立更加适应市场经济的产权结构、决策机制、人才机制、分配机制，加快推动国有汽车混合所有制改革。完善企业业绩考核制度，在现有考核体系中，大幅增加对自主创新和产品出口的考核力度。

(8) 建立高品质汽车产品管理体系与技术标准体系

形成引导高品质汽车发展的管理体系。完善准入和公告管理，逐步形成宽进严出的准入政策；完善三包实施细则，强化汽车召回管理；加强油耗、环保、安全等生产一致性监管；形成完善的汽车技术标准体系和汽车品质评价体系。加快在汽车电动化、智能化方面的标准编制。

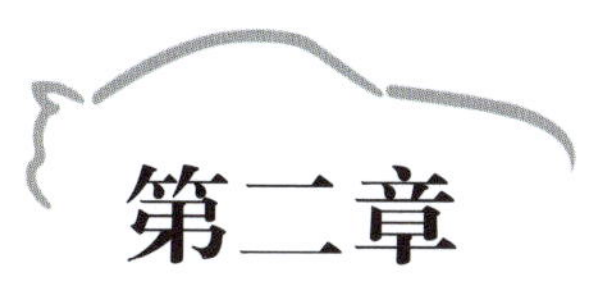

第二章

节能汽车技术路线图

1 导　言

近年来，我国汽车产业持续快速发展，汽车产销量连续七年位居全球第一，行业规模以上企业主营业务年收入超过7万亿元，有效带动了钢铁、石化、电子、金融、橡胶、纺织等国家相关重要基础产业的经济增长。

与此同时，我国汽车产业仍然面临能源消耗量大、环境污染重、自主创新能力缺乏、产业转型升级缓慢等一系列问题。目前，我国车用燃油消费占全国汽柴油消费比例高达55%左右，2015年我国乘用车新车平均油耗约为6.98L/100km，远高于欧洲、日本同期水平；商用车平均油耗约高于欧美同类产品5%～10%。此外，基础研究投入不足、行业研究资源分散、核心技术掌握不够，更是严重制约了自主品牌汽车的长远发展。

因此，通过凝聚共识，建立行业层面的节能汽车技术发展战略规划，为我国节能汽车的发展指明方向，指导产业实现重点突破，就显得十分必要和意义重大。

1.1 发展节能汽车的战略意义

1.1.1 大力发展节能汽车是有力保障国家能源战略安全的重要举措

2015年，我国石油表观消费量高达5.43亿t，石油净进口量高达3.28亿t，石油对外依存度突破60%大关，国家能源战略安全问题日益严峻。汽车成品油巨额消耗已成为我国石油对外依存度持续攀升的主力推手之一。未来5～15年，我国仍将在传统汽车为主的汽车产品结构下，因此推动传统汽车节能化发展可大幅减缓成品油消耗量增长速度，从而有力保障国家能源战略安全。

1.1.2 大力发展节能汽车是有效减轻国家环境保护压力的必然手段

近年来，我国城市大气污染日趋严重，雾霾现象频频出现，引发政府和民众重点关注。为此，我国在巴黎气候大会中庄严承诺："二氧化碳排放2030年左右达到峰值并争取尽早达峰，2030年单位GDP二氧化碳排放相比2005年下降60%～65%。"在此背景下，汽车工业节能减排已成必然，而传统汽车基数大，减排空间也较大，因此仍将是汽车工业支撑2030年巴黎气候大会承诺目标达成的"排头兵"。

1.1.3　大力发展节能汽车是实施《中国制造 2025》、支撑我国建设成为制造强国的重要途径

节能与新能源汽车是《中国制造 2025》重点发展的十大领域之一，是汽车产业未来发展的主攻方向，因此必须大力推进传统汽车节能化发展，谋求核心技术重点突破，加快基础理论、产品技术、装备制造等各个环节的提升，促进自主创新能力比肩国际先进水平，从而鼎力支撑《中国制造 2025》强国战略的顺利实施。

1.2　节能汽车技术路线图的研究范围及目标

本技术路线图基于《中国制造 2025 重点领域技术路线图》进行细化和编制，系统梳理了节能汽车的定义及技术架构，并在此基础上总结分析了国内外整车及零部件发展现状、趋势及差距，制定了我国节能汽车技术总体发展目标与发展路径，提出了重大创新需求与优先行动项，以期为我国节能汽车抓紧历史机遇、加速转型升级、支撑制造强国建设指明发展方向，提供决策参考。

1.3　节能汽车相关定义与技术架构

节能汽车是指以内燃机为主要动力系统，综合工况燃料消耗量优于下一阶段目标值的汽车。根据 GB/T 3730.1—2001《汽车和挂车类型的术语和定义》将节能汽车主要划分为乘用车和商用车，其中乘用车可分为传统动力、混合动力、替代燃料三类，商用车可分为载货汽车与客车两类。乘用车及商用车又均包含发动机、变速器、电机、电池、先进电子电器、低摩擦等细分节能技术。乘用车节能技术架构如图 2－1－1 所示，商用车节能技术架构如图 2－1－2 所示。

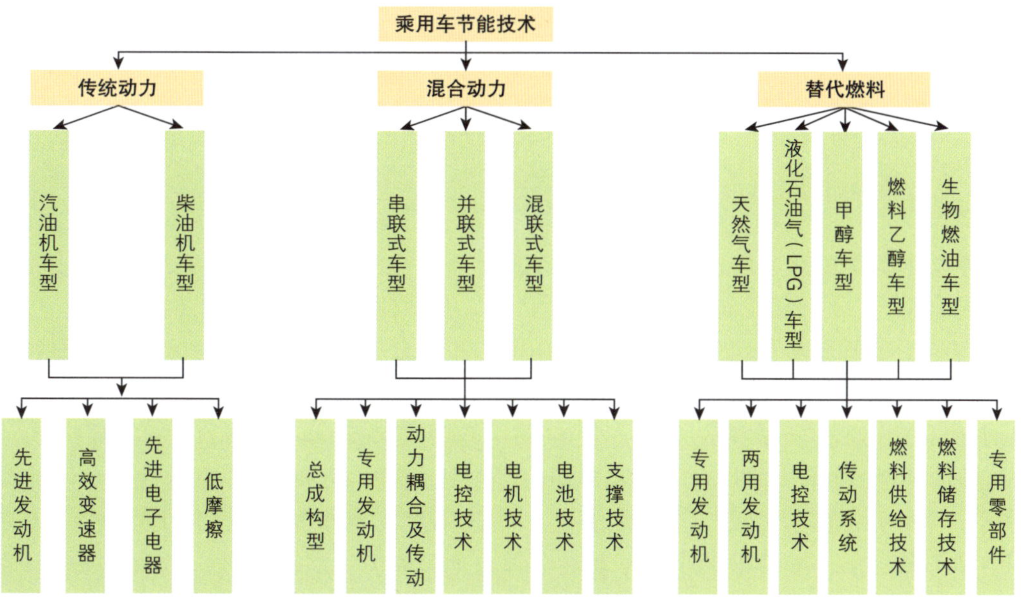

图 2－1－1　乘用车节能技术架构

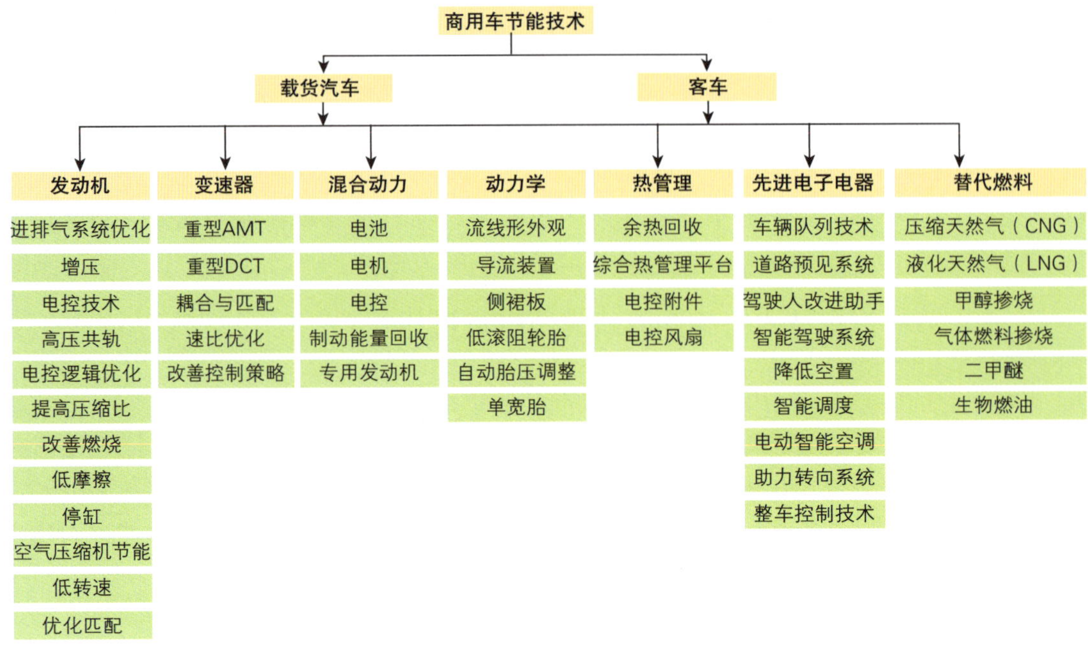

图 2-1-2　商用车节能技术架构

注：轻量化另有章节论述，在本章不做深入研究；受篇幅所限，乘用车仅展示各类车型主要节能技术。

2　国外节能汽车发展现状与趋势

出于保障能源安全、缓解污染等目的，全球主要国家陆续加严油耗法规，汽车节能水平不断提升，但在具体过程中，各国采取了差异化的技术发展路线。

2.1　日本节能汽车发展现状及趋势

日本国内资源匮乏，石油基本依赖进口，受《节能法》等政策推动，日本车企不断研发应用混合动力、“轻四轮车”等节能技术产品，持续降低了汽车平均油耗。

日本乘用车节能水平全球领先，主推小型化和混合动力技术。2014 年，日本乘用车新车平均油耗为 4.5L/100km（JC08 工况），已提前达到其 2020 年油耗法规目标值（约合 4.9L/100km），处于全球领先水平。日本乘用车平均油耗水平较低的主要原因在于其 0.66L 排量的轻四轮车（K-car）及混合动力车占比较高，分别约为 40% 和 20%。未来一段时期，日本仍将在自然吸气汽油机优化（热效率提高至 50%）、多档 AT、CVT 及高效车用空调等基础上，继续推动小型车及混合动力车型大力发展，以进一步降低整体油耗水平。日本乘用车油耗水平分布情况如图 2-2-1 所示。

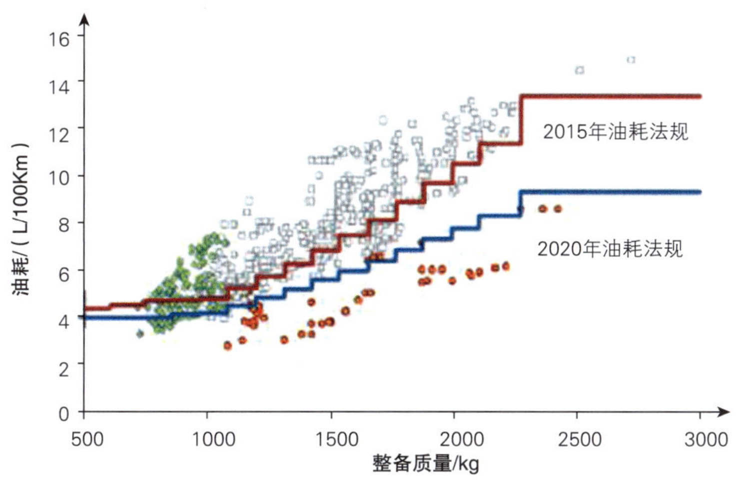

图 2-2-1 日本乘用车油耗水平分布情况

注：图片数据源自中国汽车工程研究院节能蓝皮书研究成果。

日本商用车以轻型载货汽车为主，动力总成升级及混合动力是其主要的节能路径。日本城市道路狭窄、停车困难及排放法规等因素使得轻型载货汽车占据市场主流。目前，主流品牌以日野、五十铃等为主，部分车型油耗水平已低至 8L/100km。未来将重点通过增压中冷、高压共轨、6MT 等技术提升动力总成节能效果，同时逐步发展混合动力车型。客车方面，日本主要采用混合动力等技术实现节能，如日本五十铃推出了 9m 级 ERGA 混合动力公交，整车油耗约为 20L/100km。

2.2 美国节能汽车发展现状及趋势

美国是全球最早创建汽车企业平均燃料经济性（CAFE）评价体系并予以实施的国家。CAFE 标准历经多次加严，有效促进了美国各项汽车节能技术的发展。

大中型乘用车占比高导致美国乘用车平均油耗偏高。2015 年美国乘用车新车平均油耗约为 6.7L/100km（FTP75 工况），高于欧洲、日本同期水平，其主要原因在于中大型轿车、运动型多用途汽车（SUV）等大尺寸车型占比较高。受 CAFE 新规（2025 年油耗达 4.32L/100km）驱动，预计未来美国乘用车将通过发动机优化（小型化、增压直喷、燃烧改善及减摩等）、变速器升级（6 档以上 AT 等）、电子电器节能（48V 系统等）、混合动力的全面发展来实现油耗法规目标。

空气动力学性能优化是美国“超级卡车”的主要节油手段。当前，美国中重型载货汽车能源消耗量约占美国道路能源消耗量的 30%，大型载货汽车平均油耗更高达 39.2 L/100km。为此，2009 年美国能源部启动“超级卡车”计划，委托康明斯等四大团队研究降低现有长途 8 级车辆（车辆总质量在 33000lb[㊀] 以上）50% 的油耗，目前样车实际油耗已普

㊀ 1lb = 0.45359237kg。

遍降到20L/100km的水平（图2-2-3）。“超级卡车”计划主要依靠空气动力学优化实现节油，原因在于美国高速公路发达，车辆行驶速度较高，降低风阻对整车节能提升效果普遍可达15%~25%。未来，美国将加快推动“超级卡车”技术的应用步伐，在优化空气动力学性能的基础上，逐步应用朗肯循环、余热回收、降低空载、驾驶行为优化等前沿性技术。在客车领域，目前美国主要采用新能源、替代燃料、油电混合等形式减少客车油耗，传统柴油客车的市场份额则正逐步减少。

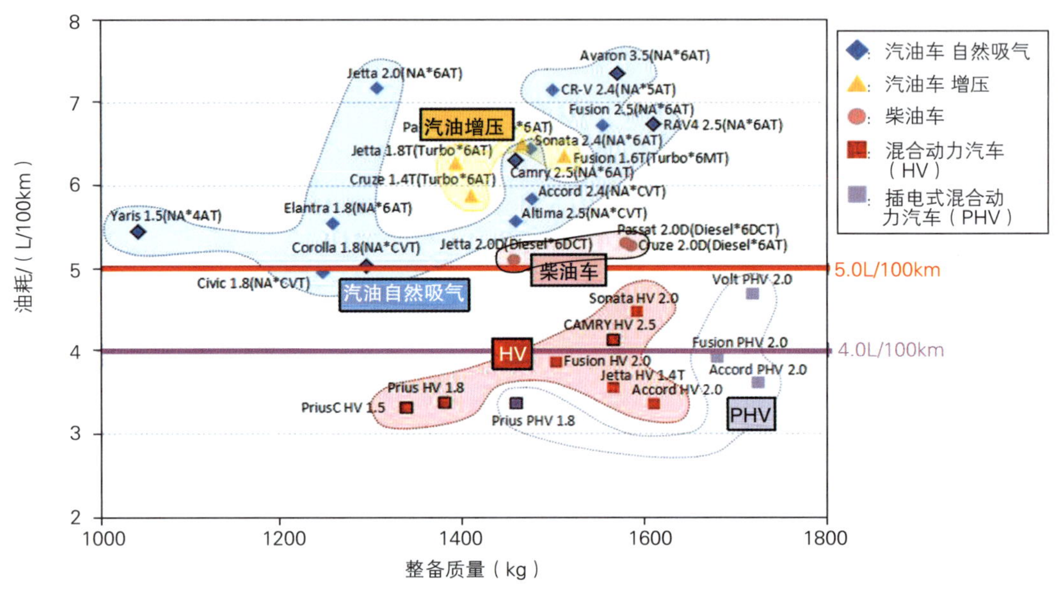

图2-2-2 美国乘用车油耗水平分布情况

注：1. 图片数据源自中国汽车工程研究院节能蓝皮书研究成果，不包含皮卡等车型。

2. 油耗值按北美综合油耗换算

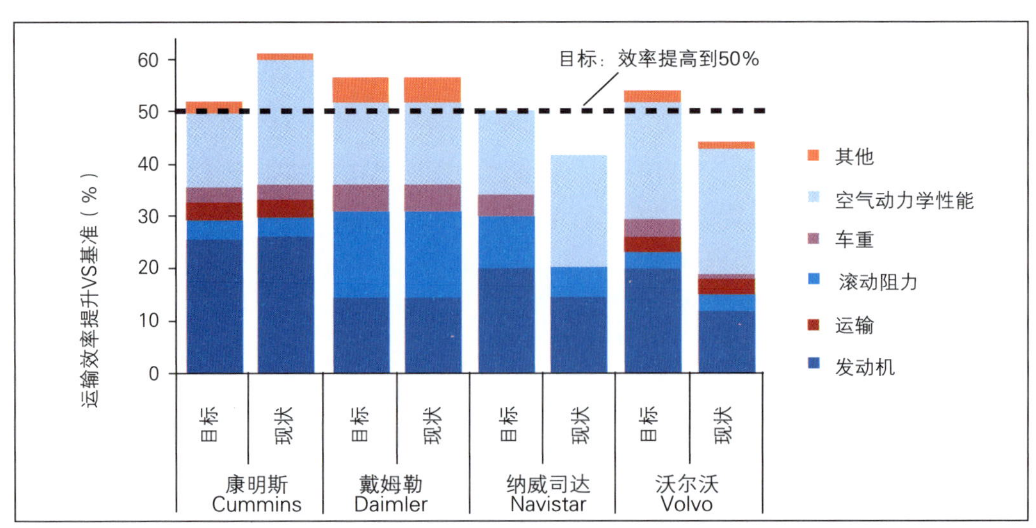

图2-2-3 美国“超级卡车”节能技术提升效果对比

2.3　欧洲节能汽车发展现状及趋势

近年来，欧盟连续出台多部车辆碳排放标准/指令，有效促进了欧洲乘用车及商用车节能技术的不断进步与提升。2015 年欧洲乘用车平均油耗约为 5.27L/100km（NEDC 工况），商用车油耗处于世界领先水平。欧洲乘用车碳排放水平分布情况如图 2-2-4 所示。

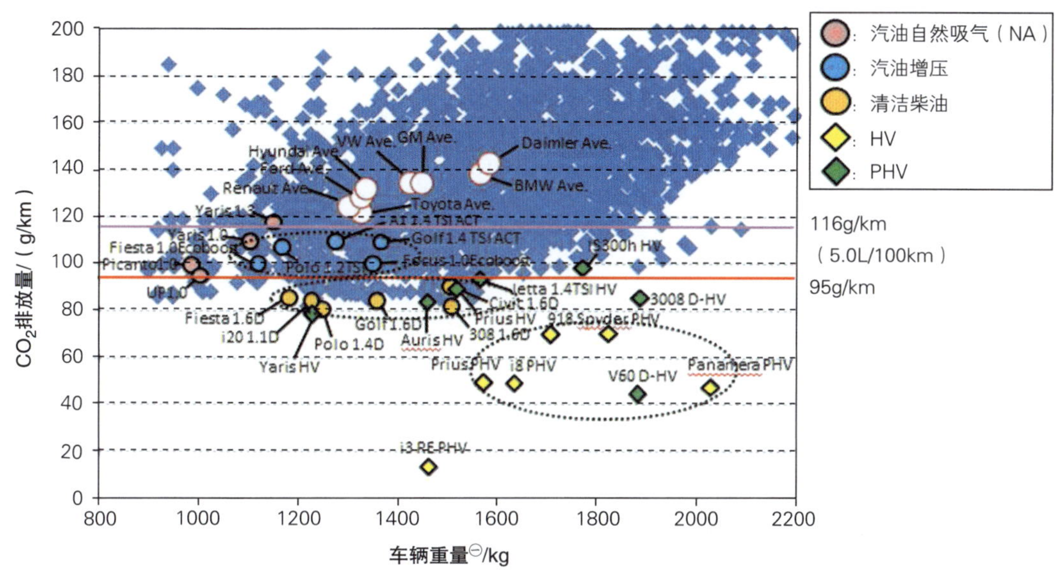

图 2-2-4　欧洲乘用车碳排放水平分布情况

注：1. 图片数据源自中国汽车工程研究节能蓝皮书研究成果。
　　2. 采用 EC 工况。

欧洲乘用车主要依靠清洁柴油机及 48V 系统达成油耗目标。2015 年、2020 年、2025 年欧洲全体乘用车企业平均目标值分别约为 5.2L/100km、3.8 L/100km 及 3L/100km，标准严苛程度全球领先，倒逼欧洲车企不断研发和应用柴油机、小排量涡轮增压汽油机、9AT 等各种乘用车节能技术。预计未来欧洲乘用车仍主要依靠清洁柴油机、48V 混合动力系统等技术组合实现法规目标，同步发展合适排量增压汽油机、多档位变速器、低摩擦等技术。此外，欧洲仍将对天然气等替代燃料的发展给予一定支持，以减少石油消耗，保障能源安全。

动力总成升级优化、空气动力学性能优化、智能驾驶技术是欧洲载货汽车三大节能手段。根据欧洲商用车主流车型试验场油耗统计数据来看，部分节油效果较好的车型油耗已达到 25L/100km 以下，当前重点通过高压共轨、双级增压、12 档以上自动变速器等技术实现节能。预计未来欧洲重型载货汽车将重点通过动力总成升级优化（发动机电控优化、300MPa 以上高压共轨喷油、发动机热管理、高低压排气再循环等优化柴油机节能效果）、空气动力学性能优化（依靠“半长头”、车挂间距缩小等）、智能驾驶技术（车辆队列、驾驶人驾驶改进助手、道路预见性系统等）实现节能。在客车方面，欧洲预计将加大力度

㊀ 车辆质量 = 整备质量 +75kg。

发展天然气、混合动力、纯电动等车型，以整体实现整车油耗的降低。

总体来看，在乘用车领域，美国、欧洲、日本的节能技术路径各有侧重，但动力总成升级优化、先进电子电器技术应用、混合动力技术是共性的节能技术。日本小型车占比高的产品结构，对其油耗目标贡献度直接有效。

商用车油耗是国外节能技术关注的重点，动力总成升级优化、空气动力学性能优化、轻量化技术、智能驾驶技术等先进节能技术发展迅速，成为国外商用车的主要节能路径。

3 我国节能汽车发展现状

近年来，我国乘用车平均油耗逐年下降，商用车燃油经济性也有一定程度提高。但我国汽车能耗与国外先进水平仍有不小的差距，核心技术也较为缺失。

3.1 乘用车发展现状

为应对日益严峻的能源及环境问题，我国政府陆续出台了《节能与新能源汽车产业发展规划（2012—2020）》《中国制造 2025》《乘用车燃料消耗量限值》（GB 19578—2014）等战略规划和标准法规，有效指导和促进了我国节能汽车技术的发展。

3.1.1 总体现状

（1）政策法规奖惩结合，推动了乘用车平均油耗持续下降

在国家政策层面，我国对油耗不达标企业执行公开通报等措施，同时出台了节能惠民补贴、1.6L 以下小排量汽车购置税减半等鼓励措施。受相关政策驱动，乘用车企业不断加强节能技术研发及应用，企业平均油耗值逐年下降。机动车合格证数据显示，国产乘用车平均油耗从 2013 年的 7.23L/100km，逐步降至 2014 年的 7.11L/100km 和 2015 年的 6.98L/100km，保持了良好的发展势头。根据第 260 至第 275 批（截至 2015 年 8 月）公告车型相关参数整理，目前已有 1446 款车型（占比 57%）油耗申报值低于第三阶段油耗限值（图 2-3-1）。

（2）车型结构以传统动力为主，混合动力及替代燃料节能效果明显但规模较小

受能源供应等多方面因素影响，我国乘用车动力类型高度集中于传统动力车型，2015 年占比达 99.5%，其中汽油机车型占比高达 99.2%。2015 年混合动力乘用车共计生产 14926 辆，多款车型公告油耗仅为 4L/100km 左右，节油效果达 40%。替代燃料以天然气为主，年产 OEM 整车约 20 万辆，根据《GB/T 19233—2008 轻型汽车燃料消耗量试验方

法》及公告车辆排放值折算，2015 年我国天然气乘用车平均燃料经济性折合油耗约为 6. 3L/100km，相对总体水平（6. 98L/100km）有一定节能优势。

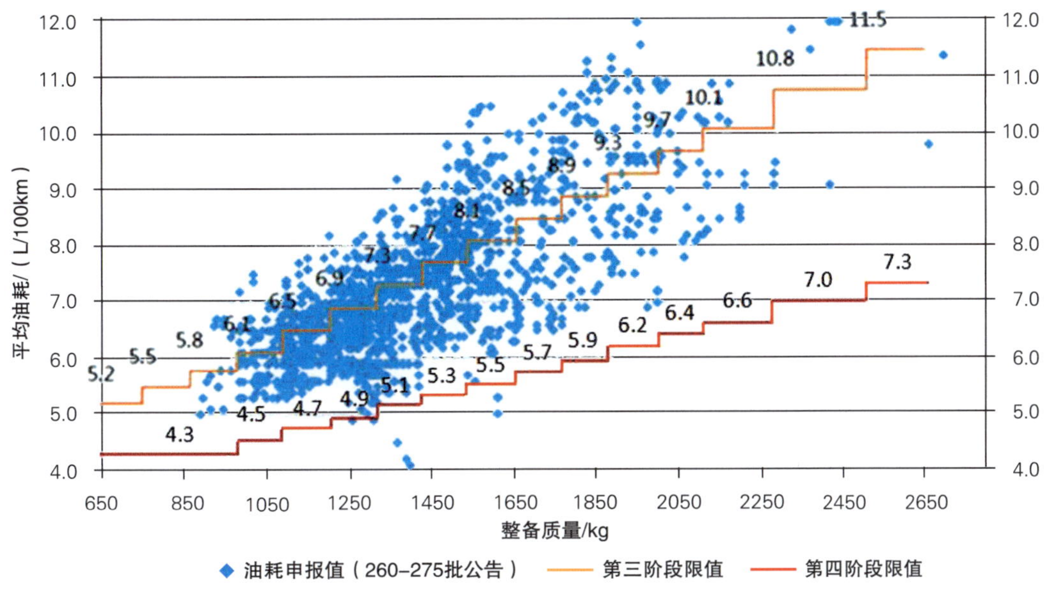

图 2-3-1　近年国产乘用车公告油耗水平统计

注：国产乘用车企业平均油耗数据未考虑新能源乘用车油耗核算优惠。

（3）各项节能技术应用比例持续提升

通过对 2012—2014 年工信部公告目录中国产乘用车的各项性能参数统计发现：目前绝大多数节能技术在我国均已获得应用，应用比例较高的有可变气门正时（VVT）、涡轮增压（TC）、电动助力转向（EPS）、轻量化材料等。其中，EPS 应用率已超过 60%，VVT/VVL、缸内直喷（GDI）、TC、EPS 等节能技术在我国乘用车上的应用比例则持续上升。伴随政策的持续推进和油耗法规的不断加严，预计未来相关节能技术的应用比例将进一步提高。不同阶段传统动力汽车节能技术应用情况如图 2-3-2 所示。

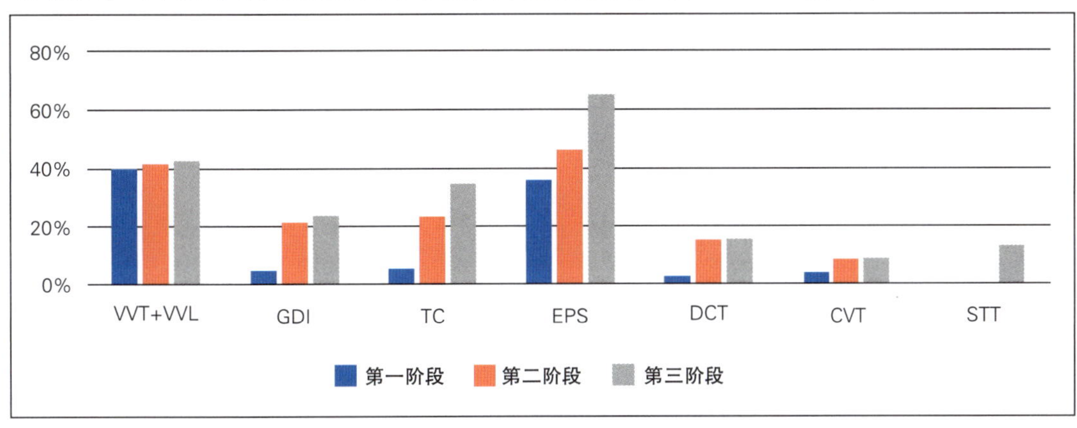

图 2-3-2　不同阶段传统动力汽车节能技术应用情况

注：VVL 指可变气门升程，STT 指发动机自动启停系统。

（4）车辆大型化趋势明显，不利于汽车整体节能减排

近年来，受消费者对 SUV、多用途汽车（MPV）等大型车辆需求高涨、油耗法规限值有利于大型车辆等因素的驱动，我国乘用车大型化趋势不断凸显，节能减排负担持续加重。统计发现，2013 年整备质量大于 1320kg 的国产乘用车产量占比为 44.17%，2014 年占比上升至 47.04%，2015 年进一步攀升至 49.40%；而整备质量较小（CM≤1090kg）的车型产量占比不断萎缩，2015 年已跌至 10% 以下（表 2-3-1）。

表 2-3-1　2013—2015 年国产乘用车产量及申报油耗值统计

整备质量段/kg	2013 年		2014 年		2015 年	
	产量/辆	油耗值/（L/100km）	产量/辆	油耗值/（L/100km）	产量/辆	油耗值/（L/100km）
CM≤750	15629	5.2	10004	5.28	6681	5.2
750 < CM≤865	6879	5.5	3999	5.5	—	—
865 < CM≤980	654066	5.82	563353	6.05	303690	5.9
980 < CM≤1090	1501882	6.61	1548704	6.17	1352952	5.96
1090 < CM≤1205	2997239	6.46	2729059	6.37	2007632	6.23
1205 < CM≤1320	4398369	6.8	5213289	6.67	6494322	6.47
1320 < CM≤1430	2067919	7.27	3055273	7.16	3131824	7
1430 < CM≤1540	2144822	7.78	1847884	7.74	2341599	7.39
1540 < CM≤1660	1782804	8.19	2363042	8.02	2487502	7.86
1660 < CM≤1770	732966	8.58	850256	8.3	909500	8.27
1770 < CM≤1880	430675	9.28	451147	9.23	527769	8.77
1880 < CM≤2000	328883	9.82	293928	9.54	312943	8.95
2000 < CM≤2110	44651	11.02	24211	10.08	129199	9.575
2110 < CM≤2280	37580	11.7	55141	11.16	68186	10.88
2280 < CM≤2510	531	12.9	594	12.97	7570	10.25
2510 < CM	5002	13.86	3081	13.67	1114	13.7
合计/平均	17149897	7.23	19012965	7.11	20082483	6.98

3.1.2　核心技术发展现状

当前，我国乘用车节能技术主要围绕汽油机及变速器开展，电子电器、低摩擦、轻量

化等技术正加快发展并逐渐对整车节能形成一定支撑，混合动力及替代燃料专用零部件产业链条也在逐渐补齐。总体来看，我国乘用车节能技术取得了重点突破、系统推进的良好局面，但先进技术研发不足的特征也同样突出。

（1）重点提高汽油机热效率，支撑整车节油水平大幅提升

1）以改善进排气、增压、直喷为主，不断提升汽油机热效率。近年来，自主乘用车企业持续加大汽油机研发投入力度，不断提高可变气门正时（VVT）、可变气门升程（VVL）、涡轮增压（TC）、缸内直喷（GDI）等新技术的应用比例，从而将发动机热效率从较早的30%以下提升至32%~36%，少数产品热效率更可达38%，有力地提高了整车节油水平。

2）单增压+直喷技术组合逐步挤压自然吸气+气道喷射技术的市场空间。单增压+直喷的技术组合可满足动力性与燃油经济性的双重需求，因此受到车企及消费者的青睐，市场占比快速提高，目前仅增压机型的占比就已超过30%。搭载传统气道喷射（PFI）的自然吸气式汽油机虽仍占市场主流，但占比正逐年下滑。

3）普遍采用奥拓循环+液压VVT+传统机械附件的技术路线。自主品牌汽油机当前主要采用奥拓循环，对阿特金森/米勒循环的研究较少。进排气以液压VVT为主，部分产品搭载了VVL、热EGR技术。产品主要通过传统水泵、传统机械式机油泵、蜡式调温器等机械附件实现能量管理，冷却系统管理、可变附件、缸盖集成排气歧管等技术已部分应用但尚未普及。

4）高压缩比等新技术有待加快研发和突破。目前，国外已利用阿特金森+奥拓双循环等技术将最高压缩比提升至14:1，未来更将进一步提升至18:1。同时GDI+PFI双喷、电子增压+涡轮增压、电动VVT、电控附件等新技术、新趋势开始逐步显现，但自主品牌车企在上述领域多处于空白状态。因此，自主品牌车企需在以下五个领域重点开展研发投入：在进排气领域，加快跟进先进VVL、电动VVT、电动气门、可变配气机构、先进EGR技术；在燃油喷射领域，重点跟进高压GDI及GDI+PFI双喷技术；在增压领域，重点跟进复合增压技术；在新型燃烧领域，重点实现压缩比提高的同时，加快跟进汽油均质充量压燃（HCCI）技术；在能量管理领域，重点发展电子水泵、机械变排量机油泵、电子调温器等技术。

此外，我国柴油乘用车规模极小，新上市柴油机车型主要为SUV等大型车，基本满足第三阶段油耗法规，热效率通常在40%左右，总体采用高压共轨燃油喷射+可变喷嘴涡轮增压（VNT）+冷却EGR的技术路线。受我国能源供应格局等多种因素影响，预计乘用车大规模柴油化难度较大，未来成为主流的可能性较小。

（2）变速器向自动化、多档化方向升级，关键产品陆续突破

1）以AT和DCT为主，自动变速器加快取代手动变速器。近年来，自主品牌车企不断加快自动变速器的应用步伐，手动变速器市场份额逐步降低。欧意德、奇瑞、广汽、比亚迪等企业陆续开发出4AT、6AT、6档DCT、7档DCT等多种制式的自动变速器并成功实现装车上市，AMT及CVT应用相对较少。

2）多档化成为提升变速器效率的重要手段。在MT方面，6速MT近年来不断发展，

占比已上升至13%，上汽、青山、长城、吉利等自主品牌车企均有开发应用，多为三轴式，转矩容量多为250N·m以上。在AT方面，4速AT正逐步退出市场，6速AT加快取代并成为主流。在DCT方面，2016年至2017年多个企业将投产7速DCT。在AMT方面，部分企业已在开展6速AMT的研发。

3）自主品牌企业陆续取得研发突破。目前，我国盛瑞传动股份有限公司开发了8速AT，广汽等开发了7速DCT，奇瑞、湖南江麓容大车辆传动股份有限公司也开发出了CVT，陆续填补了自主品牌汽车的市场空白。相关企业对轻量化、低摩擦、宽幅锁止及低泄漏技术也进行了研究及部分应用，控制标定技术也开始尝试逐步掌握。

4）先进自动变速器研究计划存在缺失。国外已研发出9AT、8DCT、9DCT等技术，部分产品已实现批量应用，同时还对10AT、10DCT开展了研究。但我国自主品牌车企在上述领域还缺乏明确的研究计划，应抓紧规划，尽早取得突破。

（3）先进电子电器初步实现应用，核心产品自主化程度不足

1）当前应用集中于底盘电子、附件电子、车身电子等领域。在底盘电子领域，主要使用胎压监测系统（TPMS）、电动助力转向（EPS）、换挡提示等技术，应用率正不断提高。在附件电子方面，车载空调主要搭载定排量或内控变排量空调。在车身电子方面，上汽、长安、吉利等车企开始有发光二极管（LED）前照灯车型上市，北汽、广汽、长城等也较为广泛地应用了自动刮水器技术。

2）48V系统研发进度滞后，需重点开展技术攻关。德国博世、美国德尔福等零部件巨头已完成48V系统的研制，相关标准也已建立，传统动力乘用车应用48V系统的趋势已十分明显。但目前国内对48V系统尚处于初步研发阶段，仅48V电池可实现国产，48V电机、制动能量回收系统等均未完全开发成功。

3）部分先进技术仍需加快研发和掌握。随着消费者对汽车安全性、娱乐性等需求的不断提高，车载电子电器设备不断增多已成为必然趋势。因此国内应对以下技术开展重点研究：外控可变排量空调、第三代自动启停系统（STT）、整车电能管理系统和稀土永磁微电机。

（4）低摩擦尚处于起步阶段，具备较大的潜力挖掘空间

1）以发动机减摩为主，但先进机械减摩技术相对较少。目前，我国自主品牌乘用车低摩擦技术主要集中于发动机减摩领域，中国一汽无锡油嘴油泵研究所等企业已较为普遍地应用了低张力活塞环、活塞环物理气相沉积（PVD）/铬-陶瓷复合镀（CKS）减摩涂层、活塞销偏置、曲轴偏置、传统机加珩磨等技术或工艺，但类金刚石（DLC）涂层、丙二醇型冷却液等研究和应用相对较少。润滑油技术取得一定进展，中石油润滑油公司已完成从SJ/GF-2、SL/GF-3、SM/GF-4、SN等具有自主知识产权的汽油机润滑油配方开发工作，其中SL、SM、SN三个产品取得了API（美国石油协会）认证。

2）低滚动阻力轮胎水平严重落后。目前，国内轮胎企业自主研发设计能力薄弱，橡胶材料的研究仅处于实验室阶段，轮胎有限元仿真分析仍然不足，导致我国乘用车轮胎市场份额75%以上为外资品牌，高端品牌乘用车基本全部采用外资轮胎产品，自主低滚动阻力轮胎产品基本属于空白。

3）低风阻研究有待加强。我国此前对车辆低风阻设计研发投入较为不足，自主品牌乘用车风阻系数普遍高于0.3，而国外多款车型风阻系数已在0.3以下，差距相对较大。

总体来看，我国低摩擦技术水平相对落后，需要加大潜力挖掘力度，以进一步支撑整车油耗水平的降低。

（5）混合动力专用零部件产业链趋于齐全，初步具备大规模发展基础

1）系统构型陆续开发成功。目前，多个车企已开发出P2等并联式混合动力系统，湖南科力远新能源股份有限公司（简称科力远）已开发出动力分流式混合动力系统，整车搭载后油耗可降至4.9L/100km，实现35%的节油度。广汽、一汽、奇瑞等企业搭载自主开发的混合动力系统车型也将陆续上市。主要自主品牌混合动力乘用车研发情况如表2-3-2。

表2-3-2　主要自主品牌混合动力乘用车研发情况

企　业	车型/系统	技术方案	节油效果
科力远	吉利 MR7184	36kW+56kW双电机、6A·h/288V镍氢电池	35%
奇瑞	P2混合动力样车	动力耦合机构、电机、CVT	—
长安	逸动 HEV	ISG电机、CVT	25%
一汽	B70HEV	双电机+5AMT	35%
广汽	传祺 HEV	四驱、ISG	30%
东风	S30样车	集成式耦合、电控、电池系统	—

2）动力电池及电池系统已具备大规模产业化条件。磷酸铁锂电池的产业成熟度和规模国际领先，锂离子电池产业链已基本完备，采用锰酸铁锂混合三元正极材料的电池和钛酸锂负极材料的快充电池已实现示范应用，正负极材料、电解液和隔膜实现国产化，比能量超过300W·h/kg的动力电池样品已研发成功。

3）电机已形成量产能力。上海电驱动、精进电动等已形成涵盖200kW以下的系列化、规格化驱动电机及其控制系统产品量产能力，电机产品峰值比功率多在2.8~3.0kW/kg，电机转速多为12000r/min左右，电机驱动控制器比功率为5~8kW/L，关键指标逐步向国外同类产品看齐。但在高速轴承、耐电晕绝缘材料、深加工稀土工艺以及控制芯片、数字信号处理（DSP）和汽车级半导体绝缘栅双极型晶体管（IGBT）等方面基本处于空白。

4）整车控制技术形成良好的基础积累。受我国插电式混合动力技术发展较好的因素带动，混合动力整车控制技术形成了良好的基础积累，包括在控制策略框架设计、整车模式管理策略、能量管理策略、发动机最优工作点控制策略、电池充放电状态平衡控制策略、整车速比控制策略等整车控制方面均有一定的技术储备。

5）混合动力专用发动机初步开发成功，但需进一步实现优化。目前，广汽等少数企业已开发出混合动力专用的阿特金森/米勒循环发动机，实现了自主突破，发动机压缩比

达13:1，极大提高了发动机燃烧效率，最低燃油消耗率仅225g/kW·h。

总体来看，国内已在系统构型、电池、电机、电控、专用发动机开发等方面实现了自主研发，产业链条趋于完善，但仍需进一步对系统构型及关键零部件进行优化和提升，以不断缩小与国外先进水平之间的差距。

（6）替代燃料专用零部件全面实现自主开发，但需重点加强专用发动机开发力度

1）天然气专用发动机逐渐起步。在传统汽油机基础上改进的天然气发动机已成熟应用，并已可搭载增压、VVT等技术。此外，国家燃气汽车工程技术研究中心联合长安、吉利等企业，通过搭建热力学开发平台、仿真计算、试验验证等技术手段初步完成天然气专用发动机开发试验，表明天然气专用发动机在低转速区域动力性可与汽油机相当，但中高转速区间动力性下降仍在20%左右，需进一步加大研发力度。

2）掌握发动机电控开发技术。目前，天然气乘用车仍以两用燃料为主，自主品牌车企已具备单一式ECU（电子控制模块）及双主式ECU开发能力。在单一式ECU方面，自主品牌车企可在汽油系统之外集成一套燃气电控逻辑系统，并搭载汽油和天然气喷射信号同步/异步处理、燃气点火提前、汽油车载诊断系统（OBD）仿真等技术。

3）逐步成熟掌握专用附件研制能力。机械减压器等产品均已经过可靠性验证，有望实现高端化发展。在车用燃料存储装置上，目前国内Ⅰ型钢瓶、Ⅱ型纤维缠绕钢瓶实现了大规模产业化，部分企业突破了Ⅲ型铝内胆复合瓶、Ⅳ型全复合瓶的设计技术。

3.2 商用车发展现状

相关统计数据显示，不足我国汽车保有量20%的中重型商用车（CM > 3.5t）年均消耗的成品油接近车用成品油消费总量的50%。因此，对商用车开展节能技术发展现状及未来路径研究十分必要，且预期可产生的节油效果极为明显。

3.2.1 总体现状

（1）重型商用车油耗与国际先进水平仍有差距

根据工业和信息化部2012年对数百款商用车型的摸底数据显示，我国重型商用车平均油耗水平普遍高于欧美同期水平的20%左右；经过近几年的发展，目前国内载货汽车平均油耗水平仍比国外同期水平高出10%以上；客车高速工况油耗已接近欧洲主流水平，但城市工况油耗仍高出10%左右。

（2）核心节能技术掌握程度不足

在与重型商用车油耗水平密切相关的发动机燃烧技术、高效变速器技术、整车轻量化技术、整车电控技术等核心技术方面，我国自主品牌车企的掌握程度不足，先进技术研发较少。在关键零部件方面也缺乏自主零部件企业的有力支撑。

（3）产业生态对整车节能技术发展形成制约

我国各地“超载”治理标准不统一，高速公路对“超载”的收费标准也普遍较低，“压价—超载—运力过剩—再压价—再超载”的恶性循环等多种因素变相推动我国载货汽

车“超载”现象常态化，进而导致整车企业被迫按照“超载”需求进行开发设计，车辆在出厂时普遍预留超载能力，极大影响和干扰了节能技术的正常发展。

3.2.2　核心技术发展现状

我国重型载货汽车主要通过提高发动机热效率等手段提高整车节油水平，但对空气动力学、智能网联等领域的研究力度相对不足。客车则较为全面地采用了发动机优化、自动变速器、轻量化、空气动力学性能优化、智能网联等一系列技术来提升产品燃油经济性，总体进展情况相对乐观。

（1）动力总成升级优化成为商用车主要的节能手段

1）重点提升柴油机热效率。当前，我国中重型商用车柴油机平均热效率（BTE）约为42%～43%，最高水平达到47%，基本满足国Ⅳ及以上排放标准。主流企业计划通过降低摩擦、燃烧系统优化、先进供油系统控制策略、先进空气系统控制策略等将柴油机BTE提升到50%以上。其中，附件控制对车辆运行油耗影响极大，目前国内商用车主要以机械附件为主，近年来电控化程度得到一定提升，电子节温器、电控水泵等已得到逐步应用，但电控液压、带卸荷空气压缩机、电控风扇等尚未实现规模化应用。

2）以手动变速器为主，自动变速器技术应用程度有所提高。当前，中重型商用车总体仍以手动变速器为主，效率值基本在92%～95%。12～16档手动变速器已应用于多款重型载货汽车，但自动变速器应用相对较少；客车则已部分应用AMT技术。总体来看，自动变速器正加快取代手动变速器，未来有望成为市场主流。

3）高效传动技术需加快跟进。在同等车速条件下动力总成转速每降低100r/min，油耗可降低3%以上，但需要同步开发低速大转矩发动机、变速器和相应的后桥（如小后桥速比）以达到高效传动，国内当前在这方面研究相对较少，需重点跟进。

（2）轻量化水平有所提高，但技术应用成本压力相对较大

1）载货汽车主要围绕结构优化开展轻量化。结构优化与轻质材料应用是整车轻量化的两大重要手段。当前，国内重型载货汽车企业主要从结构轻量化入手，持续开展整车轻量化研究，部分降低了整车整备质量。

2）多种技术手段推动客车轻量化水平不断提高。大多数客车企业已利用有限元法和优化设计方法进行结构分析和结构优化设计，在保证客车结构强度和刚度的情况下，减少车身骨架、发动机和车身蒙皮重量；同时，客车企业已开始采用平台化设计理念除去零部件冗余部分，并使部件零件化、复合化以减少零件数量来减轻整车重量；全承载式车身技术也在客车业日渐广泛使用（普遍可减少250～350kg自重），成为客车轻量化的重要途径。

3）轻量化材料成本相对较高，整车企业存在应用成本压力。目前，载货汽车及客车均对轻量化材料有部分应用，如载货汽车在车架、悬架、轮毂等多个零部件上使用铝合金材料，应用少片变截面钢板弹簧总成，开发新式钢制/胶木结构货厢等。但由于铝合金成本较高，较难在商用车车身等部位大面积应用。

（3）低摩擦水平参差不齐，需加大发展力度

1）整车滚动阻力系数偏高，低滚动阻力轮胎研发不足。载货汽车与客车轮胎应用情况

较为一致，但均面临滚动阻力系数偏高的现象。以载货汽车为例，国际先进水平的载货汽车滚动阻力系数在5.5～6.9之间，而我国载货汽车滚动阻力系数为7左右，50km/h初速下滑行距离试验一般落后国外同等车型11%～18%（表2-3-3）。自主品牌车企尚未研发出低滚动阻力轮胎，整车企业在单宽胎技术、自动胎压调整技术方面也均未实现搭载应用。

表2-3-3　滑行距离数据

车　型	滑行距离/m	与竞品的差距（%）	总重/t	备　注
1	1183	36	46	国产轮胎
2	1524	18	49	国产轮胎
3	1585.6	14	49	国产轮胎
4	1624	12	49	国产轮胎
5	1640	11	49	国产轮胎
竞品	1851.6	—	49.7	马牌轮胎

注：数据源自企业实测。

2）载货汽车风阻系数高于国际先进水平，客车风阻系数有显著降低。我国重型载货汽车风阻系数为0.5～0.6，与国际先进水平如奔驰Actros的0.46相比差距明显。导流罩改善、主挂间隙减小和挂车尾部导流装置设计等技术可有效降低风阻系数，但在我国载货汽车上应用较少。在客车方面，国内主流客车企业已建立完善的低摩擦技术研发流程、试验流程以及产品开发应用规范，并通过精确模型建立、仿真分析、风洞试验及数据比对实现减阻设计，部分整车风阻系数已低于0.4。

（4）混合动力技术差异化发展，节油效果明显，但产业化程度较低

1）公交客车已规模化应用混合动力技术。混合动力在城市工况节油效果明显，我国自2005年开始对混合动力客车开展专项研究，目前自主品牌车企均已推出相应产品，搭载自主AMT、合作开发的交流感应电机和镍氢动力电池组的整车在各种工作模式间切换平顺、驾驶性能良好。以12m级混合动力公交客车为例，平均油耗约在19.5～22.3L/100km，相比同类型燃油客车节油率达38.8%～48%，节油贡献十分显著。

2）普通客车及载货汽车仍未实现产业化应用。普通客车及载货汽车主要运行于城际工况，行驶里程长、负载大、车速较快，对混合动力技术要求较高。目前上市车型相对较少，重型载货汽车领域基本处于空白，仅东风商用车、华菱星马等企业正进行自主研发，东风商用车公司研发的混合动力载货汽车可实现25%的节油，但产业化计划尚不明确。

（5）替代燃料技术较为成熟，但市场应用相对较少

1）重型载货汽车主要应用LNG燃料，占比仅为3%左右。目前，替代燃料车型基本以LNG重型载货汽车为主，国内东风、陕西汽车等多个企业均已向市场推出天然气重型载货汽车，稀燃闭环策略等技术已实现较为成熟的应用，储气瓶、减压、喷嘴等天然气重型载货汽车专用组件已实现规模化生产制造。甲醇/柴油双燃料整车已在物流运输行业开展应用试点，二甲醚重型载货汽车已在内蒙古完成示范应用。

2）CNG、LNG 同步发展，其他燃料技术已基本满足产业化运行要求。公交客车主要以 CNG 燃料为主，普通客车则主要以 LNG 为主，但市场占比正逐年下滑。主要车企均通过加强车辆燃气消耗和使用管理、改善和提高发动机性能和效率、提高整车性能、推广使用气电混合技术等显著提高了节能效果。甲醇、二甲醚客车均已实现试点运行，特别是二甲醚城市客车在上海市 147 路公交线路实现了 44.6 万 km 的示范，属国际首次商业运营，验证了二甲醚燃料能满足城市公交对发动机各项指标的要求。

（6）智能网联技术研发应用滞后

1）部分技术得到加快发展和应用。在客车领域，电子技术的应用和创新对降低客车燃油消耗起到了关键作用，客车电液助力转向技术实现“按需供给”，节能效果约 1% ~ 2%；电控电动风扇技术可使发动机在最佳工作温度下运转，同时减少冷却风扇 7% ~10% 的电能消耗；发动机智能启停技术在综合工况下可节油 5% ~10%；此外，通过应用车联网中的一体化智能车载终端技术实时对客车运行进行监控，并对不良驾驶行为进行设定，节油效率平均可达 5% 左右。

2）先进智能网联技术研发进度滞后。国外已研发出道路预见性系统、车辆队列等先进智能网联技术并实现了试运行，上述技术对整车运行效率的提升极为明显，但国内在相关领域的研究仍处于空白状态，需重点加强投入，尽早完成开发和应用。

3.3　车用燃油发展现状

随着我国节能汽车的不断发展，增压、直喷、清洁柴油机等节能技术对车用燃油品质也提出了新的需求，因此有必要对其现状及趋势进行研究，并在此基础上提出车用燃油技术发展路线，以保障关键节能技术的不断升级发展。

（1）各国车用燃油标准大同小异

目前全球尚无统一车用燃油标准，但总体趋势一致。从美、日、欧标准的演变过程看，汽油总体发展趋势是降低硫、锰、苯含量，芳烃、烯烃含量下降走势不一，辛烷值基本不变及推广汽油清净剂的使用；柴油总体发展趋势是降低硫含量和芳烃含量（尤其是多环芳烃），提高十六烷值以及增加对柴油自身清洁性的要求。

（2）我国油品整体接近世界先进水平，部分指标达到世界领先水平，但油品质量仍需进一步提升

我国车用燃油产品技术指标主要参照欧盟体系，目前牌号主要为 92 号、95 号汽油及 0 号柴油。在汽油方面，当前马达法辛烷值（MON）主要为 92 或 95，硫的质量分数（硫含量）降至 50×10^{-6}，氧化安定性诱导期要求不低于 480min，均接近或超过国外先进水平；在柴油方面，现行柴油标准要求 0 号柴油十六烷值不低于 49，硫质量分数低于 50×10^{-6}的标准（部分地区低于 10×10^{-6}）。第五阶段车用燃油国家标准执行后，我国车用燃油品质已更接近世界发达国家水平，但部分指标仍存在一些差距，如汽油烯烃含量、芳烃含量、蒸发性及燃油清洁性等方面还需进一步提升。

（3）未来我国车用燃油应满足节能汽车技术发展需求、保障汽车新技术长久稳定运行的双重需要

车用燃油总体发展方向是：改善汽油氧化安定性以满足发展需求；提高辛烷值以提高燃油经济性，并满足汽车压缩比提高的需求及直喷增压技术的应用需求；提高柴油十六烷值以满足柴油车发展需求；推广清净剂和降低烯芳烃含量以提高发动机寿命并改善尾气排放；细分汽油蒸发性能要求以提高对不同气候的适应性；添加剂应加强金属、硫及异物的管理，保证燃油质量稳定性；增加柴油总污染物含量的控制以更好地控制柴油的清洁性。

总体来看，在乘用车方面，近年来我国汽油发动机的技术研发和应用水平大幅提升，但对基础理论研究的重视不足，电控等关键核心技术尚未突破，混合动力汽车和替代燃料汽车推广应用不足，车辆大型化发展趋势等也为行业总体油耗水平降低带来了严峻挑战。

在商用车方面，客车节能技术的研发和应用水平较高，在某些关键技术方面已达到国际先进水平，但载货汽车仍处于围绕动力总成升级优化开展节能技术提升的阶段，一方面核心技术掌握不足、先进技术研发滞后，另一方面产业生态也使得轻量化技术等先进节能技术应用缓慢。

除此之外，为与各项节能技术相匹配，我国的车用燃油品质也需进一步得到提升。

4 国内外节能汽车发展对比

设计我国节能汽车技术发展路线图时，须基于我国节能汽车各项技术发展现状，对照国外先进水平寻找劣势与差距，以对路线图设计方向提供有效指引。

4.1 乘用车领域

近年来，我国乘用车自主品牌不断加强研发投入力度，在整车及零部件方面均实现了重点突破。

4.1.1 整车节能水平不断提高，明星车型不断涌现

近年来，我国自主品牌车企不断加快各项节能技术的应用步伐，大幅降低了整车油耗水平，部分车型综合油耗已低至 6L/100km 以下。以某款紧凑型车为例，其新款车型采用“1.3T +7DCT”的动力组合，整车综合油耗仅 5.7L/100km，相比旧款车型油耗降低 0.9L/

100km，节油效果提升近 14%。与此同时，自主品牌车企逐渐打造出多款明星车型，帝豪、逸动等车型年销量突破 10 万辆大关，哈弗 H6 牢牢占据 SUV 销量冠军位置，博瑞、睿骋、荣威 950 等车型也宣告自主品牌汽车开始进军中高级汽车市场。

4.1.2 先进动力节能技术陆续取得研发突破

在发动机方面，长安等自主品牌车企开发出多款汽油机型，排量覆盖 0.8~6.0L，产品谱系已相对齐全；长城、云内动力等也已开发出适用于各种级别乘用车的柴油机型。同时，PFI+GDI 双喷、阿特金森循环、双涡管单涡轮增压、高压共轨喷射系统等技术陆续研发成功。在变速器方面，广汽、一汽、比亚迪等均自主开发出 DCT 并陆续投入量产，盛瑞开发出全球首款横置 13AT，江麓容大等企业研制的 CVT 填补了自主研发 CVT 的空白。此外，CHS[㊀] 系统、轻型车天然气多点顺序喷射发动机管理系统（EMS）等动力节能技术也标志着我国在混合动力、替代燃料领域取得了实质性进展和突破。

4.1.3 核心技术陆续实现产业化

自主品牌车企开发出的不同排量增压直喷发动机已实现规模化生产和应用。青山等企业研制的 6 档 MT、6 档 AMT、8AT 等高效变速器产品已批量装车上市。此外，易立达等企业开发的 EPS 产销量达 100 万套，匹配车型数量达数十款。航盛研发的车身控制集成系统等汽车电子产品也成功进入合资品牌车企的供应体系。

但与国外先进车型相比，我国自主品牌乘用车油耗水平差距仍较为明显，核心技术薄弱、基础研发受重视程度偏低等问题也异常突出。

1）优秀节能车型与国外先进水平仍有差距。以紧凑型车为例，在传统动力方面，油耗较低的合资车型已达到 4.7~5.2L/100km 的水平，而油耗较低的自主品牌车型则在 5.7~6.1L/100km，差距约 10%~20%；在混合动力汽车方面，合资品牌车型已低至 4.2L/100km，自主品牌车型最低为 4.9L/100km，差距约为 15%。

2）核心零部件技术受制约现象突出。我国近年来不断研发掌握了多项节能技术，但主要集中于一级总成领域，二、三级核心部件受制约现象仍然突出。以发动机为例，目前高压 GDI、新型增压系统、EGR 系统等基本由外资品牌供货；发动机电控系统开发更是严重依赖于少数外资企业（表 2-4-1），难以深度参与开发与调试过程。

表 2-4-1 国内发动机核心零部件主要供应商情况

领 域	技术名称	国外供应商
汽油机	高压 GDI	博世、德尔福、电装、大陆
	新型增压	霍尼韦尔、法雷奥等
	新型 VVT/VVL	博格华纳、舍弗勒、日立、德尔福等
	中冷 EGR	德尔福、博格华纳、皮尔博格等

㊀ CHS 是 China Hybrid System 的缩写。

（续）

领　域	技术名称	国外供应商
柴油机	高压共轨喷射系统	博世、德尔福等
	VNT㊀增压器	霍尼韦尔、博格华纳
	EGR 系统	皮尔博格、德尔福、博格华纳、大陆等

3）基础理论研究受重视程度偏低。国外对基础理论研究的重视程度极高，以日本为例，多家企业已组建汽车内燃机研究协会（AICE），联合对“热损失机理”“点火机理”“爆燃现象”“火焰传播不良机理”等开展重点攻关，以加快掌握与先进燃烧技术相关的基础知识和经验。而国内基础理论研究力度较为薄弱，企业偏向于将研发资金投入短期内可见成效的应用技术，对资金需求大、研究周期长、见效慢的基础领域普遍持轻视态度，存在被进一步拉开差距的风险。

4.2　商用车领域

随着我国商用车市场的不断发展以及自主品牌整车、零部件企业的持续壮大，我国商用车节能技术也取得了较为突出的发展成绩。

1）优秀整车产品性能大幅提升。在载货汽车方面，以东风天龙重型载货汽车为例，整车最低比油耗降至 185g/kW·h，油耗下降 5%～8%，经济车速提高至 80～90km/h，该车采用框架式车身，高强度钢板用量占车身用钢的比例超过 40%，满足严苛的瑞典 VVFS 安全法规。在客车方面，宇通开发出 12m 混合动力公交车及 18m 超长型混合动力公交车，其中，18m 车型的百公里油耗已降至 38.7L，其铰接技术更是处于国际先进水平。

2）重型商用车动力总成技术水平持续提升。在发动机领域，玉柴开发出满足欧Ⅵ排放法规的车用柴油机并顺利通过欧盟 E/e-mark 认证试验，开启了国产欧Ⅵ发动机出口欧美的大门；潍柴 WP13 重型发动机将我国商用车正式带入“500 马力 +”时代；云内动力在多缸小径柴油机方面也取得了重大技术突破。在变速器领域，配备液力缓速器的法士特 12 档机械式自动变速器（AMT）打破了外资品牌构筑的知识产权壁垒。

但与国外相比，我国自主品牌商用车的油耗水平与国外的差距仍然存在，并长期存在先进技术研发力度不足等明显特征。

1）主流车型油耗水平差距较大。根据国外某研究机构的仿真计算，将国际主流车型先进节能技术运用到我国 49t 6×4 牵引车上，在同工况同载荷情况下，统计数据显示我国自主品牌产品的油耗比国外主流车型高出 10% 以上。其中，主流客车在长途高速工况下的油耗水平约在 22.4～23.8 L/100km，接近欧洲主流车型水平，在城市工况下的油耗水平约在 36.3～37.5 L/100km，比欧洲主流车型高出 10% 左右。

2）关键技术指标仍处于落后状态。我国商用车发动机最高热效率与国外最高水平差

㊀ VNT 指可变喷嘴涡轮增压器。

距约为 5%，变速器各档位传动效率值差距约为 1% ~5%。在低速工况下，整车滑行阻力差距约为 200N，在高速工况下，整车滑行阻力差距约为 600 ~800N，平均滑行阻力差距为 12% ~16%。在轻量化方面，国际上三轴挂车最低重量仅为 5. 3t，而我国同等车型最低重量为 7. 5t 左右，差距较大。

3）先进节能技术研发与应用程度不足。国内车企受制于产品成本及产业生态环境，对部分节能技术无法实现规模化应用，进而导致了对先进技术的研发主动性不足，如混合动力重型货车尚无明确的产业化时间表，自动变速器应用率偏低，在国外当前大力发展的车辆队列、道路预见性系统、降低空载等方面的应用尚处于空白阶段。

5 节能汽车的发展愿景、目标及里程碑

为科学设计我国节能汽车技术路线图，须对未来 5 ~15 年我国节能汽车技术发展愿景及产业目标进行设定，并在此基础上合理提出 2020 年、2025 年、2030 年我国节能汽车技术的分阶段发展目标与关键里程碑。

5.1 节能汽车的发展愿景

响应《中国制造 2025》中关于汽车低碳化、信息化、智能化的发展要求，与新能源汽车协同发展，通过大幅降低各类车型能耗水平，保障国家能源战略安全，以能源利用的高效化及低排放应对气候变化，助力汽车工业提前达成 CO_2 峰值目标，突破并掌握关键核心技术，实现战略转型升级发展，最终有力支撑我国汽车工业从大到强的转变。

5.2 节能汽车的产业目标

在我国陆续发布的汽车产业战略规划及相关政策中，均对节能汽车有所涉及，主要包括：《节能与新能源汽车产业发展规划（2012—2020 年）》《中国制造 2025》《乘用车燃料消耗量评价方法及指标》（GB 27999—2014）《轻型商用车辆燃料消耗量限值》（GB 20997—2007）《重型商用车辆燃料消耗量限值》（GB 30510—2014）及各阶段排放标准等，同时参考《中国制造 2025 重点领域技术路线图》等重要指导文件，综合梳理、提出我国节能汽车的近、中、远期不同阶段的战略目标。

注：对于传统汽车而言，燃料消耗量通常简称为油耗，为行业通用术语。

5.2.1 近期目标及重点任务（2016—2020 年）

到 2020 年，汽车年产销量达到 3000 万辆，其中乘用车 2650 万辆、商用车 350 万辆，在此宏观背景下，推广普及混合动力汽车、节能内燃机汽车，提升我国汽车产业整体技术水平。到 2020 年，当年生产的乘用车平均燃料消耗量降至 5.0L/100km，商用车新车燃料消耗量接近国际先进水平。掌握混合动力、先进内燃机、高效变速器、汽车电子和轻量化材料等汽车节能关键核心技术。

5.2.2 中期目标及重点任务（2021—2025 年）

到 2025，年汽车年产销量达到 3500 万辆，其中乘用车 3150 万辆、商用车 350 万辆，在此宏观背景下，掌握汽车低碳化、信息化、智能化核心技术。到 2025 年，当年生产的乘用车平均燃料消耗量降至 4.0L/100km，商用车新车燃料消耗量达到国际先进水平。提升动力电池、驱动电机、高效内燃机、先进变速器、轻量化材料、商用车混合动力技术等核心技术的工程化和产业化能力，形成从关键零部件到整车的完整工业体系和创新体系。

5.2.3 远期目标及重点任务（2026—2030 年）

到 2030 年，汽车年产销量达到 3800 万辆，其中乘用车 3450 万辆、商用车 350 万辆，在此宏观背景下，加快前瞻性节能技术的跟进与研发，做好满足下一阶段油耗及排放标准的技术储备。到 2030 年，当年生产的乘用车平均燃料消耗量降至 3.2L/100km，商用车新车燃料消耗量与国际领先水平同步。重点开展新型燃烧技术、先进排放技术、先进热力循环技术、智能驾驶辅助技术等前沿性节能技术的研发和逐步应用。

5.3 节能汽车发展里程碑

基于我国节能汽车发展战略目标，结合当前我国节能汽车总体现状水平，提出分阶段的关键里程碑。

5.3.1 乘用车关键里程碑

1）到 2020 年，大幅降低乘用车平均能耗水平，推动混合动力及替代燃料初步发展，攻关核心零部件技术并取得突破。传统动力、混合动力、替代燃料车型占比分别达到 80%、8%、3%，平均油耗分别降低至 5.7L/100km、4L/100km、5.1L/100km，相比 2015 年实现 20% 左右的降幅。对涡轮增压器、液力变矩器、高精度电磁阀、高性能电池及电机、48V 系统、混合动力专用发动机、天然气专用发动机等核心零部件开展重点攻关并取得突破。

2）到 2025 年，进一步降低乘用车平均能耗水平，推动混合动力及替代燃料大规模发展，车辆小型化初见成效，实现自主核心零部件的产业化。传统动力、混合动力、替代燃料车型占比分别达到 50%、20%、6%，平均油耗分别降低至 5.2L/100km、3.6L/100km、

4.6L/100km，相比2020年再降低10%左右。抑制中大型车（中型车及以上，包括SUV等，下同）过快增长势头，推动紧凑型及以下车辆销量占比超过60%。实现混合动力专用发动机、涡轮增压器、行星齿轮等关键零部件的大规模产业化。

3）到2030年，深入挖掘乘用车节能潜力，在扩大混合动力及替代燃料应用规模的基础上实现有利于节能的汽车产品结构调整，产业化应用前瞻性技术。传统动力、混合动力、替代燃料车型占比分别达到30%、25%、8%，平均油耗分别降低至4.8L/100km、3.3L/100km、4.3L/100km，相比2020年再降低6%~8%。推动紧凑型及以下车辆快速发展，销量占比进一步提升至70%左右（各阶段新能源乘用车数量及占比请详见第3章纯电动与插电式混合动力汽车技术路线图。）。同时，掌握均质稀薄燃烧、超高压缩比等前瞻性技术，并实现产业化应用。

5.3.2　商用车关键里程碑

1）到2020年，重点提升动力总成节油和轻量化应用水平，持续完善行业法治化管理。相比2015年，载货汽车平均油耗降低15%~20%，客车平均油耗降低25%~30%。基本掌握低速高转矩柴油机、高压共轨、发动机电控优化、发动机热管理、重型车多档位自动变速器、小后桥速比等动力总成技术。从严整治超载、排放超标等违法现象，鼓励企业加快下一代动力总成、轻量化材料、先进结构工艺等新产品技术的应用。

2）到2025年，重点提升混合动力、替代燃料、空气动力学性能、轻量化等节能技术水平，进一步优化商用车节能技术发展环境。相比2015年，载货汽车平均油耗降低30%~35%，客车平均油耗降低35%~40%。在中大型商用车动力总成自主开发的基础上，全面推动轻量化、低摩擦等节能技术应用，商用车混合动力、替代燃料应用及技术水平显著提高。

3）到2030年，重点发展基于智能网联的新型节能技术，提高整车运行效率，推动行业能耗水平显著下降，形成具有中国特色、可持续健康发展商用车发展新生态。相比2015年，载货汽车平均油耗降低35%~45%，客车平均油耗降低40%~50%，与国际领先水平同步。商用车混合动力、替代燃料、轻量化技术的应用水平达到国际领先水平，空气动力学研究应用实现突破性进展，重点研究和应用车辆队列、降低空载、道路预见系统、驾驶人改善助手等智能网联技术提升运行效率，降低车辆运行实际能耗。

6　节能汽车的发展路线

我国有自己独特的国情，节能汽车的发展面临大幅降低产品油耗及提升自主品牌核心竞争力的双重目标。因此，从宏观层面提出总体节能路径（即总体技术路线图），明确整车应重点采取的节能手段，达成各阶段油耗法规目标；从微观层面提出技术发展路径（即核心技术路线图），明确自主品牌应重点研发和突破的节能技术及重大节点，突破核心技术的瓶颈制约。

6.1 总体技术路线图

乘用车领域同步执行结构节能与技术节能的发展路径，以提升混合动力及 48V 系统应用占比、动力总成优化升级为重点，以降摩擦、替代燃料、轻量化及小型化为支撑，全面降低传统汽车的能耗水平。

商用车领域应以动力总成升级优化、混合动力、智能网联技术为重点，大幅提升整车效率；以优化空气动力学性能、轻量化、替代燃料为支撑，在减少车辆运行能耗损失的同时，实现车用能源低碳化、多元化发展。节能汽车总体技术路线如图 2－6－1 所示。

			2020年	2025年	2030年
总体目标			乘用车油耗 5L/100km 商用车油耗接近国际先进水平重点突破核心技术	乘用车油耗 4L/100km 商用车油耗达到国际先进水平核心技术实现产业化	乘用车油耗 3.2L/100km 商用车油耗同步国际领先前沿性节能技术研发成功
乘用车领域	重点手段	大力发展混合动力	混合动力车占乘用车销量 8%，油耗 4L/100km	占比达 20%，油耗降至 3.6L/100km	占比达 25%，油耗降至 3.3L/100km
乘用车领域	重点手段	动力总成升级优化	汽油机热效率达40%、6 档以上 AT/DCT 等	汽油机热效率达44%，8－9 档 AT/DCT 等	汽油机 热效率达48%，9 档以上 AT/DCT 等
乘用车领域	重点手段	电子电器节能	重点发展 48V 系统并提升效率	普及高效电动空调等	降低车辆用电设备能耗
乘用车领域	支撑技术	降低摩擦损失	重点降低滚动阻力	重点降低内阻	重点降低风阻
乘用车领域	支撑技术	替代燃料分担	替代燃料占乘用车 3%，油耗 5.1L/100km	替代燃料占乘用车 6%，油耗 4.6L/100km	替代燃料占乘用车 8%，油耗 4.3L/100km
乘用车领域	支撑技术	整车轻量化	单车高强度钢 50% 以上、铝合金 190kg 及结构优化	单车第三代钢 30%、铝合金 250kg、镁合金 25kg 及结构优化	单车铝合金 350kg、镁合金 45kg、碳纤维 5% 及结构优化
乘用车领域	支撑技术	车辆小型化	紧凑型及以下车型销量占比超过 55%	紧凑型及以下车型销量占比超过 60%	紧凑型及以下车型销量占比 约 70%
商用车领域	重点手段	动力总成升级优化	柴油机热效率达50%、低速高转矩等	柴油机热效率达52%、热管理、自动变速器	柴油机热效率达55%、朗肯循环
商用车领域	重点手段	逐步发展混合动力	逐步扩大混合动力应用比例，提升整车节油水平		
商用车领域	重点手段	提升运行效率	跟踪智能调度、道路预见性系统、驾驶人改善助手等智能网联技术，公交客车率先应用		应用智能网联技术降低行驶能耗
商用车领域	支撑技术	优化空气动力学性能	发展低滚动阻力轮胎	半长头、车挂间隙缩小、自动裙板、电子后视镜等流线形外观设计	
商用车领域	支撑技术	整车轻量化	改善产业生态环境，在结构优化的基础上，逐步提高轻质材料的应用比例，降低整车重量		
商用车领域	支撑技术	替代燃料分担	适度发展天然气、生物燃油、甲醇/柴油、二甲醚等替代燃料车型，并持续降低能耗，减少成品油消耗量		

图 2－6－1　节能汽车总体技术路线图

6.1.1 乘用车节能路径

6.1.1.1 乘用车重点执行三大节能发展路径

1）大力发展混合动力。混合动力车型节油效果明显，而国内也已不同程度地掌握系统构型及关键部件的研发能力及产业化能力，大规模发展混合动力的条件已经具备。因此，应在2020年前推动混合动力车型初步规模化（销量占比达到8%左右）及产品成本大幅下降；到2025年将销量占比提升至20%，通过发动机优化及电机、电池性能改善将平均油耗降低至3.6L/100km；到2030年将销量占比提升至25%，通过先进燃烧、轻量化、低风阻等技术将平均油耗进一步降低至3.3L/100km。

2）动力总成持续升级优化。当前乘用车汽油机热效率普遍在35%左右，仍存在15%左右的节能提升空间，同时通过发展多档位自动变速器和提升变速器效率，可再实现8%左右的节能提升。因此，在前期应逐步通过先进增压直喷、提高压缩比等技术将汽油机热效率提升至40%；在中期通过双喷、复合增压等技术将汽油机热效率进一步提升至44%；在后期则通过均质充量压燃（HCCI）等技术将汽油机热效率进一步提升至48%；同步配合6档及以上自动变速器的升级换代，降低整车油耗水平。

3）提升电子电器节能效果。大力发展以48V系统为代表的先进电子电器产品技术，显著改善传统动力乘用车能耗水平，并在此基础上，加快发展电动空调，推动EPS、自动充气、换档提示等技术逐渐成为车辆标配，并持续降低车载用电设备的电能损耗。

6.1.1.2 同步发展四项支撑技术

1）降低摩擦损失。车辆运行过程中，机械摩擦损失、滚动阻力、空气阻力对车辆能耗的影响较大。结合当前我国现状及技术经济性，前期应重点发展低滚动阻力轮胎；中期重点发展低摩擦材料、低黏度机油、高性能冷却液等低内阻技术；在后期则重点发展流线形外观设计和优化。

2）适度发展替代燃料，分担成品油消耗量。对于传动动力车型而言，发展替代燃料车型的更大意义在于实现车用能源多元化，利用天然气等燃料分担成品油消耗量。因此，应适度推动以天然气为主的替代燃料乘用车稳定发展，占比逐步提高至2030年的8%，并持续通过天然气专用发动机燃烧控制优化、储气瓶轻量化等降低整车能耗水平。按传统动力乘用车年均行驶2万km、油耗5L/100km估算，仅2030年替代燃料车型即可节省汽油200万t左右。

3）整车轻量化。持续开展整车结构优化，并在2020年实现单车高强度钢用量达到50%以上、铝合金用量达到190kg；2025年，单车第三代钢用量达到30%、铝合金用量达到250kg、镁合金用量达到25kg；2030年单车铝合金用量达到350kg、镁合金用量达到45kg、碳纤维用量达到5%。

4）推动车辆小型化。我国汽车市场大型化趋势明显，而大型车油耗相对较高，不利于汽车产业节能减排。因此，利用政策调控，争取在5年内抑制我国乘用车平均整备质量上升势头，鼓励小型、节能车辆快速发展，推动紧凑型及以下乘用车销量占比在2020年超过55%、2025年进一步提升至60%、2030年达到70%左右。

6.1.2 商用车节能路径

6.1.2.1 商用车重点执行三大节能发展路径

1）动力总成升级优化。商用车柴油机热效率还存在较大提升空间，自动变速器应用率也较低。因此应在前期发展低速高转矩柴油机，结合电控优化、高压共轨等实现热效率达到50%，同时重点发展小后桥速比，以实现高效传动。在中期应发展发动机热管理技术，通过电控风扇等附件电子化结合自动变速器使得发动机长期工作在高效区域，实现热效率达到52%的目标。在后期通过朗肯循环等先进热管理技术进一步优化发动机节能效果，实现热效率达到55%的目标。

2）逐步发展混合动力。目前，混合动力技术已在公交客车中实现较大规模的应用。鉴于其具有成本高和节油度高的双重特性，建议前期重点开展系统构型、关键零部件的研究，在中后期成本下降后，逐步从中型商用车向重型商用车推广，从而显著降低车辆能耗。

3）利用智能网联技术提升运行效率。国外已开展车辆队列、道路预见性系统、降低空置、驾驶人改善助手等新型节能技术的研究，预计将在2020年后小范围应用。在实际运行过程中，道路环境、行驶路线、驾驶员行为等对商用车油耗的影响极大，结合国外趋势与国内现状，建议在前期重点跟进，中后期重点研发并掌握相关技术，并在车联网基础上实现运行能耗的大幅降低。

6.1.2.2 同步发展三项支撑技术

1）优化空气动力学性能。我国商用车较多行驶在低速重载工况，低滚动阻力技术节油效果明显，应在前期重点发展。在中后期则大力开展流线形外观设计和优化，利用自动裙板、半长头等技术降低风阻从而实现节能。

2）整车轻量化。我国商用车整备质量高出美、日、欧等发达国家和地区同类车型10%以上，能耗优化空间较大。我国商用车轻量化基本停留于结构优化层面，轻质材料应用相对较少，应逐步加强铝合金等多种轻质材料的应用，显著降低车身自重，减少运行过程中的能耗损失。

3）替代燃料。商用车燃料消耗量大，发展替代燃料的成品油分担效果更加明显。因此，应适度推动以天然气为主，二甲醚、生物燃油、甲醇/柴油等为辅的替代燃料商用车稳定发展，并在不同区域，以适合当地实际情况为准，开展示范运营和试点应用。

注：轻量化属于汽车节能手段之一，因此本章将其列为重要节能路径并在总体技术路线图中予以展示说明，但在具体的技术发展路线中不做深入研究，详细内容可参阅第八章汽车轻量化技术路线图。

6.2 乘用车核心技术路线图

总体而言，应以先进汽油机、高效自动变速器混合动力关键技术及48V系统为研究重点，实现乘用车核心节能技术的快速突破，不断缩小并最终消除与国际先进水平之间的差距。

具体而言，将乘用车核心技术路线图分为发动机、变速器、电子电器、低摩擦、混合动力专用零部件、替代燃料专用零部件分别描述，并根据受制约程度、共性程度的不同，各细分领域技术路线图均按照重点、支撑、共性技术予以区分。

6.2.1　发动机技术路线图

总体目标为不断提升汽油机热效率水平，2020 年平均热效率达到 40%，2025 年平均热效率达到 44%，2030 年平均热效率达到 48%。重点在基础燃烧理论、发动机电控、进排气、新型燃烧、后处理五个领域开展技术攻关。

6.2.1.1　重点技术

1）在基础燃烧理论方面，逐步开展并掌握发动机高效燃烧的机理及基础控制理论，并在此基础上优化发动机结构。

2）在发动机电控方面，重点掌握发动机电控逻辑开发能力，实现自主设计、自主匹配、自主标定，从而提高发动机节能水平。

3）在进排气方面，同步发展 VVT 及 VVL 技术。VVT 应实现电动 VVT 技术突破，并利用电动 VVT 逐步取代液压 VVT，后期进一步研发出电动气门技术。在 VVL 方面，应在连续可变气门升程（CVVL）等基础上，开发出全可变配气机构。

4）在新型燃烧方面，不断提高发动机压缩比，在 2020 年达到 13:1 左右的平均水平，中后期进一步通过 HCCI 技术及配气机构等优化，将发动机压缩比提升至 17:1 ~ 18:1，同时避免爆燃。

5）在后处理方面，发展选择性催化还原（SCR）、中冷 EGR、汽油颗粒捕集器（GPF）等技术，有效降低整车排放水平，满足各阶段的排放法规要求。

6.2.1.2　支撑技术

1）在增压方面，未来增压发动机应用比例将大幅提高，因此应重点在单增压技术上，重点突破增压旁通等关联技术，同时发展合适尺寸增压机型。并进一步掌握双增压、电子增压 + 机械增压等复合增压技术。

2）在直喷方面，重点推动直喷技术从 25MPa 向 30MPa 以上逐步转变，并掌握 GDI + PFI 双喷技术，以降低发动机排放。

3）在能量管理方面，研发并应用电子水泵、电子机油泵等电控附件，逐步取代机械附件，优化发动机热管理水平，使发动机长期工作在合适的温度区间，提升发动机节油表现。

6.2.1.3　共性技术

近期组织开展国外先进技术对标研究、燃烧基础理论研究、电控逻辑开发，同时集中攻关涡轮增压器、GDI 喷油系统、中冷 EGR 阀、低压中冷 EGR 阀等关键部件；中期重点开展电子增压器等新型增压设备、高性能 GDI 喷油系统、先进后处理技术的联合研究；中后期重点研发应对可变压缩比的新型点火设备。

乘用车发动机技术路线如图 2 - 6 - 2 所示。

	2020年	2025年	2030年
目标	汽油机热效率平均达到40%	汽油机热效率平均达到44%	汽油机热效率平均达到48%
重点技术	逐步掌握发动机高效燃烧机理及基础控制理论，持续开展发动机结构优化设计		
	重点突破发动机电控技术制约瓶颈，实现电控系统自主设计、标定及优化		
	研发电动VVT及电动气门技术	掌握电动VVT及电动气门技术	成熟应用电动VVT及电动气门技术
	掌握CVVL/DVVL[1]	成熟应用CVVL/DVVL	研发出全可变配气机构
	提升汽油机压缩比至12~13:1	提升汽油机压缩比至14~15:1	提升发动机压缩比至17~18:1
		研发HCCI燃烧技术	掌握HCCI燃烧技术
	发展SCR、EGR、GPF等多种技术，有效改善发动机排放水平，满足各阶段排放要求		
支撑技术	突破增压旁通等技术，发展合适尺寸增压发动机	突破双增压等复合增压技术	
	掌握250×10⁵Pa以上直喷技术	成熟应用250×10⁵Pa以上直喷技术，并突破300×10⁵Pa以上直喷技术	
		研发GDI+PFI双喷技术	掌握并成熟应用GDI+PFI双喷技术
	利用电控附件逐步取代机械附件，优化发动机热管理水平，使发动机长期工作在合适的温度区间		
共性技术	跟踪及对标国外先进发动机技术		
	开发涡轮增压器	开发电子增压器等新型增压设备	
	开发GDI喷油系统	开发高性能GDI喷油系统	
	开发中冷EGR阀、低压中冷EGR阀		
	开展发动机高效燃烧基础理论及后处理技术研究		
	开展电控逻辑开发及测试实验、测试方法的研究		
		研发应对可变压缩比的新型点火设备	

图2-6-2　乘用车发动机技术路线图

6.2.2　变速器技术路线图

总体目标为不断提升变速器传动效率，并优化与发动机的匹配。重点在AT、DCT、CVT、变速器控制逻辑及标定四个领域开展技术攻关。

6.2.2.1　重点技术

1）在AT方面，近期成熟掌握8档AT研发及制造能力，中期开发出9档及以上AT。

2）在DCT方面，近期成熟掌握6或7档DCT研发及制造能力，中期开发出8或9档DCT。

3）在CVT方面，近期重点突破CVT钢带制造技术，中期应重点降低钢带成本并开展结构优化，后期开发出350N·m的CVT。

4）在控制逻辑方面，2020年左右完全具备自动变速器控制逻辑开发及标定能力，并在此基础上自主完成发动机与自动变速器的优化匹配。

6.2.2.2　支撑技术

1）在MT方面，对6档MT技术进行结构优化，部分应用自适应离合器，并优化与发动机的匹配。

---

[1] DVVL指分段式可变升程。

2）在 6MT 方面，近期成熟掌握 6 档 AMT 技术，并持续优化与发动机的匹配。

6.2.2.3 共性技术

加快开展液力变矩器总成设计及制造的研究，在 2020 年左右实现自主制造；同步开发出高可靠性的离合器总成及高精度液压电磁阀；持续开展基于中国道路的载荷谱研究和更新，以支撑变速器结构优化设计、控制逻辑设计、标定优化。

乘用车变速器技术路线如图 2－6－3 所示。

	2020年	2025年	2030年
目标	持续提升变速器传动效率，并优化与发动机的匹配		
重点技术	成熟掌握8档AT研发及制造能力	研发9档及以上AT	
	成熟掌握6或7档DCT研发及制造能力	研发8或9档DCT	
	突破CVT钢带技术	降低钢带成本，优化结构	研发出最高350N・m的CVT
	完全具备自动变速器控制逻辑开发及标定能力	自主完成发动机与自动变速器的优化匹配	
支撑技术	优化6档MT结构及与发动机的匹配		
	成熟掌握6档AMT技术	持续优化与发动机的匹配	
共性技术	掌握液力变矩器总成设计及制造		
	开发高可靠性离合器总成		
	开发高精度液压电磁阀体		
	持续开展基于中国道路的载荷谱研究和更新		

图 2－6－3 乘用车变速器技术路线图

6.2.3 电子电器技术路线图

总体目标为掌握关键电子电器产品研制能力，持续降低车载电器设备的用电能耗。重点研发出 48V 系统、制动能量回收系统、第三代自动启停系统、高效空调等关键技术。

6.2.3.1 重点技术

1）在 48V 系统方面，近期掌握 48V 系统架构设计及集成技术，中期掌握直流转直流（DCDC）、电池等关键零部件的研制能力。

2）在制动能量回收方面，中期重点研发出具备完全自主知识产权的制动能量回收系统，并持续提升回收效率。

3）在启停方面，加快开展第三代自动启停技术的研发，实现在 2020 年左右的成熟应用。

4）在高效空调方面，掌握外控变排量电动空调技术，有效降低空调能耗。

6.2.3.2 支撑技术

在 2025 年前陆续掌握智能发电机技术，具备电源管理系统设计开发能力，实现 EPS

完全自主化生产，研发出稀土永磁微电机，具备自动充气的胎压监测系统设计制造能力。在中期车载微电机数量明显增多的背景下，大幅降低稀土永磁微电机单位能耗。同时陆续掌握换档提示、油耗改进助手、智能玻璃等循环外技术并实现批量化应用，持续降低车载娱乐系统等电器的电耗。

6.2.3.3 共性技术

近期重点需要联合开展车载电源系统仿真模型开发及低能耗的外控变排量空调压缩机开发，此外，行业对电动增压器、带传动启动（BSG）、DC/DC 等 48V 系统核心部件的研发也具有较高的联合研发需求。

乘用车电子电器技术路线如图 2－6－4 所示。

	2020年	2025年	2030年
目标	掌握关键电子电器产品研制能力，持续降低车载电器设备的用电能耗		
重点技术	掌握48V系统架构设计及集成技术	掌握DCDC、电池等关键部件研制能力	
	研发制动能量回收技术	完全掌握制动能量回收技术	提升制动能量回收效率
	掌握第三代自动启停技术		
	研发高效空调，掌握电动可变排量压缩机制造技术		
支撑技术	掌握智能发电机技术		
	掌握电源管理系统设计开发能力		
	实现EPS完全自主化生产		
	研发稀土永磁微电机	降低稀土永磁微电机单位能耗	
	掌握具备自动充气的胎压监测系统设计制造能力		
	陆续掌握换档提示、油耗改进助手、智能玻璃等循环外技术并批量应用，持续降低车载娱乐系统等电器单位能耗		
共性技术	车载电源系统仿真模型开发		
	研制电动增压器、BSG、DCDC等48V系统核心部件		
	低能耗的外控变排量空调压缩机开发		

图 2－6－4　乘用车电子电器技术路线图

6.2.4 低摩擦技术路线图

总体目标为掌握先进的低摩擦技术开发能力，持续降低整车摩擦能量损失。重点掌握低内阻机构、低黏度机油、低滚动阻力轮胎、低风阻外观设计四项技术。

6.2.4.1 重点技术

1）在低内阻方面，持续开展曲柄连杆机构的优化设计，同步实现曲柄连杆系统的轻量化，从而降低发动机运转过程中的摩擦损失。

2）在低黏度机油方面，近期重点开发出 0W-20 黏度级别的油品，开发 GF-6 节能汽油机油，后期实现规模化应用 5W/0W-20 低黏度 GF-6 机油。

3）在低滚动阻力方面，近期重点研发出低滚动阻力轮胎，中期重点掌握低滚动阻力轮胎胎面结构及尺寸的优化设计能力，后期自主研发出高性能的轮胎橡胶材料。

4）在低风阻方面，逐步掌握整车低风阻外形设计及优化能力，持续降低车辆风阻系数，至 2030 年实现同等车型整车风阻系数平均降低 10% 以上。

6.2.4.2　支撑技术

与国内材料供应商合作，加快开发出 DLC 涂层，降低活塞等部件的摩擦损失。同时在 2025 年前开发出高效节能的无水冷却液，为发动机提供理想的工作温度环境，同时恢复活塞环张力、提升气缸壁上部的机油润滑质量并减少摩擦。

6.2.4.3　共性技术

近期开展与低内阻相关的计算机辅助工程（CAE）模拟计算技术研究；燃油供应商则应与整车企业持续开展低黏度、节能型、长寿命的发动机/变速器润滑油的联合研究，并在适当时期建立自主认证标准；此外，应加快推动建立集测试/验证/仿真/优化等于一体的低风阻研究平台，集中资源加强整车低风阻的研究力度。

乘用车低摩擦技术路线如图 2－6－5 所示。

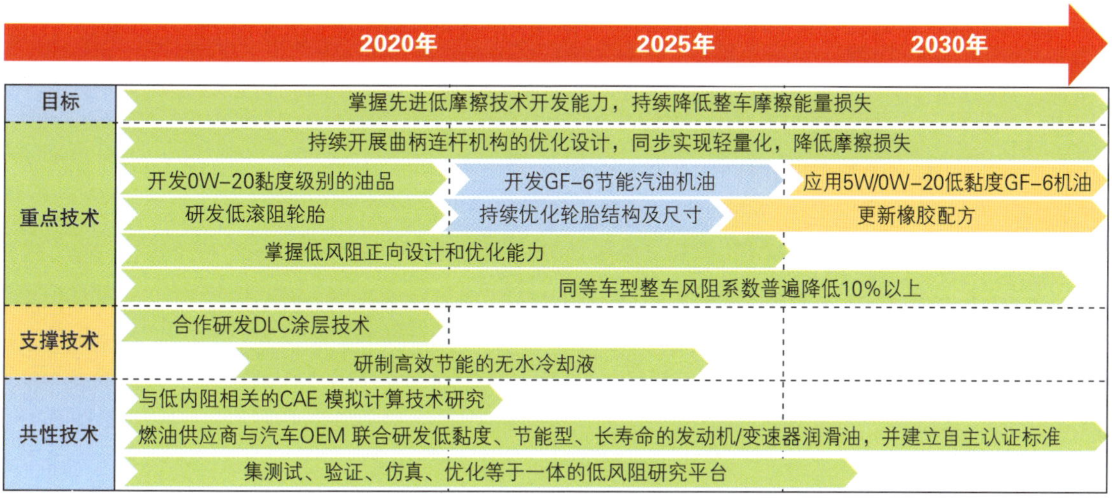

	2020年	2025年	2030年
目标	掌握先进低摩擦技术开发能力，持续降低整车摩擦能量损失		
重点技术	持续开展曲柄连杆机构的优化设计，同步实现轻量化，降低摩擦损失		
	开发0W－20黏度级别的油品	开发GF－6节能汽油机油	应用5W/0W－20低黏度GF－6机油
	研发低滚阻轮胎	持续优化轮胎结构及尺寸	更新橡胶配方
	掌握低风阻正向设计和优化能力		
	同等车型整车风阻系数普遍降低10%以上		
支撑技术	合作研发DLC涂层技术		
	研制高效节能的无水冷却液		
共性技术	与低内阻相关的CAE 模拟计算技术研究		
	燃油供应商与汽车OEM 联合研发低黏度、节能型、长寿命的发动机/变速器润滑油，并建立自主认证标准		
	集测试、验证、仿真、优化等于一体的低风阻研究平台		

图 2－6－5　乘用车低摩擦技术路线图

6.2.5　混合动力专用零部件技术路线图

总体目标为持续降低整车油耗，至 2030 年平均油耗达到 3.3L/100km，不断突破核心技术并最终达到国际先进水平。重点掌握专用发动机、专用动力耦合机构、高性能电机、高水平功率型电池、自主电控逻辑开发、先进构型开发及优化六项技术。

6.2.5.1　重点技术

1）在专用发动机方面，前期重点开发阿特金森/米勒循环等专用发动机；中期改善燃烧水平，实现冷却优化，同时降低机械摩擦损失；后期应用 HCCI 等技术，不断提高发动机压缩比。

2）在专用动力耦合机构方面，前期重点开发出行星齿轮、一体化专用变速器等，并持续提升专用动力耦合机构的传动效率。

3）在高性能电机方面，近期重点开发出具备完全自主知识产权的电机产品，到2020年，驱动电机比功率达到4.0kW/kg，电机控制器比功率达到17kW/L；到2025年，电机比功率达到4.5kW/kg，控制器比功率达到25kW/L；到2030年电机比功率达到5.0kW/kg，控制器比功率达到35kW/L。

4）在高水平电池方面，到2020年，将功率型电池比能量提高至180W·h/kg以上，电池寿命达到10年，电池成本降低10%；到2025年，电池成本降低20%；到2030年，电池成本降低30%。

5）在电控方面，到2020年左右完全掌握包括发动机、电机、电池等在内的动力系统电控逻辑自主开发及优化能力。

6）在系统构型方面，持续优化现有混合动力系统结构，并不断开发出具备先进水平的构型。

6.2.5.2 支撑技术

1）在电机方面，不断降低电机成本，从2020年的6000元/套降低到2030年的4500元/套；同时在2020年掌握低损耗定子铁心与高密度分布绕组设计及制造工艺，2025年掌握定子拼块铁心与高密度绕组批量应用，2030年实现定子拼块铁心与高密度绕组大规模应用；大幅提升电机关键性能指标，至2030年将轻量化水平提升18%，系统高效率区扩展12%，系统最高效率提升1.2%。

2）在电池方面，采用轻质化设计减少电池包重量，至2030年重量累计降低7%。同时，在2025年实现液冷温度均匀性3℃、风冷温度均匀性4℃的水平。

此外，应利用电机转矩瞬态转矩补偿，控制发动机点在有效燃油消耗率（BSFC）曲线上实现3%～5%的节油率；中期研究降低动力控制模块（PCU）功耗；在中后期智能网联技术逐步成熟后，在行驶过程中动态优化发动机及电机能量管理策略，减少能耗损失。

6.2.5.3 共性技术

近期加快开展整车控制策略及软件平台、高端电池系统设计仿真平台、高可靠性车载电池管理系统集成技术的研究。在中期实现电力电子集成控制器设计及高比功率电机控制器的成熟设计。

乘用车混合动力技术路线如图2－6－6所示。

6.2.6 替代燃料专用零部件技术路线图

总体目标为持续降低整车油耗，至2030年平均油耗达到4.3L/100km。重点掌握专用发动机开发及优化能力。

6.2.6.1 重点技术

近期重点开发替代燃料专用发动机，同时应建立整套的替代燃料热力学开发体系，形成成熟的仿真技术、热力学试验能力；中后期与先进增压/直喷/进排气、米勒循环等结合，并实现高压缩比。同时针对替代燃料特性，重点发展精细化燃烧策略及标定技术。

	2020年	2025年	2030年
总体目标	新车平均油耗4L/100km，初步掌握核心技术研制能力	新车平均油耗3.6L/100km，完全掌握核心技术研制能力	新车平均油耗3.3L/100km，核心技术达到国际先进水平
重点技术	开发阿特金森/米勒循环等专用发动机		
		改善专机燃烧水平、优化冷却、降低机械摩擦	
		应用HCCI等新型燃烧技术，提高压缩比	
	开发专用动力耦合机构	持续提升专用动力耦合机构传动效率	
	开发出具备完全自主知识产权的电机		
	电机比功率4.0kW/kg，控制器比功率17kW/L	电机比功率4.5kW/kg，控制器比功率25kW/L	电机比功率5.0kW/kg，控制器比功率35kW/L
	功率型电池比能量180W·h/kg以上		
	电池寿命达到10年		
	电池成本降低10%	电池成本降低20%	电池成本降低30%
	完全掌握电控逻辑自主开发及优化能力		
	持续优化混合动力系统构型		
支撑技术	电机成本降低到6000元/套	电机成本降低到5000元/套	电机成本降低到4500元/套
	掌握低损耗定子铁心与高密度分布绕组设计及制造工艺	定子拼块铁心与高密度绕组批量应用	定子拼块铁心与高密度绕组大规模应用
	电机轻量化提升10%，系统高效率区扩展5%，系统最高效率提升0.5%	电机轻量化提升15%，系统高效率区扩展10%，系统最高效率提升1.0%	电机轻量化提升18%，系统高效率区扩展12%，系统最高效率提升1.2%
	轻质化设计减少电池包3%重量	结构优化累计减少5%重量	累计减少7%重量
	液冷温度均匀性达到3℃，风冷温度均匀性达到5℃	风冷温度均匀性达到4℃	
	利用电机转矩瞬态转矩补偿，控制发动机点在BSFC曲线上		
		结合智能网联，优化对发动机和电机能量管理策略	
	优化PCU功耗		
共性技术	整车控制策略及软件平台		
	电力电子集成控制器设计及高功率密度电机控制器设计		
	高端电池系统设计仿真平台		
	高可靠性车载电池管理系统集成技术		

图2-6-6　乘用车混合动力技术路线图

6.2.6.2　支撑技术

基于替代燃料车型特性，持续优化整车控制策略，并在两用燃料乘用车中普及燃料组分学习、油气协同等技术。

6.2.6.3　共性技术

近期重点在保证强度的前提下，降低气瓶重量，提升储气能力，同时重点开发具备耐腐蚀、高密封等特性的燃料储存系统，快速响应的电控减压器，高可靠性、高精度的燃料喷嘴等替代燃料专用部件，支撑整车综合性能提升。

替代燃料乘用车技术路线如图 2－6－7 所示。

	2020年	2025年	2030年
目标	新车平均油耗5.1L/100km	新车平均油耗4.6L/100km	新车平均油耗4.3L/100km
重点技术	发展高性能的替代燃料专用发动机		
	建立整套热力学开发体系，撑握成熟的仿真技术、热力学试验能力		
		与先进增压、直喷、进排气、米勒循环等结合，实现高压缩比	
	替代燃料燃烧策略精细化，优化标定		
支撑技术	持续优化整车控制策略		
	两用燃料乘用车普及组分学习、油气协同等技术		
共性技术	开发轻质、高压的储气瓶		
	开发具备耐腐蚀、高密封等特性的燃料储存系统		
	开发快速响应的电控减压器		
	开发高可靠性、高精度的燃料喷嘴		

图 2－6－7　替代燃料乘用车技术路线图

6.3　商用车核心技术路线图

总体而言，应以动力总成升级优化为研发重点，加大混合动力系统（侧重于载货汽车及适用于城际工况的道路客车而言）、空气动力学性能优化、智能网联技术的研究和应用力度，大幅降低整车能耗水平，并实现商用车核心节能技术的快速突破，最终与国际先进水平实现同步发展。

6.3.1　重点技术

1）在动力总成方面，通过柴油机、变速器、后桥等的优化与配合，不断将柴油机有效热效率提升至 2020 年的 50%、2025 年的 52%、2030 年的 55%。前期重点发展高压共轨、低速高转矩的重型柴油机，结合电控附件优化改善发动机工作环境，在长途商用车中可侧重发展小后桥速比；在中后期实现可变燃油喷射规律，并将喷射压力提高至 250MPa 以上，同步普及多档位自动变速器；后期重点突破朗肯循环技术。此外，应持续开展燃烧及热循环基础理论的研究，拓展和深化燃烧系统优化工作，持续优化发动机电控，结合燃烧优化，同步发展 SCR、EGR、ASR（驱动防滑系统）、柴油颗粒捕集器（DPF）等后处理技术，满足各阶段排放法规要求。

2）在混合动力方面，加快开发低成本、高节油度的混合动力系统，并逐步实现中重型载货汽车、城际客车的大规模应用。

3）在空气动力学方面，前期重点研发低滚动阻力轮胎，中后期则研发、应用半长头、车挂间距缩小、自动裙板等低风阻外观设计，将整车风阻系数普遍降低15%以上。

4）在智能网联方面，在车联网基础上，到2025年左右逐步研发并应用道路预见性系统、降低空载、智能调度、驾驶改善助手、车辆队列等技术，大幅提升车辆运行效率，降低车辆能耗损失。

6.3.2　支撑技术

1）在动力总成方面，应改善传动系统效率，优化与发动机的匹配，使发动机长期处于高效率；利用双级增压提高低端转矩，满足低速化的要求；在变速频繁的车辆中应用可变截面涡轮增压（VGT），提高综合效率。

2）在热管理方面，中期掌握整车热管理技术，后期可在客车中发展车体保温技术。

3）在低滚动阻力方面，中期应研发出轮胎自动充气技术，同时开展胎面结构的优化，掌握单宽胎技术。

4）在替代燃料方面，应以发展天然气特别是LNG燃料为主，在中后期条件成熟的情况下，因地制宜发展二甲醚、生物燃油、甲醇/柴油等技术。

6.3.3　共性技术

持续开展国外先进节能技术及精确技术趋势跟踪；不断开发高精度、高可靠性、高压力的共轨喷射系统；在2023年前开发出满足国六排放的集成式后处理系统，以利于整车企业搭载应用；在混合动力领域加快开发出结构紧凑、传动效率高的新型机电耦合机构，为混合动力技术的规模化应用奠定基础；集中资源和力量，开展流线形外观设计研究及针对性风洞测试，掌握整车低风阻设计及参数优化；在节能型电动空气压缩机系统的基础上，研究并掌握多冷却模块的单独控制及空气压缩机工作的自动启停技术，实现商用车的普及应用。

商用车核心技术路线如图6－8所示。

6.4　车用燃油技术路线图

目前，国五阶段车用燃油主要指标接近世界先进水平，其最大的差距在于燃油质量稳定性，需要加强监管，稳定质量，规范清净剂市场。基于以上分析，根据未来节能汽车技术、排放法规及炼油技术的发展，分阶段对今后15年车用燃油技术发展进行展望，形成的技术路线如图2－6－9所示。

技术路线详解：第一阶段（2016—2017年），汽油硫质量分数下降为10×10^{-6}，为先进燃烧技术和后处理系统的应用创造条件，同时实现无锰化，柴油十六烷值提高2～3个单位；第二阶段（2017—2019年），进一步优化车用汽油蒸发性能，降低T50（50%蒸发温度），改善整车的起动和排放性能，同时降低芳烃、烯烃、苯含量，增加对柴油总污染物质量分数的限值要求（不超过24×10^{-6}），柴油多环芳烃降至7%；第三阶段（2019—2024年），烯烃进一步降低至15%，烷基化、异构化工艺普及应用，汽油机平均辛烷值进一步提高，同时辛烷值的分布更加趋于合理，并且清净剂的推广及汽油蒸发性的细分研究也将取得阶段性的成果。

2020年 2025年 2030年

	2020年	2025年	2030年
目标	载货汽车平均油耗降低15%～20%	平均油耗累计约降低30%～35%	平均油耗累计约降低35%～45%
	客车平均油耗降低25%～30%	平均油耗累计约降低35%～40%	平均油耗累计约降低40%～50%

重点技术

- 高压共轨、低速高转矩等 → 可变燃油喷射规律、喷射压力达到2500×10⁵ Pa以上
- 研发各类电控附件并实现普及应用
- 掌握朗肯循环技术并逐步应用
- 加快开展燃烧及热循环基础理论研究，拓展和深化燃烧系统优化工作，持续优化发动机电控系统
- 结合燃烧优化，同步发展SCR、EGR、ASR、DPF等后处理技术，满足各阶段排放法规要求
- 逐步增加变速器档位，逐步提高自动变速器应用比例
- 长途商用车发展小后桥速比
- 开发出低成本、高节油度的混合动力系统，并逐步实现大规模应用
- 研发低滚阻轮胎 → 应用半长头、车挂间距缩小、自动裙板等低风阻外观设计，整车风阻系数普遍降低15%以上
- 基于车联网，研发并应用道路预见性系统、降低空载、智能调度、驾驶人改善助手、车辆队列等技术

支撑技术

- 改善传动系统效率，优化与发动机的匹配，使发动机长期处于高效率运转
- 双级增压提高低端转矩，满足低速化的要求
- 变速频繁的车辆应用VGT，提高综合效率
- 整车热管理技术 → 发展客车车体保温技术
- 研发轮胎自动充气技术
- 胎面优化及单宽胎技术
- 以发展天然气车型为主 → 兼顾发展二甲醚、生物燃油、甲醇/柴油等车型

共性技术

- 国外先进节能技术及精确技术趋势跟踪
- 高精度、高可靠性、高压力的共轨喷射系统
- 满足国六排放的集成式后处理系统
- 结构紧凑、传动效率高的新型机电耦合机构
- 开展流线形外观设计研究及针对性风洞测试
- 开发节能型电动空气压缩机系统 → 实现多冷却模块的单独控制及空气压缩机工作的自动启停技术

图 2-6-8　商用车核心技术路线图

	2017年	2019年	2024年～2030年
汽油组分	加强市场监管、稳定油品质量（严控硫、金属、清净剂、异物等）		
	硫质量分数降至10×10⁻⁶	苯含量降至0.8%	加强清净剂推广使用
	无锰化（≤0.002g/L）	芳烃降至35%	提高平均辛烷值、优化辛烷值分布
	缩窄蒸汽压范围	T50降至110℃	细分蒸发性要求
	烯烃降至24%	烯烃降至18%	烯烃降至15%
污染物	明确禁止汽油中含有害添加剂及污染物	柴油总污染物质量分数限值24×10⁻⁶	
柴油组分	柴油十六烷值提高2～3个单位	柴油多环芳烃降至7%	

图 2-6-9　车用燃油技术路线图

7 技术创新需求及近期优先行动项

节能汽车领域实现《中国制造2025》及重点领域技术路线图既定目标，需要在动力总成、汽车电子等多个方向实现创新发展与技术突破。为此，在基础前瞻、应用技术、示范与产业化、共性平台方面分别提出近期优先行动项（表2－7－1），以对国家政策制定提供有效参考。

表2－7－1 近期优先行动项建议列表

类别	项目名称	必要性	实施目标	主要研究内容	预期成效	组织模式
基础前瞻	新型发动机结构及燃烧理论研究	当前国内对燃烧基础理论研究不足，制约了发动机节能水平的进一步提升，应通过结构及基础理论研究，为新型发动机开发提供有力支撑，助推我国节能汽车技术加速追赶世界先进水平	2018年开发出高燃烧效率的发动机结构，2020年形成燃烧实现途径、热损失机理、点火机理、火焰传播不良机理、爆燃现象机理、气体流场等体系化燃烧理论研究成果，2025年掌握均质稀薄燃烧等先进燃烧技术的理论及控制手段	发动机新型燃烧基础理论 新型发动机结构优化设计 发动机新型燃料机理应用型研究	通过新型燃烧基础理论的研究、应用型研究，加速新型燃烧技术成熟度，实现较大幅度的节能目标	国家支持 搭建行业共性研发平台 企业共同投入、共享技术成果
应用技术	高效动力总成技术创新工程	动力总成核心零部件产品技术含量及附加值较高，但自主品牌技术积累不足、研究资源分散，长期无法掌握核心技术，导致技术提升与品牌提升均受到严重制约	2020年开发出高压喷油系统、液力变矩器、混合动力专用耦合机构等二级零部件，2025年开发出搭载完全自主化的一级总成，2030年前完成总成的进一步升级优化	新型发动机及关键零部件 高效自动变速器及关键零部件 先进混合动力系统及关键零部件 基于中大型柴油机的商用车动力总成	开发出高性能、高度自主化的动力总成核心零部件产品，消除技术瓶颈制约，大幅提升自主品牌对关键技术的掌握程度和市场话语权	国家支持 企业主导 行业联合攻关

（续）

类别	项目名称	必要性	实施目标	主要研究内容	预期成效	组织模式
应用技术	先进电子电器技术创新工程	汽车电子电器节能效果明显，已成为全球发展趋势，但国内对汽车电子电器的研究相对较少，缺乏先进的产品，更缺乏前瞻性技术的预研；同时关键技术的研发投入资金需求也较大，导致企业难以独立开发	2020年前着重研发攻关48V系统及其核心部件等；到2020年掌握整车电能管理技术，并建立测试评价体系；2025年研发出道路预见性系统、降低空置等新型商用车节能技术所需的关键电子电器设备	48V系统及核心部件研制 整车电能管理系统 智能化、电子化、低能耗附件系统 提升商用车运行效率的关键电子电器设备	攻克先进汽车电子电器技术研发难题，实现技术突破、转化与产品应用，支撑整车显著提升整体节能效果	国家支持 企业主导 行业联合攻关
示范与产业化	先进节能汽车技术推广应用与示范工程	国内已开发出部分具有较高节能水平的整车及关键零部件，但受成本等原因无法得到规模推广，节能技术展示效果不明显，不利于培育和引导企业发展节能技术的积极性，进而影响技术水平的持续提升	2020年前针对已研发出的具有较高技术水准及发展前景的核心产品/技术，建立若干产业化平台，实现技术共享和推广，从而大幅降低成本，形成应用的良性循环；同时结合“一带一路”和地方特点因地制宜地开展先进节能汽车的推广示范工程	核心技术与关键总成的产业化推广与应用 先进节能汽车的市场推广与示范	利用产业化推广与示范，提升节能汽车的市场认知度与接受度，从而培育和引导节能汽车持续、健康、稳步发展	市场考核 国家后补助

（续）

类别	项目名称	必要性	实施目标	主要研究内容	预期成效	组织模式
共性平台	电控系统开发与测试共性技术平台	动力总成智能化电气化使得控制系统复杂程度呈几何倍数上升，且电控开发及标定直接影响各类新技术实际应用效果。但目前国内动力总成电控系统开发能力极为薄弱，长期受外资品牌掌控，受制约现象极为突出，应通过相关研究，提升国内整车企业电控自主开发能力，实现电控自主开发目标	2020年前，达成部分电控模块的自主开发，电控开发实施率达到20%；2025年前基本具备自主电控开发能力，形成自主化智能标定；2030年前形成完全独立、成熟地掌握自主电控的开发能力	电控开发、测试、标定等基础平台（含测试评价数据平台）建设 基于乘用车/商用车传统动力平台、混合动力平台的控制策略软件开发/模型开发/硬件在环测试/精细化、智能标定	建立一整套科学的电控开发流程及体系，具备完全独立的电控开发能力，支撑企业研发出具备完全自主知识产权的整车/系统/总成产品	国家支持 搭建行业共性研发平台 企业共同投入、共享技术成果

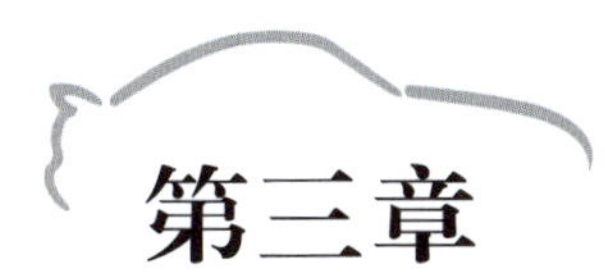

第三章

纯电动和插电式混合动力汽车技术路线图

1 导　言

随着全球经济的持续发展，能源和环境问题日益突出，降低车用化石能源消耗、减少汽车 CO_2 及各种污染物排放，是全球应对能源和环境问题最重要的举措之一。新能源汽车是汽车工业发展的时代产物，从国家层面讲，美、日、欧等汽车工业较为发达的国家和地区以不同形式阐述了本国的新能源汽车发展计划及技术路线图，如日本政府先后发布了《下一代汽车战略 2010》和《纯电动和插电式混合动力汽车指导方针》，美国政府发布了《电动汽车普及大挑战蓝图》，德国政府发布了《国家电动汽车发展计划》等，这些计划为各国的新能源汽车发展起到了明确的技术引领作用。从企业层面讲，美国、欧洲、日本以及中国的各大汽车集团，先后发布了各自的新能源战略与新能源车型产品。

作为我国战略性新兴产业之一，新能源汽车的发展承载着缓解石油资源短缺压力，解决日益突出的环境污染问题，实现我国汽车产业结构调整和转型升级，汽车产业做大做强的历史使命。我国政府高度重视新能源汽车的技术和产业发展，习近平总书记指出“发展新能源汽车是我国从汽车大国到汽车强国的必由之路”，先后发布的《节能与新能源汽车产业发展规划 2012—2020》《中国制造 2025》等一系列战略规划和推进政策，为我国新能源汽车发展明确了方向。近年来，在国家、地方的积极推动下，作为新能源汽车的重要组成部分，纯电动汽车和插电式混合动力汽车技术和产业以及相关基础设施建设取得了重大进步。截至 2015 年，我国已经跃居世界新能源汽车产销第一大国，但仍然存在大而不强的潜在问题，仍然面临严峻的国际竞争压力。因此，在新能源汽车的快速发展，技术链、产业链、产业生态以及全球竞争格局即将形成的关键时刻，按照《中国制造 2025》总体规划，以世界汽车强国为目标，结合中国国情和国际竞争发展态势，研究制定我国纯电动和插电式混合动力汽车发展技术路线图，引领相关领域的技术研发、产业发展，显得极为重要和尤为迫切。

1.1　发展纯电动汽车与插电式混合动力汽车的战略意义

近年来，我国汽车产销量持续保持世界第一，成为汽车制造大国和最大的汽车市场；汽车保有量迅速增长，截至 2015 年汽车保有量 1.72 亿辆，居世界第二，汽车产业已成为

国民经济重要的支柱产业，汽车也成为国民消费的重要领域。然而，汽车产业的持续健康发展必须突破石油资源短缺、环境污染、影响气候变化的瓶颈，新能源汽车便成为当前国际公认的主要发展方向，是我国从汽车大国到汽车强国的必由之路。在各类新能源汽车当中，纯电动汽车和插电式混合动力汽车成为近十年内实现大规模生产、替代传统汽车能源动力系统的关注焦点。此外，纯电动汽车和插电式混合动力汽车与智能电网、可再生能源的紧密结合，对促进我国电力产业的转型升级具有重要的意义。

第一，汽车已经成为我国石油资源的消耗大户，随着汽车保有量的快速增长，我国石油资源短缺的挑战将更加严峻，发展纯电动汽车和插电式混合动力汽车对调节、优化道路交通领域能源结构，缓解我国对进口石油的高度依赖，保障国家能源安全，具有非常重要的战略意义，同时也是汽车产业持续较快增长的根本保障。

第二，我国经济发展已经并将长期受到来自环境污染、气候变化带来的严重制约，不少中心城市的空气污染、$PM_{2.5}$排放已经超出环境容量极限，一些城市开始实施限制汽车消费和限制汽车使用的限购、限行政策，我国汽车产业发展遇到了环境的瓶颈。纯电动汽车具有零排放、插电式混合动力汽车具有日常出行零排放和长距离出行低排放的卓越的环境友好特性，发展纯电动汽车和插电式混合动力汽车符合绿色发展的理念，是国际公认的汽车产业发展的战略选择。

第三，新能源汽车产业是我国确定的七大战略性新兴产业之一，是未来国际汽车技术竞争的焦点，同时更是我国汽车产业转型升级，实现汽车强国梦想的必经之路和难得的战略机遇。在《中国制造2025》的指引下，研究制订技术路线图，完成科学的顶层设计和全面布局，从而凝聚全行业、全社会的力量，突破核心关键技术，抢占汽车技术国际制高点，推动新能源产业健康、有序、快速发展，实现汽车强国战略目标意义重大。纯电动汽车和插电式混合动力汽车作为新能源汽车重要的、现实的技术路线，研究制订本技术路线图，具有现实意义和长远的战略意义。

第四，纯电动汽车和插电式混合动力汽车既是交通工具，同时又是分布式电能储备装置，它与智能电网的有机融合，具有实现削峰填谷的重要作用，有利于提升发电设备的利用效率，同时在重大灾害期间还可作为电力供给的重要补充。更重要的是，大力发展纯电动汽车和插电式混合动力汽车，能够更加有效地利用风能、太阳能等可再生能源，有助于我国电力能源结构的清洁化和坚强智能电网建设。

第五，充电技术和充电基础设施是支撑纯电动汽车和混合动力汽车产业发展的必要条件。突破充电装备关键核心技术、多能源融合的电网智能控制技术，建设基于互联网的智能化服务体系，对实现汽车强国战略目标具有重要的支撑作用。

纯电动和插电式混合动力汽车技术路线图旨在明晰能源结构调整与新能源汽车规模化应用之间存在的相关性问题，促进新能源汽车发展；进一步明确长远战略目标和分阶段发展计划，指明产业发展方向和可行路径；凝练关键核心技术和突破口，汇聚跨行业发展动能，实现跨行业的协同发展；为国家相关政策、标准法规、科技创新计划等的制订和实施，为国家及民间资金的指向提供重要参考。

1.2 纯电动和插电式混合动力汽车技术路线图的研究范围及目标

纯电动和插电式混合动力汽车技术路线图所涉及的研究范围包括纯电动汽车和插电式混合动力汽车的整车、关键零部件以及充电基础设施核心装备与系统。作为新能源汽车的重要领域——氢燃料电池汽车的发展技术路线，详见本书第 4 章；在车载能源系统中，仅涉及电池系统，电池单体和模块详见本书第 7 章，具体内容见表 3-1-1～表 3-1-3。

表 3-1-1 纯电动、插电式混合动力整车

乘用车		商用车	
纯电动	插电式混合动力	纯电动	插电式混合动力
各种级别的乘用车		主要包括：客车、载货车、物流车、环卫车及其他特种用途车辆等	

表 3-1-2 关键系统及零部件

系统与总成类别	系统分解		
电驱动系统	驱动电机	驱动电机控制器	
动力电池系统	电池包	电池管理系统	
混合动力系统	增程式发动机、电机与机电耦合装置		
功率变换装置	单向 DC/DC	双向大功率 DC/DC	
车载充电机	车载充电机	双向车载充电机	基于电机控制器的大功率充电机
制动能量回收系统	制动能量回收系统		
电动冷暖空调	电动冷暖空调		
整车电控系统	整车电控系统		

表 3-1-3 充电基础设施

系统与总成类别	系统分解	
充电设备	交流充电桩	直流充电桩
充电站	充电站	
无线充电系统	磁共振无线充电系统	磁感应无线充电系统
充电基础设施服务系统	融合多种电能来源、车网互联互通的智能电网系统	基于互联网的运营服务管理系统

1.3　相关定义

（1）纯电动汽车

纯电动汽车是指车辆的驱动力全部由电机供给，电机的驱动电能来源于车载可充电蓄电池或其他电能储存装置的汽车。其动力系统基本结构形式如图 3－1－1 所示。

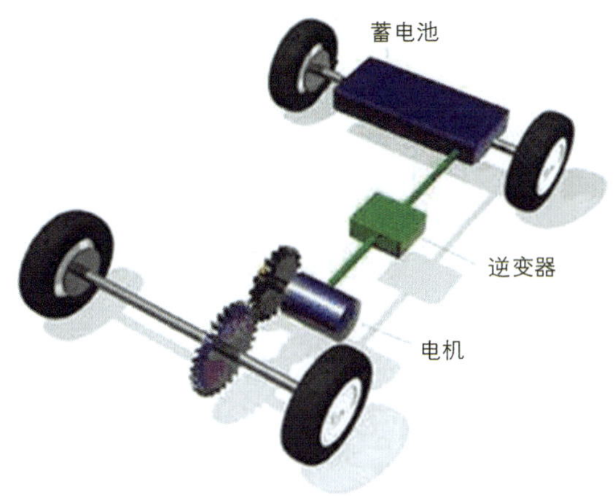

图 3－1－1　纯电动汽车动力系统的结构形式

（2）插电式（含增程式）混合动力汽车

插电式（含增程式）混合动力汽车是指车辆的驱动力由驱动电机及发动机同时或单独供给，并且可由外部提供电能进行充电，纯电动模式下续驶里程符合我国相关标准规定的汽车。其动力系统基本结构形式如图 3－1－2 和图 3－1－3 所示。

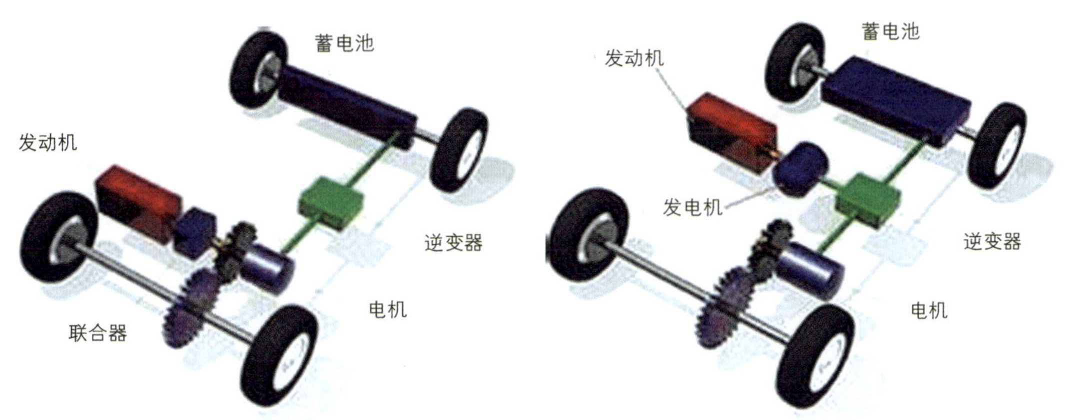

图 3－1－2　插电式混合动力系统结构形式　　图 3－1－3　增程式混合动力系统结构形式

（3）充电基础设施

充电基础设施是为电动汽车提供电能补给的各类充电设施的总称，主要包括集中式站类设施——充电站；分散式充电设施——充电桩（含无线充电装置）；充电基础设施运营管理服务系统——电动汽车运营服务网络平台；可实现V2G[㊀]智能电网互动网络，传统电网与太阳能、风能等可再生能源发电系统融合以及主干网络与微电网融合的智能化综合充电系统等（图3-1-4）。

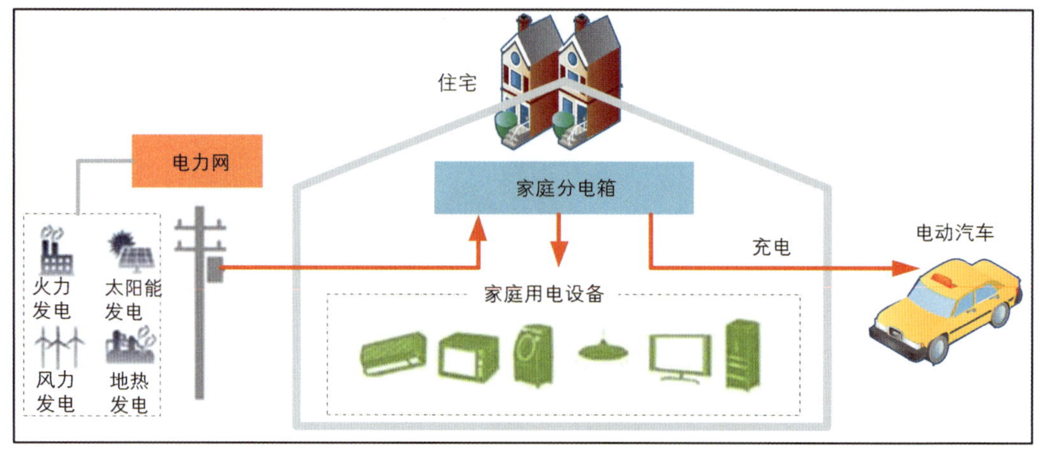

图3-1-4　综合充电系统

2　纯电动和插电式混合动力汽车的发展现状与趋势

2.1　纯电动和插电式混合动力汽车及充电基础设施国外发展现状

2.1.1　纯电动和插电式混合动力汽车国外发展现状

2.1.1.1　美国

美国政府将较为成熟的混合动力汽车技术作为目前电动汽车市场的主流技术大力推广，能源部（DOE）制定了到2015年投放市场的插电式混合动力汽车达到100万辆的目标。2013年美国能源部宣布难以实现既定目标并发布《电动汽车普及大挑战蓝图》，明确重点支持插电式电动汽车（纯电动汽车、插电式混合动力汽车和增程式电动汽车），计划用十年时间通过技术创新提高插电式电动汽车的性价比和市场竞争力。

美国本土企业特斯拉、通用和福特的新能源汽车发展强劲，同时日产Leaf在美国的市场份额呈现下滑趋势。一方面，部分车企如特斯拉针对高端消费人群，主攻纯电动汽车领

㊀ V2G是Vehicle to Grid的缩写，其核心思想在于电动汽车和电网的互动，实现电网和电动车的双向充电。

域；另一方面，像通用和福特则针对中等收入家庭市场主打插电式混合动力汽车。为推动电动汽车产业发展和加快电动汽车消费市场的形成，美国政府从研发与产业化支持、税收抵免优惠、基础设施建设、示范推广等多个方面提供了有力的政策支持。

纯电动车型以特斯拉公司的 Model S 和 Model X 为代表。Model S 车型包括单电机后轮驱动和双电机全轮驱动两种形式，搭载 85kW · h 或 60kW · h 锂离子电池，0 ~ 100km/h 加速时间仅需约 5. 7s，续驶里程最高达 502km。Model X 高性能版 P90D 采用双电机四轮驱动，0 ~ 100km/h 加速时间仅需 3. 4s，最高车速 250km/h，续驶里程达 467km。2016 年发布的 Model 3 车型采用了钢铝混合车身，电池采用比能量达 315W · h/kg 的 20700 三元材料电池，续驶里程达 346km。

插电式混合动力车型的代表是通用公司 Volt 和福特公司 Fusion Energi。2016 款 Volt 采用 1. 5L 压缩比为 12. 5:1 的直喷发动机和两个电机，电池容量为 18. 4kW · h，纯电续驶里程为 80km，0 ~ 100km/h 加速时间 8. 4s。全新 Fusion 的纯电续驶里程约为 34km。

在市场方面，美国纯电动汽车和插电式混合动力汽车销量近年来保持增长态势，但增速有所放缓。2015 年美国市场销量达到 11. 6 万辆，排在中国之后位居全球第二。2016 年上半年销量接近 6. 57 万辆，全年预计将超过 13 万辆。在典型产品市场表现方面，以特斯拉 Model S 和日产 Leaf 为代表的纯电动车型占据 2015 年美国新能源汽车市场份额的 63% ，以通用雪佛兰 Volt，福特 Fusion、C-MAX 为代表的插电式（增程式）混合动力车型占 37% 的市场份额。

2. 1. 1. 2 日本

日本在 2011 年前拥有世界上最大的纯电动汽车消费群，日产 Leaf 和三菱的 iMiEV 电动车是纯电动汽车的代表车型。老款 Leaf 搭载 24kW · h 电池组，续驶里程约为 135km。2016 新款 Leaf 搭载单体比能量约 157W · h/kg 的 30kW · h 电池组，采用峰值功率 80kW、最大转矩 254N · m 的电机，续驶里程达 172km（美国环保署 EPA），电耗 14. 6kW · h/100km。

日本企业混合动力汽车技术已经非常成熟，以混合动力车型为基础，可快速开发出插电式车型，主要有丰田、本田、三菱、日产的车型。丰田的普锐斯插电式混合动力版汽车，搭载 1. 8L2ZR-FXZ 阿特金森循环发动机，车身整备质量 1350kg，电机的最大输出功率为 66kW，所用锂离子电池组容量 9. 8kW · h，纯电续驶里程 56km，燃油经济性方面具备明显优势。

在市场方面，日本纯电动汽车和插电式混合动力汽车销量在 2014 年达到顶峰 3. 16 万辆后，受国际油价持续走低的影响，2015 年首次出现了下降，销量同比减少 22% 至 2. 32 万辆。2016 年上半年市场开始回暖，销量达到 1. 37 万辆规模。典型产品市场表现方面，三菱欧兰德（Outlander）占据 2015 年插电式混合动力车型市场份额的 45% ，日产 Leaf 占纯电动车型市场份额的 54% 。

2. 1. 1. 3 欧洲

欧洲纯电动汽车以德国产车型为代表。大众 E-Golf 采用一台峰值功率为 85kW、峰值转矩为 270N · m 的永磁同步电机，0 ~ 100km/h 加速时间 10. 4s，最高车速 140km/h，采用24.2kW·h锂离子电池组，整备质量1510kg，续驶里程190km；宝马i3则采用全新的车身设计，车身采用全碳纤维材质，锂离子电池组与底盘一体化设计，底盘由铝合金材料制造，整备质量仅为1255kg，电机峰值功率125kW，峰值转矩250N·m，最高车速150km/h，0~100km/h加速时间7.2s，电池容量19kW·h，续驶里程160km。

欧洲插电式混合动力汽车发展较为成熟，宝马530Le装备的2.0L涡轮增压汽油机最大功率为160kW、最大转矩310N·m，电机的峰值功率70kW，峰值转矩250N·m，0~100km/h加速时间为7.1s，最高车速233km/h，纯电动模式下最高车速120km/h，纯电续驶里程58km；奥迪A6L e-tron搭载的2.0 TFSI汽油发动机最大功率155kW，最大转矩350N·m，电机峰值功率91kW，峰值转矩220N·m，锂电池组容量为14.1kW·h，0~100km/h加速时间为8.4s，最高车速210km/h，纯电续驶里程50km。

在市场方面，2015年欧洲纯电动汽车与插电式混合动力汽车销量排名前4位的国家分别是挪威、英国、法国和德国。其中，挪威是全欧洲纯电动与插电式混合动力汽车市场占有率最高的国家，2015年市场份额达到22.8%。随着宝马、奥迪、沃尔沃等企业的插电式混合动力车型的陆续上市，欧洲的插电式混合动力汽车市场份额逐步提升，2016年上半年纯电动汽车与插电式混合动力汽车市场推广比例已接近1:1。

从国际发展趋势来看，纯电动汽车方面，车身结构多进行了重新设计或全新开发，部分车型采用电池箱体与底盘一体化的设计方案。采用轻量化材料有效减轻了车体重量，并对悬架、转向、电动附件进行了重新匹配，同时提高了整车NVH[㊀]性能及可靠性。采用全新设计的仪表及中控屏幕，人机交互和信息化程度得到了很大提高。十分注重电池包的安全性设计，提高了电池包的安全性。电池的比能量在逐步提高，但并不一味追求续驶里程的提升，电池的可靠性依然是首要考虑因素。

在插电式混合动力汽车方面，多种插电式混合动力技术路线并存；混合动力专用发动机趋于向高压缩比、高热效率以及轻量化方向发展，混合动力机电耦合结构更加紧凑，功率控制单元趋向集成，动力性和安全性更加优秀；混合动力工况下油耗不断降低，纯电动续驶里程趋向更长。

2.1.2 关键零部件国际发展现状

2.1.2.1 电机与电机控制器

当前，国际上电动汽车驱动电机仍然是永磁电机和非永磁电机并存。由于永磁电机具有效率高、比功率高、功率因数大等优点，越来越多的电动汽车趋向于采用永磁电机驱动系统，但仍然有不少车型采用感应电机。

大陆集团研制出了用于电动汽车的电励磁同步电机，其峰值功率70kW，最高转矩226N·m，最高转速12000r/min。美国特斯拉汽车公司的Modle S纯电动汽车采用了异步电机，最大功率接近300kW，最高转矩370N·m。通用Volt、丰田普锐斯、奥迪e-tron和宝马e

㊀ Noise、Vibration、Harshness的缩写，即噪声、振动和声振粗糙度。

系列为代表的国际主流整车企业采用的电机的峰值比功率可达3.8kW/kg，连续比功率可达2.8kW/kg。从电机转速来看，国外车用电机最高转速可达16000r/min。

在用于分布驱动的轮毂/轮边电机方面，米其林开发出集成悬浮驱动电机及减速机构的电动轮，比功率达到4.0kW/kg以上；英国Protean轮毂电机采用一体化结构，电机输出能力也达到了80kW/800N·m；德国Fraunhofer将轮毂电机与电力电子控制器实施一体化集成，其功率和转矩分别达到55kW和700N·m。但是，至今全球搭载轮边/轮毂电机的量产车仍为数不多，大规模产业化仍面临诸多挑战。

从控制器来看，国际先进水平控制器的功率密度为12~16kW/L。近年来随着以碳化硅（SiC）和氮化镓（GaN）为代表的第三代宽禁带功率半导体技术及产品快速发展，国外企业（特别是日本和美国）不断推出SiC电力电子集成控制器或充电机产品样机。全SiC功率半导体控制器功率密度比硅基半导体（IGBT等）控制器提升数倍以上，国外某些SiC控制器产品样机已处于装车试运行状态。

2.1.2.2 动力电池与电池管理系统

中、日、韩、美、德等国是目前锂离子电池研发、产业化及国际标准化的主要参与者和推动者。总体来看，美国在原始创新方面优势明显，日本在技术方面领先，韩国在产值方面最大，中国在产能方面最大。韩国在锂离子电池基础研发、原材料、生产装备及电池产业化技术等方面投入巨大，进展迅速，建立了相对完整的锂离子电池产业链。日本拥有世界上先进的锂离子电池基础材料和装配制造研发及产业化技术。日本车载能源储存公司（AESC）的电池产品配备了15万多辆日产Leaf电动汽车，电池容量为33.1A·h，比能量达到了157W·h/kg，年产能达到了2.2GW·h。LG化学作为通用Volt增程式混合动力汽车的电池主供应商，年产能达到了3.1GW·h，电池容量为15A·h，比能量达到了145W·h/kg。三星SDI为德国宝马、大众、奔驰等配套27A·h锂离子动力电池，成为国际主流电动汽车电池供应商。

基于新材料、新结构的高比能动力电池技术已经成为各国竞争的焦点。在美国、日本、德国、韩国及欧盟其他成员国等国家的科技规划以及重点企业战略规划中，高性能电池材料、高性能锂离子动力电池、高性能电池包、电池管理系统、热管理技术、电池标准体系、下一代锂离子动力电池、电池梯级利用及回收技术、电池生产制造技术及装备等都是重点关注的内容。国外电池生产企业采用高效、全自动、人员非接触式生产方式，行业合作模式也发生了变化，电极片制造、单体电池和模块制造逐步形成更加明显的分工。在欧洲，以德国为代表，各国均进行了长远的规划，首先制定动力电池可制造的结构标准，统一汽车企业、电池企业和装备企业标准。目前，德国Manz、ThyssenKrupp、西门子和意大利Kemet等均开展动力电池装配生产线研究，并推出生产质量在线检测、无人接触自动化装配生产线。国外动力电池工艺装备水平在制浆技术及装备、涂布技术、组装生产线、制造过程在线检测技术等单项技术方面，在单元自动化、流程自动化、集成一体化、非接触生产方面，在制造控制及管理系统一体化、制造执行系统（MES）制造全过程管理等方面均处于领先地位。

2.1.3 充电基础设施国际发展现状

2.1.3.1 美国

美国已经启动了多项充电设施建设规划。2009 年 10 月，美国国家能源部启动了大规模充电基础设施完善项目“EV Project”，由充电桩承建商 Ecotality 和日产汽车公司（Nissan）合作，三年内在五个州试点推广 4700 辆日产 Leaf 轿车，并建成 11210 个充电点。2013 年 1 月 31 日，美国能源部能源效率与可再生能源办公室（EERE）发布了《电动汽车普及大挑战蓝图》，力图在未来十年内，使美国成为世界上第一个能够生产每户家庭都能负担得起的插电式电动汽车的国家，同时该计划提出要发展充电基础设施建设，其中的《工作场所充电计划》目标是在未来五年，使工作场所的充电设施数量增长十倍。

美国充电设施由主要专业运营商经营管理，其中 74% 属于私人充电桩，其余分别为当地政府、输配电公司、州郡和联邦所有。参与充电桩建设和运营的公司包括 ChargePoint、Blink、SemaCharge、eVgo 和 OpConnect 等，其中 ChargePoint 和 Blink 拥有将近一半的充电桩，加上特斯拉自建的太阳能超级充电站，美国投入使用的电动汽车充电桩预计已超过五万个。此外，美国波特兰通用电力公司、通用汽车公司等也正在积极参与充换电设施建设。

2.1.3.2 日本

日本制定了《下一代汽车战略 2010》发展规划，其中“国家、地方政府及产业界合作共同推进充电基础设施建设”是日本推进的总体思路。充电基础设施建设的主体为私营公司，政府和整车企业为充电基础设施的建设提供支持。2014 年，日本丰田、日产、本田和三菱等四家整车企业与日本发展银行建立了合资公司——国家充电服务公司，主动承担起充电桩的安装成本和八年的免费保修，推动了基础设施的发展。从充电设施网络规划看，日本以常规交流充电桩来保证电动汽车的基本充电需求，以快速直流充电桩作为补充。快速直流充电桩主要建设在汽车销售店、便利店、公共场所以及购物中心等，公共普通交流充电桩主要分布在汽车销售店、酒店、停车场、购物中心等。截至 2015 年初，日本全国充电桩数量已超过四万个（包括家用充电桩），超过了传统加油站数量（3.4 万座），其中主要的充电桩为家用充电桩，数量近 3.7 万个。

日本电动汽车快速充电器协会（CHAdeMO）标准快充桩是日本直流快充桩的代表。目前，全球已有 38 个国家超过 341 个机构加入 CHAdeMO 协会，包括能源公司、整车企业、充电设施企业等，CHAdeMO 快充桩在日本和全球的数量也分别达到了 3087 和 5735 个。

2.1.3.3 欧洲

欧盟在 2010 年发布的“清洁与节能汽车发展欧洲战略”中提出，欧洲发展充电基础设施的战略是推动欧洲统一的标准，实现所有的电动汽车在欧洲任何地方可以无障碍充电。2014 年，欧盟正式发布了替代燃料基础设施指令，在充电桩数量方面，要求成员国在 2020 年建设合理数量的充电设施，建议最少达到平均十辆电动车共用一个公共充电桩，

2017 年 11 月以后新建的公共充电站要兼容支持多种标准充电。指令中提出，允许充电设施运营商在公共的平台上提供充电服务。以德国为例，德国公共充电站主要有供电商平台建设运营、整车厂建设运营、独立电力供应商建设运营、相关商业设施所有者提供运营和私人提供者出租自己的家用充电桩等五种建设运营模式，其中供电商平台建设运营占比最高，约 35% 左右。

法国通过电动汽车租赁等项目带动充电设施建设。Autolib 项目为目前全球规模和影响最大的纯电动汽车共享租赁项目。Autolib 项目于 2011 年末正式启动，截至 2013 年 10 月投入运营的电动车（BlueCar）已超过 2000 辆，加入项目的会员总数已超过十万人，并已建成 800 个租赁点（每个租赁点 5 ~ 10 个充电桩），目前巴黎市区内平均每隔 250m 就能找到一处充电桩。加入 Autolib 项目的会员不仅可以随时通过网络和手机预定电动车，还可以预约目的地的停车位，同时根据剩余电量为消费者选择最近的充电站。

在充电技术方面，国外充电设施网络在构型、新型充电模式、协同控制方式、网络化互联互通应用等方面正处于由分体机向一体机、由单机控制向集群控制、由固定模块向灵活组合动态适配、由孤立向移动物联信息感知和智能化应用技术演变过程中，充电技术整体上正趋向更为安全、便捷、节能高效、高比功率及智能化灵活充电服务模式，因此，迫切需要发展先进智能充电技术，以及与电网的协调控制技术。

2.2 纯电动和插电式混合动力汽车及充电基础设施国内发展现状

2.2.1 关键技术和研发能力发展状况

“十五”期间是我国电动汽车打基础的阶段（图 3 - 2 - 1）。国家 863 计划“电动汽车重大科技专项”确立了以混合动力汽车、纯电动汽车、氢燃料电池汽车为“三纵”，以多能源动力总成控制系统、驱动电机和动力电池为“三横”的“三纵三横”研发布局，全面

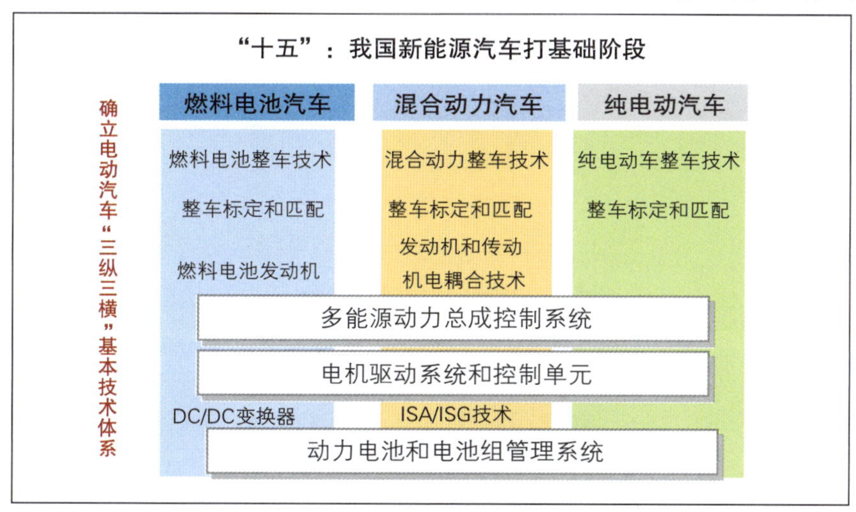

图 3 - 2 - 1　“十五”国家新能源汽车技术体系

组织启动大规模电动汽车技术研发，为我国电动汽车发展奠定了技术基础。

“十一五”期间是我国电动汽车从打基础到示范考核阶段（图3－2－2），组织实施了节能与新能源汽车重大项目，继续坚持“三纵三横”的总体布局，围绕“建立技术平台，突破关键技术，实现技术跨越”“建立研发平台，形成标准规范，营造创新环境”和“建立产品平台，培育产业生态，促进产业发展”三大核心目标，全面展开电动汽车关键技术研究和大规模产业化技术攻关，并成功开展了“北京奥运”“上海世博”“深圳大运会”“广州亚运会”和“十城千辆”等示范推广工程。

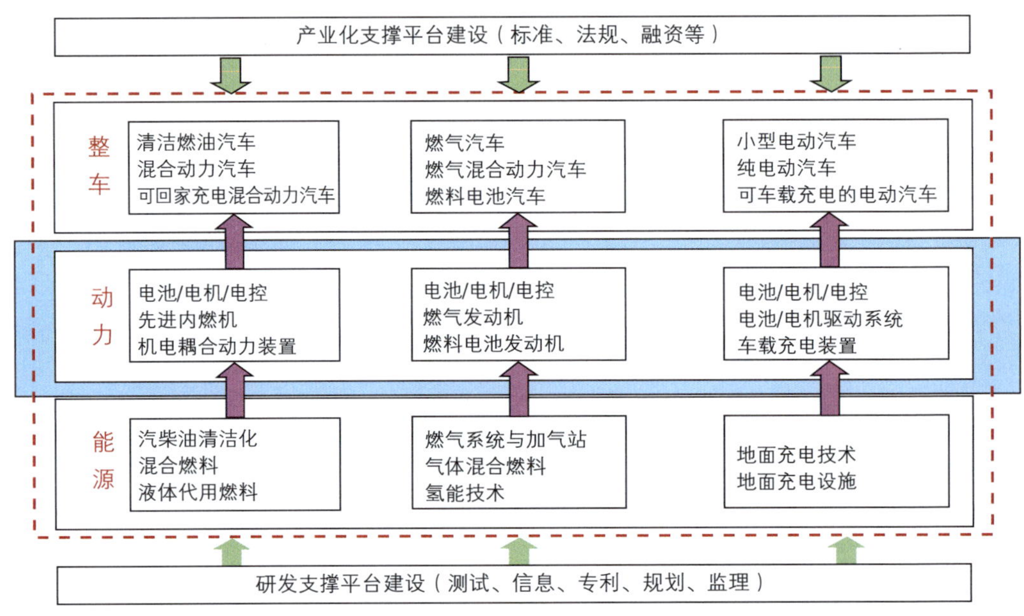

图3－2－2 “十一五”国家新能源汽车技术体系

“十二五”期间是我国电动汽车从示范考核到产业化启动阶段（图3－2－3），组织实施了电动汽车科技发展重点专项，紧紧围绕电动汽车科技创新与产业发展的三大需求，继

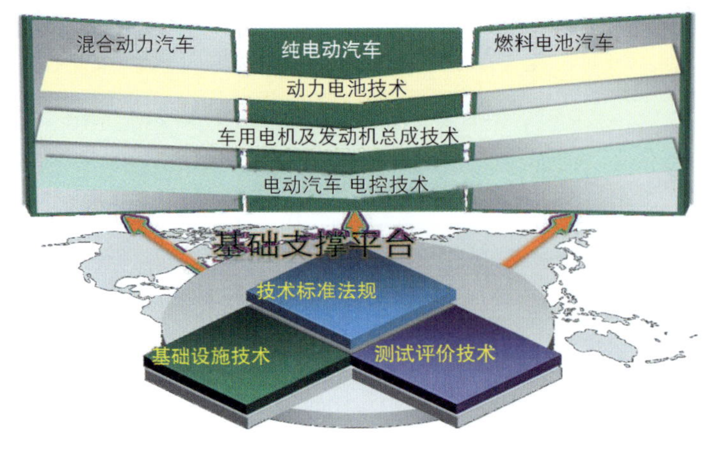

图3－2－3 “十二五”国家新能源汽车技术体系

续坚持“三纵三横”研发布局，更加突出“三横”共性关键技术，着力推进关键零部件技术、整车集成技术和公共平台技术的攻关与完善、深化与升级，形成“三横三纵三大平台”战略重点与任务布局。

经过三个“五年科技创新计划”和“产业科技创新工程”的支持，通过不同层次的较大规模的试验示范，我国在电动汽车整车及其关键零部件、充电基础关键技术领域掌握了大量的核心关键技术，总体技术水平得到很大提高，整车、关键零部件、充电装备及充电系统等关键技术接近国际先进水平，纯电动、插电式公交客车整车技术处于国际领先，形成了较大规模的技术研发和产品开发人才队伍，建立了较为完善的政、产、学、研、用协同创新体系，经历了“从无到有，从弱向强”的发展历程。

2.2.1.1 纯电动汽车

纯电动汽车是我国新能源汽车的主要类型之一。国家自“十五”以来，在电动汽车项目研发中投入巨额资金，对纯电动汽车予以支持，我国的纯电动乘用车技术取得重大进展，车辆整体技术水平接近国外公司产品，部分产品性能指标已与国外公司产品不相上下，续驶里程、可靠性、安全性、动力性水平不断提高，经济性和综合效益水平持续优化，具备了商业化推广条件；纯电动客车整体技术水平达到国际领先，开发出覆盖6~12m的多种纯电动公交车型，大电池容量长续驶里程、使用钛酸锂电池快充、双源无轨以及快速换电等多种能源供给技术独具特色，通过关键部件通用化、总成配置模块化、机电接口标准化实现了新能源客车的共平台技术开发，在高效电驱动系统、动力电源热电集成和管理技术、城市公交示范应用技术方面取得了重大进展。此外，我国众多的专用车企业开发从微型到中型的各类纯电动物流车以及纯电动环卫用车，车辆动力性能、可靠性、安全性不断提升。表3-2-1为纯电动乘用车国内外典型车型的主要技术参数对比。

表3-2-1 典型纯电动乘用车主要技术参数对比

品牌	车型	整车尺寸/(mm×mm×mm)	整备质量/kg	续驶里程/km	电量/(kW·h)	能耗/(kW·h/100km)	0~100km/h加速时间/s	最高车速/(km/h)
特斯拉	MODEL S	4970×1964×1445	2108	420	70	22(EPA)	5.8	225
宝马	宝马i3	4006×1775×1600	1195	185	22	12.3	7.2	150
日产	Leaf	4445×1770×1550	1525	160	24	14.6	11.9	145
北汽	EV200	4025×1720×1503	1295	200	30.4	15	13	125
比亚迪	E6	4560×1822×1630	2380	400	82	19.5	14.62	140
吉利	帝豪	4631×1789×1495	1570	330	45.3	15.8	9.9	140

在整车集成方面，目前我国已基本掌握纯电动汽车的动力系统和车身结构设计与评价技术，基于整车性能提升及硬点优化的底盘匹配技术，高压系统安全设计，电驱动系统集成与标定，电气系统总线架构、仪表等关键零部件的匹配控制，以及整车总体布置与性能集成优化技术；同时，我国基本掌握纯电动汽车产品性能优化和评价技术，包括整车及关键零部件性能、耐久性、可靠性试验与评价技术，基于计算机辅助工程（CAE）方法的碰撞安全技术，NVH 优化技术，EMC 优化技术；此外，铝合金、碳纤维等复合材料、镁合金等也开始在电动汽车整车及其零部件上得到应用。

2.2.1.2 插电式混合动力汽车

进入“十二五”以来，国内企业加大插电式混合动力汽车的关键技术研发和产品开发，比亚迪秦、唐，上汽荣威 550、广汽传祺 GA5、江淮和悦、浙江豪情 VCC7204 等插电式乘用车车型，整车主要技术指标与国际先进水平基本相当并已批量上市。其中比亚迪秦的技术水平和车型销量已进入 2015 年世界新能源明星车型的前列。此外，插电式混合动力汽车的动力耦合装置关键技术取得突破。表 3－2－2 为插电式混合动力汽车国内外典型车型的主要技术参数对比。

表 3－2－2　典型插电式混合动力汽车主要技术参数对比

品牌	车型	整车尺寸/(mm×mm×mm)	整备质量/kg	纯电续驶里程/km	动力电池电量/(kW·h)	综合油耗/混动油耗/(L/100km)	电耗/(kW·h/100km)	0~100km/h加速时间/s	最高车速/(km/h)
荣威	e550	4648×1827×1479	1699	58	11.8	1.6/6.8	13	9.5	200
广汽	GA5	4800×1819×1484	1680	80	13	2.4/7.8	16	13.5	150
雪佛兰	Volt	4498×1787×1439	1700	64	16	5.6(EPA)	18	9	160
比亚迪	秦	4740×1770×1480	1720	70	13	1.6/6.03	15	7.9	185

在商用车方面，国内自主掌握了插电式混合动力汽车多能源动力系统整车控制、高功率电机系统、混合动力自动变速器、增程式辅助功率发电单元等关键技术，双电机串并联、AMT（电控机械自动变速器）并联等不同技术路线具有不俗的市场表现。其中双电机串并联混合动力系统、串联式混合动力系统及 AMT 并联式混合动力系统，混合动力状态节油率最高可达 40%，插电式混合动力公交车综合节油率超过 50%。

2.2.1.3 关键零部件

1）驱动电机及其控制器。在驱动电机方面，我国基本掌握了先进的电磁设计技术和多目标高性能车用电机的极限设计与多领域精确分析以及系统集成仿真技术，实现了电机与变速器在机械、电磁、热管理的高度一体化设计与应用；开发出驱动电机系列化产品，功率范围满足从乘用车到大型公交车的需求，峰值比功率达到 2.8~3.0kW/kg，接近国际先进水平，驱动电机效率与国际先进水平基本相当；在高性能低成本绝缘材料开发、车用电机专用电工钢开发、电机磁性材料的稳定性研究方面，获得了初步成果；开展了对矩形导体、分段导体、定子铁心嵌入、定转子铁心分段等电机先进设计技术的探索；在拼块铁心、高密度的绕线和整体充磁等电机制造工艺技术领域开展了有益的研究探索，部分工艺技术取得突破并开始用于产品实践。

在电机控制器方面，我国基本掌握了电机控制器的软硬件集成开发技术，电机控制器的比功率达到5～8kW/L；基本掌握了转速位置传感器、膜电容、电流传感器等电器元件的关键技术并实现国产化；一批企业已掌握IGBT模块封装技术，个别领先企业具备了IGBT的开发能力；成功开发出具有自主知识产权的直接冷却SiC混合功率模块、新型间接冷却膜电容组件和高比功率电机控制器样品，比功率达到10kW/L、最高效率达到98%；ISO 26262功能安全标准、软件开发标准已在电机控制器软件开发中开始得到应用，电机控制软件的可靠性、容错控制水平显著提高；基本掌握了电机控制器与DC/DC、车载充电机的集成技术以及驱动电机与传统系统的集成技术并得到产业化应用。

2）动力电池与电池管理系统。我国已基本掌握了磷酸铁锂、锰酸锂、三元材料前驱体、石墨负极材料、钛酸锂负极材料、电解液和PP/PE隔膜、电池单体研发及制造等核心技术，其技术水平与国外水平基本相当；动力电池正极材料、负极材料，电解液和隔膜实现了国产化，并且开始进入国际动力电池生产企业供应体系；电池比能量持续显著提高，磷酸铁锂电池单体的比能量从2007年的90W·h/kg提高到2015年的接近140W·h/kg，三元材料混合锰酸锂材料的电池单体的比能量达到180W·h/kg，与国际水平基本同步；功率型电池比功率最高达到3000W/kg，与国际先进水平相当；钛酸锂电池应用于快速充电的公交车辆。国内电池管理系统（BMS）相关技术持续提升，个别公司产品技术水平与国际水平接近并已经开始批量应用。

3）整车电控系统。国内已初步具备从系统、软件到硬件的电控系统三层级开发能力。硬件设计逐步趋于成熟，硬件产品实现批量生产，控制器硬件性能及成本逐渐向国际先进水平靠拢。整车控制软件基本功能模块和控制算法趋于成熟，AutoSar标准和ISO 26262开始得到应用，产业化已初具规模并在整车上实现批量应用，取得了良好的应用效果。

综上所述，我国在纯电动汽车和插电式混合动力汽车整车、关键零部件技术核心领域取得了长足的进步，并逐步形成国际竞争能力；然而在高速轴承、耐电晕绝缘材料、数字信号处理（DSP）、汽车级功率半导体IGBT以及稀土深加工工艺技术和产品亟待取得突破，摆脱对国外进口的依赖。

4）其他系统

①车载充电机。基本掌握了车载充电机的设计开发技术，车载充电机产品的功率因数达到0.99以上，效率达到90%以上，与国际水平接近；具有较为完整的安全防护/保护功能和较宽的输入输出电压适应性以及电网频率波动的承受能力，基本满足整车的需求。

②电动空调。目前国内纯电动汽车空调系统采用电动压缩机制冷和半导体发热陶瓷（PTC）制热模式。该类型空调系统效率较低，影响电动汽车的续驶里程。在国家和电动汽车产业技术创新战略联盟的支持下，国内对热泵系统的关键技术研究取得了明显进展，

热泵空调产品开始在整车上装车试用。

③电制动系统。国内目前已经有多家企业自主掌握电子制动系统（EABS）技术，并开始进行小批量生产，在此基础上少数企业已经开展了电子稳定性控制系统（ESC）的自主研发，并开始对EABS和ESC进行小批量的装车试验。

电子驻车制动系统（EPB）配合新能源汽车减速器使用，完成电子停车控制，国内多数企业已经实现EPB的规模装车应用。

国内各整车企业开发的电驱动车型，大多采用较为简单的叠加式制动能量回收系统。在国家和电动汽车产业技术创新战略联盟的支持下，我国的制动能量回收技术研究已经取得长足进步，国内有多家企业和研究机构开展协调式制动能量回收系统研究和产品开发，取得了重要进展，目前已有少数企业研制出线控液压制动原理样机并完成台架试验。

④电动助力转向系统。目前国内具有自主知识产权的电动助力转向系统已经产品化，具备转向助力功能，少数企业基于电动助力转向系统开发了自动辅助停车系统并装车应用，并开始研发智能汽车使用的自动转向系统。

⑤高端试验装备与检测平台。目前在车用电驱动、电制动系统等的试验装备与检测平台方面，国内只有少数科研机构开展了相关研究工作，高端试验装备仍需进口，迫切需要形成高端试验装备自主研发和产业化体系。

2.2.1.4 充电基础设施

在科技计划的支撑和引导下，我国基本掌握了电动汽车充换电设施高效能量变换、充换电过程控制、有序充电、仿真、计量、安全经济性评估等核心技术，开发了满足交流慢充、直流快充、电池更换等不同应用需求的充换电设备和系统，产品技术水平与国际先进水平基本相当；在商用车全自动换电等部分技术方面，达到国际领先水平；开展了利用电机控制器实现交流快充技术研究，取得重要进展；开展了无线充电技术研究并取得了长足进步，目前正处于装车试验验证阶段。在技术研发的基础上，我国自行研究制定充电、换电标准得到国际标准化组织ISO、IEC的认可，主持了IEC 62840电池更换系列国际标准的制订修订工作，在国际标准、法规领域话语权、主动权显著提升。

我国已开展电动汽车充换电服务网络运营平台关键技术的研究，实现了同一运营平台下电动汽车路径导航、预约充电、扫码充电、计费结算和资产管理等服务功能，但目前跨平台的运营服务体系尚未建立，互联互通的工作尚需加紧推进。多家机构正在开展电动汽车与外部电网互动（V2G）技术、电动汽车之间（V2V）充放电技术研究，以及基于应急充电车的电动汽车充电技术研究。

2.2.2 产业及市场现状

2.2.2.1 纯电动与插电式混合动力汽车产业和市场发展现状

在国家密集出台的购置补贴、免征购置税、政府采购、充电设施建设奖励等力度空前的政策支持和相关规划引导下，整个产业链——整车、零部件、上游原材料企业产品开发和产业化投入逐年加大，产品公告数量、投放市场产品种类迅速增多，产销规模飞速增长。据权威数据统计，2014 年整车产销量分别达到 78500 辆和 74700 辆，同比分别增长 4.5 倍和 5.8 倍，超过之前历年总量的两倍。2015 年新能源汽车产量达 340471 辆，销量 331092 辆，同比分别增长 3.3 倍和 3.4 倍（图 3-2-4），总量居世界首位。其中，纯电动车型产销量分别完成 254633 辆和 24782 辆，同比增长分别为 4.2 倍和 4.5 倍；插电式混合动力车型产销量分别完成 85838 辆和 83610 辆，同比增长 1.9 倍和 1.8 倍。从 2015 年产销细分（图 3-2-5）来看，纯电动乘用车分别占产销总量的 45% 和 44%；插电式乘用车产销量均占据产销总量的 18%。纯电动和插电式混合动力乘用车占据整个新能源汽车产销总量的比例已超过 60%，纯电动乘用车与插电式混合动力乘用车产销量比例大致为 2.5:1。在商用车领域，纯电动商用车的产销量分别占据新能源汽车产销总量的 30% 和 31%，插电式混合动力商用车的产销量占据新能源汽车产销总量的 7%。纯电动商用车与插电式混合动力商用车的产销比例大致为 4.4:1。

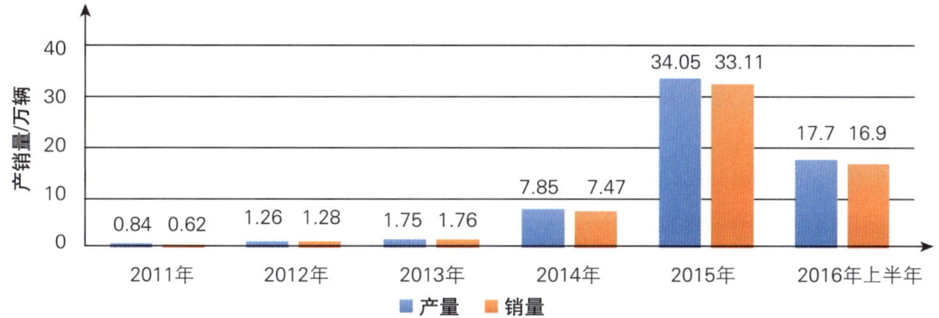

图 3-2-4　我国历年纯电动和插电式混合动力汽车产销量

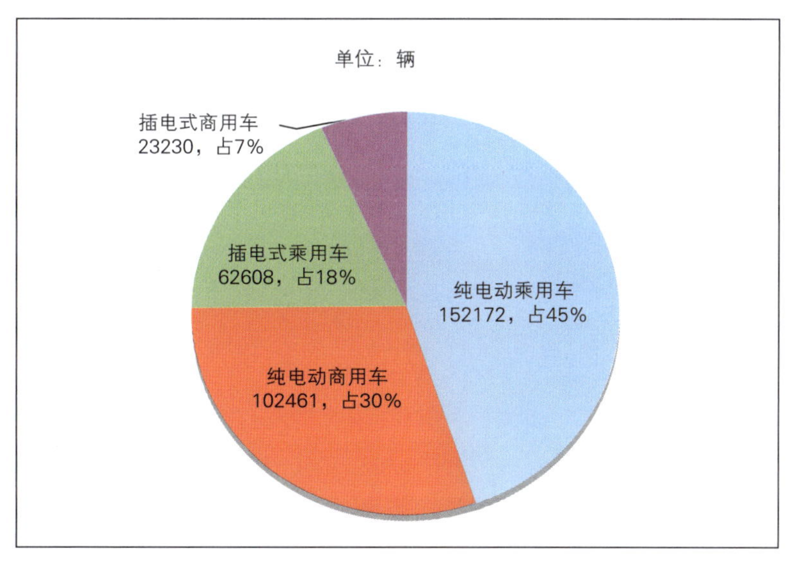

图 3-2-5　2015 年新能源汽车产量分布

从市场分布情况来看，纯电动汽车和插电式混合动力汽车的销售主要集中在 39 个推广应用城市（群）。图 3-2-6 是 2013—2015 三年示范推广期内，新能源汽车在不同应用领域的分布情况。可以看出，私人领域应用占据36%，位居第一；私人领域、租赁领域以及公交领域之和，占据了总推广量的72%；其他领域的应用均低于10%。

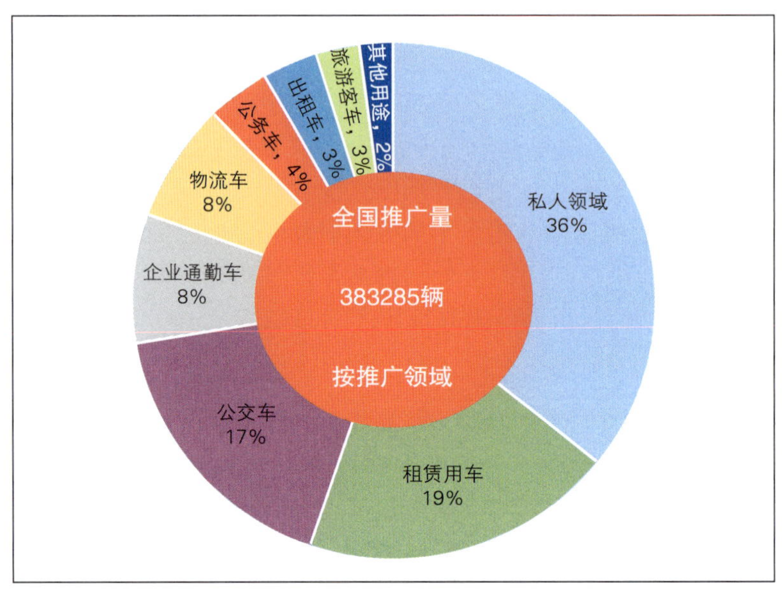

图 3-2-6　2013—2015 三年间各示范城市新能源汽车累计推广量分布

图3-2-7给出了2013—2015三年间，不同类型车辆的推广数量和推广比例。从图中可以看出，纯电动乘用车与插电式混合动力乘用车分别占49%和21%，二者之和占总量的70%左右；纯电动客车和插电式混合动力客车分别占23%和7%，二者之和占总量的30%左右，其他车辆比例很低。

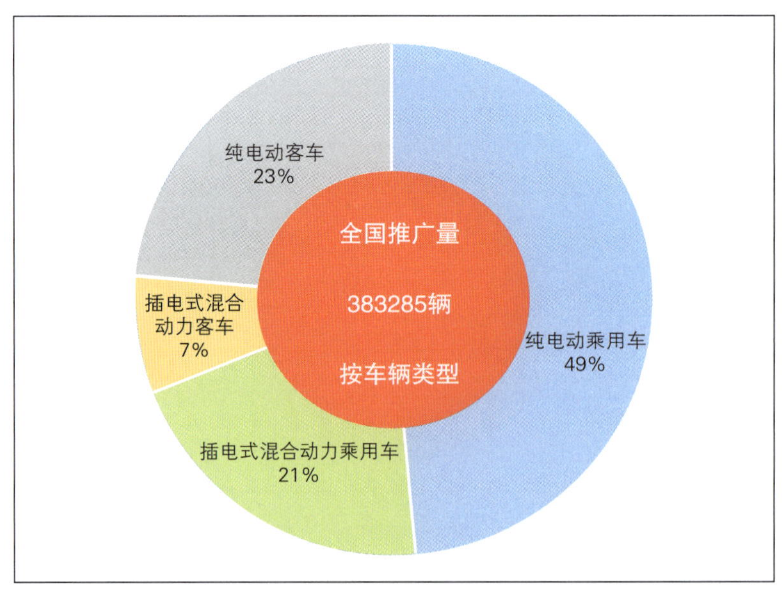

图 3-2-7　2013—2015 三年间各类型新能源汽车的推广数量与分布

39 个城市（群）88 个新能源汽车推广应用示范城市中，36 个城市（群）80 个城市出台了 190 多项配套政策措施。部分城市还组织金融、汽车、动力电池、电力等相关企业，积极探索创新推广模式，促进新能源汽车产业发展。部分特大型城市在乘用车限购、限行的大背景下，给予新能源汽车特殊的支持政策，对新能源汽车的推广也起到了积极作用。同时，从图 3－2－8 可以看出，在众多的示范城市中，经济发达、地方激励政策落实较早较好的城市和地区，一些实施限购限行措施的城市，新能源汽车市场最为活跃。

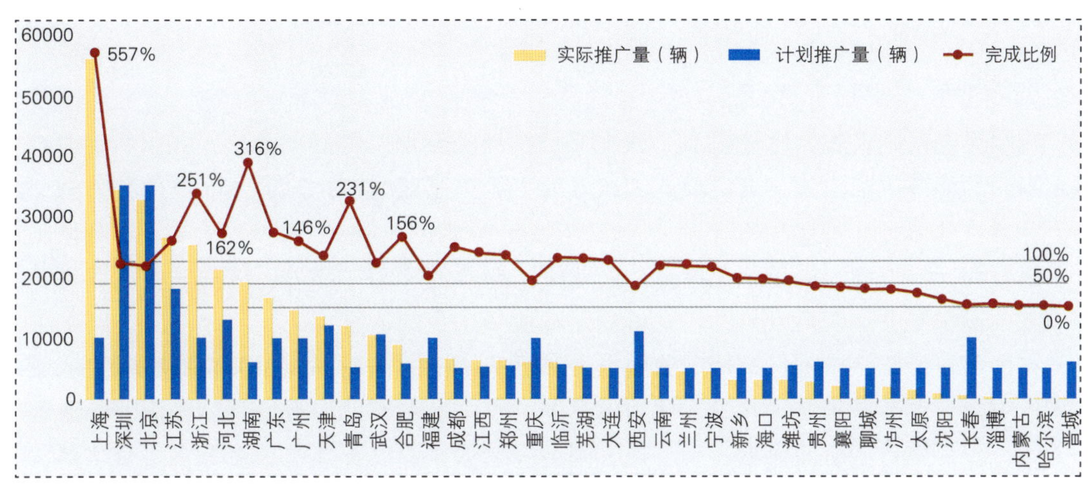

图 3－2－8 2013—2015 三年间各示范城市（群）推广新能源汽车的数量分布

纵观我国纯电动、插电式混合动力汽车的产业状况，总体表现出生产企业很多、明星企业稀少，产品种类繁多、优秀产品稀少，总量世界第一、单车型销量排位靠前不多的情形。从市场分布看，在这一阶段，新能源汽车的市场仍然是政府主导、非常依赖激励政策的，还没进入真正的市场经济。可喜的是，以比亚迪、北汽集团为代表的整车企业，在各类纯电动、插电式混合动力汽车产品的市场占有率提升较快，比亚迪的插电式混合动力乘用车“秦”异军突起，纯电动公交车 K9 已走出国门，进入欧美市场；宇通、比亚迪、中通、东风、金龙等客车企业，在纯电动和插电式公交车领域，显现出产业聚集势头。此外，从动力电池、驱动电机系统等关键零部件的产业链上看，基本形成了国产化基础。

2.2.2.2 充电基础设施产业发展现状

目前我国充电基础设施建设主要以集中充电站和分散充电桩两大类为主，充电服务网络逐步形成。结合新能源汽车示范推广，在深圳、杭州、合肥等地已建成较大规模的城市充电服务网络，在苏沪杭地区已初步建成城际充电服务网络，在京沪、京港澳、青银等高速公路沿线建设省际充电服务网络，以期满足电动汽车的城际行驶。表 3－2－3 是近几年我国充电基础设施的建设情况。

表 3-2-3　近几年我国充电设施的建设情况

年　份	充换电站		充电桩	
	建设数量/座	同比增速	建设数量/个	同比增速
2011 年	253		9352	
2012 年	367	45%	17756	90%
2013 年	492	34%	22128	25%
2014 年	780	59%	31000	40%
2015 年	3600	362%	57000	84%

按照充电基础设施“因地制宜、快慢互济、经济合理”的建设要求，我国新能源汽车存在不同的能源供给模式，充电模式大致分为直流快速充电和交流慢速充电两种方式。此外，针对特殊车型和特定用途车辆也有使用换电模式的。我国在新能源汽车充电设施规划、建设和运营方面，处于示范运营和商业模式探索的后期，部分区域商业化运营逐步显现，基础设施专业运营商及商业模式得到了行业和社会的认可。

在国家新能源汽车推广应用政策的引导和示范城市的推动下，相关企业积极进入充电基础设施建设和运营领域，建设主体也由早期的以国家电网、南方电网、普天新能源等央企为主，发展到目前阶段大型央企、地方国企、民营企业以及外资企业等多投资主体，呈现出更加多元化和交叉融合的趋势。

国际上无线充电技术刚刚兴起，我国在无线充电技术方面的研究热度不断升温，处于产品开发和试验验证阶段。许多高等院校、科研机构、企业投入资源开展了无线充电关键技术的研究工作，取得了许多研究成果，各类资本对该领域的研发和产业进展高度关注，该产业处在萌芽之中。总体来讲，目前无线充电技术在充电基础设施市场上的占有率还非常低，但未来无线充电将会成为充电基础设施的重要组成部分。

2.2.3　政策、标准法规及检测平台发展现状

我国是世界上对新能源汽车的政策支持力度最大的国家。截至 2015 年，国家相关部委已出台 20 多项支持和激励政策，包括购置补贴、购置税减免、车船税优惠以及新能源汽车国家科技计划重大项目、产业技术创新工程、城市公交车成品油价格补贴改革、充电设施建设奖励、充换电优惠电价、新建纯电动乘用车企业管理等，对纯电动汽车和插电式混合动力汽车的科技创新和产业化起到积极的推动作用。有关新能源汽车的发展规划、充电站基础设施建设规划以及国家层面的相关指导意见等，对社会资金的投资指向起到了积极的引导作用。近年来，大量的社会资金投入到纯电动汽车和插电式混合动力汽车以及充电站装备与基础设施建设运用的产业链各个环节当中，助推了产业的蓬勃发展。

在技术标准方面，正式发布实施的电动汽车相关标准有 73 项，充电站基础设施相关

标准有20余项，有力地保证了现阶段我国新能源汽车规范化生产和充电基础设施的大规模建设。此外，我国发布实施的企业平均油耗分阶段限制目标，以及油耗核算中给予新能源汽车的特殊政策，推动了整车企业更加重视新能源汽车的研发和产业化。我国主要汽车整车企业在未来产品规划中，都将新能源汽车放到企业战略的高度给予重视，甚至在规划中明确了新能源汽车的车型。可以预见，在未来新能源汽车技术和产业快速发展过程中，技术标准将持续发挥技术引领和产业促进的重要作用。

为适应纯电动汽车、插电式混合动力汽车以及充电基础设施的快速发展，各大汽车检测中心集中开展相关检测、评价技术研究，投资建设整车、关键零部件、充电装备以及互联互通等相关的检测能力，建成的测试平台基本满足当前产业发展的需求。此外，随着相关产品技术的提升、新技术的不断涌现，检测评价技术仍然需要不断提升，测试评价能力仍需持续增强。

2.3　国内外对比分析

2.3.1　国内外发展对比分析

2.3.1.1　纯电动汽车

相对日产、宝马、特斯拉等国际一流纯电动生产企业，国内企业纯电动产品在形成标准化生产的规模效应，在整车及关键零部件的批量化生产工艺、质量控制以及成本控制方面还有待提升。由于基础设施不健全、商业化推广缓慢、产品应用率低等原因，产品性能的市场验证不足，电池性能衰减控制能力、整车可靠性有待提升。

在新产品开发上，国内绝大部分电动车都是基于传统车型底盘改制开发的，缺少全新设计的一体化电动底盘，车辆平台化、模块化、整体性有待进一步提高；在轻量化新材料应用方面，我国的轻量化设计技术相对落后，轻量化新材料（碳纤维材料、纤维增强复合材料、耐蚀镁合金材料等轻合金材料）应用有限，而国外电动汽车，如宝马i3已大量使用碳纤维轻质材料。

2.3.1.2　插电式混合动力汽车

与国际先进水平相比，在混合动力发动机、机电耦合装置、电机系统等核心零部件以及混合动力系统集成方面存在一定差距，插电式混合动力模式下的动力输出平顺性、节油效果、整车NVH等整车性能以及产品可靠性和耐久性尚待进一步提高。

2.3.1.3　关键零部件

1）电机驱动与电力电子总成系统。国际主流汽车企业采用的驱动电机峰值比功率（等效300V直流电压）可达到3.8kW/kg，连续比功率可达2.4～2.8kW/kg；而我国的电机产品的峰值比功率大多在2.8～3.0kW/kg，连续比功率在1.2～1.6kW/kg。从电机转速来看，国内驱动电机最高转速可以达到12000r/min，与国际上电机产品14000～16000r/

min 的最高转速仍有差距。我国规模化生产的电机驱动控制器比功率为 5～8kW/L，仅为国际先进水平的 50%。我国电机控制器、车载充电机和 DC/DC 等车载电力电子变换器大多仍采用独立封装形式，比功率低、重量大，系统集成度亟待提高。

在下一代半导体器件的研发方面，国外汽车企业已在进行全碳化硅的装车试运行，日产、东芝、Rohm、三菱、丰田、日立等公司分别开发出基于碳化硅功率半导体器件或模块的车用逆变器、变流器、动力控制模块（PCU）等，开关损耗相比采用 Si（硅）功率器件降低 1/4～1/2。我国在此领域尚处于起步状态，亟需在碳化硅半导体材料、器件和控制器等技术开发方面展开工作，同时需要注重进行高温电力电子等基础理论研究。

2）动力电池及管理系统。在车用动力电池技术方面，我国锂离子动力电池的产业链初具规模，能量型动力电池单体技术指标达到国际先进水平，但锂离子电池的设计水平、锂离子动力电池生产设备与锂离子动力电池原材料的技术水平、锂离子动力电池大规模生产控制能力（一致性、可靠性等）、系统集成能力总体上仍有赶超空间。

我国在电池包设计、电池系统热管理、高压电安全管理、电池管理系统的剩余电量估计算法、故障判断和预警等技术方面亟待提升。

3）整车电控系统。国内整车电控产品对控制系统的目标设定和功能分解工作不够系统、细致，没有形成具有指导意义的流程和标准。关于电控系统功能安全的理解和应用还存在欠缺，尚不能完全应用于整个开发过程。基于 ISO 26262 功能安全的硬件设计方法尚未成熟，AutoSar 方法和 ISO 26262 安全功能设计在软件设计中应用还未普及，标定系统、故障诊断系统开发较为滞后，仅有个别电控产品通过 ISO 26262 相关安全认证工作。

4）其他系统。与国外先进技术相比，我国新能源汽车部分核心零部件关键技术尚未完全突破，产品成本和技术性能还不能完全满足市场需求。具体表现在以下几个方面：

在传统车载充电机方面，目前国内厂商生产的车载充电机比功率一般在 0.3～0.4kW/L 左右，而国外生产商的车载充电机产品比功率可以达到 0.6kW/L，两者之间的差距还很明显。车载无线充电机和 V2G 技术国内与国外差距不大。电动公交车的车载无线充电机已经开始试运行，而轿车用的无线充电机还处于研发阶段。

在电动空调方面，国外企业将电动空调系统作为纯电动汽车关键技术攻关点之一，这些企业的主要代表以日本、美国、德国三个国家的跨国企业集团为主，它们采用 R134a 或新制冷剂 R1234yf 的热泵空调系统。日本汽车空调企业已经开发出一套 R134a 热泵空调系统——具有全球领先技术水平的纯电动汽车用空调系统。国内尚无该类国产化产品。

在电制动系统方面，国内目前各整车企业大多采用较为简单的叠加式制动能量回收系统，缺少商业化的电液复合制动系统，而国外如汽车巨头的新能源汽车产品，均已装备了电液复合制动系统。

在高端实验装备与检测平台方面，目前车用电驱动、电制动等系统的实验装备与检测平台，如电机的台架测试系统、电池的充放电测试系统多由奥地利 AVL、日本 HORIBA 提供；硬件在环（HIL）、控制系统软件在环测试（MIL/SIL）等设备及软件多由 dSPACE、ETAS 公司提供，亟待形成自主知识产权的高端实验装备与检测平台。

2.2.3.4 充电基础设施

我国充电基础设施主要在功率模块、电子芯片、漏电保护器、充电系统计费模块和安全防护上存在一定差距；目前，充电接口和充电系统在兼容性方面尚存在不足；换电模式存在电池与车辆连接结构的不稳定性风险。在充电基础设施与智能电网的互联互通方面还需要进一步加强示范与应用。

2.3.2 发展趋势分析

2.3.2.1 纯电动、插电式混合动力汽车

纯电动汽车、插电式混合动力汽车的发展趋势呈现出动力系统高效化、整车轻量化、车辆与外部环境网联化、电子设备智能化的特点。

1）动力系统高效化。电驱动系统高效化取决于驱动系统各关键零部件指标的有效提高和动力总成与传动系统的集成优化。乘用车驱动电机重点提高有效比功率，商用车驱动电机重点提高有效比转矩，开发拓宽转速范围，改善转矩密度的混合励磁型驱动电机，进一步提高电机的材料利用率；插电式混合动力汽车重点开发混合动力专用阿特金森循环发动机，应用复合增压技术、高压 GDI 技术、HCCI 技术、辅助系统电动化技术；发动机、电机、传动系统集成优化，进一步提高动力系统的综合效率与整车能量效率；轮毂电机将在纯电驱动汽车上逐步应用，提升整车的操控性能、动力性能和整车效率。

此外，集成制动助力、ABS、ESP、EPB 的制动能量回收制动系统以及节能型低压热泵空调技术的研究和应用，将显著提升纯电动汽车和插电式混合动力汽车的整车效率。

2）车身及零部件设计轻量化。电动汽车车身逐步由传统车型改制而来转变为全新开发，并大量应用铝合金挤压件、冲压件和铸件，客车车身逐步实现全铝骨架，乘用车可实现碳纤维材料与铝合金、高强度钢混合的车身结构；车门、发动机舱罩、翼子板等部件应用碳纤维增强复合材料；内饰大量采用长纤维增强热塑性复合材料；铝合金悬架及副车架、镁合金轮辋逐步应用等。

在纯电动和插电式混合动力汽车的轻量化中，动力电池系统的轻量化举足轻重。电池系统的热管理技术、故障诊断技术及安全防护技术、电池均衡及剩余电量估计技术的研究将持续深入，为未来高比能量电池的安全应用打下基础；电池包机械结构设计与车身结构设计相结合，最大限度地提升电池包的安全性和电池包的比能量，从而在保证安全的前提下，显著提升整车的轻量化水平。

3）电动车辆网联化与智能化。出于安全性和电动汽车能量控制的需要，电动汽车需要智能化传感器设备（24GHz、77GHz 低成本雷达，车载视觉系统）搭载、高清地图应用、多源信息融合，实施与车辆外界的高速通信以及与智能电网的高度融合，同时，电动

汽车也是智能化、网联化最佳的车辆平台。

2.3.2.2 充电基础设施

融合了多种电能来源，与车辆双向互联互通，先进高效的智能化、网联化充电系统是未来的充电基础设施发展的必然选择。逐步建成适度超前、车桩跟随、智能高效的充电基础设施体系，逐步实现覆盖全国范围的充电网、车联网、互联网“三网融合”的充电服务网络，充分利用风能、太阳能等清洁能源，为电动汽车提供充电服务；电动汽车实现规模应用后，利用自身电池储能功能，实现对电网的削峰填谷、备用和调频功能。超高比功率、高性能双向充放电设备和实用化无线充电装备将逐步投入使用，充电设施的安全运营平台逐步完善，国家范围内的充电设施可兼容所有类型的电动汽车，充电设施利用效率逐步提高。

3 纯电动和插电式混合动力汽车发展愿景及目标

3.1 纯电动和插电式混合动力汽车发展愿景

作为我国七大战略性新兴产业之一、《中国制造 2025》的十大领域之一，未来 15 年纯电动和插电式混合动力汽车的产销量将占到汽车总产销量相当的比例，占汽车保有量的比例将逐年快速提升，成为道路交通领域落实我国建设“创新、协调、绿色、开放、共享”社会的重要举措。

1）保障能源安全。大规模普及应用纯电动和插电式混合动力汽车，改变和优化我国道路交通能源结构，大幅减少石油资源消耗，降低对外依存度，保障国家能源安全。

2）保护大气环境。大规模普及应用零排放纯电动和超低排放插电式混合动力汽车，大幅减少交通领域造成的温室气体排放和大中城市的空气污染，保护区域大气环境，减缓全球气候变暖。

3）保障国民经济绿色、可持续发展。作为国民经济的支柱产业，我国汽车产业的可持续发展对国民经济的发展举足轻重。大规模普及应用纯电动和插电式混合动力汽车是汽车产业突破能源、环境瓶颈的重要举措，是国民经济绿色、可持续发展的重要保障之一。

4）实现“汽车强国”梦的必由之路。以纯电动和插电式混合动力汽车为代表的新能源汽车是未来国际汽车领域竞争的制高点。大力发展纯电动和插电式混合动力汽车可有效提高我国汽车产业国际竞争力，助推“汽车强国”的实现。

3.2 纯电动和插电式混合动力汽车发展总目标

3.2.1 情景分析

汽车产业的发展受到政策、标准法规、能源、环境、交通模式、技术环境等多方面因素影响，因此，从汽车产业发展和未来交通模式情景出发，对纯电动和插电式混合动力汽车未来发展进行分析十分重要。

3.2.1.1 能源、环境以及政策、标准法规情景

我国汽车产业发展将长期面临石油资源短缺、大气污染和全球气候变化等因素所带来的压力和制约。中央政府、地方政府已经出台了2020年之前推进新能源汽车发展、充电站基础设施建设的规划、政策和相关鼓励措施，同时已经着手开始诸如二氧化碳交易、新能源汽车配额、征收传统汽车排污费等可能的非财税激励政策的研究工作，这将为后财税政策时期新能源汽车发展注入活力。此外，不断加严的排放法规和分阶段企业平均油耗标准，也是新能源汽车发展强大的推动力。未来在绿色、可持续的总体发展理念下，不断完善环保法规体系将为纯电动汽车和插电式混合动力汽车产业创造良好的发展环境。

3.2.1.2 汽车产业发展情景

新能源汽车是汽车技术发展的未来，是国际竞争的制高点，是重塑企业品牌的切入点。国际新能源汽车的技术、产品、产业链都正在形成之中，处于发展初期，产品技术和产业链体系的垄断竞争尚未完全形成。通过三个五年科技计划的支持和大规模的示范验证，我国在新能源汽车技术领域的发展与发达国家基本同步，产业链已有雏形，2015年新能源汽车的产销量已跃居世界第一，预计到2020年，我国新能源汽车产能将达到200万辆、保有量将超过500万辆。未来纯电动汽车和插电式混合动力汽车产量和保有量的占比将迅速提升，一些汽车企业的国际知名度迅速提升，一些产品走出国门，赢得了较好的国际美誉度。此外，我国巨大的市场需求将为不同类型、不同层次的新能源汽车提供发展空间。未来我国在纯电动公交客车、物流车、环卫车以及纯电动和插电式混合动力乘用车等广阔的应用领域，必将涌现出具有国际竞争力的整车企业及其关联产业链体系，开发出具有国际市场竞争力的整车和关键零部件产品，形成分布合理的从基础关键原材料、核心元器件、关键零部件到整车的产业集聚区，这些都为我国汽车产业实施技术突破、转型升级，构建具有竞争优势的自主汽车品牌创造了难得的战略机遇。

3.2.1.3 未来交通模式情景

目前，我国的高速铁路总里程达到1.9万km，占世界高速铁路总里程的60%，居世界第一。此外，根据我国铁路建设规划，“十三五”期间还将建设2.3万km的铁路，高速铁路总里程将再增长一倍以上。未来，我国将建成布局合理、四通八达的高速铁路网，为人们中长距离出行提供快捷、经济的交通选择。

目前，我国航空客运能力和客运量仅次于美国居世界第二。随着我国航空业的快速发展，未来十年内，我国航空客运量必将超过美国，成为世界第一。近年来我国支线航空客运正在兴起，未来将会形成较为密集的空中交通网络，为人们中长距离尤其是长距离的出行提供交通选择。

我国城市公交车、社会出租车已经具有相当规模，城市轨道交通发展迅速；近年来兴起的专车服务正在向规范化、规模化迅猛发展；车辆租赁业务方兴未艾，分时租赁逐渐为人们接受。未来城市综合交通体系的形成和完善，为人们生活地和旅行目的地区域内的出行提供了除私家车之外的多种可能的选择。

我国各行各业的专业化细分日趋明显、网购电商迅猛发展，生产资料和生活日用品的门对门配送服务市场正以前所未有的速度迅猛扩张。各种形式的城市物流配送服务模式和不同规格的运输车辆，为城市区域物流运输提供丰富的解决方案。

随着我国交通运输载运工具技术的发展、综合交通枢纽的建设和不断完善，未来我国将建成多种交通运输载运工具、多种运营服务模式有机融合的高效、便捷、无缝连接的立体化综合交通运输体系，人们的生活方式、出行理念也将发生巨大变化。可以设想，未来我国人员流动和物流模式将表现出以下主流情景。

1）生活地区域内的日常出行。人们将采用公交车、地铁或轻轨、私家车、社会出租车、专车、分时租赁车等综合方式，绝大多数人的日出行里程在 70km 以内。

2）旅行目的地区域内的出行。人们将采用公交车、地铁或轻轨、社会出租车、专车、短期租赁车、分时租赁车等综合方式，绝大多数的单次某一交通工具行驶里程在 70km 以内。

3）中远距离（300km 及以上）城际间旅行。人们会越来越多地选择高铁或航空；在综合交通枢纽、生活地和目的地的接驳和区域出行，将采用上述区域内的交通方式。

4）为改善城市空气质量，未来将在城市周边建设货物周转中心，并将城际物流与市内物流配送进行功能区分。传统燃油物流车辆将限制进城，在市区的物流配送越来越多地采用纯电动物流车辆。城市垃圾清扫和运输将广泛采用纯电动车辆。

3.2.2 未来各种应用领域适用车型的发展趋势

按照未来交通模式情景的预测，以及对新能源汽车动力电池技术进步和产业发展的判断，在上述综合交通体系中，城市公共交通和私人交通采用的主流新能源车型将呈现以下发展趋势。

1）根据日常出行里程需求，纯电动乘用车将成为私家车主流选择，并呈现轻量化、小型化趋势，续驶里程在 300km 左右；作为家庭偶尔远行用的私家车，更多的人会选用中等级别的插电式混合动力汽车，市区内日常出行选择纯电动行驶模式，偶尔远行开启高效混合动力行驶模式。

2）社会出租车、专车、租赁车辆越来越多地采用纯电动乘用车。统一车型的社会出租车、专车车队将利用快充方式，保证每天 400km 左右的行驶里程，同时减少车载电池包容量，实现轻量化，提高车辆电能利用效率。

3）区域内分时租赁车型以小型纯电动乘用车型为主、中级纯电动汽车为辅，车辆纯电动续驶里程约300km。

4）城市公交车将以纯电动为主，不同城市将根据自身特点，灵活选择快充、双源等能源供给方式，在满足实际使用需求条件下，尽可能减少车载电池容量，降低成本，减轻重量，提高电能利用效率；装备大容量电池包、长续驶里程设计的公交车将成为满足特殊需求的选择；插电式车型将淡出公交车应用领域。

5）城市物流配送体系中的各类车辆将主要采用纯电动汽车，根据车型和用途、功能的不同，也将灵活选用交流慢充、直流快充、移动充电等能源补给方式，尽可能减少车载电池容量，降低车辆成本，减轻重量，提高电能利用效率。

6）城镇环卫车辆将主要采用纯电动汽车，一些特殊用途的专用车也将呈现电动化趋势。

同时，智能化、多能源融合、多网融合的充电基础设施体系进一步完善，各种类型的电能补给模式相互配合，相得益彰，满足各类纯电动汽车、插电式混合动力汽车能源补给需求。

3.2.3　发展总目标

通过10到15年的发展，到2030年实现我国纯电动汽车和混合动力汽车以及充电基础设施的总体目标如下。

1）全面掌握纯电动汽车、插电式（含增程式）混合动力汽车整车、关键零部件的核心关键技术，科技创新能力和产品技术水平达到国际一流水平；建成具有国际较强竞争力的、国际一流水平的完整的产业体系；形成若干具有国际影响力的整车、关键零部件企业品牌。

2）全面掌握智能电网、充电装备核心关键技术，科技创新能力和产品技术水平达到国际领先水平，形成若干具有国际影响力的企业品牌。建成各类可再生能源与传统能源相融合的智能化、多网融合的电力能源系统以及支撑我国纯电动汽车和插电式（含增程式）混合动力汽车发展需求的充电基础设施网络。

3）纯电动汽车、插电式混合动力汽车产品技术、质量达到国际先进水平，基本实现汽车能源动力系统的转型升级，为我国汽车产业转型升级、绿色可持续发展奠定坚实的基础。

4）纯电动汽车、插电式混合动力汽车整车企业走出国门，整车产品规模化进入发达国家市场，核心关键零部件全面融入国际高端整车品牌的全球采购体系并占据相当份额。

5）充电系统、关键装备企业走出国门，进入发达国家市场，成套装备全面融入国家顶级品牌系统集成商的全球采购体系并占据相当份额。

3.3　分阶段目标与里程碑

分阶段目标与里程碑如图3－3－1所示。

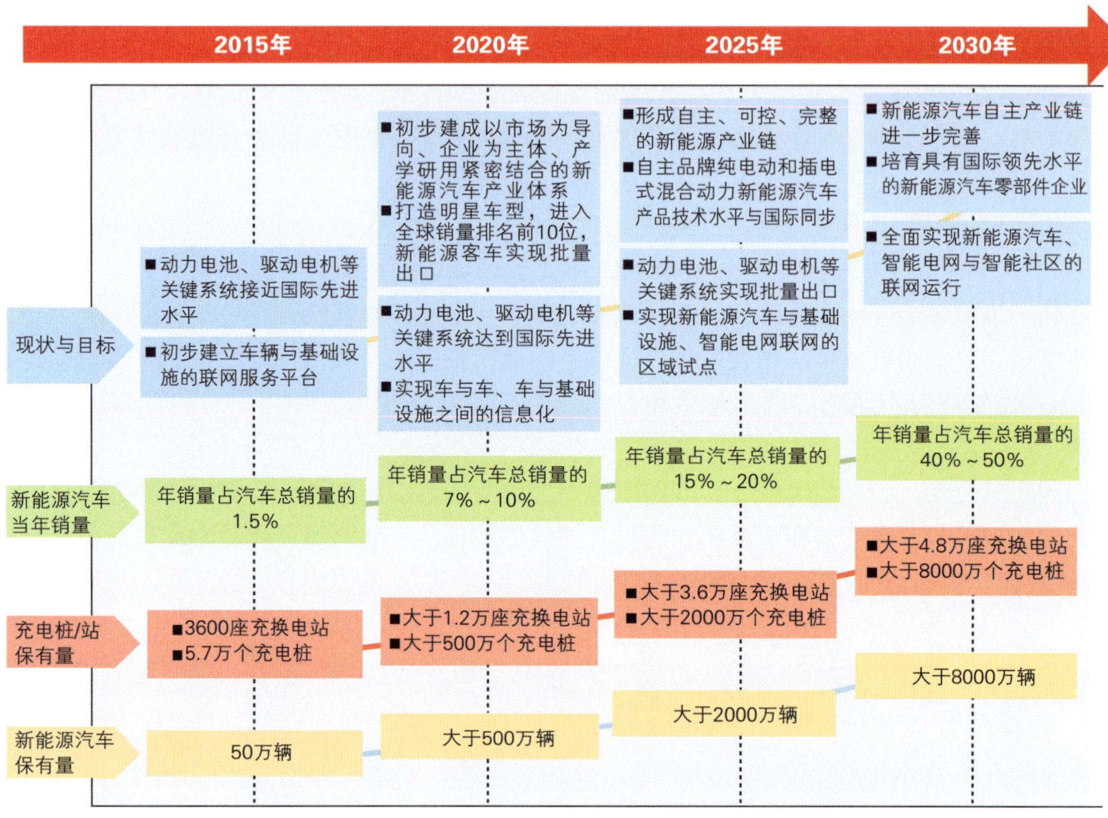

图 3－3－1　纯电动和插电式混合动力的分阶段目标与里程碑

到 2020 年，初步建成以市场为导向、企业为主体、产学研用紧密结合的新能源汽车创新与产业体系。纯电动汽车和插电式混合动力新能源汽车年销量占汽车总销量的 7%～10%，保有量超过 500 万辆；打造明星车型，进入全球销量排名前 10 位，新能源客车实现批量出口；动力电池、驱动电机等关键系统达到国际先进水平。建设多于 1.2 万座充换电站、多于 500 万个充电桩，实现车与车、车与基础设施之间的信息化；建立若干个具有一定规模的无线充电试验示范区域或线路，完成商业化实用性验证。

到 2025 年，形成自主、可控、完整的产业链，纯电动汽车和插电式混合动力新能源汽车年销售占汽车总销量的 15%～20%，保有量超过 2000 万辆；自主品牌纯电动和插电式混合动力汽车产品技术水平与国际同步，拥有在全球销量进入前 5 位的一流整车企业，动力电池、驱动电机等关键系统实现批量出口；建设多于 3.6 万座充换电站、多于 2000 万个充电桩（包括公共场所、住家及办公场所），完成纯电动汽车和插电式混合动力汽车、融合风/光发电的智能电网整体联网的区域试点，无线充电技术完成较大规模示范。

到 2030 年，新能源汽车自主产业链进一步完善，纯电动汽车和插电式混合动力汽车年销量占汽车总销量的 40%～50%，保有量超过 8000 万辆；自主品牌纯电动和插电式混合动力汽车在国内市场占绝对主导地位，主流自主企业的关键技术国际领先，培育具有国际领先水平的零部件企业。建设多于 4.8 万座充换电站、多于 8000 万个充电桩，全面实现纯电动汽车和混合动力汽车、智能电网与智能社区的联网运行。

4 纯电动和插电式混合动力汽车的发展路线

4.1 纯电动和插电式混合动力汽车总体技术路线图

为了比较详细、全面地描述纯电动汽车和插电式混合动力汽车的技术发展路径，纯电动和插电式混合动力汽车总体技术路线图分别考虑纯电动汽车、插电式混合动力汽车、关键零部件和充电基础设施，分别描述各部分的技术演进时间表，如图 3－4－1 所示。

		2020年	2025年	2030年
总体目标		初步建成以市场为导向、企业为主体、产学研用紧密结合的新能源汽车产业体系	形成自主可控完整的新能源汽车产业链	新能源汽车汽车自主产业链进一步完善
总体目标		纯电动汽车和插电式混合动力新能源汽车年销量占汽车总销量的7%～10%	纯电动汽车和插电式混合动力新能源汽车年销售占汽车总销量15%～20%	纯电动汽车和插电式混合动力汽车年销量占汽车总销量40%～50%
纯电动汽车	应用领域	在紧凑型及以下乘用车的城市家庭用车、租赁服务、公务车实现批量应用；在公交客车、市政货车、短途物流车以及其他特定市场、特定用途等领域实现大批量应用	在中型及以下乘用车的城市家庭用车、租赁服务、公务车实现大批量应用	在乘用车和短途商用车上实现大批量应用
纯电动汽车	关键指标	乘用车：典型小型纯电动汽车（整备质量1200kg）法规工况电耗小于12kW·h/100km	乘用车：法规工况整车电耗在2020年指标基础上降低10%	
纯电动汽车	关键指标	公交客车：法规工况整车电耗小于3.5kW·h/100km·t	公交客车：法规工况整车电耗小于3.2kW·h/100km·t	公交客车：法规工况整车电耗小于3.0kW·h/100km·t
插电式混合动力汽车	应用领域	在紧凑型及以上乘用车的私人用车、公务用车以及其他日均行程较短的细分市场实现批量应用	在紧凑及以上车用车的私人用车、公务用车以及其他日均行程较短的使用领域实现批量应用	
插电式混合动力汽车	关键指标	城市工况纯电动行驶加速性能接近传统汽车水平，混合动力模式油耗相比传统车型节油25%（不包括增程式电动车）	混合动力模式下整车油耗相比2020年水平降低10%以上	混合动力模式下整车油耗相比2020年水平降低20%以上
零部件技术		动力电池、驱动电机等关键零部件达到国际先进水平，实现批量出口		
充电基础设施		建成超过1.2万座充换电站、超过500万个交直流充电桩	建成超过3.6万座充换电站、超过2000万个交直流充电桩	建成超过4.8万座充换电站、超过8000万个交直流充电桩
充电基础设施		在小规模城市群建设充电服务网络	基本建成覆盖全国的充电服务网络	进一步完善优化全国充电服务网络

图 3－4－1　纯电动和插电式混合动力汽车总体技术路线图

4.2 纯电动汽车技术路线图

以中型及以下车型规模化发展纯电动乘用车为主，实现纯电动技术在家庭用车、公务用车、租赁服务以及短途商用车等领域的推广应用。其技术路线如图3－4－2。

	2020年	2025年	2030年
应用领域	在紧凑型及以下乘用车的城市家庭用车、租赁服务、公务车实现批量应用；在公交客车、市政货车、短途物流车以及其他特定市场、特定用途等领域实现大批量应用	在中型及以下乘用车的城市家庭用车、租赁服务、公务车实现大批量应用	在乘用车和短途商用车上实现大批量应用
关键指标	乘用车：典型小型纯电动汽车（整备质量1200kg）法规工况电耗小于12kW·h/100km	乘用车：法规工况整车电耗在2020年指标基础上降低10%	
	公交客车：法规工况整车电耗小于3.5kW·h/100km·t	公交客车：法规工况整车电耗小于3.2kW·h/100km·t	公交客车：法规工况整车电耗小于3.0kW·h/100km·t
典型车型	乘用车：典型A0级,整备质量1200kg以下，综合工况续驶里程达到300km，法规工况电耗小于12kW·h/100km	乘用车：典型A0级,整备质量1150kg以下，综合工况续驶里程达到400km，法规工况电耗小于11kW·h/100km	乘用车：典型A0级,整备质量900kg以下，综合工况续驶里程达到500km，法规工况电耗小于10kW·h/100km
关键技术提升	先进驱动方式（包括集中式和分布式驱动）		高效、高性能驱动方式
	高比能、高安全、低成本电池系统，高精度电池管理系统		新体系电池系统
	底盘电动化：电驱动与电制动系统集成	底盘电动化：电驱动与底盘系统集成	基于下一代动力系统的全新概念纯电动汽车底盘设计技术
	整车能效优化控制技术、轻量化技术		

图3－4－2 纯电动汽车技术路线图

注： 图中关于纯电动乘用车的续驶里程目标描述仅代表根据动力电池的技术进步，从技术上能够达到的水平。未来纯电动乘用车产品的续驶里程将综合考虑技术经济性最佳、能够满足不同应用领域要求来确定。

4.2.1 预期目标

到2020年，纯电动汽车产品综合性能进一步提升，驱动电机、电池等关键零部件性能进一步提升。纯电动乘用车以发展紧凑型及以下车型为主，续驶里程达到300km左右，以A0级典型小型纯电动乘用车（整备质量1200kg）为例，法规工况电耗小于12kW·h/100km；公交客车法规工况整车电耗小于3.5kW·h/100km·t。

到2025年，纯电动汽车产品综合性能达到国际先进水平，新型锂离子动力电池得到批量应用，轻量化技术进一步提升。乘用车以发展中型及以下车型为主，实现先进驱动方式（包括集中式和驱动式），续驶里程400km左右，典型的小型纯电动乘用车（整备质量1200kg）法规工况在2020年基础上降低10%，以典型纯电动A0级整车为例，整车质量降至1150kg以下，综合工况续驶里程400km左右，电耗小于11kW・h/100km；公交客车法规工况整车电耗小于3.2kW・h/100km・t。

到2030年，纯电动汽车产品综合性能持续保持国际先进水平，应用新电池体系，实现高效、高性能驱动方式。续驶里程达到500km左右，在乘用车和短途商用车上实现大批量应用。乘用车典型小型纯电动汽车（整备质量1200kg）法规工况在2020年基础上降低10%，A0级纯电动乘用车整车整备质量降至900kg以下，综合工况续驶里程达到500km（使用新体系电池），法规工况电耗小于10kW・h/100km；公交客车法规工况整车电耗小于3.0kW・h/100km・t。

4.2.2 实现目标的差距和障碍

实现纯电动汽车发展预期目标的差距主要体现在底盘及动力系统上，国外新能源汽车底盘与动力系统一体化与平台化等趋势明显，我国缺少全新设计的一体化电动底盘。同时在动力系统、系统集成、轻量化等方面也存在差距。

4.2.3 实现路径

1）底盘一体化设计技术研究。通过研究电驱动与电制动系统、底盘系统的集成设计技术，实现电动汽车底盘的一体化设计，形成下一代动力系统的全新纯电动汽车底盘设计技术，提高电动汽车的整体性能。

2）高效驱动系统关键技术研究。研究车辆的先进驱动方式，包括集中式驱动和多轴分布式驱动技术；研发高性能的驱动系统，开发出高效、高比功率/高比转矩的乘用车/商用车驱动电机，实现高效、高性能驱动方式。

3）系统集成与轻量化研究。开展动力系统平台的集成与优化技术攻关，研究纯电动汽车模块化、系统化设计技术，进一步提升纯电动汽车动力系统平台的安全性与可靠性；研究轻量化材料以及新结构在整车设计和产业化中的应用技术，突破新结构、新材料的整车生产工艺，形成整车规模化批量生产能力。

4）纯电动汽车能源管理控制技术研究。开展适用不同行驶工况和环境温度的整车能源管理和续驶里程预估技术研究，提高核心零部件的能量效率，研究优化控制策略，提高整车能效。

4.3 插电式混合动力汽车技术路线图

以紧凑型及以上车型规模化发展插电式混合动力乘用车为主，实现插电式混合动力技术在私人用车、公务用车以及其他日均行驶里程较短的领域推广应用。具体技术路线如图3-4-3所示。

4.3.1 预期目标

到2020年，插电式混合动力汽车的纯电动行驶加速性能接近传统汽车水平，开发出

	2020年	2025年	2030年
应用领域	在紧凑型及以上乘用车的私人用车、公务用车以及其他日均行程较短的细分市场实现批量应用	在紧凑型及以上乘用车的私人用车、公务用车以及其他日均行程较短的使用领域实现批量应用	
关键指标	城市工况纯电动行驶加速性能接近传统汽车水平，混合动力模式油耗相比传统车型节油25%（不包括增程式电动汽车）	混合动力模式下整车油耗相比2020年水平降低10%以上	混合动力模式下整车油耗相比2020年水平降低20%以上
典型车型	乘用车：典型A级,混动模式下油耗不超过5L/100km(工况法)	乘用车：典型A级,混动模式下油耗不超过4.5L/100km(工况法)	乘用车：典型A级,混动模式下油耗不超过4.0L/100km(工况法)
关键技术提升	结构紧凑、传动效率高的新型机电耦合机构	机电耦合机构与电机集成技术	节油效果更优、全工况适用、平台通用性好的混合动力总成
	整车匹配技术、总布置优化技术等底盘系统集成优化技术		
	以动力总成转矩控制为核心的整车控制技术	以能量管理为核心的整车控制技术	与智能化、信息化融合的整车智能控制技术
	电动汽车整车安全、振动噪声（NVH）、寿命等性能控制技术，轻量化技术		

图 3-4-3　插电式混合动力汽车技术路线图

结构紧凑、传动效率高的机电耦合装置，掌握整车控制核心技术，混合动力模式油耗相比传统车型节油25%。以插电式混合动力乘用车A级以上为例，混合动力模式下油耗不超过5L/100km（工况法），纯电动续驶里程达到80km，纯电动驱动时电耗不大于13kW·h/100km，排放水平满足国Ⅵ标准。

到2025年，插电式混合动力汽车产品性能达到国际先进水平，机电耦合装置性能持续提升，集成化程度提高，整车控制技术的自主化率提高，混合动力模式油耗相比2020年水平降低10%以上。以插电式混合动力乘用车A级以上车型为例，混合动力模式下整车油耗不超过4.5L/100km，纯电动续驶里程达到80km，纯电动驱动时电耗不大于11kW·h/100km，排放水平满足同期标准要求。

到2030年，插电式混合动力汽车产品性能持续保持国际先进水平，开发出节油效果更优、全工况适用、平台通用性好的混合动力总成，混合动力模式油耗相比2020年水平降低20%以上。以插电式混合动力乘用车A级以上为例，混合动力模式下整车油耗不超过4.0L/100km，纯电动续驶里程达到80km，纯电动驱动时电耗不大于10kW·h/100km，排放水平满足同期标准要求。

4.3.2　实现目标的差距和障碍

国内插电式混合动力汽车还处在产业化初期，整车在混合动力阶段油耗、驱动输出平顺性、可靠性及成本控制上还存在一定差距，缺少性能好、效率高、尺寸紧凑、成本低的混合动力总成，混合动力总成的集成开发和成本控制受到制约。

4.3.3 实现路径

1）新型高性价比混合动力总成开发。研究新型高效的混合动力总成构型；开发结构紧凑、传动效率高的新型机电耦合机构，提升机电耦合系统效率及可靠性，降低机电耦合系统成本；开发高效、高比功率电机，研究机电耦合机构和电机的集成技术，开发节油效果更优、全工况适用、平台通用性好的新型混合动力总成。

2）混合动力整车控制系统优化研究。开发基于驾驶人意图识别、发动机燃油主动控制、电机驱动系统效率和储能系统效率的多能源管理策略，实现整车能效优化控制；开发基于发动机转矩特性、电机转矩特性和转矩协调管理的多动力分配策略，实现整车驱动输出平顺性优化控制；开展远程故障诊断研究和控制系统功能安全开发，提升整车安全水平。

4.4 关键零部件技术路线图

4.4.1 电驱动系统

电驱动系统技术路线如图3－4－4所示，电机及电机控制器技术路线如图3－4－5所示。

	2020年	2025年	2030年
电机	乘用车20s有效比功率≥4kW/kg 商用车30s有效比转矩≥18N・m/kg	乘用车20s有效比功率≥4.5kW/kg 商用车30s有效比转矩≥19N・m/kg	乘用车20s有效比功率≥5kW/kg 商用车30s有效比转矩≥20N・m/kg
	高输出密度、高效率 永磁电机技术	轮毂/轮边电机技术	高压化、高速化电机技术
	低损耗硅钢、高性能磁钢、成型绕组、汇流排、磁钢定位封装等先进工艺材料	关键材料和部件采用国内资源，自主工艺开发及生产线建设能力达到国际先进水平，先进工艺材料推动自主进步的格局基本形成	出口份额达到自主总产量的20%
电机控制器	实现功率密度≥30kW/L	实现功率密度≥40kW/L	实现功率密度≥50kW/L
	拥有知识产权的绝缘栅双极型晶体管（IGBT）模块占市场总量20%以上，逆变器性能和可靠性达到国际先进水平	拥有知识产权的绝缘栅双极型晶体（IGBT）模块占市场总量60%以上，拥有知识产权的芯片占总量20%以上，逆变器综合性能达到国际先进水平	出口份额达到总产量的5%
	高可靠低成本逆变器技术	基于芯片技术和封装技术革新的逆变器技术	应用宽禁带材料功率模块的新型逆变器技术
机电耦合装置	纯电驱动系统 最高机械传动效率大于91%	纯电驱动系统 最高机械传动效率大于93%	拥有知识产权的纯电驱动系统在国内市场占主导地位，出口份额达到总产量的20%
	机电耦合装置 最高机械传动效率大于88%	高集成度专用机电耦合装置 最高机械传动效率大于90%	拥有知识产权的专用机电耦合装置在国内市场占主导地位，出口份额达到总产量的5%
	高速减速器及变速器技术	大速比小型化减速器技术	新型传动技术：电磁变速器（EMT）等
总成技术	电机与机电耦合装置、逆变器集成技术	电机与机电耦合装置、逆变器集成技术	电机内置功率电子集成技术

图3－4－4 电驱动系统技术路线图

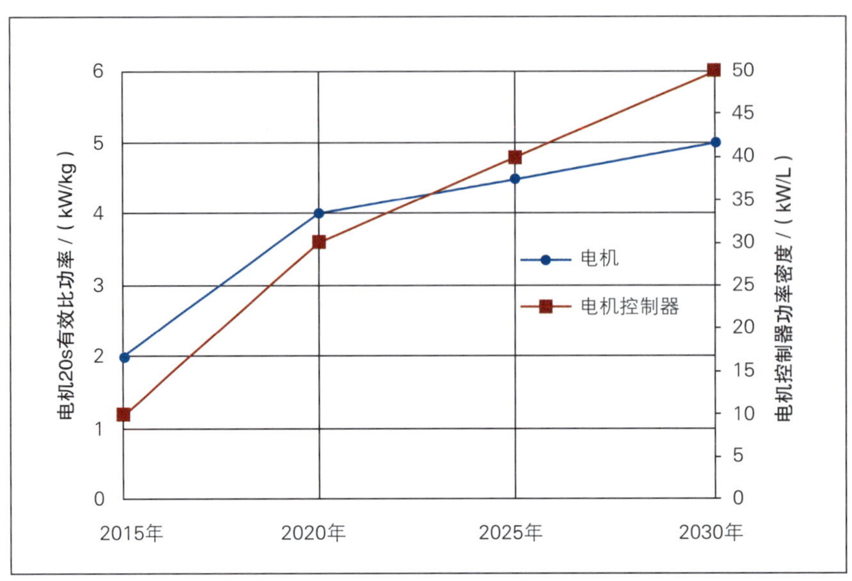

图 3－4－5　电机及电机控制器技术路线图

4.4.1.1　预期目标

到 2020 年，提升电驱动系统关键部件性能，满足纯电动和插电式混合动力汽车动力性能要求，自主电机研发与商品化能力达到国际先进水平，开发出高输出密度、高效率永磁电机技术，逆变器性能和可靠性达到国际先进水平。乘用车驱动电机 20s 有效比功率不低于 4kW/kg，商用车 30s 有效比转矩不低于 18N · m/kg。电机控制器实现比功率不低于 30kW/L（SiC）。纯电驱动系统最高机械传动效率达到 91% 以上，机电耦合装置最高机械传动效率大于 88%。

到 2025 年，进一步提升电驱动系统关键部件性能，探索轮毂/轮边电机技术，实现基于芯片和封装技术革新的逆变器技术，逆变器综合性能达到国际先进水平，提高机电耦合装置集成度。乘用车驱动电机 20s 有效比功率不低于 4. 5kW/kg，商用车 30s 有效比转矩不低于 19N · m/kg。电机控制器实现比功率不低于 40kW/L。纯电驱动系统最高机械传动效率达到 93% 以上，机电耦合变速器实现高集成度专用化，机电耦合装置最高机械传动效率大于 90%。

到 2030 年，电驱动系统关键部件性能达到国际先进水平，实现高压化、高速化电机技术，以及应用宽禁带材料功率模块的新型逆变器技术，机电耦合装置采用新型传动技术，采用电磁变速器等。乘用车驱动电机 20s 有效比功率不低于 5kW/kg，商用车 30s 有效比转矩不低于 20N · m/kg。电机控制器实现比功率不低于 50kW/L。拥有知识产权的纯电驱动系统在国内市场占主导地位，出口份额达到总产量的 20%，拥有知识产权的专用机电耦合变速器在国内市场占主导地位，出口份额达到总产量的 5%。

4.4.1.2　实现目标的差距和障碍

在车用驱动电机系统方面，目前我国电机的系统集成度和材料利用率等仍旧不足，驱动电机、电力电子集成控制器比功率和体积密度较低，电机最高转速有待提高。电机绝缘材料（尤其是高频耐电晕等）、高速轴承、电力电子芯片与模块封装以及专用控制电路、低噪声高速齿轮（含行星齿轮）、电磁兼容（EMC）和NVH、各类传感器等需要突破瓶颈或提升水平。

4.4.1.3 实现路径

1）突破电机与传动装置、逆变器集成、高集成电驱动系统专用变速器技术难题。研究高速驱动电机的广域高能效设计技术、全工作区低转矩脉动与NVH设计技术；建设高端电机系统设计仿真平台，设计高速高密度驱动电机以及大功率高转矩驱动电机产品。研究电机与传动装置、逆变器集成技术，高输出密度、高效率永磁电机技术，高可靠、低成本逆变器技术，高速减速器及变速器技术和自动化制造工艺及装备技术。

2）研究电机驱动控制器比功率双倍增技术。开发高效高密度封装的功率半导体器件、低感低热阻无源器件，研究电力电子器件的封装及互联技术；研发高集成度功率组件及控制器产品，依托机电热一体化综合仿真技术及验证平台，提升产品集成设计水平。

3）研究高可靠性车载电力电子系统集成技术。研究车载电机控制器、DC/DC以及车载充电机集成技术和功率模块共享技术，开发多功能电力电子集成控制器（DC/AC、DC/DC、AC/DC及其有机集成）的机械、电气、电路、散热及EMC（电磁兼容）/EMI（电磁干扰）技术，研究集成控制器功能集成及系列化产品；研究集成电力电子控制器产品可靠性测试方法和测试规范。

4.4.2 动力电池及电池管理系统

动力电池及电池管理系统技术路线如图3－4－6所示，电池比能量发展路线如图3－4－7所示。

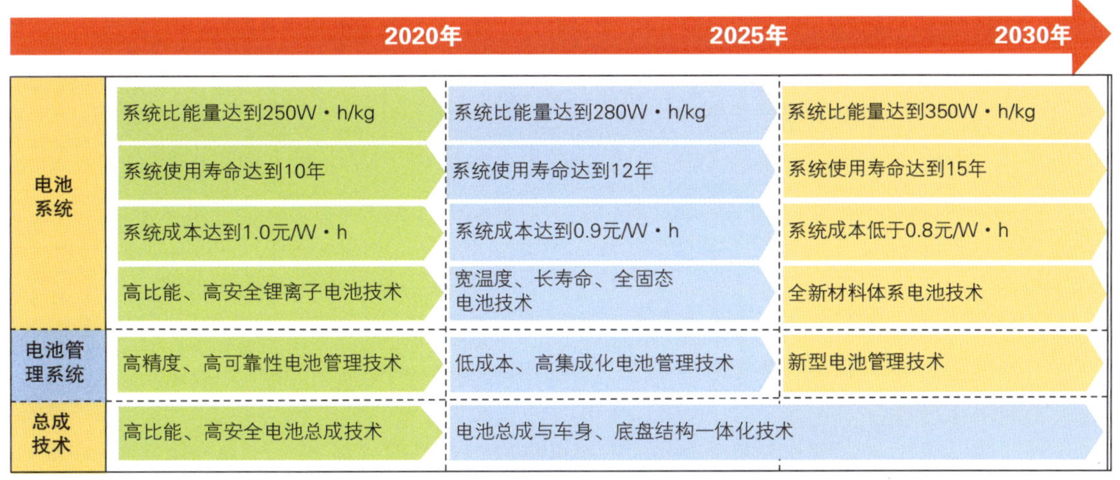

图3－4－6 动力电池及电池管理系统技术路线图

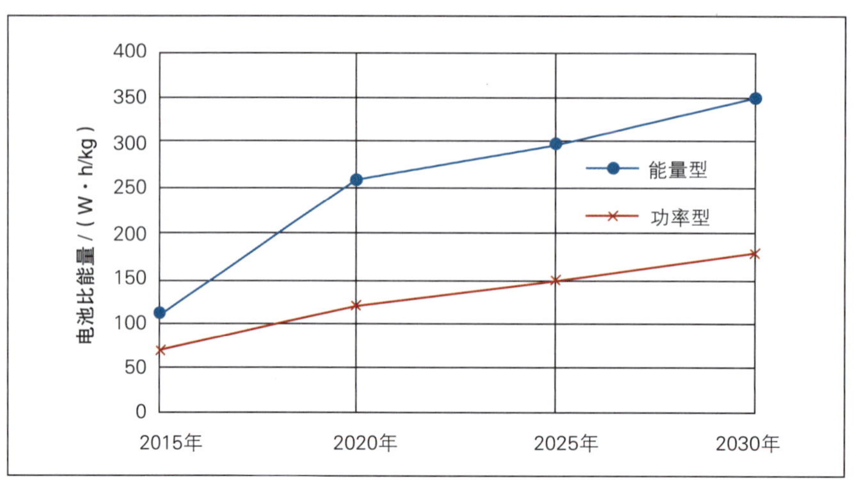

图 3-4-7 电池比能量发展路线图

4.4.2.1 预期目标

到 2020 年，进一步提升动力电池系统比能量，降低系统成本，开发出高比能、高安全的动力电池技术，以及高精度、高可靠的电池管理技术。动力电池系统比能量达到 250W·h/kg 以上，系统成本降至 1.0 元/W·h。

到 2025 年，采用新型锂离子电池技术，提升电池比能量，同时降低系统成本，开发出低成本、高集成化的电池管理技术。动力电池系统比能量达到 280W·h/kg 以上，系统成本降至 0.9 元/W·h。纯电动汽车与同级别的传统汽车相比，综合经济性具有竞争力。

到 2030 年，采用全新材料体系电池技术以及新型电池管理技术，动力电池系统比能量达到 350W·h/kg 以上，系统成本降至 0.8 元/W·h，纯电动汽车与同级别的传统汽车相比，综合经济性具有明显竞争力。

4.4.2.2 实现目标的差距和障碍

在电池及管理系统方面，我国在电池单元的一致性和均匀性上还存在一定差距；在成本控制、充电时间、比能量和循环寿命等方面还有待提高。高端电池材料不能自足，电池结构设计技术偏低，电池制造自动化程度低，电池新工艺开发能力弱，电池系统设计能力弱等。

4.4.2.3 实现路径

1）开展动力电池模组设计研究。基于 ISO 26262 功能安全的基础单元，在电芯间的连接全部采用激光焊接，极大地降低了模组的连接阻抗。模组的结构件设计也考虑了为提高电芯性能和安全性所需的表面压力，以及通过 UN38.3 测试所需的结构强度，全面采用激光焊接工艺，利用自动化生产线将多个电芯快速成组。通过管理单元与模组集成化，实现模组的标准化、轻量化。

2）开展低成本、高集成化电池管理等技术研究。开发电池管理系统具有全面的过充、过放、过流、高低温保护，自动均衡，绝缘检测，高压互锁，重要参数实时检测，多级故障诊断保护等功能。电池系统 SOC 动态估计精度达到 3% 以内，建立电池的寿命状态（SOH）估算理论与算法，实现系统寿命接近单体寿命。

3）开展电池热管理系统研究。设计性能良好的动力电池冷却系统，及时带走电池工作时所产生的过多热量，使电池的温升在合理范围内，改善电池的工作环境，从而达到提高电池寿命和可靠性的目的。必要时还应配有加热系统，以确保在极端低温环境下电池仍保持合理的工作温度。

4.4.3 整车电控系统

整车电控系统发展路线如图 3－4－8 所示。

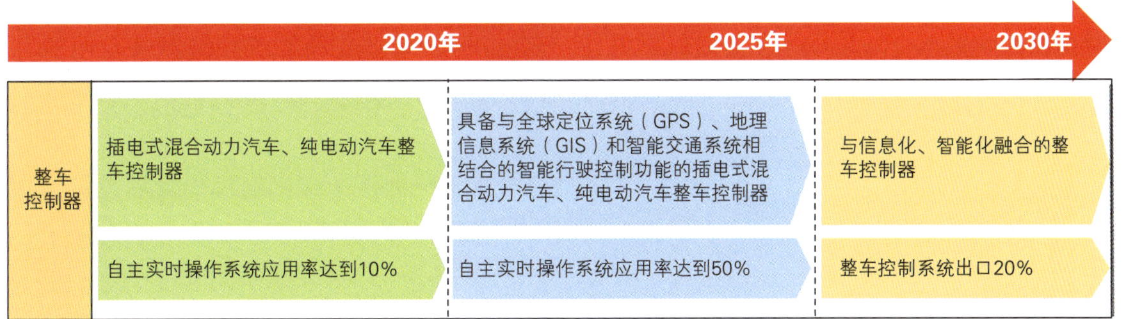

图 3－4－8 整车电控系统发展路线图

到 2020 年，掌握插电式、纯电动汽车整车控制器核心技术，自主实时操作系统应用率达到 10%。

到 2025 年，整车控制器具备与全球定位系统（GPS）、地理信息系统（GIS）和智能交通系统（ITS）相结合的智能行驶控制功能，自主实时操作系统应用率达到 50%。

到 2030 年，整车控制器实现与信息化、智能化融合，整车控制系统实现出口 20%。研究以能量管理为核心的整车电控系统，突破融合多信息、以能量管理为核心的整车智能控制技术、高集成度的动力系统电动化等技术难题，采用全新架构的高度集成的整车动力控制单元，包含能量管理功能、转矩控制功能、安全监控功能，在集成化、轻量化、整车安全性、可靠性、经济性、功能性等多方面提升整车性能。

4.4.4 其他零部件

其他零部件发展路线如图 3－4－9 所示。

4.4.4.1 车载充电机

车载充电机发展呈现集成化趋势，车载充电机与 DC/DC 和电机控制器集成在一起，

	2020年	2025年	2030年
车载充电机	高集成度、高功率密度车载充电机		
	车辆对车辆（V2V）、车辆对家用负载（V2H）及车辆对其他用电负载供电（V2L）技术	车辆与电网双向充电技术（V2G）	
制动	协调式制动能量回收系统	基于线控技术的制动能量回收系统	新型电动汽车制动系统
转向	电动助力转向系统	电动化、智能化融合的转向系统	线控转向系统
空调	基于热泵的电动汽车空调系统	车室和电池一体化的电动汽车空调系统	新型高效环保电动汽车空调系统

图 3－4－9　其他零部件发展路线图

而我国除少数车企外集成度相对较低。另外，充电机与 DC/DC 及电机控制器甚至电机共用开关管、电容或绕组（电感）的新一代集成电力电子集成控制器是未来提高车载电力电子模块集成度和比功率的方向。

开发具有 V2V、V2H、V2L、V2G 功能的双向充电机也是车载充电机的发展趋势，在满足车载电池充电功能的基础上，扩展更多功能，实现车对车充电（V2V）、车对用电设备供电（V2L）以及车向电网馈电（V2G），满足不同场合需求，提高用户满意度。

4.4.4.2　电制动系统和电动转向系统

1）开发新一代集成电制动系统是未来的发展趋势。实现智能制动 AEB、液压 ESC、液压再生制动 RB、电子液压制动 EHB 以及线控制动 EMB 执行机构的结构集成与功能一体化。实现电机回馈制动力与摩擦制动力协调控制技术，开展制动能量回收系统实验技术，实现极端工况车辆动态负载的准确模拟。

2）研究高精度、高可靠、智能化的转向系统是未来的发展趋势。转向系统可集成自动停车、车道保持等功能，开展与制动系统、稳定性控制系统的集成控制技术研究，并逐步实现线控转向技术。

4.4.4.3　电动空调

1）推动节能型的低温热泵空调的产业化应用。研究适应宽温度带、高效热泵空调系统，实现在新能源汽车上的规模应用。

2）开发新型、高效环保的电动空调系统。开发新型、高效环保的电动空调系统，重点研究新型智能控制热管理系统，规划典型工况，从整车、电机及控制系统、电池系统和人员舒适度等方面进行分析优化，实现对发动机、电机温度闭环控制，散热风扇转速无级调速，多组合、多模式的控制策略。

4.5　充电基础设施技术路线图

充电基础设施的技术路线如图 3－4－10 所示。

	2020年	2025年	2030年
产业规模	建成超过1.2万座充换电站、超过500万个交直流充电桩	建成超过3.6万座充换电站、超过2000万个交直流充电桩	建成超过4.8万座充换电站、超过8000万个交直流充电桩
产业规模	在小规模城市群建设充电服务网络	基本建成覆盖全国的充电服务网络	进一步完善优化全国充电服务网络
关键技术	慢充功率提高至6.6kW以上，快充每充电15min电动汽车可行驶里程≥100km	慢充功率提高至10kW 快充每充电10min电动汽车可行驶里程≥100km	
关键技术	车辆与电网双向充电技术（V2G）		
关键技术	实现无线充电、移动充电等新型充电技术试点运营	实现无线充电、移动充电等新型充电技术大规模推广应用	
关键技术	探索清洁能源与电动汽车的融合	实现可再生能源与电动汽车融合的示范应用	将风能、太阳能等接入充电服务网络，实现可再生能源与电动汽车融合的规模化应用

图 3－4－10　充电基础设施技术路线图

4.5.1　预期目标

到 2020 年，基本建成适度超前、车桩相随、智能高效的充电基础设施体系，新增集中式充换电站超过 1.2 万座，分散式充电桩超过 500 万个，满足全国 500 万辆电动汽车充电需求，初步形成覆盖大部分主要城市的城际快充网络，满足电动汽车城际、省际出行需求。充电服务模式进一步拓展，更多的社会资本参与充电基础设施建设，在小规模城市群建设充电服务网络。建立较完善的标准规范和市场监管体系，形成统一开放、竞争有序的充电服务市场；形成可持续发展的“互联网＋充电基础设施”产业生态体系。实现无线充电、移动充电等新型充电技术试点运营。明确充电接口和通信协议标准，实现车桩互联互通。2020 年我国清洁能源占比将达到 15%，探索清洁能源与电动汽车的融合。电动汽车快充每充电 15min 可行驶里程≥100km；慢充功率提高至 6.6kW 以上。

到 2025 年，建成超过 3.6 万座充换电站、超过 2000 万个交直流充电桩。基本实现“充电比加油更方便”，基本建成覆盖全国的充电服务网络，初步形成各服务运营商资源的互联互通。实现无线充电、移动充电等新型充电技术大规模推广应用。完善充电接口和通信协议标准，建立检验认证制度，建立统一的试验检验平台，确保车桩互联互通。电动汽车快充每充电 10min 可行驶里程≥100km；慢充功率提高至 10kW。充电服务模式进一步拓展，由单纯的向电网取电发展为向其他新能源取电并参与电网稳定运转，更优、更快地实现充电服务无缝对接。

到2030年，建成超过4.8万座充换电站、超过8000万个交直流充电桩。全面实现“充电比加油更方便”，进一步完善优化全国充电服务网络，实现各服务运营商资源共享。2030年我国清洁能源占比将达到22%，将风能、太阳能等接入充电服务网络，实现可再生能源与电动汽车融合的规模化应用。电动汽车作为移动储能单元，随着大规模应用实现对电网的削峰填谷、备用和调频。充电基础设施能够覆盖全国范围，可为自动驾驶车辆提供充电服务平台。

4.5.2 实现目标的差距和障碍

我国充电基础设施主要在关键零部件、充电系统、计费模块和安全防护上存在差距；充电接口和充电系统在兼容性和安全性方面存在不足；同时与电网的双向交互上还需要深入开展研究，目前在V2G、双向车载充电技术等方面还停留在试验阶段；无线充电技术还需要在国内进行进一步的商业推广。

4.5.3 实现路径

1）研究高效智能化双向充放电技术。研究提高动力电池寿命的新型快速充电技术，研究智能化、高性能双向充放电技术，研究面向能源互联网的电动汽车充放电智能互动调度技术，开发规模化电动汽车有序充电管理系统。

2）研究充放电设施的检测与安全技术。研究电动汽车高效运营与安全保障技术，研究电动汽车运营安全保障技术；研究电动汽车充电运行安全测试技术，建立电动汽车充电系统安全检测平台。

3）开发电动汽车充电运营平台。研究充电基础设施互联互通技术，建立电动汽车运行安全服务平台，建立交易平台便捷支付规范。

4）进行新型充放电设备的研制与推广应用。研究无线快慢充技术，研制超高比功率、高性能双向充放电设备和实用化的无线充电装备。开展无线充电系统检测平台研究与开发，建立关键参数检测平台、线圈系统规格与性能检测平台、电源系统规格与性能检测平台、车载充电机规格与性能检测平台、电磁兼容性检测平台。推动新型充放电设备如无线充电技术的推广应用。

5 技术创新需求

基于前面的综合分析，按照《中国制造2025》的总体目标，需要在以下诸方面实施创新研究，实现技术突破。本节将从基础前瞻、应用技术、产业化与示范和共性技术平台四个角度分别论述，提出预期目标、研究内容和科研成果。

5.1　基础前瞻

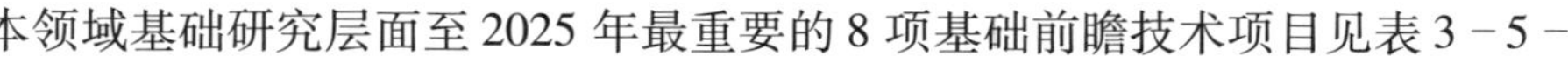

本领域基础研究层面至2025年最重要的8项基础前瞻技术项目见表3－5－1。

说明：实施方式中A为国家主导；B为行业联合，含跨行业联合；C为企业领跑。

表3－5－1　基础前瞻领域研究项目

序号	项目名称	必要性	项目目标	研究内容	预期成果	实施方式
1	电池系统的安全性和可靠性管理理论与策略	实现纯电动汽车和插电式混合动力汽车大规模应用，解决安全性和可靠性问题是必要的前提。电池的本征安全性、系统安全性、安全防护、滞缓安全事故扩展，必须研究建立一套从电池单体、模块、电池包、电池系统到整车的体系化的安全性和可靠性管理理论与管理策略。尤其是随着电池比能量的提升，这一问题显得更为重要	2020年：完成对电池系统安全性和可靠性管理理论和策略体系的研究和建立；掌握电池单体（新、旧电池）的故障和安全机理，掌握先进的电池均衡技术和电池包热管理技术以及热扩散规律，提出整体解决方案并付诸实施 2025年：针对不断出现的新体系、更高比能量的电池，持续开展相应的研究工作，始终保证电池系统必要的安全性和可靠性	基于电池本征安全特性深入研究电池系统的结构及安全防护体系架构，研究建立相关的安全基本理念和基本理论 基于电池特性和电池模块、电池包的不同方案，研究电池SOC精确估计技术、电池的均衡技术、热扩散规律和热管理技术 基于整车视点，研究建立多层级有机结合的安全防护体系，提高系统的可靠性	建立整套的安全管理理论和安全策略；建立安全管理体系；提出完善的可靠性管理策略，建立可靠性管理体系	B
2	下一代电力电子功率器件	以碳化硅、氮化镓为基础的下一代电力电子元件及功率器件是电机控制器比功率倍增计划和进一步提升整车能效的基础，是该领域的技术竞争焦点	2020年前：全面掌握基于下一代功率器件的集成、控制和封装技术，实现电机控制器比功率的倍增目标；基本掌握晶元的设计技术和工艺技术，开发出样机投入试验验证	基于碳化硅、氮化镓为基础的下一代电力电子元件的功率器件封装、控制技术研究 基于下一代功率器件的电机控制器集成和效率优化研究 研究晶元设计技术、纳米耐	掌握下一代电力电子功率器件的设计、工艺技术以及功率模块封装与控制技术，以及电机控制器的集成优化	B

（续）

序号	项目名称	必要性	项目目标	研究内容	预期成果	实施方式
2			2025年：在该领域的技术达到国际先进水平，实现大规模产业化。开发适用产业化的第三代宽禁带功率半导体控制器供电的电机绝缘体系	电晕材料和绝缘体系、工艺技术和规模产业化技术研究	与效率优化技术	B
3	分布式驱动控制技术	分布式驱动具有提高整车效率，提高整车操控特性和灵活性的综合优越性，是电动汽车动力系统构造的重要选择，而分布式驱动控制技术的突破尤为重要	2020年前：全面掌握分布式驱动控制技术，并通过实验验证 2025年：基于轮毂电机的技术突破和产业化，实现分布式驱动整车较大规模产业化	基于分布式驱动，研究整车能量优化控制技术及制动能量回收技术 基于分布式驱动，研究整车底盘操控系统优化控制系统	掌握分布式驱动能量优化控制技术及制动能量回收技术，实现基于分布式驱动的整车灵活操控	B
4	制动能量回收系统	我国当前的纯电动汽车和插电式混合动力汽车产品采用叠加式制动能量回收系统，研究开发电动制动系统并与ESC（电子稳定程序控制）技术相融合的制动能量回收系统，可以显著提高能量回收效率和能量利用效率	2020年：完成与ESC相融合的电动制动系统及其与制动能量回收系统的开发，并批量试验考核；完成ESC系统的开发和试验验证；制动能量回收率达到20%以上 2025年：全面掌握系统关键技术，实现产业化，制动能量回收率达到25%以上，系统在纯电动、插电式混合动力汽车大规模普及应用	开展与ESC融合的电动制动系统研究开发 基于中国工况开展制动能量回收策略和控制技术优化研究（包括集中驱动和分布式驱动） 开展ESC系统关键核心技术研发	全面掌握ESC关键技术并实现产业化 全面掌握电动制动系统关键技术，实现与ESC及制动能量优化控制高度融合关键技术，并实现大规模普及应用；制动能量回收率达到25%以上	B

（续）

序号	项目名称	必要性	项目目标	研究内容	预期成果	实施方式
5	多能源动力系统集成技术	对于多能源动力系统，系统集成技术非常重要，对降低油耗、改善能量转化效率、确保系统能效最佳有着非常重要的意义	2020年前：完成不同构造形成的混合动力总成、基于AutoSar和ISO 26262的多能源控制系统开发，研究系统集成和能量转换效率，掌握相关键技术，有效提升插电式混合动力汽车整体能效	开展基于AutoSar和ISO 26262的软件开发平台和测试评价技术研究 开展各种结构形成的混合动力系统控制策略优化研究 开展各种结构形成的混合动力系统的整车及分系统能量转化效率研究	全面掌握基于AutoSar和ISO 26262的软件开发平台和测试评价技术 开发出多款产品并在整车上得到验证，混合动力状态能效得到显著提升	B
6	与车辆互联互通、多能源高度融合智能电网技术	与车辆互联互通（V2G）、多能源高度融合的智能电网技术是实现我国电能清洁化、发电装备与用电需求优化配置、坚强电网总体目标的重要基础	2020年：完成若干示范区的试验示范 2025年：基本实现普及应用	开展纯电动、插电式混合动力汽车与电网双向充放电技术研究 开展与可再生能源融合的智能电网相关技术与管理体系研究 开展车、电网、微电网及分布式可再生能源的互联互通技术以及智能管理技术研究	开发出系统的关键设备、装置并实现产业化 建立合理的商业模式 全面掌握车、可再生能源、智能电网、微电网的智能融合技术，基本实现普及应用	B

（续）

序号	项目名称	必要性	项目目标	研究内容	预期成果	实施方式
7	无线充电技术	无线充电技术是电动汽车、插电式混合动力汽车电能补给的新的技术领域，与传统的传导式充电相比，有许多特殊的优势，国际竞争激烈	2020年：掌握无线充电核心关键技术，完成一定规模的试验示范和技术经济评估 2025年：根据前期试验示范结果，在适用领域展开较大规模的推广应用	开展无线充电关键技术研究，开发无线充电产品 开展无线充电系统的效率优化研究和一定规模的试验示范应用与技术经济性分析	全面掌握无线充电技术，开发出达到国际先进水平的无线充电系统 实现较大规模的推广应用	B
8	插电式混合动力与纯电动汽车动力总成集成控制开发	提高动力总成集成度，降低成本和系统安全集成控制	2020年：完成核心功能技术开发和示范运营 2025年：根据示范运营的评估，完成产业化开发并推广	VCU（整车控制决策单元）与BMS，MCU（微控制单元）集成与优化技术 动力总成集成控制系统技术平台 动力总成集成控制安全平台	全面掌握VCU与其他核心控制器的系统与安全技术集成 实现较大规模的推广应用	B

5.2 应用技术

本领域技术开发层面至2025年最重要的5项应用技术研发项目见表3-5-2。

说明： 实施方式中A为国家主导，B为行业联合，C为企业领跑。

表 3-5-2 应用技术研究项目

序号	项目名称	必要性	项目目标	研究内容	预期成果	实施方式
1	一体化、轻量化纯电动汽车底盘开发	我国目前的纯电动汽车产品（尤其是乘用车）绝大多数是在传统汽车的基础上改造而来的，需要针对电驱动系统的特点进行针对性的一体化、轻量化开发和系统优化	2020 年：完成若干全新设计的、尽可能多地应用了轻量化材料的一体化的纯电动乘用车底盘平台开发，并以此为基础开发出系列化的纯电动乘用车产品，实现规模化生产	基于轻量化材料技术，开展一体化、轻量化电驱动底盘零部件的设计技术、工艺技术研究和系统优化研究 开展电驱动系统的集成优化技术研究 开展电驱动底盘的平台化优化研究	全面掌握纯电动一体化、轻量化底盘的设计和集成优化技术 全面掌握纯电驱动底盘一体化、平台化设计开发技术	B
2	电池系统的集成优化开发	电池系统的性能、安全性、可靠性是确保纯电动、插电式混合动力汽车性能、安全和大规模产业化的重要基础，我国在电池系统集成开发方面与国际先进水平存在差距	2020 年：全面掌握基于当前锂电池、新型锂电池技术电池系统的 SOC、SOH、SOF 技术，系统安全性、热管理技术，开发出达到国际先进水平的电池系统并投入大规模生产 2025 年：全面掌握新体系锂电池系统的集成优化开发技术，并完成试验验证	基于前瞻技术研究成果，开展电池系统的安全性、可靠性、电池均衡、热管理、电池管理系统的开发和系统集成优化设计 基于新体系电池的特性，开展电池系统的安全性、可靠性、电池均衡、热管理、电池管理系统的开发和系统集成优化设计	全面掌握电池系统核心关键技术，电池系统总体技术水平达到国际先进水平 全面掌握新体系电池系统的核心关键技术，综合技术水平达到国际领先水平，并完成较大规模的试验验证，具备产业化基础	B

（续）

序号	项目名称	必要性	项目目标	研究内容	预期成果	实施方式
3	下一代电机驱动技术开发	当前我国车用驱动电机技术与国际水平仍然存在一定差距，电机控制器差距显著	2020 年：电机技术达到国际先进水品，实现电机制造自动化；开发出基本达到实用要求的轮毂电机；开发和产业化基于现代功率半导体 IGBT 的比功率倍增的控制器；开发出基于宽禁带电力电子器件的电机控制器，比功率实现倍增 2025 年：开发和产业化高速、高比功率、高性价比的国际领先电机，实现制造智能化；基于自主碳化硅电力电子器件开发出具有国际先进水平的电机控制器，完善诊断功能，提高可靠性	开展电机多物理场设计技术研究，进一步优化、提升电机的比功率、转矩密度和能量效率 开展高速高比功率电机的设计、制造工艺、试验和制造装备（例如绕组制造装备等）研究；设计和量产基于 IGBT 器件的比功率倍增控制器，包括从器件、系统集成到试验认证和自动化批量生产的相关技术 开展基于碳化硅电力电子技术的电机控制器开发和系统效率优化研究 进一步完善控制系统的安全和故障诊断功能，完善控制策略，提高可靠性	全面掌握驱动电机和基于下一代电力电子技术的电机控制器关键技术以及电驱动系统效率优化技术，提高可靠性	B
4	电动热泵空调技术	在电动汽车的实际运行中，制冷和制热能耗占到整车能耗的比例达 20% ~ 30%，寒冷季节制热及其	2020 年：热泵空调技术达到国际先进水平，提高其集成化、轻量化程度，并实现产业化	开展高效热泵空调及介质的研究和优化匹配研究 开展高速电机、压缩机及其集成优化等关键技术研究	全面掌握热泵空调的核心技术和系统优化技术，提高低温制热效率	B

（续）

序号	项目名称	必要性	项目目标	研究内容	预期成果	实施方式
4		能耗问题尤为严重。开发高能效的电动热泵空调技术，是电动汽车必须解决的问题		开展低温制热功能和效率优化研究 开展基于整车效率的热泵空调节能优化控制技术研究	开发出达到国际先进水平的、集成化、轻量化、适应不同类型电驱动整车需求的系列化产品并实现产业化	B
5	智能充电技术	智能充电技术是提高电网智能化，实现电能优化利用、提高电力资源优化配置的基础，同时也是建设坚强电网、保证电力供应安全的保障措施	2020 年：开发出双向高效车载充放电机（包括无线充电），掌握车辆向电网（主电网、微电网）供电的安全、可靠、优化控制技术，实现较大规模的试验示范 2025 年：全面建立与技术相适应的商业模式，全面实现纯电动、插电式混合动力汽车融入智能电网	开展双向高效车载充放电机及系统优化控制研究 开展主电网、微电网、局域性可再生能源发电以及车载能源协调融合的系统优化控制和智能管理技术研究	全面掌握双向高效车载充放电机及系统优化控制技术，开发出系列化产品并实现产业化 全面掌握主电网、微电网、局域性可再生能源发电以及车载能源协调融合的系统优化控制和智能管理技术并实现推广应用	B

5.3 示范和产业化

本领域至2025年最重要的5项示范和产业化项目见表3－5－3。

说明： 实施方式中A为国家主导，B为行业联合，C为企业领跑。

表3－5－3 示范和产业化领域研究项目

序号	项目名称	必要性	项目目标	研究内容	预期成果	实施方式
1	下一代高性能纯电驱动整车示范及产业化	不断提高整车产品的性能，形成纯电动汽车与传统汽车的竞争力以及国际竞争力，实现产业化	2020年：应用300W·h/kg新型电池，应用集成化、一体化设计底盘平台，采用轻量化技术，搭载达到2级或以上智能化技术，开发出高性能纯电动乘用车，实现规模化生产 2025年：应用350W·h/kg或以上新体系电池，采用更多轻量化技术，采用分布式驱动技术，搭载达到4级或以上智能化技术，开发出高性能纯电动乘用车并实现规模化示范	基于高比能量新型电池、轻量化、高安全性电池系统技术和整车安全系统技术研究开发 与相关智能化技术相适应的车辆执行系统技术研究 基于分布式驱动技术的集成化、一体化、轻量化底盘平台的研究开发 基于更高比能量新体系电池的电池系统技术和整车安全性系统技术研究开发	开发出基于高比能量新型电池、一体化、轻量化、智能化的纯电动乘用车底盘平台，按照不同的技术成熟度，开展试验示范或实现大规模产业化	C
2	高性能插电式混合动力汽车动力总成产业化	混合动力总成的技术水平对插电式混合动力汽车的动力性、燃油经济性、舒适性等综合性能具有决定性影响，我国要发展插电式混合动力汽车，应全面掌握专用发动机、动力	2020年：全面掌握专用发动机、动力耦合装置、混合动力系统集成优化技术，开发出不同结构形式的混合动力总成平台，综合技术水平达到国际先进，并实现大规模产业化	插电式混合动力汽车专用发动机的研究开发 不同结构形式的动力耦合装置的研发 基于不同结构形式的发动机－动力耦合装置、电机、传动系统高度集成的动力总成开发和系	掌握插电式混合动力汽车专用发动机关键技术 掌握多能源动力系统优化控制技术 实现多种结构形	C

（续）

序号	项目名称	必要性	项目目标	研究内容	预期成果	实施方式
2		耦合装置以及动力总成集成与优化控制技术并实现产业化		统优化研究 动力总成与动力电池系统、整车的优化研究	式的混合动力总成产业化，综合技术水平达到国际先进	C
3	下一代电机及电机控制器产业化	批量生产电机的生产率、一致性和可靠性受目前手工和非自动化制造方式的约束。自动化和智能化生产线是全球已在实施的生产方式 无论基于现代功率半导体 IGBT 还是下一代宽禁带功率半导体的高比功率电机控制器，都是电驱动系统技术和产业竞争的焦点。半自动化（含生产线物流半自动化）已经不能满足产业发展的需求	实现乘用车单一或类似产品年产 3 万台以上电机生产线自动化和智能化，特别是定子绕组制造（绕线、嵌线、浸漆等）、转子装配和总装以及出厂检验、产内物流等 实现以 IGBT 为代表的下一代功率器件的产业化和以此为基础的高比功率电机控制器的自动化和智能化生产 实现以碳化硅为代表的下一代电力电子功率器件的产业化和以此为基础的电机控制器产业化	高比功率、高材料利用率电机的研发、试验认证和生产工艺；电机试验和生产高端装备研制和自动化生产线搭建，智能化物流和 IT 系统以及软件 基于自主 IGBT、电容等的控制器研制、集成工艺、试验和生产高端装备以及自动化和智能化生产线建设 开展碳化硅为代表的下一代电力电子功率器件及其集成控制技术研发和工艺技术研发；开展基于下一代电力电子功率器件的下一代电机控制器开发	完成电机生产自动化、智能化，提高产品一致性和可靠、耐久性，与世界先进水平相当 实现下一代电机控制器的自动化和智能生产 实现下一代宽禁带电力电子器件、模块的产业化和以此为基础的电机控制器产业化	C

（续）

序号	项目名称	必要性	项目目标	研究内容	预期成果	实施方式
4	电池系统产业化	不断提高电池比能量，形成具有国际竞争力的电池系统，是推动新能源汽车发展的关键	实现满足纯电动和插电式混合动力汽车需求的电池系统以及电池管理系统的产业化	研究高能量锂离子电池材料技术，高比能、高安全锂离子电池技术，高精度、高可靠性电池管理技术，高比能、高安全电池总成技术和自动化制造工艺及转变技术	实现新型电池技术的产业化	C
5	可再生能源发电系统、智能电网、智能社区与新能源汽车互联互通示范工程	可再生能源发电系统、智能社区微电网、智能电网与纯电驱动汽车互联互通示范工程，验证相关互联互通关键技术，积累经验，为推广普及奠定基础	实施可再生能源发电系统、智能社区微电网、智能电网与纯电驱动汽车互联互通示范工程，验证相关技术，积累实际经验	开展V2G智能控制技术的验证试验和优化研究 开展社区微电网灵活应用主干网、可再生能源发电微网、车载储能等多个电能系统之家智能切换、综合优化研究	通过全面的试验示范，建立全面系统的技术体系，技术方案达到可普及推广的程度	A

5.4 行业共性技术平台

本领域行业共性技术平台层面至2025年最重要的5项，见表3－5－4。

说明：实施方式中A为国家主导，B为行业联合，C为企业领跑。

表 3-5-4　行业共性技术平台领域研究项目

序号	项目名称	必要性	项目目标	研究内容	预期成果	实施方式
1	标准法规研究平台	实施标准战略是提升我国纯电动、插电式混合动力汽车产业竞争力的重要基础，建立标准法规研究平台，汇聚行业技术力量，开展共同研究，同时也有利于对外交流合作工作的开展。同时，标准的倒逼和引领作用，有利于促进技术的进步	形成汇聚相关行业标准化专家资源、试验验证仪器设备资源、开放共享的纯电动汽车、插电式混合动力汽车以及充电基础设施标准法规研究平台	研究制定标准化发展战略和标准发展技术路线 把握技术发展前沿，制定技术规范，开展技术验证试验 根据技术成熟度和产业需求，研究制定标准、法规 开展国际交流，参与国际合作	建立跨行业、开放、共享、协作的标准化研发平台 建立有效的跨行业合作机制 建立多层次技术规范、技术标准、技术法规的研发体系 建立标准法规领域的国际合作研究机制	A
2	纯电动、插电式混合动力汽车整车及关键零部件测试评价平台	完整、系统、先进的测试评价平台是纯电动、插电式混合动力整车、关键系统、零部件的法规符合性检测和性能综合评价的必要支撑	建立国际领先的整车、系统和关键零部件法规符合性检测平台 建立国际先进的、完整的整车、系统和关键零部件的性能评价体系和测试评价软硬件平台	适应国内外标准法规的发展，深入研究测试技术和测试方法，研究开发相应的测试装备和测试系统，建立国际领先的法规符合性检测平台 针对车辆、系统和关键零部件的研发评价需求，研究全面的、高于法规要求的、系统的测试评价技术，建立国际先进的测试评价体系和软硬件性能测试评价平台	形成适合国内外标准法规要求的测试评价技术和测试规程，形成关键测试装备的研发和制造能力，建立国际领先的法规符合性测试平台 形成整车、系统和关键零部件的测试评价体系和测试规范，形成国际先进的软硬件测试评价能力	A

（续）

序号	项目名称	必要性	项目目标	研究内容	预期成果	实施方式
3	纯电动、插电式混合动力汽车整车、关键零部件及材料行业基础数据库	整车、关键零部件及其材料的行业基础数据库是形成我国纯电动、插电式混合动力汽车核心研发能力的关键，我国目前在这方面与国外差距很大	建立完整、系统的纯电动、插电式混合动力汽车整车、关键零部件及其材料数据库，同时建立全行业共享的运行管理机制	深入研究纯电动插电式混合动力汽车整车、关键零部件的研发需求 研究建立完整的数据库结构 研究整车、关键零部件及其材料的测试分析方法、分析技术 研究适合行业的共享运行管理机制	形成完整、系统的样车测试、分析技术体系和测试分析流程 建立完整、系统的数据库结构 形成能够自我发展的数据库共享云端管理机制和体系	A
4	纯电动、插电式混合动力汽车整车及系统安全研究平台	保障纯电动、插电式混合动力汽车的安全是影响产业发展的关键因素，建立整车、系统以及关键零部件的安全研究平台至关重要	建立从关键零件、部件、系统、整车到安全故障处置的完整的安全体系架构、安全技术研究能力和软硬件研究平台。形成整车安全体系的正向设计和安全评估能力，保证整车、关键零部件在生产、使用、报废回收各个环节的安全性	基于整车及关键零部件在生命周期中潜在的安全隐患，开展安全理论体系的研究 开展系统和关键零部件安全机理及事故发展规律的研究 开展不同性质、不同层级安全事故的防护和事故处置技术、流程和系统的研究开发	形成软硬件安全研究能力 建立适应整车全生命周期安全理论体系 掌握系统和关键零部件安全机理及事故发展规律 形成安全设计规范和安全评估体系 掌握安全事故防护、事故处置技术、工作流程和设计规则	A

（续）

序号	项目名称	必要性	项目目标	研究内容	预期成果	实施方式
5	智能电网、微电网、可再生能源、纯电动与插电式混合动力汽车互联互通、智能管理及系统安全运行研究、检测评价和监测平台	各种层级的电能网络与车辆的互联互通、智能管理和安全运行研究、检测和检测技术与平台，是整个系统高效、坚强、安全运行的根本保障，对这一全新的领域，必须给予高度的重视	全面掌握整个大系统的各项关键技术，建立智能化、网联化的互联互通、智能管理和系统安全运行保障、检测评价和检测平台	开展层级的电能网络与车辆的互联互通、智能管理和安全运行关键技术研究 开展多种能源灵活接入、退出，协调兼容、安全可靠运行的智能化控制技术研究 开展系统安全测评和实时监测技术研究 开展系统商业化运营、智能结算技术研究	全面掌握相关关键技术 制定安全运行规范 建立商业化运行体系 建立检测评价和监测平台	A、B

6 近期优先行动项

在上述按照基础前瞻、应用技术、示范和产业化、行业共性技术平台四个维度的技术创新需求排序矩阵中，按照产学研联动的模式，重中选重、优中选优、凝练提升、整合打包成3～5个项目群/包，作为近期优先行动项，见表3－6－1。

表 3-6-1　优先行动项

序号	优先行动项名称	必要性	实施目标	研究内容	预期成果	组织模式（政、产学、研如何组织实施）
1	电池系统的安全性和可靠性管理理论与策略	实现纯电动汽车和插电式混合动力汽车大规模应用，解决安全性和可靠性问题是必要的前提。电池的本征安全性、系统安全性、安全防护、滞缓安全事故扩展，必须研究建立一套从电池单体、模块、电池包、电池系统到整车的体系化的安全性和可靠性管理理论与管理策略。尤其是随着电池比能量的提升，这一问题显得更为重要	2020 年：完成对电池系统安全性和可靠性管理理论和策略体系的研究和建立；掌握电池单体（新、旧电池）的故障和安全机理、掌握先进的电池均衡技术和电池包热管理技术，以及热扩散规律，提出整体解决方案并付诸实施 2025 年：针对不断出现的新体系、更高比能量的电池，持续开展相应的研究工作，始终保证电池系统必要的安全性和可靠性	基于电池本征安全特性深入研究电池系统的结构及安全防护体系架构，研究建立相关的安全基本理念和基本理论 基于电池特性和电池模块、电池包的不同方案，研究电池 SOC 精确估计技术、电池的均衡技术、热扩散规律和热管理技术 基于整车视点，研究建立多层级有机结合的安全防护体系，提高系统的可靠性	建立整套的安全管理理论和安全策略 建立安全管理体系 提出完善的可靠性管理策略，建立可靠性管理体系	
2	下一代高性能纯电动和插电式混合动力汽车产业化示范工程	纯电动汽车和插电式混合动力汽车的产品性能有待进一步提高	形成纯电动汽车、插电式混合动力与传统汽车的竞争力以及国际竞争力，实现产业化	基于高比能量新型电池、轻量化、高安全性电池系统技术和整车安全系统技术研究，开发出高性能纯电动乘用车，实现规模化生产 实现插电式混合动力性能优化，形成新型高性价比乘用	纯电动汽车在中型及以下乘用车的城市家庭用车、租赁服务、公务车实现大批量应用 插电式混合动力汽车在紧凑型及以上乘用车的私人用车、公务用车以及其他日均行程	在国家层面形成产业间联动的纯电动和插电式混合动力汽车自主创新发展规划，支持形成技术

（续）

序号	优先行动项名称	必要性	实施目标	研究内容	预期成果	组织模式（政、产学、研如何组织实施）
2				车和商用车混合动力产品	较短的使用领域实现批量应用	创新联盟，搭建产业共性技术平台，构建产学研用相结合的自主创新体系
3	关键零部件技术突破与应用示范工程	关键零部件是形成我国纯电动、插电式混合动力汽车核心研发能力的关键，我国目前在这方面与国外差距很大	形成关键零部件的核心竞争力以及国际竞争力，实现产业化	研究突破电机与传动装置、逆变器集成，高集成电驱动系统专用变速器等技术难题 研究开发高输出密度、高效率永磁电机技术，新型驱动器硬件和软件设计、机电一体化综合优化设计技术，高速减速器及变速器技术和智能制造工艺及装备技术 开展新能源汽车电气传动功能安全开发，符合国际标准和规范 研究高能量锂离子电池材料技术，高比能、高安全性锂离子电池技术，高精度、高可靠性、高效电池管理技术，高比能、高安全性电池总成技术和智能制造工艺及成果转化应用技术	电池系统比能量进一步提高，系统成本进一步下降 电机关键指标达到国际先进水平，掌握轮毂/轮边电机技术 自主封装的绝缘栅双极型晶体管（IGBT）模块占市场总量 20% 以上，逆变器性能和可靠性达到国际先进水平	政府主导，通过产学研结合、零部件企业领跑的方式，形成关键零部件的产业化创新体系

（续）

序号	优先行动项名称	必要性	实施目标	研究内容	预期成果	组织模式（政、产学、研如何组织实施）
4	可再生能源发电系统、智能电网、智能社区与新能源汽车互联互通综合示范工程	新能源汽车与可再生能源发电系统、智能社区微电网、智能电网的结合应用，是推广新能源汽车、实现节能减排的重要途径	实施可再生能源发电系统、智能社区微电网、智能电网与新能源汽车互联互通示范工程，验证相关技术，形成相关测试平台	开展社区微网灵活应用主干网、可再生能源发电微网、车载储能等多个电能系统之间智能切换、综合优化研究 开展层级的电能网络与车辆的互联互通、智能管理和安全运行关键技术研究；开展系统安全测评和实时监测技术研究	在小规模城市群建设形成充电服务网络，充电基础设施满足纯电动、插电式混合动力汽车充电需求 可再生能源、智能电网、智能社区与新能源汽车的示范运行，形成检测评价和监测平台	通过政府政策引导、支持与调控，形成纯电动和插电式混合动力汽车与智能网联汽车、智能电网、智慧城市建设及关键部件、材料等的协同发展机制

第四章

氢燃料电池汽车技术路线图

1 导 言

1.1 发展氢燃料电池汽车的战略意义

氢燃料电池汽车所用的氢气，既可以从多元化的化石能源中转化而得，如煤、石油、天然气等，也可以从非化石与可再生能源产生，如核能、太阳能、风能、水力等。氢作为交通运输行业的储能物质，具有可以大规模稳定储存、持续供应、远距离运输、快速补充的特点和优势，在未来以分布式为主、零排放为特征的能源构架中，氢能源系统会与电力系统并存互补，共同满足交通运输、家庭生活、工业生产的能源需求。

氢燃料电池（本章中亦称为燃料电池）是一种以电化学反应方式将氢气与空气（氧气）的化学能转变为电能的能量转换装置。由于不经过高温燃烧过程，氢燃料电池唯一的排放产物是水，没有污染物排放；只要能保障氢气的供给，燃料电池将会持续输出电能。

作为新能源汽车的重要技术方向，发展氢燃料电池汽车对稳定能源供给，改善能源结构，发展低碳交通，提升国际竞争力和科技创新实力，保持汽车产业持续发展，具有非常重要的意义。

1.2 氢燃料电池汽车技术路线图的研究范围及目标

氢燃料电池汽车技术路线图基于《中国制造 2025》重点领域技术路线图编制，梳理了氢燃料电池汽车的技术发展、现状与趋势，探讨了我国氢燃料电池汽车技术发展的总体目标与发展路径，提出了重大技术创新需求与优先行动计划，以期为我国汽车产业紧抓历史机遇、加速转型升级、支撑制造强国建设提供决策参考。

本章所述的氢燃料电池汽车是指以车载氢气为能量源，经质子交换膜燃料电池将氢气的化学能量转化为电能，以电机驱动车辆，实现运输功能的汽车，不包括以化石燃料为加注燃料、以车载装置所制氢气作为能量源的汽车。

本章所涉及的技术路线内容主要包括四部分：燃料电池堆、燃料电池系统（发动机）、燃料电池汽车、氢能技术。燃料电池堆部分包括关键材料、核心部件，燃料电池系统包括商用车和乘用车用燃料电池发动机，燃料电池汽车包括商用车和乘用车，氢能技术包括氢能基础设施和车载氢储存系统。

2 氢燃料电池汽车技术发展现状与趋势

2.1 氢燃料电池汽车技术发展现状

2.1.1 氢燃料电池汽车发展历程

氢燃料电池汽车发展大致分为四个阶段：2000 年之前主要完成了氢燃料电池汽车的概念设计和原理性验证；2000 年之后开始大力投入开展氢燃料电池汽车技术攻关研究，并陆续进行了技术验证性示范考核；2010 年开始在特定用途领域商业化并取得成功；2015 年之后乘用车开始面向部分区域的私人用户销售，初步进入商业化阶段。

在 2000 年之前，国际上以概念车形式推出了氢燃料电池汽车，比较有代表性的包括戴姆勒—克莱斯勒的 NECAR1/2/3 系列氢燃料电池概念车（1994—1997），丰田的 FCHV-1/2/3 氢燃料电池混合动力概念车（1997—2001），本田 FCX-V1/2/3/4 氢燃料电池概念车（1999—2001），通用汽车公司 HydroGEN1/2/3 氢燃料电池概念车（2001—2004）等。

在 2000 年之后，推上市场的氢燃料电池乘用车均以租赁方式供客户体验使用。从推出的时间先后排序，包括本田公司的 FCX 氢燃料电池汽车（2002—2007，美国加州、日本）、福特的氢燃料电池版福克斯轿车（2003—2006，美国加州、佛罗里达，加拿大）、日产的氢燃料电池版 X-Trail（2003—2013，美国加州和日本）、梅赛德斯奔驰的 F-Cell（2005—2007，全球）、通用雪佛兰的 Equinox 燃料电池轿车（2007—2009 年，美国加州和纽约）。

与乘用车租赁使用同期，数十辆氢燃料电池客车在全球各地开展了商业化示范运行。主要包括：以 30 辆奔驰公司 Citaro 氢燃料电池客车为主、在欧盟 7 个城市以及中国北京和澳大利亚珀斯进行的欧盟 HyfleetCUTE 工程（2003—2010 年），在全球多个城市开展的氢燃料电池客车商业化运行示范（2003 年至今），日本 JHFC 工程（2002—2010 年）、美国氢燃料电池客车示范工程（2006 年至今）。

2010 年至 2015 年期间，氢燃料电池汽车已逐步在某些特殊领域开始应用，并率先取得商业化。氢燃料电池系统在 2010 年开始应用于物料运输领域，如在美国沃尔玛、可口可乐和西斯科等超市和食品批发的物流运输领域。截至 2015 年，共有 34 家企业 8000 多辆氢燃料电池叉车投入运行，由于具有良好的经济性，企业主动购买使用的车辆数量超过政府支持的 10 倍，起到了积极的技术和市场引导作用，真正实现了商业化成功。

从 2015 年起，乘用车开始面向部分区域的私人用户销售，进入商业化阶段。2015 年丰田公司推出（Mirai）氢燃料电池轿车，仅限在日本、美国和欧洲销售，2016 年本田推出仅在日本本土销售的氢燃料电池轿车 Clarity。

2.1.2 氢燃料电池汽车研究现状

从国际氢燃料电池汽车发展现状看，全球主要汽车公司基本完成了氢燃料电池汽车的性能研发阶段，解决了示范中发现的核心技术问题，整车性能已能达到传统汽车水平。今后的研究重点集中到提高燃料电池比功率、延长燃料电池寿命、提升燃料电池系统低温启动性能、降低燃料电池系统成本、规模建设加氢基础设施和推广商业化示范等方面。

（1）氢燃料电池汽车整车性能基本满足商业化示范需要

氢燃料电池商用车的可靠性、经济性和便利性能满足商业示范运行的需要。在北美多个城市开展的公交客车示范表明，氢燃料电池客车整车、动力系统和氢燃料电池系统的可靠性都达到了商业化推广的需求（氢燃料电池系统平均故障间隔里程超过 5 万 km），氢燃料电池叉车、物流车等领域的示范和应用跟踪数据也表明氢燃料电池系统的耐久性已经超过 1 万 h。

氢燃料电池乘用车的性能接近用户接受的水平。丰田公司的 Mirai 燃料电池汽车完成单次氢燃料补给仅需约 3min，续驶里程达到 650km，完全能够满足通常的行车需求。2015 年在全球量产车用最佳发动机评选中，首次出现了氢燃料电池发动机，标志着这一新技术商业化的开始。

（2）燃料电池堆技术基本满足车用要求

燃料电池比功率不断提高，能够满足车辆动力性要求。以本田 2015 年版 FCX Clarity 为例，与 2005 年车型相比，其动力系统比功率有了很大提高。新型燃料电池堆的功率从 80kW 提升至 100kW。

（3）氢能基础设施与车辆同步实施，超前部署满足商业化发展需要

世界各国纷纷制定了各自的加氢站建设规划，以配合燃料电池汽车的推广应用。日本在名古屋、东京、大阪和福冈四个城市之间建设了 100 座加氢站，计划在 2025 年前扩大到 1000 座，到 2030 年计划建成覆盖全国的加氢站。韩国到 2015 年已经建设了 13 座加氢站，预计到 2020 年建设 168 座加氢站。美国计划于 2017 年建成至少 84 座加氢站。

2.1.3 氢燃料电池汽车发展趋势

车用燃料电池技术发展方向逐渐明确，各大汽车厂商继续进行新一代燃料电池技术的研发，目标是降低制造成本和提高可靠性与耐久性。氢燃料电池汽车技术发展的趋势表现为如下几点。

1）燃料电池模块化和系列化。为了便于提高可靠性和寿命，并降低成本，燃料电池发展出现模块化趋势。单个燃料电池模块的功率范围被界定在一定的范围之内，通过模块的组装，实现不同车辆对燃料电池功率等级的要求。

2）氢燃料电池汽车动力系统混合化。在目前的氢燃料电池汽车动力系统中，已经不再采用最初的动力方案，而是氢燃料电池系统与动力电池混合驱动的方式。这种混合动力驱动方案最早由我国科技人员采用，有效提高了燃料电池的寿命，降低了车辆成本，现已

被国际广泛采纳。

3）车载能源载体氢气化，来源多样化。经过对各种能源载体的比较和考核，基本摒弃了基于车载各种化石燃料重整制氢的技术途径，更多采用了车辆直接储存氢气的方案，储存方式以70MPa高压气态为主；而氢气制取在制氢站完成，采取了基于本地资源特点的多种制氢途径。

4）氢燃料电池汽车产业联盟化。在汽车制造行业，燃料电池技术通常是企业自己研发的，但目前燃料电池汽车产业发展正在突破这种常规发展模式。汽车整车生产企业与燃料电池生产企业加强了技术整合，汽车整车生产企业与燃料电池生产企业的合作共赢成了燃料电池汽车发展的一种重要模式。

2.2　我国氢燃料电池汽车技术发展现状

在国家“十五”电动汽车重大科技专项、“十一五”节能与新能源汽车重大项目、“十二五”电动汽车关键技术与系统集成重大项目的支持下，通过产学研联合研发团队的连续攻关，我国的氢燃料电池汽车技术研发取得了重大进展。

2.2.1　氢燃料电池汽车

我国基于氢燃料电池轿车和客车动力系统技术平台，开发出三款氢燃料电池客车、五款氢燃料电池轿车，具备了百辆级氢燃料电池汽车动力系统平台与整车生产能力和进入国际市场的竞争力；先后在北京奥运会、上海世博会、全球环境基金与联合国发展计划署（GEF/UNDP）共同支持的氢燃料电池城市客车商业化示范、新加坡首届青奥会、美国加州等活动中和区域进行了示范运行。

燃料电池轿车最高车速达150km/h，0～100km/h的加速时间14s，一次加氢续驶里程300km。动力系统平台应用于上海、帕萨特、奔腾、志翔、东方之子等车型上，先后完成了2008年北京奥运会、2009年美国加州、2010年上海世博会和广州亚运会等活动中和区域的示范运行。

自主氢燃料电池客车动力系统平台应用在福田、苏州金龙，上汽申沃等客车上，先后参加了2008年北京奥运会、2010年上海世博会、2010年新加坡首届青奥会，还成功完成了北京公交为期一年的道路载客运行，验证了氢燃料电池客车的动力性、经济性和可靠性，车辆氢气消耗8.5kg/100km。

2008年北京奥运会期间，3辆氢燃料电池城市客车圆满完成了奥运示范以及北京公交线路为期一年的商业化示范运行任务，累计运行超过6万km（图4－2－1）。20辆氢燃料电池轿车组成的车队在2008年北京奥运会示范应用并提供交通服务，经受了连续66天的酷热、多雨天气条件与频繁起停城市交通工况的考验。这三辆氢燃料电池公共汽车和其他国产氢燃料电池公共汽车共同组成示范车队，成为“科技奥运、绿色奥运”的一个亮点，为我国节能与新能源汽车产业的发展做出了重要贡献。2009年，完成2008年北京奥运会示范的16辆帕萨特氢燃料电池轿车赴美国加州萨克拉门托参与国际化示范运行，运行时间持续半年之久。

图4-2-1　2008年北京奥运会示范车辆及在示范运行中的北京公交线路

2010年上海世博会期间，上汽集团的上海牌氢燃料电池轿车、上海大众帕萨特氢燃料电池轿车、一汽奔腾氢燃料电池轿车、长安志翔氢燃料电池轿车、奇瑞东方之子氢燃料电池轿车组成的车队参加了中国最大规模的氢燃料电池轿车示范应用。通过国际招标采购，上海汽车工业（集团）总公司为上海市提供了6辆混合动力型氢燃料电池公共汽车。上海世博会期间，氢燃料电池汽车共行驶91万km，载客183万人次。氢燃料电池轿车单车耗氢0.912 kg /100 km（未考虑充电的电能），氢燃料电池观光车单车耗氢1.375 kg/100 km，氢燃料电池公交客车单车耗氢9.8kg/100 km。图4-2-2所示为上海世博会期间参加新能源汽车示范的氢燃料电池客车和轿车。2010年我国研制的氢燃料电池城市客车在新加坡完成了揭幕和试运行仪式，并作为首届青奥会官方新能源示范车服务青奥会，这是国产氢燃料电池客车首次出口。

图4-2-2　上海世博会氢燃料电池客车与氢燃料电池轿车

2.2.2　车用燃料电池动力系统

我国攻克了车用燃料电池动力系统集成、控制和适配等关键技术难点，形成了燃料电池系统、动力电池系统、DC/DC（直流/直流）转换器、驱动电机、储氢与供氢系统等关键零部件配套研发体系，实现了综合技术的跨越，总体技术接近国际先进水平。

以同济大学新能源汽车工程中心为主的氢燃料电池轿车动力系统研发团队和以清华大学汽车安全与节能国家重点实验室为主的氢燃料电池客车动力系统研发团队，在车用燃料电池动力系统平台技术方面取得了重要进展。轿车动力系统技术平台采用燃料电池-动力电池混合驱动的构型方案，形成了千套级氢燃料电池轿车动力系统平台的集成能力。氢燃料电池客车形成的燃料电池-动力电池动力系统技术平台，攻克了制动能量回收、动力电池系统热电管理技术、双燃料电池堆独立运行等瓶颈技术，建立了碰撞-氢-电等多因素构成的新的汽车安全技术体系，完成了国际上第一例客车用氢-电系统的台车碰撞试验。

2.2.3 燃料电池堆

我国在车用燃料电池堆技术方面，初步掌握了燃料电池关键材料、部件及电池堆的关键技术，基本建立了具有自主知识产权的车用燃料电池技术平台。我国车用燃料电池堆的比功率已达 2.0kW/L，掌握了 -20°C 低温启动技术，氢燃料电池轿车工况运行寿命超过 3000h。

国内从事车用燃料电池技术研究的机构包括大连化学物理研究所、武汉理工大学、清华大学、上海交通大学、同济大学、中南大学等诸多高校和科研院所，在国家科技计划的支持下，在车用燃料电池关键材料、部件及电池堆研究等方面都取得了明显的进展。从发表的研究结果来看，催化剂、炭纸、膜电极和双极板的关键技术指标接近国际先进水平。

国内从事车用燃料电池产品开发的单位主要有新源动力股份有限公司、上海神力科技有限公司、武汉理工新能源有限公司等。质子交换膜、催化剂、炭纸、膜电极和双极板的关键技术指标接近国际先进水平，但是从这些技术和材料在氢燃料电池汽车开发中的应用效果来看，存在着技术开发不充分、产品实现能力不足、缺乏批量生产能力等问题。在产业层面上，我国还不具备完整的燃料电池堆产业链，燃料电池关键材料主要依赖进口，从事燃料电池堆相关业务的企业数量少、投入小，技术开发和制造能力与国际先进水平差距比较明显。

2.2.4 氢气基础设施

我国已具备设计建设 35MPa 加氢站的能力（包括固定站和移动站），关键设备国产化取得重大进展，相关标准法规也在逐步完善中。目前，国内运行的加氢站有 3 座，分别位于北京、上海和郑州。北京加氢站具备站外供氢、站内天然气重整制氢和站内电解水制氢 3 种供氢方式，加注压力为 35MPa；上海加氢站采用外供氢方式，以上海地区的工业副产氢气为气源，加注压力为 35MPa。

在氢能的来源方面，目前我国存在的焦炉煤气和工业副产气中含有大量的氢，同时可再生能源，如风力发电、光伏发电、水力发电，也可以作为制取氢气的来源。

2.3 氢燃料电池汽车产业化关键技术与制约因素

2.3.1 解决氢燃料电池汽车产业化的关键技术分析

要成功实现氢燃料电池汽车的商业化，要求其采用的燃料电池动力系统必须在性能、寿命和成本等方面达到与传统内燃机汽车相当的水平，并且与其他类型电动汽车相比具有竞争力。

1）比功率是车用燃料电池的动力输出指标，它对燃料电池动力系统的小型化、轻量化以及成本影响最大。尽管从各方公布的数据来看，燃料电池堆的比功率已经达到甚至超过商业化指标要求，但进一步提升电池堆的比功率仍然是各家领先车企的主要关注点。其原因在于：①比功率的提升可以减小电池堆的外形尺寸，为燃料电池动力系统提供更大的自由度，有利于保证燃料电池堆得到更佳的运行状态；②比功率的提升可以降低单位功率下电池堆材料的用量，有利于成本的降低。提高燃料电池堆额定工作电流和采用薄金属双极板是提升燃料电池堆比功率的主要技术路线，特别是膜电极（MEA）结构与双极板流场结构的同步优化能够有效减轻燃料电池的传质极化，让额定工作电流的提高成为可能，使得相同尺寸电池堆的输出功率大幅提升。另外，金属薄板冲压技术及表面改性技术的逐步成熟，使金属双极板的应用成为可能，使得具有相同输出功率的电池堆的尺寸及重量大幅降低，由此，燃料电池堆比功率指标得到大幅提升。

2）寿命是燃料电池动力系统实现车用的基本指标。目前普遍认可的要求是在性能衰减10%水平下运行5000h（乘用车，平均车速40km/h相当于20万km）。从已有的研究结果来看，燃料电池关键材料及零部件，如膜电极、双极板以及密封材料的耐久性是影响燃料电池堆寿命的关键因素之一。其中，高耐久性膜电极的开发得到了最多的关注。其技术难点在于：一方面，为了追求高的电输出性能指标而采用了更薄的质子交换膜，加大了膜电极发生机械和化学衰减的风险，从而使电池寿命受到影响；另一方面，为了降低成本，要求膜电极担载更少的贵金属催化剂或采用复合甚至非贵金属催化剂，这会带来不充分或不均匀的电极反应或催化层结构的不稳定，这同样不利于提高燃料电池的寿命。同样，为开发高比功率电池堆而采用的金属双极板的寿命问题也得到了更多关注，通过表面改性技术的开发，提高其耐蚀能力是避免金属双极板成为电池堆寿命制约因素的关键。

3）优化系统结构，强化水管理，也是提高燃料电池堆耐久性的有效措施。美国UTC公司示范运行的大型客车已经成为车用燃料电池系统寿命考核的典型案例，截至2015年6月，在没有更换任何部件的条件下，其在实际路况条件下运行超过19000h。另外，由于车用环境的复杂性，包括-30°C~40°C的环境温度变化、不同运行路况变换以及空气中多种杂质的存在等，都对电池堆寿命有非常大的影响。因此，建立不同环境条件下电池堆寿命与其结构及系统设计之间的相关性，实现对电池堆结构及系统设计的优化，保证电池堆良好的运行状态，均有利于电池堆寿命的提升。

4）成本是车用燃料电池动力系统开发的导向性指标。根据美国能源部估算[㊀]，车用80kW燃料电池系统成本平均为53美元/kW（年产50万台前提下），其中，燃料电池堆为26美元/kW。从成本敏感性因素分析来看，膜电极的比功率、贵金属铂的用量以及膜成本

㊀ Fuel Cell System Cost — 2015, https://www.hydrogen.energy.gov/pdfs/15015_fuel_cell_system_cost_2015.pdf。

是决定成本的关键因素。降低成本的主要技术路径：首先，提高电池堆的比功率，通过研究电池堆的传质机理，开发优化电池堆水管理模型，并引导电池关键材料的设计和开发；其次，双极板也是影响电池堆成本的重要因素，开发更为廉价的金属材料以及简化表面改性涂层技术是降低双极板成本的主要研究方向。同时也要看到，在目前的车用燃料电池系统成本中，辅助系统关键部件的成本为 27 美元/kW，空气压缩机、氢气循环系统、增湿器的成本是关键因素，开发自增湿燃料电池技术，简化系统设计，可以不用或者减弱对增湿器和氢气循环系统的依赖。

2.3.2　制约我国氢燃料电池汽车的关键因素

目前，制约我国氢燃料电池汽车发展的瓶颈包括燃料电池耐久性问题、关键材料及核心零部件问题与氢供给难题等技术性制约因素。

1）燃料电池耐久性问题。以车用燃料电池的基本要求为例，轿车用燃料电池系统的运行寿命必须达到 3000 ~ 5000h。国内相关企业氢燃料电池的稳定寿命还在 3000h 左右，而国际先进技术已经可以达到 5000h 以上。

2）关键材料和核心零部件薄弱。我国燃料电池关键材料和部件基础比较薄弱，如燃料电池用电催化剂、质子交换膜、炭纸等关键材料的开发多停留于实验室和样品阶段，空气压缩机和氢气回流泵等关键部件没有产品供应，严重影响到我国车用燃料电池堆技术的开发进程。

3）氢气储存问题。我国使用的压力为 35MPa 的碳纤维缠绕金属内胆气瓶（Ⅲ型）的储氢密度为 3.9%，通过提高压力到 70MPa 可达 5%；而采用碳纤维缠绕塑料内胆气瓶（Ⅳ型）储氢密度可以进一步提高到 5.5%。我国在Ⅳ型气瓶方面尚没有掌握制造技术，在 70MPa 的Ⅲ气瓶方面仅有研发成果，没有产品。另外，目前正在探讨和研发的另外一条路径是有机液态储氢，值得重视，国内有一定的研究基础，但缺乏示范考核。

3　氢燃料电池汽车的发展愿景与目标

3.1　我国发展氢燃料电池汽车的发展愿景

从全球氢燃料电池汽车的发展愿景来看，各国都是以保障国家或地区的能源安全、减少碳排放、抑制气候变化为目的。对于我国，发展氢燃料电池汽车还要解决城市交通机动化带来的环境污染问题，实现汽车产业从大到强的战略。

我国氢燃料电池汽车的发展愿景是：到 2030 年实现百万辆的氢燃料电池汽车上路行驶，到 2050 年与纯电动汽车技术共同实现汽车零排放。

具体来讲，就是抓住能源革命的历史机遇，与纯电动汽车协调发展，通过能源的低碳清洁化和动力的高效电动化，以车用能源来源的多元化保障能源供应安全，以能源利用的零排放改善生活环境质量，以分布式低碳能源的应用应对全球气候变化，实现汽车产业从大到强的转变。

3.2 氢燃料电池汽车的发展目标

参照国家已经发布的科技与产业发展战略，我国氢燃料电池汽车阶段性发展目标如图4-3-1所示。

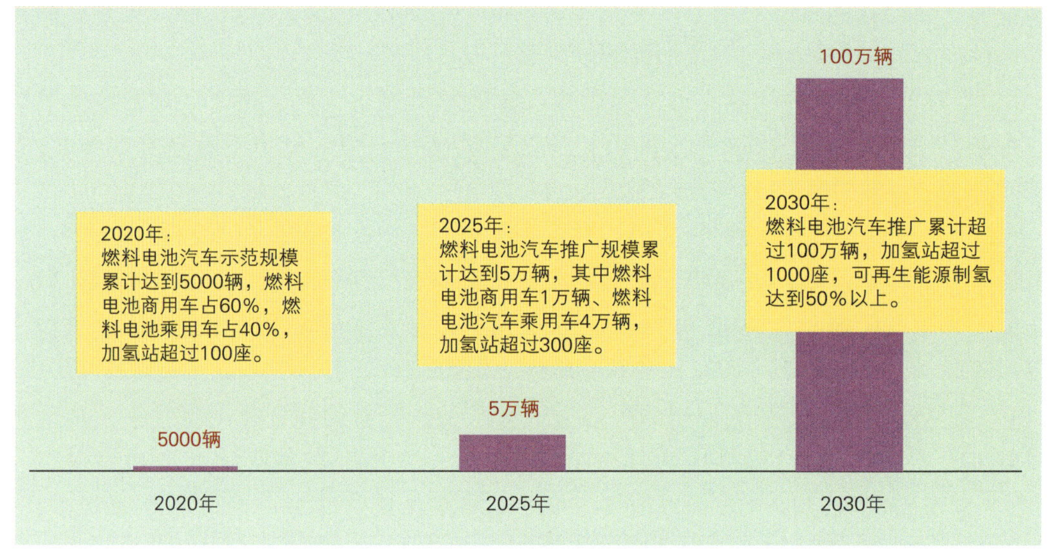

图4-3-1 我国氢燃料电池汽车发展目标

1）到2020年，实现氢燃料电池汽车技术规模化示范运行。基本掌握高效氢气制备、纯化、储运和加氢站等关键技术；基本掌握低成本长寿命电催化剂技术、聚合物电解质膜技术、低铂载量多孔电极与膜电极技术、非贵金属催化剂和新型双极板材料开发技术、高一致性电池堆及系统集成技术，突破关键材料、核心部件、系统集成等关键技术；示范车辆达到5000辆。

2）到2025年，实现氢燃料电池汽车技术的推广应用。以城市私人用车、公共服务用车的批量应用为主，优化燃料电池系统结构设计，加速关键部件产业化，大幅降低燃料电池系统成本；商用车达到1万辆规模，乘用车规模达到4万辆。

3）到2030年，实现氢燃料电池汽车的大规模推广应用。大规模氢的制取、存储、运输、应用一体化，加氢站现场储氢、制氢模式的标准化和推广应用；完全掌握燃料电池核心关键技术，建立完备的燃料电池材料、部件、系统的制备与生产产业链。氢燃料电池汽车规模达到100万辆，氢气来源50%为清洁能源。

4 氢燃料电池汽车的发展路线

4.1 氢燃料电池汽车总体技术路线图

氢燃料电池汽车总体发展路径是通过三个五年的技术研发、示范考核和领域推广，掌握燃料电池客车/轿车的设计与集成技术，构建包括燃料电池堆及关键材料、燃料电池系统及核心部件、氢燃料电池汽车及关键零部件、氢能供应基础设施在内的完整的技术链和产业链，实现构建面向未来的清洁、低碳、高效氢燃料电池汽车研发和应用体系的整体发展目标，见表4－4－1。

到2020年，以小功率燃料电池与大容量动力电池的动力构型为技术特征，将整车成本降低到与纯电动车相当的水平，实现氢燃料电池汽车在特定地区的公共服务用车领域5000辆规模示范应用，充分利用工业副产氢和弃风、弃光、弃水等可再生能源提供氢能供应。

到2025年，提高燃料电池功率，以大功率燃料电池与中等容量动力电池的电电混合为特征，整车成本达到与混合动力相当的水平，实现燃料电池汽车的较大区域的应用，规模达到5万辆，建设以可再生能源为主的氢能供应体系。

到2030年，以全功率燃料电池为动力特征，汽车动力性、经济性、耐久性、环境适应性及成本等五方面的关键指标达到产业化要求，在私人乘用车、大型商用车领域实现大规模商业化推广，推广数量达到100万辆，扩大可再生能源分布式制氢路径和规模。

表4－4－1 我国氢燃料电池汽车发展目标

		2020年	2025年	2030年
总体目标		在特定地区的公共服务用车领域小规模示范应用规模5000辆（累计）	在城市私人用车、公共服务用车领域实现大批量应用规模5万辆（累计）	在私人乘用车、大型商用车领域实现大规模商业化推广规模100万辆（累计）
		燃料电池系统产能超过1000套/企业	燃料电池系统产能超过1万套/企业	燃料电池系统产能超过10万套/企业
氢燃料电池汽车	功能要求	冷启动温度达到－30℃，动力系统构型设计优化，整车成本与纯电动汽车相当	冷启动温度达到－40℃，批量化降低整车购置成本，与同级别混合动力汽车相当	整车性能达到与传统内燃机汽车相当，具有相对产品竞争力和优势

（续）

		2020 年	2025 年	2030 年
氢燃料电池汽车	商用车	最高车速≥80km/h 成本≤150 万元	最高车速≥80km/h 成本≤100 万元	最高车速≥80km/h 成本≤60 万元
	乘用车[㊀]	最高车速≥180km/h 寿命 20 万 km 成本≤30 万元	最高车速≥180km/h 寿命 25 万 km 成本≤20 万元	最高车速≥180km/h 寿命 30 万 km 成本≤18 万元
共性关键技术	燃料电池堆技术	冷启动温度＜－30℃ 比功率 2kW/kg 或 3kW/L 寿命达到 5000h	冷启动温度＜－40℃ 比功率 2.5kW/kg 寿命达到 6000h 以上	寿命达到 8000h 以上
	基础材料技术	高性能膜材料、低铂催化剂及金属双极板技术	高可靠性膜、催化剂及双极板技术	低成本膜电极、双极板技术
	控制技术	燃料电池优化控制技术	燃料电池高可靠性控制技术	燃料电池低成本、高集成化控制技术
	储氢技术	供给系统关键部件开发技术	供给系统关键部件高可靠性技术	供给系统关键部件低成本技术
		高压储氢技术和氢安全技术	储氢系统高可靠性技术	储氢系统低成本技术
关键零部件技术		高速无油空气压缩机、氢循环系统、70MPa 储氢瓶等关键系统附件的性能满足车用指标要求，系统成本低于 200 元/kW		
氢能基础设施	氢气供应	可再生能源分布式制氢；焦炉煤气等副产氢气制氢 高效低成本氢气分离纯化技术		可再生能源分布式制氢
	氢气运输	高压气态氢气储存与运输	低温液体氢气运输	常压高密度有机液体储氢与运输
	加氢站	100 座	350 座	1000 座

4.2 燃料电池堆技术路线图

车用燃料电池堆技术路线图以 2020 年、2025 年及 2030 年为三个关键时间节点，依据产品研发—制造验证—批量应用的规划思路，使车用燃料电池堆的性能、寿命、成本三个关键指标依次达到商业化要求，并且完成电池堆及关键材料的批量制造能力建设，满足燃

㊀ 商用车以 12m 城市公交客车为例，乘用车以 B 级轿车为例，没有特别说明，本章均以此为典型车型。

料电池汽车发展需求。图 4-4-1 所示为车用燃料电池堆技术路线图。通过关键材料的探索，改善膜电极、双极板等零部件生产的一致性，提升电池堆综合性能，提高电池堆的比功率；以可靠性、耐久性为目标，对系统辅助部件与控制策略进行优化改进；加大对燃料电池堆工程化研究，建立小批量生产线，更新制造设备，实现批量生产，最终达到成本目标。

	2015年			2020年		2025年		2030年
总体目标	2015年状况： 最高效率55% 冷启动温度-20℃ 材料成本4000元/kW 乘用车： • 额定功率35kW • 寿命3000h • 比功率2.0kW/L或1.5kW/kg 商用车： • 额定功率35kW • 寿命3000h • 比功率1.5kW/L			2020年达到： 最高效率60% 冷启动温度-30℃ 材料成本1000元/kW 乘用车： • 额定功率70kW • 寿命5000h • 比功率3.0kW/L或2.0kW/kg 商用车： • 额定功率70kW • 寿命10000h • 比功率2.0kW/L		2025年达到： 最高效率65% 冷启动温度-40℃ 材料成本500元/kW 乘用车： • 额定功率90kW • 寿命6000h • 比功率3.5kW/L或2.5kW/kg 商用车： • 额定功率120kW • 寿命20000h • 比功率2.5kW/L		2030年达到： 最高效率65% 冷启动温度-40℃ 材料成本150元/kW 乘用车： • 额定功率120kW • 寿命8000h • 比功率4.0kW/L或3.0kW/kg 商用车： • 额定功率170kW • 寿命30000h • 比功率3.0kW/L
性能的提升	基于现有材料体系优化膜电极结构优化金属双极板和石墨双极板的结构				应用新型电极材料和电池堆结构		强化新材料和结构的应用验证	
寿命的提升	优化电池堆设计，提高电池堆关键部件的一致性			开发高效电池堆水管理技术，应用新材料			优化电池堆水管理技术，强化新材料应用	
环境适应性	研究关键材料和部件低温特性		开发电池堆低温启动技术			开发动力系统综合热管理技术		
成本控制	减少关键材料用量，降低材料成本	开发复合质子交换膜、新型催化剂等关键材料开发金属双极板和石墨双极板的批量制备技术					应用低成本关键材料和部件，降低制造成本	

图 4-4-1 车用氢燃料电池堆技术路线图

2020 年为电池堆寿命达到商业化指标要求的关键节点。在这一阶段，通过优化电极结构以及高集成度、高可靠性电池堆技术的开发，将乘用车电池堆的寿命提高到 5000h。在此基础上，通过提升电池堆额定工作电流，减少关键材料用量，逐步降低电池堆材料成本。

2025 年为电池堆成本接近商业化指标要求的关键节点。在这一阶段，通过关键材料及部件的开发及批量应用验证，将电池堆成本减低到 500 元/kW。同时开展高耐受性关键材料及部件的开发验证，研究高效电池堆水管理技术，以进一步提升电池堆寿命。

2030 年为电池堆全面达到商业化要求的关键节点。在这一阶段，通过新材料和部件的全面应用，实现电池堆的寿命目标。通过电池堆及关键材料的大批量生产，大幅降低电池堆的制造成本，实现电池堆的成本目标。同时，形成车用燃料电池的规模化制造能力，满足氢燃料电池汽车发展需求。

为了满足车用燃料电池堆开发的需求，需要开展膜电极组件及其关键材料的研发及批量制造工艺开发，见表 4-4-2，包括高性能膜电极组件、高活性长寿命新型催化剂、高稳定性复合质子交换膜的研发，并于 2025 年—2030 年逐步实现批量制造。

表 4-4-2 燃料电池电堆关键部件和材料规划目标

	指 标		单位	2015 年	2020 年	2025 年	2030 年
膜电极	电极功率密度		W/cm^2	0.7	1.0	1.2	1.5
	Pt 用量		g/kW	0.4	0.3	0.2	0.125
催化剂	质量比活性（Pt，0.9V）		mA/mg	≥300	≥440	≥480	≥570
	活性比表面积（Pt）		m^2/g	≥65	≥65	≥80	≥80
	动电位扫描活性衰减率(%)（0.6~1.0V，Vs. RHE，50mV/s）		—	20（3000 次）	≤40（30000 次）	≤40（30000 次）	≤40（30000 次）
	1.2V 恒电位运行后活性衰减率（%）		—	20（100h）	≤40（400h）	≤40（400h）	≤40（400h）
质子交换膜	质子电导率		S/cm	0.05	0.08	0.1	0.1
	机械强度		MPa	35	40	45	50
	渗氢电流		mA/cm^2	2.5	2.0	1.5	1.5
	机械稳定性（20000 次干湿循环，渗氢电流）		mA/cm^2	>10	<10	<10	<10
	化学稳定性（1000h 开路，渗氢电流）		mA/cm^2	>10	<10	<10	<10
炭纸	电阻率		mΩ·cm	80(垂直)/6.0(平行)	60(垂直)/4.0(平行)	50(垂直)/3.0(平行)	50(垂直)/3.0(平行)
	透气率		$ml \cdot mm/cm^2 \cdot h \cdot mmH_2O$ ⊖	1500	2000	2500	3000
	抗拉强度		N/cm	≥30	≥50	≥60	≥60
	耐蚀性（24h、80℃、1.4V，0.5mol/L H_2SO_4 + 5×10^{-6} HF）	电阻率增量	mΩ·cm	≤1.50	≤1.00	≤0.80	≤0.50
		润湿角增量	°	≤50	≤30	≤20	≤15
双极板	金属板	厚度	mm	1.5	1.2	1.0	1.0
		腐蚀电流	$\mu A/cm^2$	5.0	1.0	<1.0	<1.0
	石墨板	厚度	mm	2.0	1.6	1.5	<1.5
		电阻率	μΩ·m	16	15	<15	<15
		机械强度	MPa	50	60	65	>0
		孔隙率	%	≤0.12	≤0.10	≤0.10	≤0.10

⊖ $1\ mL \cdot mm/cm^2 \cdot h \cdot mmH_2O = 0.102\ mL \cdot mm/cm^2 \cdot h \cdot Pa$。

4.3　燃料电池系统（发动机）技术路线图

4.3.1　乘用车燃料电池系统技术路线图

如图 4－4－2 所示，乘用车燃料电池系统发展路线图以 2020 年、2025 年及 2030 年为三个关键时间节点，以插电式混合动力汽车所用燃料电池系统为市场切入点，开始产业化应用。在产业化应用中，重点是逐步提升燃料电池系统额定功率及比功率，按照插电式混合动力—电电混合—全功率燃料电池汽车的需求开发和量产乘用车燃料电池系统，同时逐步提升乘用车燃料电池系统的其他性能。以边产业化边攻关研究的形式，使燃料电池系统在比功率、效率、环境适应性、寿命及成本等方面的关键指标达到产业化要求，并且完成燃料电池系统，尤其是相关辅助系统批量制造能力建设，满足燃料电池汽车发展需求。

到 2020 年，燃料电池系统以与动力电池混合的形式进入产业化应用。在这一阶段，燃料电池系统额定功率不低于 60kW，在配置功率型动力电池的车辆上满足乘用车动力性需求。系统比功率达到 400W/L 或 450W/kg；最低冷启动温度达到－30℃，满足我国绝大部分地区冬季启动需求；在以功率型动力电池作为主要动力源的情况下寿命达到 5000h；系统成本下降到 1500 元/kW（1 万套）。

系统控制的关键技术包括：①系统工作压力以中压（0.17MPa）为主，实现压力/流量解耦控制；②水管理由气—气增湿逐步过渡到无堆外增湿，实现进一步降低系统成本；③逐步攻克低能耗－30℃冷启动技术。

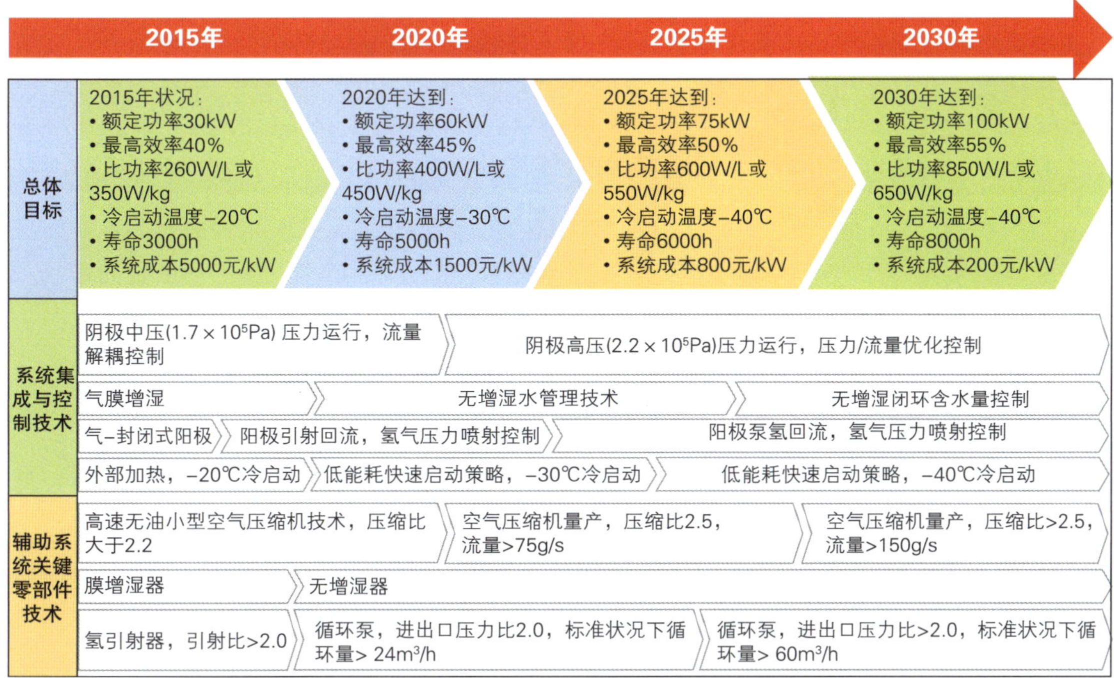

图 4－4－2　我国乘用车燃料电池系统技术路线图

在电池堆性能进一步提升的基础上，辅助系统关键零部件关键技术包括：①高速无油小型专用空气压缩机技术取得突破，压缩比达到2.2，流量不低于70g/s；②用于氢气循环的循环泵技术，进出口压力比达2.0，标准状况下循环量大于24m³/h，实现阳极氢气循环自加湿。

2025年为乘用车燃料电池系统性能持续提升的过渡节点。在这一阶段，通过提升燃料电池发动机额定功率、比功率、效率及环境适应性，逐步验证并改进燃料电池系统性能。其中系统额定功率提升至75kW左右，系统最高效率达到50%，比功率达到600W/L或550W/kg，可以作为主要的汽车动力源使用；最低冷启动温度进一步降低至-40℃，完全覆盖中国所有地区冬季起动需求；在有小型功率型动力电池作为峰值功率缓冲的情况下寿命达到6000h；系统成本控制在800元/kW上下。

在系统控制方面，关键技术包括：①逐步实现阴极高压（0.22MPa）运行，以提升比功率密度；②实现综合电池堆性能提升，完善以阳极氢气循环为特征的无外部增湿的水管理技术；③实现利用循环泵进行氢气循环。在辅助系统关键零部件方面，实现专用小型空气压缩机的量产，其中压缩比达到2.5，流量不低于75 g/s，并开始研究大流量循环泵技术。

2030年为大功率乘用车燃料电池系统达到产业化要求的关键节点。在这一阶段，实现100kW级高比功率燃料电池系统的产业化。其中系统最高效率达到55%，比功率达到850W/L或650W/kg，接近普通汽油机功率水平；最低冷启动温度进一步下降到-40℃；在作为主能量源情况下寿命达到8000h；系统成本控制在200元/kW上下。

在系统集成控制方面，关键技术包括：①无增湿水含量闭环控制技术；②阴极高压工作条件的压力/流量优化控制；③阳极泵氢回流结合氢气压力喷射控制等控制技术。在辅助系统零部件方面，实现压缩比>2.5、流量>150g/s小型空气压缩机的批量生产；实现进出口压力比>2.0、标准状况下循环量>60m³/h循环泵的批量生产。

4.3.2 商用车燃料电池系统技术路线图

如图4-4-3所示，商用车（以12m公交客车为典型车型）燃料电池系统发展技术路线图以2020年、2025年及2030年为三个关键时间节点，以小功率燃料电池系统为市场切入点，开始商用车燃料电池系统的批量生产和小批量装车推广，依据小功率燃料电池与大容量动力电池混合动力到大功率燃料电池与小容量动力电池混合动力的发展路线，逐步提升商用车燃料电池系统功率，优化系统结构和功能，提升系统性能，使得燃料电池系统在比功率、效率、环境适应性、寿命及成本等方面的关键指标达到产业化要求，并且完成商用车燃料电池系统，尤其是相关辅助系统批量制造能力建设，满足燃料电池商用车发展的需求。

2020年，燃料电池系统以满足整车平均功率需求的形式开始批量装车应用。在这一阶段，燃料电池系统整机额定功率不低于60kW，匹配功率型动力电池，满足商用车动力性需求。燃料电池系统比功率达到300W/kg。最低冷启动温度达到-20℃，满足中国绝大部

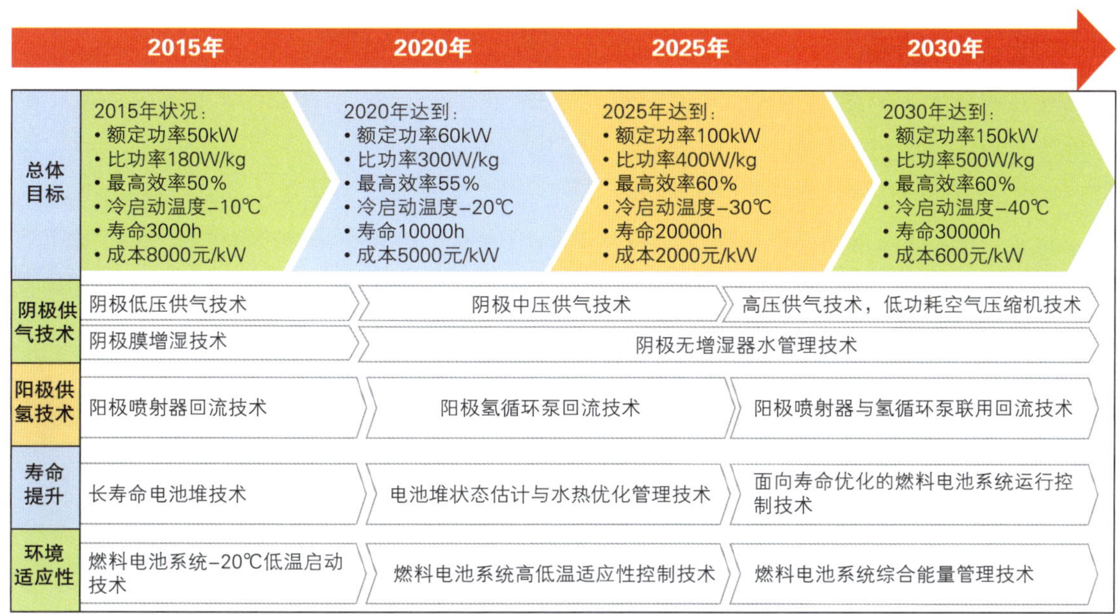

图 4-4-3 我国商用车燃料电池系统技术路线图

分地区冬季启动需求。在以功率型动力电池满足整车功率需求的情况下系统寿命达到10000h，燃料电池系统成本下降到 5000 元/kW。工作压力由低压向中压过渡，优化系统控制技术提升寿命，通过进气循环实现自增湿。

2025 年为商用车燃料电池系统性能持续提升，系统成本持续下降，可靠性大幅度提升，实现大规模推广应用的节点。在这一阶段，通过提升燃料电池系统额定功率、质量比功率、系统效率及环境适应性，逐步提升燃料电池系统性能。其中系统额定功率提升至100kW，系统最高效率达到 60%，比功率达到 400W/kg。最低冷启动温度低于 -30℃，覆盖中国绝大多数地区冬季启动需求；商用车燃料电池系统寿命突破 20000h，燃料电池系统成本降至 2000 元/kW。

2030 年为商用车燃料电池系统全面达到产业化要求的关键节点。在这一阶段，通过进一步提升燃料电池系统额定功率、比功率、系统效率及环境适应性，燃料电池系统性能完全达到产业化要求。其中系统额定功率提升至 150kW 左右，系统最高效率达到 60%，比功率达到 500W/kg，最低冷启动温度低于 -40℃，覆盖中国全部地区冬季起动需求；商用车燃料电池系统寿命突破 30000h，燃料电池系统成本降至 600 元/kW。

4.4 氢燃料电池汽车技术路线图

4.4.1 氢燃料电池乘用车技术路线图

如图 4-4-4 所示，氢燃料电池乘用车（以 B 级轿车作为典型车型）技术路线图以 2020 年、2025 年及 2030 年为三个关键时间节点，以燃料电池 + 动力电池的电电联合驱动技术为切入点，开始氢燃料电池乘用车的产业化应用，逐步过渡到全功率氢燃料电池汽车，逐步提升轿车燃料电池动力系统的性能，使得汽车动力性、经济性、耐久性、环境适应性及成本等五方面的关键指标达到产业化要求，并且完成以燃料电池系统为主的动力系统批量制造能力建设，满足氢燃料电池汽车发展需求。

2020 年为氢燃料电池乘用车正式进入产业化的关键节点。在这一阶段，最高车速达 160km/h，最低冷启动温度达 -30℃；在车载储氢方面，实现低成本 70MPa 车载储氢瓶的国产化，提升续驶里程达到目前燃油汽车的水平；寿命接近 20 万 km，成本控制在 30 万元；在氢燃料电池轿车/轻型乘用车/轻型货车领域逐步开始产业化。

	2015年	2020年	2025年	2030年
总体目标	2015年状况： • 续驶里程300km • 最高车速150km/h • 冷启动温度-20℃ • 寿命10万km • 燃料经济性1.2kg/100km • 成本>50万元	2020年达到： • 续驶里程500km • 最高车速160km/h • 冷启动温度-30℃ • 寿命20万km • 燃料经济性1.0kg/100km • 成本30万元	2025年达到： • 续驶里程>500km • 最高车速>170km/h • 冷启动温度-40℃ • 寿命25万km • 燃料经济性<1.0kg/100km • 成本20万元	2030年达到： • 续驶里程>500km • •最高车速>180km/h • 冷启动温度-40℃ • 寿命30万km • 燃料经济性<1.0kg/100km • 成本<15万元
高比功率燃料电池系统应用	30kW级燃料电池增程器	60kW/75kW级燃料电池系统		100kW级燃料电池系统
环境适应性	动力系统-30℃冷启动控制技术		动力系统-40℃冷启动控制技术	
续驶里程	35MPa国产储氢瓶应用	70MPa车载储氢瓶	低成本70MPa车载储氢瓶应用/新型车载储氢技术	

图 4-4-4　我国氢燃料电池乘用车技术路线图

2025 年为氢燃料电池乘用车正式动力系统性能持续提升的过渡节点。在这一阶段，通过提升燃料电池发动机额定功率、优化动力系统能量管理策略，逐步验证并改进燃料电池系统及整车动力系统性能，其动力性、经济性、耐久性、环境适应性及成本均逐步改善。其中最高车速大于 170km/h，与内燃机汽车相当；环境适应性继续提高，寿命提高到 25 万 km；同时整车成本控制在 20 万元左右。

2030 年为全功率氢燃料电池乘用车达到产业化要求的关键节点。在这一阶段，通过 100kW 级高比功率燃料电池系统的应用，动力系统功率来源完全由燃料电池系统提供。续驶里程大于 500km，寿命提高至 30 万 km，完全达到产业化指标；同时进一步控制成本在 15 万元以内，实现大规模普及应用。

4.4.2　氢燃料电池商用车技术路线图

如图 4-4-5 所示，氢燃料电池商用车（以 12m 公交客车作为典型车型）技术路线以 2020 年、2025 年及 2030 年为三个关键时间节点，以小功率燃料电池与大容量动力电池混合动力系统为市场切入点，开始氢燃料电池商用车的示范运行及产业化推广，依据从小功率燃料电池与大容量动力电池混合动力，到大功率燃料电池与小容量动力电池混合动力的发展路线，逐步提升商用车燃料电池系统功率，降低动力电池容量，优化动力系统匹配与控制技术，提升整车性能，使得氢燃料电池商用车动力性、经济性、耐久性、环境适应性及成本等五方面的关键指标达到批量推广的产业化要求，并且完成以商用车燃料电池系统为主的动力系统及整车批量制造能力建设，满足燃料电池商用车发展需求。

2020 年为氢燃料电池商用车批量推广的关键节点。在这一阶段，实现耐久性达到 40 万 km、续驶里程达到 500km、成本不高于 150 万元的整车性能指标。以额定功率为 60kW 级燃料电池系统为主动力，配合功率型动力电池，推广电电混合动力氢燃料电池商用车。实现整车 -20℃冷启动，满足绝大多数地区冬季的正常使用。在燃料经济性方面，我国典型城市公交工况下氢气消耗量小于 7. 0kg/100km。

2025 年为氢燃料电池商用车动力系统性能持续提升，整车成本持续下降，实现大规模推广应用的节点。在这一阶段，通过提升燃料电池系统额定功率、优化动力系统能量管理策略，逐步提升燃料电池系统及整车性能，使其动力性、经济性、耐久性、环境适应性及成本均逐步改善，整车与传统燃油汽车寿命相当。在燃料经济性方面，我国典型城市公交工况下氢气消耗量小于 6. 5kg/100km。续驶里程达到 600km，整车冷启动温度低于 -30℃，寿命达到 80 万 km，同时整车成本小于 100 万元。

	2015年	2020年	2025年	2030年
总体目标	2015年状况： • 续驶里程300km • 0～50km/h加速时间22s • 燃料经济性㊀<8.5kg/100km • 最高车速80km/h • 冷启动温度-10℃ • 寿命10万km • 成本200万元	2020年达到： • 续驶里程500km • 0～50km/h加速时间20s • 燃料经济性<7.0kg/100km • 最高车速80km/h • 冷启动温度-20℃ • 寿命40万km • 成本＜150万元	2025年达到： • 续驶里程600km • 0～50km/h加速时间18s • 燃料经济性<6.5kg/100km • 最高车速80km/h • 冷启动温度-30℃ • 寿命80万km • 成本＜100万元	2030年达到： • 续驶里程>600km • 0～50km/h加速时间16s • 燃料经济性<6.0kg/100km • 最高车速80km/h • 冷启动温度-40℃ • 寿命100万km • 成本＜60万元
整车集成与控制技术	小功率燃料电池与大容量动力电池混合整车集成与控制技术		大功率燃料电池与小容量动力电池混合整车集成与控制技术	
燃料电池-动力电池电电混合动力系统应用	小功率燃料电池与大容量动力电池混合动力系统		大功率燃料电池与小容量动力电池混合动力系统	
环境适应性提升	商用车-20℃低温启动技术攻关	商用车高低温适应性控制技术	整车综合热管理技术	
产业化推广	千辆级氢燃料电池商用车产能	万辆级氢燃料电池商用车示范	10万辆级氢燃料电池商用车批量销售	

图 4 -4 -5　我国氢燃料电池商用车技术路线图

㊀ 测试工况：满载，中国典型城市公交工况。

2030 年为氢燃料电池商用车全面达到产业化要求的关键节点。在这一阶段，通过 150kW 级高比功率燃料电池系统的应用，动力系统可靠性持续提升，可靠性超过传统燃油汽车。通过量产氢燃料电池商用车，提升整车性能，降低成本。在燃料经济性方面，我国典型城市公交工况下氢气消耗量小于 6.0kg/100km。续驶里程超过 600km，冷启动温度低于 -40℃，寿命提高至 100 万 km，达到全面产业化指标要求，同时进一步控制整车成本在 60 万元以内。

4.5 氢能技术路线图

4.5.1 车载储氢系统技术路线图

如图 4-4-6 所示，车载储氢系统技术路线图以 2020 年、2025 年及 2030 年为三个关键时间节点，以常温高压容器储氢为主要技术路线，同时鼓励其他储氢技术创新。以 35MPa 高压容器储氢为近期应用方案，70MPa 高压容器储氢为远期应用方案，支持氢燃料电池汽车产业化应用。以边产业化边攻关研究的形式，使得车载储氢系统在质量储氢率、体积储氢密度及系统成本方面逐步达到产业化要求，并且完成高压氢气瓶、关键阀门组件的批量制造能力建设，满足氢燃料电池汽车产业化发展需求。

	2015年	2020年	2025年	2030年
总体目标	2015年状况： • Ⅲ型瓶 • 储氢压力35MPa • 质量储氢率3.9% • 体积储氢密度20g/L • 系统成本>6000元/kg	2020年达到： • Ⅲ型瓶 • 储氢压力70MPa • 质量储氢率5.0% • 体积储氢密度35g/L • 系统成本3000元/kg	2025年达到： • Ⅳ型瓶 • 储氢压力70MPa • 质量储氢率5.5% • 体积储氢密度40g/L • 系统成本2000元/kg	2030年达到： • 新型高密度储氢技术 • 储氢压力70MPa • 质量储氢率7.5% • 体积储氢密度70g/L • 系统成本1800元/kg
	新型车载储氢技术技术验证与尝试		质量储氢率>80%，体积储氢密度>70g/L，系统成本<2000元/kg	
关键材料/零部件与集成技术	35MPa储氢瓶制造技术	70MPa储氢瓶制造工艺	70MPa储氢瓶批量生产	新型高密度储氢技术
	高压气瓶阀/减压阀技术攻关	一体式瓶阀技术突破		70MPa多功能集成瓶阀

图 4-4-6　我国车载储氢技术路线图

2020 年为车载储氢系统基本达到产业化要求的关键节点。在这一阶段，实现至少单瓶 5.6kg 级车载储氢能力，其中系统储氢压力达到 70MPa 国际标准，质量储氢率达到 5.0%，体积储氢密度达到 35g/L，系统成本控制在 3000 元/kg。突破低成本 70MPa 制造工艺，实现对关键材料、零部件（诸如碳纤维、减压阀等）的进口替代。

2025 年为大功率乘用车燃料电池系统达到产业化要求的关键节点。在这一阶段，实现至少单瓶 6.0kg 级车载储氢能力，其中系统储氢压力达到 70MPa 国际标准，质量储氢率达到 5.5%，体积储氢密度达到 40g/L，系统成本控制在 2000 元/kg。实现 70MPa 储氢瓶批量生产，开发一体式瓶阀。

2030 年为大功率乘用车燃料电池系统达到产业化要求的关键节点。在这一阶段，实现更高密度储氢技术，其中质量储氢率达到 7.5%，体积储氢密度达到 70g/L；系统成本控制在 1800 元/kg。实现 70MPa 储氢瓶大批量生产，开发多功能集成瓶阀，并期望在其他新型储氢技术方面获得突破。

4.5.2　氢能基础设施技术路线图

根据对我国制氢技术现状及技术需求分析，结合技术发展趋势，制定车用氢能基础设施技术发展路线图，如图 4-4-7 所示。氢气制备技术发展以 2020 年、2025 年及 2030 年为三个关键时间节点，依据研发—验证—生产的规划思路，使氢气制备技术的成本、能耗、氢气产量、纯度四个关键指标依次达到商业化要求，满足燃料电池汽车发展需求。

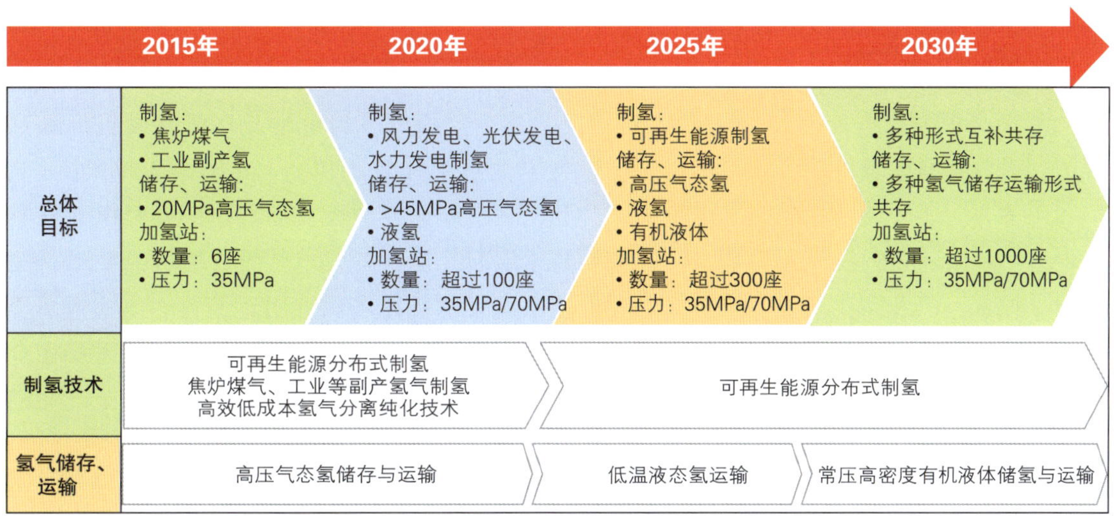

图 4-4-7　我国氢能基础设施技术路线图

在分布式制氢方面，2020 年为分布式制氢达到商业化指标要求的关键节点。在这一阶段，通过优化电极结构以及碱性电解技术、碱介质回收技术的开发，进一步降低电解水成本和能耗，提高综合效益，形成加氢站分布式制氢布局。在此基础上，进一步开展高耐受性关键材料及部件的开发验证，研究电堆实际工况下控制策略以提升电堆寿命。2020 年后继续开发低成本、高效率的电解水分布式制氢技术，主要包括固体高分子、固体氧化物分布式制氢技术，提高分布式制氢装置的氢气产量，满足氢燃料电池汽车市场需求。

在大规模集中制氢方面，首先立足现有的产业结构，以实现高附加值利用为目的，实现焦炉煤气、工业副产氢纯化制氢，通过重整制氢技术和高效、低成本氢气分离技术的开发及应用，将焦炉煤气、工业副产氢所含的大量碳氢化合物转化为氢气，将分散的焦化厂升级为制氢网络，提供氢能源。

从目前至 2020 年，氢气的储存与运输以 20MPa 高压气态运输为主。液态氢从法律法规上及关键设备上需要有所突破，在 2020 年可以开始投入使用。有机液体储氢的可靠性、工程化需要一段时间完善，预计 2025 年前可以实现商业化。液态氢与有机液体储氢的商业化都与集中式大规模制氢相互关联，只有氢气的需求规模增大后，才有进行大规模制氢及长距离运输氢气的必要。

加氢站的规模需要与氢燃料电池汽车相匹配，并且稍微领先氢燃料电池汽车的发展。我国氢燃料电池汽车初期以公交及商用车为主，因此主要以35MPa加氢站为主。2020年后，氢燃料电池轿车开始推向市场，70MPa加氢能力的加氢站需求显著增加。同时，随着加氢站数量的增加，加氢站与加油站/加氢站/充电站的混合形式能源站成为主要形式。

5 技术创新需求

围绕《中国制造2025》规划内容的实现，基于我国氢燃料电池汽车的发展目标和路线图，需要在电池堆材料和关键零部件、燃料电池系统（发动机）、动力系统和整车、氢能利用等方向实现创新发展与技术突破。为此，在基础研究层面，需要形成燃料电池核心材料、燃料电池过程机理研究能力；在应用技术层面，需要开发电池堆性能提高技术、关键附件技术，以及高比功率、长寿命燃料电池系统发动机技术、乘用车燃料电池动力系统及整车集成技术、商用车燃料电池动力系统和整车集成技术；在示范项目层面，需要在全国范围内开展氢燃料电池汽车的示范运营与国际示范合作；打造氢燃料电池汽车全产业链链条。

5.1 基础前瞻

（1）新型燃料电池核心材料研究

新型燃料电池核心材料研究包括：新型低铂或非铂催化原理及催化剂研究，超高分散度的纳米粉体浆料制备技术基础、高化学和机械稳定性固体电解质开发及质子传导机理研究，高性能及低成本气体扩散层开发及传质机理研究，金属双极板低成本耐蚀导电改性层研究，无残余应力的多维度微尺寸金属薄板精密成型技术研究，电池堆密封介质的密封机理及其结构可靠性研究，车用金属-空气燃料电池系统及燃料再生的关键科学问题和技术研究、液态储氢研究。

（2）燃料电池过程机理研究

燃料电池过程机理研究包括：单电池工程及结构、流体综合仿真技术研究，关键部件的应力松弛对电池堆性能及寿命影响的预测技术研究，燃料电池传质影响因素分析、模拟计算及优化方法研究，燃料电池电流分布、热分布等分析测试及优化方法研究，燃料电池的极低温特性及启动策略研究，空气杂质对燃料电池性能的影响机理及对策研究，电池堆

“气-液-电-热”多重耦合特性及其状态观测、故障诊断、燃料电池系统多物理场耦合建模和耐久性机理研究，压缩机变工况扩稳设计及系统能量综合利用原理研究，燃料电池混合动力系统多能域耦合建模、构型优化和最优控制研究等。

5.2　应用技术

（1）电池堆组件性能提升技术

电池堆组件性能提升技术包括：高比功率金属双极板制造工艺和测试评价，高比功率金属双极板的制造工艺关键技术包括冲压、密封、焊接和涂敷技术；高性能低成本膜电极的制造工艺关键技术研究；高比功率电池堆用扩散层（炭纸、炭布）、复合膜、低铂催化剂的制造工艺关键技术；全尺寸单电池流场与流体分配的优化技术；电池堆结构、组装工艺及电池堆一致性保障技术；实现电池堆无外增湿的关键技术；电池堆衰减机理与耐久性提升技术。

（2）空气压缩机组件、氢气再循环泵等关键辅助系统零部件

小型化、低功率高速空气压缩机是实现高比功率燃料电池的关键核心零部件。以气浮轴承、磁浮轴承、陶瓷轴承等无油高精密承载部件为传动部件的涡轮式高速空气压缩机是目前研究的重点方向，其难点在于轴承、叶轮及控制器的设计和加工。氢气循环泵是提高氢气利用率、阳极水管理的核心部件，高效的氢气循环装置能极大地改善系统性能，提高系统经济性。

（3）高比功率燃料电池系统（发动机）研发

研发高比功率、低成本燃料电池堆关键技术；开展高比功率、低成本、模块化燃料电池发动机的设计、集成，以及控制系统和关键工艺技术的研发；研究燃料电池发动机及其关键零部件的检测与评价技术。

（4）长寿命燃料电池系统（发动机）研发

开展燃料电池发动机的总体布置和模块化结构集成设计技术的研发、全尺寸电池单体和电堆的研发；开发燃料电池辅助系统（包括空气系统、氢气系统和热管理系统）和燃料电池发动机控制系统；开展燃料电池发动机系统集成与关键工艺技术的研发；研究燃料电池发动机核心部件及整机的测试与评价技术。

（5）乘用车燃料电池动力系统及整车集成技术

1）轿车燃料电池动力系统平台技术研究：燃料电池混合动力系统平台及关键零部件的设计、计算、仿真和模拟等研究开发，建立燃料电池轿车动力系统控制器软件规范化设计及流程，研究动力系统的集成与匹配，优化动力系统经济性、耐久性、安全性和可靠性以及环境适应性。

2）燃料电池轿车整车集成技术研究：发展整车集成和优化匹配技术，研究整车集成控制关键技术，优化能量管理策略。研发燃料电池整车及零部件的关键工艺和关键流程。提高整车的经济性、耐久性和可靠性，降低整车成本。

3）燃料电池轿车通用技术规范：燃料电池轿车关键零部件/动力系统和整车试验分析技术研究。

（6）商用车燃料电池动力系统和整车的集成技术

1）针对不同商用车需求，开展兼顾燃料电池、动力系统和整车三个层次的耐久性、可靠性和经济性的多目标优化设计研究。

2）开展针对商用车运行条件下，燃料电池系统运行工况、运行条件和耐久性之间的关系研究；优化电堆的耐久性运行工况，保证燃料电池系统、动力系统其他零部件的高可靠和耐久性。

3）商用车用燃料电池混合动力系统的优化控制和能量管理，通过动力系统的控制优化燃料电池的运行条件，实现电机、电池和燃料电池的可靠性和耐久性的同步提高。

4）针对部分车辆通过国际招标采购国际先进水平的燃料电池系统或电堆零部件，与国产系统开展对比示范运行的研究，开展对比测试和评价，帮助提高国内燃料电池系统的水平。

5）研究燃料电池商用车整车优化设计和集成技术，包括整车节能与成本控制、整车氢－电－结构耦合安全、快速加氢及示范运行监控等关键技术。

6）开展低成本、长寿命和低温环境适应性的燃料电池动力系统和整车技术研发与应用，成本达到商业化应用水平，整车实现－30℃正常运行。

7）加强燃料电池汽车动力系统与整车的工程化水平，在整车与动力系统的智能控制、可靠性、安全性以及耐久性等方面形成自主核心技术，应用目前成熟技术形成并打造一系列高成熟度的燃料电池客车动力系统商业化产品和整车产品，加强产品流程管理，严格把握关键零部件的质量，建立一套适合并可行的燃料电池客车动力系统质量管理体系，并相应建立小批量生产的能力。

5.3 示范和产业化

为了检验和提高我国各类氢燃料电池汽车的研发水平，应在国内若干个城市开展燃料电池汽车的商业化示范运行，并开展相应的数据采集和分析，为氢燃料电池汽车大规模应用积累经验。示范内容包括：70MPa 高压加氢站技术开发、设计及优化，固态/高压储氢系统开发、优化及示范运行，开展常温运氢技术开发及系统优化，加氢站安全技术开发与优化，氢燃料电池车辆示范运营。

开展氢燃料电池汽车国际科技合作。重点开展中外氢燃料电池汽车核心零部件技术指标评价方法的研究，建立面向规模化制造的零部件测试与评价体系。联合国外相关机构开展关键零部件技术指标的试验验证，氢燃料电池汽车主、客观条件下的适应性研究，包括温度、湿度、气压等环境因素，以及交通路况、驾驶习惯等；开发氢燃料电池汽车发动机及其动力系统的控制策略。

5.4　行业共性技术平台

（1）燃料电池动力系统测试评价平台

氢燃料电池系统及零部件测试评价试验平台。重点开展氢燃料电池汽车核心零部件技术指标评价方法的研究，建立面向规模化制造的零部件测试与评价体系。研究车用燃料电池动力性、经济性、耐久性、环境适应性及可靠性等性能的综合评价方法，进一步深入研究相关测试方法，开发相应测试装备。尤其是建立氢燃料电池汽车发动机及其混合动力系统全工况仿真及试验平台；建立氢燃料电池电堆耐久性快速评价规范及标准，以及氢燃料电池汽车测试规范及标准。

（2）氢能系统创新平台

建立制氢加氢基础设施实验开发平台，研究加氢站的关键技术、布局规划、示范运行和标准规范等，发展新能源制氢和分布式制氢技术、装备及基础设施建设规范。建立车载储氢系统实验开发平台，研发高压储氢系统及其他新型储氢装置的关键技术、试验评价方法及标准规范。

第五章

智能网联汽车技术路线图

1 导　言

随着汽车保有量的持续增长，由汽车引起的道路安全、交通拥堵、能源短缺及环境污染等一系列问题日益严峻。截至 2015 年底，我国当年产销汽车超过 2450 万辆，年产销量再创全球历史新高，汽车保有量达到 1.7 亿辆左右。与此同时，我国交通事故死亡人数连续多年位居世界前列，每年交通事故造成的直接经济损失达 10 亿元，远超欧美发达国家。为此，未来我国汽车产业需着眼于优先发展安全、节能、环保的新型车辆技术和提供多层次、高效率的交通出行方式。

目前，移动互联、大数据及云计算等为代表的新一轮科技革命正推动着传统制造业向智能制造转型升级，各国陆续提出了自己的发展战略，如“德国工业 4.0”、“美国制造业创新网络计划”等。我国政府也提出了《中国制造 2025》及“互联网 +”发展战略，大力推动产业转型升级和结构优化调整。汽车产业作为国民经济的支柱产业，其自身规模大，带动效应强，国际化程度高，资金、技术、人才密集，必将成为新一轮科技革命以及中国制造业转型升级的重要产业。

智能网联汽车可以提供更安全、更舒适、更节能、更环保的驾驶方式和交通出行综合解决方案，是城市智能交通系统的重要环节，是构建绿色汽车社会的核心要素，其意义不仅在于汽车产品与技术的升级，更有可能带来汽车及相关产业全业态和价值链体系的重塑。对此，美、日、欧等发达国家和地区均从战略高度上给予了重视，在政策上加大对智能网联汽车的研发和产业化推进的投入力度，且在一些关键技术领域已经先行一步。特别是美国，早已将智能网联汽车作为智能交通体系的重要组成部分进行了国家层面的战略规划与技术性测试。

如果我们将智能网联汽车与电动汽车相叠加（即智能网联电动汽车），美国汽车咨询公司 IHS 在《展望 2025》中提出的未来经济的 12 项颠覆性技术中，除了下一代基因组和先进油气开采这两项技术外，其他 10 项技术都与智能网联电动汽车有着紧密的联系。例如，从应用侧来看，智能网联电动汽车将成为移动互联网、物联网、云计算、能源存储、可再生能源等技术的应用平台；从生产侧来看，自动驾驶汽车、3D 打印、先进材料、知识工作自动化、先进机器人等技术都是与智能网联电动汽车产业链高度直接相关的生产技术或材料技术。

总体上看，我国汽车产业已成为世界汽车产业的重要组成部分，而汽车的智能化和网联化技术正引起国际上新一轮的竞争，亟须从国家层面建立智能网联汽车战略发展规划，构建多部委协调推进的机制，形成统一的智能网联汽车技术、标准、法规的发展路线，从而支撑智能网联汽车产业发展战略及技术发展战略的制定。如不能集中战略资源，明确战略方向，加大投入，及时跟进甚至局部领先，就有可能重蹈我们在传统内燃机汽车领域被动跟随的从属性角色。因此，必须尽快形成智能网联汽车技术共识，促进聚集各界资源，协同攻关，在顶层架构下实施相关技术的研究开发及示范运行，从而推动智能网联汽车乃至智慧城市交通系统的快速发展。

1.1 发展智能网联汽车的战略意义

作为体现新时期中国经济社会中长期发展的指导思想和基本理念，智能网联汽车承载了中国经济战略转型、重点突破和构建未来创新性社会的重要使命。在国家层面上，中国共产党十八届五中全会确定了“创新、协调、绿色、开放、共享”五大发展理念。从这个视角出发，中国大力发展智能网联汽车的战略意义已远远超出其产业自身范畴——它应当成为新常态下中国经济保持中高速增长、迈向中高端水平的新引擎、制造业升级和弯道超车的新抓手、节能减排和绿色发展的新支点、国家新型创新体系的新平台、高效和谐的智慧城市和智能交通体系的新支柱，以及推动一定时期国家行业管理体制和产业政策改革的新推手。

> 作为实施《中国制造 2025》的重要举措，智能网联汽车发展作为国家制造强国战略的重要领航工程，将为中国建设制造强国、实现“智能制造”提供强有力的战略支撑

在新一轮科技革命的浪潮下，各国纷纷制定了向大规模定制化生产即“智能制造”方向的转型战略。未来汽车产业转型升级将是汽车制造和汽车产品两个体系并行互动、同步实现智能化的过程，汽车“智造”将与智能网联汽车互为依托、互相促进，共同支撑汽车产业整体上迈入未来全新的智能境界。因而，智能网联汽车是《中国制造 2025》诸多重要任务和领域的首选产业，它涉及面广，产业链条长，不仅涉及生产材料、生产过程、生产工艺、组织方式、商业模式、管理体制等方方面面的改革与发展，集中了当前中国制造业几乎所有的突出矛盾和问题。以此为突破口，补足和打通智能网联汽车产业的短板和产业链，整个制造业的水平和能力就会上一个台阶。从这个意义上说，可以称智能网联汽车为《中国制造 2025》战略的“牛鼻子工程”。

> 将智能网联汽车纳入国家智能交通系统和可持续交通战略统筹发展，是解决目前道路安全、交通拥堵、能源短缺与环境污染等重大问题的重要举措

智能网联汽车将为汽车产业有效解决安全、拥堵、能源和环保问题提供全新的可能。研

究表明，先进驾驶辅助（ADAS）、车-车（V2V）/车-路协同（V2X）、高度自动驾驶等智能网联汽车技术，可减少汽车交通安全事故 50%～80%，提升交通通行效率 10%～30%。因而，智能网联汽车是打开智能交通系统（ITS）大门的“金钥匙”，将促进新能源汽车的应用、智慧交通模式下的能耗节省与排放降低、全新商业模式下汽车高效利用等。与此同时，智能网联汽车还将作为最重要的组成部分之一，在新型城市智慧交通系统的构建中发挥关键作用，即有效而系统地加强车辆、道路和使用者三者之间的联系，形成一种保障安全、提高效率、改善环境、节约能源的综合运输系统，是可持续交通战略的重要支柱。

在“互联网＋”时代，重视智能网联汽车可加快实现数字化时代汽车工作岗位的提升、转移与创造，更能代表未来汽车产业技术的发展方向和战略制高点

当前业界普遍认为低碳化（以节能与新能源为方向）、信息化（以互联、交互等为代表）、智能化（以人工智能和大数据分析为基础）是未来汽车技术的发展方向，新能源汽车和智能汽车将成为中国汽车产业未来发展的两大战略机遇。与汽车产业价值链的变化相适应，智能网联汽车时代的到来，使得汽车产业在汽车全生命周期内的就业结构和工作岗位的知识结构也会发生显著变化。特别是随着越来越多的个性化的智能网联汽车在智能工厂的混合生产线上被大规模定制生产出来，旧的工作岗位以及与之对应的旧有专业技能开始逐渐退出舞台，新的岗位和新的技能需求将陆续涌现。智能网联汽车是未来智能制造模式下的产物，代表着汽车设计开发、生产制造、销售及服务等各个环节的根本性变革和汽车产品形态的全面升级。两者的有效结合也将产生相互促进的积极作用。

智能网联汽车将成为新常态下中国经济增长动能转换战略的重要引擎，促进传统价值链的转移与新型价值网络的形成

智能网联汽车与电动汽车的叠加，不仅将极大地改变汽车产业的面貌，更重要的是创造了一个全新的产业链和价值链。汽车产业价值链将发生重心转移，即由汽车制造环节向新兴汽车后市场服务和多样化应用环节转移和延伸，或者说新的价值网络正在被源源不断地创造出来。同时，新价值体系不同于以往以大厂商为主导的金字塔式价值体系，它是一个相对扁平化、分散化的价值网络，传统整车和零部件制造厂商仅仅是这个网络上的一个较大的节点。其他价值节点还包括一些新兴的、非传统汽车企业，如平台软件集成商、应用软件开发商、移动通信服务商、位置信息服务商、第三方大数据公司，以及保险公司、广告商、风险投资等服务提供商。这些新兴参与者之间既是竞争关系，也是一种相互依存的价值共享关系。

智能网联汽车重新定义和驱动产业创新网络，信息安全和软件更新将成为未来发展的核心议题

智能网联汽车催生出一个颠覆性创新的新时代，它带来的绝不仅仅是产品技术创新，更引发了生产方式、组织模式、商业模式、体制机制等的全方位深层创新。在物联网时代，软件定义了万物（software defines everything，SDX），智能网联汽车带来的颠覆性创新，将改写汽车产业创新链的传统面貌，它标志着软件定义和驱动创新时代的来临。智能网联汽车是基于软件嵌入与应用的移动信息平台和信息物理系统（CPS）终端，界定了车辆与人、车辆与车辆、车辆与云平台，以及车辆与交通基础设施之间的通信协议、数据兼容标准与数据处理能力。因而，信息安全和软件更新将成为智能网联汽车未来发展的核心议题，将带来商业模式创新的新视角，成为协同创新网络的新空间和企业组织模式创新的新趋势。

智能网联汽车改写中国汽车“微笑曲线”的位势，成为中国汽车产业实现由大到强的主要路径

当前，业界普遍认为低碳化、信息化、智能化是未来汽车技术的发展方向。借助于移动互联网、大数据和云计算等新一代信息技术的革命性突破，智能网联汽车正在改写全球汽车产业格局下的产业链、创新链和价值链。如果能够抓住智能网联汽车创新的机遇，将智能网联汽车纳入国家工业强基工程建设的体系，作为重点突破和示范应用的标杆，将有助于强基工程建设的整体推进；同时智能网联汽车是基于大数据的战略性应用领域，它通过连接车、人、道路、云平台、移动网络、卫星定位系统等，成为国家大数据战略的重要组成部分，大数据能力将重新定义汽车产业竞争力和竞争格局，彻底改写中国汽车“微笑曲线”的位势。

1.2 智能网联汽车技术路线图的研究范围及目标

智能网联汽车技术路线图基于《中国制造2025重点领域技术路线图》编制，梳理了智能网联汽车的定义、技术架构、国内外发展现状，分析了国内外智能网联汽车的技术差距。在此基础上制定了我国智能网联汽车技术发展的总体目标与发展路径，提出了重大创新需求与优先行动项目，以期为中国汽车产业紧抓历史机遇、加速转型升级、支撑制造强国建设指明发展方向，提供决策参考。

1.3 智能网联汽车的相关定义与技术架构

智能网联汽车是指搭载先进的车载传感器、控制器、执行器等装置，并融合现代通信与网络技术，实现车与X（车、路、人、云端等）智能信息交换、共享，具备复杂环境感知、智能决策、协同控制等功能，可实现“安全、高效、舒适、节能”行驶，并最终可实现替代人来操作的新一代汽车。

智能网联汽车包括智能化与网联化两个技术层面，其分级也可对应地按照智能化与网联化两个层面区分。在智能化方面，美国汽车工程师学会（SAE）、美国高速公路安全管理局（NHTSA）、德国汽车工业联合会（VDA）等组织已经给出了各自的分级方案，这里以较权威的美国SAE分级定义为基础，并考虑中国道路交通情况的复杂性，加入了对应级别下智能系统能够适应的典型工况特征。各级定义见表5－1－1。

表5－1－1　智能化等级

智能化等级	等级名称	等级定义	控制	监视	失效应对	典型工况
人监控驾驶环境						
1	驾驶辅助（DA）	系统根据环境信息执行转向和加减速中的一项操作，其他驾驶操作都由人完成	人与系统	人	人	车道内正常行驶，高速公路无车道干涉路段，停车工况
2	部分自动驾驶（PA）	系统根据环境信息执行转向和加减速操作，其他驾驶操作都由人完成	人与系统	人	人	高速公路及市区无车道干涉路段，换道、环岛绕行、拥堵跟车等工况
自动驾驶系统（“系统”）监控驾驶环境						
3	有条件自动驾驶（CA）	系统完成所有驾驶操作，根据系统请求，驾驶人需要提供适当的干预	系统	系统	人	高速公路正常行驶工况，市区无车道干涉路段
4	高度自动驾驶（HA）	系统完成所有驾驶操作，特定环境下系统会向驾驶人提出响应请求，驾驶人可以对系统请求不进行响应	系统	系统	系统	高速公路全部工况及市区有车道干涉路段
5	完全自动驾驶（FA）	系统可以完成驾驶人能够完成的所有道路环境下的操作，不需要驾驶人介入	系统	系统	系统	所有行驶工况

在网联化层面，按照网联通信内容的不同将其划分为网联辅助信息交互、网联协同感知、网联协同决策与控制三个等级，见表5－1－2。

表5-1-2　网联化等级

网联化等级	等级名称	等级定义	控制	典型信息	传输需求
1	网联辅助信息交互	基于车-路、车-后台通信，实现导航等辅助信息的获取以及车辆行驶与驾驶人操作等数据的上传	人	地图、交通流量、交通标志、油耗、里程等信息	传输实时性、可靠性要求较低
2	网联协同感知	基于车-车、车-路、车-人、车-后台通信，实时获取车辆周边交通环境信息，与车载传感器的感知信息融合，作为自车决策与控制系统的输入	人与系统	周边车辆/行人/非机动车位置、信号灯相位、道路预警等信息	传输实时性、可靠性要求较高
3	网联协同决策与控制	基于车-车、车-路、车-人、车-后台通信，实时并可靠获取车辆周边交通环境信息及车辆决策信息，车-车、车-路等各交通参与者之间信息进行交互融合，形成车-车、车-路等各交通参与者之间的协同决策与控制	人与系统	车-车、车-路间的协同控制信息	传输实时性、可靠性要求最高

智能网联汽车涉及汽车、信息通信、交通等多领域技术，其技术架构较为复杂，可划分为“三横两纵”式技术架构。“三横”是指智能网联汽车主要涉及的车辆、信息交互与基础支撑三大领域技术，“两纵”是指支撑智能网联汽车发展的车载平台以及基础设施条件，如图5-1-1所示。

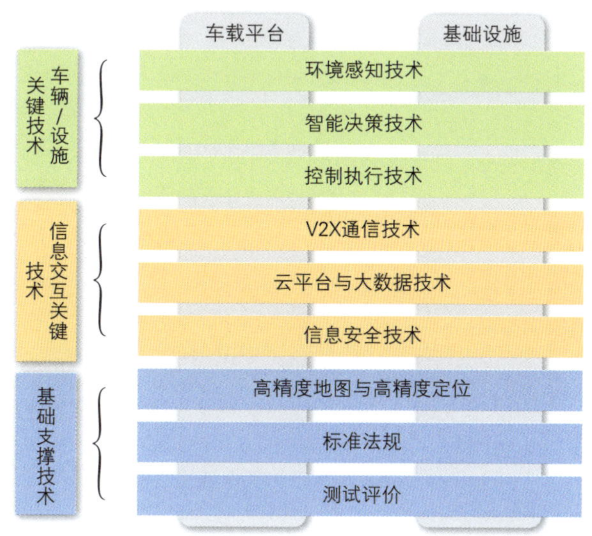

图5-1-1　智能网联汽车“三横两纵”技术架构

图5-1-1中基础设施指除了车载平台外，支撑智能网联汽车发展的所有外部环境条件，如道路、交通、通信网络等。智能网联汽车需要车路协同、车路一体化，在智能网联汽车的推动下，道路等基础设施将逐渐向电子化、信息化、智能化方向发展。

智能网联汽车的横向技术可细分为三层体系，第一层为车辆/设施关键技术、信息交互关键技术、基础支撑技术三部分，各部分再细分第二层与第三层技术，见表5-1-3。

表 5-1-3　智能网联汽车“三横”技术体系

第一层	第二层	第三层
车辆/设施关键技术	环境感知技术	雷达探测技术
		机器视觉技术
		车辆姿态感知技术
		乘员状态感知技术
		协同感知技术
		信息融合技术
	智能决策技术	行为预测技术
		态势分析技术
		任务决策技术
		轨迹规划技术
		行为决策技术
	控制执行技术	关键执行机构（驱动/制动/转向/悬架）
		车辆纵向/横向/垂向运动控制技术
		车间协同控制技术
		车路协同控制技术
		智能电子电气架构
信息交互关键技术	专用通信与网络技术	车辆专用短程通信技术
		车载无线射频通信技术
		LTE-V 通信技术
		移动自组织网络技术
		面向智能交通的 5G 通信技术
	大数据技术	非关系型数据库技术
		数据高效存储和检索技术
		车辆数据关联分析与挖掘技术
		驾驶人行为数据分析与应用技术
	平台技术	信息服务平台
		安全/节能决策平台
	信息安全技术	车载终端信息安全技术
		手持终端信息安全技术
		路侧终端信息安全技术
		网络信息安全技术
		数据平台信息安全技术

（续）

第一层	第二层	第三层
基础支撑技术	高精度地图	三维动态高精度地图
	高精度定位	卫星定位技术
		惯性导航与航迹推算技术
		通信基站定位技术
		协作定位技术
	基础设施	路侧设施与交通信息网络建设
	车载硬件平台	通用处理平台/专用处理芯片
	车载软件平台	交互终端操作系统
		车辆控制器操作系统/共用软件基础平台
	人因工程	人机交互技术
		人机共驾技术
	整车安全架构	整车网络安全架构
		整车功能安全架构
	标准法规	标准体系与关键标准
	测试评价	测试场地规划与建设
		测试评价方法
	示范应用	示范应用与推广

2 智能网联汽车的技术发展现状与趋势

2.1　美、日、欧智能网联汽车技术发展现状

2.1.1　美、日、欧智能网联汽车发展历程

纵观美国、日本、欧洲交通系统发展历史，汽车是其中最核心的环节。汽车的智能化与网联化是智能交通系统（Intelligent Transportation Systems，ITS）的两个重要研究领域。汽车智能化技术是提高车辆安全性、经济性以及驾驶舒适性的主要技术手段，汽车网联化是交通管理、信息服务的主要实现方式及提升智能化的新途径。

总体来看，美、日、欧智能网联汽车的发展由政府主导，起步较早，其发展尤其是网联化技术的研发依托于 ITS 的整体发展。美国主要由联邦运输部（DOT）负责，成立了 ITS 联合项目办公室（ITS—JPO），负责美国联邦公路管理局（FHWA）、美国联邦汽车运

输安全管理局（FMCSA）、联邦运输管理局（FTA）、联邦铁路管理局（FRA）、美国国家公路交通安全管理局（NHTSA）、海事管理局（MARAD）的协同。1994 年，日本政府成立了由建设省、运输省、警察厅、通产省、邮政省五省厅组成的联席会议，共同推进 ITS 的研发与应用。日本政府机构改革以后，目前由警察厅、总务省、经济产业省、国土交通省负责推进 ITS 工作。欧洲的 ITS 研发也是由官方（主要是欧盟）主导，同时，因欧洲的大部分国家国土面积比较小，所以 ITS 的开发与应用与欧盟的交通运输一体化建设进程联系密切。

进入 21 世纪，随着无线通信技术、信息技术、汽车电子技术的快速进步，智能网联汽车作为新一代智能交通系统的核心环节，受到美、日、欧各国政府的高度重视，各国相继出台了以车辆智能化、网联化为核心的发展战略。

2010 年，美国交通运输部提出《ITS 战略计划 2010—2014》[㈠]（ITS Strategic Research Plan，2010—2014），这是美国第一次从国家战略层面提出大力发展网联技术及汽车应用，也是无线通信技术、信息技术快速进步的产物，以此为标志，美国 ITS 正式进入新的阶段。2014 年，美国交通运输部与 ITS 联合项目办公室共同提出《ITS 战略计划 2015—2019》[㈡]（ITS Strategic Plan，2015—2019），提出了美国 ITS 未来五年的发展目标和方向。这是《ITS 战略计划 2010—2014》的升级版，美国 ITS 战略从单纯的汽车网联化升级为汽车网联化与智能化（自动化）的双重发展战略。

为了克服欧洲道路交通部署 ITS 行动迟缓和碎片化的问题，2010 年欧盟委员会制定了《ITS 发展行动计划》[㈢]（ITS Directive 2010），以实现 ITS 部署的整体化与通用化，使无缝交通服务成为欧洲道路交通系统的新常态，这是第一个在欧盟范围内协调部署 ITS 的法律文件。2011 年，欧盟委员会发布白皮书《一体化欧盟交通发展路线——竞争能力强、资源高效的交通系统》[㈣]，书中提出：① 2050 年相比 1990 年，将减少温室气体排放 60%；② 2020 年交通事故数量减少一半，2050 年实现“零死亡”，并从建设高效与集成化交通系统、推动未来交通技术创新、推动新型智能化交通设施建设等三个方面推进具体的工作。

2012 年，欧盟委员会提出了《欧盟未来交通研究与创新计划》，在交通安全领域，重点提出以下研究内容[㈤]。

㈠ Intelligent Transportation Systems（ITS）Joint Program Office（JPO），《Intelligent Transportation Systems Strategic Research Plan，2010—2014》。

㈡ Intelligent Transportation Systems（ITS）Joint Program Office（JPO），《ITS 2015—2019Strategic Plan》，2014。

㈢ DIRECTIVE 2010/40/EU OF THE EUROPEAN PARLIAMENT AND OF THE COUNCIL，《Directives on the framework for the deployment of Intelligent Transport Systems in the field of road transport and for interfaces with other modes of transport》，2010。

㈣ EUROPEAN COMMISSION，《WHITE PAPER，Roadmap to a Single European Transport Area — Towards a competitive and resourceefficient transport system》，2011。

㈤ EUROPEAN COMMISSION，《Preliminary Descriptions of Research and Innovation Areas and Fields，Research and Innovation for Europe's Future Mobility》，2012。

① 加强路-路、车-路、车-车之间的通信，实现信息共享，提高车辆安全性。

② 综合考虑驾驶人、车辆与道路一体化的道路安全系统，并通过政策、标准、法规的引导，快速推动相关技术的研究与产业化应用。

③ 加速推动主动安全、被动安全以及道路紧急救援相关的应用与服务。

④ 加速推进交通信息化的研究与应用。

2013 年，根据日本内阁“世界最尖端的 IT 国家创造宣言”㊀，日本道路交通委员会、日本信息通信战略委员会共同提出了日本自动驾驶汽车商用化时间表，以及 ITS 2014—2030 技术发展路线图，计划在 2020 年建成世界最安全的道路，在 2030 年建成世界最安全及最畅通的道路，由此，日本正式进入汽车网联化、智能化的发展阶段。该战略时间维度分短期、中期、长期三个阶段，技术维度是从驾驶安全支持系统、自动驾驶系统以及交通数据应用三个方面快速推进。根据上述时间表，在经济产业省主导下日本将于 2016 年完成开发车-车/车-路通信技术演示系统，实现基于 V2X 的车辆智能驾驶功能；2018 年实现自动紧急制动（AEB）的大规模市场化，并完成行人信息应用测试；到 2020 年，通过各机构联合，完成评估交通死亡率的方法并建立交通事故共享数据；2025—2030 年，实现完全自动驾驶汽车商业化。具体时间见表 5-2-1。

表 5-2-1　自动驾驶汽车商用化时间表

智能化等级	商用化技术	日本时间	欧洲时间
PA	自动纵向跟随系统	2015—2016	2013—2015
	转向避撞系统		2017—2018
	多车道自动驾驶系统	2017	2016
CA	自动合流系统	2020—2025	2020
HA/FA	全自动驾驶	2025—2030	2025—2028（高速） 2027—2030（城市）

2.1.2　美、日、欧智能网联汽车研究现状

2.1.2.1　美国智能网联汽车研究现状

2011 年 10 月 11 日，美国交通运输部开始主持研究、测试“网联汽车技术”。2012 年 5 月 22 日，美国交通运输部的研究肯定了网联汽车技术具有安全性的潜力优势。由此，美国正式拉开了规模进行网联汽车研究与应用部署的序幕。基于车-车、车-路通信的网联汽车已成为美国解决交通系统安全性、移动性、环境友好性的核心技术手段。美国 ITS 联合项目办公室目前正在推进的项目中，绝大部分都与网联化技术相关，涉及网联汽车的安全性应用研究、移动性应用研究、政策研究、网联汽车技术研究、网联汽车示范应用工程等多个维度。具体项目见表 5-2-2。

㊀ 日本内阁，《世界最尖端的 IT 国家创造宣言》，2013。

表 5-2-2　美国网联汽车研究项目列表

分类	项目	研究内容
安全性	基于车-车通信的安全应用	• 研究 V2V 典型应用场景，确定功能、性能及有效性指标 • 研究 V2V 美国、欧洲兼容性，确定网络安全与基础设施共性需求 • 开发基于 V2X 的主动安全应用产品 • 研究有效的 HMI（人机接口）技术 • 调研政策和法律法规需求 • 开发和评估商用车、大货车、大客车的 V2V 安全应用
	网联汽车安全应用测试验证	• 研究设备和集成要求，保证通信一致性、安全性和消息完整性 • 通过 3000 辆网联车辆实地测试，验证 V2V 和 V2I（车辆-基础设施）的有效性 • 通过试验评价技术和应用性能
	基于车-路通信的安全应用	• 选择、开发和评估车-路协同安全应用 • 基础设施规划和政策研究
移动性（mobility）	交通数据获取和管理研究	• 概念、标准、工具和协议的测试 • 数据的捕获和管理示范应用 • 宣传和技术推广
	动态移动应用研究	• 研究新的数据源和通信方法，以管理和运营交通系统 • 开发新的数据集成、转化应用程序，为旅行者和系统运营商提供更多实时交通信息
政策	联网汽车政策和体制研究	• V2V 和 V2I 系统的信息安全政策 • 通信分析和频谱政策 • 互操作性和标准政策 • 数据访问和使用要求 • 政策兼容性与国际兼容性
网联汽车技术研究	标准研究	• 建立全球统一的网联汽车标准 • 构建车辆和基础设施标准化需求，使安全和效率最大化
	人因研究	• 研究使驾驶人分心导致交通事故的干扰因素与性能指标 • 开发一体化策略，使驾驶人选择性地注意人机界面的危险性提示，减轻驾驶人的驾驶压力
	核心系统	• 建立一个可信的、安全的数据交换系统架构
	认证	• 认证政策、认证过程实施和监管的研究 • 设备组成、人机界面等技术认证研究
	测试场地	• 在多个地区建立试验场，便于测试 • 建立开放的试验场便于私人进行测试 • 对原有实验场进行改建或升级作为以后试验场建立的模型
网联汽车示范工程	网联汽车示范应用项目	• 车-车/车-路安全、数据、环境、路况和天气、移动性验证 • 信息安全管理与认证 • 网联汽车应用开发与测试验证 • 效果评估与影响分析

2013 年，为推动自动驾驶车辆的应用和研究，NHTSA 发布了第一个关于自动驾驶汽车的政策——《关于自动驾驶车辆政策的初步声明》。该政策明确了 NHTSA 在自动驾驶领域支持的研究方向，主要包含以下三个方面：① 人为因素的研究；② 系统性能需求开发；③ 电控系统安全性，具体见表 5-2-3[⊖]。

表 5-2-3　NHTSA 重点研究方向

研究领域	分类	研究内容
人为因素	人车交互	人车交互研究，保证车辆安全驾驶
	合理的车辆控制功能分配	• 人车控制优先级划分与设计 • 人车控制切换方法研究 • 人车接管车辆控制方法研究
	驾驶人接受度	• 影响驾驶人接受度的因素研究（报警频率，报警声音，自动驾驶系统可靠性、有效性等）
	驾驶人培训	• 评价 PA、CA 等级车辆对于驾驶人培训方面的需求
	人因分析工具	• 开发人机因素、系统性能测试与评价的工具（仿真、测试车辆等）
电控系统安全性	系统安全及可靠性	• 自动驾驶汽车电控系统功能安全设计 • 冗余研究，研究高安全性自动驾驶系统所需冗余的硬件、软件、数据交互、基础设施等需求 • 自动驾驶汽车认证需求以及流程研究
	网络信息安全	• 抗黑客攻击的能力研究 • 网络系统潜在风险研究 • 网络安全对系统性能的影响研究 • 网络信息安全系统的认证方法研究
自动驾驶系统性能需求	功能需求	• PA、CA 等级系统概念与功能要求 • 驾驶人行为数据、交通事故数据分析与典型场景提取
	自动驾驶系统约束与边界	• 不同自动驾驶系统约束研究 • 自动驾驶系统性能指标研究
	测试评价方法及标准	• 开发 PA、CA 等级系统道路测试/仿真测试方法 • 开发自动驾驶系统客观性能测试方法及评价指标

2.1.2.2　欧洲智能网联汽车研究现状

为了促进欧洲智能网联汽车的研究和开发，欧盟委员会于 1984 年开始实施研发框架计划（Framework Program，FP）。从 1984—2020 年八个欧洲框架计划都将智能网联汽车产业相关领域的发展纳入其规划内且大力支持其相关技术的研究，并取得了显著的成就。历

⊖ National Highway Traffic Safety Administration，《Preliminary Statement of PolicyConcerning Automated Vehicles》，2013。

届 FP 计划中，欧盟一直偏重于欧洲一体化、网络互联互通、辅助驾驶系统、无人驾驶四个方面。2014 年启动的欧盟第八个框架计划“Horizon 2020”也在进行中。“Horizon 2020”项目在交通领域重点支持九个方向，其中道路、物流、智能交通系统都涉及智能网联汽车产业的相关领域，见表 5-2-4[㊀]。

表 5-2-4 “Horizon 2020”中智能网联汽车相关研究方向

方向	分支方向	研究内容
公路	合作式 ITS	• 提供无缝连接、兼容性和安全性的开放车载平台架构 • 高精度定位及高精度、动态地图 • 模式交通服务、安全应用程序和危险警告等创新解决方案 • 重型车辆应用，集成计速、安全、远程监控以及动态导航等功能 • 欧洲大众服务平台（EWSP）
	公路交通安全性、网联化	• 驾驶辅助、自动驾驶系统及 HMI • 云计算、数据管理和数据融合技术 • 自动驾驶商业模式及应用 • 制定责任及标准化的政策和监管框架 • 隐私、道德和性别问题研究
物流	供应链协同	• 产品从运输、物流管理到终端用户一体化智能交通系统技术
智能交通系统	互联性、数据共享	• 传输数据的安全性、完整性、兼容性、可移植性、开放性 • 通信网络架构和实时信息交换解决方案
	ITS 广泛性和兼容性	• ITS 结构和合作机制，统一的合作平台 • ITS 部署整个欧盟时，如何克服知识的碎片

2.1.2.3 日本智能网联汽车研究现状

在车辆智能化研究领域，日本从 1991 年开始支持先进安全汽车（ASV）项目，五年为一期，至今已经开展了五期，运输省担任秘书处，相关的政府部门，如警察厅、通产省，各大主流整车企业，高校及研究机构以及保险协会、用户协会等均参与其中。

2010—2015 年为 ASV 项目的第五期，主要的研究方向包括：

① 开发先进、综合的安全驾驶和驾驶人监控技术；

② 开发并推动基于 V2X 协同通信的车辆驾驶辅助系统应用；

③ 推动先进安全技术的商业化应用与提高用户可接受程度；

④ 推动日本先进安全汽车与国际相关技术标准的协调与兼容性。

在车辆网联化研究领域，日本于 2005 年启动了“协同式车辆-道路系统（Cooperative Vehicle—Highway Systems，CVHS）”的车载信息系统和路侧系统的集成开发和试验，称之

㊀ International Policy Analysis，《Europe 2020— Proposals for the Post—Lisbon Strategy，Progressive policy proposals for Europe's economic，social and environmental renewal》，2014。

为智能道路计划（Smart Way），成立了包括政府和企业共计223家公司和机构共同参加的开发联盟，将建立智能道路计划作为一项国家政策予以实施。智能道路计划的核心是通过先进的通信系统将道路和车辆连接为一个整体，车辆既是信息的应用者又是信息的提供者，道路拥堵信息和安全信息服务以及收费服务都通过集成化的车载终端完成。

2014年，为推进《世界领先IT国家创造宣言》中提出的“车辆自主式系统与车-车、车-路信息交互系统的组合以及在2020年开始自动驾驶的试用”目标，日本内阁府制订了《SIP（战略性创新创造项目）自动驾驶系统研究开发计划》，计划确定了四个方向共计32个研究课题，旨在推进政府和民间协作所必要的基础技术以及协同式系统相关领域的开发与实用化。SIP自动驾驶系统研究课题内容见表5－2－5[㊀]。

表5－2－5 SIP自动驾驶系统研究课题

一级	二级	三级
自动驾驶系统的开发与实证	先进的动态地图	• 交通管制等交通管理信息 • 车辆、行人等交通状况信息 • 周边建筑物等行驶道路环境信息 • 详细的道路信息 • 信息组合及结构化 • 面向卫星定位的基础评价
	ITS预测信息生成技术	• 以交通灯信号等为代表的动态交通管理信息的获取 • 通过路侧传感器和车-车通信等手段获取高精度、高可靠性交通状况；通过行人通信终端把握行人动态和静态状况、实现对行人的移动辅助 • 道路有效利用指南信息的获取
	传感技术	• 车辆环境识别传感器性能提升 • 高性能的图像识别系统的开发与实际验证 • 全天候车道线识别技术 • 完全自动驾驶和实现整体最优化的交通管制系统
	驾驶人模型	• 通过驾驶人的行为分析，生成驾驶人模型
	安全性提升技术	• 通信系统的信息安全 • 车辆系统的信息安全 • 自动驾驶系统的安全性、可靠性保证。
基础技术改进	安全效果估算及国家数据库建设	• 交通事故死伤人数减少效果估算方法的开发
	微观和宏观的数据分析	• 微观、宏观联动仿真系统的开发

㊀ 日本内阁府，《SIP（战略性创新创造项目），自动驾驶系统，研究开发计划》，2014。

（续）

一级	二级	三级
国际合作的建立	国际标准化	• 推广自动驾驶系统的国际合作活动 • 自动驾驶系统的国际趋势调查
	自动驾驶系统接受度	• 对驾驶人和自动驾驶系统的作用和界面的研究 • 社会接受度研究
	国际打包出口体系	• 研究运输管理服务和基础设施的出口
下一代都市交通的发展	地区交通管理的升级	• 基础设施的发展和区域支持交通安全活动 • 道路的有效利用 • 天气异常和灾害支持系统
	下一代交通系统的开发	• 新一代的公共道路交通系统的开发
	无障碍交通改善和普及	• 出行障碍人群的移动支援系统开发

2.1.3 美、日、欧智能网联汽车产业技术现状

美、日、欧在汽车智能化、网联化领域拥有数十年的积累，尤其在核心芯片、关键零部件、研发体系、标准体系等方面，相比我国具有较大的优势。

目前，美、日、欧等国家和地区一流的整车企业，如通用、福特、奔驰、宝马、沃尔沃、丰田、日产等已经实现 DA 级自动驾驶产品的商业化，部分高端品牌已有 PA 级自动驾驶产品。预计 2020 年左右，各大汽车企业将会推出 CA、HA/FA 级自动驾驶汽车产品。

纵观美、日、欧智能网联汽车发展情况，各国在整个产业链上的合作日益加强，相互持股与并购的情况日益普遍，通信、信息、电子、整车等行业深度融合发展。美国在网联化技术、智能控制技术、芯片技术等方面处于优势地位，产业上、中、下游实力均衡。日本在智能安全技术应用上较为领先，到 2013 年已有多项智能安全技术全面推向了市场。欧洲拥有强大的整车及零部件企业。具体对比见表 5－2－6。

表 5－2－6 美日欧产业链主要供应商情况

产业链		美国	欧洲	日本
上游	芯片	飞思卡尔、英特尔、高通	恩智浦	—
	传感器	德尔福	博世、大陆、奥托立夫	松下、索尼
	ADAS	德尔福、TRW（美国天合汽车）	博世、大陆、奥托立夫、采埃孚	电装
	移动互联操作系统	Android、IOS	—	—

（续）

产业链		美国	欧洲	日本
中游	整车	通用、福特、特斯拉	宝马、大众、沃尔沃、奔驰	丰田、本田、日产
	通信设备	思科	爱立信	—
下游	通信服务	AT&T、Verizon（美国威瑞森电信）	沃达丰、德国电信	软银

2.2 我国智能网联汽车技术发展现状

中国智能交通战略和相关基础技术的研究起步于20世纪90年代中期，比美、日、欧晚10～30年。2000年，我国成立了全国智能交通系统（ITS）协调指导小组及办公室，并在国家科技部“十五”科技重大专项（863）中设立“智能交通系统关键技术开发和示范工程”项目。该ITS的体系框架包括八大发展领域：交通管理与规划、电子收费、出行者信息、车辆安全和驾驶辅助、紧急事件和安全、运营管理、综合运输及自动公路，并以中心城市和高速公路应用项目为核心开展科技攻关和应用示范。

近年来，工业和信息化部、科学技术部、交通运输部、国家自然科学基金委员会以及地方政府相关部门等都以不同的方式支持智能汽车的发展。从2011年开始，工业和信息化部连续多年发布物联网专项支持，智能网联汽车是其支持的重点领域之一；科技部在车路协同、车联网等方面已经进行了多个“863计划”的国家立项和政策支持。交通运输部要求“两客一危”车辆和货运车辆必须安装符合规定的车联网终端并上报数据，已形成了全国联网的大型交通管理平台。从2009年开始，国家自然科学基金委员会定期举办“智能车未来挑战赛”，推动我国智能驾驶技术的进步。

通过“863计划”的实施和国家自然科学基金委员会项目的支持，清华大学、国防科技大学、北京理工大学、北方车辆研究所、中国第一汽车集团（简称一汽）和中国长安汽车集团股份有限公司（简称长安）等部分高校和科研院所、汽车企业在环境感知、人的行为认知及决策、基于车载和基于车路通信的驾驶辅助系统的研发方面取得了积极进展，并研制出无人驾驶演示样车。清华大学、吉林大学等高校联合企业开发了包括自适应巡航控制系统、车道偏离预警系统、防碰撞预警系统等先进驾驶辅助系统（ADAS），目前已进入产业化推广阶段。

目前，国内一汽、上汽、长安、吉利、广汽等企业部分车型虽已开始装备ADAS产品，但核心技术主要来自国外的零部件供应商，如博世、德尔福、大陆等。近两年，我国许多互联网企业也纷纷进军汽车行业，但更多的是涉足智能汽车的服务领域，例如阿里巴巴与上汽在“互联网汽车”领域开展合作，共同打造面向未来的互联网汽车及生态圈；百度和腾讯均推出了车机互联产品，此外，乐视推出了互联网造车思维的超级概念车。国内整车企业智能网联汽车研发进展与计划如表5-2-7所示。

表 5-2-7　国内整车企业智能网联汽车研发进展与计划

车企	研发进展	2018	2020	2025	已实现技术
一汽	“挚途”展示了手机叫车、自主停车、拥堵跟车、自主驾驶四项功能	发布互联智能乘/商用车，具备单任务短时智能托管、D—Partner2.0的车辆智能服务功能，完成智能互联生态圈布局	发布高速公路代驾产品及深度感知和城市智能技术，具备多任务长时间托管和智慧城市解决方案提供功能	实现智能商业服务平台运营，高度自动驾驶技术整车产品渗透率达50%以上	手机叫车、自主停车、拥堵跟车、自主驾驶，已量产自适应巡航系统、自动紧急制动系统、车道偏离预警系统
上汽	初步实现120km/h下的自动巡航、自动跟车、车道保持、换道行驶、自主超车以及远程遥控停车等功能	—	实现高速公路上的自动驾驶	实现复杂环境下的自动驾驶	远程遥控停车、自动巡航、自动跟车、车道保持、换道行驶、自主超车
长安	先后推出CS35、睿骋自动驾驶样车；与美国智能汽车联盟（MTC）合作，进行车车通信试验	2017年量产全自动停车，结构化道路全自动驾驶；2018年完成第二阶段半自动驾驶技术开发及产业化	实现第三阶段高度自动驾驶技术的应用，完成样车测试工作和示范运行	力争突破第四阶段无人驾驶关键技术，实现产业化应用	自适应巡航系统、遥控停车、自动跟车（高速）、换道行驶、自主超车、车道保持、识别车道线与速度标识牌
吉利	实现自动紧急制动和自适应巡航等基本驾驶辅助技术的量产开发，与信息产业及研究院所合作开发车载通信技术及智能驾驶技术	实现多传感器数据融合技术，完成部分自动驾驶技术的开发及产业化；量产全自动停车、集成式巡航、拥堵跟车等功能	实现局域协同控制技术的开发，完成有条件自动驾驶技术的开发及产业化；量产高速导引功能，实现高速公路上的自主变道及自主超车功能	实现网联信息与自车智能的协同控制技术的开发，实现高度自动驾驶技术的开发	已量产技术：前撞预警系统、自动紧急制动系统、自适应巡航系统、车道偏离预警系统、全景和并线辅助系统、半自动停车
广汽	开发广汽自动驾驶汽车；初步实现城市环境下全开放路段的自动驾驶	实现自主停车、自动紧急制动系统、车道保持/换道辅助系统等系统量产	基本实现高速公路上的自动驾驶	计划实现综合环境下全自动驾驶，并实现产业化应用	已实现自主驾驶、自主停车功能，已量产自适应巡航系统、前撞预警系统、车道偏离预警系统、全景停车

2.3 国内外智能网联汽车发展对比分析

2.3.1 国内外智能网联汽车发展对比

纵观国外智能网联汽车发展的历程和现状，其智能网联汽车的发展都是以提高出行安全和行车效率为主要目的的，以环境感知、信息处理、通信互联、智能控制为研发核心，以车路、车车协同系统与高度/完全自动驾驶系统为发展重点。国内智能网联汽车的发展虽然发展目标与国外基本一致，但在发展模式、推进组织机构、技术演进、行业技术水平等方面还存在差异。

从发展模式来看，美、日、欧智能网联汽车技术的发展主要由政府推动，政府出台国家战略规划，明确目标、时间表、技术路线，并形成发展共识。中国智能网联汽车的发展初期也是由政府主导的，同时由于体制的优势，中国政府推动的力度会更大。《中国制造 2025》中有关节能与新能源汽车发展战略的推出、陆续在全国各地建设的智能网联汽车示范区等都充分体现了政府主导的推进力度。同时，由于智能网联涉及交通、通信、互联网等多领域，我国政府可从更大的交通环境构建的角度，为智能网联汽车的发展和快速应用建立良好的保障环境。随着网联化、智能化更多地与车辆技术融合，国内基本形成了政府主导，汽车、通信、电子等多领域企业、高校、研究机构深度协作的格局。

从推进组织机构来看，美、日、欧均建立了各部门深入协同的组织推进体系。美国成立了 ITS 联合项目办公室。日本则由内阁府负责，建立推进委员会，协同警察厅、总务省、经济产业省、国土交通省共同推进。欧洲由欧盟委员会协同欧洲各国一体化发展。由于涉及工业和信息化部、交通运输部等多个管理部门，我国目前还没有相应的联合办公室或协同推进机制来推进智能网联汽车产业的发展。

从技术演变来看，美、日、欧自 20 世纪 60 年代开始，立足于智能交通大领域，分别从交通信息化、车辆智能化的角度进行了大量的研究，并已取得了大量产业化成果。进入 21 世纪，尤其是 2010 年以后，随着通信技术、电子技术、控制技术、人工智能技术的快速发展，车辆网联化、智能化从 20 世纪的独立研究，逐渐走向两者融合的研究与应用。中国的智能网联汽车的基础研究与应用技术研究相对薄弱，其关键零部件诸如机器视觉、车载雷达等方面的技术研发起步较晚，但得益于我国完整的工业体系，在国家明确发展目标之后具备较好的后发优势。

从行业技术水平来看，目前美、日、欧在智能网联汽车技术领域形成了三足鼎立的局面。美国的重点在于网联化，通过政府强大的研发体系，已快速形成了基于 V2X 的汽车产业化能力。日本的交通设施基础较好，自动驾驶技术水平方面也在稳步推进。欧洲具有世界领先的汽车电子零部件供应商和整车企业，其基于自车传感器的自动驾驶技术相对领先。中国的优势在于快速发展的信息通信产业及世界第一的汽车产销量市场需求，这些为中国智能网联汽车的发展奠定了良好的基础。

总体而言，从世界范围看，美国目前在智能网联汽车产业上、中、下游实力均衡，日本依托几大整车厂占据一定优势，德国在上、中游有较强的竞争力。由于我国缺乏智能网联汽车与道路交通智能化发展的系统性、协同性，缺乏研发和产业化布局的导向性和足够的投入，中国智能网联汽车领域的技术基础、研发能力、相关产业链虽发展较快但差距仍然明显，产品和产业化发展相比发达国家总体上滞后 5～10 年。

2.3.2 我国发展智能网联汽车的优势

智能网联技术是汽车产业向智能化转型的重要途径，也是做强中国品牌汽车、建设汽车强国的重大机遇。我国加快发展智能网联汽车正当其时，具有以下突出优势。

1）智能网联汽车需要跨领域、跨部门的协同发展，中国在这方面具有天然的制度优势。智能网联汽车涵盖汽车电子、无线通信、卫星导航、交通管理、道路设施、机器制造等多领域多产业，涉及国家多个管理部门。和国外相比，我国在确定智能网联汽车的发展方向后，国内智能网联汽车产业的推进效率远高于国外。一定要充分发挥我国的制度优势，协同实现智能网联汽车产业的快速发展。

2）科技变革的外部契机与汽车产业转型升级的内部动力兼备。新一轮科技变革期与中国汽车产业转型升级期相互交汇，使智能网联汽车发展兼备外部契机和内部动力。在《中国制造 2025》和“互联网＋”战略的指引下，智能网联汽车发展将会迎来前所未有的历史机遇。

3）我国拥有规模超大、全球第一的汽车市场，因此我国汽车市场将在全球汽车市场中发挥重要的引领作用。2015 年，中国汽车产销量超过 2450 万辆，远超美国巅峰时期的 1700 万辆。中国可以充分利用自身市场的引领作用，按照自己的需求制定具有中国特色的智能网联汽车标准体系，赢得未来较量的宝贵话语权。

4）中国拥有强大的信息产业。全球顶级的互联网公司均分布在美国和中国，中国拥有百度、腾讯、阿里巴巴等互联网公司，这一优势连德国、日本也不具备。中国在通信行业也拥有一批具有世界影响力的企业，如华为、大唐等，掌握了国际先进技术以及标准的话语权。此外，我国独立于全球定位系统（GPS）之外的北斗卫星定位系统，也在国家战略层面上确保了智能网联汽车不会受制于人。

5）智能网联汽车国际发展仍处于初级阶段。从国际上看，目前关于智能网联汽车的相关法律法规、环境建设也处于刚刚起步的状态，技术协议定义与应用管理规则处于开发讨论状态，从这个角度上讲，中国完全有机会根据我国的具体使用环境和国情制定自己的智能网联汽车使用规则，并在此框架之下进行新一轮的汽车产业布局。

2.3.3 我国发展智能网联汽车存在的问题

尽管我国发展智能网联汽车前景光明，但也面临着严峻的挑战，存在着明显短板。

1）尚未形成国家层面的智能网联汽车发展战略，缺乏大型国家项目支撑。目前，汽车智能化、网联化已经成为美、日、欧等发达国家和地区的汽车发展战略，经过近十年的国家项目积累，以智能化、网联化汽车发展带动传统汽车产业、信息通信产业、电子产业的格局已初步形成。而目前我国还处于技术追赶阶段，同时由于缺乏强有力的大型国家项目支撑，智能网联汽车发展战略尚未在国家层面形成。

2）我国智能网联汽车领域的技术基础还十分薄弱，核心技术尚落后于世界先进水平。在车载视觉、激光雷达、毫米波雷达等高性能传感器，汽车电子、电控系统、专用芯片等关键基础零部件领域，其核心技术与产品主要被国外企业掌握，自身掌握的技术和积累远远不够。

3）自主零部件企业相对弱小，行业缺乏有效协同研发机制。企业缺乏可持续的自主研发体系，行业协同不足无法形成合力，国家尚未形成有效的自上而下的智能网联汽车政产学研体系。

4）信息产业与汽车融合层次较浅。中国虽有强大的互联网产业基础，但过分偏重销售和服务端，与汽车产业的结合尚停留在信息服务、后市场等领域，未能深入到汽车智能化和网联化的决策与控制层面。

5）智能网联汽车标准、法规及测试能力建设相对滞后。美、日、欧等发达国家和地区已建立并形成了较完善的 ADAS 系统、V2X 测试评价标准、法规及相应的测试评价能力和设施，并从国家层面提出了 ADAS 系统强制装配时间表。我国在智能网联汽车相关的测试标准、方法、设施方面存在严重不足，缺乏系统性和完整性。

3　智能网联汽车的发展愿景与目标

3.1　我国智能网联汽车的发展愿景

以《中国制造 2025 重点领域技术路线图》为基础，重点规划我国智能网联汽车五年到十年产业技术发展路径，并对下一步的技术发展提出展望，提出我国智能网联汽车的发展愿景，具体如下。

① 安全：大幅降低交通事故和交通事故伤亡人数。

② 效率：显著提升交通效率。

③ 节能减排：有效降低交通能源消耗和污染排放。

④ 舒适和便捷：提高驾驶舒适性，解放驾驶人。

⑤ 人性化：使老年人、残疾人等都拥有驾车出行的权利。

3.2 我国智能网联汽车发展的产业目标

3.2.1 起步期（2016 年—2020 年）

3.2.1.1 顶层设计方面

初步形成以企业为主体、市场为导向、政产学研用紧密结合、跨产业协同发展的智能网联汽车自主创新体系。

3.2.1.2 标准体系和能力方面

初步建立智能网联汽车标准法规体系、自主研发体系、生产配套体系；掌握乘用车及商用车智能驾驶辅助系统关键技术，包括传感器、控制器关键技术；供应能力满足自主规模需求，产品质量达到国际先进水平，产品成本具有市场竞争力；制定中国智能网联汽车数据安全技术标准，缩小与发达国家的差距。

3.2.1.3 市场应用方面

汽车 DA、PA、CA 新车装配率超过 50%，网联式驾驶辅助系统装配率达到 10%，满足智慧交通城市建设需求。

3.2.1.4 社会效益方面

汽车交通事故减少 30%，交通效率提升 10%，由于采用智能化和网联化技术可分别降低油耗与排放 5%。

3.2.2 发展期（2021 年—2025 年）

3.2.2.1 顶层设计方面

基本建成面向乘用车与商用车的自主式智能网联汽车产业链与智慧交通体系。

3.2.2.2 标准体系和能力方面

建立较为完善的智能网联汽车标准法规体系、自主研发体系、生产配套体系及产业群；掌握自动驾驶系统关键技术，传感器、控制器达到国际先进水平，掌握执行器关键技术；产品质量与价格均具有较强国际竞争力，拥有供应量在世界排名前十的供应商企业 1 家；实现汽车全生命周期的数字化、网络化、智能化，为汽车产业转型升级奠定基础，完成智能网联汽车的国家信息安全强制认证，在智能汽车领域具备竞争优势。

3.2.2.3 市场应用方面

汽车 DA、PA、CA 新车装配率达 80%，其中 PA、CA 级新车装配率达 25%，HA/FA 级自动驾驶汽车开始进入市场。

3.2.2.4　社会效益方面

汽车交通事故减少 80%，普通道路的交通效率提升 30%，由于采用智能化和网联化技术可分别降低油耗与排放 20%。

3.2.3　成熟期（2026 年—2030 年）

3.2.3.1　顶层设计方面

建成面向完善的自主智能网联汽车产业链与智能交通体系。

3.2.3.2　标准体系和能力方面

形成完善的自主智能网联汽车标准法规体系、研发体系及生产配套体系，中国品牌智能网联汽车以及核心零部件企业具备较强国际竞争力，实现产品大规模出口。建立完善的智能交通体系，智能汽车与智能道路间形成高效的协作发展模式。

3.2.3.3　市场应用方面

DA、PA、CA 级新车装备率以及汽车联网率均接近 100%，HA/FA 级新车装备率达到 10%。

3.2.3.4　社会效益方面

在部分区域初步形成“零伤亡、零拥堵”的智能交通体系，全国范围内交通事故率、拥堵时间与能耗排放均大幅度降低。

3.3　我国智能网联汽车的分阶段发展目标与里程碑

根据智能网联汽车智能化等级和网联化等级的要求，提出智能网联汽车的分阶段发展目标与里程碑，具体包括智能网联乘用车分阶段发展目标与里程碑、智能网联商用车分阶段发展目标与里程碑。

3.3.1　智能网联乘用车分阶段发展目标与里程碑

根据智能化等级和网联化等级要求，智能网联乘用车的分阶段发展目标具体如下（图 5-3-1）：

1）2016 年左右实现 DA 级智能化。通过自主式环境感知实现单项的驾驶辅助功能，其中典型系统包括自动紧急制动（AEB）、车道保持辅助（LKA）、自适应巡航（ACC）、辅助停车（PA）等。

2）2018 年左右实现 PA 级智能化。以自主式环境感知为主，并能提供基于网联的智能化信息引导，其中典型系统包括车道内自动驾驶、自动停车（AP）、换道辅助（LCA）等。

3）2020 年左右实现 CA 级智能化。具备网联式环境感知能力，可适应较为复杂工况下的自动驾驶环境，其中典型系统包括高速公路自动驾驶（Highway Pilot）、城郊公路自动驾驶（Urban Pilot）、协同式队列行驶（CACC）、交叉口通行辅助等。

4）2025 年以后实现 HA/FA 级智能化。具备车与其他交通参与者间的网联协同控制能力，实现高速公路、城郊公路和市区道路的自动驾驶，在此基础上，进一步实现全路况条件下的自动驾驶。

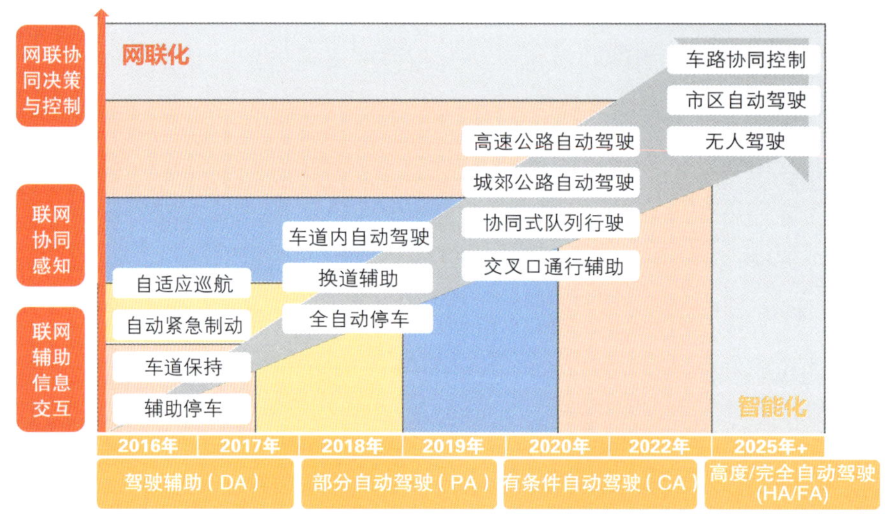

图 5－3－1　智能网联乘用车里程碑

3.3.2　智能网联商用车分阶段发展目标与里程碑

根据智能化等级和网联化等级要求，智能网联商用车的分阶段发展目标具体如下（图 5－3－2）。

1）2016 年左右实现 DA 级智能化。通过自主式环境感知实现单项的驾驶辅助功能，其中，典型系统包括商用车自动紧急制动、车道保持辅助、自适应巡航等。

2）2018 年左右实现 PA 级智能化。以自主式环境感知为主，并能提供基于网联的智能化信息引导，其中典型系统包括车道内自动驾驶、换道辅助、盲区监测等。

3）2020 年左右实现 CA 级智能化。具备网联式环境感知能力，可适应较为复杂工况下的自动驾驶环境，其中，典型系统包括高速公路自动驾驶、城郊公路自动驾驶、商用车自动停车、协同式队列行驶、园区无人驾驶公交、无人驾驶专用车等。

4）2025 年以后实现 HA/FA 级智能化。具备车与其他交通参与者间的网联协同控制能力，实现高速公路、城郊公路和市区道路的自动驾驶，在此基础上，进一步实现全路况条件的自动驾驶。

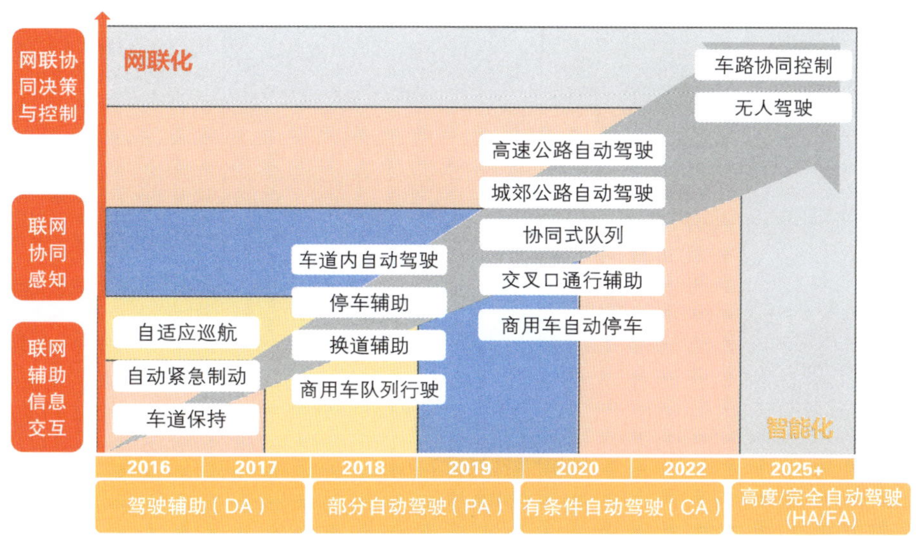

图 5-3-2　智能网联商用车里程碑

4 智能网联汽车的发展路线

在对国内外现状进行对比分析的基础上，从智能网联汽车总体技术路线图、关键零部件技术路线图和关键共性技术路线图三个方面分别进行叙述，提出具体的预期目标、差距分析以及实现路径。

4.1　智能网联汽车总体技术路线图

为实现比较连贯的智能网联汽车技术发展路径，分别考虑里程碑与分阶段目标、关键零部件和关键共性技术发展路径之间的逻辑关系，按照发展智能网联汽车所需要的五类关键零部件系统和六项关键共性技术进行细分，描绘每个零部件或每项关键技术的技术演进时间表，总体技术路线图具体如图 5-4-1 所示。

其中，基于自主环境感知的单项驾驶辅助功能（即 DA 级自动驾驶汽车）大规模运用将于 2016 年实现；以自主环境感知为主，网联信息服务为辅的部分自动驾驶（即 PA 级）应用将于 2018 年实现，融合自车传感器和网联信息、可在复杂工况下的有条件自动驾驶（即 CA 级）将于 2020 年实现，在 2025 年以后可实现 V2X 协同控制，完成高度/完全自动驾驶功能，在 2030 年左右实现一定规模的产业化应用。

		2020年		2025年	2030年
总体目标		自主式环境感知为主，网联信息服务，部分自动驾驶应用（PA）	自主式与网联式环境感知融合，实现较复杂工况下有条件自动驾驶（CA）	V2X协同控制，实现高度自动驾驶（HA）	V2X协同控制，实现完全自动驾驶（FA）
关键零部件	环境感知技术	自主光学镜头具备较强竞争力，基于视觉的预警类ADAS产品大规模应用		基于视觉或视觉与其他感知系统融合的自主化控制类产品大规模应用	作为HA/FA级智能网联汽车环境感知系统的重要支撑，车载视觉系统实现大规模装配，自主产品具有较强竞争力
	环境感知技术	突破车载雷达芯片关键技术，实现自主毫米波雷达的开发		实现低成本的基于国产高集成度芯片的车载雷达开发及规模化应用	实现三维毫米波车载雷达和成像雷达的自主开发与大规模应用，与其他环境传感器实现深度融合与信息共享
	环境感知技术	实现单线激光雷达相关硬件的自主制造，实现厘米级实时测距技术，其中激光探测器相关技术指标达国外先进水平		突破全波形高精度扫描成像技术，实现低成本、小型化车载测距激光雷达样机生产与测试，探测范围、成像分辨率、成像效果等方面满足HA/FA级智能化需求	突破车载激光雷达与视觉等传感器融合关键技术，自主化激光雷达三维成像技术，实现4线到64线车载激光雷达软硬件技术的自主化
	高精度定位与地图	实现独立自主的北斗车载高精度定位定姿系统，动态下精度达到亚分米级，实现基于多传感器的辅助定位及精度补偿关键技术		实现北斗高精度定位与多源辅助定位的组合应用，形成具备高可靠性的高精度车载定位定姿系统，动态下精度达到厘米级	实现北斗高精度定位、多源辅助定位及其他新型定位定姿技术的深度融合，满足FA级智能网联车的感知和认知需求
	高精度定位与地图	提供全国范围内骨干路网及主要城市路网的ADAS Map数据，精度达到亚分米级		提供适用于无人驾驶的高精度地图数据，精度达到厘米级，且数据质量达到国际先进水平；高精度地图数据模型和存储式样的标准化	实现高精度地图生产自动化及标准化，提供动态三维高精度地图，满足HA/FA级智能网联汽车的感知和认知需求
	通信与信息交互平台技术	实现V2X底层通信模块原理样机的开发和技术标准初稿的制定	实现V2X通信模块样机的批量生产，完成大规模测试，完成V2X频谱规划初步工作	实现技术标准规范完善，完成V2X频谱规划和频谱指派，完成认证体系建设，实现商用V2X通信模块产品开发	
	通信与信息交互平台技术	支持多通信模式的数据交互管理平台，完成应用层数据交互标准，开展基于大规模的示范与应用	结合底层通信模块的商业化开发，开展基于V2X技术的车辆测试、认证和大规模产业化推广和应用	不同品牌车辆间、车辆与路侧设备以及车辆与平台间实现标准协议下的V2X通信，V2X系统应用大幅提升交通安全与能效	融合V2X技术的智能汽车和无人驾驶技术大幅度降低自车传感器依赖，提高无人驾驶的可行性
	通信与信息交互平台技术	建立“基础数据-公共服务-应用服务”的三级信息交互平台架构体系，研究各平台间数据交互标准	全国性基础数据平台形成规模化运营，实现不同品牌汽车的大规模接入，三级平台间通过标准协议实现实时对接	完善各级平台标准化与运营工作，网联汽车在基础数据平台的接入率达到80%以上	全国网联汽车数据实现在基础数据平台上的交互共享，形成三级平台架构下的开发、运营标准化体系
	车载智能终端及HMI产品	突破车载智能网关、数据协同处理、智能信息服务等车载智能终端核心技术		强化车载终端软硬件运行能力与信息安全防护能力，建立完善的通信协议和标准体系，构建开放、共享的智能信息服务业务框架体系	突破集成信息娱乐、信息协同和安全保障的车载智能化终端创新设计关键技术，实现智能终端产业化、规模化应用

图5-4-1　智能网联汽车总体技术路线图

		2020年	2025年	2030年
关键零部件	车载智能终端及HMI产品	构建面向智能网联汽车的用户操控体验感的人机交互主客观评价体系，建立HMI市场调研和用户质量反馈体系	实现低成本、多点触控、大尺寸、增加触感反馈的液晶交互界面关键技术开发，突破显示界面的增强现实关键技术	开发基于人体多生物特征融合的多模态人机智能交互方式，初步探索基于人脑信息识别的新一代人机交互技术
	集成控制系统	实现多项驾驶辅助功能的集成控制，实现底层执行控制模块、ADAS功能模块及协同控制器的产业化	可有效利用网联感知信息的集成式控制器，可实现部分自动驾驶和有条件自动驾驶功能的集成控制器	开发具有高度/完全自动驾驶的集成控制器，支撑HA/FA智能化整车产品
		攻克智能驱动、制动、线控转向等关键技术，实现对车辆电控驱动、制动、转向系统的精确、高效、可靠及协调控制	实现自主的线控制动、高安全性线控转向系统的系统开发与产业化	
关键共性技术	多源信息整合技术	建立车辆多源感知信息的优化组合与自组织方法，提高前方车辆、行人等障碍物检测的精度和可靠性，满足高速行驶环境下的检测要求	多方向多传感器信息融合，提升检测精度与复杂工况适用性	基于网联通信开展多车多源信息融合技术，实现多车信息共享，提高感知的精确和可靠性，满足车辆高速行驶的要求
	车辆协同控制技术	建立适用于自主停车等部分自动驾驶系统的单车智能决策控制方法；建立适用于有条件自动驾驶的单车决策控制方法，针对路径规划的目的点或特征点建立自主决策的优化模型	完成从有条件自动驾驶到高度自动驾驶的过渡，建立适用于高度自动驾驶的单车智能决策控制方法	完成从高度自动驾驶到完全自动驾驶的过渡，最终建立适用于完全自动驾驶的单车智能决策控制方法
		横、纵向分别实现多车多目标协同决策和控制方法，支撑PA级智能化整车产品	构建多车通信拓扑结构与编队几何构型的分析与优化方法，突破非理想通信环境下多车协同控制方法。支撑CA级智能化整车产品	建立多车协同控制的测试评估方法，实现协同控制下网联车辆安全节能示范应用
	电子电气架构	制定智能网联汽车的电子电气构架需求标准，提出满足需求的新型构架，并搭建仿真测试平台	优化新型构架，在实车上应用示范，形成智能网联汽车电子电气构架设计规范	建立智能网联汽车电子电气构架测试评估规范，为电子电气构架的测试与验证提供基础
	信息安全技术	形成智能网联汽车信息安全管理要求，制定智能网联汽车信息安全技术标准，完善智能网联汽车信息安全测试规范，建立智能网联汽车信息安全应急响应体系	实现市面上70%的智能网联汽车满足信息安全标准，DA/PA级智能网联汽车自愿认证，CA、HA/FA级智能网联汽车实行强制安全认证	构建感知决策控制多域的智能网联汽车信息安全架构，构建基于端–管–云的智能关联汽车信息安全保障体系
	人机交互共驾	设计考虑驾乘体验感的控制权切换适宜性的主客观评价指标，构建不同智能等级下人车控制权切换的性能评估与测试方法	明确驾驶辅助技术的适用范围和驾驶人交互接管控制能力，实现人机控制权的动态优化分配与失效补偿技术	实现车载控制系统复杂环境下的无人接管驾驶能力，人机共驾任务的环境预知能力，实现对人驾驶权的主动诱导
	道路基础设施	初步形成智能化道路基础设施的雏形，基本满足DA、PA级智能网联汽车的网联化和智能化需求	实现车路通信V2I网络覆盖范围的进一步扩大，基本覆盖高速公路；干线公路与城市道路全面支持CA级智能网联汽车发展	车路通信V2I网络覆盖全国主要高速公路和城市快速路；干线公路和城市道路全面支持HA/FA级智能网联汽车发展
	标准法规	研究制定以DA、PA级智能化水平和网联化等级中的辅助信息网联为重点的技术及应用系列标准	研究制定以CA级智能化水平和网联化等级中的环境感知、信息网联、协同决策与控制为重点的技术及应用系列标准	研究制定以HA/FA级智能化水平和网联化等级中的环境感知、信息网联、协同决策与控制为重点的技术及应用系列标准

图 5－4－1　智能网联汽车总体技术路线图（续）

4.2 关键零部件技术路线图

4.2.1 环境感知系统技术路线图

4.2.1.1 车载视觉系统技术路线图

（1）预期目标

1）2020年左右，取得光学镜头、图像处理与视觉增强算法大规模应用自主成果，性能与国际品牌相当并具有成本优势，在中国品牌汽车市场中占据80%以上份额，车道偏离警示系统（LDW）/前方碰撞预警系统（FCW）/全景停车/倒车辅助等基于视觉的预警类产品大规模应用。

2）2025年左右，实现车载图像感光芯片与专用图像信号处理（ISP）芯片的自主研制，自主产品在国内汽车市场占有率达到50%以上，车道保持/自动停车/主动避撞/夜视等基于视觉或视觉与其他感知系统融合的控制类产品大规模应用。

3）2030年左右，车载视觉系统作为高度/完全自动驾驶汽车环境感知系统的重要支撑实现大规模装配，自主产品在全球市场具有较强竞争力。

（2）差距分析

1）车载图像感光芯片方面。目前，车载图像感光芯片主要采用互补金属氧化物半导体（CMOS）工艺。全球市场上大批量应用的芯片产品基本上被少数几家公司所垄断。国内少数公司通过多年积累，已经开发出手机和消费类产品使用的CMOS芯片，但车载CMOS芯片由于对使用环境温度、电磁兼容性（EMC）、功耗、复杂使用环境下的参数性能、高可靠性低成本的封装等要求，还没能够突破大批量应用的门槛，差距明显。

2）专用图像处理ISP芯片方面。专用图像处理ISP芯片需要两个方面的核心技术——图像处理算法、芯片设计和生产技术，而且两个方面的技术需要深度结合，国内在这两个领域都与国外存在明显差距。国际上该领域领先的企业拥有十余年的图像智能分析算法积累，实现了国际市场上的大范围垄断。而在芯片设计和生产技术方面，国外芯片公司拥有更为强大的技术实力，国内芯片产业整体基础较为薄弱。

3）车载光学镜头方面。国内车载光学镜头的制造产量较高，但光学设计能力与国外顶尖的光学设计公司还有一定差距，尚停留在低端制造水平，生产制造工艺还有待提高。

4）车载视觉系统的应用方面。目前，车载视觉系统整体市场还处于起步期，国内能够真正做出符合汽车零部件性能和质量要求的车载视觉类ADAS产品的公司还非常少，而且主要集中在基于视觉的预警类ADAS产品上，对于控制类ADAS产品，其研发基础较弱。国外零部件巨头公司在此领域已经积累多年，且大批量采购致使成本较低，国内公司面临很大的规模化竞争压力。

（3）实现路径

1）强调顶层设计和统一规划，通过实施支持和补贴政策，弥补CMOS芯片的产业链短板，突破车载级CMOS芯片研发设计与制造工艺差距，建立国产的感光芯片产业基础。

2）通过产业链各环节的联合创新与协作攻关，提升图像处理基础技术水平，让国产的专用图像处理 ISP 芯片可以进行规模化的装备、验证、改进，以符合汽车产品的要求。

3）产学研合作，高校加强光学领域的基础研究与工程化技术转移，相关企业加大研发投入力度，培养光学设计的核心能力与提高制造工艺水平，实现光学镜头产业由大转强。

4）通过行业组织及联盟平台，建立汽车企业与供应商的良好战略合作关系，对国内从事车载视觉应用系统开发的企业给予一定的支持，培养规模化竞争力，使其能够与国外巨头零部件企业竞争。

（4）路线图

车载视觉系统技术路线如图 5－4－2 所示。

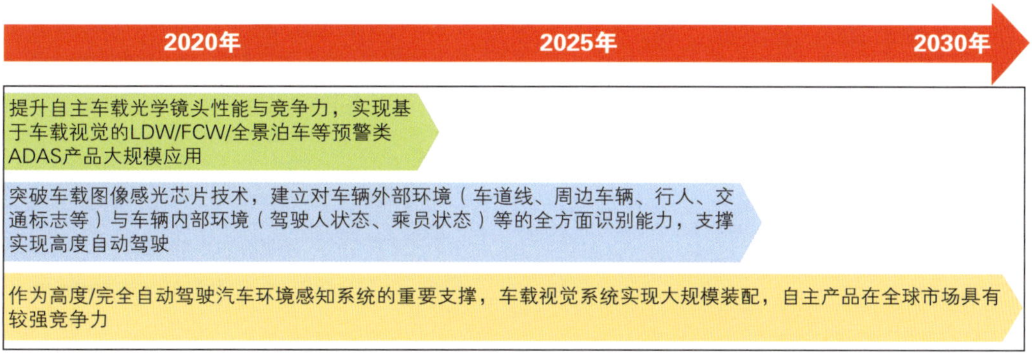

2020年　2025年　2030年

提升自主车载光学镜头性能与竞争力，实现基于车载视觉的LDW/FCW/全景泊车等预警类ADAS产品大规模应用

突破车载图像感光芯片技术，建立对车辆外部环境（车道线、周边车辆、行人、交通标志等）与车辆内部环境（驾驶人状态、乘员状态）等的全方面识别能力，支撑实现高度自动驾驶

作为高度/完全自动驾驶汽车环境感知系统的重要支撑，车载视觉系统实现大规模装配，自主产品在全球市场具有较强竞争力

图 5－4－2　车载视觉系统技术路线图

4.2.1.2　车载毫米波雷达技术路线图

（1）预期目标

1）2020 年左右，实现车载 24GHz 和 77GHz 射频收发芯片和雷达波形控制芯片的自主研制，完成雷达射频前端设计、制造、装配、测试技术的开发，完成复杂道路条件下的二维雷达信号处理系统开发，实现基于自主 24GHz 和 77GHz 芯片的车载雷达开发，并集成多种车载应用功能，实现样机研制和测试评价。

2）2025 年左右，集成波形控制，实现集成模数转换器（ADC）、数模转换器（DAC）的 24GHz/77GHz 射频收发芯片的高集成度雷达芯片开发，完成复杂道路条件下的 77GHz 三维毫米波雷达信号处理系统开发，实现基于国产高集成度芯片的车载雷达开发，实现雷达与摄像头一体机开发，实现大规模生产，完成产品生命周期的故障诊断技术开发。

3）2030 年左右，实现基于国产核心部件的车载毫米波雷达大规模应用；实现基于国产核心部件的高性能三坐标（三维）车载毫米波雷达的自主开发及规模化应用；实现基于国产核心部件的车载毫米波成像雷达的自主开发及规模化应用。毫米波雷达与其他环境传感器实现深度融合与信息共享，我国自主雷达产品具备较强的市场竞争力。

（2）差距分析

1）车载雷达应用方面。目前，国内市场上销售的车辆所配备的车载雷达主要为

24GHz/77GHz 毫米波雷达。国外厂商在 24GHz/77GHz 车载毫米波雷达硬件中不但占据产品绝对优势，而且具有成本和性能优势。由于国内汽车主动安全防撞系统的研制起步较晚，在已公开的专利论文中，多数有关 24GHz/77GHz 的雷达防撞技术还停留在原型机和仿真建模等技术机理验证的研究阶段，雷达系统的体积和性能与国外还有较大差距，且没有大规模商业化使用。

2）车载毫米波雷达系统软、硬件方面。由于国外雷达厂商不开放雷达信号处理等关键技术信息，国内雷达除军用研究之外缺乏车载硬件与系统核心软件研究基础，车载雷达系统软、硬件开发与测试的基础与经验也较为薄弱，因此，与国外相比，我国开发出的样机性能仍然存在较大差距。

3）车载毫米波雷达产业链方面。经过多年的发展，国外在车载雷达及其应用领域形成了从智能驾驶辅助系统开发、雷达传感器开发、雷达相关半导体芯片开发、高频电路生产的集成设计与制作，到雷达传感器生产与测试相关设备开发的完整产业链，而国内尚处空白。

（3）实现路径

为了迅速缩短我国和国外在车载毫米波雷达及其相关上下游产业的巨大差距，应在下列关键领域予以重点突破：先从 24GHz 雷达相关芯片国产化开始形成完整的短、中远程雷达设计与工艺及应用产业链，再突破至 77GHz 二维/三维雷达相关芯片的两阶段国产化进程。

1）24GHz/77GHz 雷达相关芯片设计与测试评价技术。研究实现雷达射频收发芯片、雷达波形控制芯片、高速模数转换、雷达信号处理器与微处理器的设计与测试评价技术。

2）24GHz/77GHz 射频（RF）集成技术。研究实现 24GHz ISM 频段㊀、超宽带无线技术（UWB）、77GHz 高频前端设计、制造、装配、测试技术，实现高集成度、小型化雷达散热技术和毫米波天线及天线罩设计制作生产测试技术。

3）雷达波形调制、雷达信号处理与功能应用。研究实现雷达快速压缩脉冲波形的产生与测试技术、雷达高速信号处理算法以及复杂噪声背景下的目标检测技术，实现复杂道路条件下多目标跟踪技术和自适应巡航与自动紧急制动技术在雷达传感器中的集成。

4）24GHz/77GHz 雷达系统生产测试与评价平台技术。研究实现与雷达系统生产相关的高精度装配技术、在线测试（ICT）技术、雷达性能生产线在线测试与校正技术。

5）雷达系统故障诊断技术。研究实现雷达系统自身状态监测技术与检测雷达系统内部故障自诊断技术，实现雷达系统使用过程中不间断监测自身状态、检测雷达系统内部故障。

6）77GHz 三维毫米波雷达关键技术。研究实现 77GHz 三维毫米波雷达 RF 芯片技术、RF 集成技术以及雷达信号处理与应用技术。

（4）路线图

㊀ ISM 频段：工业、科学和医用频段，不需要许可证，只需要遵守一定的发射功率（一般应低于 1W），并且不要对其他频段造成干扰即可。

车载毫米波雷达技术路线如图 5－4－3 所示。

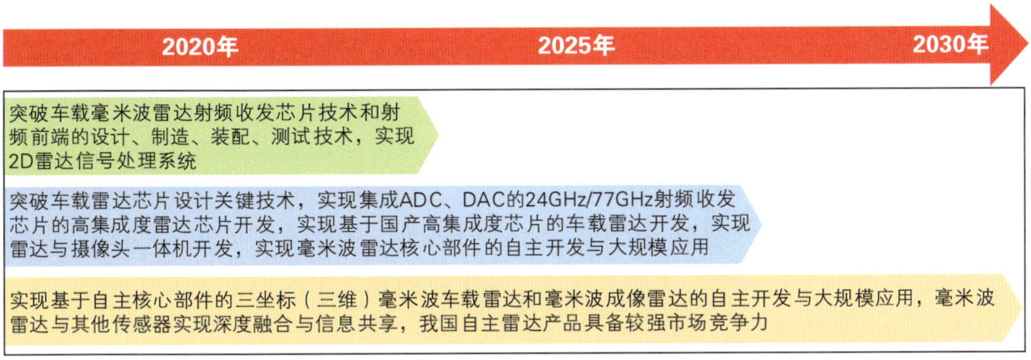

2020年	2025年	2030年
突破车载毫米波雷达射频收发芯片技术和射频前端的设计、制造、装配、测试技术，实现2D雷达信号处理系统		
突破车载雷达芯片设计关键技术，实现集成ADC、DAC的24GHz/77GHz射频收发芯片的高集成度雷达芯片开发，实现基于国产高集成度芯片的车载雷达开发，实现雷达与摄像头一体机开发，实现毫米波雷达核心部件的自主开发与大规模应用		
实现基于自主核心部件的三坐标（三维）毫米波车载雷达和毫米波成像雷达的自主开发与大规模应用，毫米波雷达与其他传感器实现深度融合与信息共享，我国自主雷达产品具备较强市场竞争力		

图 5－4－3 车载毫米波雷达技术路线图

4.2.1.3 车载激光雷达技术路线图

（1）预期目标

1）2020 年左右，实现单线激光雷达相关硬件的自主制造，实现厘米级实时测距，其中激光探测器相关技术指标达国外先进水平。

2）2025 年左右，实现全波形高精度扫描成像，实现低成本、小型化车载测距激光雷达的样机生产与测试，在探测范围、成像分辨率、成像效果方面满足 HA/FA 级智能化需求。

3）2030 年左右，实现车载激光雷达与视觉传感器及毫米波雷达信息融合关键技术，实现激光雷达三维成像技术完全自主化，实现 4 线到 64 线车载激光雷达软硬件相关技术自主化，其中自主产品国内市场份额达 40% 以上。

（2）差距分析

国内激光雷达领域在创新能力、核心技术的理论与实践、产业链和产品化等方面，与世界先进水平仍有很大差距。

1）激光雷达产业链方面。激光雷达产业链可归纳为四个部分，即激光雷达硬件制造、激光雷达数据采集、激光雷达数据处理、激光雷达数据增值服务。目前，激光雷达产业链上游几乎完全被国外企业垄断，国内企业主要集中在产业链下游的服务与应用领域。

2）车载激光雷达产品开发方面。目前，国外车载激光雷达的产品开发具有两个特点：一是根据整车辅助驾驶策略定制化设计开发；二是以硬件为重点，牵引、辐射整个研究流程。

在车载激光雷达硬件方面，小型化和低成本是关系到激光雷达能否普遍应用和大量适配的关键问题，而像半导体二极管阵列激光器和体积小、重量轻、成本低的高质量开关等国内仍然没有完全自主知识产权的量产能力。

在车载激光雷达算法设计和应用方面，车载雷达相关算法需要根据整车的辅助驾驶策略进行定制化设计，目前国内具备一定的技术积累，但主要被军工部门和航天研究所掌握，国内各高校、汽车企业以及科研院所在技术研发过程中，主要选用国外激光雷达产品进行 ADAS 系统和智能网联汽车相关技术研究及实车试验，在激光雷达的数据采集、数据处理以及车载应用研究中难以掌握核心算法。

（3）实现路径

1）产业布局方面。通过产学研联合创新与协作攻关，支持激光雷达产业上游的关键零部件研发制造，使国产激光雷达零部件具备自主知识产权与量产能力，进行大视场、微型化激光探测技术研究。同时，与国内整车厂、零部件厂商建立良好的战略合作关系，明晰辅助驾驶系统控制需求，研制车载级别的小型化、低功耗、低成本的激光雷达产品。

2）车载激光雷达产品硬件设计方面。开发高稳定性、小型化的激光雷达扫描机构，实现半导体二极管阵列激光器的自主研发设计，缩短与国外主流激光雷达制造企业的工艺差距，设计高密度、低功耗的轻小电路，突破周视高速旋转扫描的宽视场探测技术，发展固态化的车载激光雷达产品，降低激光雷达量产级硬件成本，使其满足民用车载级产品需求。

3）在车载激光雷达算法应用研究方面。在激光雷达测距算法应用研究方面，突破厘米级实时测距关键算法；开发高精度信息处理、高速实时通信的激光雷达信息处理与通信模块，设计适用于大数据实时、高效传输的数据打包与传输协议。

面向 LDW、FCW、ACC（自适应巡航控制）等 ADAS 系统的不同应用需求，开发复杂工况下高识别率、高可靠性、实时传输的雷达数据处理算法，实现与图像信息、GPS 信息的多源融合技术，满足高精度地图定位等应用。

在激光雷达三维成像算法应用研究方面，推进激光雷达三维成像技术，掌握全波形高精度扫描成像方法，开发高精度激光雷达三维数据采集处理算法，集成多种应用功能，满足自动驾驶场景需要。

（4）路线图

车载激光雷达技术路线如图 5－4－4 所示。

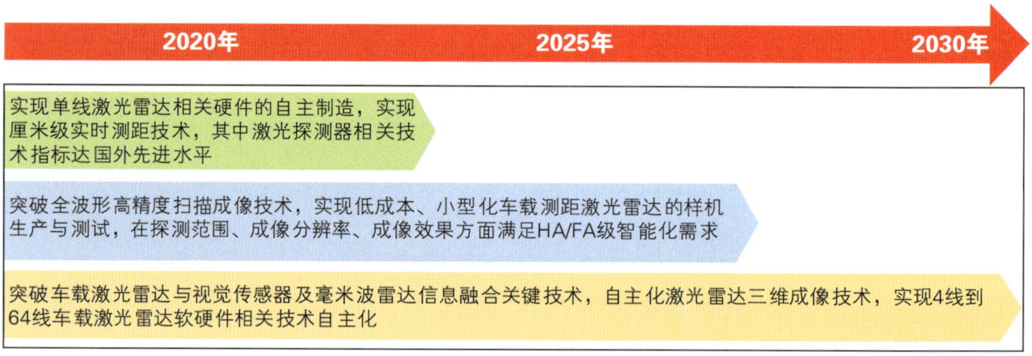

2020年	2025年	2030年
实现单线激光雷达相关硬件的自主制造，实现厘米级实时测距技术，其中激光探测器相关技术指标达国外先进水平		
突破全波形高精度扫描成像技术，实现低成本、小型化车载测距激光雷达的样机生产与测试，在探测范围、成像分辨率、成像效果方面满足HA/FA级智能化需求		
突破车载激光雷达与视觉传感器及毫米波雷达信息融合关键技术，自主化激光雷达三维成像技术，实现4线到64线车载激光雷达软硬件相关技术自主化		

图 5－4－4　车载激光雷达技术路线图

4.2.2　高精度定位系统与高精度地图技术路线图

4.2.2.1　高精度定位系统

（1）预期目标

1）2018 年左右，实现基于北斗系统和 GPS 多模导航的车载高精度定位系统，动态下精度达到分米级，满足大范围全天候高可靠性的定位定姿需求；初步实现基于多传感器的辅助定位技术，探索其他新型车载定位技术。

2）2020 年左右，协同国家北斗定位系统发展战略，实现独立自主的北斗车载高精度定位定姿系统，动态下精度达到亚分米级，实现基于多传感器的辅助定位及精度补偿技术，全面提升动态定位下的稳定性和抗干扰性；完成其他新型车载定位技术的原型开发，结合高精度地图建立完善的测评体系。

3）2025 年左右，实现北斗高精度定位与多源辅助定位的组合应用，形成具备高可靠性、高精度车载定位定姿系统，动态下精度达到厘米级，完成新型车载定位定姿技术的开发，满足智能网联汽车 HA 阶段的感知需求。

4）2030 年左右，实现北斗高精度定位、多源辅助定位及其他新型定位定姿技术的深度融合，无通信条件下定位精度仍然保持在厘米级，同时具备室内外无缝定位能力，满足智能网联汽车 FA 阶段的感知和认知需求。

（2）差距分析

1）高精度定位系统车载应用方面。目前，GPS 占据着绝大部分的车载导航应用市场，且具备成熟完善的产业链。北斗系统作为我国近年来逐渐发展壮大的自主卫星导航系统，在国内汽车行业市场的占有率较低，其产品形态主要是与 GPS 共存的多模导航，相关研发制造企业少，尚未形成稳定的产业链。

2）基于全球卫星导航系统（GNSS）的高精度定位技术方面。目前，基于 GPS 的差分高精度定位技术已相当成熟，如伪距差分 GPS、载波相位差分技术（RTK），且应用广泛，成本低，稳定性好，但差分需要依赖通信，所以高精度定位需要实时通信及定位基站的支持。目前，基于北斗系统的高精度定位技术与 GPS 相比，基础硬件现阶段尚不具备成本优势，如板卡、导航天线等成本高昂，且高精度解算法尚未成熟，动态定位的稳定性和抗干扰性较差。

3）基于惯性导航的高精度定姿技术方面。目前，高精度惯性导航设备主要用于车辆的性能测试，设备昂贵，车载导航所使用的惯性导航通常精度较低，基于惯性导航的车辆定姿技术缺乏面向量产车的产品级应用，适用于车辆姿态确定的算法尚不成熟，实时处理能力和精度都有待提升。

4）多源辅助定位技术方面。目前车载导航主要依赖卫星导航定位及地图匹配技术，对利用摄像头、车载惯性导航器件等多源传感器的辅助定位研究不够，存在技术性差距。面向未来自动驾驶，需要常规定位模块深度融合摄像头、雷达和高精度地图等多源传感器等，以满足智能网联汽车在 DA、PA、CA、HA、FA 等不同阶段的精度需求。

（3）实现路径

1）高精度定位技术方面。研究开发新型原理的高精度定位技术及传感器，提升单车定位精度，研究协同全国北斗地基增强系统的建设，开展车载北斗高精度定位系统技术的研究、应用和推广，具备全面联网条件下车辆的高精度定位能力，增强北斗动态高精度定位下的稳定性和抗干扰性。同时降低全模组成本，考虑云端网联与地图匹配的发展需求，满足智能网联汽车各个阶段的精度需求。

2）高精度定姿技术方面。结合先进的惯性导航技术，结合多源传感器的联合感知，开展车载高精度车身姿态测量技术的研究、应用和推广，全面提升动态定姿精度，提供实时、连续可靠的车辆行驶状态及航向角、俯仰角、侧倾角等车身姿态信息，满足智能网联汽车控制系统的要求。

3）多源辅助定位和新型定位技术方面。开展基于多传感数据融合的多源辅助定位研究，重点研究基于地理源信息、双目摄像头、雷达、车载惯性导航等多源传感器以及通信基站的辅助定位技术，实现大数据的合理存储与实时处理，满足智能网联汽车对于高精度定位的快速性、稳定性等需求。同时研究低成本新型原理的高精度定位方法，例如无通信条件下基于高精度地图、环境感知及特征匹配的车辆行驶状态下的厘米级定位等。

4）北斗车载导航量产级应用方面。

第一步，结合多模导航，提升车载导航服务稳定性，赢得市场和用户的认可度，具备自主独立导航能力，功能和产品上逐步替代 GPS。

第二步，全面开展新一代北斗/GNSS 和高精度定位定姿系统（POS）的开发，结合导航软件和地图的适配性，同时充分利用北斗定位系统通信功能，实现互动式网联系统和产品开发，形成完善的量产化产品，全面提升基础产品产业链，包括导航天线、终端芯片、板卡的质量水准，达到国际先进水平。

（4）路线图

高精度定位系统技术路线如图 5－4－5 所示。

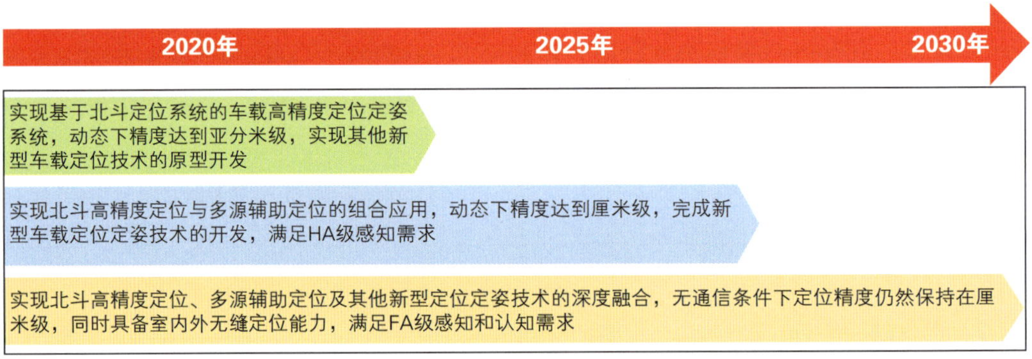

图 5－4－5　高精度定位系统技术路线图

4.2.2.2　高精度地图

（1）预期目标

1）2018 年左右，提供区域高级辅助驾驶的高精度地图（ADAS Map），地图精度达分米级，数据范围覆盖指定区域主要高速公路和城市快速路；提供可支持智能网联汽车各种示范项目的小范围高精度地图（HAD Map）数据，精度达分米级以内，初步形成高精度地图数据模型和存储式样的行业标准。

2）2020 年左右，提供全国范围内骨干路网及主要城市路网的高级辅助驾驶高精度地图（ADAS Map）数据，精度达到亚分米级，建立 ADAS Map 相关国家或者行业标准；并提供适用于无人驾驶的高精度地图（HAD Map）数据，精度达到亚分米级，数据范围覆盖全国主要高速公路和城市快速路，且数据采集设备和技术自主占比达到60%，形成成熟的数据模型和存储式样标准。

3）2025 年左右，提供适用于无人驾驶的高精度地图（HAD Map）数据，精度达到厘米级，且数据质量达到国际先进水平，数据采集设备和技术自主占比达到 100%，制作范围覆盖实现全路网覆盖。实现高精度地图数据模型和存储式样的标准化，建立 HAD Map 相关国家或者行业标准。

4）2030 年左右，实现高精度地图生产自动化及标准化，提供动态三维高精度地图，并实现动态高精度地图的快速更新、数据发布和智能化应用，满足 HA/FA 级智能网联汽车的感知和认知需求。

（2）差距分析

国际知名车企、地图企业和相关的行业协会已经开展了高精度地图的理论研究和制作，并且已经进入实车试验和标准化阶段。

国内相关领域研究起步较晚，多家地图数据公司开始探索研究，地图生产制作的自动化程度较低，覆盖范围小，与自动驾驶方案对接仍处于预研阶段；在数据采集、地图精度、数据内容、存储管理、覆盖范围上距离国际水平还有一定差距，标准化进程推进较慢。

（3）实现路径

1）理论研究。图商与大学及研究机构合作，就高精度地图及定位关键技术开展基础研究，与汽车厂商、系统集成商深度合作，完成高精度地图与无人驾驶的技术对接，确立高级辅助驾驶高精度地图（ADAS Map）和高精度地图（HAD Map）数据的数据模型，推进高精度数据采集式样、交换格式和物理存储的标准化。

2）规模化生产。在满足采集精度和可靠性的前提下，提高数据采集、制作工艺水平和自动化程度，实现高精度地图数据的规模化生产。

大力推进高精度地图数据采集设备和制作工艺的国产化水平，重点突破激光雷达、全景摄像头、惯性测量装置（IMU）、GNSS 等设备和高精度地图的编辑平台软件，逐步提升高精度地图生产制作的自主率。

3）综合化试验。协同高精度定位定姿系统及多传感器融合技术，逐步形成完善的智能网联汽车认知和感知系统。进行多气候条件多道路工况下的实车路测，建立高精度地图精度和准确性的测评体系。借助车联网、云平台及数据众筹，实现高精度地图的增量更新。

4）未来地图探索。与北斗系统、雷达/视觉系统、车辆控制器局域网络（CAN）总线系统等实现深度信息融合，基于物联网、云技术以及 5G 技术等实现高精度三维地图的实时、自动增量更新。全面收集地理、气候、道路、车辆和行人的实时动态数据，包括位置、交通以及预测信息等，在静态高精度地图基础上，实现驾驶外部环境的真实、详尽和实时表达。

（4）路线图

高精度地图技术路线如图 5－4－6 所示。

图 5-4-6　高精度地图路线图

4.2.3　通信与信息交互平台技术路线图

4.2.3.1　V2X 底层通信技术路线图

（1）预期目标

1）2018 年左右，实现 V2X 底层通信模块原理样机的开发和技术标准初稿的制订。

2）2020 年左右，实现 V2X 通信模块样机的批量生产，完成大规模测试，完成 V2X 频谱规划初步工作。

3）2025 年左右，实现技术标准规范完善，完成 V2X 频谱规划和频谱指派，完成认证体系建设，实现商用 V2X 通信模块产品开发。

（2）差距分析

1）频谱分配方面。美国为 V2X 通信分配了 75MHz 频谱；欧洲也在类似频段分配了 30MHz 用于主动安全应用。而中国当前仅仅针对电子不停车收费系统（ETC）/电子识别等少数应用分配了专用频谱，并未针对车辆主动安全领域分配任何频谱，仅在中国通信标准化协会（CCSA）启动了主动安全频谱需求的研究项目。

2）底层传输技术方面。目前，美国和欧洲均把 IEEE 802.11p 作为 V2X 的底层传输技术，该技术由无线局域网 WLAN 802.11a 改进形成，在国外测试项目中得到一定程度的验证。而国内有关的高校、企业和研究机构开展了大量的前期研究，交通部下属的全国智能运输系统标准化技术委员会制定了《合作式智能运输系统专用短程通信第三部分网络层及应用层技术要求》，但产品开发明显滞后，且是否能用于 V2X 通信有待验证；在自主 V2X 底层通信技术研究领域，2014 年已经启动了“基于 TD—LTE 的车辆安全短程通信技术研究”课题，但尚未形成完善的基于 TD—LTE 的底层通信技术。

3）通信标准体系方面。目前，美国已经形成 SAE-DSRC/IEEE-1609/IEEE-802.11p 系列技术标准体系，并正在对 V2V 标准进行最后的完善工作；欧洲已经形成欧洲电信标准协会（ETSI）/欧洲标准化委员会（CEN）联合制定的 C—ITS 系列标准体系，包括测试标准。而中国目前仅有局部的 V2X 技术标准，尚未形成系统完整的标准体系。

4）通信模块产品方面。国外多家厂商已经实现了基于 802.11p 的商用 V2X 通信设备的研制，支持美国和欧洲上层标准。而我国部分高校和企业在 802. 11a 商用芯片上，实现了支持车辆安全预警信息交互的组播，并在一些特殊场景下进行了推广应用。

（3）实现路径

1）频谱分配。在应用层、传输层技术标准初稿的基础上，估算形成粗粒度的 V2X 频谱规划，并为外场测试提供试验频率资源，在技术标准的完善稿基础上，进行精细化分析，确定正式的频谱资源分配和指派规则（如信道数量、带宽、关联应用类别等）。

2）突破 V2X 通信传输层技术。实现高速移动、动态拓扑组网、信息快速交互、节点密度变化自适应、多业务/多信道/多模式通信共存协调等技术，支撑 V2X 的低时延、高可靠底层传输，进一步形成 V2X 底层传输技术解决方案（重点技术攻关方向包括信道导频增强技术、时频同步增强技术、资源分配机制增强技术、蜂窝网络辅助/协同技术、网络辅助安全技术等）。

3）技术标准和规范制定。制定底层详细的 V2X 通信技术标准及标准测试，针对通信技术标准，制定 V2X 通信模块的性能要求规范。其中，对于应用层技术标准的指定路径，建议不限于只采用一种底层标准。

4）V2X 通信模块研制。基于技术标准初稿，进行批量样机开发，支持小规模测试，对技术标准进行迭代完善，在完善的标准基础上，开发商用 V2X 通信产品，重点在于 V2X 通信底层传输芯片研发。

5）测试认证环节。围绕技术标准初稿，开展技术性能测试和设备间的互操作测试，在完善的标准基础上，进行大规模测试，为商用部署积累经验并建设相关测试认证体系。

（4）路线图

V2X 底层通信技术路线如图 5－4－7 所示。

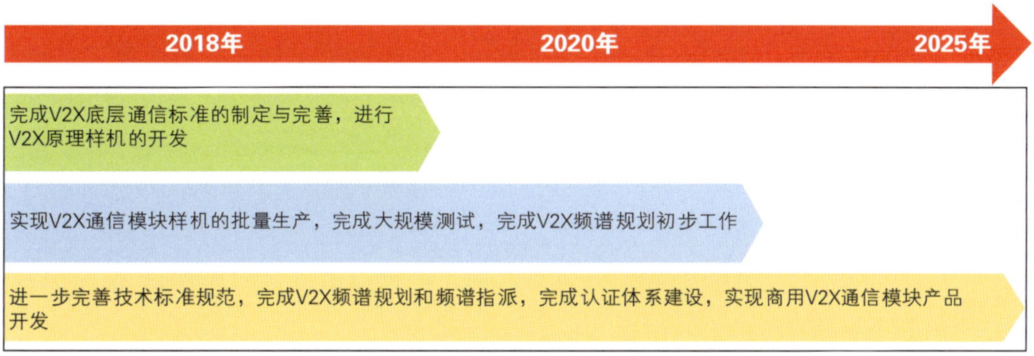

2018年　2020年　2025年

完成V2X底层通信标准的制定与完善，进行V2X原理样机的开发

实现V2X通信模块样机的批量生产，完成大规模测试，完成V2X频谱规划初步工作

进一步完善技术标准规范，完成V2X频谱规划和频谱指派，完成认证体系建设，实现商用V2X通信模块产品开发

图 5－4－7　V2X 底层通信技术路线图

4. 2. 3. 2　V2X 应用技术路线图

（1）预期目标

1）2016 年左右，初步制定应用层数据交互标准，开发部署在车载终端和路侧系统中支持多种通信模式的数据交互管理平台，为上层提供各种应用软件获取数据的应用程序编程接口（API），为下层提供支持多种通信模式硬件的接入服务（SPI）。在此基础上，开

展基于 V2X 技术的碰撞预警应用研究，提高车辆的安全性。

2）2018 年左右，通过大规模测试试验，验证不同通信方式对不同应用的适用性，实现不同通信协议的自动切换与协同，完善应用层数据交互标准，并开展基于 V2X 大规模的示范与应用。

3）2020 年左右，结合底层通信模块的商业化开发，开展基于 V2X 技术的车辆测试、认证和大规模产业化推广和应用，提高车辆的安全和效率。

4）2025 年左右，不同品牌车辆间、车辆与路侧设备以及车辆与平台间可以实现标准协议下的 V2X 通信，V2X 系统应用大幅提升交通安全与能效。

5）2030 年左右，结合 V2X 技术的智能汽车和无人驾驶技术大幅降低对自车传感器的依赖，提高无人驾驶的可行性，推广和普及结合 V2X 的无人驾驶技术。

（2）差距分析

1）缺乏对 V2X 优先应用领域的策略与方向。美、日、欧均有自己的应用策略，美国以车车安全防碰撞应用为主；欧洲集中在 Day 1 的非紧急型的车路协同防碰撞应用；日本以车路协同的驾驶辅助应用为主，并且经过了本国的用户接受度调查。目前，我国尚缺乏对 V2X 技术性能、通信、安全与隐私需求的分析，没有明确符合中国国情的交通安全、交通流动性、环境等的应用策略与方向。

2）缺乏 V2X 应用层通信协议互操作性的数据信息标准。美国有 SAE－J2735，欧洲有 ETSI－TS 101539，日本也有相关标准，并经过多年的验证与改进。目前，欧洲与美国应用协议的转换项目正在进行。目前，我国还没有相关标准，不同通信协议之间无法进行通信，无法实现应用需求的最低性能要求。

3）V2X 技术应用开发成熟度与实际应用经验不足。国外的 V2X 技术应用已开展多年，在德国、荷兰、美国都建有多个专有的测试环境来评估 V2X 标准、技术和应用性能的成熟度。目前，国内示范基地建设仍处于概念试验和小规模试验阶段，通信标准尚未建立。

（3）实现路径

1）基于 V2X 技术应用的实现。明确基于 V2X 应用的通信技术要求，对已有通信方式进行整合，搭建支持多种通信协议的平台，完善基于 V2X 的面向安全应用方向的通信可靠性保障、测试场环境下通信可靠性分析及验证、多种通信协议集成等技术，进行 V2X 技术对改善交通流动性及环境等方面的研究，基于中国道路的碰撞场景进行 V2X 技术应用，提高车辆安全性。

2）基于 V2X 技术应用的较大规模化发展。实现不同通信协议快速切换与保持，开展原型系统的开发测试与影响评估，开展建模和仿真评估车联网系统潜在的长期影响，完善高速移动状态下通信的快速切换与通信保持技术、中低车载单元（OBU）渗透率环境下通信可靠性保障与提升技术、较大规模典型实际应用环境下通信性能可靠性测试与验证技术，开展针对基础设施的重大投资与开发车联网系统的研究，实现智能网联汽车之间的部分安全与效率提升应用。

3）基于 V2X 技术应用的大规模应用。开发认证程序，进行测试和认证，开发基于优先级列表和技术可行的原型 V2X 应用程序，完善复杂全路况运行环境下通信性能保证与提升技术、多节点聚集情况下智能网联汽车信息通信模式关键技术、中高 OBU 渗透率环境下通信可靠性保障与提升技术等，搭建融合全部可行通信模式的通信平台，完善智能网联汽车通信协议标准化，建立封闭和可控的试点地区用以支持该技术的发展，实现复杂环境下智能网联汽车绝大部分安全和效率提升应用。

（4）路线图

V2X 应用技术路线如图 5－4－8 所示。

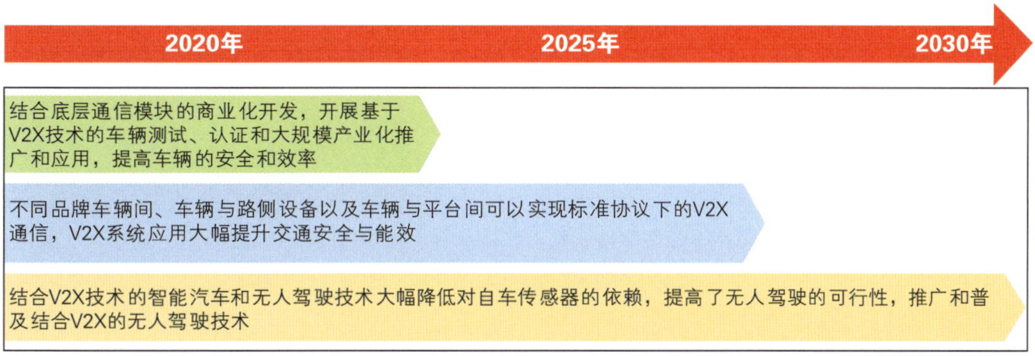

2020年	2025年	2030年
结合底层通信模块的商业化开发，开展基于V2X技术的车辆测试、认证和大规模产业化推广和应用，提高车辆的安全和效率		
不同品牌车辆间、车辆与路侧设备以及车辆与平台间可以实现标准协议下的V2X通信，V2X系统应用大幅提升交通安全与能效		
结合V2X技术的智能汽车和无人驾驶技术大幅降低对自车传感器的依赖，提高了无人驾驶的可行性，推广和普及结合V2X的无人驾驶技术		

图 5－4－8　V2X 应用技术路线图

4.2.3.3　信息交互平台技术路线图

（1）预期目标

1）2018 年左右，建设信息交互平台的分级架构，建立“基础数据平台-公共服务平台-应用服务平台”的三级信息交互平台架构体系，明确政府与企业等各参与者的角色和定位，研究各平台间数据交互标准。

2）2022 年左右，全国性基础数据平台形成规模化运营，实现不同品牌汽车的大规模接入，三级平台间通过标准协议实现实时对接。

3）2025 年左右，完善各级平台标准化与运营工作，网联汽车在基础数据平台的接入率达到 80% 以上。

4）2030 年左右，全国网联汽车数据实现在基础数据平台上的交互共享，形成三级平台架构下的开发、运营标准化体系。

（2）差距分析

1）发展现状方面。国外车联网远程信息服务供应商（汽车远程服务提供商 TSP）服务平台技术的研发起步较早，美国、欧洲和日本等发达国家和地区较早就在进行专业布局。美国车联网起步最早，关键技术最优；欧洲车联网平台框架技术处于领先地位。

2）架构及标准化方面。国外在平台实现技术标准化方面比较完善，典型的平台架构是由宝马公司牵头联合 Connexis、WirelessCar 共同开发而成的一个车联网体系框架及开放的技术标准协议（NGTP），即下一代车联网架构，为车联网平台的发展应用提供了更大的灵活性及可扩展性。

我国企业基本都是自建服务平台，各平台间数据之间无法互联互通，信息安全管理模式也存在问题。交通部针对营运车辆推出的联网联控平台已经实现了全国性重点营运车辆的大规模接入，但没有涉及规模最大的乘用车领域。

（3）实现路径

1）信息交互平台关键技术研发。开展数据库框架结构和数据库数据体系研究，实现车联网大数据的高效存储和检索。利用数据挖掘、机器学习和高性能计算等新一代信息处理技术，实现车联网大数据的关联分析和深度挖掘。探索开展面向车联网大数据及云平台应用需求的云操作系统研究。加强车联网大数据及云平台的系统安全保障，推动面向车联网大数据平台的身份认证、信息加密、完整性保护等信息安全技术研究，开展车联网用户隐私保护评测和大数据及云平台安全评测。

2）分级架构与标准建设。研究平台分级架构，建设三级式信息交互平台，包括全国性基础数据交互平台、公共服务平台与应用开发平台。其中，基础数据交互平台统一建设与运营；公共服务平台针对不同服务领域，全国建设若干个；应用开发平台由各整车厂、汽车远程服务提供商 TSP 等专业企业针对各自需要自行开发与运营。

汽车制造商、车载信息服务提供商、通信运营商、内容和服务提供商、设备提供商积极探索能够实现可持续发展的信息服务平台商业模式，定义必须向平台上传的“基本安全信息”，制定各级平台信息交互强制标准、企业平台与政府业务平台之间的标准和接口。

3）各级平台的规模化接入与运营服务。推进全国性基础数据平台与公共服务平台形成规模化运营，通过试点示范、小规模推广，完成在新标准下的各级平台建设，要求试点的整车厂提供满足新标准的车载装置，按照标准协议上传指定数据，并验证新商业模式和标准的可行性。在完善的商业模式和标准下进行大规模推广应用，完善各级平台标准化与运营工作，推动政府监管与运营服务的融合，挖掘大数据服务资源，将网联汽车在基础数据平台的接入率提升到80%以上，形成基于车联网、交通网和城市元数据的智慧交通信息服务。

（4）路线图

信息交互平台技术路线如图 5－4－9 所示。

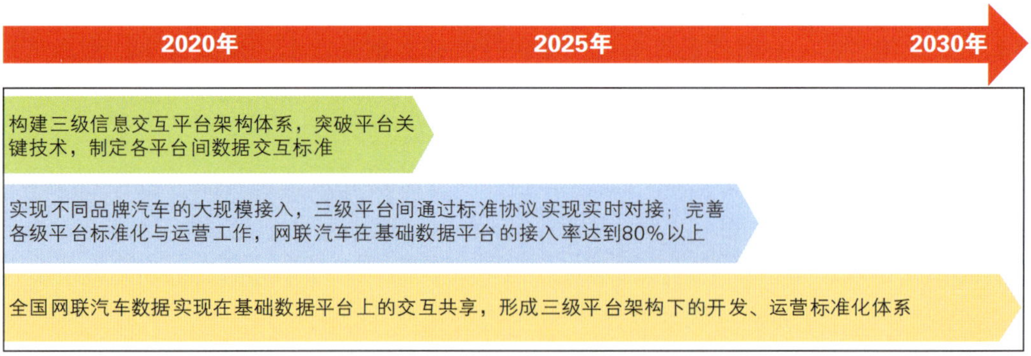

图 5－4－9　信息交互平台技术路线图

4.2.4　车载智能终端及HMI产品技术路线图

4.2.4.1　车载智能终端技术路线图

（1）预期目标

1）到2020年左右，突破车载智能网关、通信终端、数据协同处理、智能信息服务等车载智能终端核心技术，制定车载网络通信协议和接口标准，提高车载智能终端软硬件核心部件自主率，初步形成面向智能网联汽车的车载智能终端软硬件生态圈。

2）到2025年左右，以智能网联汽车的大规模应用为基础，进一步提高关键软件、硬件的国产化水平，建立完善的通信协议和标准体系，构建开放、共享的智能信息服务业务框架，优化车载智能终端软硬件生态圈，提升汽车的舒适性、安全性，达到节能减排的目的。

3）到2030年左右，以具备网联协同决策与控制的HA/FA级智能网联汽车为基础，实现软件、硬件及系统平台的国产化大规模应用，突破集成信息娱乐、信息协同和安全保障的车载智能化终端创新设计，全面提升汽车的娱乐性、安全性，实现车载智能终端技术的产业化、规模化应用。

（2）差距分析

1）智能网关通信协议方面。目前，在智能网联汽车的研究与示范中，通信基于各类不同通信协议组成。仅就底层协议而言，车内网包括CAN总线、工业以太网等，车际网包括Wi—Fi、LTE-V、DSRC（专用短程通信技术），以及未来的5G网络等。车辆多采用基于应用目标的手工转换方式，在软硬件对象内“翻译”协议内容，导致分工不明确，效率低下，缺乏统一构架下的条理性与可靠性。

2）通信终端软硬件方面。在通信终端硬件方面，目前我国还不具备DSRC、LTE-V等通信协议的集成化能力，且开发的原理样机体积大，不便于携带；在通信终端软件方面，我国国内的车载软件行业尚缺乏有影响力的自主系统，主要停留在系统的简单移植上，没有实现系统内核的深入开发。

（3）实现路径

1）实现多种通信方式的有机融合。多种通信方式的有机融合是汽车联网的物理基础，是实现智能网联汽车的核心所在。在车载智能终端的硬件框架方面，集成以北斗/GPS为基础的定位导航通信技术、以3G/4G等为基础的蜂窝通信技术、以DSRC/LTE-V等为基础的短程通信技术、以CAN/LIN等为基础的车内总线技术等。

在车载智能终端的软件协议框架方面，以智能网关为基础，融合NMEA 0183、CDMA2000/WCDMA、802.11p、IEEE 1609、CAN 2.0、802.11n/802.15等多种通信协议，进行智能网联汽车的数据协同处理，为智能车载终端提供通信和网络支持。

2）强化车载终端硬件、软件运行能力与安全防护能力。加快研发高计算能力的系统级芯片，整合车用中央控制单元（CPU）、通信模组、图像处理等芯片，提升车载智能处理终端硬件和软件运行能力。加强对整车分布式系统的故障诊断与容错控制，以提升系统的安全性。确定信息安全保护等级，制定信息安全监督认证机制。

3）开发主动智能信息服务技术。智能信息服务技术能够根据车辆状况主动提供智能信息服务，是车载智能终端的基础技术，具有自适应、自学习和精确性的特点。一方面可以利用云端的计算资源，适应复杂的交通环境和不断变化的驾驶状况，根据驾驶的需求，主动提供信息服务；另一方面可以根据智能算法，学习不同驾驶人的驾驶行为，主动提供精确的信息服务。利用云端的大数据资源，分析当前的交通状况，在监控汽车实时状况的基础上，根据用户的驾驶习惯和需求，主动提供有针对性的服务。

（4）路线图

车载智能终端技术路线如图 5－4－10 所示。

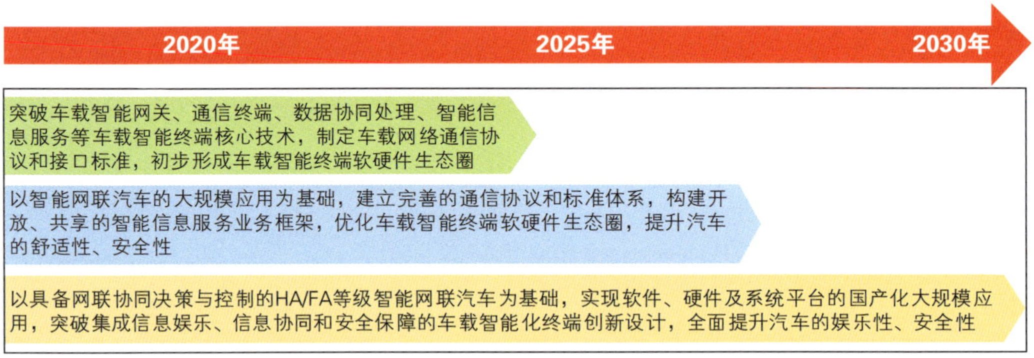

2020年	2025年	2030年
突破车载智能网关、通信终端、数据协同处理、智能信息服务等车载智能终端核心技术，制定车载网络通信协议和接口标准，初步形成车载智能终端软硬件生态圈		
以智能网联汽车的大规模应用为基础，建立完善的通信协议和标准体系，构建开放、共享的智能信息服务业务框架，优化车载智能终端软硬件生态圈，提升汽车的舒适性、安全性		
以具备网联协同决策与控制的HA/FA等级智能网联汽车为基础，实现软件、硬件及系统平台的国产化大规模应用，突破集成信息娱乐、信息协同和安全保障的车载智能化终端创新设计，全面提升汽车的娱乐性、安全性		

图 5－4－10　车载智能终端技术路线图

4.2.4.2　HMI 产品技术路线图

（1）预期目标

1）到 2020 年左右，完成面向智能网联汽车的用户操控体验感的人机交互主客观评价体系的构建，建立中国智能网联汽车人机接口（HMI）市场调研和用户质量反馈体系。

2）到 2025 年左右，实现低成本、多点触控、大尺寸、增加触感反馈的液晶交互界面关键技术开发，实现显示界面的增强现实关键技术，人机交互手势控制和人机交互语音控制关键技术开发，形成语音控制、手势控制的人机交互产品，并进行实车应用。

3）到 2030 年左右，开发基于人体多生物特征融合的多模态人机智能交互方式，有效地增强特征识别系统的性能，初步探索基于人脑信息识别的新一代人机交互技术。

（2）差距分析

1）人机交互的软件设计方面。目前，欧美等国和地区的研究人员在人机交互界面软件设计中加入了对驾驶人驾驶状态及环境信息等要素的考虑，根据驾驶人所处的交通环境信息和驾驶状态信息，管理车内信息系统或辅助驾驶系统工作的优先级来控制流向驾驶人的信息量，实现对驾驶任务和非直接驾驶任务的合理分配。我国在人机交互界面设计方面基本跟随国外的技术路线而行，与国际前沿研究水平有一定差距。

2）新一代个性化人机交互技术开发方面。当前人机交互技术的发展趋势是逐渐融入人体生物特征识别及人工智能等技术。美、日、欧等汽车企业正在致力于手势控制、语音识别控制、显示界面个性化定制等技术的研发，同时与智能网联技术关联，开发基于云端信息的驾驶人身份识别技术，进而实现人机操作界面的个人定制化信息。我国在该领域自主核心技术几乎空白，亟需在新一代个性化人机交互技术开发方面有所突破。

（3）实现路径

根据驾驶人人体体征与驾驶行为信息，开发自适应调整驾驶室内人机部件空间位置、控制精度与体感的关键技术，开发包括图形图像、语音、触感、手势及人脑信息识别在内的多种通道自然方式的个性化人机交互方案，实现面向智能网联汽车的人、手、脚、声、眼、脑等体感驱动下的新一代人机交互技术。

依靠深度学习等人工智能技术提高自然语音指令和手势指令识别率，依靠视线跟踪等技术实现平视显示器（HUD）投影与实景图像的叠加，提高人机交互的准确性和可靠性。

（4）路线图

HMI 产品技术路线如图 5－4－11 所示。

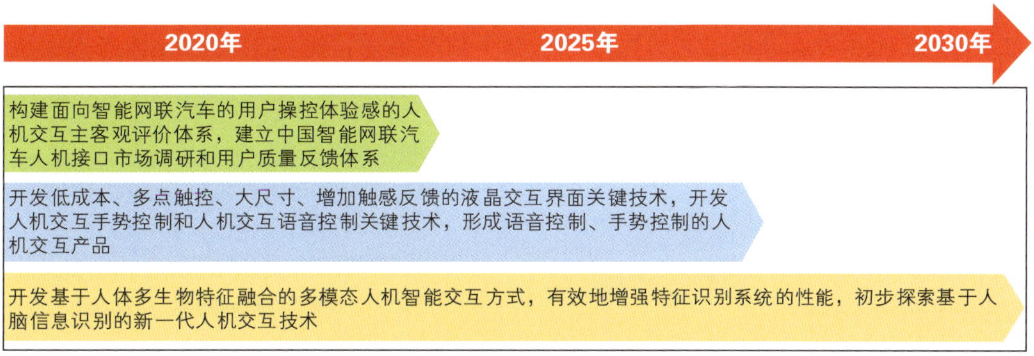

2020年	2025年	2030年
构建面向智能网联汽车的用户操控体验感的人机交互主客观评价体系，建立中国智能网联汽车人机接口市场调研和用户质量反馈体系		
开发低成本、多点触控、大尺寸、增加触感反馈的液晶交互界面关键技术，开发人机交互手势控制和人机交互语音控制关键技术，形成语音控制、手势控制的人机交互产品		
开发基于人体多生物特征融合的多模态人机智能交互方式，有效地增强特征识别系统的性能，初步探索基于人脑信息识别的新一代人机交互技术		

图 5－4－11 HMI 产品技术路线图

4.2.5 集成控制及执行系统技术路线图

4.2.5.1 集成控制系统技术路线图

（1）预期目标

1）到 2020 年，实现针对特定智能化功能的车辆控制器开发，可实现多项驾驶辅助功能的集成控制，实现执行控制、决策控制及协同控制器等模块的产业化。

2）到 2025 年，开发能有效利用网联感知信息的集成式控制器，并开发具备部分自动驾驶和有条件自动驾驶功能的集成控制器，支撑智能化等级 PA/CA 的整车产品和智慧城市运行接口。

3）到 2030 年左右，开发集成网联控制接口的集成式网络控制器，开发可实现高度自动驾驶和完全自动驾驶功能的集成控制器，实现智能汽车专用处理器、专用芯片的工业化生产和应用，支撑智能化等级 HA/FA 的整车产品和智慧城市运行接口。

（2）差距分析

1）硬件模块。智能网联汽车对其控制系统提出的高计算效率、高实时性和高可靠性等需求，需要高效的处理单元或专用处理模块作为硬件支撑。目前，国内院校和企业尚不具备设计能满足需求的通用微处理器的能力，虽积累了一定的集成电路设计经验，但智能网联汽车需要的处理感知、决策和控制的产品级硬件设计及开发工具链掌握在国外知名零部件企业手中。

2）软件平台。国内软件开发商尚未完全掌握应用于汽车辅助驾驶的软件平台解决方案，智能网联汽车各类控制器设计所需的设计工具、程序库和操作系统被国外公司和科研机构主导。目前，国内具备基于主流平台进行软件模块二次开发和应用的能力，而独立开发、更新和维护的能力不足。

3）控制算法。先进的控制算法是智能网联汽车控制系统的核心。近年来，国际上在单车集成控制、多车协同控制、智慧城市综合控制等方面取得了较大进展，初步形成了研发、制造、服务一体化的产业能力。国内在单车集成控制方面已初步具备产业能力，在基于智能网联的多车协同控制方面已完成集成部分功能的原理样机系统的开发，尚未形成一体化产业能力。

（3）实现路径

1）DA 智能化集成控制。实现智能网联汽车控制器硬件电路的自主设计与批量生产，满足 DA 智能化集成功能需求的软件平台开发，提高图像处理与车内通信能力，完善 AEB（汽车自动制动系统）、LKA（车道保持辅助系统）、自适应巡航控制（ACC）等核心算法的自主开发与产品应用。

2）PA/CA 智能化集成控制。突破 ADAS 图像识别、多源传感信息融合、决策与控制策略集成等 PA/CA 核心关键技术，完善实时、可靠的控制器设计与工业应用，实现列队行驶、交通拥堵辅助、自动车道保持、自适应巡航、主动变道、自动停车、交通信号灯辅助驾驶、窄道辅助驾驶、施工区域辅助驾驶等核心算法的自主开发与产品应用。

基于车联网高速通信，推动智能网联汽车网络共享平台的建成和升级，自主开发信息安全连接算法和软硬件加密算法，防范恶意入侵，实现智能网联汽车的身份识别和安全访问；具备拓展能力的智能网联汽车集成控制架构设计能力，基于 ISO 26262 标准进行管理、开发、验证，保证集成控制器的安全性和可靠性，实现部分和有条件的自动驾驶，并形成规模生产。

3）HA/FA 智能化集成控制。进行智能网联汽车集成电路自主设计和生产工艺开发，并与国内供应商合作进行规模生产，实现核心元器件汽车级应用，支撑智能化 HA/FA 的整车产品；突破整车集成控制、数据融合处理、大数据信息共享与存储、高速总线数据交换等 FA 智能化集成控制核心关键技术，实现高度/完全自动驾驶。

（4）路线图

集成控制系统技术路线如图 5－4－12 所示。

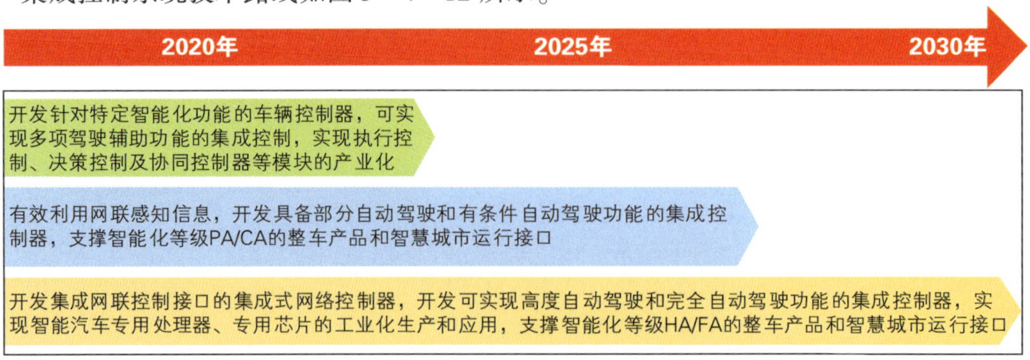

2020年	2025年	2030年
开发针对特定智能化功能的车辆控制器，可实现多项驾驶辅助功能的集成控制，实现执行控制、决策控制及协同控制器等模块的产业化		
有效利用网联感知信息，开发具备部分自动驾驶和有条件自动驾驶功能的集成控制器，支撑智能化等级PA/CA的整车产品和智慧城市运行接口		
开发集成网联控制接口的集成式网络控制器，开发可实现高度自动驾驶和完全自动驾驶功能的集成控制器，实现智能汽车专用处理器、专用芯片的工业化生产和应用，支撑智能化等级HA/FA的整车产品和智慧城市运行接口		

图 5－4－12　集成控制系统技术路线图

4.2.5.2　执行系统技术路线图

（1）预期目标

1）到2018年左右，攻克智能驱动、制动、线控转向等关键技术，实现对车辆电控驱动、制动、转向系统的精确、高效、可靠及协调控制。

2）到2020年左右，实现自主的线控制动、高安全性线控转向系统的开发与产业化。

（2）差距分析

我国对制动、转向系统关键技术已有一定的基础，目前加强推动对智能制动、线控转向等关键技术的研发和产业化应用。较之国外，我国在执行系统关键零部件的产品开发方面尚有差距，我国供应商起步较晚，产品成本和质量尚落后于国外产品。

（3）实现路径

1）技术研究。强化面向智能网联汽车的驱动、制动、转向等关键技术的研发，形成完全自主的智能网联汽车底盘电控技术。

2）规模化生产应用。大力推动国内执行系统关键零部件的产业化应用，实现对车辆电控驱动、制动、转向系统的精确、高效、可靠及协调控制，研发出响应快速、工作可靠的产品。

（4）路线图

执行系统技术路线如图5－4－13所示。

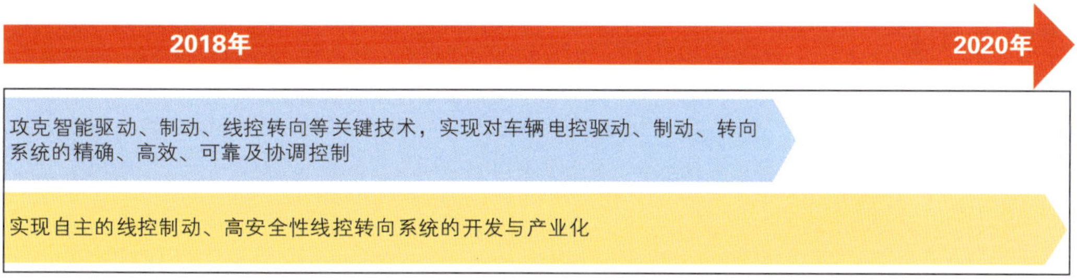

2018年　2020年

攻克智能驱动、制动、线控转向等关键技术，实现对车辆电控驱动、制动、转向系统的精确、高效、可靠及协调控制

实现自主的线控制动、高安全性线控转向系统的开发与产业化

图5－4－13　执行系统技术路线图

4.3　关键共性技术路线图

根据智能网联汽车整体架构体系，将多源信息融合技术、车辆协同控制技术、通信与信息交互平台技术、信息安全技术、人机交互与共驾技术、道路基础设施与技术标准法规列为主要的关键共性技术，其技术路线图具体阐述如下。

4.3.1　多源信息融合技术路线图

（1）预期目标

1）到2020年左右，车载多传感器前向信息融合理论研究取得阶段性成果，且融合后的感知精度、准确率、实时性与国际品牌相当。开展机器视觉与毫米波雷达信息融合技术研发及应用，提高前方障碍物感知的精度和可靠性，并满足多种交通应用场景。

2）到2025年左右，车载多传感器、多方向信息融合理论研究取得阶段性成果，且融合后的感知精度、实时性与国际品牌相当。开展机器视觉、车载雷达、高精GPS/北斗系统等多源信息融合技术研发及应用，实现纵向米级和侧向车道级的定位功能及检测要求，提高车辆运行环境感知的精度和实时性。

3）到2030年左右，多车信息融合基础理论研究取得阶段性成果，且融合后的感知精度、安全性与国际品牌相当。基于网联通信开展多车多源信息在数据层的信息融合技术，实现多车信息共享，提高车辆感知的精度和可靠性，满足车辆高速行驶的要求，提高驾驶人对危险的预判能力。

（2）差距分析

1）基础研究方面。国内信息融合理论和技术的研究起步较晚，基本理论框架和功能模型尚不成熟，信息融合算法的容错性和鲁棒性等问题还没有很好地解决，在多传感器信息融合方面与国外仍有一定差距。

2）感知能力方面。车载传感器在环境感知核心算法开发及多源信息融合技术研发方面，尚不能满足车辆高速行驶环境下实时性要求，多传感器信息融合对复杂城市道路环境的感知精度有待提高。

3）网联协同方面。多源信息融合技术与网联协同发展较为滞后，在多传感器组网互联及融合方面，数据的集成性和实时性较差，在端到端的融合方面与国外存在一定差距。

（3）实现路径

1）车载多传感器前向信息融合技术。在车辆前向障碍物感知方面，分别开展机器视觉和毫米波雷达在数据层、特征层、决策层的信息融合技术，满足多种交通应用场景下的环境感知精度要求。

2）车载多传感器、多方向信息融合技术。在侧向多传感器信息融合技术方面，通过机器视觉和毫米波雷达在车辆侧向检测的信息，分别进行数据层、特征层和决策层的信息融合，提高车辆侧向障碍物检测的精度和可靠性。

在多方向车载传感器信息融合技术方面，基于机器视觉与车载雷达、高精GPS/北斗系统等传感器对车辆行驶环境的信息检测，通过特征提取和信息融合算法对车辆纵向和侧向信息进行融合，构建车辆行驶危险模型，提高障碍物检测的精度并满足实时性要求。

3）多车信息融合技术。在网联通信环境下，开展基于多车短距离单方向的多传感器信息融合技术，在短距离纵向低速行驶环境下实现车载信息在数据层的融合，实现多车信息共享，在此基础上开展基于多车长距离多方向的多传感器信息融合技术，在大范围、多车高速行驶环境下实现车载信息在数据层的融合，满足车辆环境感知的实时性要求，提高驾驶人的决策能力。

（4）路线图

多源信息融合技术路线如图5－4－14所示。

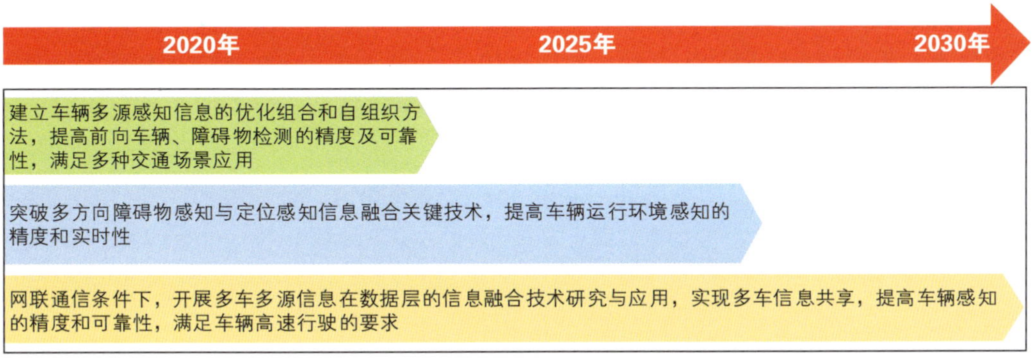

图 5-4-14 多源信息融合技术路线图

4.3.2 车辆协同控制技术路线图

4.3.2.1 车辆决策与控制技术

(1) 预期目标

1) 到 2017 年左右，开发适用于智能汽车控制的驱动、制动、转向等关键执行机构，探索并建立适用于自动紧急制动（AEB）、自适应巡航（ACC）等纵向驾驶辅助以及 LKA 等横向驾驶辅助的单车智能决策控制方法。

2) 到 2018 年左右，建立适用于自主停车等部分自动驾驶系统的单车智能决策控制方法。

3) 到 2020 年左右，针对自动驾驶环境多样性及多工况条件，进一步完善决策与控制策略开发与测试仿真平台，结合实车实验，完成从部分自动驾驶到有条件自动驾驶的过渡，建立适用于有条件自动驾驶的单车决策控制方法，针对路径规划的目的点或特征点建立自主决策的优化模型。

4) 到 2025 年左右，完成从有条件自动驾驶到高度自动驾驶的过渡，建立适用于高度自动驾驶的单车智能决策控制方法。

5) 到 2030 年左右，完成从高度自动驾驶到完全自动驾驶的过渡，最终建立适用于完全自动驾驶的单车智能决策控制方法。

(2) 差距分析

1) 测试与验证。缺乏针对智能网联汽车单车决策与控制方法的研究及验证。目前，我国尚无完善的开发与测试平台，这阻碍了单车决策控制方法的研发进度。

2) 决策方法。自动驾驶车辆行驶环境的动态性及多样化，要求决策方法具有较好的适应性及实时响应性，并能够适应多种工况。目前基于有限驾驶人数据库的决策方法，尚缺乏对多样化环境的普适性。

3) 控制方法。自动驾驶车辆在多工况条件下行驶，要求控制方法具有较好的鲁棒性，具有自学习能力，形成自适应性。而目前基于有限工况的控制方法，尚不能满足自动驾驶在多工况条件下的行驶需求。

(3) 实现路径

1）智能网联汽车关键执行机构的开发。针对智能汽车控制需求，开发满足实时性与稳定性要求的车辆线控化驱动、制动、转向机构。

2）决策控制策略开发与测试仿真平台的构建。基于局部环境模型、车辆执行机构模型、传感器模型，搭建适用于驾驶辅助系统的决策控制策略开发与测试仿真平台；基于特定环境（如停车库等）模型、车辆动力学模型、传感器模型，搭建适用于部分自动驾驶系统的决策控制策略开发与测试仿真平台；基于多样化动态环境模型、车辆动力学模型、多传感器信息融合模型，构建适用于全自动驾驶系统的智能决策控制策略开发与测试仿真平台。

3）驾驶辅助系统的决策控制方法开发。在满足驾驶辅助系统的适用环境条件下，通过对驾驶人行为采集与分析，构建基于驾驶人行为学习的轨迹动态决策方法，基于驾驶人辅助系统对应的工况，通过对不同参数下系统的响应状态、跟踪精度的采集与分析，构建针对车辆局部工况下的参数自适应控制模型，形成以仿人决策与局部工况参数自适应控制为基础的智能驾驶辅助系统决策控制方法。

4）自动驾驶车辆的决策控制方法开发。在模拟平台上采样多环境工况下的驾驶人行为数据，基于大数据云平台，建立自学习决策算法，基于车辆动力学模型，建立自动驾驶车横纵向控制方法，并基于模拟平台多环境工况的控制方法，建立自适应控制算法，形成以自学习决策和自适应控制为基础的自动驾驶车辆智能决策控制方法，支持自动驾驶车辆完成开放道路条件下的全工况自动驾驶。

（4）路线图

车辆决策与控制技术路线如图 5－4－15 所示。

2020年	2025年	2030年
建立适用于有条件自动驾驶的单车决策控制方法，针对路径规划的目的点或特征点建立自主决策的优化模型		
突破高度自动驾驶单车智能决策控制关键技术，构建适用于高度自动驾驶的单车智能决策控制方法		
完成从高度自动驾驶到完全自动驾驶的过渡，最终建立适用于完全自动驾驶的单车智能决策控制方法		

图 5－4－15　车辆决策与控制技术路线图

4.3.2.2　多车协同控制技术

（1）预期目标

1）到 2017 年左右，完成具有普适性的智能网联汽车多车系统动力学模型的构建，规范信息接口，建立多车协同决策与控制仿真平台。

2）到 2020 年左右，以车辆安全性、经济性、舒适性和行车效率为综合目标，分纵向、横向分别实现智能网联汽车多车多目标协同决策与控制方法，支持 PA 级别的自动驾驶。

3）到 2025 年左右，构建智能网联汽车多车通信拓扑结构与编队几何构型的分析与优化方法，突破非理想通信环境下的多车协同控制方法，支持 CA 级别的自动驾驶。

4）到 2030 年左右，建立多车协同控制的测试评估方法，为网联汽车协同控制测试与验证提供基础；实现协同控制下网联车辆安全与节能的示范应用。

（2）差距分析

1）缺乏能表达针对智能网联汽车协同控制的多车系统动力学及协同控制器的通用模型，尚无针对协同控制的虚拟仿真平台，需统一各层信息交互接口。

2）现有的多车协同控制应用基础研究成果以交叉路口通行、协同避撞等场景驱动型为主，尚未建立统一架构下的车辆纵横向多目标协同控制与决策框架。

3）缺乏在实际交通环境下智能网联车辆信息拓扑结构的变化和非理想通信环境下，针对多车协同控制方法的稳定性、鲁棒性与可延展性分析。

4）亟待建立针对智能网联汽车协同控制效率与质量的评测与验证方法。

（3）实现路径

1）智能网联汽车多车系统动力学机理及协同控制架构。针对智能网联汽车与非智能汽车组成的混行交通系统特性的群体动力学机理表征及协调控制架构问题，基于抽象的协同决策与上层控制方法，研究并建立可适用于变网络拓扑结构和编队几何构型的群体动力学模型；在此基础上，基于多车编队指派方法的复杂度、邻域信息下车辆行为决策的准确性等指标，研究分析各类决策与控制方法的效率和鲁棒性，建立智能网联汽车多车协同决策与控制架构。

2）统一架构下的智能网联汽车多车协同决策与控制方法。针对传统智能汽车协同控制，如车辆队列协同避撞、多车协同换道等方法主要由交通场景触发，对场景间关联性和算法的灵活性考虑不足，缺乏统一的决策与控制框架等问题，分纵向、横向控制两步，研究统一决策与控制架构下的智能网联汽车协同决策与控制方法，实现周期触发型的智能网联汽车多车任务决策、行为决策和协同控制。

3）通信拓扑结构与编队几何构型优化及非理想信息环境下协同控制特性解析。针对实际交通系统下网联车辆获取信息的有限性，提出适用于智能网联多车分布式系统的通信拓扑结构与编队几何构型设计分析方法，研究其对车辆决策准确性、决策效率、控制精度、系统稳定性间的平衡关系；针对实际交通系统中带宽限制、信息量化、数据包时延与丢失、变网络结构等情况，分析智能网联汽车多车分布式控制系统在非理想数字通信通道下的特性。

4）智能网联汽车多车协同决策控制评测体系与测试平台。由于组织智能网联汽车多车协同实车试验存在成本、安全性以及系统可靠性等难题，搭建适用于测试车辆决策与控制方法的虚拟平台，在虚拟平台中构建并再现多车系统动力学模型、交通环境模型、传感器模型和信息结构模型，并建立适用于虚拟平台与实车平台的评测体系与测试指标。

（4）路线图

多车协同控制技术路线如图 5－4－16 所示。

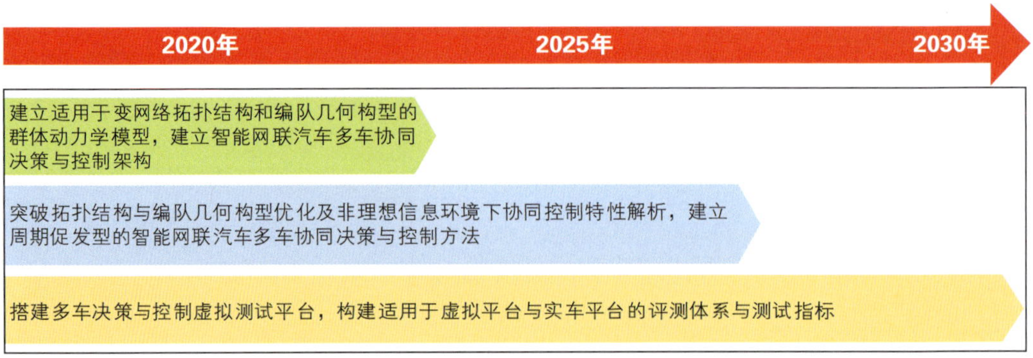

图5-4-16　多车协同控制技术路线图

4.3.3　电子电气架构技术路线图

（1）预期目标

1）到2020年左右，实现CAN、LIN以及MOST总线、CAN_ FD、FlexRay等新型总线协议的完整分析，制定智能网联汽车对电子电气（Electronic & Electrical，EE）架构的需求标准，提出具有电气冗余、网络通信及控制冗余、功能可扩展的满足智能网联汽车的新型电子电气架构，并搭建新型电子电气架构仿真测试平台。

2）到2025年左右，通过仿真测试，以可靠性、安全性、可扩展性、传输效率为目标，优化新型电子电气架构，形成智能网联汽车电子电气架构设计规则，并在实车上进行应用示范。

3）到2030年左右，建立智能网联汽车电子电气架构测试评估规范，为电子电气架构的测试与验证提供基础，实现新型电子电气架构的产业化和大规模应用。

（2）差距分析

1）网络架构设计。智能网联汽车的通信网络需要满足大带宽、高实时性的要求，车载以太网作为车载网络中的主干网是新型网络架构的必然趋势。国际上基于车载以太网的新型网络拓扑结构以及通信协议已经基本成型，而国内车载以太网的研究和应用较少，无法在车载以太网标准发布后快速进入应用阶段。

2）架构设计的模型库不完整。国外主流整车厂在开发智能驾驶功能时均基于较为完善的功能模型库进行设计和验证，以确保智能驾驶的可靠性和安全性。而国内各整车厂在智能驾驶功能模型的开发领域还处于空白阶段，大部分需要依靠国外供应商或者第三方技术支持才能开展智能驾驶设计工作。另外，智能驾驶的场景数据库也是目前国内主机厂的储备软肋。

3）冗余技术。冗余技术在保证未来智能汽车安全性和可靠性方面具有十分重要的作用，国际上领先的电子电气架构研发团队提出多种冗余方式，将冗余技术应用在整个电子电气架构的开发过程中。国内目前对冗余技术的研究更多的是针对某一部件的冗余，而没有从整体架构上予以考虑。

（3）实现路径

1）加强新型总线通信技术研究。加强对车载以太网等新型总线的研究，建立车载以太网的统一标准规范，建立基于车载以太网的新型网络拓扑。

2）建立可持续发展的智能驾驶功能模型库。建立统一的智能驾驶功能模型框架，国内车企基于该框架进行个性化开发，并基于功能模型开发和验证各自的智能驾驶车辆。

（4）路线图

电子电气架构技术路线如图 5－4－17 所示。

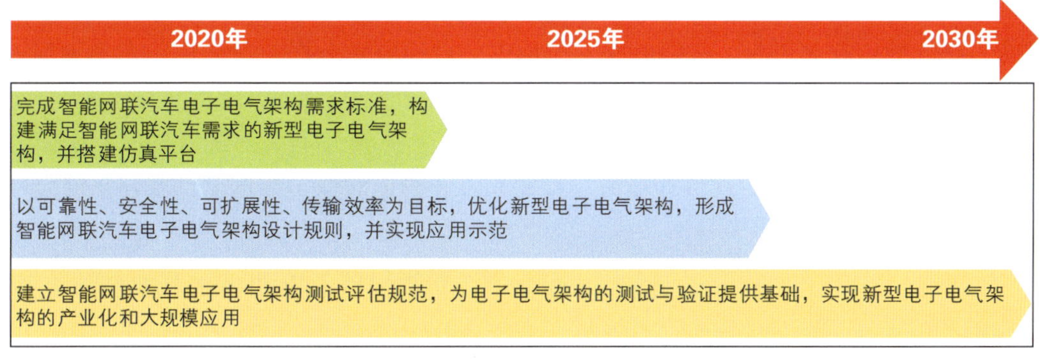

图 5－4－17　电子电气架构技术路线图

4.3.4　信息安全技术路线图

（1）预期目标

1）到 2020 年左右，形成智能网联汽车信息安全管理要求，制定智能网联汽车信息安全技术标准，完善智能网联汽车信息安全测试规范，建立智能网联汽车信息安全应急响应体系。

2）到 2025 年左右，实现市面上 70% 的智能网联汽车满足智能网联汽车信息安全标准；实现 DA/PA 级智能网联汽车自愿认证；CA/HA/FA 级智能网联汽车实行强制安全认证。2025 年以后每年对智能网联汽车信息安全能力进行评估，并纳入安全评价体系。

3）到 2030 年左右，实现市面上 100% 的智能网联汽车满足智能网联汽车信息安全标准；完善基于感知-决策-控制多域的智能网联汽车信息安全架构，构建基于端-管-云的智能关联汽车信息安全保障体系。

（2）差距分析

1）技术标准方面。目前，国际上已经有 ISO 26262 等汽车安全相关标准，美国也已形成 SAE J3061/IEEE 1609. 2 等系列标准，欧洲委员会（EVITA）研究项目也提供了相关汽车信息安全指南，而中国在 2014 年“十二五”规划中才首次将汽车信息安全作为关键基础问题进行研究，因此技术标准方面与国际发展存在较大差距。

2）安全模型建立方面。日本信息处理推进机构（IPA）提出了汽车信息安全模型（IPA Car），而国内还未提出任何一种适用的汽车信息安全模型。

3）生命周期信息安全防护体系方面。美、日、欧等国家和地区已经对汽车信息安全的生命周期进行了分析和研究，公布了相应的设计和防范指南，而国内还没有任何一家研究机构公开发表相关研究内容。

4）安全漏洞组织建立方面。国外已经组建信息安全相关研究团队，负责车辆漏洞安全相关的研究工作，而国内的整车厂、汽车零部件供应商等机构目前还没有成立信息安全应急响应中心。

（3）实现路径

1）规范的制定

① 智能网联汽车数据安全管理方面。调研智能网联汽车数据类型、数据内容，研究其共性技术，提取特征属性，结合中国智能网联汽车的实际，确定数据管理对象并实行分级管理，建立数据存储安全、传输安全、应用安全三维度的数据安全体系，在国家层面建立智能网联汽车基础数据交互平台。

② 智能网联汽车数据安全技术标准方面。对智能网联汽车数据进行分级，确定保护级别，建立包括云安全（实现数据加密、数据混淆、数据脱敏、数据审计等技术的应用）、管安全（基于802.11p/IEEE 1609.2，实现通信加密体系、身份认证体系、证书体系、防重放、防篡改、防伪造等技术应用）、端安全（实现车载安全网关、安全监测监控系统、车载防火墙、车载入侵检测技术的应用）在内的"端-管-云"数据安全技术框架，制定中国智能网联数据安全技术标准。

③ 智能网联汽车数据安全测试规范方面。对智能网联汽车数据安全技术应用进行分类汇总，制订智能网联汽车数据安全技术的测试方法，针对国内推出的智能网联汽车进行测试验证，判断数据安全措施的实施程度，将数据技术落地并且具备可实施性和可监管性。

2）体系认证。结合《智能网联汽车数据安全测试规范》，实施《智能网联汽车数据安全技术标准》，数据安全覆盖70%以上的智能网联汽车，DA、PA级智能网联汽车由国家信息认证体系实现自愿认证，CA、HA、FA级智能网联汽车要求实施强制安全认证，从而通过国家标准认证层面来保障智能网联汽车的数据安全。

（4）路线图

信息安全技术路线如图5－4－18所示。

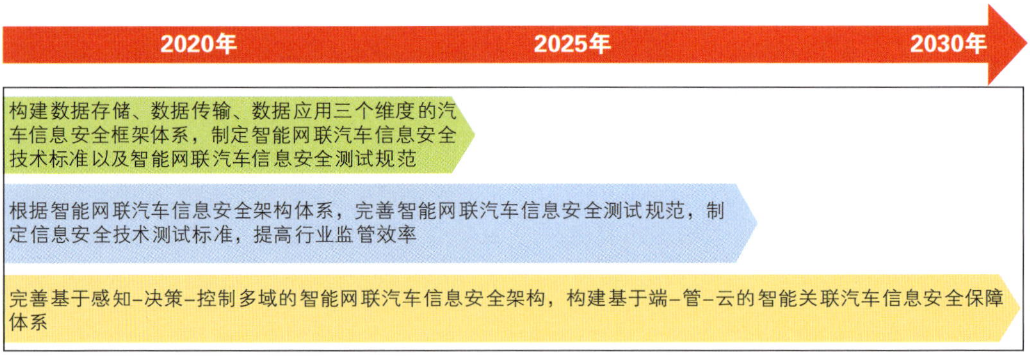

2020年	2025年	2030年
构建数据存储、数据传输、数据应用三个维度的汽车信息安全框架体系，制定智能网联汽车信息安全技术标准以及智能网联汽车信息安全测试规范		
根据智能网联汽车信息安全架构体系，完善智能网联汽车信息安全测试规范，制定信息安全技术测试标准，提高行业监管效率		
完善基于感知-决策-控制多域的智能网联汽车信息安全架构，构建基于端-管-云的智能关联汽车信息安全保障体系		

图5－4－18　信息安全技术路线图

4.3.5　人机交互与共驾技术路线图

（1）预期目标

1）2020年左右，建立面向智能网联汽车的中国驾驶人人机交互行为基础数据库，实现驾驶人身份识别的人机交互的个性化定制；建立人机共驾性能测试与验证平台，设计考虑驾乘体验感的控制权切换适宜性的主客观评价指标，构建不同智能等级下人车控制权切换的性能评估与测试方法。

2）2025年左右，车载控制系统具备对驾驶人行为的在线智能学习，及其对驾驶状态与操控能力的智能感知；明确驾驶辅助技术的适用范围和驾驶人交互接管控制能力，实现人机控制权的动态优化分配与失效补偿技术。

3）2030年左右，实现车载控制系统对驾驶环境的强化感知和学习，车载控制系统具备复杂环境下的无人接管驾驶能力，具备人机共驾任务的环境预知能力，具备对驾乘人员情感的智慧理解与交互能力，可实现对人驾驶权接管的主动诱导。

（2）差距分析

1）交互行为数据库建设方面。目前，国际发展趋势更加强调考虑驾驶体验感的人机交互设计。在我国，人机交互界面设计相对于汽车传统性能部件而言重视程度相对较低，通常由生产厂家固定其配置，显示功能与显示风格不能根据用户偏好进行自适应选择。因此，亟需建立面向中国驾驶人的人机交互行为基础数据库，在人机交互设计中更多地考虑“人–机”中人的驾驶体验感，使其更加个性化、人性化且符合中国驾驶人的人体特征、驾驶习性，提升用户的接受性和舒适性。

2）缺乏相关的人机共驾理论基础。目前的人机共驾技术的发展受驾驶辅助（DA）阶段发展等级的制约，人机共驾理论和技术还无法适应复杂动态环境下的应用和下一代汽车高级辅助驾驶系统的需求，我国尚缺乏相关的人机共驾理论基础与应用载体。

3）复杂环境人机协同共驾能力不足。目前对于先进驾驶辅助系统，汽车驾驶控制过程仍主要由人类驾驶人完成，机器自主能力有限，人机交互方式简单，尚不具备复杂环境下灵活多变的人机协同共驾能力。而目前国内缺少拥有自主研发能力的驾驶辅助系统设备生产厂商。

4）亟需具备认知功能的人机共驾技术。目前国外的一些学者已经提出具备认知功能的驾驶辅助系统，通过对驾驶人行为的自学习过程，进行自适应的辅助驾驶任务分割与人机交互，即构建“人工智能协同驾驶人系统”以辅助人的驾驶，提高行车安全性，我国目前尚不具备这种技术。

（3）实现路径

1）驾驶人的交互行为研究。测试不同类型驾驶人对先进驾驶辅助系统各个子系统多感官模态（视觉、触觉、听觉等）的响应性与接受性，研究驾驶人对驾驶辅助系统的依赖程度及驾驶行为的演变机理，在此基础上，建立面向中国驾驶人的人机交互行为基础数据库和面向智能网联汽车的用户操控体验感的人机交互主客观评价体系，为开发符合中国人驾驶习惯、驾驶文化的个性化人机交互系统提供数据支撑。

2）驾驶人的驾驶行为规律研究。如何科学全面系统地理解人–车协同条件下的驾驶人驾驶行为特征规律是人机共驾技术的基础。在构建中国驾驶人自然驾驶数据库的基础上，研究分析中国驾驶人心理及生理特征，分析多状态、多任务下驾驶人操纵负荷与操纵能力的动态演变机理，实现驾驶人操纵能力的可预测性和舒适性等工效学特征描述。

3）机器对驾驶人及环境学习能力的强化。着重考虑人机之间感知、决策、控制特性的差异性，自学习人的驾驶行为，实现操控能力的精准识别，研究分析复杂环境的机器感知、适应与学习能力，分析紧急工况下人车控制权分配的交互机制和人机任务承担能力，使控制权的交互可实现动态分配。

4）友好的人机协同工作策略与方法设计。面向人–车–路协同控制系统的整体性能最优和人车共驾控制行为特点，建立基于多目标决策的人车控制权的混合型分配机理，解决驾驶人与智能汽车控制权的自适应性切换、平稳过渡及失效补偿，考虑人–车–路全信息的人机共驾模式的自适应智能切换技术，完成人机共驾及控制权切换的性能评估与测试方法。

（4）路线图

人机交互与共驾技术路线如图 5 – 4 – 19 所示。

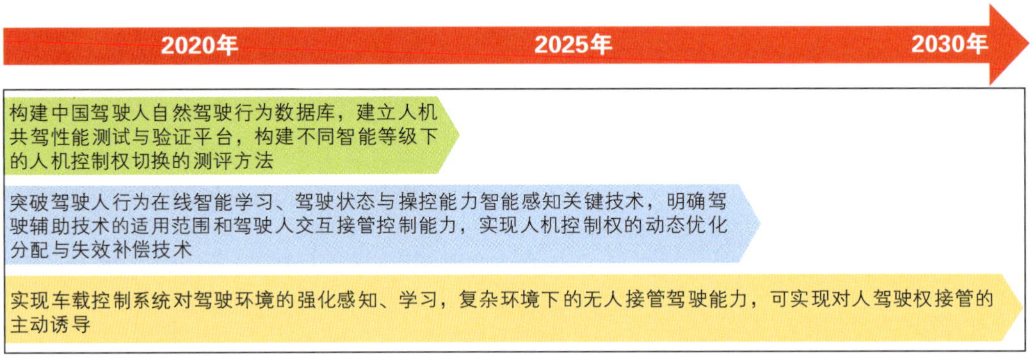

2020年	2025年	2030年
构建中国驾驶人自然驾驶行为数据库，建立人机共驾性能测试与验证平台，构建不同智能等级下的人机控制权切换的测评方法		
突破驾驶人行为在线智能学习、驾驶状态与操控能力智能感知关键技术，明确驾驶辅助技术的适用范围和驾驶人交互接管控制能力，实现人机控制权的动态优化分配与失效补偿技术		
实现车载控制系统对驾驶环境的强化感知、学习，复杂环境下的无人接管驾驶能力，可实现对人驾驶权接管的主动诱导		

图 5 – 4 – 19　人机交互与共驾技术路线图

4.3.6　道路基础设施路线图

道路基础设施建设的基本原则是不断提升道路基础设施信息化、标准化水平，为不同等级的智能网联汽车提供必要的条件支撑，充分发掘与发挥智能网联汽车在改善安全性、提高效率、降低能耗与污染方面的潜力。

（1）预期目标

1）2020 年左右，实现关键基础设施和重要结构物的数字化动态监管，实现沿线标志、标线规范化及部分交通工程设施数字化，在重要通道和干线路段初步建成沿线高精度北斗地面增强网络，部分路段实现 V2I 网络覆盖和智能驾驶电子地图，初步形成智能化道路基础设施的雏形，基本满足 DA、PA 级智能网联汽车的网联化和智能化需求。

2）2025 年左右，实现车路通信 V2I 网络覆盖范围的进一步扩大，基本覆盖高速公路；满足自动驾驶的新一代数字地图规模化、商用化，干线公路与城市道路全面支持 CA 级智能网联汽车的发展，50% 以上的公路可满足 HA/FA 级智能网联汽车的需求。

3）2030 年左右，车路通信 V2I 网络覆盖全国主要高速公路和城市快速路；干线公路和城市道路全面支持 HA/FA 级智能网联汽车的发展，80% 以上的公路可满足 HA/FA 级智能网联汽车的需求。

（2）差距分析

1）道路基础设施建设方面。随着近年来社会经济的持续发展，我国道路基础设施水平不断提高。截至 2015 年底，全国公路总里程达 570 万/km，其中高速公路通车里程超过 12 万/km，位居世界第一位；城市道路交通设施随着城镇化的推进而迅猛发展，尤其是大中型城市中的道路数量、道路等级得到了前所未有的提高，普遍采用高架、立交等形式充分利用城市空间。

我国新建道路在规模和技术上均位于世界前列，发达的高速公路网为智能网联汽车的行驶提供了良好的道路运行环境，但部分普通公路仍存在设施老旧、通行条件差，部分路段的标志标线设置不尽合理等问题亟待改善。

2）交通信息化和智能化方面。近些年新修建的高速公路普遍考虑了收费、监控、诱导等智能交通需求，布设了监控采集与信息发布设备，且机电工程系统占工程投资比重逐年增高。我国高速公路电子不停车收费系统（ETC）已经实现全国 29 个省市联网，是世界上规模最大的 ETC 系统，车载终端用户超过 3000 万，路侧 RSU（Road—Side Units）基站 13000 个，实际上已经初步建成一个车路之间信息交互的网络（DSRC），为智能网联汽车的发展提供了良好的基础。

但是，我国高速公路沿线的信息系统，除监控摄像外，其他的信息采集设备完好率不高，缺乏针对关键路段和重点设施（桥梁、隧道等）的实时监测，对交通运行的调控和应急反应能力不足，沿线无线通信的覆盖能力不足；另外，由于智能网联汽车仍然处于研发阶段，交通工程设施无法进行适应性改造与数字化改造，这些都是智能网联汽车发展和普及过程中需要解决的问题。

（3）实现路径

1）研究与改造道路基础设施的适应性。根据智能网联汽车的需求，不断推进道路和交通工程设施的智能化适应性研究，并分阶段逐步进行智能化适应性改造，能同时满足智能网联汽车与普通汽车共存的需要；改造标识标线、护栏等交通工程设施，使其在保持原有功能的基础上满足智能网联汽车感知系统的需求。

根据智能网联汽车的特点，优化车道宽度、道路限速等设施参数，充分发挥智能网联汽车在安全和效率上的优势。在交通工程设施改造的过程中，充分考虑智能网联汽车的实际需求，根据智能网联汽车的发展过程逐步分级推进交通工程设施标准的修订和编写。推进建立交通工程设施标准化、规范化与智能网联汽车技术研究、标准化的协调机制，促进智能网联汽车和智能交通系统的协调发展。

2）提升对关键路段与道路结构物运行的监测能力。桥梁、隧道等道路结构物和地质灾害高发地等关键路段对安全高效行车存在很大影响，国外智能交通系统将上述基础设施的监测作为智能道路的重点之一。2020 年以前实现对国内干线道路大型关键结构物的数字化监测，建立数字化应急处置体系，不断提高监测的实时性和准确性；到 2025 年实现关键路段的道路结构物与智能网联汽车的双向交互、危险预警和高效应急保障；到 2030 年实现产业化的大规模应用。

3）扩展与升级交通监控。在现有道路监控和机电设施的基础上，扩展其监测范围，并增强其时效性。2020 年以前，实现对交通流、天气、智能网联汽车运行情况等要素的监测，不断提高监测数据的时效性；到 2025 年初步建成无缝覆盖的交通事件检测和应急处置系统，实现全要素、高实时的交通运行监控和自组网、中心、云端立体化的智能发布；到2030年实现规范化、规模化应用。

4）逐步建设公路无线通信覆盖网。在现有的高速公路交通专用短程通信系统（DSRC）的基础上，结合新一代通信技术如LTE-V、5G等，在试点示范的基础上逐步建立高速公路专用无线覆盖网。到2020年，实现网络覆盖高速公路出入口分/合流区、桥梁/隧道等重要结构物、事故多发路段、气象条件恶劣路段等；到2025年建成无缝覆盖高速公路沿线的专用无线通信系统，满足V2X以及手持终端无线接入的需求；到2030年实现规范化、规模化应用。

5）建设超高精度位置服务系统。智能网联汽车需要高精度定位服务作为基础支撑，兼顾智能网联汽车与交通运输行业的发展需求，基于北斗卫星定位系统及其地基增强网络，实现覆盖公路沿线的加密定位网与超高精度位置服务系统。2020年以前，在交通运输骨干路线优先形成高精度加密定位网，位置精度达到厘米级；到2025年配合定位系统，形成覆盖全部路网的超高精度数字地图和高精度三维地理信息系统，满足智能网联汽车运行的需要；到2030年实现高精度位置服务系统的产业化、规范化应用。

（4）路线图

道路基础设施路线如图5－4－20所示。

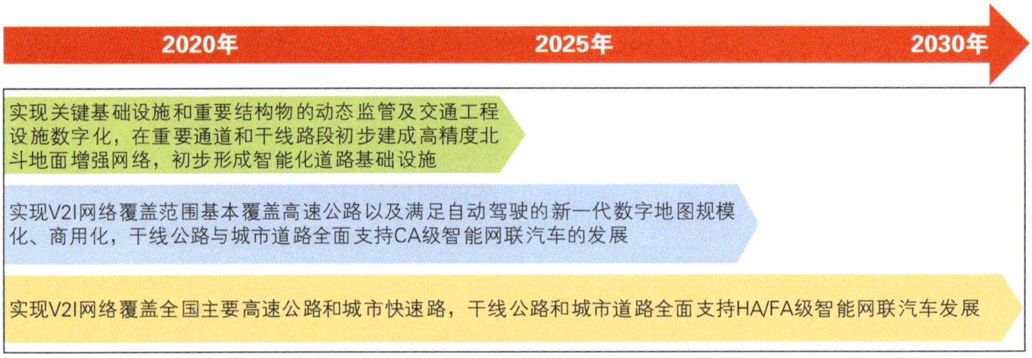

图5－4－20　道路基础设施路线图

4.3.7　标准法规路线图

（1）预期目标

1）到2016年左右，建立科学合理的智能网联汽车标准法规体系。综合行业意见，根据需求度和可行性，规划标准、法规研究制定的进度安排，确定近期、中期、长期的重点工作。

2）到2020年左右，研究制定以DA、PA级智能化水平和网联化等级中的辅助信息网联为重点的技术及应用系列标准。

3）到2025年左右，研究制定以CA级智能化水平和网联化等级中的环境感知、信息网联、协同决策与控制为重点的技术及应用系列标准。

4）到2030年左右，研究制定以HA/FA级智能化水平和网联化等级中的环境感知、信息网联、协同决策与控制为重点的技术及应用系列标准，并实现规范化应用。

（2）差距分析

尽管国内各个标准化组织依托各自产业基础和优势在各种不同方向进行了有益的标准化工作探索，并在某些方面取得了积极的进展，但客观上我国智能网联汽车领域标准化工作较国外滞后严重，主要体现在以下三方面。

1）智能化汽车标准法规建设方面。NHTSA 于 2013 年 5 月发布了《关于自动驾驶车辆的政策初步声明》，对车辆自动化等级进行了定义，明确了自动驾驶汽车的研究计划，并就各州自动驾驶汽车驾驶人和相关活动提出了建议，就各州规范自动驾驶汽车试验法规及其基本原则提出了建议。而国内在智能汽车标准法规建设方面推进得较晚，但近年对于智能网联汽车重要性的认识不断加深，目前已开展乘用车自动紧急制动系统（AEB）、盲区监视系统（BSD）、车道保持系统（LKA）等 ADAS 系统标准的建设。

2）网联化汽车标准法规建设方面。欧盟先后制定并发布关于人机界面原则的声明、关于安全高效车载信息通信系统的建议、关于车载信息与通信系统原则的声明以及 ADAS 开发、试验操作规范（Code）等重要文件。美国基于 802. 11p 的标准提出多年，但一直未正式商用化，2014 年 8 月，美国政府针对 V2V 技术发布了立法预通知，希望推动轻型汽车装备 V2V 通信设备，以实现改善道路交通安全、提高出行效率、最大化经济和社会效益的目的。

国内在相关 802. 11 系列技术和产业方面尚无核心知识产权、产业基础及优势，大唐电信、华为等国内通信厂商，基于我国 4G 移动通信标准 TD—LTE 技术，提出了拥有自主知识产权，具有低时延、高可靠特点的 LTE-V 技术，并在 2015 年牵头完成在国际 3GPP 标准中的立项，将 LTE-V 纳入国际标准。

同时，国内在人机界面、信息安全（与功能安全的接口）等其他关于网联汽车的标准法规建设方面也已全面启动。

3）相关行业标准法规配套建设方面。欧盟于 2009 年 10 月就信息通信技术领域支持欧盟范围内智能交通协作系统兼容性的标准化向欧洲标准化委员会（CEN）、欧洲电工标准化委员会（CENELEC）和欧洲电信联盟（ETSI）授权，要求其根据欧盟标准化组织内有关协作式 ITS 服务的标准化路线图分析需要开展的标准化活动，按进度安排制定明确统一的欧洲标准（EN），制定评价最低限度标准符合性的试验方法以及协作式 ITS 的其他标准和技术要求。

国内由于专业背景、技术关注点和利益趋向判断不同，不同行业对智能网联汽车的定义、功能、构成的理解存在一定的差异，对智能网联汽车发展路径的判断也不相同，缺乏顶层设计及完善的信息共享平台。具体而言，道路基础设施建设与智能网联汽车缺乏协同发展，目前国内领先的汽车企业已有智能网联汽车的发展规划，有的已开始实施，但缺少道路基础设施建设和统筹规划，导致智能驾驶难以实现；中国道路环境复杂度高，道路适应性验证难度大，传统的验证体系难以适应智能网联汽车的需求，相关的法律法规在此处尚属空白。

（3）实现路径

1）建立科学合理的智能网联汽车标准法规体系。调研我国智能网联汽车及相关产业发展现状，避免限制技术和行业发展，分析发展趋势，综合考虑智能网联汽车标准构成和标准的兼容性。在标准构成方面，区分不同性质、层级定位和适用范围；在标准兼容性方面，标准法规体系的模块化构成应与我国其他相关行业的标准体系兼容。

2）研究制定以 DA、PA 级智能化水平和网联化等级中的辅助信息网联为重点的技术及应用系列标准。在智能化方面，推进以 ADAS 技术和应用为重点，适度考虑自动驾驶 PA 级智能化水平的技术和应用；在网联化方面，以硬件、软件等接口为重点，针对车辆与外界信息交互提出建议，完成辅助信息网联为重点的技术及应用系列标准。

3）研究制定以 CA、HA/FA 级智能化水平和网联化等级中的环境感知信息网联、协同决策与控制为重点的技术及应用系列标准。在智能化方面，推进以 CA、HA 级智能化技术和应用为重点，适度考虑自动驾驶 FA 级智能化水平的技术和应用；在网联化方面，以环境感知和决策控制信息等接口为重点，就车辆与车辆、车辆与道路、车辆与云端进行决策信息与控制信息交互提出建议，完成环境感知信息网联、协同决策与控制为重点的技术及应用系列标准。

（4）路线图

标准法规建设路线如图 5－4－21 所示。

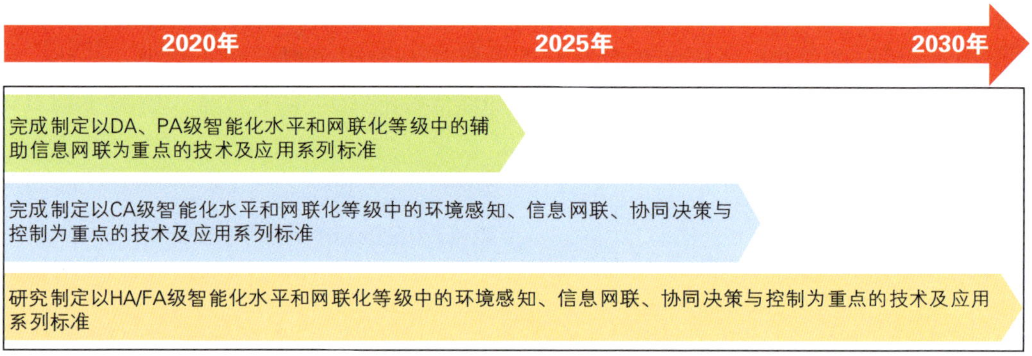

图 5－4－21　标准法规建设路线图

5 技术创新需求

基于前述对发展目标和路线图的描述，围绕实现《中国制造 2025》，提出支撑智能网联汽车未来突破发展的重要创新方向和项目。本节从基础前瞻、应用技术、产业化与示范、行业共性技术平台四个角度分别论述车载关键技术、信息交互、基础支撑和整车四大领域的技术创新需求，并提出具体的预期目标、研究内容以及预期成果。

说明：技术定位中 A 为追赶先进，B 为自主特色；实施方式中 A 为国家主导，B 为行业合作，C 为企业领跑。

序号	一级	二级	项目类别	三级项目名称	必要性	项目目标	研究内容/技术描述	预期成果	技术定位	实施方式
1	车载关键技术	车载环境感知系统	基础前瞻（覆盖未来10年，至2025年，基础研究应考虑到较工程化技术先行10年）	机器视觉深度认知	视觉认知感知是一种不能被取代的传感渠道，是未来最重要的传感器之一，但是视觉认知除了摄像头的性能之外还取决于感知算法的先进性。将人工智能理论应用于视觉传感可对环境景象进行深度认知，比如对非标准化道路信息的判断，对交通行为规则的判断等，是高级自动驾驶不可缺少的感知来源	2020年：实现对非结构路面车道判断和可行驶区域的认知 2025年：实现全天候可行驶区域识别与交通规则识别	深度学习等人工智能理论在视觉认知领域的应用	可在各种环境条件下进行可行驶区域识别、交通规则识别、移动障碍分类与识别、地标分类与识别	B	B
2			基础前瞻（覆盖未来10年，至2025年，基础研究应考虑到较工程化技术先行10年）	基于深度学习的道路场景感知技术	由于道路场景中目标种类的多样性和运动的复杂性，普通计算机视觉算法难以实现高精度的目标检测，利用深度学习技术可以通过大量样本的训练实现目标特征自学习，从而实现高精度的目标检测和属性识别	2020年：实现对深度学习的掌握，实现对道路车辆/行人/非机动车等目标的高精度检测 2025年：实现对道路场景的自我理解	有监督学习，无监督学习，基于深度学习的跟踪技术	可以对中国特色的复杂道路场景实现高精度的车辆、行人、非机动车、车道线等目标的检测和跟踪，为自动驾驶系统提供场景信息作为决策控制依据 可通过视频实现对没有特别标记或标记错误的道路实现符合交通规则的行驶行为建议	A	B

（续）

序号	一级	二级	项目类别	三级项目名称	必要性	项目目标	研究内容/技术描述	预期成果	技术定位	实施方式
3	车载关键技术	车载环境感知系统	应用技术（覆盖未来10年，至2025年，应用技术研发需考虑到较产业化先行5年）	智能网联汽车环境感知系统	环境感知系统是智能网联汽车的重要基础，有必要进行环境感知系统的开发，实现行人感知、乘员状态感知、车辆状态感知等，并开发基于嵌入式芯片的深度学习技术应用平台，实现传感部件产业化开发	2020年：在嵌入式芯片平台上集成深度学习算法，开发应用平台，基于该平台可开发AEB、ACC、LKA、LC等功能 2025年：开发可实时测定行人精准方位的传感系统、非接触式乘员状态传感系统以及对各种故障与健康状态进行在线实时监测的传感系统，开发满足智能驾驶精度要求的激光雷达	研发可适用于行人穿戴/手持电子终端的行人传感与车载接收系统；开发基于视觉的乘员状态检测系统；开发基于听觉的车辆机械健康监测系统；实现深度学习算法模型优化，开发GPU/FPGA嵌入式软件；研制产业化激光雷达器件	可对行人进行精准方位/距离定位，精度在0.2m以下 乘员状态识别可靠度高于99% 车辆状态识别可靠度高于99% 集成深度学习技术的硬件系统，包括摄像机、计算芯片、检测显示单元等 扶持毫米波雷达、高动态/高解析摄像头、激光雷达、惯性测量单元、夜视与微光摄像头等生产企业一两家	A	C
4			示范和产业化（覆盖未来10年，至2025年）	面向高度自动驾驶的控制系统研制及产业化应用	高度自动驾驶对环境感知的内容和可靠性提出了更高的技术要求，当前高级辅助驾驶系统的感知技术还远不能满足自动驾驶系统的功能和性能要求，同时必须消除对国外技术的依赖。作为环境感知系统的载体，自动驾	研发可应用于高度自动驾驶车辆的复杂交通场景语义感知技术、“人 车 环境”系统综合态势感知技术，研制高度自动驾驶域控制器，开发满足我	研发基于可量产化的摄像机、毫米波雷达、激光雷达等多传感器时空融合的架构技术、环境感知技术，突破我国复杂交通路况下多类交通参与者动态行为预测、态势	掌握多传感器环境感知技术 开发出高度自动驾驶域控制器 万辆级高度自动驾驶产品获得应用	B	B

（续）

序号	一级	二级	项目类别	三级项目名称	必要性	项目目标	研究内容/技术描述	预期成果	技术定位	实施方式
4	车载关键技术	车载环境感知系统			驶域控制器是整个自动驾驶系统的关键零部件，所以应推进研发支持中国路况的国产化自动驾驶域控制器，并达到世界先进水平	国道路工况的自动驾驶 2～4 级产品，并实现万辆级批量应用 阶段目标： 2016—2018 年自动驾驶环境感知技术、态势感知技术研发，自动驾驶域控制器研制；自动驾驶 1～2 级产品研发 2019—2020 年自动驾驶 1～2 级产品产业化应用，自动驾驶 2～3 级产品研发 2021—2023 年自动驾驶 2～3 级产品产业化应用，自动驾驶 3～4 级产品研发 2024—2025 年自动驾驶 3～4 级产品产业化应用	感知关键技术；研究面向复杂交通场景的统一 3D 场景语义描述模型，研制支持高度自动驾驶的智能域控制器，开发满足我国道路工况，符合 AUTOSAR 架构和 ISO 26262 标准的自动驾驶 2～4 级的高可靠产品，实现不少于两家主机厂的万辆级应用			

（续）

序号	一级	二级	项目类别	三级项目名称	必要性	项目目标	研究内容/技术描述	预期成果	技术定位	实施方式
5	车载关键技术	决策系统	基础前瞻（覆盖未来10年，至2025年，基础研究应考虑到较工程化技术先行10年）	自动驾驶局部路径实时规划与评价方法研究	自动驾驶路径规划是根据导航路径决策车辆实际行驶局部路径的过程，是自动驾驶程导航和控制的基础。局部路径规划根据行驶过程中的道路环境的信息和车辆自身的运动状态为基础，规划出理想的局部行驶路径，并指导车辆控制决策，克服不可预测的道路情况；根据自车状态和道路环境等规划可行驶路径，提取评价指标，从安全、节能等因素综合评价与分析	2018年：建立面向结构化封闭道路的局部路径实时规划与评价方法 2020年：建立面向城市道路的局部路径实时规划与评价方法 2025年：建立面向自动驾驶适用道路的局部路径实时规划与评价方法	路径规划算法的评价方法研究，包括：提取路径曲率、环境车辆路权、预计纵/侧向加速度、燃油消耗量等评价指标；分析与确定有效评价指标，确定指标测试方法，建立评价体系等。环境目标轨迹跟踪与状态估计技术研究，包括：环境车辆、行人、电动车等典型目标运动模型研究；环境中典型目标运动状态感知与信息处理；环境目标轨迹跟踪与状态估计；实时计算环境评价指标 自车、环境相关指标的综合评价方法，以及安全、节能、舒适等综合指标下车辆局部轨迹规划方法研究	建立典型环境目标运动模型，掌握轨迹跟踪与融合相关算法 掌握考虑时空关联的环境感知、车辆状态感知相关算法 掌握指导车辆实时决策的局部路径规划与决策评价方法	B	C

（续）

序号	一级	二级	项目类别	三级项目名称	必要性	项目目标	研究内容/技术描述	预期成果	技术定位	实施方式
6	车载关键技术	决策系统	应用技术（覆盖未来10年，至2025年，应用技术研发需考虑到较产业化先行5年）	基于驾驶人驾驶行为的自动驾驶决策控制功能开发	由辅助驾驶过渡到自动驾驶，是一个逐渐减轻驾驶人驾驶负担的过程。且驾驶人的驾驶行为经过系统的培训和实际操作，蕴含对环境、车辆特性、动态运动机制丰富的理解和经验 部分自动驾驶控制功能配合驾驶人驾驶行为，最终实现自动驾驶。这个过程离不开自动驾驶决策控制系统对驾驶行为的适应和学习	开发人机互辅的自动驾驶决策控制功能，包括以下阶段目标 2018年：以人为主的辅助驾驶功能，实现车道偏离预警、前方防碰撞预警、盲区预警等辅助预警功能，自动紧急制动、自适应巡航、自动停车等辅助控制功能 2020年：以人为辅的自动驾驶功能，包括车道变换、拥堵跟车和全自动停车等 2025年：实现完全自动驾驶功能	建立面向车辆决策控制的驾驶人驾驶行为数据库，提取能够描述驾驶行为的典型参数，建立行为数据结构和规范，划分典型人群并采集各类人群的驾驶行为，建立面向决策控制的驾驶行为数据库 应用驾驶行为数据库，使用归纳分析、深度学习等方法提取驾驶行为模型，指导典型场景/行驶工况等条件下车辆决策控制功能的开发 随着辅助驾驶到自动驾驶的过渡，逐步应用基于驾驶人驾驶行为的自动驾驶决策控制算法并迭代优化，最终形成符合各发展阶段需求和满足完全自动驾驶功能需求的车辆决策控制算法	建立面向车辆决策控制的人类驾驶行为数据库 形成面向自动驾驶各发展阶段的决策控制算法	B	C

（续）

序号	一级	二级	项目类别	三级项目名称	必要性	项目目标	研究内容/技术描述	预期成果	技术定位	实施方式
7	车载关键技术	控制系统	应用技术（覆盖未来10年，至2025年，应用技术研发需考虑到较产业化先行5年）	智能电动汽车集成控制技术研究	智能电动汽车以电子控制系统为核心，集环境感知、行为规划、控制决策、纵横向运动控制和能量管理等诸多功能于一体。智能电动汽车的控制功能和目标不断增多，结构不断复杂，对控制性能、效率、鲁棒性和可靠性的要求也越来越高。智能电动汽车在满足车辆动力性、舒适性和操纵稳定性等动力学性能要求的同时，还要实现自动巡航、安全避障、能量管理和动力优化等诸多目标。智能电动汽车子系统间的高度非线性、强瞬态耦合和动态失稳，多控制目标的矛盾等对系统性能优化和集成控制的关键技术带来挑战	针对智能电动汽车一体化建模与集成控制的关键问题，开展多维非线性车辆动力学、轮胎动力学和失稳动力学的建模、非线性瞬态耦合和失稳机理的研究，建立以行驶安全和整车性能为控制目标的车辆轨迹跟随与稳定性控制的集成控制方法和动力学控制子系统架构 2020年：攻克智能电动汽车集成控制关键技术 2025年：完成小批量投放和试运行	探索以能量动态转换过程描述的多能域统一建模方法，建立系统动态能量方程并开展基于动态能量交换的系统耦合机理分析，建立以最小能耗为控制目标的，包括动力驱动与电池管理、电子液压制动与能量回馈制动等在内的集成控制方法和能量管理子系统架构 开展多源传感信息融合的建模与算法研究，开展基于信息融合的车辆与能量状态估计方法的研究；探索基于能量流、物质流和信息流协同机理，以满足智能电动汽车行驶安全性、操纵稳定性和能耗经济性等为控制目标的集成控制架构和集成控制方法	完成智能电动汽车集成控制平台的搭建 完成智能电动汽车在内的一体化实时软硬件在环仿真平台搭建 完成智能电动汽车的大规模产业化	B	C

（续）

序号	一级	二级	项目类别	三级项目名称	必要性	项目目标	研究内容/技术描述	预期成果	技术定位	实施方式
7		控制系统					研究包括汽车行驶环境与环境传感模型在内的一体化建模与仿真方法，建立基于模拟仿真软硬件和实车一体化的测试验证平台			
8	车载关键技术	车辆基础技术	应用技术（覆盖未来10年，至2025年，应用技术研发需考虑到较产业化先行5年）	智能网联汽车电子电气EE架构设计	两大国际组织OPEN Alliance与AVNU正在进行对双绞线与AVB技术的推广，宝马公司在车载以太网基础上提出SOME/IP与Service Discovery等规范，奥迪公司联合TTE公司推出了time—trigger Ethernet规范。未来车载以太网技术的发展路线在行业内部尚未形成统一意见，国际主流整车厂在开发智能驾驶功能时，均基于较为完善的功能模型库进行设计和验证，以确保智能驾驶的可靠性和安全性。国内各车厂在智能驾驶功能模型的开发领域多处于空白阶段，需要依靠国外供应商或者第三方	2020年：实现CAN—FD、车载以太网（AVB）、FlexRay总线协议的完整分析，形成EE架构的性能设定及分解能力，制定“域控制”智能网联汽车EE架构设计规则及评估规范，实现“域控制”智能网联汽车EE架构模型设计，市面上60%的智能网联汽车EE架构设计满足“域控制”设计规则及验证要求	可持续发展的智能驾驶功能模型库搭建： a）建立统一的智能驾驶功能模型框架，各主机厂基于该框架进行个性化开发，并基于功能模型开发和验证各自智能驾驶车辆 b）将场景数据库升级为国家级智能驾驶开发战略，整合社会资源建立完善的场景数据，各主机厂可有偿使用该数据库模拟实际交通环境，验证智能网联汽车的合理性和可靠性	建立智能网联汽车电子电气EE架构模型 建立智能网联汽车电子电气EE架构设计规则及评估规范	A	B

（续）

序号	一级	二级	项目类别	三级项目名称	必要性	项目目标	研究内容/技术描述	预期成果	技术定位	实施方式
8	车载关键技术	车辆基础技术			技术支持开展智能驾驶设计工作。另外，智能驾驶的场景数据库是目前国内车厂的储备软肋，需要从国家层面建立并逐步完善场景数据并向主机厂开放，进行智能驾驶的合理性、可靠性验证	2025 年：实现“汽车新型总线协议”的完整分析，制定“云控制”智能网联汽车 EE 架构设计规则及评估规范，实现“云控制”智能网联汽车 EE 架构模型设计，市面上 70% 的智能网联汽车 EE 架构设计满足“云控制”设计规则及验证要求	由于对网络传输实时性、丢帧率等性能有严格要求，国际上车载以太网规范设计在汽车控制领域存在 TSN、TTE 两种不同的技术路线			
9	信息交互技术	车载通信技术	基础前瞻（覆盖未来 10 年，至 2025 年，基础研究应考虑到较工程化技术先行 10 年）	车载 V2X 无线通信技术研发	车载 V2X 无线通信技术是智能网联汽车实现网联化的基础。通过制定统一的技术标准，共同推进关键技术和系统研发，可实现车车、车路、车人、车与公共服务平台的全方位网络连接，促进信息的交互和控制协同，为提升汽车的智能化水平提供支撑	2020 年：完成面向辅助驾驶的车车/车路/车人协同的 LTE-V2X 等无线通信关键技术、芯片及设备的研发，完成支持多种无线通信模式的车载数据交互管理技术的研发 2025 年：完成面	开展 V2X 无线通信频谱研究；突破基于 LTE 的 V2X 无线通信传输层技术研发及标准制定 开展车载 LTE-V2X 无线通信芯片、模组及设备的研发 开展面向自动驾驶的 5G 系统架构研究 开展基于 5G 的	制订完成 V2X 无线频谱规划方案 LTE-V2X 核心技术标准、芯片及设备研发成功 基于 5G 的 V2X 核心技术标准、芯片及设备研发成功 多模式通信软件和 SDK 研发成功	B	A

（续）

序号	一级	二级	项目类别	三级项目名称	必要性	项目目标	研究内容/技术描述	预期成果	技术定位	实施方式
9						向自动驾驶5G的V2X无线通信关键技术、芯片和设备的研发，完善多模式数据交互管理技术，实现LTE V和5G的兼容和过渡	V2X无线通信关键技术、芯片和设备的研发 研究多种应用对通信技术的要求，开发支持多种无线通信模式的车载数据交互管理的支撑软件			
10	信息交互技术	车载通信技术	应用技术（覆盖未来10年，至2025年，应用技术研发需考虑到较产业化先行5年）	基于V2X的车载安全、交通效率和节能应用研究	通过V2X无线通信实时共享人车路的状态，可使得交通事故大幅降低、交通拥堵显著减少、汽车能耗达到最佳，且该项技术在未来自动驾驶中起到重要作用	2020年：开发并推广基于V2X无线通信的行驶安全辅助驾驶、交通效率和节能减排等多目标应用 2025年：开发并推广部分或全自动驾驶应用	开展网络层和应用层协议研究，制定标准 搭建各汽车厂商的汽车、路侧设备之间能够实现互联互通的多模式V2X无线通信系统 研发各类主动安全预警或控制算法，以及特殊车辆主动避让、协同式队列控制等效率类应用算法 实现基于V2X无线通信与高精度导航、定位融合的部分自动驾驶应用	制定完成V2X无线通信系统网络层与应用层协议及其标准 构建完成多模式V2X无线数据交互系统 研发完成各种安全类、效率类、节能类应用算法，以及自动驾驶应用算法	A	B

（续）

序号	一级	二级	项目类别	三级项目名称	必要性	项目目标	研究内容/技术描述	预期成果	技术定位	实施方式
11	信息交互技术	车载通信技术	示范和产业化（覆盖未来10年，至2025年）	V2X环境下的辅助驾驶和部分自动驾驶应用示范	基于多模式V2X无线通信技术的智能网联汽车产业链覆盖汽车、交通、通信和互联网等多个行业领域，建设包含路侧基础设施在内的试验场和示范区，开展一定规模的示范和评估，有助于促进行业间的协同工作，加快技术成熟	持续建设用于智能网联汽车多模式V2X无线通信技术测试、演示、示范和推广应用的园区或公共道路环境	在具备条件的城市或基地构建基于多模式V2X无线通信技术的应用规模试验外场，实现辅助驾驶和部分自动驾驶关键场景的应用示范，打造融合应用路测、验证及示范的商用环境	成功打造具备V2X无线通信技术示范的园区或公共道路环境 进行不少于100项基于V2X无线通信技术的应用示范	B	B
12			行业共性技术平台（覆盖未来10年，至2025年）	车载V2X无线通信技术及应用测试验证平台	开展第三方测试验证，将有效支撑V2X无线通信系统的互连互通，可保障信息共享与控制协同	持续完善V2X无线通信技术及应用的测试标准和规范，持续完善构建第三方可信、开放的技术测试验证平台	构建国家级V2X无线通信技术和应用测试验证平台。制定详细的V2X无线通信技术的互操作测试标准及规范，以及V2X无线通信模块的功能规范和性能要求	成功构建完善的V2X无线通信技术测试验证平台 成功构建完善的V2X无线通信技术的协议一致性测试标准及规范、V2X无线通信模块的功能规范，以及V2X无线通信模块的性能规范	B	B
13		基础数据交互平台	基础前瞻（覆盖未来10年，至2025年，基础研究应考	云网一体化技术研究及应用	云平台的普及对数据中心网络提出了更高的要求，在网络虚拟化、多租户隔离、网络能力开放等方面传统的网络技术难以满足，应用云	2020年：研究数据中心内云计算平台网络虚拟化技术，研究云数据中心内虚拟网络服务	基于数据中心内云计算平台网络虚拟化技术，增强云计算数据中心多租户网络隔离规模，支持跨数	支持千万级别租户的网络隔离和共存 支持跨广域网的租户二、三层虚拟网络互通	B	C

（续）

序号	一级	二级	项目类别	三级项目名称	必要性	项目目标	研究内容/技术描述	预期成果	技术定位	实施方式
13	信息交互技术	基础数据交互平台	虑到较工程化技术先行10年）		网一体化技术可以大大提升数据中心网络的灵活性、扩展性，同时提高云平台的服务能力，以支持智能网联汽车	链技术 2025年：实现云网一体化系统，实现租户定制化服务自动供给与通信能力在云平台上的自动加载	据中心云平台租户私有网络 基于SDN架构，实现物理、虚拟网络设备统一管理，虚实联动，简化运维 研究虚拟网络设备作为隧道端点技术，提高隧道端点性能，可落地使用，成为替代物理网络设备的一个备选方案 研究云数据中心内虚拟网络服务链技术，借助虚拟网络功能模块，实现租户定制化服务自动供给，实现通信能力在云平台上的自动加载 优化云平台网络东西向网络流量	支持物理网络和虚拟网络的解耦 支持租户使用重叠IP地址 虚拟网络设备作为隧道端点，对服务器性能损耗不超过10% 支持虚拟负载均衡等虚拟网络设备虚拟化、流量动态调度 支持云平台内东西向网络流量分布式处理		

（续）

序号	一级	二级	项目类别	三级项目名称	必要性	项目目标	研究内容/技术描述	预期成果	技术定位	实施方式
14	信息交互技术	基础数据交互平台	应用技术（覆盖未来10年，至2025年，应用技术研发需考虑到较产业化先行5年）	智能网联汽车基础数据交互平台建设	基础数据交互平台是支撑智能网联汽车大规模应用的基础，需要从国家层面重点推动建设。设计平台架构，明确基础数据平台与其他级别平台间的数据接口，实现全国性智能网联汽车的大规模接入，对智能网联汽车产业发展具有重要意义	2020年：研究基础数据平台架构与关键技术，构建智能网联汽车基础数据交互平台 2025年：全国智能网联汽车实现统一接入，智能网联基础数据平台形成商业运营	建立基础数据交互平台技术架构与应用服务架构，研究大并发数处理、关系型与非关系型数据库维护与数据分析、网络负载与平衡、多模式通信网络接入等平台关键技术，建立通信网络信息安全认证、网关认证、数据库反入侵等安全保障机制，建立国家级的智能网联汽车基础数据平台，形成统一的运营与管理，实现千万级的车辆数据接入	建立智能网联汽车基础数据平台。平台支持千万级用户并发接入，并与其他级别平台实现标准的数据交互 全国网联汽车在基础数据平台的接入率达到80%以上 完成平台的应用示范与商业化运营	B	B
15	信息交互技术	基础数据交互平台	示范和产业化（覆盖未来10年，至2025年）	智能网联大数据共享及应用合作研究	通过大数据共享模式研究和深度数据挖掘可让云平台中的数据资源得到有效利用，充分发掘三级式智能网联汽车云平台的价值，并形成示范应用	2020年：基于开放的数据能力，实现融合数据的应用场景的研发，形成数据应用场景和解决方案 2025年：面向外部企业实现应用合作的落地，推动智能网联大数据共享的应用	充分响应大数据共享、融合发展趋势，开发并使用跨行业数据相关的入库、存储、融合加工等平台化技术，全面提升智能网联平台大数据维度，以大数据开放共享为抓手，探索并逐步实现产业链间大数据共享及应用合作研发	平台实现10000辆以上车辆数据接入与服务提供，应用开发层制订适合开发者及客户需求的RESTful API和SDK，探索借助开源社区进行平台研发的模式	B	B

（续）

序号	一级	二级	项目类别	三级项目名称	必要性	项目目标	研究内容/技术描述	预期成果	技术定位	实施方式
16	信息交互技术	基础数据交互平台	行业共性技术平台（覆盖未来10年，至2025年）	智能网联汽车分级式平台体系架构与交互标准	智能网联汽车的分级式平台体系是实现全国性汽车大数据共享的基础，需要跨界整合资源，各企业间难以协调，要从国家层面重点推动建设。设计各级平台架构，明确平台间的数据交互标准，是对智能网联汽车产业发展的重要支撑	2020年：建立基础数据平台、公共服务平台和应用开发平台三级式平台体系架构，明确车辆与平台以及各平台间形成数据交换标准 2025年：推进各级平台建设与应用，全国智能网联汽车实现统一接入，各级平台形成商业化运营	自底向上分析并构建智能网联汽车三级平台架构（基础数据平台、公共服务平台和应用开发平台）。基于智能网联汽车应用中对平台的需求，自顶向下搭建一个可演进的、开放共享的产业生态环境，为满足基础数据沉淀，共性服务支撑，应用服务创新的发展需求。建立车辆通信终端标准、数据平台接口与协议标准、网联数据规范、公共服务标准与规范、应用平台接口与权限标准。各层标准支持对数据存储与通信的优化，具有可扩展性和可延展性，能满足智能网联汽车信息安全的需求	成功构建支撑智能网联汽车三级平台的通信终端、数据标准、公共服务、应用平台接口的标准体系 基于标准体系实现3家以上不同品牌整车厂的接入，以及5家以上其他企业的接入 完成各级平台的应用示范与商业化运营	B	A

（续）

序号	一级	二级	项目类别	三级项目名称	必要性	项目目标	研究内容/技术描述	预期成果	技术定位	实施方式
17	信息交互技术	信息安全	基础前瞻（覆盖未来10年，至2025年，基础研究应考虑到较工程化技术先行10年）	智能网联汽车信息安全理论模型	汽车信息安全模型是保证智能网联汽车信息安全的基础框架，也是指导汽车信息安全防护和测试技术实施的理论基石	2020年：形成智能网联汽车信息安全模型框架，指导制定汽车信息安全相关标准指南 2025年：形成汽车高度自动驾驶的全生命周期智能网联汽车信息安全模型	研究“端-管-云”架构下的智能网联汽车信息安全息安全与功能安全映射模型、信息威胁模型和信息安全风险评估模型 基于隐私保护理论形成智能网联汽车全生命周期的信息安全防护方法	形成智能网联汽车信息安全框架与信息安全模型，制定智能网联汽车信息安全全生命周期标准2或3项	B	B
18			应用技术（覆盖未来10年，至2025年，应用技术研发需考虑到较产业化先行5年）	智能网联汽车信息安全检测与防护关键技术研究	信息篡改、病毒入侵等手段已被黑客应用到汽车攻击中，宝马、丰田、特斯拉等均发现不同程度的车载信息安全漏洞。智能网联汽车信息安全问题不仅会造成个人或企业经济损失，还有可能成为社会隐患甚至影响国家安全	2020年：建立低等级智能网联汽车信息安全检测机制，设计智能网联汽车信息安全防护框架，形成智能网联汽车信息安全保障管理体系 2025年：建立高等级智能网联汽车信息安全保障体系和检测方法	基于“端-管-云”架构开展车载网络异常状态识别、车载无线通信漏洞探测、车载传感器网络可信构造、车载信息伪装与泄露等关键技术研发 针对智能网联汽车的不同等级，设计信息安全保护框架和防护机制	制定智能网联汽车信息安全检测与防护标准2或3项 成功研发系列汽车信息安全检测与防护产品	B	B

（续）

序号	一级	二级	项目类别	三级项目名称	必要性	项目目标	研究内容/技术描述	预期成果	技术定位	实施方式
19	信息交互技术	信息安全	示范和产业化（覆盖未来10年，至2025年）	智能网联汽车信息安全网关研发及示范应用	智能网联汽车网关是车辆信息交互的节点，也是最易受攻击点，95%以上攻击都是需要经过网关的，因此保证汽车信息安全必须开发安全的车载网关	2020年：实现低等级智能网联汽车信息安全网关产品10万辆级示范应用 2025年：实现高等级智能网联汽车安全网关产业化和主动信息安全保护功能，覆盖90%以上智能网联汽车	基于智能网联汽车信息安全模型、检测机制和防护体系研发不同防护等级的安全网关产品 通过不同典型应用场景进行安全网关产品的示范运营并实现产业化	形成智能网联汽车信息安全网关系列产品	B	C
20			行业共性技术平台（覆盖未来10年，至2025年）	智能网联汽车信息安全监控与测试评价平台	网联化信息是支撑智能网联汽车实现的保障，但是面对日益复杂的网联环境和更为严格的安全技术需求，现有的信息安全防护能力成了制约智能网联汽车技术应用和产业发展的短板	2020年：建立智能网联汽车信息安全监控系统，形成智能网联汽车信息安全测试评估体系 2025年：实现高级智能网联汽车信息完全测试评估平台	基于大数据分析方法，建立智能网联汽车信息安全数据监控平台 根据智能网联汽车数据安全需求，制订测试评估方法，在此基础上形成智能网联汽车测试评估体系和标准法规	建立智能网联汽车信息安全测试评估体系，制定智能网联汽车信息安全测试评估标准2或3项	B	A

（续）

序号	一级	二级	项目类别	三级项目名称	必要性	项目目标	研究内容/技术描述	预期成果	技术定位	实施方式
21	基础支撑	测试评价	行业共性技术平台（覆盖未来10年，至2025年）	智能网联汽车测试评价体系与测试环境建设	智能驾驶技术的发展需要有专门的体系性的测试认证方法以及对应的测试环境。国内已开展智能网联汽车的研发，迫切需要建立智能网联汽车测试评价体系，搭建测试环境	2020年：形成智能网联汽车测试评价标准和方法，搭建满足高速公路、城区、园区、停车场等典型智能网联汽车应用场景需求的测试环境 2025年：经完善形成科学完整的智能网联汽车测试评价标准，并进行推广应用。智能网联汽车专用试验场、示范区和具备第三方资质的公共服务平台投入运营	研究智能网联驾驶功能的测试方法和技术，制定科学完整的智能网联汽车测试评价标准 建设符合中国区域特色的智能网联汽车专用试验场：研究自动驾驶系统在高速公路、城区、园区、停车场等典型工况下的关键场景，建设测试示范环境；研究驾驶辅助系统应用场景以及各种场景下驾驶辅助系统的作用，并可进行标准化评价和验证；研究车车/车路协同应用场景，并可进行标准化评价和验证；研究自动驾驶车辆功能安全性，并可进行标准化评价和验证 建设智能网联汽车示范区，研究智能网联汽车功能性、运营模式、基础设施等	建立包含基础通信、整车、基础设施等内容的科学完整的智能网联汽车测试评价标准体系，综合评价指标不少于100项 建立智能网联汽车专用试验场两个，建立智能网联汽车示范区5个	B	A

（续）

序号	一级	二级	项目类别	三级项目名称	必要性	项目目标	研究内容/技术描述	预期成果	技术定位	实施方式
22	基础支撑	标准法规	行业共性技术平台（覆盖未来10年，至2025年）	智能网联驾驶标准法规建设	智能网联汽车涉及众多跨领域的新兴技术，技术路线多样，各种产品性能指标参差不齐，不利于行业快速推进相关技术的产业化。开展智能网联汽车相关技术标准化研究，以标准化推动智能网联汽车的规范化发展。同时，对自动驾驶等级和无人驾驶车辆上路的认证机制目前仍然缺失，亟需完善相应标准法规体系	2020年：建立符合中国交通工况特性及中国区域特色的智能网联驾驶标准体系与关键技术标准，在行业内先行先试，并推进部分标准成为国家推荐性法规 2025年：推动智能网联驾驶标准的推广应用，并逐步建立智能网联汽车强制认证体系	综合分析国际智能网联汽车标准法规现状，结合我国实际，研究建成我国智能网联驾驶标准体系框架与关键技术标准。形成覆盖驾驶辅助系统，车车、车路通信的完整智能网联驾驶关键技术标准体系，重点推动V2X互联协议、自动驾驶等级认证、信息安全规范等标准的研究。推动行业联盟等组织在社团内先行推广使用，选择试点效果好的关键标准发展成为国家标准，并逐步建立智能网联汽车强制认证体系	构建具有中国特色的智能化和网联化一体的智能驾驶标准体系，讨论形成涵盖感知、决策、控制和V2X通信多环节的关键技术标准，在行业内部推广应用包括V2X互联协议、自动驾驶等级认证、信息安全规范等在内的5个以上标准规范，参与应用的汽车、通信等相关企业达到10家以上	B	A

（续）

序号	一级	二级	项目类别	三级项目名称	必要性	项目目标	研究内容/技术描述	预期成果	技术定位	实施方式
23	基础支撑	高精度定位和地图	基础前瞻（覆盖未来10年，至2025年，基础研究应考虑到较工程化技术先行10年）	动态高精度地图综合研究	动态高精度地图是面向CA、FA/HA级智能网联汽车的下一代高精度地图，是未来汽车驾驶外部环境可视化的发展趋势，对智能网联汽车的成熟化应用具有重要意义	2020年：完成动态地图的分类、采集和建库 2025年：实现动态地图的快速更新、数据发布和智能化应用	全面收集地理、气候、道路、车辆和行人的实时动态数据，包括位置、交通以及预测信息等，在静态高精度地图的基础上，实现驾驶外部环境的真实、详尽和实时表达	建立动态高精度地图数据采集系统 形成动态地图应用数据格式 建立动态地图数据快速更新与发布系统	A	C
24			应用技术（覆盖未来10年，至2025年，应用技术研发需考虑到较产业化先行5年）	基于高精度地图及高精度定位定姿技术的智能网联汽车感知和认知系统	高精度地图、高精度定位定姿及多传感器是未来智能网联汽车的“标配”，三者相互协同，相互辅助，将全面提升智能网联汽车的感知和认知水平	2020年：研究面向智能网联汽车的低成本新型原理高精度定位方法及车辆姿态感知方法，实现厘米级定位技术和高精度定姿技术，形成稳定可靠的车载高精度定位定姿产品 2025年：探索多源数据融合及精度补偿技术，实现适用于复杂道路工况及恶劣天气下的全天候无缝定位导航	协同国家北斗战略，研究基于北斗和机器视觉的高精度定位技术 研发高精度地图数据、高精度定位位置数据及多传感器观测数据的存储管理及融合处理，以及在复杂道路工况及恶劣天气下的试验、测试和评价	构建高精度地图、高精度定位定姿与多传感器数据融合的软硬件一体化系统 应用车机数量不少于1万台	A	B

（续）

序号	一级	二级	项目类别	三级项目名称	必要性	项目目标	研究内容/技术描述	预期成果	技术定位	实施方式
25	基础支撑	高精度定位和地图	示范和产业化（覆盖未来10年，至2025年）	高精度地图综合试验和测评体系研究	高精度地图综合试验和测评体系是高精度地图应用于智能网联汽车的实践，对高精度地图的发展具有重要指导意义	2020年：实现车道级导航及其产业化 2025年：建立高精度地图的数据精度、实时性、准确性的评价标准和检测体系	在实车上搭载高精度定位和地图，综合试验，实现车道级导航，并逐步产品化、产业化 试验过程中，建立高精度地图的数据精度和准确性的测试评价体系	研制出安全可靠的车道级导航产品，且不少于1万套 构建高精度地图的评价标准和检测体系 建立高精度地图示范应用，并逐步成熟化，范围覆盖全国主要城市	B	A
26			行业共性技术平台（覆盖未来10年，至2025年）	高精度地图数据模型与存储格式标准化	目前缺乏高精度地图数据模型和存储格式的国际标准，而美日欧已先行开始了标准化进程并取得了较大成果。为了规范统一、减少内耗，提升高精度地图的制作能力，并且具备国际竞争力，需要国家支持此项目	首先形成行业标准，然后逐步形成国家标准	建立高精度地图的数据模型与存储格式，包括数据内容、物理模型、存储式样、压缩加密等	建立适合中国国情并且易于使用的标准规范	B	A
27	整车	整车	示范和产业化（覆盖未来10年，至2025年）	智慧城市智能汽车开发	面向未来城市共享经济模式的出行需求，依靠智能化、信息化技术解决城市拥堵、排放污染、环保等严重问题，开发出在智慧城市交通系统生态环境下使用的新一代智	具备智慧城市和智能交通信息交互功能，开发满足城市智能移动需求的全新用途汽车，满足智能化、信息化	开发智慧城市智能服务平台搭建技术：满足息实时性和高效性的端到端移动服务平台，解决用户、设施与车辆之间信息传	完成智慧城市智能车车型开发 完成小批量生产，规模100辆	B	C

（续）

序号	一级	二级	项目类别	三级项目名称	必要性	项目目标	研究内容/技术描述	预期成果	技术定位	实施方式
27	整车	整车			能汽车，满足城市发展对安全、污染、空间、效率、成本、服务等多元要求。智慧城市智能汽车在感知、动力、控制、车身、服务方面的设计与传统车辆有根本不同	和电动化需求，满足人员与货物的自动化运输需求，满足共享经济模式需求 2020 年：完成第一代智慧城市智能汽车的开发 2025 年：投入大规模使用，具备共享服务、全自动行驶、端到端交通信息递送等功能	递不对等、不及时的问题 开发智慧城市智能汽车关键技术：利用智能模块化平台技术满足不同场景的应用需求，解决共享经济导致产量下降带来的利润下滑问题 着手智慧城市智能汽车开发及验证技术：解决新环境下智能汽车开发相关技术文件、验证文件准备工作			

6 近期优先行动项

近期优先行动项如表 5－6－1。

表 5－6－1　近期优先行动项目建议

序号	优先行动项目名称	必要性	实施目标	研究内容	预期成果	组织模式
1	针对复杂环境感知和规则认知的软硬件研发及其产业化	实现对复杂环境的高精度检测和属性识别，并对复杂道路信息、交通行为等规则进行深度认知，是高级自动驾驶的关键技术。自主开发嵌入式系统及集成深度学习等人工智能核心组件，将助推我国智能汽车技术领先，并可形成技术绿色壁垒，未来经济价值和社会价值巨大	2018 年：实现对道路车辆、行人、非机动车等目标的高精度检测 2020 年：实现对非结构路面车道判断和可行驶区域认知 2025 年：实现对道路场景的自我理解，掌握核心专利	深度学习等人工智能理论研究，视觉传感器、雷达传感器的研究开发和应用 对复杂道路信息、交通行为等规则进行深度认知 开发有监督学习、无监督学习混合技术 着手模块化开发与产业化应用技术	形成国际领先的复杂环境感知与规则认知技术体系 拉动国内相关软硬件集群产业发展 达到较大产值规模，除保证自主装备外，以高附加值产品形式出口国际市场	国家统一规划，布局类似于美国硅谷的集成产业群，形成从孵化、研发到应用、推广体系能力 汽车企业、IT 企业、零部件 OEM 做好分工，形成合力，鼓励形成若干有竞争力的创新型企业 国家法律、法规、标准等快速跟进，给创新留有空间，鼓励创新，包容创新
2	车载 V2X 无线通信系统的研发、测试、应用示范及其产业化	车载 V2X 无线通信技术是智能网联汽车实现网联化的基础，可满足车车、车路、车人、车与公共服务平台的全方位网络连接，促进信息的交互和控制协同，从而降低交通事故、减少交通拥堵和汽车能耗，并提升汽车的智能化水平，最终支撑实现部分自动驾驶应用	2020 年：实现面向辅助驾驶的车载 V2X 无线通信系统市场规模化商用 2025 年：实现面向部分自动驾驶的车载 V2X 无线通信系统的市场规模化商用	突破 LTE-V 等核心技术、芯片和设备研发，推进标准的制定 开展面向自动驾驶 5G 架构研究 开发并推广基于 V2X 无线通信系统的行驶安全、交通效率和经济能耗等多目标应用，以为部分驾驶应用 构建国家级 V2X 无线通信技术测试验证平台，包括测试验证标准规范等	建立 LTE-V 核心技术及其标准 构建基于 LTE 的 V2X 无线通信系统 建立基于 V2X 无线通信技术的车辆安全、高效、节能等多目标应用算法 建成车载 V2X 无线通信技术和应	政府加强顶层设计和统筹管理，协调各方资源和资金支持，如频谱资源等 各行业领域企业充分发挥主导作用，加强技术创新和跨界合作协同，突破 LTE-V 无线通信技术研发及标准化、V2X 无线通信系统研发和应用算法等 国家级第三方测试验证实验室加强对 V2X 无线

（续）

序号	优先行动项目名称	必要性	实施目标	研究内容	预期成果	组织模式
2				建设用于智能网联汽车V2X无线通信系统外场测试、演示、示范的园区或公共道路环境，为其产业化作推广	用测试验证平台，外场测试环境和示范园区	通信技术的测试能力 科研院所和高校加强核心技术攻关，并加强与产业对接，将科研成果进行市场转化，从而加快推动具有自主特色的网联技术研发和产业化的发展，力争在该领域形成国际领先优势
3	智能网联汽车分级式平台体系架构与交互标准	智能网联汽车的分级式平台体系是实现全国性汽车大数据共享的基础，需要跨界整合资源，各企业间难以协调，要从国家层面重点推动建设。设计各级平台架构并明确平台间的数据交互标准，是对智能网联汽车产业发展的重要支撑	2020年：建立基础数据平台、公共服务平台和应用开发平台三级式平台体系架构，明确车辆与平台以及各平台间形成数据交换标准 2025年：推进各级平台建设与应用，全国智能网联汽车实现统一接入，各级平台形成商业化运营	自底向上分析并构建智能网联汽车三级平台架构（基础数据平台、公共服务平台和应用开发平台）。同时，基于智能网联汽车应用中对平台的需求，自顶向下搭建一个可演进的、开放共享的产业生态环境，为满足基础数据沉淀、共性服务支撑、应用服务创新的发展需求。建立车辆通信终端标准、数据平台接口与协议标准、网联数据规范、公共服务标准与规范、应用平台接口与权限标准。各层标准支持对数据存储与通信的优化，具有可扩展性和可延展性，能满足智能网联汽车信息安全的需求	形成能支撑智能网联汽车三级平台的通信终端、数据标准、公共服务、应用平台接口的标准体系；基于标准体系实现3家以上不同品牌整车厂的接入，以及5家以上其他企业的接入。完成各级平台的应用示范与商业化运营	政府主导，完成平台的顶层设计 企业牵头，针对车辆的需求，研发平台架构与交互标准体系，并实现其应用 高校提供相关技术支撑

（续）

序号	优先行动项目名称	必要性	实施目标	研究内容	预期成果	组织模式
4	高精度地图和高精度定位定姿关键技术及其应用	高精度地图是车辆自动驾驶重要的基础支撑数据，高精度定位和姿态测量是智能汽车形成感知和认知能力的必要技术环节，是车辆感知信息的重要来源，只有实时、准确、动态地获取车辆的姿态并准确定位车辆的位置及其与周围环境之间的空间位置关系，才能安全有效支撑车辆轨迹规划和车辆动力学控制	探索出高精度地图和高精度定位在智能网联汽车中的应用模式和产业化方向，建立高精度地图的评测体系 2020 年：建立面向无人驾驶的高精度地图数据结构及框架体系，设计数据采集及数据更新方法并开发专用的高速测量系统 2025 年：实现规模化的高精度地图数据生产并建立地图数据的增量更新体系。研究面向无人驾驶的低成本新型原理高精度定位方法及车辆姿态感知方法，实现厘米级定位技术和高精度定姿技术，满足大范围、全天候、高可靠性、高精度的定位定姿需求	研究面向无人驾驶的高精度地图数据结构及框架体系；设计基于车辆平台的地图数据高速测量采集系统；研究基于车联网，云平台及数据众筹实现高精度地图的增量更新 研究低成本新型原理的高精度定位方法及传感器 研究基于视频、雷达、卫星及 LIDAR 等不同传感器的车辆定位技术，研究多源信息融合方法及精度补偿技术，掌握利用不同传感器提高定位精度的方法 研究无通信条件下，基于高精度地图、环境感知及特征匹配的车辆行驶状态下的厘米级定位 形成支持自动驾驶的全天候、高可靠、厘米级高精度定位定姿技术，并具备一定的室内定位能力	开发高精度地图数据采集系统，ADAS 地图数据精度实现亚分米级，自动驾驶高精度地图数据实现厘米级 建成地图增量更新的演示示范系统 高精度地图和定位定姿技术满足无人驾驶需求，并能够在智能网联汽车中示范应用，成熟期形成大规模市场	建议工信部、国家测绘地理信息局等政府部门牵头，联合相关高校、科研院所和企业，依托我国北斗高精度定位优势，形成完善的高精度定位和地图理论体系及应用规范，并逐步产业化，服务智能网联汽车各个阶段
5	智能网联汽车信息安全防护与测评关键技术	“互联网+”已成为国家重点发展的新方向，智能网联汽车的大规模使用需要从系统构建面向信息安全下的端	2020 年：建立智能网联汽车信息安全全生命周期保障架构体系，攻克信息安全防护关键技术，制定智能网联汽车信息安全	基于智能网联汽车“端-管-云”架构，分别从模型构建、理论保障、关键技术三方面进行研究，形成智能网联汽车信息安全防护、测试与评估标准体系	形成智能网联汽车信息安全防护、测试与评估标准体系	以高校研究所为主进行理论基础研究，以信息安全企业和车厂为主进行测试和产品规模化生产；通过产业链各环节的联合创

（续）

序号	优先行动项目名称	必要性	实施目标	研究内容	预期成果	组织模式
5	研究及产业化开发	管-云架构并实现大范围应用。在新一代智能汽车技术变革的环境下，信息安全已经成了不可忽视的核心要素	测评标准 2025 年：实现智能网联汽车信息安全产品示范应用	通过智能网联汽车安全网关产品开发及示范运营，推动汽车信息安全产品产业化	完成智能网联汽车信息安全标准4~6项	新与协作公关，利用高校、研究所与企业的产学研合作模式，实现优势互补，通过行业组织及联盟平台建立与供应商的良好战略合作关系
6	新型智慧城市智能汽车的总体设计与示范推广	面向未来城市共享经济模式的出行需求，依靠智能化、信息化技术解决城市拥堵、排放污染、环保等严重问题，开发出在智慧城市交通系统生态环境下使用的新一代智能汽车，满足城市发展对安全、污染、空间、效率、成本、服务等多元要求。智慧城市智能汽车在感知、动力、控制、车身、服务方面的设计与传统车辆有根本的不同	具备智慧城市和智能交通信息交互功能，开发满足城市智能移动需求的全新用途汽车，满足智能化、信息化和电动化需求，满足人员与货物的自动化运输需求，满足共享经济模式需求 2020 年：完成第一代智慧城市智能汽车的开发 2025 年：投入大规模使用，具备共享服务、全自动行驶、端到端交通信息递送等功能	智慧城市智能服务平台搭建技术：满足息实时性和高效性的端到端移动服务平台，解决用户、设施与车辆之间信息传递不对等、不及时的问题 智慧城市智能汽车关键技术：利用智能模块化平台技术满足不同场景的应用需求，解决共享经济导致产量下降带来的利润下滑问题 智慧城市智能汽车开发及验证技术：解决新环境下与智能汽车开发相关的技术文件、验证文件准备工作	设计满足安全、便利、节能、高效的智慧城市解决方案，完成接口设计和硬件搭建 完成满足智慧城市边界条件的智能网联汽车开发 完成智慧城市智能汽车的小批量生产，规模 100 辆，通过运营找出技术与成本的平衡点，为大面积应用奠定基础 完成商业模式设计和收益分析，形成有中国特色的技术、运营、收益和管理模式，可在世界范围内推广	结合国家东西南北中示范工程进行环境和测试条件布局 国家法律、法规、标准等快速跟进，给创新留有空间，鼓励创新，包容创新 鼓励汽车企业进行相关研发，国家可适度给予支持 电信、电子企业可跟进项目，找到兴趣点和利益点

（续）

序号	优先行动项目名称	必要性	实施目标	研究内容	预期成果	组织模式
7	智能网联汽车行业标准化研究	智能网联汽车涉及众多跨领域的新兴技术，技术路线多样，各种产品性能指标参差不齐，不利于行业快速推进相关技术的产业化。开展智能网联汽车相关技术标准化研究，以标准化推动智能网联汽车的规范化发展	建立符合中国交通工况特性及中国区域特色的标准体系，并推进部分标准成为国家推荐性法规	驾驶辅助系统标准化研究：研究驾驶辅助系统测试评价标准；研究驾驶辅助系统工作过程中车辆和行人相关交互评价标准；建立中国驾驶辅助系统标准和法规路线图 车车、车路通信基础标准及安全标准化研究：研究基于LTE的LTE-V无线接入技术，建立LTE-V通用技术规范、通信架构及无线接入技术规范；研究车辆、路侧设备、行人等交通参与者之间信息交互接口，以及无线通信模式接口及相关的信息结构框架、数据元素技术规范及标准化；开展汽车信息安全管理标准、T-BOX信息安全标准、车载网关安全标准、汽车远程服务提供商TSP信息安全规范、车联网通信安全规范等相关研究及验证 无人驾驶汽车标准化研究：研究自动驾驶汽车的定义，自动驾驶等级划分以及不同等级自动驾驶汽车功能要求、性能要求、人机交互要求等，形成不同等级自动驾驶汽车的技术标准。研究自动驾驶车辆的安全定义、运行的安全规定、相关责任条款、测试遵循的基本原则、开放道路测试验证规范等	国际标准提案不少于3项，强制性国家标准提案不少于4项 推荐性国家标准提案不少于8项，企业标准不少于20项	汽车与交通、通信等产业合作，国家标准、团体标准、企业标准协同推进

（续）

序号	优先行动项目名称	必要性	实施目标	研究内容	预期成果	组织模式
8	智能网联汽车测试评价体系与测试环境建设	智能驾驶技术的发展需要有专门的体系性的测试认证方法以及对应的测试环境。国内已开展智能网联汽车的研发，迫切需要建立智能网联汽车测试评价体系，建设测试环境	2020 年：形成智能网联汽车测试评价标准和方法，搭建满足高速公路、城区、园区、停车场等典型智能网联汽车应用场景需求的测试环境 2025 年：经完善形成科学完整的智能网联汽车测试评价标准，并进行推广应用。智能网联汽车专用试验场、示范区和具备第三方资质的公共服务平台投入运营	研究智能网联驾驶功能的测试方法和技术，制定科学完整的智能网联汽车测试评价标准 研究自动驾驶系统在高速公路、城区、园区、停车场等典型工况下的关键场景，建设测试示范环境	建立包含基础通信、整车、基础设施等内容的科学完整的智能网联汽车测试评价标准体系，综合评价指标不少于 100 项 建立智能网联汽车专用试验场两个，建立智能网联汽车示范区 5 个	结合国家法规政策，由各示范基地联合车辆检测与研究机构主导评价体系与测试环境的建设，高校提供技术支撑

第六章

汽车制造技术路线图

1 导言

1.1 汽车制造技术的战略意义

进入21世纪以来，我国汽车产业规模持续快速增长，汽车产销量自2009年以来稳居世界第一，成为名副其实的汽车大国，2015年产销量突破2400万辆。汽车制造业涉及从钢铁等原材料、零部件制造、整机制造到售后维护的庞大产业链，对钢铁、石化、橡胶、机电装备、高端数控机床、机器人、物流、销售等上下游产业有着巨大拉动作用，是我国保持经济稳增长、推进城镇化、实现全面小康的重要支柱产业。

我国汽车制造业经历了自20世纪80年代改革开放以来快速发展的阶段，从引进吸收到自主创新，已经具备了完整的制造技术体系和强大的工业生产能力，涌现了一批知名的汽车品牌，部分已经走向海外市场。然而，我国汽车制造业总体水平与欧、美发达国家和地区仍存在明显差距，突出体现在：①产品制造质量尚待进一步提高，急需树立国产汽车的质量品牌形象；②核心制造工艺与装备仍大量依赖进口，投资和运行成本高昂，严重制约市场竞争力；③实现国内外市场不同消费需求的大批量定制能力及制造系统柔性化、智能化水平仍需提升；④在绿色制造、节能减排、资源节约等领域仍需加大技术研发与应用。2015年，我国自主品牌汽车产销量超过40%，但绝大部分产品集中在10万元以下的中、低端市场，出口也多为亚、非、拉美、中东等地区，中国汽车制造强国的目标还面临巨大挑战。

“质量为先”是我国制造强国战略中的核心思想之一。面对节能与新能源汽车发展需求和国内外汽车市场的激烈竞争，必须集成政、产、学、研、用的优势资源，努力提高我国汽车行业制造技术总体水平，实现高质量、高效率的大批量定制能力，打造一批具有国际竞争力的中国制造汽车品牌。汽车制造技术路线图的研究制订，将有助于我国政府和汽车行业统一认识，聚焦关键技术和实施路径，打通从基础原创研究到大规模产业应用的创新全链条，为实现中国汽车从制造大国走向制造强国的宏伟目标奠定重要基础。

1.2 汽车制造技术路线图的研究范围及目标

本章所述汽车制造技术路线图聚焦于节能与新能源汽车的制造技术领域，确保实现产

品大批量、高质量、高效率制造，是节能与新能源汽车技术路线图的重要组成部分。

汽车制造技术路线图制定目标为：着眼于未来15年我国汽车产业发展，深入把握节能与新能源汽车制造技术发展方向和趋势，提出具有引领性、能够奠定未来我国自主汽车制造技术竞争优势的突破性技术及其发展路线图，重点提升我国汽车制造整体质量水平、提高制造效率和持续降低制造成本，为我国汽车产业的持续、快速、健康发展提供指引。汽车制造技术路线图研究范围主要包括：

1）节能与新能源汽车关键零部件的关键制造工艺技术与装备，如轻质高强车身零部件先进制造、动力总成关键零部件精密制造、高性能发动机核心零部件制造、电机和电驱动系统（电池相关内容请参考第七章）关键零部件制造等。

2）节能与新能源汽车大批量制造中关键共性技术，如数字化工艺设计、数字化工厂设计、优质制造技术、智能制造技术、3D打印制造技术、绿色制造技术等。

1.3 汽车制造技术体系

汽车制造技术体系可以按不同工艺类型、不同零件类型、不同材料类型、不同制造阶段等划分，细分制造技术领域构成庞大的制造技术体系。

1）按工艺类型划分，汽车制造技术主要分为冲压技术、连接技术、涂装技术、装配技术、铸造技术、锻造技术、机加工技术、热处理技术、检测技术、物流技术等。

2）按不同零件类型划分，汽车制造技术主要分为车身覆盖件制造技术、车身结构件制造技术、底盘结构件制造技术、动力总成箱体类零件制造技术、动力总成轴齿类零件制造技术、高性能发动机核心零部件（直喷喷油器、高压共轨、涡轮增压）制造技术、新能源汽车电驱动系统（电机、功率电子控制器、车载充电器和机电耦合等）制造技术等。

3）按不同材料类型划分，汽车制造材料主要分为金属材料、非金属材料、复合材料等。其中，金属材料又可以按不同成分组成、不同强度等级划分为普通强度钢、高强度钢、超高强度钢、铝合金、镁合金等类型；非金属材料可以划分为有机非金属、无机非金属两大类型；复合材料可以按不同基材、不同增强材料划分为树脂基纤维增强复合材料、金属基纤维增强复合材料等。

本路线图研究受篇幅的限制，只选取节能与新能源汽车关键零部件的关键制造技术及关键共性制造技术作为研究对象。汽车制造技术的研究体系如表6-1-1所示：

表6-1-1 汽车制造技术体系

大类	子类	关键制造技术
关键零部件制造技术	车身覆盖件制造技术	铝/镁合金薄板冲压成形技术、碳纤维增强复合材料零部件制造技术、铝/镁合金零件连接技术
	车身结构件制造技术	超高强度钢板成形技术、铝/镁合金压铸技术
	底盘结构件制造技术	半固态压铸技术、挤压铸造技术、锻造技术、零部件内高压成形技术

（续）

大类	子类	关键制造技术
关键零部件制造技术	动力总成关键零部件制造技术	动力总成箱体类零件（缸体、缸盖、变速器箱体等）、轴齿类零件（曲轴、凸轮轴、连杆、活塞等）制造技术
	高性能发动机核心零部件制造技术	直喷喷油器系统、先进涡轮增压系统、柴油机高压共轨系统制造技术
	新能源汽车电驱动系统制造技术	电机、功率电子控制器、减/变速器制造技术
关键共性制造技术	数字化工艺技术	加工工艺数字化、刀具数字化管理、MBD 标准及工艺数据库、模具数字化设计、生产线数字化与装备集成技术、自动化物流、数字化工厂等
	3D 打印制造技术	复杂结构零件、多材料零件、轻量化结构的 3D 打印制造，基于 3D 打印技术的汽车快速研发以及直接制造等
	优质制造技术	毛坯精密制造技术、尺寸公差设计技术、质量检测与控制技术、整机质量提升系统工程技术等
	智能制造技术	标准体系、物联网大数据平台、柔性制造系统设计、虚拟与增强现实、过程与工艺大数据、传感器、机器人及其应用系统、集成管控等
	绿色制造技术	绿色铸造、绿色锻造、绿色涂装等技术

2 汽车制造技术现状与趋势分析

2.1 汽车制造技术现状分析

《中国制造 2025》明确了节能与新能源汽车等 10 大领域以及 23 个重点发展方向，力争到 2025 年达到国际领先地位或国际先进水平。到 2020 年，自主新能源汽车年销量突破 100 万辆。到 2025 年，形成自主可控完整的产业链，与国际先进水平同步的新能源汽车年销量 300 万辆；产品技术水平与国际同步，拥有两家在全球销量进入前十的一流整车企业，海外销售占总销量的 10%。在国家碳排放总量目标和化石能源替代目标需求下，2030 年新能源汽车年销量占比将继续大幅提高，规模超过千万辆。

发展节能与新能源汽车是减少空气污染、保障国家能源安全、缓解石油进口压力、实现能源战略转型和汽车强国梦的需要。欧、美、日、韩等汽车工业发达国家和地区（特别是日本、美国和德国）制定了较为严厉的汽车油耗指标。我国也于 2012 年发布了《节能与新能源汽车产业发展规划（2012—2020）》，提出 2015 年和 2020 年汽车企业平均新车的百公里油耗分别为 6. 9L 和 5. 0L。国家进一步规划 2025 年和 2030 年百公里油耗分别达到 4L 和 3. 2L。从现阶段的技术发展分析，汽车轻量化与电动化是满足国家汽车油耗限值标准的必由之路。

汽车轻量化是实现低碳化的一个重要技术途径，是发展节能与新能源汽车的关键技术课题。汽车轻量化包括结构轻量化、材料轻量化和工艺轻量化。

超高强度钢板成形技术是材料和工艺轻量化技术的重要组成部分。冷成形超高强度钢板（屈服强度 550MPa 以上）包括双相钢（DP）、低合金相变诱导钢（TRIP）、马氏体钢（MS）、复相钢（CP）、孪生诱发塑性钢（TWIP）和淬火和碳再分配钢（Q&P）。第一代汽车用钢中超高强度钢（以上钢种 TWIP 钢和 Q&P 钢除外）强度和塑性不能兼顾，品种繁多，使汽车制造工艺难度增大，成本增加；第二代钢（TWIP 钢等）虽然强度与塑性都较大幅度提高，但成本高，汽车应用难度大；第三代钢（Q&P、Mn-TRIP 等）强度、塑性处于第一代、第二代钢之间，成本较第二代钢低，有利于汽车应用，目前还处于研发和试用阶段。热冲压超高强度钢板成形及淬火后强度提高到 2 ~ 3 倍，工艺较为成熟，质量稳定，受到越来越多主机厂的青睐。

根据汽车制造技术发展趋势，零部件新型成形工艺的应用会越来越广泛。内高压成形是一种利用液体、气体、黏性物质或者固体作为成形介质，通过控制内压力和材料流动来达到成形中空零件目的的材料成形工艺。就特定的零件而言，是一种较好选择。国外内高压成形工艺稳定、成熟，且大批量应用，但我国只有部分零件实现批量生产，没有充分发挥出内高压成形零件的优势，因此国内内高压成形技术尚有较大的发展空间。

轻量化材料的应用，尤其是轻质材料的应用，可实现显著的减重效果。目前应用前景较大的轻质材料主要包括铝合金、镁合金、碳纤维复合材料等。

Ducker Worldwide 对市场上各类型汽车的最新调查显示，汽车用铝量整车占比已升至 12%；汽车的用铝量将在 2020 年提升到 210kg/车左右，整车占比 18%；到 2025 年，汽车的用铝量可达到 260kg/车左右，整车占比 22%；到 2030 年，汽车的用铝量将超过 350kg/车，整车占比 30%。国内乘用车铝合金平均用量 120kg/车左右，占比 8. 8% 左右；汽车的用铝量将在 2020 年提升到 190kg/车左右，整车占比 15%。现阶段，北美镁合金用量 3. 5kg/车；欧洲典型轿车（如帕萨特和奥迪 A4）镁合金用量已达到 14kg/车；国产汽车每辆用量平均仅 1. 5kg。据中国有色金属工业协会镁业分会预测，到 2020 年，欧、美、日汽车用镁合金需求 77 万 t，国内需求为 5 万 ~ 10 万 t。

碳纤维增强复合材料以其优异的性能和设计优势，逐步替代汽车零部件中的金属产品和其他传统材料，应用于汽车的功能件和大型承载结构零件，成为汽车轻量化的理想途径。美国福特公司采用碳纤维增强复合材料制造汽车传动轴、发动机罩、上下悬架臂等零部件；宝马 i3 采用“Life”和“Drive”两个独立的车身模块架构，Life 模块采用碳纤维增强复合材料制造。国内部分整车企业开始尝试采用碳纤维复合材料制造轻量化零部件。

新能源汽车制造的产业链长，覆盖面广，尤其电池、电机和电驱动系统是传统汽车所不涉猎的，且制造电机和电驱动所必需的材料和许多基础部件都是我国的弱项甚至空白。节能与新能源汽车的电机和电驱动系统相当于传统汽车的动力总成和传动总成之和，是汽车的“心脏”，关乎汽车的能耗指标和污染排放。作为战略新兴产业，我国要实现汽车电动化的自主制造并逐步提升产业的全球竞争力，规划电机与电驱动系统制造技术路线图是当务之急。

在驱动电机方面，我国经过多年的持续发展，自主开发的永磁同步电机、交流异步电机等已经实现了与整车产业化技术配套，系列化产品的功率范围覆盖了200kW以下新能源汽车用电机动力需求。个别供应商实现了驱动电机批量出口。在高性能新结构电机的制造工艺上，如矩形导体、分段导体、定子铁心嵌入和定转子铁心分段等电机技术，我国只有少数电机供应商在进行样件开发探索，而国际上已经开始批量生产并进入市场；在冷却技术方面，如绕组端部塑封、油冷技术，我国相关产品尚处于起步阶段；高端试验和关键生产设备、检验设备的水平相对落后，基本依赖进口；在大规模产业化过程中，自动化生产线短板明显，特别是电机绕组的制造主要依赖半自动化辅助设备甚至手工；我国驱动电机产业链还不够完善，部分关键材料和零部件（如耐油绝缘材料、耐电晕矩形电磁线、高速轴承等）研发投入不够，核心部件（铁心和永磁体等）材料利用率相对偏低，驱动电机技术和工艺水平仍需要进一步提升，国际市场竞争力有待加强。

在电机控制器方面，我国电动汽车市场处于初步发展阶段，自主产品有了一定的市场规模，大部分自主品牌新能源汽车主要搭载国产控制器。与国际同行供应商相比，我国功率电子控制器的研发和产业化水平相对较低，产业链（例如，功率半导体元器件和模块、专有电路、芯片以及膜电容等）短板明显，基础核心竞争力急待增强。基于第三代宽禁带功率半导体（碳化硅、氮化镓等）控制器是全球下一代电机控制器的发展方向，具备高频、低损耗、耐高温和体积小、重量轻等优点。与国际上已装样车现状和2020年批量装车规划相比，我国宽禁带半导体从芯片（如碳化硅肖特基势垒二极管、碳化硅MOS场效应晶体管等）到功率模块和控制器研发等均处于起步阶段。

在新能源汽车减/变速器方面，国内汽车乘用车减/变速器总成制造应用技术水平已经接近世界汽车产业水平，部分减速器产品已经搭载量产的自主品牌新能源汽车。但自主开发能力，尤其是自动变速器和机电耦合系统的开发能力薄弱。关键制造工艺距国际水平仍有差距，齿轮精密加工磨削机床、总成试验设备以及出厂试验台架等测试仪器目前仍然依赖进口。与高速电机配套要求的精密低噪声齿轮（含高效行星轮系等）、离合器及其操作机构和总成控制器制造技术等方面与国际水平差距较大。

铸造、锻造、涂装是汽车制造过程中三大高能耗、高污染的专业领域，为此，本路线图将之列为绿色制造聚焦的研究范畴。铸造行业熔炼的能耗占70%左右，而冲天炉是金属熔炼的主要设备，是能源消耗的第一大户。我国目前使用的冲天炉产量70%小于5 t/h，大于15 t/h的冲天炉比例≤1%。冲天炉的热能利用率普遍较低。中国每吨铸件的能耗比日本、德国、美国高出1倍，比英国也高出20%。铸造行业的废弃物主要有废砂、废渣、粉尘、废气等。据统计，我国每生产1 t合格铸件，大约要排放粉尘50 kg，废气1000～2000m^3，废砂1.0～1.3t，废渣300 kg。中国现行的铸造车间粉尘排放标准比德国低很多。我国锻压中频加热炉、热处理炉应用技术接近国际先进水平，但在能源利用效率、可靠性等方面还有差距。初步掌握锻压模具自动润滑、快速换模技术，但其实用性、稳定性、可靠性等需要实践验证。国内汽车涂装平均能耗是国际先进水平的 2 倍左右。能耗换算成 CO_2 排放量基本在 180 ~ 400kg/台。汽车涂装的可挥发性有机溶剂（VOC）排放水平也很不均衡，乘用车车身涂装的 VOC 排放量在 10 ~ 60g/m²。

从汽车产业总体上分析，我国已建立起具备大工业生产特征的较完整工业体系，骨干整车企业新建汽车厂制造技术应用水平接近汽车产业第一阵营水平，尤其是合资公司新建工厂纷纷成为合资外方母公司的新标杆。通过合资公司的带动与示范，自主品牌新建工厂制造技术应用水平快速提升，接近合资公司制造技术水平。但我国汽车制造技术水平发展不均衡：老工厂制造技术普遍落后于新工厂，自主品牌汽车制造技术平均水平低于合资品牌汽车。世界最先进的汽车制造厂与最落后的汽车制造厂同时存在于我国。我国汽车制造技术自主开发能力薄弱，基础工艺研究缺失，工艺技术创新体系不健全，关键制造工艺跟随仿照合资或国外企业。我国汽车制造装备自主开发制造的能力薄弱，关键制造装备仍然依赖合资企业或进口，先进汽车制造装备、生产线重复引进的现象严重。

2.2 汽车制造技术发展趋势分析

伴随信息技术、网络通信技术、数字化技术、人工智能技术的发展，通过相关技术的带动与支撑，世界制造业由手工操作模式逐步向机械化制造、自动化制造、智能化制造模式转变。世界制造模式发展进程如图 6－2－1 所示。汽车制造是制造业的重要组成部分，汽车制造技术紧跟世界制造业发展潮流而发展进步。伴随世界四次工业革命，世界汽车制造业由小批量手工作坊式生产逐步向大批量流水线生产、柔性化、自动化、数字化精益制造、智能化绿色制造模式转变。世界汽车制造发展的阶段如图 6－2－2 所示。

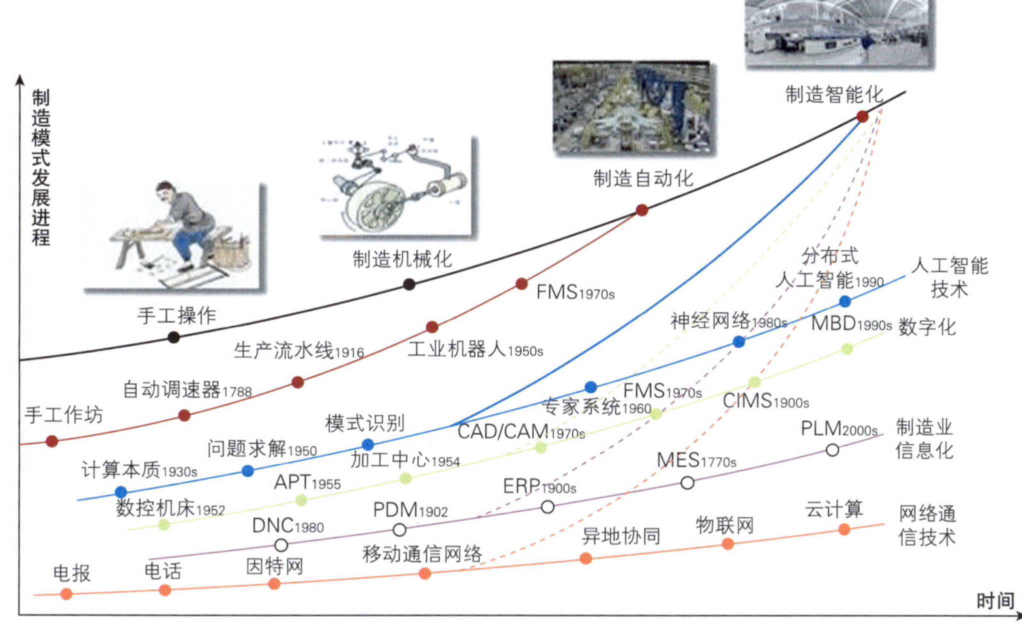

图 6－2－1 世界制造模式发展进程

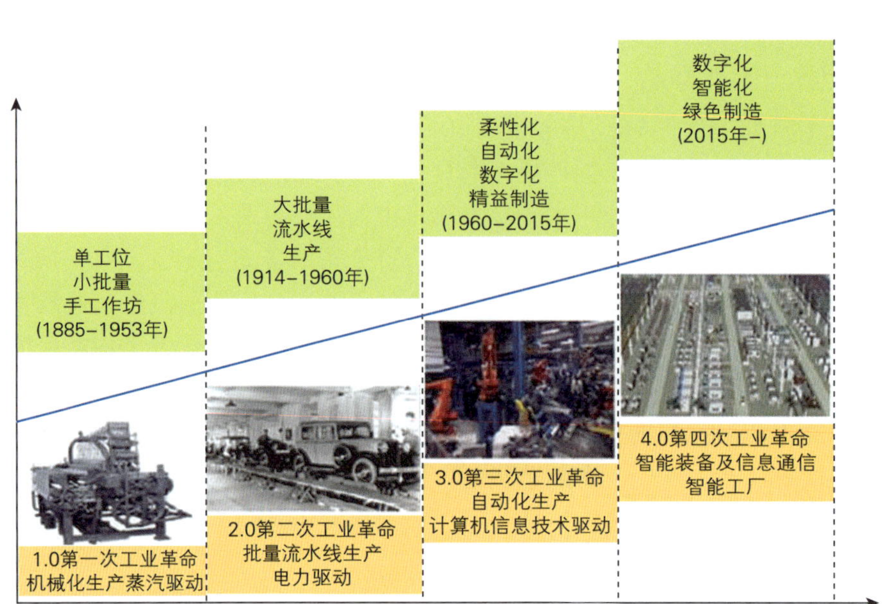

图 6-2-2　世界汽车制造发展的阶段

我国与汽车工业发达国家相比，虽然起步较晚，但汽车制造技术紧跟世界发展步伐，由起步阶段的单一品种小批量半机械化生产，逐步发展为大批量流水线生产、多品种柔性化自动化生产、信息化精益制造，在《中国制造 2025》国家总体制造规划的指引下，汽车制造业正逐步向智能化大规模定制方向发展。未来在国家政策引领支持下，通过汽车行业的协同努力，预期我国汽车制造业会逐步赶超世界先进水平。通过人工智能等相关技术的发展，汽车制造单元实现可自由重构，汽车制造向生态制造、个性化定制方向发展。中国汽车制造发展的阶段如图 6-2-3 所示。

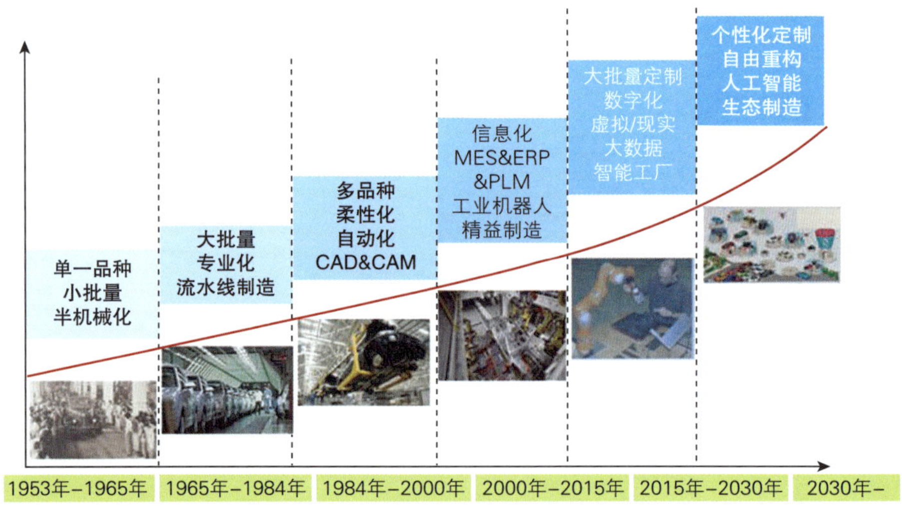

图 6-2-3　中国汽车制造发展的阶段

3 汽车制造技术的发展愿景与目标

3.1 汽车制造技术的发展愿景

发展愿景：着眼于创新驱动、提质增效，保证制造质量，缩短生产准备周期，提高生产率，降低制造投资，节省制造成本和资源能源消耗，从根本上改变我国汽车产业基础工艺研究缺失、工艺技术创新体系不健全的面貌，推动汽车制造技术进入国际先进行列，提升我国汽车产业在世界汽车制造业中的地位。

3.2 汽车制造技术的发展目标

本路线图基于《中国制造 2025》总体规划，依据汽车制造技术的现状与发展趋势，提出我国汽车制造技术发展总体目标。

1）大幅提升我国汽车制造整体水平，显著提升制造效率，持续降低制造成本和资源能源消耗。

2）2020 年前，汽车制造技术国际竞争力及“中国制造”品牌价值进一步提升；实现后工程不良品率比 2015 年下降 25%，全员劳动生产率年均增长 7.5%，单位生产总值能耗水平比 2015 年下降 20%。

3）2025 年前，汽车制造技术自主创新能力大幅提高，节能与新能源汽车制造技术进入世界汽车制造先进行列；实现后工程不良品率比 2015 年下降 45%，全员劳动生产率年均增长 6.5%，单位生产总值能耗水平比 2015 年下降 35%。

4）2030 年前，汽车制造技术总体达到国际先进水平；初步进入世界汽车制造强国阵营；实现后工程不良品率比 2015 年下降 65%，全员劳动生产率年均增长 6.5%，单位生产总值能耗水平比 2015 年下降 50%。

4 汽车制造技术发展路线

汽车制造技术路线图以“绿色制造、智能制造、优质制造、快速制造”为发展主线，以智能制造为主攻方向，全面提质增效降耗；以铝/镁合金和碳纤维复合材料为重点，逐步掌握轻量化制造技术；以动力总成及新能源汽车电驱动系统为突破口，显著提升动力总成箱体类零件、轴齿类零件、新能源汽车电机、控制器等加工制造技术，实现制造装备的数字化、智能化。

本节将在技术发展现状分析及总目标制定的基础上，从汽车制造技术总体路线图、关键零部件技术路线图和关键共性技术路线图三个方面分别进行叙述，提出具体的预期目标、重点任务以及拟定技术发展路线图。

4.1 汽车制造技术总体路线图

总体路线图从关键零部件和关键共性技术两个角度梳理制造技术的发展方向，如图6－4－1所示。其中，关键零部件制造技术包括车身覆盖件制造技术、车身结构件制造技术、底盘结构件制造技术、节能汽车动力总成关键零部件制造技术、高性能发动机核心零部件制造技术、新能源汽车电驱动系统制造技术六个类别；关键共性技术包括数字化工艺技术、3D打印制造技术、优质制造技术、智能制造技术、绿色制造技术五个方向。

4.2 关键零部件技术路线图

根据汽车制造技术整体架构体系，关键零部件技术路线图将从车身覆盖件、车身结构件、底盘结构件、动力总成箱体类零件、动力总成轴齿类零件、高性能发动机核心零部件及新能源汽车电驱动系统等关键零部件的制造入手，梳理汽车制造过程中的关键技术。其技术路线图具体阐释如下。

			2020年	2025年	2030年
总体目标			后工程不良品率比2015年下降25%，全员劳动生产率年均增长7.5%，单位生产总值能耗水平比2015年下降20%	后工程不良品率比2015年下降45%，全员劳动生产率年均增长6.5%，单位生产总值能耗水平比2015年下降35%	后工程不良品率比2015年下降65%，全员劳动生产率年均增长6.5%，单位生产总值能耗水平比2015年下降50%
关键零部件	车身覆盖件	铝、镁合金薄板冲压成形技术	建立铝合金零件冷冲压设计标准,开发铝、镁合金先进连接技术，车身铝合金板件制造技术实现率50%	形成全铝车身零部件的冲压成形技术，车身铝合金板件制造技术可实现率100%	形成镁合金车身冲压零部件的设计制造能力，车身镁合金板件制造技术可实现率10%
		铝、镁合金连接技术	开发出适合钢/铝和铝/镁缝焊和点焊的接头强度控制技术，接头疲劳强度超过常规电阻点焊接头的50%，生产成本比电阻点焊节约40%	形成高效的钢/铝、铝/铝、铝/镁、镁/镁的连接新技术，其接头疲劳强度为电阻点焊的2倍，成本接近或略低于电阻点焊成本	形成更为可靠和高效的钢/铝、铝/铝、铝/镁连接新技术,接头疲劳强度为电阻点焊的2倍以上，成本接近或略低于电阻点焊成本
		碳纤维增强复合材料零部件制造技术	掌握基于国内材料的HP-RTM、C-RTM和Surface-RTM工艺预成型与成型仿真技术；形成碳纤维部件/车体开发同步工程能力	建立碳纤维复合材料部件/车体的设计、检测及试验准则；形成碳纤维预制工艺、预浸料工艺、PCM工艺的开发能力	碳纤维复合材料部件/车体设计、检测、试验标准的优化及完善;碳纤维预制工艺与HP-RTM、C-RTM、S-RTM和PCM的协同应用推广

图6－4－1　汽车制造技术总体路线图

			2020年	2025年	2030年
关键零部件	车身结构件	超高强度钢板成形技术	超高强度钢板冷成形模具镶块国产化材料比例达到60%,超高强度钢板冷成形有限元分析准确度达到70%；超高强度钢板热成形设备初步具备开发能力，超高强度钢板热成形模具镶块材料性能达到国际先进水平	超高强度钢板冷成形模具镶块材料国产化比例达到70%，超高强度钢板冷成形有限元分析准确度达到80%；超高强度钢板热成形设备国产化率达到50%，推广超高强度钢板热成形模具镶块冷却水道精铸技术	超高强度钢板冷成形模具镶块材料国产化比例达到80%，超高强度钢板冷成形有限元分析准确度达到90%；超高强度钢板热成形设备国产化率到达70%，推广超高强度钢板热成形模具镶块3D打印技术
		铝、镁合金压铸成型技术	开发出适合于复杂薄壁铝合金结构件的材料，形成复杂薄壁铝合金部件的结构及工艺设计能力	开发出适合于复杂薄壁镁合金结构件的材料，形成复杂薄壁镁合金部件的结构及工艺设计能力	扩大开发可承受更高应力水平的铝/镁合金结构件，实现压铸装备全面数字化、智能化
	底盘结构件	铝、镁合金挤压铸造技术	形成典型轻量化铝/镁合金挤压铸造部件设计的能力，完成大型（如3500t）高性能挤压铸造机的研发，实现大型挤压铸造设备关键共性技术的突破	形成典型汽车受力件、气密件或耐磨件铝/镁合金挤压铸造部件设计的能力，完成大型（4000t）智能挤压铸造生产线的关键技术研发及示范应用	建成具有国际先进水平的智能化挤压铸造示范车间，实现挤压铸造车间、工厂全面数字化、智能化
		铝、镁合金半固态压铸技术	开发出适合于高承载铝合金结构件的材料，形成高承载铝合金小型件的结构及工艺设计能力，半固态压铸技术实现小型零件合格率达到90%	形成高承载铝合金中型件的结构及工艺设计能力，半固态压铸小型零件合格率达到95%	形成高承载铝合金大型件的结构及工艺设计能力，半固态压铸小型零件合格率达到98%
		铝、镁合金模锻技术	铝合金全自动锻造生产线成套技术研究,形成具有自主知识产权的铝合金锻造工艺与主要自动化设备		建成具有国际先进水平的铝合金锻造示范线
		零部件内高压成形技术	建立内高压成形工艺优化设计方法，开发出专用软件，高强度钢及铝合金零件内高压成形有限元分析精度达到75%以上，大胀形量零件高效内高压成形模具及密封结构用于批产，高效率、低成本内高压成形设备用于批产	高强度钢/铝合金零件内高压成形有限元分析精度达到85%以上，高强度钢零件低内压成形工艺用于批产，超高强度钢管和铝合金管热态内高压成形技术用于批产，数控可变合模力智能化内高压成形设备用于批产	复杂形状非均质件低内压成形工艺实现批产应用，σb≥1000MPa超高强度钢管内高压成形模具及密封结构实现批产应用，智能化内高压成形设备实现批产应用
	动力总成零件	缸体、缸盖制造技术	突破缸体/缸盖精密制造关键工艺技术，实现制造检测装备自主化开发能力；新材料缸体精加工技术实现产业化、突破大平面/燃烧室铣削质量控制、缸孔珩磨质量控制、缸体表面形貌在线测量、缸孔内表面缺陷自动检测、压缩比在线测量、缸盖燃烧室容积在线测量等技术		新材料缸体/缸盖精加工技术制造质量达到国内领先水平，缸孔内表面缺陷自动检测技术实现在线检测能力，面向3D打印缸盖的精加工技术
		变速器制造技术	突破新型材料齿轮精加工技术及刀具涂层技术，以及带轮热处理后的表面软点控制技术；实现现代化、智能化、数字化装配技术；形成面向AMT、CVT、DCT、AT的制造技术及装配质量控制工艺和设备开发能力		实现现代化、智能化、数字化制造和装配成套技术自主化开发应用；形成面向AMT、CVT、DCT、AT的制造技术及装配质量控制工艺和设备自主化开发制造一体化能力
		曲轴、凸轮、齿轮制造技术	轻量化材料曲轴的精加工技术实现产业化，制造质量达到合资品牌水平；突破锻钢曲轴的精加工技术，主轴颈、连杆颈的磨削技术以及替代磨削的技术，曲轴动平衡CAE校核及在线质量定心技术，轴颈同轴度检测技术；凸轮轴磨削精加工技术、耐磨减摩处理技术、凸轮轴非接触式同轴度快速检测技术、齿轮干式切削技术、功能复合化的高速高精度磨齿机技术自主化设备产业化		轻量化材料曲轴的精加工技术，制造质量达到国内领先水平，装备全面自主化制造，形成大范围在线检测能力；耐磨减摩处理技术装备全面自主化制造

图6－4－1　汽车制造技术总体路线图（续）

			2020年	2025年	2030年
关键零部件	高性能发动机核心零部件	活塞制造技术	建成精益、敏捷加工线，活塞异形孔精密镗削技术开发，活塞容积的在线高精度检测技术开发	建成智能加工线，关键项目在线检测率100%；活塞高强度、轻量化耐高温材料相关的机加工技术达到国内领先水平，活塞异形孔精密镗削技术产业化，活塞容积的在线高精度检测技术实现大规模应用	
		连杆制造技术	建成精益、敏捷加工线；突破钛合金连杆制造技术，连杆盖分界面激光加工裂解槽技术，开发连杆镗孔在线测量及刀具磨损检测的加工补偿技术	建成柔性、自动化加工线；突破纤维强化铝合金连杆制造技术，高强度轻质化合金裂解技术，连杆镗孔在线测量及刀具磨损检测的加工补偿技术实现产业化	建成智能加工线；突破3D打印连杆的批量制造技术，连杆镗孔在线测量及刀具磨损检测的加工补偿技术实现大批量产业化应用
		涡轮增压器制造技术	高强度、轻质化合金材料相关的加工技术：陶瓷、钛合金材料涡轮制造技术，碳纤维强化树脂压力机制造技术，整体叶片加工技术，实现核心突破，并实现装备自主化开发应用		单晶涡轮制造技术，整体叶片加工技术实现大范围产业化应用，并实现自主化装备全面替代进口
		直喷喷油器制造技术	实现精密偶件微加工核心工艺，性能与达到国际先进水平并具有一定的优势，实现产业化应用；突破国产化装备产业化应用关键技术；实现技术突破与产业化应用，包括高精度微观加工技术、阀座锥面微细电火花加工技术、共轨喷油器零件中孔座面的精磨技术、制造一致性及精密装配质量控制技术		实现高精度微观加工技术，共轨喷油器零件中孔座面的精磨技术；实现高性能核心零部件开发和制造的成套工艺及装备的自主研制和实现大规模应用
		高压共轨系统制造技术	高精度加工工艺及设备实现产业化应用；精密偶件的中孔座面精密加工和配副技术，精密微小喷孔和节流孔加工技术，高压共轨系统的测试技术，精密零件的去毛刺和清洁度控制技术，自主开发并具备产业化应用能力		精密偶件的中孔座面精密加工和配副技术、精密微小喷孔和节流孔加工，自主水平达到国内先进水平产业化
	新能源汽车电驱动系统	电机制造技术	乘用车20s有效功率密度>4.0kW/kg，定子整体铁心、拼块铁心,铁心材料利用率相对2015年提升10%；转子轴实现精密锻造	乘用车20s有效功率密度>4.5kW/kg，定子铁心拼块、铁心材料利用率相对2015年提升15%;转子轴实现薄壁挤压成型	乘用车20s有效功率密度>5.0kW/kg，定子铁心拼块、铁心材料利用率相对2015年提升20%；转子轴实现薄壁挤压成型与齿轮集成
		电机控制器制造技术	比功率密度>17kWA/L(IGBT)，比功率>30kWA/L(SiC)，生产线柔性同平台共线生产（换型时间≤5min）	比功率密度>24kWA/L(IGBT)，比功率>36kVA/L(SiC)，生产线柔性同平台共线生产（换型时间≤2min）	比功率密度>30kWA/L(IGBT)，比功率>45kWA/L(SiC)，生产线柔性同平台共线生产（无换型时间）
		减、变速器制造技术	转速达到14000r/min，平行轴圆柱斜齿轮，压铸式铝壳体	转速达到15000r/min，平行轴圆柱斜齿轮、行星齿轮；薄壁高刚度压铸式铝壳体	转速达到16000r/min，平行轴圆柱斜齿轮、行星齿轮，薄壁新材料壳体
关键共性技术	数字化工艺	加工工艺数字化设计技术	建立基于MBD标准的零件工艺、工序数据库，实现零件的标准化管理，模具、工装夹具数字化设计技术，MBD标准的工艺数字化体系构建	实现基于MBD标准的三维装配工艺全流程管理，构建加工工艺数字化管理平台，实现工艺数字化管理	实现制造全过程的MBD工艺数字化管理技术，实现加工工艺数字化设计软件和方法的全面自主化
		生产线数字化与装备集成技术	实现生产线数字化和关键装备集成，实现物流自动化	实现生产线数字化与装备集成技术及生产线数字化仿真技术，实现数字化物流管理	实现基于大数据分析的工厂智能化管理，实现协同物流管理
		刀具技术	实现刀具标识和自动识别技术，建立刀具数字化管理信息库，发展刀具在线检测和加工补偿技术	实现刀具路径自动生成和管理技术，刀具离/在线管理技术，刀具与生产线数字化集成技术	实现刀具离/在线智能管理和状态检测技术，装备全面自主化，实现大批量应用

图6-4-1　汽车制造技术总体路线图（续）

			2020年	2025年	2030年
关键共性技术	快速制造	3D打印	应用3D打印实现汽车关键零部件的铸型/模具制造周期缩短50%，推广应用SLA和SLS技术，实现汽车零部件3D打印间接制造；实现高精度、大尺寸SLA和SLS装备	应用3D打印实现汽车研发周期缩短50%，推广应用SLM、EBM、LENS技术；实现汽车零部件3D打印直接制造技术；实现高精度SLM装备、复合SLM-LENS/机加工装备	高端车/概念车零部件3D打印直接制造，推广应用多材料、复合3D打印技术，实现汽车3D打印技术的快速研发及批量制造，实现多材料复合打印装备
	优质制造	毛坯精密加工	实现重要内制部件毛坯成型少、无切削、近（净）毛坯精密成型技术，工艺采用高压铸造、冷温锻、精锻等成型技术；生产线自动化率≥70%		实现重要内制部件毛坯成型近（净）成型技术
		整机尺寸公差设计技术	建立性能和制造精度之间的关系，确定公差设计准则,批量生产尺寸一致性水平达到国际先进水平	建立制造精度和产品性能之间的关系，模型批量生产尺寸一致性水平达到国际领先水平	实现设计制造与大数据的全面融合，实现设计与制造一体化的质量控制体系，树立中国制造品牌形象
		质量检测与控制技术	批量制造过程制造误差流分析及故障诊断技术，大数据分析技术,在线检测装备和传感器自主开发	大批量生产在线检测装备开发与数据管理分析技术，提高批量制造稳定性	面向产品生命周期的制造大数据分析及质量控制技术大范围应用
	智能制造	智能体系与目标	夯实汽车制造工业自动化、数字化、网络化、信息化基础，构建示范性智能单元、智能生产线，突破智能车间、智能工厂关键技术	智能决策软件和智能装备在骨干汽车企业大量使用，实现物联网、大数据与智能化技术的全面深化应用，构建示范性智能车间，实现企业纵向、横向以及端对端的全面集成	汽车制造实现从设计、生产、物流　到服务的全过程智能化，构建一批智能制造企业，实现精准管控和环境友好制造及大规模定制生产
		过程与工艺大数据	汽车制造车间感知网构建技术；面向产品生命周期的数字量流转与接口设计技术；汽车制造车间网络信息安全控制技术；汽车制造过程的海量异构大数据组织技术；可重构柔性制造系统的集成控制技术；汽车制造过程和工艺大数据分析、可视化技术；基于大数据的制造过程与工艺优化技术；大数据驱动的质量分析与控制技术；时空感知的车间物流实时管控技术;PLM/ERP/CRM/SCM/MES无缝集成技术；车间智能综合管控平台iMES系统开发		
		智能系统与装备	建立汽车智能制造工艺及装备、CPS技术、智能管控体系，汽车智能制造标准体系；智能工厂的布局优化仿真；智能工厂的自动物流仿真；增强现实技术在汽车装配操作中的应用;视觉检测技术；物联网RFID识别及可追溯技术；安全传感技术；传感器柔性自动化技术；自动导航传感技术;从计算智能向感知智能发展；从感知智能向认知智能发展，实现虚拟制造与现实制造相结合；机器人搬运与上下料系统；机器人焊接与连接系统；离线编程和拖拽编程技术		建立智能汽车标准与安全体系;实现混合现实技术在汽车制造中的应用，下一代仿生传感技术;实现认知智能，满足汽车产品高端定制化生产的需求
	绿色制造	铸造	铸造废品率≤2%，推进铸造行业准入制度实施，发展“轻量化、薄壁化、精确化、强韧化”的汽车铸件	铸造废品率≤1.5%，铸造厂实现专业化、规模化生产	铸造废品率≤1.0%，实现节能、环保的关键装备的自主开发和制造
		锻造	热锻模能耗到达0.35t标准煤，发展精密锻造、多向模锻、余热利用	热锻模能耗到达0.30t标准煤，发展应用径向锻造，热、温和冷精锻复合工艺	热锻模能耗到达0.27t标准煤，发展应用中空锻造、低排放加热系统、高效低成本环境友好加热源
		涂装	涂装VOC排放量新源≤20g/m^2，研究水性、高固体分涂料喷涂及控制技术，开发应用柔性喷涂装备及自动喷涂技术，开发应用涂装车间智能化能源管理系统	涂装VOC排放量新源≤15g/m^2，开发应用全功能标准段喷漆室、易维护除漆雾单元；开发应用光固化汽车涂料	涂装VOC排放量新源≤10g/m^2，开发应用无漆雾喷涂技术、涂装替代技术及免涂装技术

图 6-4-1　汽车制造技术总体路线图（续）

4.2.1 车身覆盖件制造技术路线图

4.2.1.1 铝/镁合金车身覆盖件制造技术

(1) 预期目标

1) 到2020年，铝/镁合金整车质量占比15%，形成发动机罩、行李箱盖板等冲压件设计的能力，建立铝合金冲压件模具制造标准，建立铝合金零件冷冲压模拟参数设定和结果评价标准，达到车身铝合金板件制造技术可实现率50%。

2) 到2025年，铝/镁合金整车质量占比25%，形成全铝车身冲压件设计的能力，开发出全铝车身零部件的冲压成形技术，形成全铝车身冲压件的模具制造能力；建成铝合金薄板冲压成形生产示范线。

3) 到2030年，铝/镁合金整车质量占比40%，形成镁合金车身冲压件设计的能力，形成镁合金车身冲压件的模具制造能力，达到车身镁合金零件制造技术可实现率10%。

(2) 重点任务

目前，铝合金及镁合金材料性能与国外相比存在一定差距。国内制造工艺研究缺失，工艺不稳定，难以满足产品需求，而且生产率较低，大型设备依赖进口。

1) 铝/镁合金薄板冲压成形技术。国外已成熟应用全铝车身（如奥迪A8、特斯拉等），国内仅有个别车身部件能自主生产；车身用铝合金板材处于开发阶段，材料性能不能满足冲压成形要求，依赖进口；铝合金板件的成形工艺与模具制造技术缺乏经验和设计标准；镁合金板的成形技术难度大、成本高，国外尚未得到大批量应用。

2) 铝/镁合金连接技术。采用传统的电阻点焊技术难以实现钢/铝、铝/铝、铝/镁和镁/镁的可靠连接；搅拌摩擦焊技术、无铆钉连接和自冲铆接技术在其他行业和国外汽车行业已经有广泛应用，国内的应用处于起步阶段；针对钢/铝等异种材料连接，欧洲已实现了热溶自攻螺钉（FDS，也称流钻螺钉）技术的应用，未来是国内汽车连接要重点研究和推广的技术之一。

(3) 路线图

铝、镁合金车身覆盖件制造技术路线图如图6-4-2所示。

		2020年	2025年	2030年
铝镁合金薄板冲压成形技术	结构设计	形成发动机罩、行李箱盖板等冲压部件设计的能力	形成全铝车身冲压件设计的能力	形成镁合金车身冲压件设计的能力
	材料	开发出满足发动机罩盖、行李箱盖板等覆盖件的铝合金板材；建立系统的材料性能数据库	开发出满足全铝车身覆盖件的板材；建立材料性能与零件成形级别的关系	开发出镁合金车身覆盖件用板材

图6-4-2 铝、镁合金车身覆盖件制造技术路线图

		2020年	2025年	2030年
铝镁合金薄板冲压成形技术	成形技术	建立铝合金零件冷冲压设计标准（工艺补充、拉延筋、圆角等）；建立铝合金零件冷冲压模拟参数设定和结果评价标准；建立铝合金板材成形缺陷（回弹、翘曲、起皱、面凹陷等）控制标准	开发出全铝车身零部件的冲压成形技术	开发出镁合金车身覆盖件的冲压成形技术
	模具装备	建立铝合金冷冲压件模具设计标准；建立铝合金冲压件模具制造标准，达到车身铝合金板件制造技术可实现率50%	形成全铝车身冲压件的模具制造能力；建成铝合金薄板冲压成形生产示范线	形成镁合金车身冲压件的模具制造能力，达到车身镁合金零件制造技术可实现率10%
铝镁合金连接技术	连接工艺	开发出铝–铝、钢–铝的连接工艺及生产质量控制技术；开发出钢/铝、镁/镁、镁/铝的搅拌摩擦焊的接头强度控制技术；开发适合铝合金和镁合金焊接的高寿命电极技术	开发出无铆钉连接和自冲铆钉连接技术；开发出铝镁合金零部件连接的搅拌摩擦焊及搅拌摩擦点焊技术；开发出车身覆盖件的激光焊接、激光–电弧复合焊接技术；开发出铝合金、镁合金板激光拼焊技术	开发出发动机罩盖板、车门内板、车身地板、后板内板，行李箱盖等铝合金、镁合金或铝–镁异种材料板的热溶自攻螺钉连接技术；开发出用于铝镁合金零件连接的光纤激光复合焊接技术
	装备技术	形成车用铝合金、镁合金高效搅拌摩擦焊技术及自动化和智能化装备生产能力	形成无铆钉连接和自冲铆钉连接技术的模具装备生产能力	形成复杂形状搅拌摩擦焊和搅拌摩擦点焊技术及智能化装备的生产能力

图6－4－2　铝、镁合金车身覆盖件制造技术路线图（续）

4.2.1.2　碳纤维增强复合材料零部件制造技术

（1）预期目标

1）到2020年，通过碳纤维复合材料的应用，成品率达到90%，碳纤维成本实现100元/kg，成型节拍实现3min/件。

2）到2025年，通过碳纤维复合材料的扩大应用，成品率达到95%，碳纤维成本实现70元/kg，成型节拍实现2min/件。

3）到2030年，成品率达到99%，碳纤维成本实现35元/kg，成型节拍实现1min/件。

（2）重点任务

低成本碳纤维增强复合材料等轻质材料的应用是汽车轻量化的重要技术途径，是纯电动汽车规模化应用的重要支撑。欧系车在很多外饰件和结构件上采用碳纤维复合材料，如一体化车身、底盘、车顶、整体乘员舱、前端模块、防撞梁、传动轴、车门、发动机盖、悬架臂、轮毂，以及各类臂、架等。受各种因素制约，当前碳纤维复合材料在我国汽车领域应用处于起步阶段。

受原材料制造技术制约，性能稳定的低成本碳纤维供应不足，产量不能适应汽车产量需求。受装备制造能力制约，碳纤维生产核心装备自主研发能力较弱，大部分关键设备需要进口。目前我国缺少智能化和自动化装备制造能力，碳纤维复合材料汽车产品性能不稳定，不能满足汽车零部件快速、可重复的精确制造要求。

尽管复合材料在汽车上广泛应用不会马上显现，但随着能源问题日益凸显，复合材料市场必将爆发。为满足日趋严格的燃油限值和 CO_2 排放要求，车用复合材料的应用前景非常广阔。

（3）路线图

碳纤维增强复合材料零部件制造技术路线图如图 6－4－3 所示。

		2020年	2025年	2030年
碳纤维增强复合材料零部件制造技术	低成本碳纤维复合材料	大丝束碳纤维制造装备引进、消化、吸收；大丝束碳纤维制造	新型高效聚合、纺丝技术；快速预氧化、碳化技术	基于其他基体的低成本高性能碳纤维制造
	快速固化树脂	快速固化环氧树脂体系；快速固化聚氨酯树脂体系	树脂浸润性提升及快速固化粘接剂	新型快速固化树脂体系、粘接剂技术水平提升
	设计技术	建立和完善基于国内材料的设计、分析和仿真数据库;掌握静态、动态仿真能力	建立碳纤维复合材料部件/车体的设计准则、检测及试验标准	碳纤维复合材料部件/车体设计、检测、试验标准的优化及完善
	制造工艺	掌握基于国内材料的HP-RTM、C-RTM和S-RTM工艺预成型/成型仿真技术；建立碳纤维部件/车体开发同步工程能力	碳纤维预制（编织、叠层和预成型）工艺；预浸料工艺、PCM工艺开发	碳纤维预制工艺与HP-RTM、C-RTM、S-RTM和PCM的协同应用推广
	装备制造能力	大吨位高压压力机、高温注射等先进设备引进、消化、吸收以及再创造	制造、检测、试验装备开发	制造、检测、试验装备生产能力提升
	重大示范项目	低成本及快速固化树脂碳纤维复合材料零件开发	设计、零部件制造及碳纤维复合材料整车开发	

图 6－4－3　碳纤维增强复合材料零部件制造技术路线图

4.2.2　车身结构件制造技术路线图

4.2.2.1　超高强度钢板成形技术

（1）预期目标

1）到 2020 年，超高强度钢板冷成形模具镶块自制材料比例达到 60%，超高强度钢板冷成形有限元分析准确度达到 70%；超高强度钢板热成形设备初步具备开发能力，超高强度钢板热成形模具镶块材料性能达到国际先进水平。

2）到 2025 年，超高强度钢板冷成形模具镶块材料自制比例达到 70%，超高强度钢板冷成形有限元分析准确度达到 80%；超高强度钢板热成形设备自制率达到 50%，推广超高强度钢板热成形模具镶块冷却水道精铸技术。

3）到2030年，超高强度钢板冷成形模具镶块材料自制比例达到80%，超高强度钢板冷成形有限元分析准确度达到90%；超高强度钢板热成形设备自制率到达70%，推广超高强度钢板热成形模具镶块3D打印技术。

（2）重点任务

1）超高强度钢板冷成形技术。超高强度钢板成形技术是材料和工艺轻量化技术的重要组成部分。国外高强度板用量较多，超高强度钢板、热冲压板用量逐渐增多，封闭截面管类零件热气胀技术初步应用。国内普通强度钢板用量较大，高强度钢板用量逐渐增多，超高强度钢板、热冲压板用量较少，但增速很快；超高强度钢板零件设计经验不足；超高强度钢板冷冲压件结构简单；超高强度钢板辊压成形零件逐渐增多；热冲压零件数量快速增长。

超高强度钢板零件向复合化、大型化、轻量化、低成本化方向发展；冷成形超高强度钢板未来向材料高强度、高塑性方向发展。

超高强度钢板冷成形发展重点：

① 低成本、高稳定性第二代钢、第三代钢批量生产。

② 超高强度钢板复杂冲压件成形工艺及模具技术成熟应用于批量生产。

③ 超高强度钢板高精度有限元分析技术成熟应用于成形分析。

④ 适合超高强度钢板冷冲压的伺服压力机技术成熟，用于批量生产。

2）超高强度钢板热成形技术。热冲压板材料向高附着力镀层板和无镀层耐氧化裸板材料方向发展；模具向高强度、高耐磨性、长寿命方向发展；设备向节能、高效、高可靠、高稳定性、高集成自动化方向发展。

超高强度钢板热冲压发展重点：

① 开发Mn－B系列热镀锌钢板、锌铁合金钢板、Al-Si镀层钢板，形成Mn－B系5个级别、3种镀层全系列钢板。

② 定制性能热冲压技术成熟应用于批量生产。

③ 冷/热切边工艺成熟应用于热冲压批量生产。

④ 厚板料热冲压成形工艺成熟应用于底盘结构件的批量生产。

⑤ 复杂管类零件热冲压成形工艺成熟应用于批量生产。

⑥ 复杂封闭截面管类零件热冲压＋胀形复合成形工艺成熟应用于批量生产。

⑦ 中大型复杂零件热冲压成形工艺成熟应用于批量生产。

⑧ 热冲压辊底炉、高效厢式炉、高频—电加热复合炉与伺服压力机自动化产线集成用于热冲压批量生产。

（3）路线图

超高强度钢板冲压技术路线图如图6－4－4所示。

		2020年	2025年	2030年
冷成形工艺	结构设计	具备根据超高强度板冷成形件的性能及工艺性要求设计零件的能力	具备超高强度板冷成形件对应部件的结构优化和设计能力	具备超高强度钢板冷成形件匹配车身或底盘等系统优化设计能力
	材料	优化第一代、第二代、第三代超高强度钢；提高材料性能稳定性及工艺稳定性；降低第二代超高强度钢成本	成熟试用第二代超高强度钢；扩大应用第三代高强度钢，使其强度、品种系列化，满足多种零件需求	整合汽车冷成形品种，实现系列化，轻量化同时降低汽车用钢板成本
	工艺	超高强度钢板B柱、防撞梁、纵梁、门槛加强板等零件回弹控制技术趋于成熟；超高强度钢板二维辊压成形工艺成熟用于批产；超高强钢板冷成形有限元分析准确度达60%	超高强度钢板高精度变截面梁类零件成形工艺成熟用于批量生产；超高强度钢板深拉深工艺趋于成熟；空间三维辊压成形工艺趋于成熟；超高强度钢板冷成形有限元分析准确度达80%	超高强度钢板深拉深工艺成熟用于批量生产；空间三维辊压成形工艺成熟用于批产；超高强度钢板冷成形有限元分析准确度达90%
	模具	建立铝合金冷冲压零件模具设计标准；建立铝合金冲压零件模具制造标准，达到车身铝合金板件制造技术可实现率50%	形成全铝车身冲压部件的模具制造能力；建成铝合金薄板冲压成形生产示范线	形成镁合金车身冲压部件的模具制造能力，达到车身镁合金零件制造技术可实现率10%
	设备	开发适合超高强度钢板冷成形伺服压机	适合超高强度钢板冷成形的伺服压机开始应用	适合超高强度钢板冷成形的伺服压力机推广应用
热成形工艺	结构设计	具备根据热冲压件的性能及工艺性要求设计零件的能力	具备热冲压件对应部件的结构优化和设计能力	具备热冲压件匹配车身或底盘的系统优化设计能力
	材料	完善1500MPa热冲压板料金相组织、化学成分均匀性和力学性能、成形性能控制精度，提高板料的热冲压工艺性和工艺稳定性：1500MPa锌基镀层热冲压钢板开始应用，镀层厚度均匀，附着力强，热稳定性好	Al–Si镀层1800MPa强度级别热冲压板材用于批量生产；开发Al–Si镀层2000MPa强度级别热冲压板、锌基镀层1800～2000MPa强度级别热冲压板	Al–Si镀层2000MPa强度级别热冲压钢板、锌基镀层1800～2000MPa强度级别热冲压钢板应用于批量生产；开发低温加热和半热冲压材料（800° C以下）
	工艺	拼焊板、补丁板热冲压工艺成熟用于批量生产；少无激光切割热冲压工艺用于较复杂零件批量生产；复杂管类件热冲压及热冲压+胀形工艺成熟用于批量生产；热冲压成形有限元分析准确度达到70%	局部软化/淬火热冲压工艺成熟用于批量生产；冷/热切边工艺成熟用于批量生产；厚板料热冲压工艺成熟用于批量生产；热冲压分析计算准确度达到80%	中大型复杂零件热冲压成形工艺成熟用于批产；低温加热和半热（800° C以下）冲压工艺趋于成熟；热冲压分析计算准确度达到85%
	模具	模具材料达到国外先进水平；激光拼焊板和补丁板热冲压模具技术成熟用于批量生产；复杂管类零件热冲压/热冲压+胀形模具技术成熟用于批量生产	局部软化/淬火热冲压模具成熟用于批量生产；冷/热切边模具成熟用于批量生产；厚板料热冲压模具技术成熟用于批量生产；中大型复杂零件热冲压成形压淬模具成熟；3D打印模具镶块开始应用	高质量冷却水道模具镶块精铸技术成熟用于批量生产；低成本的模具镶块3D打印技术成熟用于批量生产，模具镶块规模化应用；低温加热和半热冲压材料零件模具技术成熟用于批量生产
	设备	完善辊底式加热炉、压力机、自动化关键技术，实现热冲压的批量生产；完善高效低能耗加热炉，提高箱式多层炉加热的可靠性和稳定性；完善高性价比伺服压力机；具备整线设备开发能力	箱式多层加热炉用于批量生产；完善复合加热炉(感应加热和电加热复合炉)；高性价比伺服压力机用于批量生产；国产设备应用比例50%以上	复合加热炉（感应加热和电加热复合炉）用于批量生产。国产设备应用比例70%以上

图 6－4－4　超高强度钢板冲压技术路线图

4.2.2.2 铝/镁合金压铸成型技术

(1) 预期目标

1) 到 2020 年，开发出适合于复杂薄壁铝合金结构件的材料，形成复杂薄壁铝合金部件的结构及工艺设计能力。

2) 到 2025 年，开发出适合于复杂薄壁镁合金结构件的材料，形成复杂薄壁镁合金部件的结构及工艺设计能力。

3) 到 2030 年，扩大开发可承受更高应力水平的铝/镁合金结构件，实现压铸装备全面数字化、智能化。

(2) 重点任务

目前，国内铝合金及镁合金材料的性能与国外相比存在一定差距，制造工艺研究缺失，工艺不稳定，难以满足产品需求，且生产率较低，大型设备依赖进口。

我国无论在压铸机数量、吨位还是压铸件产量，皆处于世界第一，但高端铸件如缸体等成型技术水平、铸件成品率等与国外有一定差距；新型高韧性高真空压铸铝合金结构件在欧美已得到大量应用，国内则刚刚起步。

(3) 路线图

铝/镁合金压铸成型技术路线图如图 6－4－5 所示。

铝/镁合金压铸成型技术		2020年	2025年	2030年
	零件结构设计	形成大型复杂薄壁铝合金结构件设计的能力	形成复杂薄壁镁合金结构件设计的能力	
	压铸工艺	高真空压铸工艺成熟应用于结构件的开发，实现稳定批量生产	可溶芯压铸技术实现批量生产	开发可承受更高强度、塑性的铝、镁合金结构件生产技术
	压铸装备	开发具备压射系统实现实时修正功能的装备	开发具备更好加减速性能，可满足薄壁件压铸成型、快慢瞬时切换的压铸机；开发压射系统的匀加速功能，满足低速层流压射速度以及需进行T6处理的结构件生产	建成具有国际先进水平的智能化压铸示范线，实现压铸生产全面数字化、智能化

图 6－4－5 铝/镁合金压铸成型技术路线图

4.2.3 底盘结构件制造技术路线图

4.2.3.1 铝/镁合金挤压铸造、半固态压铸、模锻技术

（1）预期目标

1）到2020年，形成典型轻量化铝/镁合金挤压铸造部件设计的能力，完成大型（如3500t）高性能挤压铸造机的研发，实现大型挤压铸造设备关键共性技术的突破；开发出适合于高承载铝合金结构件的材料，半固态压铸技术形成高承载铝合金小型件的结构及工艺设计能力，半固态压铸技术实现小型零件合格率达到90%；形成具有自主知识产权的铝合金锻造工艺与自动化主要设备。

2）到2025年，形成典型汽车受力件、气密件或耐磨件铝/镁合金挤压铸造部件设计的能力，完成大型（4000t）智能挤压铸造生产线的关键技术研发及示范应用；半固态压铸技术形成高承载铝合金中型件的结构及工艺设计能力，半固态压铸技术实现小型零件合格率达到95%；建成具有国际先进水平的铝合金锻造示范线。

3）到2030年，建成具有国际先进水平的智能化挤压铸造示范车间，实现挤压铸造车间、工厂全面数字化、智能化；半固态压铸技术形成高承载铝合金大型件的结构及工艺设计能力，半固态压铸技术实现小型零件合格率达到98%。

（2）重点任务

针对底盘结构件的铝/镁合金零件成型及应用，需要在挤压铸造技术、半固态压铸技术、锻造技术等关键技术上进行突破。

1）铝/镁合金挤压铸造技术。我国在汽车零件上采用挤压铸造工艺处于起步阶段：没有汽车挤压铸造铸件技术标准；成型技术及装备远落后于欧、美、日，大型装备依赖进口并受限制。欧洲和美国在挤压铸造汽车零件上有广泛应用，日本每年挤压铸造轿车转向节的产量就有数百万件。

2）铝/镁合金半固态压铸技术。半固态成型技术已在北美、欧洲、日本、韩国得到成熟应用，用于高端汽车零部件的生产；我国在“九五”期间开展半固态成型技术研究，目前已进入到工业化推广阶段，在国内汽车市场应用还处于起步阶段；国内在半固态浆料制备装备、模具设计等方面才开始起步，与国外相比存在较大差距。

3）铝/镁合金模锻技术。国外乘用车转向节、控制臂、连接杆等功能部件均已采用以铝锻件替代钢锻件，其工艺技术成熟，可实现减重50%以上；国内材料品种较少，材料力学性能还不能完全满足要求，急需开发适用于锻造成形的高强高韧铝合金材料；国内锻造工艺不稳定，工艺技术水平、模具设计水平相对落后，只能生产一些形状比较简单的零件；国内锻造生产设备自动化、专业化程度低，主要以手工操作生产为主，难以准确控制工艺参数，而且生产率较低。

（3）路线图

铝/镁合金成型技术路线图如图6-4-6所示。

技术	方向	2020年	2025年	2030年
铝/镁合金挤压铸造技术	零件结构设计	形成典型轻量化铝/镁合金挤压铸造部件设计的能力	形成典型汽车受力件、气密件或耐磨件铝/镁合金挤压铸造部件设计的能力	
	工艺	建立挤压铸造技术详细理论体系和相关标准体系;完成典型汽车轻量化零件（如副车架、转向节、控制臂、制动卡钳、制动缸体、轮毂、空调压缩机前后盖、离合器壳体、换档鼓、发动机支架等）挤压铸造技术开发	完成几种典型汽车受力件、气密件或耐磨件（如制动器缸体、减振支架、转向泵、传动支架、桥托架、空压机连杆、换档凸轮、转向阀壳体等）挤压铸造技术开发	扩大开发典型汽车受力件、气密件或耐磨件（全铝车身可焊接C柱顶部连接件 、前纵梁、铝基复合材料制动毂、拨叉、泵壳体、高硅铝合金发动机缸体、横梁（十字梁）、涡轮盘、齿轮齿条壳等）挤压铸造技术
	装备	完成大型（如3500t）高性能挤压铸造机的研发，实现大型挤压铸造设备关键共性技术的突破;建设我国高水平的挤压铸造研发试验平台	完成大型（4000t）智能挤压铸造生产线的关键技术研发及示范应用，用于大型铝/镁合金挤压铸造件的高效成型生产	建成具有国际先进水平的智能化挤压铸造示范车间，实现挤压铸造车间、工厂全面数字化、智能化
铝/镁合金半固态压铸技术	零件结构设计	形成典型轻量化铝合金压铸部件设计的能力，零件重量小于等于2kg	形成典型汽车受力件、气密件或耐磨件铝合金压铸部件设计的能力，零件重量2~5kg	形成大型复杂汽车零件铝合金半固态压铸件设计能力，零件重量大于5kg
	材料与工艺	开发出半固态压铸成型用新型合金体系，逐步建立半固态合金的材料数据库；开展半固态压铸成型模拟技术；小型零件合格率90%	开发出半固态压铸成型用新型合金体系，积累扩大半固态合金的材料数据库；开发出真空辅助半固态压铸成型技术；小型零件合格率95%	开发出全流程多尺度数值模拟技术；小型零件合格率98%
	装备	实现部分半固态压铸生产的设备与模具制造国产化	实现整套半固态压铸生产设备与模具制造国产化	建成具有国际先进水平的数字化智能化半固态压铸示范生产线
	产业化	建立半固态压铸技术创新与示范应用平台；实现半固态压铸技术在发动机支架、车身骨架接头、拨叉、转向节、后关节头等小型汽车结构件上的应用	实现半固态压铸生产示范线全自动化与全流程可视化；实现半固态压铸技术在转向柱支架、摇臂、制动缸体泵、三角臂、调整臂、摆臂、控制臂等中等尺寸薄壁复杂结构件上的应用	实现半固态压铸技术在车门内板、发动机罩内板、后背门内板、前后副车架、减振器支座、轮毂等大尺寸薄壁复杂结构件上应用
铝/镁合金模锻技术	材料	开发出新型高强高韧锻造铝合金材料（6×××系），合金屈服强度≥400MPa，延伸率>10%	开发出新型高强高韧锻造铝合金材料（7×××系），合金屈服强度≥550MPa，延伸率>10%	
	工艺	开发出铝合金零件流动控制成形后的T6处理技术及工艺参数控制技术	开发短流程锻造工艺，实现典型铝合金部件（如底盘转向节、上/下控制臂等）的高效快捷生产	
	装备	铝合金全自动锻造生产线成套技术研究，形成具有自主知识产权的铝合金锻造工艺与自动化主要设备	建成具有国际先进水平的铝合金锻造示范线	

图 6-4-6　铝/镁合金成型技术路线图

4.2.3.2 零部件内高压成形技术

（1）预期目标

1）到2020年，确定内高压成形工艺优化设计方法，开发出专用软件，高强度钢及铝合金零件内高压成形有限元分析精度达到75%以上，大胀形量零件高效内高压成形模具及密封结构用于批量生产，高效率、低成本内高压成形设备（突破30s）用于批量生产。

2）到2025年，高强度钢/铝合金零件内高压成形有限元分析精度达到85%以上，高强度钢零件低内压成形工艺用于批量生产，数控可变合模力智能化内高压成形设备用于批量生产。

3）到2030年，复杂形状非均质件低内压成形工艺实现批量生产应用，$\sigma_b \geq 1000$MPa超高强度钢管内高压成形模具及密封结构实现批量生产应用，智能化内高压成形设备实现批量生产应用。

（2）重点任务

随着材料、工艺、模具，尤其是内高压成形设备的逐步普及，内高压成形零件的种类和应用范围逐渐扩大，内高压成形零件的制造成本逐渐降低，成为车身、底盘乃至动力总成轻量化的关键技术之一。内高压成形零件从最初的B级车、C级车逐渐走向A级车，从发动机副车架逐渐发展为排气歧管、中冷器管、仪表板支架、前端支架、B柱、C柱、A柱、纵臂、横梁等零件。

未来内高压成形将进一步向零件轻量化、集成化、大型化、低成本化、材料高强化和轻合金化和装备高效化方向发展，以实现总成和整车轻量化、低成本、高质量的目标。

零部件内高压成形技术总体目标：在保证质量的前提下以轻量化和降成本为目标，设计适合内高压成形的合理零件结构，生产满足内高压成形工艺要求的管坯材料，实现内高压成形的模具设计和制造，设计、制造出适合批量内高压成形件生产的高效、可靠、高稳定性的内高压成形设备。

（3）路线图

零部件内高压成形技术路线图如图6-4-7所示。

		2020年	2025年	2030年
零部件内高压成形技术	结构设计	具备根据内高压成形件的性能及工艺性要求设计零件的能力	具备内高压成形件对应部件的结构优化和设计能力	具备内高压成形件匹配车身或底盘等系统优化设计能力
	材料	用于内高压成形的$\sigma_b \leq 500$MPa普通碳素钢高频焊管批量生产；高强度钢激光焊管实现批量生产；常温/热态内高压成形铝合金管实现批量生产	用于内高压成形的500MPa<$\sigma_b \leq 1000$MPa高强度钢激光焊接管实现批量生产	用于内高压成形的$\sigma_b \geq 1000$MPa超高强度钢激光焊接管实现批量生产

图6-4-7 零部件内高压成形技术路线图

零部件内高压成形技术		2020年	2025年	2030年
	工艺	完善三维应力各向异性本构关系和材料模型；建立内高压成形工艺优化设计方法，开发出专用软件；高强度钢及铝合金零件内高压成形有限元分析精度达到75%以上；突破超高强度钢管/铝合金管热态内高压成形关键术	开发出500MPa<σ_b≤1000MPa高强度钢零件内高压成形工艺；高强度钢/铝合金零件内高压成形有限元分析精度达到85%以上；高强度钢零件低内压成形工艺用于批量生产；开发出复杂形状非均质材料零件内高压成形工艺；超高强度钢管/铝合金管热态内高压成形技术用于批量生产	复杂形状非均质件低内压成形工艺用于批量生产
	模具	大胀形量零件高效内高压成形模具及密封结构用于批量生产	复杂腔体件热态气胀–淬火内高压成形模具及密封结构用于批量生产	σ_b≥1000MPa超高强度钢管内高压成形模具及密封结构用于批量生产
	设备	实现超高压（400MPa)成形件稳定生产；多轴位移闭环实时控制用于批量生产；突破热态内高压成形用高压气源、压力控制系统等关键技术；高效率、低成本内高压成形设备（突破30s）用于批量生产	数控可变合模力智能化内高压成形设备用于批量生产；高强度钢管热态内高压成形专用设备用于批量生产；铝合金管热态内高压成形专用设备用于批量生产	智能化内高压成形设备用于批量生产

图6–4–7　零部件内高压成形技术路线图（续）

4.2.4　动力总成箱体类零件制造技术路线图

（1）预期目标

1）到2020年，建成精益、敏捷加工线；生产线自动化率≥40%，关键项目在线检测率80%；流出不良品率≤0.1%，生产线开动率≥85%。

2）到2025年，建成柔性、自动化加工线；生产线自动化率≥60%，关键项目在线检测率90%；流出不良品率≤0.05%，生产线开动率≥88%。

3）到2030年，建成智能加工线；生产线自动化率≥80%，关键项目在线检测率100%；流出不良品率≤0.01%，生产线开动率≥90%。

（2）重点任务

在动力总成精密制造技术方面：我国已掌握发动机现代制造技术体系、质量检测和评价标准等，引进机型制造水平与国外同类产品相当。缸体、缸盖、曲轴、连杆、凸轮轴、活塞、涡轮进排气系统等主要零部件都可实现自主化生产。但高端机型制造的成套工艺与装备仍依赖国外引进，缸孔珩磨等关键加工工艺开发能力不足，设备能力发挥不够，大批量加工质量和性能一致性较差。高端数控机床依赖进口设备，使用和维护成本居高不下，自主机床可靠性不足，与智能制造、工业4.0等新技术发展的结合仍有待提高。

1）缸体制造技术。

① 与材料相关的机加工技术：主要为轻量化材料缸体的精加工技术，新材料（高硅铝合金、耐高温镁合金）缸体精加工技术。

② 与制造结构特征相关的精加工技术：主要包括大平面铣削质量控制、缸孔珩磨质量控制及其他孔系加工技术。细分为：缸体顶面几何形貌加工精度控制技术，缸孔先进加工技术及珩磨表面质量控制技术（超声振动珩磨），曲轴轴承孔镗孔技术，混合切削加工控制及刀具补偿技术，高速高精切削稳定性及参数优化技术。

③ 考虑使用性能、物理性能的加工技术：包括缸孔喷涂技术，以及考虑装配变形的模拟缸盖加工技术。

④ 与发动机结构相关的加工技术：包括三缸、四缸共线加工技术。

⑤ 检测技术：包括缸体表面形貌在线测量技术、缸孔内表面缺陷自动检测技术、压缩比在线测量技术。

⑥ 耐高温镁合金缸体制造技术：是以镁合金为材料，采用压力铸造缸体的制造工艺。采用该技术不仅能通过降低轿车自重达到减少油耗的目的，而且使汽车驾驶灵活、舒适，改善汽车性能。

⑦ 缸体内孔等离子喷涂技术：采用等离子弧内孔旋转喷涂技术，喷涂汽车发动机气缸内壁，以取代气缸内镶嵌铸铁缸套的传统方法。它能够减小摩擦系数，提高耐磨性，减少燃料消耗，减轻质量，是缸体发展的一个重要方向。

2）缸盖制造技术。

① 与材料相关的机加工技术：包括轻量化材料缸盖的精加工技术、铝合金缸盖的精加工技术。

② 与制造结构特征相关的精加工技术：主要包括缸盖大平面铣削和孔系加工质量控制技术、燃烧室铣削加工质量控制技术以及气门座圈加工技术。细分为：缸盖顶面几何形貌加工精度控制技术，燃烧室铣削动态加工补偿技术，气门座圈（导管）组合加工技术，凸轮轴镗孔及细长孔加工技术。

加工过程中需辅以柔性夹具、可编程夹具、自适应夹具或智能压装装置。

③ 检测技术：包括缸盖燃烧室容积在线测量技术、毛坯件加工前的试漏技术。

④ 缸盖气门座圈组合刀具加工技术：由于气门头部与座圈锥面的紧密配合度直接影响到气门与座圈的密封质量，进而影响发动机的工作性能，因而在加工过程中，利用组合刀具加工技术结合各种刀具自身的优点，对座圈锥面进行组合加工，能在达到工艺要求前提下最大限度降低加工成本。

⑤ 缸盖燃烧室容积数字化检测技术：是基于线激光三维测量的数字化检测方法。使用线激光三维测量系统扫描缸盖燃烧室，获取缸盖燃烧室点云。通过一系列点云的滤波处理及容积计算程序，计算出缸盖燃烧室容积。这种测量方法可在非接触条件下实现发动机缸盖燃烧室容积的快速、精确、自动测量，并为在线检测奠定基础。

3）变速器制造技术。

① 齿轮的精加工及带轮加工技术：包括新型材料齿轮精加工技术及刀具涂层技术、齿轮干式切削技术、功能复合化的高速高精度磨齿机技术、内花键硬拉加工技术，以及带

轮热处理后的表面软点控制技术。

② 装配技术：采用现代化、智能化、数字化装配技术，包括机器人装配技术、桁架机械手技术、防错技术。

③ 面向 AMT、CVT、DCT、AT 的制造技术及装配质量控制。

④ 变速器生产线装配机器人技术：目前国际上已经出现双臂装配机器人，相比传统单臂装配机器人，它可以完成更复杂的装配动作。国外也开始了双臂机器人应用于汽车装配的可行性探索，并对双臂机器人的装配性能进行了分析。通过机器人可以实现自动柔性拧紧，每台机器人可以集成 1 ~4 个拧紧轴，可以实现自动伺服变轴距，可以自动换套筒，适用于多品种混线柔性生产。

（3）路线图

动力总成箱体类零件制造技术路线图如图 6 -4 -8 所示。

		2020年	2025年	2030年
动力总成箱体类零件	缸体	耐高温镁合金缸体精加工技术实现产业化，制造质量达到合资品牌水平。平顶珩磨、滑动珩磨质量控制	耐高温镁合金缸体精加工技术，制造质量达到国内先进水平。超声振动珩磨	耐高温镁合金缸体精加工技术，制造质量达到国内领先水平。面向批量化3D打印制造的新型珩磨技术
		混合切削加工控制及刀具补偿技术。曲轴轴承孔镗削技术。模拟缸盖技术	高速高精切削稳定性及参数优化技术。面向批量化3D打印制造的新型镗孔加工技术	
		缸体顶面几何形貌加工精度控制技术。缸孔喷涂技术实现产业化，形成批量生产能力。三缸、四缸共线加工技术。缸体表面形貌在线测量技术、压缩比在线测量技术实现产业化，形成在线检测能力。缸孔内表面缺陷自动检测技术		
	缸盖	柔性夹具、自适应夹具以及智能压装装置，制造运行成本降低率≥20%	柔性夹具、自适应夹具以及智能压装装置，制造运行成本降低率≥30%	柔性夹具、自适应夹具以及智能压装装置，制造运行成本降低率≥40%
		铝合金缸盖的精加工技术。缸盖底面、顶面几何形貌加工精度控制技术。燃烧室铣削动态加工补偿技术。气门座圈（导管）组合加工技术。凸轮轴镗孔及细长孔加工技术。缸盖燃烧室容积在线测量技术。加工前的毛坯件试漏技术		
	变速器	齿轮干式切削技术，制造质量达到合资品牌水平。功能复合化的高速高精度磨齿机技术，开动率≥85%，制造运行成本降低率≥15%。面向AMT、CVT、DCT、AT的制造技术及装配质量控制，流出不良率≤0.1%	齿轮干式切削技术，制造质量达到国家先进水平。功能复合化的高速高精度磨齿机技术，开动率≥95%，制造运行成本降低率≥25%。面向AMT、CVT、DCT、AT的制造技术及装配质量控制，流出不良率≤0.05%	齿轮干式切削技术，制造质量达到国家领先水平。功能复合化的高速高精度磨齿机技术，开动率≥100%，制造运行成本降低率≥35%。面向AMT、CVT、DCT、AT的制造技术及装配质量控制，流出不良率≤0.01%
		新型材料齿轮精加工技术及刀具涂层技术。内花键硬拉加工技术。带轮热处理后的表面软点控制技术。现代化、智能化、数字化装配技术（机器人装配技术、桁架机械手技术、防错技术）		

图 6 -4 -8　动力总成箱体类零件制造技术路线图

4.2.5 动力总成轴齿类零件制造技术路线图

（1）预期目标

1）到2020年，建成精益、敏捷加工线；生产线自动化率≥40%，关键项目在线检测率80%；流出不良品率≤0.1%，生产线开动率≥85%。

2）到2025年，建成柔性、自动化加工线；生产线自动化率≥80%，关键项目在线检测率90%；流出不良品率≤0.05%，生产线开动率≥88%。

3）到2030年，建成智能加工线；生产线自动化率≥90%，关键项目在线检测率100%；流出不良品率≤0.01%，生产线开动率≥90%。

（2）重点任务

1）曲轴制造技术。

① 与材料相关的机加工技术：包括轻量化材料曲轴的精加工技术、锻钢曲轴的精加工技术。

② 与制造结构特征相关的精加工技术：主要包括主轴颈、连杆颈的磨削技术以及替代磨削的硬车硬铣技术。

③ 考虑使用物理性能的加工技术：包括空心曲轴制造技术、曲轴圆角滚压强化技术及连杆颈圆角淬火技术、曲轴动平衡CAE校核及在线质量定心技术。

④ 检测技术：包括轴颈同轴度检测技术，基于视觉技术的轴颈表面缺陷在线识别技术，快速应力、裂纹检测技术，清洗与去毛刺技术。

2）凸轮轴制造技术。

① 精加工技术：主要为凸轮轴磨削技术。

② 装配技术：用于装配式凸轮轴制造及装配质量控制。

③ 性能要求相关技术：主要为适应VVL系统的凸轮轴制造技术。

④ 耐磨、减摩处理技术：包括喷涂、激光加工技术，盐浴复合处理（QPQ）技术，激光微加工复合处理技术。

⑤ 检测技术：主要为凸轮轴非接触式同轴度快速检测技术。

3）齿轮制造技术。主要为齿轮的精加工及带轮加工技术，包括新型材料齿轮精加工技术及刀具涂层技术、齿轮干式切削技术、功能复合化的高速高精度磨齿机技术、内花键硬拉加工技术。

4）活塞连杆制造技术。

① 与材料相关的机加工技术：主要为高强度、轻量化耐高温材料相关的机加工技术，包括活塞异形孔精密镗削技术、连杆盖分界面技术。

② 检测技术：包括活塞容积的在线高精度检测技术、镗孔在线测量及刀具磨损检测的加工补偿技术。

（3）路线图

动力总成轴齿类零件制造技术路线图如图6-4-9所示。

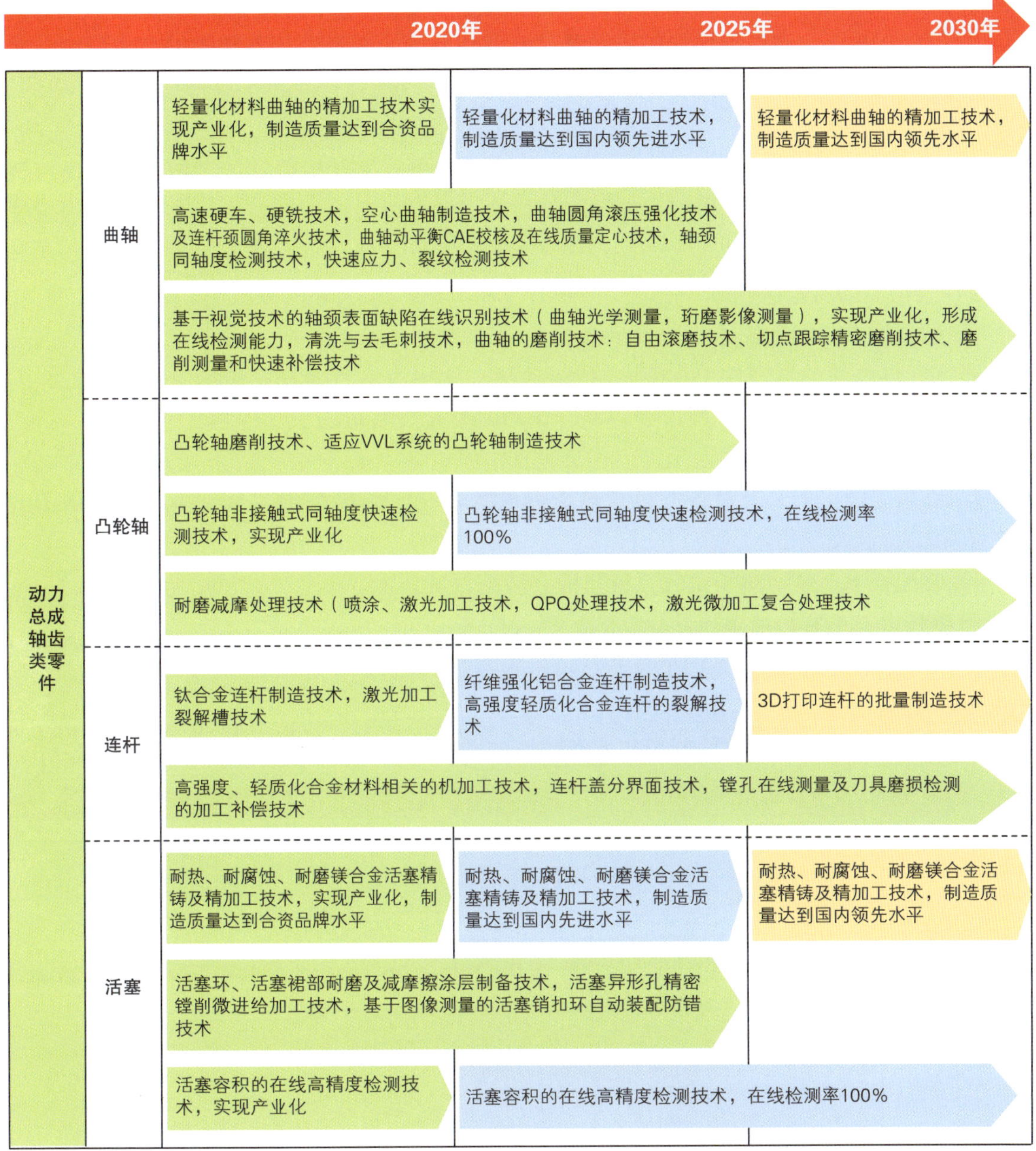

图 6－4－9　动力总成轴齿类零件制造技术路线图

4.2.6　高性能发动机核心零部件制造技术路线图

（1）预期目标

1）到 2020 年，突破精密偶件微加工核心工艺，实现性能与国际品牌相当；突破自制装备关键技术。

2）到 2025 年，实现精密偶件微加工核心工艺，性能达到国际先进水平并具有一定的优势，实现产业化应用；突破自制装备产业化应用关键技术。

3）到2030年，实现高性能核心零部件开发和制造的成套工艺及装备的自主研制，并实现大规模应用。

（2）重点任务

1）涡轮增压器制造技术。包括高强度、轻质化合金材料相关的加工技术；陶瓷材料涡轮制造技术、碳纤维强化树脂压气机制造技术、钛合金涡轮制造技术、整体叶片加工技术、单晶涡轮叶片制造技术。

2）直喷喷油器制造技术。

① 高精度微观加工技术：包括激光打孔喷油嘴喷孔加工技术、阀座锥面微细电火花加工技术、共轨喷油器零件中孔座面的精磨技术、制造一致性及精密装配质量控制技术。

② 清洗技术：使用基于液流磨料混合作用的喷嘴去毛刺技术。

3）高压共轨制造技术。

① 高精度加工工艺及设备：包括精密偶件的中孔座面精密加工和配副技术、精密微小喷孔和节流孔加工技术。

② 装配技术：包括高压共轨系统集成和装配调试技术。

检测技术：主要包括高压共轨系统的测试技术。

③ 清洗技术：包括精密零件的去毛刺和清洁度控制技术。

（3）路线图

高性能发动机核心零部件制造技术路线图如图6-4-10所示。

		2020年	2025年	2030年
高性能发动机核心零部件	涡轮增压器	高强度、轻质化合金材料相关的机加工技术，整体叶片加工技术		
		陶瓷材料涡轮制造技术，碳纤维强化树脂压气机制造技术	钛合金涡轮制造技术	单晶涡轮叶片制造技术
	直喷喷油器	高精度微观加工技术，实现产业化，制造质量达到合资品牌水平，激光打孔喷油嘴喷孔加工技术，阀座锥面微细电火花加工技术，共轨喷油器零件中孔座面的精磨技术，实现产业化，制造质量达到合资品牌水平，基于液流磨料混合作用的喷嘴去毛刺技术，制造一致性及装配质量控制技术		高精度微观加工技术制造质量达到国家先进水平，共轨喷油器零件中孔座面的精磨技术，制造质量达到国家先进水平
	高压共轨系统	高精度加工工艺及设备，实现产业化运用，高压共轨系统集成和装配调试技术，制造质量达到合资品牌水平	高精度加工工艺及设备，高压共轨系统集成和装配调试技术，制造质量达到国内先进水平	高精度加工工艺及设备，高压共轨系统集成和装配调试技术，制造质量达到国家先进水平
		精密偶件的中孔座面精密加工和配副技术，精密微小喷孔和节流孔加工技术，高压共轨系统的测试技术，精密零件的去毛刺和清洁度控制技术		

图6-4-10　高性能发动机核心零部件制造技术路线图

4.2.7 新能源汽车电驱动系统制造技术路线图

（1）预期目标

车用电驱动系统的发展趋势是驱动电机高速化与集成化、电机控制器高比功率化、减/变速器多档化。电驱动系统制造技术的发展方向是高质量、高效率、低成本、低能耗、低排放。电驱动系统制造技术具体发展目标如下。

1）到2020年，乘用车驱动电机比功率达到4.0kW/kg，最高转速可达14000r/min，最高效率超过96%，电机控制器比功率不低于17kW/L（IGBT），最高效率不低于98%，系统成本与2015年相比降低10%；研发出关键工艺及装备，驱动电机制造实现定子拼块、铁心自动铆接、自动绕线和嵌线等，整机制造及检测实现6min/台；减/变速器齿轮加工精度6级，最高转速达到14000r/min，齿轮噪声不超过70dB，生产线自动化率超过40%，关键项目在线检测率100%；开发出0.3mm硅钢片、渗镝/铽的高磁能积/高矫顽力永磁材料；铁心材料利用率比2015年提高10%，稀土材料利用率比2015年提高4%；耐电晕/耐油漆包线与绝缘材料、转速超过14000r/min高速轴承、高精度旋转变压器、IGBT器件实现国产化。

2）2025年，乘用车驱动电机比功率达到4.5kW/kg，最高转速不低于15000r/min，最高效率超过97%，电机控制器比功率不低于36kW/L（SiC），最高效率不低于98.5%，系统成本与2015年相比降低18%；驱动电机制造实现铁心压力粘接、扁导线自动绕线等，整机制造及检测实现5min/台；减/变速器齿轮加工精度5.0级，最高转速达到15000r/min，齿轮噪声不超过67dB，生产线自动化率超过60%；开发出0.27mm硅钢片、无镝/铽的高磁能积/高矫顽力永磁材料；铁心材料利用率比2015年提高15%，稀土材料利用率比2015年提高6%、高速轴承转速超过15000r/min，旋转变压器精度更高，第三代宽禁带半导体器件实现国产化，产品成本与IGBT器件相当。

3）2030年，乘用车驱动电机比功率达到5.0kW/kg，最高转速不低于16000r/min，最高效率超过97.5%，电机控制器比功率不低于45kW/L（SiC），最高效率不低于99.0%，系统成本与2015年相比降低23%；驱动电机制造实现铁心压力粘接、扁导线自动绕线等，整机制造及检测实现4min/台；减/变速器齿轮加工精度5级，最高转速达到16000r/min，齿轮噪声不超过65dB；铁心材料利用率比2015年提高20%，稀土材料利用率比2015年提高10%；生产线自动化率超过80%；开发出0.20~0.25mm硅钢片、转速超过16000r/min高速轴承，第三代宽禁带半导体器件实现大批量应用。

（2）重点任务

1）驱动电机。开发高效率高强度硅钢片（利用率），无重稀土高矫顽力永磁体（利用率），耐电晕/耐油的圆导线及扁导线，高速大载荷、低摩擦、低噪声轴承耐电晕/耐油绝缘材料，可电加热浸渍漆以及高精度、高可靠性、高一致性磁阻式旋转变压器；研究拼块定子铁心制造、扁导集中绕组自动线绕制、定子分布绕组自动绕嵌线、漆包线焊接、转子磁钢自动装配等工艺技术，研制自动绕线设备，扁线自动嵌线设备，电加热自动浸漆设备，超声焊接/电阻焊接设备，磁钢自动装配、整体充磁设备以及自动化装配线。高端试验装备国产化能力达到40%。

2）电机控制器。开发高集成度、高性价比、安全可靠、可批量生产的多功能控制器和功率模块共享控制器；开发IGBT芯片、第三代宽禁带半导体芯片、超薄薄膜电容器、高精度电流传感器、高效散热器、自主微控制器（MCU）、驱动/电源集成IC、高可靠接插件；研究双面焊接/单双面散热IGBT模块封装、超薄电容器与低电感功率母排集成、电力电子混合集成等关键工艺；研制电力电子封装设备、智能化自动化流水线、印制电路板总成（PCBA）与功率组件等在线检测设备。

3）减/变速器。批量生产高速高效电驱动减速器、多档电驱动变速器以及机电耦合电驱动总成；开发高速高精度低噪声齿轮（含行星轮系等）、高强度齿轮轴、轻量化一体式铸造壳体等关键零部件；研究齿轮与行星齿轮排的精密冷精锻（冷挤压）和温精锻制造、“强力珩齿”轴齿加工、电化学加工、硬车加工、复合加工以及内外圆磨削工艺技术，研究减速器壳体、离合器鼓等专业工艺技术；研制高效滚齿机、高精度磨齿机等齿轮专用高精加工机床，研制减/变速器高效检测装备。

4）电驱动系统共性开发和检测平台。建设和升级国家级新能源汽车驱动电机材料及关键零部件工程实验室或检测中心，在高性能硅钢、永磁磁钢、漆包线、绝缘材料、高速轴承、高速齿轮、旋转变压器、功率半导体模块、电容、专用电子芯片等方面形成开发和检测能力，研制检测设备，形成检验标准。

总之，通过凝练需求，聚焦差距和短板，考虑工业基础现实，发挥产学研优势，立足自主创新，放眼全球资源，达到逐步提升自主制造能力和国产材料以及零部件的利用率，完成以质量为前提的效率提升和产量达标，以便最终在电机和电驱动系统制造领域实现绿色、智造和强势的全球竞争力。

（3）路线图

新能源汽车电驱动系统制造技术路线图如图6－4－11所示。

		2020年	2025年	2030年
电机	技术指标	乘用车20s有效功率密度>4.0kW/kg，最高转速达到14000r/min，成本较2015年降低/最大持续功率降低15%，最高效率≥96.0%	乘用车20s有效功率密度>4.5kW/kg，最高转速达到15000r/min，成本较2015年降低/最大持续功率降低18%，最高效率≥96.5%	乘用车20s有效功率密度>5.0kW/kg，最高转速达到16000r/min，成本较2015年降低/最大持续功率降低23%，最高效率≥97.0%
	制造工艺技术	定子整体铁心、拼块铁心，铁心材料利用率相对2015年提升10%,集中绕组电机：圆/扁导线自动绕线分布绕组电机：圆/扁导线定子自动化制造浸漆工艺：实现浸漆与烘干自动化;转子轴实现精密锻造；定转子与总装生产线开动率≥80%	定子铁心、拼块，铁心材料利用率相对2015年提升15%,集中绕组电机：圆/扁导线自动制造分布绕组电机：实现双层绕组自动化制造浸漆工艺：实现浸漆与烘干智能化;转子轴实现薄壁挤压成型；定转子与总装生产线开动率≥85%	定子铁心拼块,铁心材料利用率相对2015年提升20%，集中绕组电机：圆/扁导线自动制造分布绕组电机：实现双层绕组自动化制造浸漆工艺：实现浸漆与烘干智能化;转子轴实现薄壁挤压成型与齿轮集成；定转子与总装生产线开动率≥88%

图6－4－11　新能源汽车电驱动系统制造技术路线图

		2020年	2025年	2030年
电机控制器	技术指标	比功率>17kW/L(IGBT)；比功率>30KW/L(SiC)；最高效率>98%；相对于2015年成本降低/最大持续功率30%	比功率>24kW/L(IGBT)；比功率>36kW/L(SiC)；最高效率>98.5%；相对于2015年成本降低/最大持续功率30%	比功率>30kW/L(IGBT)；比功率>45kW/L(SiC)；最高效率>99%；相对于2015年成本降低/最大持续功率50%
	制造工艺技术	生产线柔性同平台共线生产（换型≤5min）;自动化率≥70%；乘用车产品售后不良品率0.015%;制造运行成本相对于2015年制造运行成本下降10%;设备开动率85%	生产线柔性同平台共线生产（换型≤2min）;自动化率≥85%；乘用车产品售后不良品率0.0075%;制造运行成本相对于2015年制造运行成本下降15%;设备开动率90%	同平台混线生产（无换型时间）;自动化率≥95%；乘用车产品售后不良品率0.005%；制造运行成本相对于2015年制造运行成本下降20%;设备开动率95%
减/变速器	技术指标	转速达到14000r/mic；效率>96%；1m最大阶次噪声70dB（8000r/min）	转速达到15000r/min；效率>97%；1m最大阶次噪声67dB（8000r/min）	转速达到16000r/min；效率>98%；1m最大阶次噪声65dB（8000r/min）
	制造工艺技术	转动惯量＜0.07kg/m²；齿形精度优于ISO−7级；磨齿机定位精度优于5μm；平行轴圆柱斜齿轮；压铸式铝壳体；齿轮6级精度	转动惯量＜0.06 kg/m²；齿形精度优于ISO−6级；磨齿机定位精度优于4μm；平行轴圆柱斜齿轮、行星轮；薄壁高刚度压铸式铝壳体；齿轮5～5.5级精度	转动惯量＜0.05 kg/m²；齿形精度优于ISO−5级；磨齿机定位精度优于3μm；平行轴圆柱斜齿轮、行星轮；薄壁新材料壳体；齿轮5级精度

图 6－4－11 新能源汽车电驱动系统制造技术路线图（续）

4.3 关键共性技术路线图

根据节能与新能源汽车制造技术整体架构体系，本技术路线图将数字化工艺、快速制造（3D 打印）、优质制造、智能制造及绿色制造列为主要的关键共性技术，其技术路线图具体阐释如下。

4.3.1 数字化工艺技术路线图

（1）预期目标

1）到 2020 年，建立基于 MBD 标准的零件工艺、工序数据库，实现零件的标准化管理，实现生产线数字化和关键装备集成，实现后工程不良品率比 2015 年下降 25%，全员劳动生产率年均增长 7.5%，单位生产总值能耗水平比 2015 年下降 20%。

2）到 2025 年，实现基于 MBD 标准的三维装配工艺全流程管理，实现工厂数字化管理，实现后工程不良品率比 2015 年下降 45%，全员劳动生产率年均增长 6.5%，单位生产总值能耗水平比 2015 年下降 35%。

3）到 2030 年，实现制造全过程的 MBD 工艺数字化管理技术，实现基于大数据分析的工厂智能化管理，实现后工程不良品率比 2015 年下降 65%，全员劳动生产率年均增长

6.5%，单位生产总值能耗水平比2015年下降50%。

（2）重点任务

1）加工工艺数字化技术。

① 重点突破的生产工艺：包括气缸孔热涂层、绿色加工—微量润滑技术等先进绿色工艺，以及专业专项技术、如曲轴磨削技术、缸体珩磨技术、微量润滑技术、曲轴淬火、激光技术等；缸孔镗削、珩磨工艺优化与控制；喷油器、高压共轨精密偶件加工工艺；高效加工工艺与刀具数字化管理技术；基于三维高清测量的铣削工艺优化。

② MBD标准的应用及工艺数据库：基于MBD标准的零件工艺、工序数据库；基于MBD标准的三维装配工艺构建技术；全制造过程的MBD工艺数字化管理技术；考虑QCTE等多目标优化的加工工艺设计技术；模具数字化设计与制造技术，柔性工装与动态夹具数字化设计技术；基于在线检测的工艺补偿技术。

2）生产线数字化与装备集成技术。

① 物流技术：自动化物流技术、数字化物流调度技术、协同物流管理技术。

② 发动机总装数字化工艺集成技术。

③ 数字化装备集成技术、装备实时监测技术、结合大数据及虚拟制造系统的生产线数字化仿真技术。

④ 基于AR/VR技术的虚拟装配技术、基于数字化工厂的虚拟制造技术。

（3）路线图

数字化工艺技术路线图如图6-4-12所示。

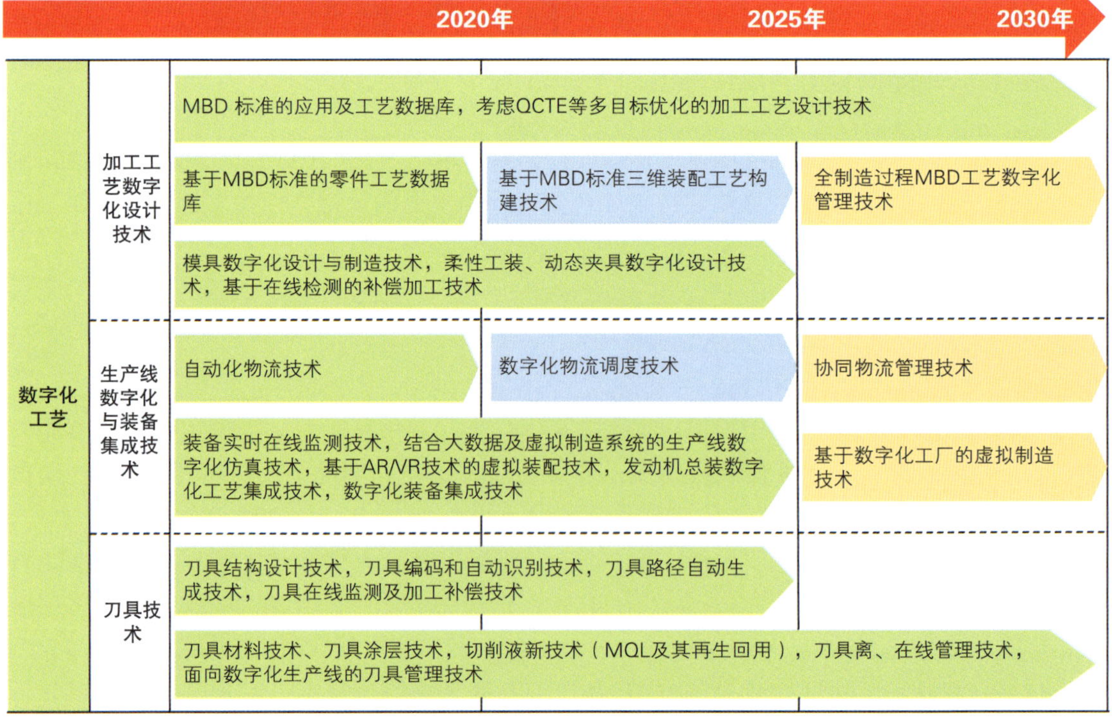

图6-4-12 数字化工艺技术路线图

4.3.2　3D打印制造技术路线图

（1）预期目标

1）到2020年，汽车关键零部件的铸型/模具制造周期缩短50%，实现高精度、大尺度立体光固化成型法（SLA）和选择性激光烧结（SLS）装备，推广应用SLA和SLS技术，实现汽车零部件3D打印间接制造。

2）到2025年，汽车研发周期缩短50%，实现高精度SLM装备、复合SLM-LENS机加工装备，推广应用激光选区熔化（SLM）、电子束熔融（EBM）、激光近净成形LENS技术，实现汽车零部件3D打印直接制造。

3）到2030年，高端车/概念车零部件3D打印直接制造，推广应用多材料、多结构件整体成型，实现汽车3D打印技术的快速研发及批量制造。

（2）重点任务

3D打印技术即增材制造技术，它利用三维设计数据在一台设备上由程序控制自动、精确地制造出任意复杂形状的零件，从而实现设计和制造的数字化及“自由制造”，解决过去许多难以实现的复杂结构零件的成型问题。3D打印被视为“一项将要改变世界的技术”，已引起全球关注。3D打印技术在汽车研发和制造领域大有可为。

在国外，汽车工业发达国家已利用3D打印技术辅助汽车造型和新功能验证，以及复杂结构零件、多材料零件、轻量化结构的快速制造。国际汽车知名生产商如奥迪、宝马、奔驰、捷豹、通用、大众、丰田、保时捷等已经在汽车的研发阶段大量使用3D打印技术。

我国很早就开始应用3D技术辅助新车型的开发，包括快速原型、与铸造等传统工艺结合、金属直接制造等，实现了快速定型，辅助发动机缸体、缸盖以及车灯罩等零部件的快速开发。但是，与发达国家相比，应用于汽车制造的零件种类和范围以及3D打印本身的技术水平均有较大差距，还没有如国外直接3D打印汽车关键零部件的研究和应用报道。

汽车制造3D打印技术重点方向：面向汽车制造面临的开发周期长、工序繁多、成本高以及复杂化、个性化和轻量化结构难制造的问题，在2015～2030年15年内分期研发“基于3D打印技术的汽车快速研发”“汽车零部件3D打印间接制造技术”以及“汽车零部件3D打印直接制造技术”，形成一批面向汽车快速研发和先进制造的3D打印设计方法/软件、新材料、新装备和新工艺，并实施一批示范应用。

（3）技术路线图

快速制造技术路线图如图6－4－13所示。

		2020年	2025年	2030年
3D打印技术	目标	关键零部件用模具制造周期缩短50%	新车研发周期缩短50%	高端车/概念车零部件3D打印直接制造
	设备	实现高精度、大尺寸SLA和SLS装备	实现高精度SLM装备、复合SLM-LENS/机加工装备	实现多材料复合打印装备
	材料	进一步完善树脂、覆膜砂，高分子材料在汽车铸造砂型、熔模等领域的应用	推广应用金属模具/复合材料零件	推广应用多材料，多结构件整体成型
	技术	推广应用SLA和SLS技术，实现汽车零部件3D打印间接制造	推广应用SLM，EBM、LENS技术，实现汽车零部件3D打印直接技术	推广应用多材料、复合3D打印技术，实现汽车3D打印技术的快速研发及批量制造

图 6-4-13　快速制造技术路线图

4.3.3　优质制造技术路线图

（1）预期目标

1）到 2020 年，批量生产尺寸一致性水平达到国际先进水平，建立性能和制造精度之间的关系，确定公差设计准则；实现制造过程后工程不良品率比 2015 年下降 25%，全员劳动生产率年均增长 7.5%，单位生产总值能耗水平比 2015 年下降 20%。

2）到 2025 年，批量生产尺寸一致性水平达到国际领先水平，建立制造精度和产品性能之间的关系模型；实现制造过程后工程不良品率比 2015 年下降 45%，全员劳动生产率年均增长 6.5%，单位生产总值能耗水平比 2015 年下降 35%。

3）到 2030 年，实现设计制造与大数据的全面融合，实现设计与制造一体化的质量控制体系，树立中国制造品牌形象，实现制造过程后工程不良品率比 2015 年下降 65%，全员劳动生产率年均增长 6.5%，单位生产总值能耗水平比 2015 年下降 50%。

（2）重点任务

包括：着眼于制造质量和成本，提高产品的可靠性、一致性、耐久性，降低制造成本；研究产品性能和制造精度之间的关系，确定精准的设计要求，指导正向开发；研究制造精度和产品性能之间的关系，建立关系模型，指导系统优化设计和逆向开发；最终建立全新的产品工艺设计标准和制造体系。可细分为：

1）毛坯精密制造技术。

① 内制部件毛坯成型技术：少/无切削毛坯精密成型技术和 近（净）成型技术。

② 精密铸造/锻造技术：高、低压铸造、锻造等成型技术，高压铸造、冷温锻、精锻等成型技术，毛坯尺寸波动及质量稳定性控制技术。

2）尺寸公差设计技术。突破整机尺寸公差设计系列化开发，公差分配与成本性能匹配难题。尺寸公差与性能关系研究内容包括：

① 加工尺寸公差对压缩比的影响关系与分配技术。

② 运动副尺寸公差对摩擦功的影响关系与分配技术。

③ 表面形貌公差对密封性的影响关系与分配技术。

④ 装配精度对 NVH 的影响关系与分配技术。

⑤ 流道几何公差对排放的影响关系与分配技术。

⑥ 加工尺寸公差对可靠性的影响关系与分配技术。

尺寸公差对发动机性能的多学科仿真技术、考虑质量成本的公差分配技术、三维公差分析方法研究及其在发动机装配中的应用，零部件制造公差行业标准。

3）质量检测与控制技术。包括：测量数据处理与三维几何特征提取技术；面向补偿加工的在线测量技术；传感器开发、测量机构控制技术；制造误差流分析及故障诊断技术，大数据分析及故障智能预测；面向产品生命周期的制造数据管理技术；发动机装配测试技术。

三维测量数据分析与应用技术包括：

① 三维高清晰测量零件表面形貌评价及缺陷监测方法。

② 精密加工表面三维高清晰测量数据探索和挖掘。

③ 缸体、缸盖表面形貌加工工艺参数优化方法研究。

④ 三维形貌多元相关统计过程控制方法。

制造系统工艺能力评价与改进系统方法、大批量生产零件质量提高与质量稳定性保证技术、全工序制造误差流建模与质量控制技术。

（3）路线图

优质制造技术路线图如图 6－4－14 所示。

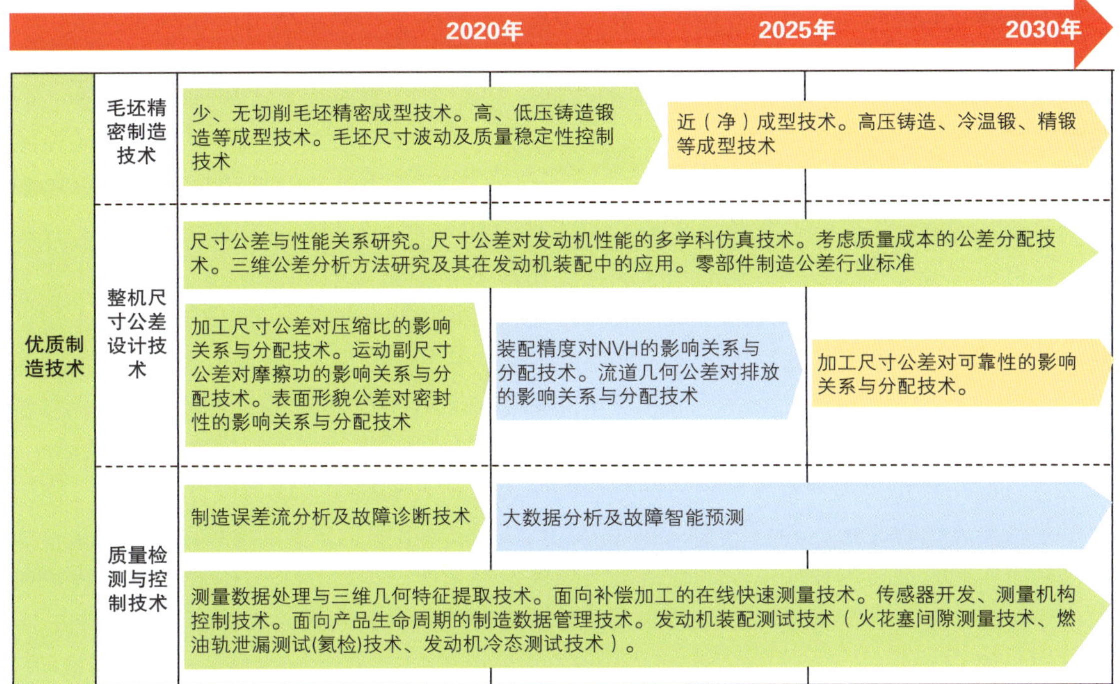

图 6－4－14　优质制造技术路线图

4.3.4 智能制造技术路线图

（1）预期目标

智能制造是《中国制造 2025》的主攻方向，是落实制造强国战略的重要举措。智能制造是基于新一代信息技术，贯穿设计、生产、管理、服务等制造活动各个环节，具有信息深度自感知、智慧优化自决策、精准控制自执行等功能的先进制造过程、系统与模式的总称；具有以智能工厂为载体，以关键制造环节智能化为核心，以端到端数据流为基础，以网络互联为支撑等特征，可有效缩短产品研制周期、降低运营成本、提高生产效率、提升产品质量、降低资源能源消耗。

汽车工业是汽车发达国家智能制造重要的应用实施领域和突破口。主要表现在：①以无人驾驶汽车为代表的智能汽车产品研制，如美国谷歌的智能汽车联盟计划。技术上重点突破支撑汽车无人驾驶的新型传感器、物联网、智能导航等。② 着力推进智能工厂和智能生产，支持以用户为中心的个性化汽车产品生产模式。技术上重点突破企业内部制造与信息系统之间的纵向集成、汽车产品生命周期中制造与信息系统端到端的集成、以价值链为导向的企业发展战略层面的横向集成。③ 着力提升汽车生产过程和工艺环节的自动化和智能化水平。技术上以信息与物理系统融合为核心，推进机器人、3D 打印、物联网、大数据等智能制造支撑技术的深化应用。

汽车智能制造需要立足我国汽车工业发展规划和当前实际，以智能制造模式和技术体系为指导，通过十年的努力和持续改进，使我国汽车制造的自动化和信息化水平达到国际汽车制造发达国家的同等水平。通过汽车制造过程与先进信息控制技术的深度融合，形成若干个具有行业影响力的汽车智能制造示范工厂，行业的智能制造水平得到大幅度提升。

1）到 2020 年，全面夯实汽车制造工业自动化、数字化、网络化、信息化基础，构建示范性智能单元、智能生产线，突破智能车间、智能工厂关键技术；显著提升设计、制造、管理一体化信息集成，制造过程自动化，实时管控水平；骨干汽车企业厂域感知设备和网络空间覆盖率达 80% 以上，单位工业增加值能耗下降 20%，管理信息化普及率达到 85%，数字化设计工具普及率达到 90%。以工业机器人为代表的智能装备完成从计算智能向感知智能发展，实现冲压、焊装、涂装工位无人化生产。

2）到 2025 年，智能决策软件和智能装备在骨干汽车企业大量使用，实现物联网、大数据与智能化技术的全面深化应用，构建示范性智能车间，实现企业纵向、横向以及端对端的全面集成。以机器人为代表的智能装备完成从感知智能向认知智能发展，具有良好的语音识别等多模式人机交互功能，协作智能机器人实现广泛应用，机器人集群作业具备机器人补位功能。

3）到 2030 年，在全面数字化、网络化的基础上，汽车制造实现从设计、生产、物流到服务的全过程智能化，构建一批智能制造企业，使汽车制造过程能动态适应环境的变化，从而实现精准管控和环境友好制造及大规模定制生产。以机器人为代表的智能装备实现认知智能，具备自我学习功能，机器人代替体力劳动向机器人局部代替脑力劳动转变。

（2）重点任务

包括：智能制造通过制造自动化的概念更新，扩展到柔性化、智能化和高度集成化，是打造汽车企业未来核心竞争力的关键环节。在新的产业竞争环境下，决定竞争成败的关键不再是设施规模、低劳动力成本等因素，技术、管理等软实力和科技创新能力对竞争力的贡献更为突出。竞争要素的变化直接导致我国汽车工业原有比较优势削弱，对于总体处于“工业2.0”补课、“工业3.0”局部应用的国内骨干汽车企业提出了严峻挑战。实施智能制造已是我国建设汽车强国的重要途径。智能制造最显著的特点体现在生产纵向整合及网络化、价值链横向整合、全生命周期数字化、技术应用指数式增长四个方面。

我国发展汽车智能制造的重点研究任务如下：

1）汽车智能制造标准与技术体系。面向智能汽车和智能制造过程，从顶层规划角度出发，研究构建汽车智能制造技术体系，为我国汽车工业推进智能制造提供框架体系支撑。

主要研究内容包括：① 汽车智能制造标准体系研究；② 汽车智能制造工艺及装备技术体系研究；③ 汽车制造物理信息系统（CPS）技术体系研究；④ 汽车制造智能管控体系研究；⑤ 智能汽车标准与安全体系。

2）汽车智能制造车间传感物联网络与大数据平台技术。以汽车制造车间为对象，研究网络覆盖制造过程全要素的实时感知与传输的关键共性技术，实现车间运行实际过程数字化，支撑车间实际运行过程的仿真、优化、实时控制，为车间综合智能管控提供支撑平台。

主要研究内容包括：① 汽车制造车间感知网构建技术；② 汽车制造车间网络信息安全控制技术；③ 面向产品生命周期的数字量流转与接口设计技术；④ 三维模型的海量工艺数据传输技术；⑤ 汽车制造过程的海量异构大数据组织技术。

3）面向个性化定制的柔性制造系统规划与集成技术。智能制造的一个重要目标是能够根据用户需求实现产品的个性化定制生产，这在未来的汽车生产中尤为突出。研究面向汽车个性化定制的柔性制造系统规划、设计与集成技术，为汽车生产模式的变革提供技术支撑。

主要研究内容包括：① 柔性制造系统单元的模块化设计技术；② 物料储存与搬运技术及装备；③ 柔性制造系统重构与任务切换技术；④ 柔性生产线的构型与设计技术；⑤ 可重构柔性制造系统的集成控制技术。

4）虚拟现实（VR）与增强现实（AR）及混合现实技术（VR/AR/MR）。重点研究虚拟现实、增强现实及其混合现实技术在汽车智能制造工厂过程与操作仿真、运行监控中的应用，支撑汽车制造车间/工厂虚拟与物理系统的融合。

主要研究内容包括：① 智能工厂的布局优化仿真；② 智能工厂人体工程学仿真；③ 智能工厂的排序与平衡问题仿真；④ 智能工厂的自动物流仿真；⑤ 增强现实技术在汽车装配操作中的应用；⑥ 混合现实技术在汽车制造中的应用。

5）汽车制造过程与工艺大数据技术及其应用。大数据在未来汽车设计、制造、服务和回收等全生命周期过程中将发挥愈来愈重要的作用。数据和智能决策是智能制造透明化生产的核心，研究汽车产业链中大数据技术及其应用成为汽车企业核心竞争力的关键。

主要研究内容包括：① 汽车制造过程和工艺大数据分析技术；② 大数据可视化技术；③ 基于大数据的企业知识工程与创新技术；④ 基于大数据的制造过程与工艺优化技术；⑤ 大数据驱动的质量分析与控制技术。

6）汽车制造智能综合管控技术。以汽车零部件制造和总装为对象，研究突破车间计划、质量、物流、安全等业务领域智能化管控的关键共性技术，支撑制造过程数据实时采集、分析、决策及反馈执行的闭环管理机制，实现由数据驱动的制造过程智能化管控，解决车间管控精细化程度低、数字化智能化水平弱、效率低等行业共性难题。

主要研究内容包括：① 车间自适应调度与排产技术；② 大数据驱动的质量管控技术；③ 时空感知的车间物流实时管控技术；④ 安全生产智能监控技术；⑤ 生产资源的平衡与再平衡技术；⑥ PLM/ERP/CRM/SCM/MES 无缝集成技术；⑦ 车间智能综合管控平台 iMES 系统开发。

7）工业机器人技术及其在汽车智能制造中的应用。智能装备技术的发展将由部件发展模式向系统发展模式转变，机器人的设计和开发必须考虑和其他设备互联和协调工作的能力。汽车行业中机器人的设计和应用集中在方法、工具和步骤上，机器人技术的不断发展与应用让工厂降低成本，同时加强了质量管控以及提高了生产效率。

未来工业机器人将发展以下关键技术：

① 轻量化、低能耗技术：随着碳纤维等新材料的出现以及关于弹性臂的研究，机器人臂轻量化将不断突破，有可能实现长期以来人们所追求的负载/自重比为 1:2 的轻型机器人。

② 精密驱动技术：开发耐高温及具有高效矫顽力的磁性材料，把力及力矩传感器、加速度传感器等和电动机及驱动单元组合成新传感驱动单元，使机器人更加灵活、精确地完成各种复杂的工作。

③ 移动性能技术：目前的汽车行业机器人多为固定式六轴机械手，对机器人的应用局限于其本身的位置定位和工作半径，开发基于自动导引运输车（AGV）与机器人结合等机器人移动技术，未来移动式机器人将使机器人具有“补位”意识，真正实现高效多能。

④ 嵌入式立体感知与安全技术：机器人在很长一段时间内存在着人机交互操作的危险性，所以在一定范围内布局和路径都受到一定约束。随着立体视觉传感感知技术的逐步成熟，将视觉传感系统嵌入机器人手臂中，通过对光源、相机、微处理器的整合，对图像进行滤波降噪处理、特征提取并将处理结果实时反馈至机器人抓手，可以实现机器人的 3D 自动抓取作业。

⑤ 通用标准研究：未来机器人发展做到同等负载水平机器人在不同应用硬件配置和软件应用具备很强的通用性。软件上实现数据导入后即可实现机器人的更换应用，完成设备快速对接。编程语言和通信接口在内的各项技术都将在行业中得到统一标准。

⑥ 基于深度学习的双臂协作机器人技术：机器人通过头部摄像机、手部摄像机、力传感器等获取工况信息，对数据进行预处理并进行融合后输入神经网络，通过不断尝试最终获取模型参数，完成复杂作业。这在汽车制造装配工位具有很好的应用前景。

⑦ 基于人工智能的智能管理机器人：随着虚拟现实技术、室内地图自动重构技术、导航技术以及移动机器人技术的发展，智能服务机器人将走进工厂，替代人类从事部分脑力活动，包括生产车间巡检、机器人工作班组管理、产品品质管理等。

⑧ 机器人仿生控制技术：在机器人技术和仿生学技术发展到一定程度后，人工肌肉驱动技术、新仿生材料、智能驱动材料、复杂物体抓持的仿生灵巧手的构型设计与操作技术将在机器人的汽车生产工艺中出现。

面向汽车零部件制造、装配、质量控制等环节，还需研发基于工业机器人的智能制造应用系统：

① 机器人搬运与上下料系统：围绕汽车车身冲压、总装以及汽车发动机加工的制造过程，研制机器人末端柔性抓取、位置及操作感知单元，组建机器人搬运与上下料系统。

② 机器人焊接与连接系统：重点突破机器人焊接力—位—电等参数综合检测、机器人涂胶路径和质量跟踪检测等关键技术，集成开发机器人焊接与连接应用系统。

③ 多机器人协同的在线检测系统：集成视觉传感检测、协同控制技术，开发多机器人协同的汽车零部件制造和总装质量的在线检测系统。

④ 编程技术：离线编程和拖拽编程。目前的编程语言仍然是供应商独立开发的，各式各样。在今后的发展中，机器人控制器采用通用计算机已成为主流，机器人语言完全可以像计算机语言一样规范化，这将大大有利于系统集成，便于系统的编程、仿真及监控。

8）传感器技术。要实现汽车生产过程的自动化、定制化作业，需要各种高精度数据传感器智能感知传感技术。在未来的发展方向中，需赋予传感器“智慧”职能，传感器不仅能完成识别、检测功能，还能对品质、安全、自动化等信息进行采集分析，这样需要开发具有数据存储和处理、自动补偿、通信功能的低功耗、高精度、高可靠性的智能型光电传感器、智能型接近传感器、高分辨率视觉传感器、高精度流量传感器等。

主要研究以下技术：

① 视觉检测技术：智能相机、三维激光等技术已经开始在汽车生产制造过程中逐步应用，通过3D激光技术对车身三坐标检测、自动焊装孔位检测等实现在线检测。

② 物联网射频识别（RFID）及可追溯技术：将汽车产品赋予“身份”，可实现全柔性生产及全生命周期的可追溯。

③ 安全传感技术：人机协作存在人机安全问题。光电传感器等在工作区域内划定安全范围，检测人机干涉的问题，确保人和设备的安全。

④ 传感器柔性自动化技术：汽车生产逐步走向多品种、小批量、定制化制造，传感器的识别功能能够很好地实现柔性化生产，对工件进行识别，对生产系统的数据进行感知，从而控制整个生产过程。

⑤ 自动导航传感技术：能对移动机器人的工作提供路径规划和引导作用。

⑥ 下一代仿生传感技术：传感器技术的进一步突破，将模拟人类视觉、听觉、触觉、味觉等，包括人工皮肤传感技术、肌电/脑电人体意图传感技术等。

（3）路线图

智能制造技术路线图如图6－4－15所示。

		2020年	2025年	2030年
智能制造技术	目标	夯实汽车制造工业自动化、数字化、网络化、信息化基础，构建示范性智能单元、智能生产线，突破智能车间、智能工厂关键技术	智能决策软件和智能装备在骨干汽车企业大量使用，实现物联网、大数据与智能化技术的全面深化应用，构建示范性智能车间，实现企业纵向、横向以及端对端的全面集成	汽车制造实现从设计、生产、物流到服务的全过程智能化，构建一批智能制造企业，实现精准管控和环境友好制造及大规模定制生产

图6－4－15　智能制造技术路线图

		2020年	2025年	2030年
智能制造技术	标准体系	汽车智能制造工艺及装备技术体系 汽车制造智能管控体系	汽车智能制造CPS技术体系 汽车智能制造标准体系	智能汽车标准与安全体系
	物联网大数据平台	三维模型的海量工艺数据传输技术 面向产品生命周期的数字量流转与接口设计技术	汽车制造车间感知网构建技术 汽车制造车间网络信息安全控制技术	汽车制造过程的海量异构大数据组织技术
	柔性制造系统设计	柔性制造系统单元的模块化设计技术 柔性制造系统重构与任务切换技术	物料储存与搬运技术与装备 柔性生产线的构型与设计技术	可重构柔性制造系统的集成控制技术
	虚拟与增强现实	智能工厂的布局优化仿真 智能工厂的排序与平衡问题仿真	智能工厂人体工程学仿真 智能工厂的自动物流仿真	混合现实技术在汽车制造中的应用
	过程与工艺大数据	汽车制造过程和工艺大数据分析技术 基于大数据的制造过程与工艺优化技术	制造大数据可视化技术 大数据驱动的质量分析与控制技术	基于大数据的企业知识工程与创新技术
	传感器	视觉检测技术 安全传感技术、自动导航传感技术	物联网RFID及可追溯技术 传感器柔性自动化技术	下一代仿生传感技术,包括人工皮肤/肌电/脑电人体意图传感技术等
	机器人及其应用系统	从计算智能向感知智能发展 机器人搬运与上下料系统、离线编程和拖拽编程技术	从感知智能向认知智能发展，实现虚拟制造与现实制造相结合 机器人焊接与连接系统	实现认知智能，满足汽车产品高端定制化生产的需求
	集成管控	车间自适应调度与排产技术 时空感知的车间物流实时管控技术	大数据驱动的质量管控技术 安全生产智能监控技术	

图 6－4－15　智能制造技术路线图（续）

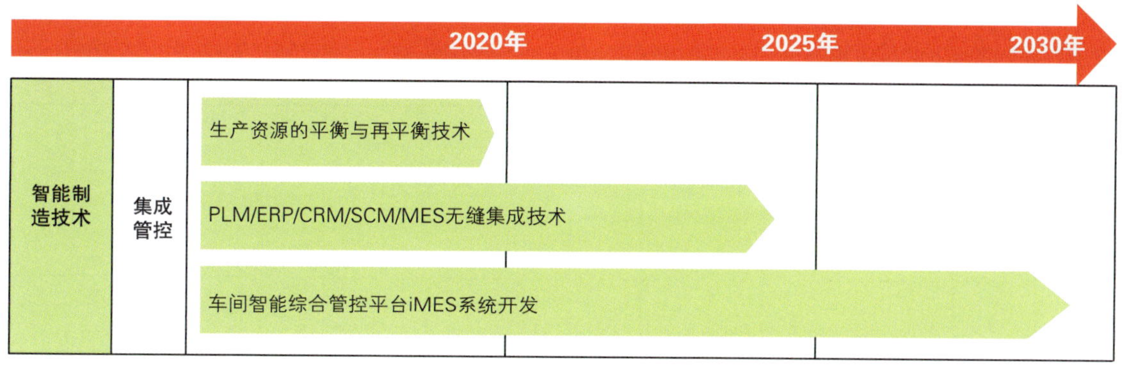

图 6－4－15 智能制造技术路线图（续）

4.3.5 绿色制造技术路线图

汽车绿色制造是按照全生命周期理念，从源头减少环境污染，系统考虑原材料选用、制造、生产、使用、处理等各个环节可能对环境造成的影响，力求产品在全生命周期中最大限度降低资源消耗，减少污染物产生和排放，实现环境保护。

受篇幅及研究时间的限制，本节所述绿色制造技术路线图研究只选取汽车制造的重点工艺铸造、锻造、涂装为代表进行重点阐述。

4.3.5.1 铸造技术

（1）预期目标

1）到 2020 年，废品率≤2%，接近先进国家水平；综合能耗：铸铁≤0.44t 标准煤，铸钢≤0.56t 标准煤；发展绿色铸造，降低污染物排放，满足国标要求；旧砂再生综合利用水平达到 65%。

2）到 2025 年，废品率≤1.5%，达到先进国家水平；综合能耗：铸铁≤0.38t 标准煤，铸钢≤0.48t 标准煤；发展绿色铸造，污染物排放比 2015 年下降 22%；旧砂再生综合利用水平达到 75%。

3）到 2030 年，废品率≤1.0%，达到国际先进水平；综合能耗：铸铁≤0.31t 标准煤，铸钢≤0.40t 标准煤；发展绿色铸造，污染物排放比 2015 年下降 40%；旧砂再生综合利用水平达到 85%。

（2）重点任务

汽车铸造业要向“专业化、精确化、绿色化、智能化”方向发展。树立平衡、协调、可持续的发展理念，适应制造强国战略，建立铸造强国。通过创新工艺和材料技术，实现铸件产品质量提升，铸件材质、结构优化。以产品为载体，将绿色理念集成到产品开发设计和制造技术中。坚持“绿色铸造、清洁生产、循环发展”的理念，将绿色理念贯彻到铸造装备的研制和开发中，使整体装备水平进一步提升。

（3）路线图

铸造技术路线图如图 6－4－16 所示。

		2020年	2025年	2030年
绿色制造–铸造	技术指标	废品率≤2%，接近先进国家水平；综合能耗铸铁≤0.44t标准煤，铸钢≤0.56t标准煤；发展绿色铸造，降低污染物排放，满足国标要求；旧砂再生65%	废品率≤1.5%，达到先进国家水平；综合能耗铸铁≤0.38t标准煤，铸钢≤0.48t标准煤；污染物排放比2015年下降22%；旧砂再生75%	废品率≤1.0%，达到国际先进水平；铸铁≤0.31t标准煤，铸钢≤0.40t标准煤；污染物排放比2015年下降40%；旧砂再生85%
	支持技术	发展“轻量化、薄壁化、精确化、强韧化”的汽车铸件；真空压铸、差压、挤压等铸造技术推广和应用；自动化、智能化技术的应用；推进铸造行业准入制度实施；高效环保的熔炼设备开发与应用；高效除尘设备的研究与应用	采用消化吸收国际先进技术和提高自主创新能力发展并重的模式，来提升汽车铸造企业技术研发和自主创新能力；铸造厂实现专业化、规模化生产；绿色铸造技术的研究与应用；清洁生产的装备、原辅材料普及；污染物治理达到先进国家水平	研究铸件快速开发技术。主要包括：产品设计、工艺模拟、性能预测技术；快速制造技术、模具技术；产品检测技术等。研制高附加值、高技术含量的汽车铸件产品，推进新材料铸件开发，优化铸件材质结构，提升铸件生产制造技术水平。实现节能、环保的关键装备的自主开发和制造

图 6-4-16　铸造技术路线图

4.3.5.2　锻造技术

(1) 预期目标

1）到2020年，热锻模材料利用率比2015年提高5%，能耗达到0.35t标准煤，排放较2015年降低10%，环保润滑剂使用率80%；冷温锻环保润滑剂使用率30%。

2）到2025年，热锻模材料利用率比2015年提高10%，能耗达到0.30t标准煤，排放较2015年降低15%，环保润滑剂使用率100%；冷温锻环保润滑剂使用率60%。

3）到2030年，热锻模材料利用率比2015年提高13%，能耗达到0.27t标准煤，排放较2015年降低20%，环保润滑剂使用率100%；冷温锻环保润滑剂使用率100%。

(2) 重点任务

随着国民经济的快速发展，工艺技术与成形装备都得到长足发展，制造能力显著提升。但是我国锻压成形技术在工艺、装备制造、基础理论研究、新技术与新产品研发、批量稳定制造高端产品、材料消耗、能源消耗、劳动生产率、有害气体与废弃物排放、精细化生产管理等方面综合评价，总体比较落后。高精、数控、高效设备少，数字化设计、工艺仿真技术应用不广。锻造工艺与装备虽然取得了长足进步，但在产品精度，材料利用率、能源消耗上与先进工业化国家尚有较大差距，尤其是冷温锻造技术与国际先进水平差距更大。在降低劳动强度，改善作业条件，提高劳动生产率和自动化程度方面差距明显，我国目前还是以人工操作为主，自动化技术水平比较低。在节能减排方面的专门研究开展得较晚，差距更大。在模具润滑方面，热锻普遍采用黑色石墨，冷锻普遍采用磷化、皂化工艺，环保压力巨大。各公司发展也很不均衡，工艺装备技术水平参差不齐，有与国际技术水平比肩的先进生产线，也有即将淘汰的落后生产线仍在运行，锻造产品品质差距较大，距离绿色生产制造目标存在较大差距。

(3) 路线图

锻造技术路线图如图6－4－17所示。

		2020年	2025年	2030年
绿色制造–锻造	技术指标	热模锻材料利用率比2015年提高5%，能耗0.35t标准煤，比2015年降低10%，环保型润滑剂使用率80%；冷温锻环保型润滑剂使用率30%	热模锻材料利用率比2015年提高10%，能耗0.30t标准煤，比2015年降低15%，环保型润滑剂使用率100%；冷温锻环保型润滑剂使用率60%	热模锻材料利用率比2015年提高13%，能耗0.27t标准煤，比2015年降低20%，环保型润滑剂使用率100%；冷温锻环保型润滑剂使用率100%
	支持技术	精密锻造、多向模锻；自动化生产线（机器人、步进梁）；非调质钢材料推广；快速换模、自动润滑；余热利用；高效、低耗、低噪声锻造装备；高性能模具材料及表面处理；虚拟锻造；能源在线管理系统；新型环保模具润滑材料及技术（热锻及冷锻用）	径向锻造；高效、低耗加热系统、加热炉；有色金属铸锻联合；径向锻造装备；热、温和冷精锻复合工艺；无氧化加热技术；新型模具表面涂层技术（纳米涂层）；带有工艺传感器的自动化生产线	中空锻造；控制冷却技术（不同于非调质钢）；金替代材料；低排放加热系统、加热炉；最优锻造规范；高效低成本环境友好加热源

图6－4－17　锻造技术路线图

4.3.5.3　涂装技术

（1）预期目标

1）到2020年，VOC排放量新源≤20g/m^2，CO_2排放量新源≤150kg/台，新鲜水耗用量≤0.5 m^3/台，废水排放量≤0.16 m^3/台。

2）到2025年，VOC排放量新源≤15g/m^2，CO_2排放量新源≤130kg/台，新鲜水耗用量≤0.4 m^3/台，废水排放量≤0.10 m^3/台。

3）到2030年，VOC排放量新源≤10g/m^2，CO_2排放量新源≤100kg/台，新鲜水耗用量≤0.3 m^3/台，废水排放量接近零排放。

（2）重点任务

我国汽车涂装技术是汽车制造业中紧跟国际先进技术发展最快的领域，尤其是在全球化节能减排的大背景下，国内大型汽车企业在新建项目、技术改造项目中都重点提升了涂装工艺和装备的节能减排水平，其代表性车身涂装生产线的工艺与装备已经处于国际先进水平。汽车涂装以绿色制造为目标，发展应用节能减排新技术，全面建设低碳涂装工厂。

（3）路线图

涂装技术路线图如图6－4－18所示。

		2020年	2025年	2030年
绿色制造–涂装	技术指标	VOC排放量新源≤20g/m^2，CO_2排放量新源≤150kg/台，新鲜水耗用量≤0.5 m^3/台，废水排放量≤0.16 m^3/台	VOC排放量新源≤15g/m^2，CO_2排放量新源≤130kg/台，新鲜水耗用量≤0.4 m^3/台，废水排放量≤0.10 m^3/台	VOC排放量新源≤10g/m^2，CO_2排放量新源≤100kg/台，新鲜水耗用量≤0.3 m^3/台，废水排放量接近零排放

图6－4－18　涂装技术路线图

		2020年	2025年	2030年
绿色制造–涂装	支持技术	开发无磷前处理材料；研究水性、高固体分涂料喷涂及控制技术；提高免中涂面漆装饰性及抗环境性能；开发应用柔性喷涂装备及自动喷涂技术；开发低温、室温固化涂料；烘干室结构及加热系统优化并余热回收利用;油漆替代材料可行性评估；油漆替代材料性能及工艺实验室测试研究；研究涂装替代技术,减少喷漆室新鲜空气需求；喷漆室废气净化技术；喷漆室排风循环利用技术；开发应用涂装车间智能化能源管理系统	研究前处理的替代方法；开发预处理的车身材料；开发环境（温度、相对湿度）自适应型涂料，扩大喷涂工艺窗口范围；开发应用光固化汽车涂料；开发应用车身油漆光固化设备；开发应用全功能标准段喷漆室；开发应用易维护除漆雾单元	探索替代或取消涂装前处理的方法；开发应用不腐蚀的车身材料；开发应用无漆雾喷涂技术；开发应用替代烘干工艺或快速室温固化材料涂层；开发应用涂装替代技术及免涂装技术

图 6-4-18　涂装技术路线图（续）

5 技术创新需求

汽车制造技术领域实现 2025 目标，需要在轻量化制造技术、电动化制造技术、优质制造技术、智能制造技术、绿色制造技术等方向实现创新发展与技术突破。

（1）在基础研究层面

需要组织铝/镁合金板材成形技术、新型压铸工艺技术研究及材料性能数据库建立；开展钢/铝、铝/铝、铝/镁、镁/镁连接工艺方法、质量控制技术及疲劳设计方法研究；开展高性能铝合金汽车安全件、结构件挤压铸造材料、模具及工艺技术的研究；开展半固态压铸成型用新型合金体系开发及半固态浆料流动行为研究与控制；开展 3D 打印成型碳纤维复合材料的关键技术研究等研究项目；建设汽车智能制造技术联盟、汽车制造工艺技术创新研究及试验验证中心、发动机先进制造工艺与装备共性技术创新平台、碳纤维复合材料行业共性基础研究平台、汽车铸件行业共性基础研究平台等行业共性平台。

（2）在应用技术层面

需要组织铝/镁合金车身部件成形应用技术开发、超高强钢板复杂零件低成本热冲压技术研究及应用、干式喷漆室研发与应用、异种材料的无铆钉连接、自冲铆钉连接及热溶自攻螺钉连接技术开发应用、典型高性能汽车零件挤压铸造零件设计与压铸工艺研究及应用、4000t 超大型智能化卧式挤压铸造成套设备的研发、超高强钢板车身框架零件热态气胀—淬火工艺及装备技术研究及应用、半固态坯料制备技术及半固态压铸成形技术研究应用。

（3）在示范和产业化项目层面

需要组织铝合金白车身零部件制造示范线建设、汽车发动机零部件及主机示范生产线建设、汽车铸造绿色示范工厂建设、高强度钢/铝合金零件冷态内高压成形技术研究及应用、汽车零件智能化挤压铸造生产示范工厂建设、汽车铝合金零部件的搅拌摩擦焊和搅拌摩擦点焊的示范生产线建设、铝合金车身及底盘结构件热态内高压成形工艺及装备技术研究与应用等项目。

5.1 基础前瞻

说明： 实施方式中 A 为国家主导；B 为行业联合，含跨行业联合；C 为企业领跑。

项目名称	必要性	项目目标	研究内容	预期成果	实施方式
铝/镁合金板材成形技术，新型压铸工艺技术研究及材料性能数据库建立	目前材料和成形技术均依赖进口或外资方，缺乏零件轻量化结构及成形工艺设计经验；基于铝/镁合金板材的成形性差，形状复杂零件需要研究出合适的成形技术；提高压铸产品局部致密性的局部挤压技术；通过特种工艺技术应用扩大压铸件的应用领域	2020 年：协同开发出满足覆盖件的铝合金板材，建立材料性能与零件成形工艺适应关系；采用局部挤压技术降低压铸件缩松缩孔率，性能提升 10%；采用可溶芯压铸技术，成形传统不能采用压铸工艺成形的零件 2025 年：协同开发出满足全铝车身生产和部分镁合金部件生产的板材，建立起系统的铝/镁合金材料性能数据库及材料标准	材料开发与成形性能研究；车身部件轻量化设计；材料性能数据库建立；铝/镁合金液压成形、温成形、超塑性成形等工艺特性研究；局部挤压技术研究；可溶芯材料工艺及成形技术研究；型芯定位技术研究；可溶芯清理技术研究	车身用铝合金板材实现国产化；铝/镁合金车身部件轻量化设计与成形工艺设计指南；铝/镁合金板材性能数据库；建立起我国在新型压铸技术方面的理论体系和相关标准体系	A、B
钢/铝、铝/铝、铝/镁、镁/镁连接工艺方法，质量控制技术及疲劳设计方法研究	国外已实现了异种材料连接技术的研究与应用，但尚无异种材料连接的质量控制技术与评价标准，以及异种材料连接结构的疲劳寿命预测模型。国内在异种材料连接的数学建模、分析与评价方法尚处于起步研究阶段	2020 年：解决钢/铝、铝/铝、铝/镁、镁/镁等零件高效可靠连接技术问题 2025 年：建立异种材料连接结构的疲劳寿命预测模型和接头性能仿真分析与评价方法	形成具有自主知识产权的异种材料连接的新工艺方法研究 异种材料连接结构的失效预测模型及性能评价方法研究 构建异种材料连接的质量控制技术相关基础数据库	钢/铝、铝/铝、铝/镁、镁/镁连接的新工艺方法 异种材料连接的质量控制技术及相关标准 建立异种材料连接的疲劳寿命预测模型	A

（续）

项目名称	必要性	项目目标	研究内容	预期成果	实施方式
汽车智能制造车间传感物联网络与大数据平台技术	智能制造通过制造自动化的概念更新，扩展到柔性化、智能化和高度集成化是打造汽车企业未来核心竞争力的关键环节。智能制造最显著的特点体现在生产纵向整合及网络化、价值链横向整合、全生命周期数字化、技术应用指数式增长四个方面。在新的产业竞争环境下，决定竞争成败的关键不再是设施规模、低劳动力成本等因素，技术、管理等软实力和科技创新能力对竞争力的贡献更为突出	立足我国汽车工业发展规划和当前实际，以智能制造模式和技术体系为指导，以汽车制造车间为对象，研究网络覆盖制造过程全要素的实时感知与传输的关键共性技术，实现车间运行实际过程数字化，支撑车间实际运行过程的仿真、优化、实时控制，为车间综合智能管控提供支撑平台	汽车制造车间感知网构建技术 汽车制造车间网络信息安全控制技术 面向产品生命周期的数字量流转与接口设计技术 三维模型的海量工艺数据传输技术 汽车制造过程的海量异构大数据组织技术	通过十年的努力和持续改进，使我国汽车制造的自动化和信息化水平达到汽车制造发达国家的同等水平，通过汽车制造过程与先进信息控制技术的深度融合，形成若干个具有行业影响力的汽车智能制造示范工厂，行业的智能制造水平得到大幅度提升	B
发动机全工序制造误差流建模与质量控制技术研究	发动机缸体、缸盖、曲轴等核心部件，几何特征多、精度要求高、加工节拍快，宏、微观多尺度加工误差严重影响发动机服役性能。发动机加工过程中多工序宏、微观误差传递规律复杂、控制困难。发动机最终加工误差非单工序加工误差的简单累加，仅靠提升单工序加工精度，难以保证产品最终质量且成本高昂	2020 年：着眼于制造质量和成本，提高产品的可靠性、一致性、耐久性，降低制造成本。研究产品性能和制造精度之间的关系，确定精准的设计要求，指导正向开发 2025 年：研究制造精度和产品性能之间的关系，建立关系模型，指导系统优化设计和逆向开发。建立全新的产品工艺设计标准和制造体系	毛坯尺寸波动及质量稳定性控制技术 三维公差分析方法及尺寸公差设计技术 质量检测与控制技术 制造误差流分析及故障诊断技术 大数据分析及故障智能预测	建立整机尺寸公差设计系列化开发、公差分配与成本性能匹配成套体系 系统优化设计和逆向开发成套技术体系 建立全新的产品工艺设计标准和制造体系标准	B、C

（续）

项目名称	必要性	项目目标	研究内容	预期成果	实施方式
超高强度钢板复杂零件低成本冷成形材料技术	超高强度钢板冷成形是轻量化的重要技术方向，目前存在材料稳定性差、成形性能差、零件尺寸精度低、回弹控制困难等问题，严重制约了该技术的应用	2020年第三代钢应用，超高强度钢B柱等浅拉延零件实现批产。2025年第二代钢应用，减振塔等深拉延复杂零件实现批量生产	超高强度钢板材料技术：满足产品性能要求的材料成分稳定性、组织均匀性和性能的一致性控制技术	超高强度钢板低成本冷成形复杂零件在自主车型上大量应用	B
超高强度钢板复杂零件低成本冷冲压工艺及模具技术	超高强度钢板冷冲压是轻量化的重要技术方向，降重和降成本空间大。目前零件尺寸精度低、回弹控制困难，模具寿命低、模具表面易拉伤是超高强度钢板冷冲压工艺的最主要问题，严重影响了冷冲压工艺的应用	2020年：开发超高强度钢板冷冲压成形工艺，冷冲压CAE准确度60%以上，开发高耐磨、高强度、高寿命模具材料、结构和制造工艺，模具寿命提高30%。2025年，复杂零件冷冲压工艺推广应用，冷冲压CAE准确度80%以上，模具寿命提高50%。减振塔等复杂零件实现批量生产	超高强度钢板复杂零件冷冲压工艺及CAE技术、冷冲压模具材料、加工及热处理技术、冷冲压设备技术。技术国际先进，技术自主开发	超高强度钢板冷冲压复杂零件在自主车型上大量应用	B
高性能铝合金汽车安全件、结构件挤压铸造材料、模具及工艺技术的研究	我国挤压铸造技术研究虽然有近40年的历史，但是由于长期以来无专业挤压铸造设备，制约了我国挤压铸造基础技术的发展。因此，我国的挤压铸造材料、模具及工艺等技术虽然有一定的基础，但是还比较薄弱。为	完成副车架、转向节、控制臂等典型汽车零件挤压铸造材料、模具及工艺技术的研发 完成3种以上不同铝/镁合金挤压铸造与其他铸造方法所达到的力学性能、内部组织的对比试验，总结出	开展适合于挤压铸造工艺生产的安全件、结构件优化设计 开展转向节、控制臂、副车架等典型汽车安全件挤压铸造材料、长寿命精密模具、工艺（挤压铸造工艺、材料制备及熔炼工艺）的	通过围绕典型的高性能铝合金汽车安全件、结构件（如控制臂、转向节、副车架等）挤压铸造材料、模具及工艺技术的研究，实现对挤压铸造工艺等方面关键技术的重大突破。 通过挤压铸造与其他工	A

（续）

项目名称	必要性	项目目标	研究内容	预期成果	实施方式
高性能铝合金汽车安全件、结构件挤压铸造材料、模具及工艺技术的研究	了保证挤压铸造工艺在汽车行业轻量化发展中发挥重要作用，围绕汽车轻量化典型安全件、结构件开展挤压铸造材料、模具及工艺的研究意义重大和深远	挤压铸造工艺的内在机理、特性及优势 研发出挤压铸造过程数字化模拟软件，并在工艺设计中予以应用	研究； 开展挤压铸造过程数字化模拟软件的研发 挤压铸造与其他几种不同铸造方法对比试验	艺的对比试验，总结出挤压铸造的特性和优势，初步形成我国的挤压铸造技术体系，为后续挤压铸造工艺技术在汽车等行业的推广应用奠定基础	A
半固态压铸成型用新型合金体系开发及半固态浆料流动行为研究与控制	目前可以成熟工业应用的半固态压铸用合金只有亚共晶的 Al-Si 系合金。为扩大半固态压铸成型技术在汽车零部件的应用，需要开发不同的新型半固态用合金体系。半固态浆料相对传统固态与液态介质具有特殊的流动特性，从机理上研究理解半固态浆料的流动行为对控制半固态压铸充型过程意义重大	2020 年：2 ×××系、5 ×××系、6 ×××系、7 ×××系高强变形铝合金半固态合金开发 2025 年：2 ×××系高强铸造铝合金及共晶、过共晶、稀土增强 Al-Si 系合金半固态合金开发；半固态浆料流动机理；半固态压铸在充型过程中流动行为控制	半固态变形铝合金研究 铝铜系半固态高强度铸造铝合金研究开发 共晶、过共晶、稀土增强 Al-Si 系合金半固态合金开发 开展半固态浆料流动机理研究 半固态压铸在充型过程中流动行为控制研究	开发出高性能抗热裂半固态变形铝合金材料 开发出铝铜系半固态高强度铸造铝合金 开发出共晶、过共晶、稀土增强 Al-Si 系合金半固态合金 半固态浆料流动机理 半固态压铸在充型过程中流动行为控制	A、B
大批量生产零件质量提高与质量稳定性保证技术研究	目前，我国汽车制造业已经掌握成套的现代制造体系、质量检测和评价标准等，引进机型制造水平与国外同类产品相当，但大批量加工制造和性能一致性方面较差，急需进行	2020 年：以制造强国战略中核心思想之一的“质量为先”为指导，集成政、产、学、研、用的优势资源，努力提高我国汽车行业制造技术总体水平	设备能力改善提升系统方法 加工过程控制系统方法 零件质量检测与评价技术，预批量制造技术	提高机床定位精度及重复定位精度 在线检测与反馈技术应用 建立大批量生产零件质量提高与质量稳定性保证技术体系	B、C

（续）

项目名称	必要性	项目目标	研究内容	预期成果	实施方式
	大批量生产零件质量提高与质量稳定性保证技术研究	2025 年：实现高质量、高效率的大批量定制能力，打造一批具有国际竞争力的中国制造汽车品牌			
加工工艺大数据分析与机床、刀具状态管理	汽车发动机制造过程中的大量高精度、实时数据的获取为深入揭示加工精度形成规律，探索新工艺、新技术，变革传统工艺模式提供了新的途径。高效传感器与装备智能集成的发展，也为实现设计制造与大数据的全面融合、实现设计与制造一体化的质量控制提供了有效的途径	2020 年：研究加工工艺大数据分析与机床、刀具状态管理，通过高精度在线大数据分析，揭示加工精度形成规律，探索新工艺、新技术 2025 年：研究多学科数字化设计，掌握加工机理及其对产品性能的影响，替代长期经验摸索与大量试验修正	刀具数字化管理技术 面向补偿加工的在线测量技术以及传感器开发、测量机构控制技术 数据处理系统搭建，信息共享及可视化平台构建 大数据分析与状态预测 面向产品生命周期的制造数据管理技术	面向数字化生产线的刀具管理技术 关键设备的故障数据统计及可靠性分析状态预测系统，关键设备健康预测方法，制造系统生产调度策略智能优化系统 制造系统工艺能力评价与改进系统方法	B、C
先进环保的铸造装备的研制和开发	铸造装备整体配套水平、能耗、污染排放、资源综合利用情况与发达国家有差距，高能耗低产出。亟须将绿色理念贯彻到铸造装备的研制和开发中，使整体装备水平提升	2020 年：推进铸造行业准入制度实施，加快淘汰铸造行业落后设备，引导行业规模发展 2025 年：清洁生产的装备、原辅材料普及。污染物治理达到先进国家水平	采用消化吸收国际先进技术和提高自主创新能力发展并重的模式，来提升汽车铸造装备企业技术研发和自主创新能力 高效环保的铸造装备开发与应用、铸造材料循环利用设备的研究与应用	降低铸造能耗，达到世界先进水平 铸造企业环保达标 掌握铸造关键装备的开发和制造技术	A、B

（续）

项目名称	必要性	项目目标	研究内容	预期成果	实施方式
汽车尾气处理用高性能蜂窝陶瓷的激光选区烧结制备及性能调控	蜂窝陶瓷是汽车尾气处理等领域应用非常广泛的催化剂载体，其结构和性能直接影响最终器件的催化效果和过滤效率。现有工艺制备蜂窝陶瓷存在孔道结构单一，且常用的堇青石等蜂窝陶瓷在高温下强度无法满足应用要求等问题。本项目将激光选区烧结技术应用于制备复杂孔道结构的蜂窝陶瓷	2016—2020：构建优化的复杂孔道结构蜂窝陶瓷三维模型，获得SLS成型专用的复合陶瓷粉体 2021—2025：建立SLS成型工艺—宏微观组织结构—综合性能的关系，获得最佳的复合陶瓷粉体制备工艺和SLS成型参数，基于最佳的工艺制备出几类结构可控的高性能蜂窝陶瓷	蜂窝陶瓷的结构设计及SLS成型 蜂窝陶瓷的结构和性能调控	模拟、构建、优化复杂孔道结构的蜂窝陶瓷三维模型，获得SLS成型专用的复合陶瓷粉体 获得最佳的复合陶瓷粉体制备工艺和SLS成型参数，基于最佳的工艺制备出几类结构可控的高性能蜂窝陶瓷 发表论文5～10篇，申请发明专利5项，培养博士后2名，博士生3名，硕士生5名	A
激光3D打印整体成型汽车喷油嘴的关键技术研究	汽车喷油嘴是影响汽车动力的关键部件之一。当前喷油嘴的制造技术过程繁杂，且难以满足面向高性能设计的制造要求。采用3D打印整体成型，实现少/无装配的多材料、多结构新型喷油嘴制造。项目的成果将显著提升汽车的动力性能以及减少环境的污染	2016—2020：建立面向高性能汽车喷油嘴的设计理论与方法。研发新型3D打印装备，实现金属零件的多材料、多结构整体制造 2021—2025：提出制造高性能喷油嘴的3D打印工艺方法。实现高性能喷油嘴等复杂零件的制造	高性能喷油嘴设计理论与方法研究。国际领先，自主定位 具备实现多材料、多结构3D打印的装备研发。国际领先，自主定位 高性能喷油嘴等复杂零件的3D打印制造关键技术研究 具备实现多材料、多结构3D打印的装备研发。 国际领先，自主定位	提出高性能喷油嘴的设计理论与方法 研发出新型3D打印装备，实现高性能喷油嘴的制造 发表论文5～10篇，申请发明专利7项，培养博士后3名，博士生5名，硕士生7名	A

（续）

项目名称	必要性	项目目标	研究内容	预期成果	实施方式
3D 打印成型碳纤维复合材料的关键技术研究	碳纤维增强复合材料是下一代汽车用轻量化材料，传统的制造工艺（如热压罐成形、RTM 等）制造成本高，生产周期长，且无法成型复杂结构零件，因此开发新的低成本制造技术成为促进其应用的关键。本项目旨在开发高性能、复杂碳纤维复合材料零件的 3D 打印技术，达到提高效率、降低成本的目的，并在典型零件上获得应用	2016—2020：研发专用于碳纤维复合材料 3D 打印装备；研发碳纤维/热塑性树脂（碳纤维/尼龙）复合材料的 3D 打印技术；研发碳纤维/热固性树脂（碳纤维/环氧树脂）复合材料的3D 打印技术 2021—2025：建立 3D 打印参数—宏/微观结构—综合性能之间的耦合关系，进行制造参数的调控和优化；典型汽车零件的制造、性能评测与应用示范	碳纤维/热塑性树脂复合材料的 3D 打印关键技术研究。国际领先，技术追赶 碳纤维/热固性树脂复合材料的 3D 打印关键技术研究。国际领先，自主定位 3D 打印碳纤维复合材料在典型汽车零部件中的示范应用。国际领先，自主定位	碳纤维/热塑性树脂复合材料制备与 3D 打印成型一体化工艺 碳纤维/热固性树脂复合材料制备与 3D 打印成型一体化工艺 发表论文 5 ~ 10 篇，申请发明专利 7 项，培养博士后 3 名，博士生 5 名，硕士生 7 名	A

5.2 应用技术

说明： 实施方式中 A 为国家主导；B 为行业联合，含跨行业联合；C 为企业领跑。

项目名称	必要性	项目目标	研究内容	预期成果	实施方式
铝/镁合金车身部件成形应用技术开发	目前国内只有少数合资汽车厂家的发动机罩盖等少量车身部件采用铝合金且材料和成形模具都需进口，缺少自主开发设计与制造车身铝合金部件的能力；镁合金白车身部件在国外也未获得真正生产应用，尚处于研发阶段	2020 年：形成发动机罩盖、行李箱盖板等部分铝合金车身覆盖件的制造技术 2025 年：形成全铝合金车身的制造技术，形成少量镁合金车身部件制造技术	铝合金车身部件冷冲压工艺与模具制造技术开发；铝合金车身部件液压成形和温成形工艺与模具装备制造技术开发；镁合金车身部件温压成形技术开发	拥有自主开发的铝合金车身部件冷冲压成形技术、液压成形技术、温成形技术；拥有镁合金车身部件成形技术	A

（续）

项目名称	必要性	项目目标	研究内容	预期成果	实施方式
超高强度钢板复杂零件低成本热冲压技术	超高强度钢板热冲压是轻量化的重要技术方向，降重和降成本空间很大。目前热冲压材料、工艺及模具设计、模具加工、热处理以及生产线装备等方面与国际水平尚有较大差距	2020 年：1500MPa 锌基镀层板开始应用，热冲压 CAE 准确度 70% 以上，少/无激光切割工艺用于批量生产。 2025 年：1800MPa Ai-Si 镀层板开始应用，热冲压 CAE 准确度 80% 以上，冷/热切边工艺和厚板料热冲压工艺用于批量生产	高强度钢板热冲压材料技术、超高强度钢板热冲压工艺及 CAE 技术、成形和修边模具材料及加工技术、模具热处理技术、超高强度钢板热冲压装备技术。技术国际先进，自主开发	超高强度钢板热冲压低成本复杂零件在自主车型上大量应用	B
干式喷漆室研发与应用	喷漆室是汽车车身涂装车间排放、能耗最大的设备之一。为保护生态环境，发展绿色制造，节能减排涂装喷漆室的开发是汽车制造领域亟待解决的重点任务。新型干式喷漆室是节能减排喷漆室的最佳技术路径，开发该喷漆室势在必行	完成干式喷漆室技术自主开发、试制及应用，全面提升汽车涂装节能、环保及经济性指标	研究新型干式喷漆室的原理与结构 研究新型干式喷漆室的排风系统 研究新型干式喷漆室的过滤系统 研究新型干式喷漆室的控制系统	完成新型干式喷漆室投入应用、稳定运行，达到国际先进水平	B
异种材料的无铆钉连接、自冲铆钉连接及热溶自攻螺钉连接技术开发	国外已有无铆钉连接、自冲铆钉和热溶自攻螺钉等连接技术，实现钢/铝、铝/铝的连接。国内研究还处于起步阶段	2020 年：开发出无铆钉连接、自冲铆钉连接技术 2025 年：形成无铆钉连接和自冲铆钉连接技术的装备生产能力。开发出异种材料热溶自攻螺钉连接技术	研究异种材料的无铆钉连接和自冲铆钉连接的新工艺方法 无铆钉连接和自冲铆钉连接智能化装备研究 研究异种材料的热溶自攻螺钉连接的新工艺方法	开发出无铆钉连接和自冲铆钉连接的新工艺方法 开发出无铆钉连接和自冲铆钉连接技术的智能化装备 开发出异种材料的热溶自攻螺钉连接的新工艺方法	A、B

（续）

项目名称	必要性	项目目标	研究内容	预期成果	实施方式
典型高性能汽车零件挤压铸造零件设计与压铸工艺研究	缺少铝/镁合金挤压铸造压铸件结构设计经验 缺少铝/镁合金挤压铸造技术开发经验	形成典型轻量化铝/镁合金挤压铸造部件设计的能力 完成典型汽车轻量化零件挤压铸造技术开发	典型轻量化铝/镁合金挤压铸造部件设计 典型汽车轻量化零件造技术开发	形成典型轻量化铝/镁合金挤压铸造部件设计的能力 完成典型汽车轻量化零件挤压铸造技术开发	B、C
4000t 超大型智能化卧式挤压铸造成套设备的研发	美国、日本等发达国家研发的专业挤压铸造设备，最大吨位已达3500t。而我国虽然近年来取得了长足的进步，但是从可靠性、控制精度方面与发达国家相比，还是有一定的差距。特别是在3000t 以上吨位的超大型挤压铸造机目前还处于空白，从而制约了一些高性能大型精密铝/镁合金铸件挤压铸造的生产。因此，研发出具有我国自主知识产权的超大型挤压铸造机，满足汽车、军工等重要行业高性能零件的生产具有非常重要的意义	完成 4000t 实时控制卧式挤压铸造机的研发，形成样机 1 台。样机技术性能指标：合模力≥40000kN； 压射力≥3000kN；压射速度 0.08～1.5m/s；实时控制精度 ±3% 建立 4000t 超大型挤压铸造成套设备生产示范线，完成大型复杂铝合金结构件一体化成型 完成大型铝合金副车架等 2 种以上高性能安全件或结构件挤压铸造的试生产及性能验证	开展 4000t 高性能卧式挤压铸造机的研发 开展超大型挤压铸造设备有限元优化设计技术和液压模拟仿真技术的研究 开展挤压铸造实时控制技术研究 开展挤压铸造工艺专家系统技术研究 开展挤压铸造自动化、智能化集成系统的研究	形成 4000t 超大型智能化卧式挤压铸造成套设备样机 建成 4000t 超大型智能化卧式挤压铸造生产示范线，在行业起到示范和引领作用，实现行业高性能大型铸件生产技术瓶颈的突破 完成大型铝合金副车架等 2 种以上高性能安全件或结构件挤压铸造的试生产及性能验证 形成我国超大型挤压铸造设备自主知识产权，实现关键性能指标达到国际先进水平	C
超高强度钢车身框架零件热态气	超高强度钢空心件热态气胀 淬火工艺可以显著提高零件的强度与刚度，有效降低零件的重量。蒂森克虏伯	2020 年：超高强度钢空心件热态气胀 淬火有限元分析精度达 75% 以上，突破超高强度钢管热态气胀—淬	超高强度钢管坯批量生产技术、超高强度钢热态气胀—淬火有限元分析技术、模具设计和加工及热处理技	超高强度钢车身框架零件热态气胀—淬火技术应用于批量生产	B

（续）

项目名称	必要性	项目目标	研究内容	预期成果	实施方式
胀—淬火工艺及装备技术研究	等公司已经开发出 A 柱等热态气胀—淬火技术，并在做批量生产准备。国内热态气胀—淬火技术包括工艺、模具及设备均处于研发阶段，与国际水平尚有较大差距	火工艺及高压气源、压力控制系统等关键技术。 2025 年：超高强度钢空心件热态气胀—淬火有限元分析精度达 85% 以上，超高强度钢管热态气胀—淬火技术用于批量生产	术、超高强度钢热态气胀—淬火设备技术。技术国际先进，自主开发		
铝合金车身及底盘结构件热态内高压成形工艺及装备技术研究	铝合金管料热态内高压成形可有效解决铝合金材料成形性差的问题，在保证零件的强度与刚度前提下显著降低零件的重量，是结构轻量化的重要途径之一，在车身梁类件和底盘结构件中具有很好的应用前景。国外该技术已经成熟，国内铝合金热态内高压成形工艺、模具、设备均处于研发阶段，与国际水平差距较大	2020 年：铝合金管热态内高压成形有限元分析精度达 75% 以上，突破铝合金管热态内高压成形工艺、模具设计等关键技术 2025 年：铝合金管热态内高压成形有限元分析精度达 85% 以上，铝合金管热态内高压成形技术用于批量生产	铝合金管坯批量生产技术、铝合金管热态内高压成形有限元分析技术、模具设计技术、铝合金热态内高压成形设备技术。技术国际先进，自主开发	铝合金车身及底盘结构件热态内高压成形技术应用于批量生产	B
半固态坯料制备技术及半固态压铸成型技术研究	半固态坯料制备的连续性、稳定性、一致性、经济性以及优异的半固态流动性对实现半固态压铸在关键汽车结构件上的批量应用意义重大；半固态压铸成型过程	建立优异流动性半固态坯料；掌握半固态压铸过程中压射速度控制、增压补缩控制、顺序凝固控制、模具热平衡控制、排气排渣过程控制技术	半固态坯料制备的连续性、稳定性、一致性研究 开展半固态浆料流动性研究 开展半固态压铸过程中压射速度控制、增压补缩控	制备连续性、稳定性、一致性优秀的半固态浆料 掌握控制半固态浆料流动性技术 掌握半固态压铸过程中压射速度控制、增压补缩控	C

（续）

项目名称	必要性	项目目标	研究内容	预期成果	实施方式
	中压射速度控制、增压补缩控制、顺序凝固控制、模具热平衡控制、排气排渣甚至包括脱模剂喷涂过程控制等都对产品质量影响显著		制、顺序凝固控制、模具热平衡控制、排气排渣过程控制研究	制、顺序制、凝固控制、模具热平衡控制、排气排渣过程控制技术	C

5.3 示范和产业化

说明： 实施方式中 A 为国家主导；B 为行业联合，含跨行业联合；C 为企业领跑。

项目名称	必要性	项目目标	研究内容	预期成果	实施方式
铝合金白车身零部件制造示范线建设	建立铝合金车身制造示范线有利于铝合金白车身成套技术开发和技术推广应用	建成铝合金白车身零部件制造示范线	集成铝合金车身部件成型技术，建设包含冷冲压工艺、液压成形、温成形、挤压成型等的生产线；建设在线质量监测能力	铝合金白车身零部件制造示范线	A
汽车发动机零部件及主机示范生产线	目前，我国汽车发动机零部件如缸体、缸盖、曲轴、连杆、凸轮轴、活塞、涡轮进排气系统等主要零部件都可以实现自主化生产。但高端机型的成套工艺与装备仍依赖国外引进，缸孔珩磨、油泵油嘴等关键加工工艺开发能力不足，设备能力发挥不够，大批量加工质量和一致性较差	通过梳理发动机关键零部件制造技术发展的重点方向，聚焦发动机零部件制造面临的瓶颈问题，通过工艺开发、制造质量控制和装备集成开发等一系列研究，实现在汽车零部件从制造工艺到制造装备的成套系列化自主开发、集成与应用	成套加工工艺数字化设计技术，高效加工工艺与刀具技术 误差在线检测与控制技术 工艺与装备集成测试分析技术 大数据分析及故障诊断技术 建立实时检测、反馈、决策和控制的制造过程专家系统	形成一批汽车发动机零部件及主机示范生产线，使我国汽车零部件制造水平得到大幅度的提升	C

（续）

项目名称	必要性	项目目标	研究内容	预期成果	实施方式
汽车铸造绿色示范工厂建设	汽车铸造业要向“专业化、精确化、绿色化、智能化”方向发展。树立平衡、协调、可持续的发展理念，适应制造强国战略，建立铸造强国	坚持“绿色铸造、清洁生产、循环发展”的理念，将绿色理念贯彻到铸造生产中	采取改进设计、使用清洁的能源和原料、采用先进的工艺技术与设备、改善管理、综合利用等措施，从源头削减污染，提高资源利用效率，以减轻或者消除对人类健康和环境的危害	专业化生产，废品率≤1.5%，达到先进国家水平。铸件综合能耗达到国家先进水平。环保达标。	A、C
高强度钢/铝合金零件冷态内高压成形技术研究及应用示范	内高压成形与传统冲焊工艺相比减重30%左右，材料利用率>95%，降成本30%左右，降低模具费用20～30%，提高强度与刚度，尤其是疲劳强度，是车身轻量化的重要技术方向。目前国内管坯材料及焊接技术、成形工艺及模具技术、内高压成形设备等方面与国际水平尚有较大差距	2020年：高强度钢及铝合金焊接管冷态内高压成形零件实现批量生产，内高压成形有限元分析精度达75%以上，开发出高强度钢和铝合金冷态内高压成形批量生产技术 2025年：高强度钢和铝合金内高压成形有限元分析精度达85%以上，高强度钢管/铝合金管冷态内高压成形技术用于批量生产	适合内高压成形的高强度钢/铝合金管坯批量生产技术、高强度钢内高压成形/铝合金管冷态内高压成形的有限元分析技术、模具材料及热处理技术、高强度钢/铝合金管冷态内高压成形装备技术。技术国际先进，自主开发。	高强度钢/铝合金管冷态内高压成形零件技术应用于批量生产	B
汽车零件智能化挤压铸造生产示范工厂建设	目前，我国的挤压铸造工厂的自动化、智能化水平还很低，很多操作仍然停留在人工操作层面，存在生产效率低下、质量不稳定、产品一致性差、作业现场混乱、	建成10条以上锁模力180～2500t挤压铸造自动化生产线，形成年产200万件以上的产能 建成铸件后道自动化清理线	挤压铸造大批量生产工艺技术的研究 挤压铸造生产效率和质量提升技术的研究 基于CPS技术智能化挤压铸造工厂系统（含铸造及数	建立智能化挤压铸造生产示范工厂，通过智能挤压铸造工厂的示范应用，在行业树立标杆，加速挤压铸造技术在行业内的推广应用，以达到行业全面提高生产效率、	A

（续）

项目名称	必要性	项目目标	研究内容	预期成果	实施方式
	生产组织沟通协调效率低下等问题。随着我国制造水平的整体提升，挤压铸造工厂的自动化、智能化水平提升显得尤为迫切。因此，在行业内建立起汽车零件智能化挤压铸造生产示范工厂，在行业内发挥示范、引领效应，带动整个行业智能化水平的提升具有十分重要的意义	建成铸件自动化数控加工生产线 自主开发和成熟应用智能化挤压制造工厂系统（含铸造、数控加工） 实现 5 种以上典型汽车轻量化零部件大批量连续生产	控加工）的研发 智能物流系统的研发	产品合格率、产品一致性，提升生产组织管理水平，减少人工，减少人为干预等，最终提升我国汽车零部件生产在国际市场上的竞争能力	A
汽车铝合金零部件的搅拌摩擦焊和搅拌摩擦点焊的示范生产线建设	建立铝合金零部件的搅拌摩擦焊和搅拌摩擦点焊的示范线有利于铝合金白车身成套技术开发和技术推广应用	建成铝合金白车身零部件示范线	搅拌摩擦焊和搅拌摩擦点焊的高效连接技术，建设包含搅拌摩擦焊和搅拌摩擦点焊的生产线；建设在线质量监测能力	铝合金白车身零部件制造示范线	B、C

5.4　行业共性技术平台

说明：实施方式中 A 为国家主导；B 为行业联合，含跨行业联合；C 为企业领跑。

项目名称	必要性	项目目标	研究内容	预期成果	实施方式
汽车智能制造技术联盟	智能制造是《中国制造2025》的主攻方向。在汽车行业推进智能制造是汽车制造强国的重要战略。针对汽	到 2020 年，全面夯实汽车制造工业自动化、数字化、网络化、信息化基础，构建示范性智能单元、智能	汽车智能制造标准与技术体系；汽车智能制造车间传感物联网络与大数据平台技术；面向个性化定制的柔性	构建汽车智能制造技术体系，为我国汽车工业推进智能制造提供框架体系支撑；实现车间运行实际过程数字	A、B

（续）

项目名称	必要性	项目目标	研究内容	预期成果	实施方式
	车行业智能制造的标准体系、共性技术需求，构建“政府长期支持、产学研联合投入、成果持续转化”的企业运作模式，成果有偿共享、长期服务行业	生产线，突破智能车间、智能工厂关键技术 到2025年，智能决策软件和智能装备在骨干汽车企业大量使用，实现物联网、大数据与智能化技术的全面深化应用，构建示范性智能车间，实现企业纵向、横向以及端对端的全面集成	制造系统规划与集成虚拟现实与增强现实及其混合现实技术；汽车制造过程与工艺大数据技术及其应用	化，支撑车间实际运行过程的仿真、优化、实时控制，为车间综合智能管控提供支撑平台；实现汽车制造车间/工厂虚拟与物理系统的融合	
汽车制造工艺技术创新研究及试验验证中心	国内汽车制造工艺技术创新薄弱，关键工艺技术跟随国外或合资，关键制造装备依赖进口，与汽车工业发达国家存在较大差距	2020年：对关键共性汽车制造技术开展研究与试验验证 2025年：突破系列关键共性汽车制造技术	节能与新能源汽车轻量化制造技术、优质制造技术、智能制造技术、绿色制造技术	突破系列关键共性汽车制造技术，改变汽车制造工艺技术创新缺失的局面	A
发动机先进制造工艺与装备共性技术创新平台	聚焦发动机制造行业面临的瓶颈问题，梳理发动机制造技术发展的重点方向。通过制造精度—产品性能影响关系及系统优化的理论方法研究，掌握公差设计、装备开发、精密测量、质量控制等核心技术，构建高精度、高效率、低成本的发动机精密制造技术体系，促进发动机工艺与装备自主开发、节能减排与市场竞争力提升	针对行业需求建立发动机精密制造共性技术创新平台，形成发动机加工工艺与装备集成技术研究、开发、中试的试验基地，为共性技术研发、装备可靠性提升、人才培养和成果转化支撑。突破体制机制障碍，构建“政府长期支持、产学研联合投入、成果持续转化”的企业运作模式，成果有偿共享、长期服务行业	研究与优化发动机新技术、新工艺新装备 验证与提升国产装备精度保持性与可靠性 研究与开发发动机制造关键智能部件 高精度在线大数据的分析应用研究 多学科数字化设计，掌握加工机理及其对产品性能的影响，替代长期经验摸索与大量试验修正	形成发动机加工工艺与装备集成技术研究、开发、中试的试验基地 建立发动机精密制造共性技术创新平台	A

（续）

项目名称	必要性	项目目标	研究内容	预期成果	实施方式
碳纤维复合材料行业共性基础研究平台	传统的碳纤维复合材料制造技术主要适用于航空领域，为单件制造模式，而汽车行业的制造模式为大批量制造，两者存在本质差别。国外已实现碳纤维复合材料零件在汽车制造中批量应用，国内尚处于研究试用阶段，存在较大差距	开发满足低成本要求的碳纤维材料、满足快速制造的树脂材料和配套工艺材料，开发整套数字化、智能化快速制造工艺装备，保证汽车复合材料零部件的快速可重复精确制造	低成本碳纤维材料开发；快速制造的树脂材料和配套工艺材料开发；智能化快速制造工艺装备开发；复合材料零部件一体化设计技术	建立新型碳纤维、树脂及其复合材料企业，零部件企业，新能源汽车企业互利共赢、紧密合作的产业创新链关系，实现分层的技术叠加，融会贯通和多元整合，推动共性技术整体向前发展	A
汽车铸件行业共性基础研究平台	铸造装备整体配套水平和产品质量一致性、稳定性差距大；先进基础工艺研究方面仍处于落后的状态	铸件质量和主要工艺装备水平达到或接近国际先进水平	装备整体配套水平 先进基础工艺研究 先进的产品开发技术（数字化开发） 铸件集成化设计制造等技术	建立汽车主要典型铸件产品开发数据库 按铸件生产工艺，建立汽车铸件生产工艺示范平台	A、B

6 近期优先行动项

优先行动项名称	必要性	实施目标	研究内容	预期成果	组织模式
轻量化车身制造技术	轻量化是汽车低碳化、电动化重要的技术支撑。车身轻量化是汽车轻量化	形成轻量化车身制造技术体系；实现乘用车车身减重 30% 以上	铝/镁合金板材材料技术、成形工艺、模具、装备技术；铝/镁合金结构	集成开发应用系列轻量化车身制造技术，实现轻量化车身批量生产，达到	政府引导，政策、资金支持；高等学校、科研院所

（续）

优先行动项名称	必要性	实施目标	研究内容	预期成果	组织模式
	的重点内容。目前国内轻量化车身制造技术与国际水平存在较大差距		件成形工艺、装备技术；铝/镁合金零件连接技术；超高强钢板冷、热成形技术；结构轻量化制造技术（复杂零件铸造、内高压成形）；碳纤维复合材料汽车零件制造技术等	国际先进水平	基础研究、人才培养；企业负责应用研究、工程化，加强企业与高校、研究所的合作联系，产学研密切结合
汽车智能制造技术联盟	智能制造是《中国制造2025》的主攻方向。在汽车行业推进智能制造是汽车制造强国的重要战略。针对汽车行业智能制造的标准体系、共性技术需求，构建“政府长期支持、产学研联合投入、成果持续转化”的企业运作模式，成果有偿共享、长期服务行业	到 2020 年，全面夯实汽车制造工业自动化、数字化、网络化、信息化基础，构建示范性智能单元、智能生产线，突破智能车间、智能工厂关键技术 到 2025 年，智能决策软件和智能装备在骨干汽车企业大量使用，实现物联网、大数据与智能化技术的全面深化应用，构建示范性智能车间，实现企业纵向、横向以及端对端的全面集成	汽车智能制造标准与技术体系；汽车智能制造车间传感物联网络与大数据平台技术；面向个性化定制的柔性制造系统规划与集成虚拟现实与增强现实及其混合现实 技术；汽车制造过程与工艺大数据技术及其应用	构建汽车智能制造技术体系，为我国汽车工业推进智能制造提供框架体系支撑；实现车间运行实际过程数字化，支撑车间实际运行过程的仿真、优化、实时控制，为车间综合智能管控提供支撑平台；实现汽车制造车间/工厂虚拟与物理系统的融合	
发动机先进制造工艺与装备共性技术创新平台	聚焦发动机制造行业面临的瓶颈问题，梳理发动机制造技术发展的重点方	针对行业需求建立发动机精密制造共性技术创新平台，形成发动机加工工	研究与优化发动机新技术新工艺新装备 验证与提升国产装	形成发动机加工工艺与装备集成技术研究、开发、中试的试验基地	

（续）

优先行动项名称	必要性	实施目标	研究内容	预期成果	组织模式
发动机先进制造工艺与装备共性技术创新平台	向。通过制造精度—产品性能影响关系及系统优化的理论方法研究，掌握公差设计、装备开发、精密测量、质量控制等核心技术，构建高精度、高效率、低成本的发动机精密制造技术体系，促进发动机工艺与装备自主开发、节能减排与市场竞争力提升	艺与装备集成技术研究、开发、中试的试验基地，为共性技术研发、装备可靠性提升、人才培养和成果转化支撑。突破体制机制障碍，构建“政府长期支持、产学研联合投入、成果持续转化”的企业运作模式，成果有偿共享、长期服务行业	备精度保持性与可靠性 研究与开发发动机制造关键智能部件 高精度在线大数据的分析应用研究 多学科数字化设计，掌握加工机理及其对产品性能的影响，替代长期经验摸索与大量试验修正	建立发动机精密制造共性技术创新平台	政府引导，政策、资金支持；高等学校、科研院所基础研究、人才培养；企业负责应用研究、工程化，加强企业与高校、研究所的合作联系，产学研密切结合
绿色制造技术与示范	绿色制造是《中国制造2025》五大基本方针与五大推进工程的重点，汽车制造过程中的铸造、锻造、涂装等工艺是能耗与排放的重点，与国际先进水平存在较大差距	重点提高汽车制造过程中铸造、锻造、涂装等工艺的绿色制造水平，到2020年，单位生产总值能耗较2015年下降20%以上；到2025年，单位生产总值能耗较2015年下降35%以上	重点研究汽车制造过程中铸造、锻造、涂装等的节能环保工艺、材料、装备。建设铸造、锻造、涂装等绿色制造示范生产线	开发应用系列汽车制造节能环保新工艺、新材料、新装备，我国汽车制造过程中的节能环保水平达到国际先进水平	

第七章

汽车动力电池技术路线图

1 导言

1.1 汽车动力电池的研究背景及意义

在能源制约、环保压力的大背景下，全球新能源汽车发展迅速。混合动力汽车已实现商业化，插电式混合动力汽车、纯电动汽车和氢燃料电池汽车处于规模化推广及示范应用阶段，预计到2020年，插电式混合动力汽车、纯电动汽车将快速增长，步入应用普及的阶段，2030年后氢燃料电池汽车的市场份额有望大幅提升。

鉴于动力电池在电动汽车产业中的重要作用，美、日、德等国家均制定了车用动力电池发展的国家规划，对动力电池的研发及产业化进行大力支持，以推动动力电池技术的快速进步和市场推广应用。

美国发布的《电动汽车普及大挑战蓝图》，重点支持插电式混合动力汽车用锂离子电池技术的研发，2022年实现电池系统的比能量达到250 W·h/kg，能量密度达到400 W·h/L，比功率达到2000 W/kg，成本达到125美元/kW·h的目标，以实现纯电驱动汽车的性能提升和成本降低。

日本发布的《2013电池技术路线图》中提出，电动汽车用二次电池以比能量、比功率、成本和寿命等指标作为研发的方向，2020年纯电动汽车用电池系统的比能量达到250W·h/kg，比功率达到1500W/kg，成本达到2万日元/kW·h以内的目标；插电式混合动力汽车用电池系统的比能量达到200W·h/kg，比功率达到2500W/kg，成本达到2万日元/kW·h左右的目标。

德国国家电驱动平台提出在材料开发及电芯技术、创新性电池设计技术、安全性评估及测试、电池寿命的建模与分析、大规模生产工艺技术五个方面开展研发工作，2020年电池系统的比能量达到130 W·h/kg，价格达到250~300欧元/kW·h的目标，以低成本、高能量密度的动力电池产业推动电动汽车市场的快速发展。

我国发布的《节能与新能源汽车产业发展规划（2012—2020）》重点支持动力电池的产业化和电池模块的标准化，2020年动力电池模块的比能量达到300W·h/kg以上，成本降至1.5元/W·h以下。同时我国在第十三个五年计划设置了新能源汽车重点研发专项（2016—2020），从动力电池新材料新体系、高比能锂离子电池、高功率长寿命电池、动力电池系统、高比能二次电池、测试评估六方面支持动力电池的技术研发，产业化的锂离子电池比能量达到300 W·h/kg以上，成本降至0.8元/W·h以下，新型锂离子电池的比能量达到400 W·h/kg以上，新体系电池的比能量达到500 W·h/kg以上。在《中国制造2025》中提出的动力电池发展目标，2020年单体电池的比能量达到300W·h/kg，2025年达到400W·h/kg，2030年达到500W·h/kg。

当前，动力电池迎来了良好的发展机遇，2015年我国动力电池的配套规模达到了16.3GW·h，预计2020年新能源汽车对动力电池的需求将超过100GW·h，2030年超过300GW·h。我国动力电池的技术研发水平及产业规模位居世界前三位，有力地支撑了我国新能源汽车的研发、推广应用和产业化。

1.2 汽车动力电池技术路线图的研究范围及目标

本技术路线图基于《中国制造2025》重点领域技术路线图编制，从关键材料、制造装备、电池、系统集成、梯级利用及测试评估等方面梳理了国内外发展现状，分析了国内动力电池的技术优势及与国外的差距，在此基础上制定了我国汽车动力电池技术发展的总体目标与发展路径，提出了重大创新需求与优先行动项。其中动力电池标准的相关内容已体现在《中国电动汽车标准化工作路线图》中，未包括在本技术路线图中。

本技术路线图以加快动力电池技术和产业发展，支撑我国新能源汽车的普及应用为目标，凝聚创新资源，加强技术创新，推进动力电池产业链的发展，全面提升动力电池产品技术水平和产业创新能力，增强动力电池产业的国际竞争力。

2 国内外汽车动力电池的发展现状及趋势

2.1 汽车动力电池技术发展现状

动力电池作为新能源汽车的能量储存装置，其性能的优劣直接影响新能源汽车的市场应用和普通消费者的接受度，如安全性、比能量、能量密度、比功率、寿命以及成本等。

目前，铅酸电池、镍氢电池和锂离子电池在电动汽车领域均有应用，如图7-2-1所示。锂离子电池是目前实现产业化的动力电池产品中能量密度最高的电化学体系，具有较长的循环寿命及使用寿命，安全性不断提升。同时，锂离子电池已处于自动化大规模生产制造阶段，成本不断下降。锂离子电池作为铅酸电池和镍氢电池的技术及产业升级换代产品，具有比能量高、比功率高、自放电率低、无记忆效应以及环境友好等突出优点，成为目前技术研究及产业化的重点，其应用领域涵盖了混合动力汽车、插电式混合动力汽车、纯电动汽车以及氢燃料电池汽车等。

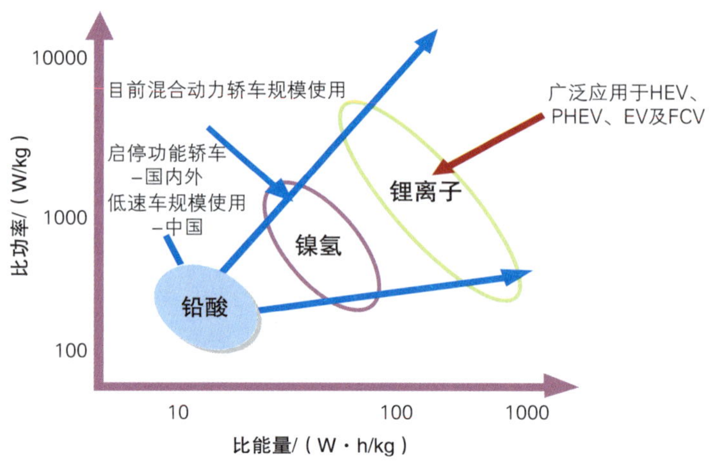

图 7-2-1　车用动力电池技术发展现状及应用领域

目前，锂离子电池产品主要用于纯电动汽车及插电式混合动力汽车，但纯电动汽车续驶里程相对常规燃油车较短（纯电驱动续驶里程大多在 200km 左右），动力电池成本依然较高（电池系统价格大致在 2~2.5 元/W·h），安全性能有待进一步改善与提升。因此世界主要汽车生产国均在持续支持开展动力电池技术创新研究和扩大产业规模，特别是进一步提高动力电池的安全性、比能量（从目前的电池单体比能量 110~250 W·h/kg 提升至 300~350 W·h/kg）、比功率及使用寿命，进一步降低制造和使用成本等。

目前，世界范围内动力电池的研发和产业化主要集中在三个区域，分别位于德国、美国和中日韩所在的东亚地区。较长时间以来，中、日、韩三国在消费类电子用小型锂离子电池领域处于技术、市场的绝对主导地位，锂离子动力电池的生产目前也主要集中在这三个国家。从技术与产业的角度综合来看，日本在技术方面依旧领先，韩国在市场份额方面超越日本，占据第一位，而中国的电池企业数量最多，产能最大。

从目前国内外动力电池公司量产的锂离子动力电池产品看，现有的锂离子动力电池产品基本可分为两大类：一类是小容量圆柱形电池（以 18650 电池为典型代表产品，其他类型如 20700、21700 及 26650 等），电池系统需要采用多串并联的方式，以达到总电压与总容量的要求，电池的数量达到数千只，电池之间的连接以及热、电的管理复杂；另一类则采用大容量电池，容量可达数十安时甚至更高，通常采用铝塑膜封装或者金属壳体焊接封装。由于电池的容量大，电池模块和系统需要的单体电池数量大大减少，电池之间的连接以及热、电的管理相对简单。

经过二十多年的持续支持和发展，我国动力电池的关键材料基本上实现了国产化，关键材料及动力电池公司的技术研究及产品开发由追赶期开始向同步发展期过渡，动力电池总产能居世界首位，有力地支撑了我国新能源汽车的示范及推广应用。

通过三个五年计划（2001—2015）的大力支持（图 7-2-2），我国动力电池的材料体系选择呈现多元化，在改善和提升安全性的前提下，寻求动力电池能量密度的大幅提升是必然趋势。

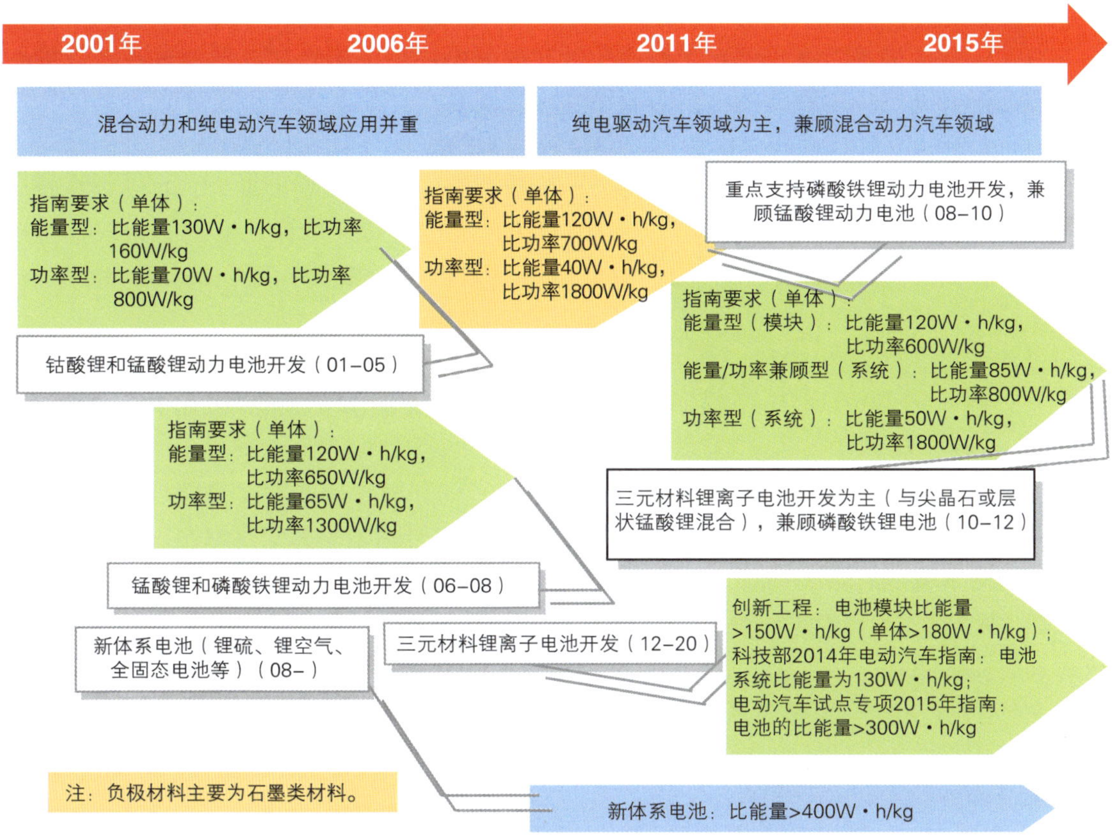

2001年　2006年　2011年　2015年

混合动力和纯电动汽车领域应用并重

纯电驱动汽车领域为主，兼顾混合动力汽车领域

指南要求（单体）：
能量型：比能量130W·h/kg，比功率160W/kg
功率型：比能量70W·h/kg，比功率800W/kg

钴酸锂和锰酸锂动力电池开发（01–05）

指南要求（单体）：
能量型：比能量120W·h/kg，比功率700W/kg
功率型：比能量40W·h/kg，比功率1800W/kg

重点支持磷酸铁锂动力电池开发，兼顾锰酸锂动力电池（08–10）

指南要求（单体）：
能量型：比能量120W·h/kg，比功率650W/kg
功率型：比能量65W·h/kg，比功率1300W/kg

锰酸锂和磷酸铁锂动力电池开发（06–08）

指南要求（单体）：
能量型（模块）：比能量120W·h/kg，比功率600W/kg
能量/功率兼顾型（系统）：比能量85W·h/kg，比功率800W/kg
功率型（系统）：比能量50W·h/kg，比功率1800W/kg

三元材料锂离子电池开发为主（与尖晶石或层状锰酸锂混合），兼顾磷酸铁锂电池（10–12）

新体系电池（锂硫、锂空气、全固态电池等）（08–）

三元材料锂离子电池开发（12–20）

创新工程：电池模块比能量>150W·h/kg（单体>180W·h/kg）；
科技部2014年电动汽车指南：电池系统比能量为130W·h/kg；
电动汽车试点专项2015年指南：电池的比能量>300W·h/kg

注：负极材料主要为石墨类材料。

新体系电池：比能量>400W·h/kg

图7-2-2　我国动力电池技术路线的变化趋势（2001—2015）

目前，我国已形成了包括关键材料（正极、负极、隔膜和电解液等）、动力电池、系统集成、示范应用、回收利用、生产装备、基础研发等在内的较为完善的锂离子动力电池产业链体系，掌握了动力电池的配方设计、结构设计和制造工艺技术，生产线逐步从半自动中试向全自动大规模制造过渡，形成了珠江三角洲、长江三角洲、中原地区和京津区域为主的四大动力电池产业化聚集区域。据统计，超过100家动力电池企业开展动力电池及电池系统的研发及产业化工作，超过1000亿元产业资金的投入，形成了超过400亿W·h的年生产能力，技术研发及产业化进展显著。

2.2　汽车动力电池材料技术发展现状

动力电池性能的提升离不开电池材料技术的进步，同时材料技术水平的提升又极大地推动了动力电池技术的发展，二者相辅相成，相互促进。

2.2.1 正极材料

高比容量、高比功率、高安全性和长循环寿命的正极材料已成为研究开发和产业化的热点，一般应满足以下条件：①在要求的充放电电位范围内，与电解液具有良好的相容性；②温和的电极过程动力学；③可逆性好；④在全锂化状态下稳定性好。其结构应具有以下特点：①层状或隧道结构，以利于锂离子的脱嵌，且在锂离子脱嵌时无结构上的变化，以保证电极具有良好的可逆性能；②锂离子的嵌入和脱出量大，电极具有较高的容量，并且在锂离子脱嵌时，电极反应的自由能变化不大，以保证电池的充放电电压平稳；③锂离子在其中应有较大的扩散系数，一般选用过渡性含锂金属化合物为正极材料。

目前已经规模化生产的正极材料主要包括层状结构的钴酸锂、镍钴锰三元材料（含镍钴铝）及富锂锰基材料、尖晶石结构的锰酸锂和橄榄石型结构的磷酸铁锂等。

1）钴酸锂结构稳定性好，比容量高，其振实密度和极片压实密度是现有材料中最高的，可满足高体积能量密度电池的要求，但价格贵、钴资源紧缺及安全性差，一般不应用于动力电池领域。

2）镍钴锰三元材料的比容量高、振实密度较大，通过包覆和掺杂可改善循环性能和安全性较差的问题，目前镍钴锰三元材料（111 和 523 型，镍、钴和锰元素之间的比例关系为 1:1:1 和 5:2:3）已规模应用于动力电池领域，镍含量更高的三元材料（622 和 811 型，镍、钴和锰元素之间的比例关系为 6:2:2 和 8:1:1）在动力电池领域目前处于开发和应用验证过程中。

3）镍钴铝三元材料的比容量高，与钴酸锂材料接近，需要进一步改善安全性，降低残碱含量和产气，镍钴铝三元材料前驱体已形成稳定产能，镍钴铝三元材料目前已完成开发，在动力电池领域处于应用推广过程中。

4）锰酸锂具备三维锂离子扩散通道，原材料成本比较低、生产工艺简单、热稳定性好、耐过充性好、放电电压平台高、安全性好，但高温循环性能与储存性能差，可通过表面包覆三氧化二铝加以改善后应用于动力电池。

5）磷酸铁锂的安全性好和循环寿命长，通过纳米化、包覆和掺杂等方式可改善振实密度小、低温倍率性能差等问题，目前已规模化应用于动力电池。

6）高电压、高容量的富锂锰基层状材料及高电压尖晶石锰酸锂材料目前仍处于开发和验证过程中。

目前，国外动力电池公司的产品主要以锰酸锂、镍钴锰、镍钴铝或其混合材料为主，我国动力电池公司的产品磷酸铁锂材料占比较大。随着汽车企业对动力电池比能量要求的大幅提升（>300W·h/kg)，我国动力电池公司向着镍钴锰、镍钴铝或其与锰酸锂材料混合的转换趋势和速度加快。

动力电池用正极材料技术发展现状见表 7－2－1。

表 7-2-1 动力电池用正极材料技术发展现状

产品类别	比容量/(mA·h/g)	发展方向	优点
钴酸锂	≥200	改善安全性，进一步降低成本	技术及配套工艺成熟，循环好，倍率性能好
镍钴锰	≥180	提高低温性能，提高倍率性能，提高体积能量密度，改善安全性	循环性能好，容量高，安全性优于钴酸锂，成本较低
镍钴铝	≥200	改善安全性，降低残碱含量，提高低温性能，提高体积能量密度，提高倍率性能，降低成本	容量高
尖晶石锰酸锂	≥110	改善高温循环性能	技术及配套工艺成熟，倍率性能好，成本低，安全性能较好
磷酸铁锂	≥160	提高能量密度，改善倍率性能、低温性能和加工性能，降低成本	安全性能优异，循环性能优异

注：镍钴锰材料中的镍钴锰元素之间的比例不同，克容量会有所不同

从正极材料产业的角度看，2015 年全球正极材料的产量达到 17 万 t（包括钴酸锂、锰酸锂、磷酸铁锂、镍钴铝和镍钴锰三元材料等），我国正极材料的产量接近 10 万 t，其中湖南杉杉、湖南瑞翔、北京当升、天津巴莫、深圳贝特瑞、青海泰丰先行等公司在镍钴锰和镍钴铝材料的研发和产业化方面已进入世界前列，可满足动力电池企业对正极材料的需求。

2.2.2 负极材料

高比容量、高充放电效率、高循环性能以及低成本等的负极材料已成为研究开发和产业化的热点，一般应满足以下条件：①良好的电子电导率；②锂离子扩散系数大；③嵌锂前后体积变化小；④嵌锂可逆容量高；⑤反应自由能变化小、嵌锂电位低；⑥高度可逆性；⑦与电解液相容性好等。

目前已经规模化生产的负极材料主要包括层状结构的炭材料（包括人造石墨、天然石墨、中间相碳微球、软碳及硬碳等）、合金类材料（包括硅基和锡基类材料等）和氧化物材料（如钛酸锂材料等）。其中人造石墨、天然石墨和中间相碳微球技术及配套工艺成熟，但比容量已到极限，安全性较差，已广泛应用于动力电池领域。软碳具有快速充放电、良好的低温性能和循环性能及成本优势，但首次效率较低，主要与石墨材料混合应用于动力电池领域。硬碳倍率性能好，安全性能好，但首次效率低，成本高，主要是与石墨材料混合应用于动力电池领域。硅基合金材料具有原料丰富、容量高的特性，但首次效率低，循环过程中体积变化大，易粉化，在动力电池领域目前处于开发和应用验证过程中。钛酸锂材料的倍率性能、高低温性能、循环性能及安全性优异，但成本高，能量密度低，近年来通过表面改性和电解液匹配基本解决了胀

气问题，已应用于动力电池领域。

当前，石墨类材料是国内外动力电池公司的主流选择（包括人造石墨、天然石墨及中间相碳微球等）。随着汽车企业对动力电池比能量要求的大幅提升（>300W·h/kg），合金类材料尤其是硅基复合材料，成为当前应用研究和产业化的重点方向，目前已有相关产品推出（可逆比容量>450mA·h/g，主要应用于消费类锂离子电池）。在插电式混合动力汽车用能量功率兼顾型及快充型动力电池中，实现了石墨与软碳的混合材料，以及钛酸锂材料的批量应用。

动力电池用负极材料技术发展现状见表7-2-2。

表7-2-2　动力电池用负极材料技术发展现状

产品类别	比容量/(mA·h/g)	发展方向	优点
天然石墨	≥360	低成本化，改善循环	技术及配套工艺成熟，成本低
人造石墨	≥350	提高容量、低成本化、降低内阻	技术及配套工艺成熟，循环性能好
中间相碳微球	≥340	提高容量、低成本化	技术及配套工艺成熟，倍率性能好，循环性能好
硬碳	≥430	提高首次效率，降低成本	倍率性能好，安全性能好
软碳	≥400	提高首次效率，提高压实密度	具有快速充放电、良好的低温性能和循环性能，成本优势
硅碳	≥800	提高首次效率，提高循环稳定性，抑制体积膨胀	原料丰富，容量高
钛酸锂	≥160	解决钛酸锂与正极、电解液的匹配问题，提高电池能量密度	倍率性能、高低温性能、循环性能及安全性能优异

从负极材料产业的角度看，2015年全球负极材料的产量达到8万t（包括人造石墨、天然石墨、中间相碳微球、硬碳、软碳、硅基材料及钛酸锂等），我国占50%以上，其中深圳贝特瑞天然石墨的产销量位居全球第一。我国在负极材料领域的研发和产业化方面已进入世界前列，可满足动力电池企业对负极材料的需求。

2.2.3　隔膜材料

热稳定性高、机械强度高、薄型化的微孔膜材料已成为研究开发和产业化的热点，一般应满足以下条件：①具有良好的离子导电性和电子绝缘性；②化学稳定性高，通常对大多数酸、碱、盐、氧化剂显惰性，在常见的电解液中基本不溶解并且不会显著溶胀；③电化学稳定性高，不参加电极反应，在锂离子电池工作条件的电压窗口内不发生氧化还原反应、不发生降解；④热稳定性高，具有较高的熔点或熔融温度，在一定温度下收缩的比例较小。除满足上述要求外，规模化生产的隔膜产品在孔隙率、孔径和孔径分布、空气透过性、微孔的立体结构（3—D）、电解液的吸收和保持等方面，均与隔膜的结构设计和制造工艺相关，也要得到保证。

当前，高分子聚烯烃微孔膜是国内外动力电池公司的主流选择，主要包括聚丙烯及聚乙烯两大类材料，主要有单层膜和复合膜两类产品，其中复合膜可有效提升隔膜产品的机械强度和热稳定性。

针对动力电池安全性日益重视的趋势和要求，通常在微孔膜材料表面涂覆无机陶瓷涂层和/或有机涂层，进行表面改性处理以提高隔膜的耐温性能和/或阻燃性，改善与电解液的浸润性等。针对动力电池能量密度的大幅提升，隔膜材料的薄型化是发展趋势，由于聚乙烯隔膜材料可实现薄形化而得到了广泛应用。同时聚偏氟乙烯、聚酰亚胺、芳纶及纤维素等隔膜材料也得到了技术开发和应用。

从隔膜材料产业的角度看，干法工艺的聚丙烯隔膜大部分在中国生产，湿法工艺聚乙烯隔膜已在国内外多家企业实现了量产，涂层改性隔膜产品得到了应用推广。美国 Celgard 公司、深圳星源材质和沧州明珠等企业主要生产聚丙烯隔膜，日本旭化成和东燃、上海恩捷、重庆钮米和佛山金辉等公司主要生产聚乙烯隔膜，可满足国内外动力电池公司对隔膜材料的需求。着眼于隔膜材料的技术及市场发展趋势，近年来国内隔膜公司大多投资进行聚乙烯隔膜的技术开发和产品市场推广，并实现了批量出口。

2.2.4　电解液

离子电导率高，电化学窗口宽，热稳定性好，化学性能稳定及安全性好是电解液的主要要求。目前，用于动力电池的电解液存在如下突出问题：电解液的主要溶剂成分为碳酸酯类，易燃性强，安全性差；电解液的长期稳定性不好，电池的长期循环寿命（10 年左右）无法保证；电解液的液态温度范围窄导致电池的高低温性能差。

六氟磷酸锂目前依然是市场主流的电解质产品，在未来一段时间内无替代技术和产品出现对其造成严重威胁。双氟磺酰亚胺锂盐（LiFSI）等新型锂盐在市场上出现并得到了初步的应用。与传统的六氟磷酸锂电解质盐相比，双氟磺酰亚胺锂盐在溶剂中的溶解度及电导率较高，具有更宽的工作温度范围及更高的安全性，但由于其价格高、杂质含量控制难等问题，目前主要作为辅料添加剂与六氟磷酸锂配合使用。采用六氟磷酸锂电解质盐，基于碳酸酯类溶剂的有机液体电解液依然是锂离子电池电解液的主流产品，通过添加功能性添加剂改善电极材料与电解液的相容性，提高电解液耐氧化的稳定性和安全性。针对锂离子动力电池，基于部分氟化的有机溶剂和混合锂盐是今后发展的主流方向，可提高动力电池的工作电压、安全性及其与硅基负极材料等的相容性。

从电解液产业的角度看，全球 2015 年电解液的产量达 7 万多 t，中国接近 5 万 t，广州天赐、河南多氟多和天津金牛实现了六氟磷酸锂电解质盐的规模化生产，广州天赐、深圳新宙邦、张家港国泰华荣、东莞杉杉和天津金牛等电解液生产企业可满足国内动力电池公司对电解液的需求。

2.3 汽车动力电池生产制造技术发展现状

数字化模型设计、模拟分析优化、可制造性设计、制造装备及工艺设计等是动力电池实现大规模自动化生产制造的核心内容。动力电池生产制造技术水平主要体现在以下几个方面：①建立较为完善的电池标准体系，如产品规格尺寸、质量、安全、运输、使用、设计、制造、检验、包装等；②实现生产制造单一工序自动化，如制浆技术、涂布技术、生产线装配技术、制造过程中的在线检测技术及无人化生产技术等；③实现生产制造控制及管理系统一体化，生产执行系统（MES）制造全过程管理，实现智能制造；④实现生产制造过程中的信息化管理和生产过程可视化。建立动力电池的“数字化工厂”是动力电池生产制造技术的发展方向。

国外主流动力电池企业得益于自动化生产技术、工艺装备和质量控制水平，特别是自动化控制技术和智能化无人制造工厂等能够保证制造出高品质、高水平的动力电池产品。而我国大部分锂离子电池企业的生产过程还处于单机自动化和局部信息共享的阶段，还未形成完整的自动化生产线及生产数据的交互与共享，制约了产品制造能力和产品质量的快速提升。目前，我国缺乏动力电池的规格尺寸和相关的制造规范，导致动力电池产品的安全性、一致性较差，制造成本偏高，难以适应国际化的市场竞争。

自动化成套生产制造装备是我国动力电池技术和产业发展的重要环节，亟待提升水平。近年来，我国在动力电池生产制造技术及装备方面有了长足的进步，基本掌握了动力电池装备的核心技术，单机自动化方面取得了较好的进展，在极片生产和化成设备方面缩小了与国际先进水平的差距，在卷绕变形控制、无偏差组装、激光切割及焊接等某些单项技术方面具备了国际领先的水平，少数企业开始自动化生产线的设计，但在制造工艺、设备可靠性及自动化程度等方面需要花大力气赶超。

2.4 汽车动力电池梯级利用及资源回收技术发展现状

随着新能源汽车产业的迅速发展，需要考虑动力电池使用寿命终结后，动力电池的梯级利用及回收处理等问题。动力电池梯级利用是指车用动力电池的性能衰减到一定程度，达到了寿命终止的条件（通常为动力电池额定容量的70%～80%），但可以满足电动汽车外的其他应用领域的性能要求，因此动力电池的梯级利用具有很大的可行性和潜在的市场空间，如用于风/光储能、智能电网的削峰填谷、偏远地区分布式供电、通信基站的后备电源以及家庭电能调节等领域。实现动力电池价值的再利用，可有效降低电动汽车的使用成本。

目前，动力电池的梯级利用在国内外均处于研发及示范验证阶段。国家电网公司及其下属公司开展了电动汽车动力电池梯级利用技术研究与示范，对动力电池的高效梯级利用进行了初步探索。

动力电池的梯级利用需要深入考虑电池二次使用的相关领域、不同应用领域对电池二次使用的技术要求、电池二次使用的产品设计及评价等，建立动力电池梯级利用和回收处理的标准体系已成为迫切需要解决的问题，包括回收电池的分选和配组体系的建立、电池回收处理标准流程的形成。对动力电池梯级利用的研究也会促进动力电池生产和设计的完善，如动力电池单体及模块的规格化和标准化，以及一致性的提升等。

目前，废旧电池回收处理技术主要有火法冶金回收技术、湿法冶金回收技术、机械物理法回收技术和生物法回收技术，具体比较见表 7－2－3。

表 7－2－3　各种回收方法的技术比较

回收方法	优点	缺点
火法	流程简单，易操作；可以处理多种类型电池	高温需要大量的能量；回收的合金经济价值较低；需严格控制高温下产生的气体
湿法	回收金属的价值高；可以实现各种金属的单独回收；金属离子的浸出率高，回收率高	回收流程长，步骤复杂；消耗大量的酸、碱溶液和萃取剂；回收过程中产生大量废液
机械法	回收过程的废气、废液少	回收流程长，步骤多；最后需要湿法回收纯金属
生物法	污染小；可以重复利用	需要培养特定微生物；针对特定的金属，应用范围窄

国外已形成比较完善的电池回收管理体系，但对近年出现的电动汽车动力电池和未来规模化储能电池仍缺乏回收经验和技术。我国电池回收企业对含镍及钴的锂离子动力电池（如镍钴锰和镍钴铝等）的处理技术基本成熟，但在安全高效拆解、电解液溶剂的高效收集及废液废气处理等环节仍需进一步改进。对于不含镍及钴的动力电池（如磷酸铁锂和锰酸锂等），目前全世界范围内尚未有经济可行的回收技术及方案。

目前，我国电池回收利用管理体系仍不健全，主要表现在针对电池回收、运输、拆解和综合利用等环节尚无具体的法规及实施细则，缺乏相关的管理制度和经济激励制度，导致废旧电池回收行业无序竞争以及回收过程中的环境污染和资源浪费等现象十分严重，直接影响了电池回收行业的发展。

2.5　汽车动力电池测试评价发展现状

美国、日本和欧洲依托汽车公司、动力电池公司和研究机构等开展动力电池的开发和测试评价工作，制定了相应的测试规程，建立了较为完善的评价体系。

美国依靠 Argonne 国家试验室（ANL）、Sandia 国家试验室（SNL）、Idaho 国家试验室

(INL)，多年来一直从事车用动力电池的性能、安全等方面的测试评价工作，以及相关测试评价技术的研究，并制定发布了一批动力电池测试规范，如插电式混合动力汽车和纯电动汽车用动力电池安全性、循环寿命等测试规范。

欧盟的 EUCAR 动力电池组（TBG）主要针对电池系统开展测试评价工作，德国的氢能与太阳能研究中心（ZSW）从事关键材料及动力电池开发与测试评价技术的研究工作。

日本汽车工业协会（JAMA）和日本自动车研究所（JARI）针对动力电池测试评价体系开展了专项研究，制定了适合其本国的测试评价方法。

上述动力电池测试评价机构均建立了良好的测试评价体系和硬件设施，开展了大量的动力电池测试、评价标准和方法的研究工作，制定了相关标准和测试手册，对研究动力电池的技术性能和安全评估方法、资源经济评估和废旧电池回收等起到了很好的指导作用。

我国从第十个五年计划开始支持动力电池测试评价技术的研究工作，建立了较为系统的动力电池测试评价方法、规范和硬件设施，相关研究成果已上升为国家标准，如动力电池单体、模块和系统的电性能，循环寿命和安全性等，并成为动力电池公告试验的检验依据，部分研究结果已为电动汽车全球技术法规（EVS-GTR）所采纳。

从动力电池测试评价的发展现状来看，国内外评价方法趋于统一，测试评价的内容逐渐由电池单体转向电池系统。目前，动力电池测试评价已经形成较为完善的体系格局，涵盖单体、模块、系统三个层级，涉及电池性能、寿命和安全性等方面，实现对动力电池全方位的综合评估。

动力电池测试评价内容的布局如图 7－2－3 所示。

<table>
<tr><th>项目</th><th>单体</th><th>模块</th><th>系统</th></tr>
<tr><td rowspan="2">基本性能</td><td colspan="3">一致性（容量、能量、内阻及功率等）</td></tr>
<tr><td>加速绝热量热仪（ARC）测试分析，c_p 测试</td><td>不同温度、倍率下的充放电性能</td><td>BMS 功能测试；不同温度倍率下的充放电性能；高低温启动、能量效率</td></tr>
<tr><td rowspan="2">寿命特性</td><td colspan="3">寿命（影响因素：充放电电流，工作 SOC 区间）</td></tr>
<tr><td>日历寿命（电池质保期）</td><td>模拟工况寿命</td><td>实际工况寿命（FU06 工况、US06 工况、NVEG 工况、NEDC 工况）</td></tr>
<tr><td rowspan="2">安全及可靠性</td><td colspan="3">热、电、机械及环境可靠性</td></tr>
<tr><td colspan="2">过放电、过充电、短路、跌落、挤压、针刺、海水浸泡、加热及温度冲击等</td><td>EMC、短路保护、过充电保护、过放电保护、不均匀充电、挤压、机械冲击、跌落、浸泡、外部火烧、冷热循环等</td></tr>
</table>

图 7－2－3　动力电池测试评价内容的布局

2.6 国内外汽车动力电池发展差距分析

2.6.1 动力电池国内外技术发展对比

从动力电池的材料体系看，国外动力电池正极材料普遍采用镍钴锰或镍钴铝材料，或与尖晶石锰酸锂材料混合使用，负极材料普遍采用石墨类材料。而国内动力电池正极材料目前采用磷酸铁锂材料居多，负极材料普遍采用石墨类材料。由于磷酸铁锂动力电池的比能量提升存在瓶颈，难以达到比较高的比能量，从提高动力电池比能量的角度出发，国内在正极材料方面采用镍钴锰或镍钴铝材料的趋势明显。

国外动力电池公司量产配套的大容量动力电池产品（容量大于 10 A · h）的比能量大多为 110 ~ 180 W · h/kg，部分产品可达 200 W · h/kg 左右；小容量动力电池产品（容量小于 5 A · h），比能量大致在 220 ~ 250 W · h/kg。快充型锂离子动力电池则以钛酸锂电池为代表产品，比能量达到了 89 W · h/kg。在动力电池系统集成方面，在安全性、可靠性和耐久性方面体现出很高的技术水平，电池系统的比能量大致在 80 ~ 130W · h/kg，质保达到了 8 年/16 万 km。

我国动力电池的技术水平和产业化水平近些年提升较快，规模化生产的如 20 A · h、120 A · h 和 270 A · h 等铝合金壳体方形磷酸铁锂动力电池和 5 A · h 圆柱形磷酸铁锂动力电池的比能量大致在 120 ~ 140W · h/kg；规模化生产的镍钴锰三元材料锂离子动力电池单体（包括铝合金壳体方形、软包装及圆柱形）的比能量大致在 130 ~ 220W · h/kg。前瞻性技术研究方面，研制出比能量超过 300W · h/kg 的锂离子电池样品和比能量超过 500W · h/kg 的锂硫电池样品。

在系统集成技术及能力方面取得较大进展，磷酸铁锂动力电池系统的比能量达到了 90 W · h/kg，镍钴锰三元材料动力电池系统的比能量达到 110 W · h/kg，寿命超过了 5 年/10 万 km 的质保要求。

在规模化生产制造方面，国外动力电池企业实现了生产过程的全自动化管理及运行，保证了产品质量及一致性；国内动力电池企业基本上以单机自动化为主，部分企业实现了生产过程的全自动化管理。

2.6.2 动力电池发展存在的问题

总体而言，我国锂离子动力电池技术与国外先进水平差距不大，但电池基础性和支撑性的研究与开发工作相对薄弱，规模化生产的动力电池均匀一致性等指标与国外相比有较大差距，电池系统集成技术水平不高，产业技术创新能力不足。

1）动力电池技术创新能力不足，表现为研发投入少，研发人员数量不足，自主推出的新产品较少，产品升级换代慢，动力电池的技术水平需要进一步提升。动力电池产业缺少核心专利，目前锂离子电池产业相关的专利以及核心技术仍然缺乏，将阻碍中国锂离子电池参与国际市场的竞争。

2）锂离子电池关键材料技术总体上仍落后于国外先进水平，部分材料还依赖进口。动力电池生产制造的自动化生产水平不高，多数企业生产自动化程度和控制、管理存在缺陷或不足，制约了高水平动力电池的成品率、一致性和成本。

3）动力电池评价不够深入，安全性、循环耐久性、环境适应性评价不够，动力电池在使用过程中安全问题发生较多，使用寿命达不到要求。

4）动力电池企业众多，动力电池规格尺寸众多，动力电池单体及模块的标准化制造水平不高，制约了动力电池产业做大做强，影响了产品市场竞争力。

3 汽车动力电池的发展愿景与目标

3.1 汽车动力电池需求分析

普及应用新能源汽车的关键是要实现其经济性与使用的便利性同传统燃油汽车相当，提升经济性和使用便利性是未来相当长一段时间内新能源汽车发展的主要方向。

提升新能源汽车的经济性需要降低成本，其中动力电池是关键。新能源汽车因全部或部分采用电力驱动，与传统燃油汽车相比较，能够减少燃料消耗，但目前在全生命周期内燃料消耗节省的费用尚不能抵消所增加的成本。若纯电动汽车续驶里程达到400km，在电池系统成本降至1.0元/W·h以下的条件下，全生命周期内的经济性能够接近传统燃油汽车；对于插电式混合动力汽车，电池系统成本需要降至1.5元/W·h以下。

提升新能源汽车的使用便利性，增加纯电驱动行驶的续驶里程是关键。为增加续驶里程，必须增加搭载动力电池系统存储的能量，在不显著增加电池重量和体积的前提下，必须提高动力电池的比能量和能量密度。

从新能源汽车普及应用目标出发，动力电池亟待降低成本、提高比能量和能量密度等性能指标。除此之外，动力电池耐久性、环境适应性和安全性等也是新能源汽车实现普及应用的基本要求，特别是安全性，是新能源汽车的命门，决定着产业培育发展的成败。

发展高性能、低成本的新型锂离子电池和新体系电池是新能源汽车动力电池发展的主要方向。新型锂离子电池采用高电压/高容量正极材料、高容量负极材料和高压电解液替代现有锂离子电池材料，电池成本、比能量和能量密度具有明显的优势，能够大幅度提升新能源汽车经济性和使用的便利性，需要解决耐久性、环境适应性和安全性等关键问题；新体系电池包括锂硫电池、锂空气电池、固态电池等，预计具有更低成本和更高的比能量，目前尚处于基础研究的发展阶段。预计2020年新型锂离子电池实现规模化应用，2030年新体系电池实现实用化。

降低动力电池成本、提高性能，要以提升大规模制造技术水平作为保障。目前，动力电池制造以智能化为主要发展方向，通过采用全自动化设备、智能化装置、信息化控制、网络化管理，提高动力电池产品合格率、一致性和产品质量，能够降低成本、提高动力电池的可靠性和安全性，智能制造是我国未来动力电池发展的重要内容。

普及新能源汽车，发展动力电池，产品设计、工程设计、验证测试所涉及共性技术的保障不可或缺。以提升设计水平、缩短产品开发周期为方向，动力电池将广泛采用数字化设计工具和方法；为保障动力电池性能、耐久性、环境适应性、安全性等产品设计开发目标和产品合格率、质量、一致性等制造设计开发目标，需要大力发展验证测试方法、分析方法和相关规范标准。

综上所述，实现现有锂离子电池的性能升级，研发新型锂离子电池和新体系电池，提升动力电池智能制造水平，完善验证测试方法和标准体系，既是我国新能源汽车的发展需求，也是我国动力电池技术和产业发展的关键任务，意义重大且十分紧迫。

持续提高性能、降低成本，支撑新能源汽车大规模普及应用；培育形成布局合理、结构完整、具有较强创新能力和国际竞争力的动力电池产业，成为支撑实现汽车强国目标的核心产业；实现电池大规模梯级利用，建立绿色、经济、协调、有序的资源回收利用体系。

3.2　汽车动力电池发展目标

我国动力电池发展以支撑新能源汽车普及应用为总体要求，根据新能源汽车经济性和使用便利性的要求，以成本、关键性能（如比能量等）作为主要指标，实现现有锂离子电池的性能升级，突破新型锂离子电池和新体系电池，发展智能制造，保障共性技术的供给。综合分析新能源汽车需求和动力电池技术发展趋势，我国动力电池发展大致分为三个阶段，目标如下：

1）到2020年，动力电池技术提升阶段。新型锂离子电池实现产业化。能量型锂离子电池单体比能量达到350W·h/kg，能量功率兼顾型动力电池单体比能量达到200W·h/kg。动力电池实现智能化制造，产品性能、质量大幅度提升，成本显著降低，纯电动汽车的经济性与传统汽油车基本相当，插电式混合动力汽车步入普及应用阶段。

2）到2025年，动力电池产业发展阶段。新体系电池技术取得显著进展。动力电池产业发展与国际先进水平接轨，形成两三家具有较强国际竞争力的大型动力电池公司，国际市场占有率达到30%。固态电池、锂硫电池、金属空气电池等新体系电池技术不断取得突破，比能量达到400W·h/kg以上。

3）到2030年，动力电池产业成熟阶段。新体系电池实现实用化，电池单体比能量达到500W·h/kg以上，成本进一步下降；动力电池技术及产业发展处于国际领先水平。

4 汽车动力电池技术发展路线

4.1 汽车动力电池总体技术路线图

以高安全、高比能、长寿命、低成本为总目标，以电池材料研发为核心，以能量型和能量功率兼顾型动力电池产品为重点，以先进制造技术装备为保障，远近结合，统筹推进新型锂离子电池和新体系电池的研发和产业化。

4.4.1 EV 用动力电池（图 7－4－1）

	2020年	2025年	2030年
	能量型锂离子电池		新体系电池
总体目标	2020年达到： 比能量：单体350 W·h/kg 系统250 W·h/kg 能量密度：单体650 W·h/L 系统320 W·h/L 比功率：单体1000 W/kg 系统700 W/kg 寿命：单体4000次/10年 系统3000次/10年 成本：单体0.6元/W·h 系统1.0元/W·h 备注：电池寿命为全生命周期要求。	2025年达到： 比能量：单体400 W·h/kg 系统280 W·h/kg 能量密度：单体800 W·h/L 系统500 W·h/L 比功率：单体1000 W/kg 系统700 W/kg 寿命：单体4500次/12年 系统3500次/12年 成本：单体0.5元/W·h 系统0.9元/W·h 备注：电池寿命为全生命周期要求。	2030年达到： 比能量：单体500 W·h/kg 系统350W·h/kg 能量密度：单体1000 W·h/L 系统700 W·h/L 比功率：单体1000 W/kg 系统700 W/kg 寿命：单体5000次/15年 系统4000次/15年 成本：单体0.4元/W·h 系统0.8元/W·h 备注：电池寿命为全生命周期要求。
比能量的提升	基于现有高容量材料体系、优化电极结构、提高活性物质负载量	应用新型材料体系、提高电池工作效率	优化新型材料体系、使用新型电池结构
寿命的提升	开发长寿命正、负极材料，提升电解液纯度并开发添加剂，优化电极设计、优化生产工艺与环境控制	采用电极界面沉积、开发新体系锂盐、优化生产工艺与环境控制	引入固态电解质、优化固液界面
安全性的提升	新型隔膜、新型电解液、电极安全涂层、优化电池设计	新型隔膜、新型电解液、电极安全涂层、优化电池设计	固、液电解质结合技术，新型材料体系
成本控制	优化设计、提升制造水平	新材料应用、新制造工艺和装备	新型材料体系、新型制造工艺路线

图 7－4－1 EV 用动力电池技术路线图

4.1.2　PHEV 用动力电池（图 7－4－2）

	2020年	2025年	2030年
总体目标	2020年达到： 比能量：单体200 W・h/kg 系统120 W・h/kg 能量密度：单体400 W・h/L 系统240 Wh/L 充电比功率：单体1500 W/kg 系统900 W/kg 寿命：系统3000次/10年 成本：单体1.0元/W・h 系统1.5元/W・h 备注：电池寿命为全生命周期要求。	2025年达到： 比能量：单体250 W・h/kg 系统150 W・h/kg 能量密度：单体500 W・h/L 系统300 W・h/L 充电比功率：单体1500 W/kg 系统1000 W/kg 寿命：系统4000次/12年 成本：单体0.9元/W・h 系统1.3元/W・h 备注：电池寿命为全生命周期要求。	2030年达到： 比能量：单体300 W・h/kg 系统180W・h/kg 能量密度：单体600 W・h/L 系统350 W・h/L 充电比功率：单体1500 W/kg 系统1000 W/kg 寿命：系统5000次/15年 成本：单体0.8元/W・h 系统1.1元/W・h 备注：电池寿命为全生命周期要求。
比能量和比功率的提升	基于现有高容量材料体系提升材料的功率性能、优化电极设计	基于现有高容量材料体系提升材料的功率性能、优化电极设计	优化新型材料体系、使用新型电池结构
寿命的提升	开发长寿命正、负极材料，提升电解液纯度并开发添加剂，优化电极设计，优化生产工艺与环境控制	开发长寿命正、负极材料，提升电解液纯度并开发添加剂，优化电极设计，优化生产工艺与环境控制	引入固态电解质、优化固液界面
安全性的提升	新型隔膜、新型电解液、电极安全涂层、优化电池设计	新型隔膜、新型电解液、电极安全涂层、优化电池设计	固、液电解质结合技术，新型材料体系
成本控制	优化设计、提升制造水平	优化设计、提升制造水平	新型材料体系、新型制造工艺路线

图 7－4－2　PHEV 用动力电池技术路线图

4.2　新型锂离子电池

以高容量/高电压正极材料、高容量负极材料、高安全性的功能性电解液材料以及高安全性的复合隔膜材料为主要方向，开展正极、负极、隔膜及电解液的匹配技术研究，开展多孔极片模型设计研究，发展高负载电极、表面涂层电极、电池仿真及设计等先进技术和工艺，开发新型锂离子动力电池，开展失效机理研究，重点解决能量特性、功率特性、热特性、循环稳定性和安全性等问题，在动力电池生产工艺的稳定性和低成本等方面取得突破，实现新型锂离子动力电池的产业化。

至 2020 年，能量型锂离子电池单体比能量达到 350W・h/kg，比功率达到 1000W/kg，循环寿命 4000 次/10 年，成本达到 0.6 元/W・h；电池系统比能量达到 250W・h/kg，比功率达到 700W/kg，循环寿命达到 3000 次/10 年，成本达到 1.0 元/W・h。

能量功率兼顾型动力电池单体比能量达到200W·h/kg，充电比功率达到1500W/kg，成本达到1.0元/W·h；电池系统比能量为120 W·h/kg，充电比功率为900W/kg，循环寿命达到3000次，成本1.5元/W·h。

4.3 新体系电池

发展锂硫电池、金属空气电池、固态电池等新体系电池，大力发展金属锂、硫/碳复合电极、空气电极、固态电解质等新材料，解决相关科学基础问题、工程基础问题，基于新体系电池的动力电池产品实现实用化，纯电动汽车具有与传统燃油车相当的行驶距离，经济性具有竞争力。

1）锂硫电池方面，硫作为正极其理论比能量高达2600 W·h/kg，且单质硫成本低、对环境友好，目前主要存在活性物质利用率低和循环性差等问题。开展高性能碳硫复合材料制备技术、高稳定性锂或锂合金负极制备技术以及锂硫电池制备技术的优化等，获得比能量>500 W·h/kg的锂硫电池，满足新能源汽车长续驶里程的使用要求。

2）金属空气电池方面，重点开展高效廉价氧催化电极制备技术研究、金属电极制备技术研究、高稳定性电解液技术研究以及防电解液挥发与碳酸盐化技术研究等。当前以锂空气电池为研究热点，重点突破锂金属/合金负极材料的制备技术，提高其在电解液中的耐腐蚀能力，突破廉价高活性氧催化材料制备技术以及空气电极微孔结构与三相界面调控技术，提升锂空气电池的工作电压与比功率。获得比能量>700W·h/kg的锂空气电池，满足电动汽车长续驶里程的使用要求。

3）固态电池方面，其本质上具有不易燃烧、长循环寿命等优势。目前以固态锂电池为研究热点，其核心组成部分的固体电解质材料是实现固态锂电池高性能化的关键材料，正极材料决定了电池的能量密度，锂负极材料的稳定输出影响电池的循环稳定性，而界面反应则影响电池的整体性能。研究离子在固体电解质本体材料中的输运机制，载荷子（离子和电子）在多相颗粒界面之间输运动力学机制，以及锂合金负极体积膨胀等科学问题，突破高稳定性、高离子电导率固态电解质的制备技术，高比能正极材料技术锂负极体积膨胀抑制技术以及界面修饰技术，获得比能量>400W·h/kg的固态锂电池，满足新能源汽车对高安全性、高可靠性动力电池的需求。

新体系电池技术路线图如图7-4-3所示。

图7-4-3 新体系电池技术路线图

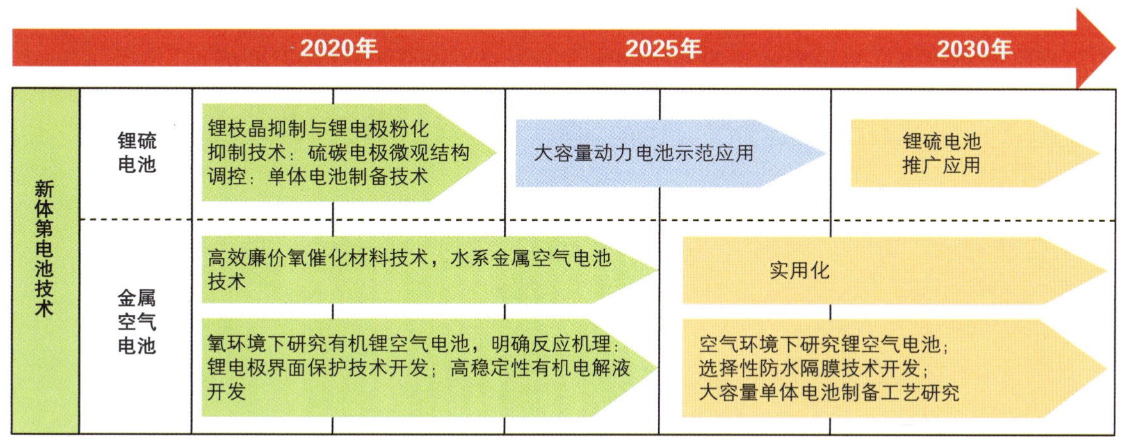

图7-4-3　新体系电池技术路线图（续）

4.4　关键材料技术路线图

动力电池关键材料技术主要以高容量/高电压正极材料、高容量负极材料、安全性/高电压电解液、高熔点隔膜等新材料为重点，重点解决材料结构稳定性、热稳定性、性能衰减等问题，发展组分调节、结构控制、表面修饰和制备技术。

4.4.1　正极材料

正极材料是锂离子电池锂源的提供者，从根本上决定了电池的比能量和能量密度。在现有量产应用的正极材料中，磷酸铁锂和锰酸锂安全性较高，但比容量低，无法使锂离子电池的比能量超过200W·h/kg（使用金属锂负极的电池除外）；镍钴锰三元材料比容量较高，但安全性需要进一步提升。鉴于动力电池需要持续提高比能量和能量密度，镍钴锰三元材料在今后较长时间内，将是高比能量动力电池的主要材料选择，尤以镍含量高的镍钴锰层状材料（简称高镍材料）和高电压镍钴锰层状材料（简称高电压材料）为重点。此外，尖晶石镍锰酸锂正极材料因其高电压和低成本，以及富锂氧化物固溶体材料因其具有较高的比容量和较宽的电化学窗口，亦成为开发热点；为进一步提升磷酸铁锂的能量密度，一些新型的磷酸盐正极材料也在开发和使用中。

4.4.1.1　高镍材料

（1）预期目标

高镍材料主要包括镍钴锰和镍钴铝两个系列，其中镍的摩尔含量要求大于等于0.8。高镍材料未来的发展趋势是通过进一步提高镍含量，提高其比容量，同时通过掺杂、包覆和表面处理等技术手段，提高其循环性能。预计2020年比容量将突破215mA·h/g，2025年将突破225mA·h/g。

（2）差距分析

高镍材料具有优异的性能，国内仅少数厂家初步具备高镍材料生产能力，但产品性能和稳定性仍需进一步提高，关键设备的技术水平和可靠性与国外差距较大。

（3）实现路径

研究包覆元素种类、包覆量对材料表面残余碱含量及电化学性能的影响，确定有利于降低残余碱含量，提高材料电化学性能的最佳包覆参数组合。提高关键设备，如氧气气氛焙烧设备的技术水平和可靠性。

高镍材料发展趋势见表7－4－1。

表7－4－1　高镍材料发展趋势

技术指标	2016年	2020年	2025年
比容量/（mA·h/g）	≥195	≥215	≥225
压实密度/（g/cm^3）	≥3.4	≥3.6	≥3.8
残余碱（%）	≤0.5	≤0.4	≤0.3

4.4.1.2　高电压材料

（1）预期目标

通过提高电池充电截止电压是提升锂离子电池能量密度最为直接有效的手段和方法，高电压材料需要大幅提升热安全性能和循环稳定性能。

（2）差距分析

国内的生产线水平、品质控制水平仍存在较大差距，如磁性异物、非磁性异物、水分等杂质的控制等。同时国外企业采用高度自动化的生产线，自动化程度、环境控制等级均很高，产品制成过程中污染小，产品的一致性和稳定性均优于国内企业。

（3）实现路径

对原材料逐批进行检验，对全工艺流程的各项工艺参数进行有针对性的管控，实现生产过程的智能化。

高电压材料发展趋势见表7－4－2。

表7－4－2　高电压材料发展趋势

技术指标	2016年	2020年	2025年
比容量/（mA·h/g）	≥180（3.0～4.4V）	≥200（3.0～4.5V）	≥210（3.0～4.55V）
碾压密度/（g/cm^3）	≥3.4	≥3.6	≥3.8
残余碱（%）	≤0.35	≤0.3	≤0.25

4.4.1.3　富锂氧化物固溶体材料

（1）预期目标

富锂氧化物固溶体材料的发展趋势是通过产品改性的手段在保持高容量的前提下，提高高电压使用条件下的循环性能。

（2）差距分析

富锂氧化物固溶体材料的电压衰减快，倍率性能差，循环稳定性差等限制了其广泛应用。

（3）实现路径

通过对层状富锂氧化物固溶体材料表面进行多种金属协同包覆，隔绝电解液对材料表面结构的侵蚀；通过对材料进行体相的高价金属掺杂，提高材料首次充放电效率，减少副反应的发生。

富锂氧化物固溶体材料发展趋势见表 7－4－3。

表 7－4－3　富锂氧化物固溶体材料发展趋势

技术指标	2016 年	2020 年	2025 年
比容量/（mA·h/g）	≥260	≥280	≥300
碾压密度/（g/cm^3）	≥3.0	≥3.2	≥3.4
残余碱（%）	≤0.35	≤0.3	≤0.25

4.4.1.4　其他新型材料

目前被广泛关注的磷酸盐材料，如磷酸锰铁锂型等，其工作电压较磷酸铁锂高，更接近目前商业化应用条件，在高电压下放电更有优势，由于同为橄榄石型结构，安全性能好于一般锂电池材料。目前，材料倍率性能差、循环性能有待提高等因素制约了该类材料的进一步发展和应用。此外，尖晶体镍锰酸锂正极材料因其高电压和低成本，以及富锂氧化物固溶体材料因其具有较高的克容量和较宽的电化学窗口，亦在开发和使用中，目前的重点是提升其高温循环性能。

4.4.1.5　正极材料路线图（图 7－4－4）

	2020年	2025年	2030年
总体目标	比容量2020年达到： 锰酸锂：比容量110 mA·h/g 磷酸铁锂：比容量165 mA·h/g 三元材料：比容量200 mA·h/g 尖晶石镍锰锂：比容量130 mA·h/g 富锂氧化物固溶体材料：比容量280 mA·h/g	2025年达到： 锰酸锂：比容量115 mA·h/g 磷酸铁锂：比容量165 mA·h/g 三元材料：比容量210 mA·h/g 尖晶石镍锰酸锂：比容量135 mA·h/g 富锂氧化物固溶体材料：比容量300mA·h/g	2030年达到： 锰酸锂：比容量115 mA·h/g 磷酸铁锂：比容量165 mA·h/g 三元材料：比容量220 mA·h/g 尖晶石镍锰酸锂：比容量140 mA·h/g 富锂氧化物固溶体材料：比容量300 mA·h/g 其他新型材料：比容量350 mA·h/g
性能提升	通过提高镍含量，提高其比容量，通过掺杂、包覆和表面处理等技术手段，提高循环性能	提高电池工作电压，提升热安全性能和循环稳定性能	通过产品改性，提高高电压使用条件下的循环性能

图 7－4－4　正极材料技术路线图

4.4.2 负极材料

负极材料是决定锂离子电池性能的关键因素之一，目前商业化应用最广泛的是石墨类材料（天然石墨、人造石墨、中间相碳微球），其他已规模化生产的负极材料各具特色。无定型碳材料（硬碳和软碳）倍率性能好，但首次效率低；硅基材料比容量高，但首次效率低，循环过程中体积变化大，易粉化；钛酸锂材料高低温性能、循环性能优异，但比容量低，成本高。

石墨类材料技术已非常成熟，成本低，在未来十年内仍然占锂离子电池负极材料的主导地位。无定型碳材料（硬碳和软碳）因具有较好倍率性能，将在高功率锂离子电池中得到研究和应用。随着汽车企业对动力电池比能量要求的大幅提升（比能量>300W·h/kg），合金类材料尤其是硅基复合材料，成为应用研究和产业化的重点方向。此外，金属锂作为目前已知的比容量最高的电池负极材料之一，也将成为研究的热点。

4.4.2.1 石墨材料

（1）预期目标

石墨材料中的天然石墨和人造石墨的比容量、极片压实密度都分别高于 360 mA·h/g 和 1.65 g/cm^3，而达到此较高要求的天然石墨存在循环膨胀率较高、电解液消耗量较大的劣势，人造石墨存在成本高、加工性能不够好的劣势，中间相碳微球则需要由目前的比容量 350mA·h/g 提升至 360 mA·h/g，同时重点在降低成本。为满足动力电池比能量越来越高的要求，石墨材料的发展趋势是进一步提升可逆容量和压实密度，并降低成本。

（2）差距分析

中国石墨类材料的性能/价格比方面已经较日本的日立化成、三菱化学、日本碳素、JFE、昭和电工等具有优势，石墨负极的供应主要来源于中国企业。日本企业在材料改性方法和品质控制方面各具特色。

（3）实现路径

通过表面包覆等技术提高材料加工性能和电化学性能，加强生产过程中材料的一致性和稳定性控制能力。

石墨类材料发展趋势见表 7-4-4。

表 7-4-4 石墨类材料发展趋势

技术指标	2016 年	2020 年	2025 年
比容量/（mA·h/g）	≥350	≥360	≥360
压实密度/（g/cm^3）	≥1.65	≥1.70	≥1.75

4.4.2.2 无定型碳材料

（1）预期目标

硬碳材料循环性能和安全性能好，但首次效率低、低电位储锂时倍率性能差、成本高；软碳材料循环性能好、成本低，但首次不可逆容量大、容量较低。为了满足高功率能量型动力锂离子电池对负极材料越来越高的要求，硬碳材料的发展趋势主要是通过包覆和掺杂等方法提高首次效率，并优化生产工艺逐渐降低成本；软碳发展趋势主要是采用掺杂、修饰等改性处理提高其比容量和首次效率。

（2）差距分析

从产品理化参数等指标看，国内企业同国外先进企业相比，产品的性能相当。材料关键工艺技术，如表面改性、材料结构调整等需要攻克。

（3）实现路径

对硬碳和软碳进行包覆和掺杂，有效提高其首次效率。提高前躯体制备装置、烧结设备等的技术水平和可靠性。

无定型碳材料发展趋势见表 7－4－5。

表 7－4－5　无定型碳材料发展趋势

技术指标	2016 年	2020 年	2025 年
比容量/（mA・h/g）	250～400	250～400	≥400
首次库伦效率（%）	≥80	≥85	≥85

4.4.2.3　硅碳材料

（1）预期目标

硅与碳属同一主族，具有超过石墨 10 倍的理论比容量（4200 mA・h/g）和略高于石墨的电压平台，目前国内外电池材料企业开始逐步推出高容量硅系材料产品。由于其体积膨胀效应巨大，多采用与碳复合的方式以减小膨胀带来的影响。硅碳复合材料的发展趋势是在保持高比容量的前提下进一步提高其库伦效率、循环性能，并逐步降低成本。

（2）差距分析

目前，国内外不少负极材料生产企业均已开始布局硅碳负极的开发与商业化，但大部分处于研究阶段和小规模批量化生产阶段。主要在于关键工艺技术，如纳米化技术、材料结构构筑等需要进一步提高。

（3）实现路径

采用工业化硅基原料进行纳米化，同时保证纳米材料在硅碳复合过程的分散性好，防止团聚。采用表面改性处理，控制材料的表面效应，保持材料高比容量并提高其循环性能和稳定性。设计合理的硅碳材料结构，尤其是硅碳结合方式，将碳材料的循环稳定性、骨架支撑作用发挥好，合理分散纳米硅，利用好硅的高容量，同时引入无定型碳层来缓冲硅膨胀。

硅碳材料发展趋势见表 7－4－6。

表 7－4－6　硅碳材料发展趋势

技术指标	2016 年	2020 年	2025 年
比容量/（mA・h/g）	400～500	850～900	1000～1100
首次库伦效率（%）	≥85	≥85	≥85

(4) 负极材料路线图（图 7-4-5）

	2020年	2025年	2030年
总体目标	2020年达到： 石墨材料：比容量360 mA·h/g 无定型碳材料：比容量280 mA·h/g，首次库伦效率≥85% 硅碳材料：比容量850mA·h/g，首次库伦效率≥85%	2025年达到： 石墨材料：比容量360mA·h/g 无定型碳材料：比容量350 mA·h/g，首次库伦效率≥85% 硅碳材料：比容量1000mA·h/g，首次库伦效率≥85%	2030年达到： 石墨材料：比容量360 mA·h/g 无定型碳材料：比容量400 mA·h/g，首次库伦效率≥85% 硅碳材料：比容量1200mA·h/g，首次库伦效率≥85%
性能提升	通过包覆和掺杂等方法改进无定型碳和硅碳基材料，优化生产工艺	提高比容量、库伦效率和循环性能并逐步降低成本	进一步提高比容量、库伦效率和循环性能，降低成本

图 7-4-5　负极材料技术路线图

4.4.3　隔膜材料

(1) 预期目标

1) 到 2020 年，具有中国自主技术制造的锂离子电池隔膜大规模应用，性能与国际品牌相当并具有成本优势。

2) 到 2025 年左右，实现安全且轻薄型锂离子电池隔膜在成本和性能上领先国外同类产品，中国制造的锂离子电池隔膜在国际市场上的占有率达到 50% 以上；

3) 到 2030 年左右，实现安全且轻薄型锂离子电池隔膜在成本和性能上领先国外同类产品，中国制造的锂离子电池隔膜在国际市场上的占有率达到 70% 以上。

(2) 差距分析

由于原料、技术、制备工艺和生产装备的差异，目前国产隔膜一致性较差，包括闭孔温度等自身特性，以及孔径一致性和厚度一致性等。

1) 主要原料依赖于进口。

2) 厚度：随着动力电池能量密度的快速提升，薄型化的隔膜，如 16μm、12μm、8μm，甚至更薄的隔膜开始应用。国外已生产出 5μm，甚至 3μm 的隔膜，而在国内，干法隔膜（20～40μm）仍占据较大市场份额。通过湿法工艺制备的隔膜在厚度调控上具有较大的优势，可以将隔膜做得更薄。但是面对国外引进的设备，国内隔膜企业基本提不出适应自身工艺的改进要求，导致产品成品率较低。

3) 孔隙率：目前锂离子电池用隔膜的孔隙率为 40% 左右。孔隙率的大小和内阻有一定的关系。采用同一种原料，国外厂家隔膜孔隙率可选的范围更宽。

4) 由于聚烯烃材料具有热塑性，当温度接近聚合物熔点时，固态的隔膜出现熔缩，面积变小导致电池的正负极接触而短路。聚丙烯在高于 120℃、聚乙烯在高于 90℃时都会出现较大的熔缩。陶瓷涂覆工艺用于聚烯烃膜，可以使聚丙烯陶瓷复合膜和聚乙烯陶瓷复合膜的破膜温度分别提高到 180℃和 150℃，并具有热关闭特性。我国的陶瓷粉涂布技术仍需进一步提升。

（3）实现路径

加强原材料的研发，通过国产隔膜设备制造厂家与隔膜制造厂家进行规模化的验证、改进提升工艺和装备技术水平，提升涂布工艺和装备技术水平。

（4）隔膜路线图（图7-4-6）

	2020年	2025年	2030年
总体目标	2020年达到：高品质PE隔膜、PP隔膜的规模化生产；高品质陶瓷涂层隔膜的规模化生产及相关装备的国产化；新型高安全性隔膜的示范生产	2025年达到：高安全性新型复合隔膜的规模化生产；离子导电涂层复合隔膜的产业化；耐高电压隔膜的产业化	2030年达到：高安全性、耐高电压的高性能隔膜规模化生产；固体电解质(隔膜)的产业化
关键指标	安全使用温度：180℃ 受热收缩率：< 2%（180℃，双向） 孔隙率：30%~45% 透气性：< 500 s/100ml 机械强度：> 150MPa (PE, 双向)	安全使用温度：250℃ 受热收缩率：< 1%（250℃，双向） 孔隙率：35%~50% 电化学窗口：≥ 4.9V 透气性：< 500 s/100ml	安全使用温度：300℃ 受热收缩率：≤ 1%（300℃，双向） 电化学窗口：≥ 5.0V
重点材料	纳米陶瓷涂覆的PE或PP隔膜(安全使用温度≥180℃)；耐高温聚合物/纳米陶瓷复合隔膜（安全使用温度≥200℃）	耐高电压隔膜(安全使用温度>180℃，电化学窗口>4.9V)；离子导体涂层隔膜	固体电解质(隔膜)
核心技术	纳米陶瓷涂料 高精度陶瓷复合涂布设备及工艺	离子导体涂层材料制备技术 新型复合隔膜制造技术	固体电解质制备技术 柔性固体电解质制备技术

图7-4-6　隔膜技术路线图

4.4.4　电解液

（1）预期目标

1）发展高纯度、高稳定性电解液，包括电解液溶剂的纯化、锂盐电解质的生产和纯化、电解液添加剂的生产和纯化、高性能电解液系统的组配和优化等，提升锂离子电池的寿命。

2）发展高安全性电解液，包括发展氟化溶剂、合理使用电解液的阻燃剂。

3）发展宽温度范围电解液，满足电池在-40~60℃工作要求。

4）发展具有高压稳定性的电解液体系，包括高抗氧化性的溶剂和新型锂盐电解质。

（2）差距分析

六氟磷酸锂是目前及未来较长时间内电解液市场的主流产品。目前，用于动力电池的电解液存在如下突出问题：电解液的主要溶剂成分易燃性强，安全性差；电解液的长期稳定性不好，电池的长期循环寿命（10年左右）无法保证；电解液的液态温度范围窄，电池的高低温性能差。

不断开发具有高容量的正负极材料以满足动力电池高能量密度的需求，是未来动力电池发展的趋势。第一代正极材料体系钴酸锂、锰酸锂、磷酸铁锂体系已不能满足动力电池高能量密度的需求，高镍材料、富锂锰等高压正极材料逐渐成为研究的热点，而与之相适配的电解液是该领域中研究的重点。高压正极材料电池充电电压最高可达5.0 V，工作电压可达4.5 V以上，这对电解液的电化学窗口提出了更高的要求，同时要求电解液具有较高的耐氧化稳定性。常规碳酸酯体系电解液在4.5V以上时会发生分解，从而造成整个电池体系的性能下降。目前，高电压和高镍以及硅基材料等体系电解液的研究尚未成熟，而高电压正极材料的开发也因缺少稳定的高压电解液而受到限制，高比能量体系电解液的开发是提高动力电池能量密度的关键因素。

（3）实现路径

1）研究开发综合性能优异，尤其是常温循环性能及高低温性能优异，安全性能好的镍钴锰材料锂离子电池电解液。

2）开发新型溶剂体系及添加剂体系，进一步改善镍钴锰材料电池高温循环性能及存储性能差的问题。

3）开发新型正负极成膜锂盐添加剂，改善镍钴锰动力电池的综合性能。

4）开发新型阻燃添加剂，改善镍钴锰动力电池的安全性能。

5）使用耐高电压的含氟溶剂，抑制正极材料和电解液界面产生的氧化分解；针对不同高电压电池体系，研究开发新型正负极成膜添加剂。

（4）电解液路线图（图7-4-7）

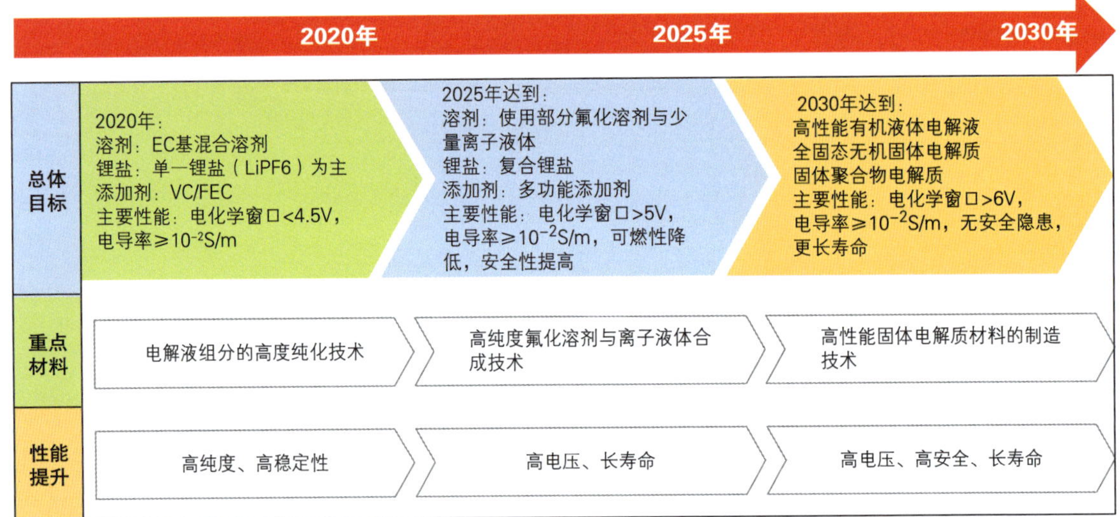

图7-4-7　电解液技术路线图

4.5　关键共性技术路线图

4.5.1　动力电池制造路线图

（1）预期目标

动力电池的智能制造是针对动力电池产品的高安全性、高一致性、高制造效率和低成本等的要求，应用智能部件关键技术，对动力电池制造的浆料制备、极片制备、芯包制备、电芯装配、干燥注液、化成分容和电池系统集成的过程实现“高品质、高效率、高稳定性”和“无人化、可视化、信息化”应用，建立数字化锂离子电池制造车间，包括在制造过程引进制造参数、制造质量的在线检测智能部件，机器人自动化组装、智能化物流与仓储、信息化生产管理及决策系统，实现动力电池制造的智能化生产，确保动力电池产品的高安全性、高一致性、高合格率、高效率和低制造成本。

（2）差距分析

国外主流动力电池企业均实现了动力电池的自动化生产，动力电池产品质量水平满足整车企业的要求，动力电池企业数量少、产能规模大且与整车企业结合紧密。而国内电池企业众多，技术开发及产业化水平高低不一，电池尺寸及形状繁多，电池工艺设计导致可制造性差，亟待建立统一的设计及制造规范，与国际主流动力电池企业相比有较大的差距，尚未达到高端产品的标准和要求，电池产品的一致性差，难以适应国际化竞争。

（3）实现路径

由于动力电池制造过程复杂，影响因素众多，对动力电池企业而言数字化智能制造不可能一蹴而就，需要从电池材料体系选择、电池可制造性设计、电池规格标准的确立、制造模式选择等方面统筹考虑，加强材料、电池和生产装备之间的交流与协作，全面提升自动化生产线的稳定性、可靠性和耐久性，切实提高动力电池产品的质量水准等。

（4）路线图（图 7－4－8）

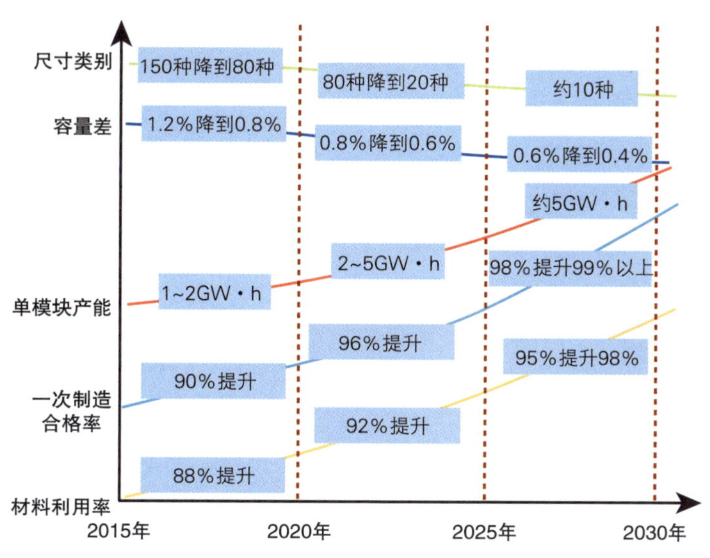

图 7－4－8　动力电池制造技术路线图

4.5.2　动力电池测试评价路线图

（1）预期目标

1）到 2020 年左右，综合行业发展和企业研发需求，同时与标准法规体系保持同步，确定近期、中期、长期的重点工作，建立科学合理的动力电池综合测试评价技术体系。

2）到2025年左右，搭建动力电池全生命周期测试评价技术平台，补充完善动力电池材料测试评价技术体系，以及动力电池系统综合性能测试评价技术体系；

3）到2030年左右，细化动力电池材料、单体、系统等各层级的测试评价技术方向，覆盖动力电池前期材料筛选及设计开发、中期整车集成及健康状态监测、后期梯级利用和回收等各个环节，形成科学全面的动力电池测试评价体系。

（2）差距分析

1）动力电池材料测试评价方面。目前，国际上着重于从电池机理出发，研究开发适用于整车实车使用的电池。在我国，对于动力电池材料层级的测试评价重视程度相对较低，通常由电池生产厂家决定其配置比例，无法实现材料的优化使用。因此，亟须建立动力电池正极材料、负极材料、隔膜、电解液等综合基础数据库，提升材料的优化筛选匹配效果。

2）动力电池单体性能测试评价方面。国内当前动力电池单体性能的测试评价，偏重于电池电性能和安全性的研究与验证，对动力电池加速老化寿命、热电化学耦合特性、基于整车实际使用的电池失效机理分析等方面的研究不足。

3）动力电池系统性能测试评价方面。国外对于电池系统的测试评价，基本上是整车企业、动力电池生产企业和动力电池集成应用企业共同合作，实行V字形研发应用流程，从动力电池机理分析入手，并结合整车需求，着眼于分析动力电池本质特性，保障了产品的优化匹配和集成应用。而国内整车企业以关注国家标准法规测试为主，动力电池生产企业和动力电池集成应用企业之间的互动较少。

（3）实现路径

1）建立科学全面的动力电池测试评价体系。分析我国新能源汽车动力电池及相关产业发展现状，避免限制技术和行业发展，分析发展趋势，形成从单体电池、模块到系统的综合评价体系。

综合考虑评价体系构成和评价体系的兼容性。在评价体系构成方面，区分不同性质、层级定位和适用范围；在评价体系兼容性方面，兼顾标准法规要求和产品开发品质评价的兼容性。

2）加强动力电池单体的全生命周期性能测试评价技术研究。综合考虑动力电池材料、系统与电芯的相互对应关系，从机理研究出发，研究建立动力电池加速老化寿命评估方法、动力电池热电化学耦合特性研究方法，以及基于整车实际使用的动力电池老化失效分析方法等内容，进而扩大动力电池研究的深度和广度。

3）加强动力电池上下游企业互动合作。集成新能源汽车相关行业优势资源，构建共性技术研发平台，聚焦动力电池系统关键问题，并结合整车的实际使用工况和要求，开展共同研究，实行V字形研发应用流程，保障产品的优化匹配和集成应用。

（4）路线图（图7－4－9）

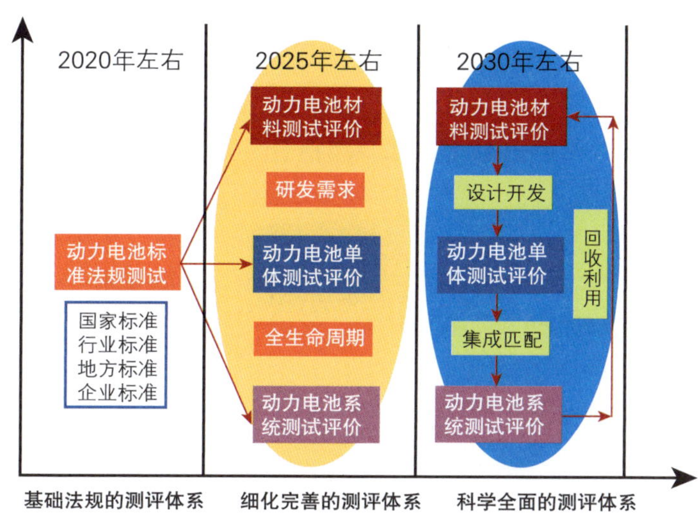

图 7-4-9 动力电池测试评价技术路线图

4.5.3 动力电池回收路线图

构建规模化、高值化、高效化的废旧动力电池回收及资源利用体系，开展动力电池回收利用相关产品开发及示范应用。采取优先梯级利用再资源化处理的原则，尽可能回收利用废旧动力电池所有的剩余价值；同时回收具有较高提取价值的元素，如锂、镍、钴、锰等。

（1）预期目标

1）到 2020 年，开发动力电池单体、动力电池模组、动力电池包的自动化拆解技术，研发动力电池单体自动化拆解设备，实现铜、铁、铝等低值金属的物理回收率达到 70%；开发正极材料和锂回收技术，实现镍、钴、锰等有价金属的化学回收率达到 98.5% 以上，锂的化学回收率达到 60% 以上；开发石墨回收技术。

2）到 2025 年，开发动力电池模组、动力电池包的自动化拆解技术，研发动力电池模块自动化拆解设备，实现铜、铁、铝等低值金属的物理回收率达到 80%；研发正极材料和改进锂回收技术，实现镍、钴、锰等有价金属的化学回收率达到 99% 以上，锂的化学回收率达到 70% 以上；突破石墨回收技术，实现石墨回收利用率达 60% 以上。

3）到 2030 年，实现动力电池包的自动化拆解技术，研发动力电池包自动化拆解设备，实现铜、铁、铝等低值金属的物理回收率达到 95%；改进正极材料和锂回收技术，实现镍、钴、锰等有价金属的化学回收率达到 99.5% 以上，锂的化学回收率达到 80% 以上；改进石墨的回收技术，实现石墨回收利用率达 70% 以上。

（2）差距分析

1）电池回收技术储备不足。回收废旧锂离子电池安全性差，容易出现短路，造成局部过热而自燃甚至爆炸；拆解过程设备的自动化程度低、处理效率不高；收集和回收技术不完善容易造成二次环境污染。

2）动力电池回收管理体系不完善。未出台专门的动力电池回收管理规定，缺乏生产者责任延伸制度，回收责任主体不明确。

（3）实现路径

1）建立动力电池回收体系的标准体系，包括全国统一的动力电池信息编码标准、动力电池管理系统的统一通信协议标准等。

2）推进动力电池回收利用的关键技术研究，开展镍、钴、锰等高价值化学材料的定向循环技术，铁、锂等偏离元素的无害化技术以及自动化拆解技术等。

3）建立动力电池强制回收生产者责任制，保证动力电池安全、规范、有序进入循环利用企业，实现资源循环利用。

（4）路线图（图7－4－10）

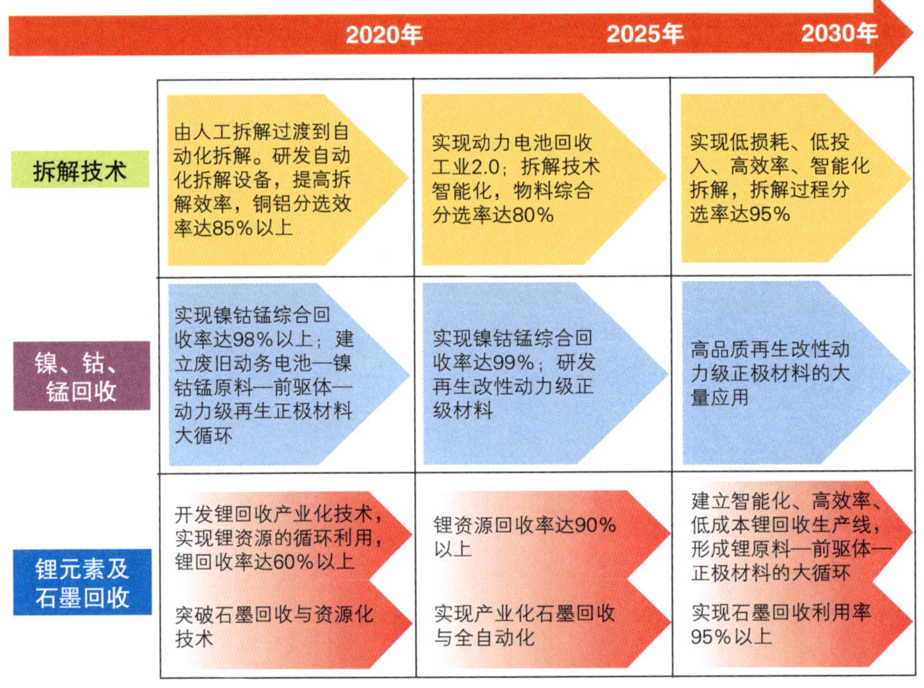

图7－4－10　动力电池回收路线图

4.5.4　动力电池梯级利用路线图

（1）预期目标

动力电池梯级利用的实现需要依托汽车、储能等多行业跨领域的密切合作，实现基于实时监控和在线评估的动力电池全生命周期的多层级梯级利用，有效延长动力电池的使用寿命，提高使用效率，降低使用成本，促进循环经济和绿色经济的发展。

1）到2020年，实现省级以下行政区域的在用车辆用动力电池的监控、评估、分选，并结合不间断电源（UPS）及分布式储能，实现部分区域的动力电池梯级利用、全生命周期在线监控和材料回收。

2）到 2025 年，实现省级行政区域的在用车辆用动力电池的在线监控、评估、分选，并结合电网大规模储能、不间断电源、分布式储能、低速电动车、微网储能等再利用场景，实现省级区域的动力电池的多层次梯级利用、全生命周期在线监控和材料回收。

3）到 2030 年，实现全国范围的在用车辆用动力电池的在线监控、实时评估及分选，并结合电网大规模储能、不间断电源、分布式储能、低速电动车、微网储能等再利用场景，实现所有在用动力电池的多层次梯级利用、全生命周期在线监控和材料回收。

（2）差距分析

1）动力电池运行监控系统。目前，全国各地均建立了众多的新能源车辆运营监控平台，新能源汽车生产厂也有车辆运行监控系统。无论是政府的监控平台，抑或企业的监控系统，只能完成监测，并未实行控制。众多监控平台未得到有效的资源整合，处于资源浪费状态。

2）动力电池健康状态评估模型。受到车用动力电池体系繁多、运行环境复杂等环境的制约，目前动力电池健康状态的评估没有精确的模型。国内车用动力电池目前偏重于电池的性能和安全性的研究和验证，对于动力电池的寿命和健康状态的研究仍处于试验室阶段。对于车载实际使用状态下动力电池寿命模型建立和分析方面，国外的研究机构已经做了多年的研究，并有成熟的分析工具和模型。

3）动力电池梯级利用效益分析。目前，动力电池梯级利用工作尚处于起步阶段。因此，对于动力电池在成组集成技术的成本分析，以及再利用场景的经济效益分析和社会效益分析较少。国外的科研机构在该方面开展了较为详细的分析，并建立了较为准确的数学模型用于梯级利用效益分析。

4）动力电池回收处理。随着新能源汽车的快速发展，我国报废的车用动力电池数量逐年增加，若得不到有效回收处理，不仅造成有价金属资源的流失，而且污染水土环境，对人类健康产生潜在危害。在动力电池回收方面，国内少数企业已开展相关回收工作。相比于国外成熟的废旧电池回收体系，在回收技术、回收效率等各方面存在较大差距。

（3）实现路径

1）动力电池健康状态评估方法。通过分析车载工况、储能工况等动力电池运行工况，研究分析动力电池健康状态评估方法，建立准确度高、应用范围广的动力电池健康状态评估模型，并通过试验室台架试验及实际试验进行验证。

2）动力电池运行监控系统。整合并完善现有动力电池运行监控系统，加速运行监控系统升级，实现对动力电池全生命周期的各个运行阶段的监控、管理、健康状态评估、梯级利用场景在线选定等功能。

3）动力电池再利用场景效益分析。对动力电池的再利用场景，包括大规模电网储能、铁塔不间断电源、分布式储能、家庭储能、低速电动车等，进行社会效益分析，并结合系统拆解、再利用系统成组等工作进行成本分析，制定动力电池梯级利用效益最大化的方案。

(4) 路线图 (图 7－4－11)

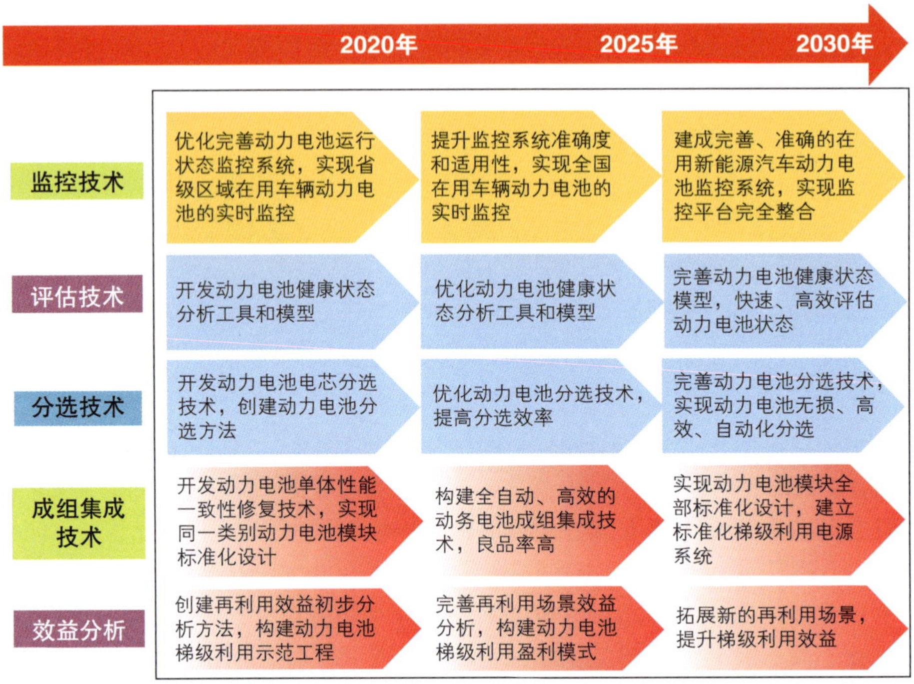

	2020年	2025年	2030年
监控技术	优化完善动力电池运行状态监控系统，实现省级区域在用车辆动力电池的实时监控	提升监控系统准确度和适用性，实现全国在用车辆动力电池的实时监控	建成完善、准确的在用新能源汽车动力电池监控系统，实现监控平台完全整合
评估技术	开发动力电池健康状态分析工具和模型	优化动力电池健康状态分析工具和模型	完善动力电池健康状态模型，快速、高效评估动力电池状态
分选技术	开发动力电池电芯分选技术，创建动力电池分选方法	优化动力电池分选技术，提高分选效率	完善动力电池分选技术，实现动力电池无损、高效、自动化分选
成组集成技术	开发动力电池单体性能一致性修复技术，实现同一类别动力电池模块标准化设计	构建全自动、高效的动务电池成组集成技术，良品率高	实现动力电池模块全部标准化设计，建立标准化梯级利用电源系统
效益分析	创建再利用效益初步分析方法，构建动力电池梯级利用示范工程	完善再利用场景效益分析，构建动力电池梯级利用盈利模式	拓展新的再利用场景，提升梯级利用效益

图 7－4－11　动力电池梯级利用路线图

5 技术创新需求

动力电池技术突破是电动汽车产业发展的重中之重，需要从动力电池全产业链出发，在新型锂离子电池、新体系电池、动力电池关键材料、动力电池生产制造、动力电池梯级利用及资源回收，以及动力电池测试评价等方面实现创新发展与技术突破。

为此，在基础研究层面，需要整合国内外资源，以高校和科研院所为主，电池企业参与，形成新体系电池、关键材料及模拟仿真设计技术的能力，推动新体系电池的技术提升；在应用技术层面，需要开展高比能动力电池安全性和长寿命技术研究，需要开展动力电池梯级利用及资源回收技术研究，为动力电池示范及产业化应用的实施提供技术支持；在示范和产业化层面，需要开展关键材料及动力电池产业化技术研究，以推动动力电池规模化应用；在行业共性平台层面，需要建立关键材料及动力电池系统性评价平台，动力电池标准化平台以及动力电池数字化工厂平台，开展关键材料及电池评价技术研究、标准化技术研究以及动力电池智能制造技术研究，推动关键材料、动力电池及制造装备产业的技术提升。

5.1 基础前瞻

说明： 实施方式 A 为国家主导，B 为行业联合，C 为企业领跑。

序号	项目名称	必要性	项目目标	研究内容	预期成果	实施方式
1	面向比能量 > 500W·h/kg 动力电池的新型储能材料技术研究	为开发高比能量的新体系电池（比能量 > 500W·h/kg），相关关键正负极材料高性能电解质盐及电解液（固态电解质等）、高性能隔膜材料等关键技术是关键	固体电解质离子传导面电阻 < $5\Omega/cm^2$；正极材料比容量大于 500mA·h/g，负极比容量大于 1500mA·h/g	开发轻质、多孔、廉价且具有良好导电性和稳定性的正极材料；制备高安全性、高稳定性、循环性能好的负极材料；制备高离子电导率、高机械性能、低成本固态电解质等	开发出具有自主知识产权的新材料制备工艺，并形成中试级产品	A
2	比能量 > 500W·h/kg 的动力电池技术研究	电动汽车对高比能量动力电池的需求日益迫切，价格低廉、环境友好的高比能动力电池成为研究的热点，急需研究新型高比能动力电池技术及其制造新工艺，其中固态锂二次电池被认为是最具发展潜力	开发出比能量 > 500W·h/kg 的动力电池，安全性、循环耐久性及环境适应性等满足电动汽车要求	研究固体电解质和电极制备成型工艺；研究高稳定性锂或锂合金负极制备技术；优化选择关键部件，如集流体、隔膜、封装材料；优化极片制备成型、电池组装工艺过程，开发固态锂二次电池制造新技术、新工艺等	开发出具有自主知识产权的固态锂二次电池制备新工艺，并形成中试级产品	A
3	新型动力电池及关键材料仿真技术研究	动力电池及关键材料的反应过程涉及复杂的电化学反应、传质和传热等，建立新型仿真技术，全面和系统地捕捉电池及关键材料的工作	建立通用性的动力电池及关键材料新型仿真技术，能够对动力电池及关键材料进行电性能、热特性、结构演变等的仿真分析	基于电化学模型，结合传热定律，建立单体电化学—热耦合仿真技术，实现电池及关键材料的电性能、热性能和安全性等模拟仿真	基于所建立的新型动力电池及关键材料仿真技术，形成具有自主知识产权的动力电池设计仿真软件系统，能	B

（续）

序号	项目名称	必要性	项目目标	研究内容	预期成果	实施方式
3		过程各物理量的动态变化，分析其演化规律，为电池及关键材料的设计提供理论支撑			够进行热仿真、结构仿真、循环寿命仿真和安全性仿真	B
4	新型动力电池的管理技术研究	研究新型动力电池的管理技术，精确估计各种工况条件下的荷电状态（SOC）、健康状态（SOH）、能量状态（SOE）和功率状态（SOP）等参数，对于动力电池系统的设计至关重要	完成各种工况条件下的SOC、SOH、SOE及SOP等参数的估计算法研究，形成管理控制策略，为动力电池管理系统的设计提供技术支撑	建立动力电池的SOC估算模型，选择合适的算法，搭建HIL验证平台对SOC估算进行验证；建立SOH的估计模型，验证SOH的在线估计能力；建立精确的SOE表达式，选择合适的SOE估算算法；建立精确的SOP表达式，通过搭建仿真模型验证动力电池在大功率充放电时的功率保持能力	建立精确估计电池荷电状态和工作状态等的算法，形成具有自主知识产权的动力电池管理程序	B

5.2 应用技术

说明：实施方式A为国家主导，B为行业联合，C为企业领跑。

序号	项目名称	必要性	项目目标	研究内容	预期成果	实施方式
1	比能量>400W·h/kg的高比能动力电池安全性技术研究	近年来，新能源汽车安全事故频发，成为制约新能源汽车商业化发展的短板；开发具有高安全性的高比能动力电池是新能源汽车商业化应用的首要保障和必然趋势	建立高比能电池的热电耦合模型；建立热失控模式，提出热失控机制，开发具有防范热失控的安全性技术，保证动力电池使用的安全性	针对电池的安全行为，获取仿真参数，建立热失控模型，与实验结果对比验证模型的可靠性；探明电池热失控机理、热失控诱因和电池产热来源，开发具有针对性的安全技术，显著提高电池的安全性	比能量>400W·h/kg高比能电池热电耦合模型和热失控模型 比能量>400W·h/kg高比能动力电池的安全技术解决方案	B
2	比能量能量>400W·h/kg的高比能动力电池长寿命技术研究	动力电池寿命与其性能、安全和成本密切相关，对高比能电池开展长寿命技术研究并解决相关问题，将有助于提高锂离子动力电池的使用效率，降低使用成本，促进其在电动汽车上的应用	针对高比能动力电池，开展长寿命技术研究，主要技术指标达到：电池比能量>400 W·h/kg；常温常压下，电池循环寿命达到4000次以上	研究高比能电池长寿命失效机制；研究抑制正负极材料及电极结构劣化技术，包括电解液组分优化及新型添加剂开发、改性正负极材料的使用、利于形成稳定网状结构的新型导电剂和粘结剂的使用等；研究新型正负极材料体系电池的长寿命电化学匹配技术等	高比能电池长寿命失效模型的建立；高比能电池长寿命的实现技术	B
3	动力电池梯级利用及资源回收技术研究	我国电动汽车动力电池的报废不可避免地带来回收处理问题。安全、环保、高效地对废旧锂离子电池进行梯级利用和拆解回收是亟待解决的研究课题	建立电池编码制度；设计易梯级利用的电池结构；建立电池模块自动化拆解流水线；实现钴、镍、锰、锂等元素高效回收；实现隔膜、电解液、有机废液、废气无害化处理；建立拆解物的湿法冶金流程工艺，服务锂电活性材料生产	易梯级利用电池结构设计验证；报废旧电池分级梯级利用系统；专用拆解设备；测试—拆解—深度破碎技术；金属元素热处理分离技术；金属元素复杂溶液提纯与循环利用	拆解流程自动化率不低于60% 金属元素的回收率达到90% 锂元素的回收率达到80% 排放残渣与废水符合国家环保法规与标准	C

5.3 示范和产业化

说明： 实施方式A为国家主导，B为行业联合，C为企业领跑。

序号	项目名称	必要性	项目目标	研究内容	预期成果	实施方式
1	动力电池关键原材料产业化技术研究	高比容量正、负极材料是开发高能量密度和高安全性锂离子电池（比能量>350W·h/kg）的基础和中长期发展方向	开发新型高能量密度锂离子动力电池关键正负极材料（高镍三元、富锂锰基固溶体、硅碳复合材料）制备技术；提升动力电池关键材料的工程化制备技术	重点开展高比容量纳米硅/碳复合材料、固溶体材料和高镍三元工程化装备和制备技术及其应用性能的研究工作	材料性能满足比能量为350W·h/kg动力电池的应用要求。建立高比容量硅基负极材料规模化生产线；建立高比容量正极材料规模化生产线	B
2	动力电池产业化技术研究	开发比能量>350W·h/kg动力电池技术，提升电池安全性及循环寿命，使之支持电动汽车行驶里程达到传统汽油车水平；降低电池成本，使电动汽车经济性优于传统汽油车；使我国动力电池技术达到国际先进水平	至2020年，比能量>350W·h/kg动力电池产业技术创新能力与国际水平相当，产业规模与我国新能源汽车发展相适配	比能量>350W·h/kg动力电池安全技术开发；比能量>350W·h/kg动力电池长寿命研究；结合电池产业状况，以降低电池成本为目的，进行电池零部件国产化开发	比能量为350W·h/kg动力电池产业化示范基地，实现规模化应用	C

（续）

序号	项目名称	必要性	项目目标	研究内容	预期成果	实施方式
3	动力电池系统产业化技术开发	目前，我国在电池材料和单体电池方面已达到国际先进水平，然而电池成组技术却严重滞后，制约了动力电池产业的发展	发展基于整车需求的电池分选、成组、模块设计、电池包设计、动态均衡、在线管理与诊断技术，产业规模与我国新能源汽车发展相适应	动力电池成组关键技术研究：形成电池系统成组关键技术，包括高效自动分选技术、配成组技术、模块与系统设计技术 动力电池管理关键技术研究：多指标均衡充放电管理、在线管理与诊断、可靠性设计与评价、热管理、实车运行评价体系与方法等方面 动力电池组高安全性关键技术研究：形成高安全性关键技术，包括电池系统热特性模型、电池热失控灾害过程诊断与控制、热管理优化及设计、系统的功能安全、单一电芯热失控控制技术等 动力电池组产业化关键技术研究：形成自动化工艺装备、自动化产线等	电池系统达到如下技术指标 ①EV 比能量：250W·h/kg 能量密度：320W·h/L 安全性：高比能动力电池系统的安全技术解决方案 ②PHEV 比能量：120W·h/kg 能量密度：200W·h/L 安全性：高比能动力电池系统的安全技术解决方案 ③产业化规模指标 电池模组类型实现圆柱型电池模组、软包电池模组、方块电池模组 3 种类型 实现模组自动化生产率 80% 以上、生产节拍达到 10 分钟/组以内 形成动力电池组产业化示范基地，实现规模化应用	B

5.4 行业共性技术平台

说明： 实施方式 A 为国家主导，B 为行业联合，C 为企业领跑。

序号	项目名称	必要性	项目目标	研究内容	预期成果	实施方式
1	储能材料及动力电池测试评价技术平台	我国尚缺乏动力电池及关键材料系统性产品设计、设计验证、试验检测等方面的研发能力，尚未建立系统性行业规范、技术要求、检测试验方法，设计验证能力、试验检测能力、产品规范/标准的研究能力、产品标定能力亟待提升	采用现代检测、分析方法和模型、软件工具，建立电池关键材料原位高效定量的性能表征方法及合成、表征方法的研究平台，以及动力电池电性能、耐久性、环境适应性、安全性的技术评价、设计验证、功能验证能力，大幅度降低产品质量风险和事故风险	开展新型关键材料和动力电池的评估技术及方法研究，建立电池材料脱嵌锂离子机理的研究方法、动力电池性能衰退机理的研究方法、动力电池安全性的评价方法等	通过建立测试平台获得关键材料、动力电池及系统的大量测试数据，形成数据库 有机整合各种材料相关信息，实现跨尺度、跨领域、跨学科材料信息共享与挖掘，与计算材料设计结合，建立“关键材料基因库”，加速先进材料的开发和推广，降低材料研发成本 建立新型关键材料、动力电池测试和评价方法	A
2	动力电池标准化技术研究平台	我国动力电池标准体系尚需建立系统性行业产品技术要求、产品规范/标准、检测标准的研究能力，以促进产业规范性和高效低成本的发展	2020 年：建立动力电池尺寸、电池模块设计标准体系，降低产品开发和设计成本 2025 年：建立电池及模块开发设计和产品（功能性、耐久性、耐环境性和安全性等）评价标准体系，系统性提升产品性能评价标准	动力电池及电池系统产品尺寸标准以及动力电池设计规范的研究 电池模块空间设计规范/标准的研究	建立动力电池尺寸设计标准 建立电池装配设计标准 建立动力电池标准化研究平台	

（续）

序号	项目名称	必要性	项目目标	研究内容	预期成果	实施方式
3	动力电池数字化工厂技术研究	高安全、低成本的动力电池对电池的制备精度和制备效率提出了更高的要求，优秀的数字化工厂技术是实现高安全、低成本的必由之路	匀浆浆料变异系数≤0.06% 极片制备，涂布速度大于每分钟100m/s，厚度精度0.07%；电池组装实现一体自动化	动力电池的规格尺寸标准化研究 高精度、高速度、高可靠性涂布、辊压、组装技术研究 数字化、可视化、信息化操作、检测手段的研究	数字化程度≥90% 制造合格率≥96% 材料利用率≥95%	C

6 近期优先行动项

序号	优先行动项名称	必要性	实施目标	研究内容	预期成果	组织模式
1	储能材料及动力电池测试评价技术平台	我国尚缺乏动力电池及关键材料系统性产品设计、设计验证、试验检测等方面的研发能力，尚未建立系统性行业规范、技术要求、检测试验方法，设计验证能力、试验检测能力、产品规范/	采用现代检测、分析方法和模型、软件工具，建立电池关键材料原位高效定量的性能表征方法及合成、表征方法的研究平台，以及动力电池电性能、耐久性、环境适应性、安全性的技术评价、	开展新型关键材料和动力电池的评估技术及方法研究，建立电池材料脱嵌锂离子机理的研究方法、动力电池性能衰退机理的研究方法、动力电池安全性的评价方法等	通过建立测试平台获得关键材料、动力电池及系统的大量测试数据，形成数据库 整合各种材料相关信息，实现跨尺度、跨领域、跨学科材料信息共享与	政府主导评测标准的建立，第三方研究机构负责测试平台的建立

（续）

序号	优先行动项名称	必要性	实施目标	研究内容	预期成果	组织模式
1	储能材料及动力电池测试评价技术平台	标准的研究能力、产品标定能力亟待提升	设计验证、功能验证能力，大幅度降低产品质量风险和事故风险		挖掘，与计算材料设计结合，建立“关键材料基因库”，加速先进材料的开发和推广，降低材料研发成本 建立新型关键材料、动力电池测试和评价方法	
2	动力电池产业化技术研究	开发比能量为350W·h/kg动力电池技术，提升电池安全性及循环寿命，使之支持电动汽车行驶里程达到传统汽油车水平，且降低电池成本，使电动汽车经济性优于传统汽油车；使我国动力电池技术达到国际先进水平	至2020年，比能量为350W·h/kg动力电池产业技术创新能力与国际水平相当，产业规模与我国新能源汽车发展相适配	比能量为350W·h/kg动力电池安全技术开发；比能量为350W·h/kg动力电池长寿命研究；结合电池产业状况，以降低电池成本为目的，进行电池零部件国产化开发	2020年建立比能量为350W·h/kg动力电池产业化示范基地，实现规模化应用	政府主导关键技术的立项，研究院所开发电池共性技术，电池企业配套资金建立电池产业化示范基地，车企开展装车示范

（续）

序号	优先行动项名称	必要性	实施目标	研究内容	预期成果	组织模式
3	比能量>400W·h/kg的高比能动力电池安全性技术研究	近年来，新能源汽车安全事故频发，成为制约新能源汽车商业化发展的短板；开发具有高安全性的高比能动力电池是新能源汽车商业化应用的首要保障和必然趋势	建立高比能电池的热电耦合模型；建立热失控模式，提出热失控机制，开发出有针对性的安全技术，使得电池通过强检	针对电池的安全行为，获取仿真参数，建立热失控模型，与实验结果对比验证模型的可靠性；探明电池热失控机理、热失控诱因和电池最大产热来源，开发具有针对性的安全技术，显著提高电池单体安全性	比能量>400W·h/kg高比能电池热电耦合模型和热失控模型 比能量>400W·h/kg高比能动力电池的安全技术解决方法	政府主导安全标准的制定，研究院所开发电池安全共性技术，动力电池企业开展安全技术的应用，第三方评测机
4	动力电池梯级利用及资源回收技术研究	我国电动汽车动力电池的报废不可避免地会带来回收处理问题。安全、环保、高效地对废旧锂离子电池进行梯级利用和拆解回收是亟待解决的研究课题	建立电池编码制度；设计易梯级利用的电池结构；建立电池模块自动化拆解流水线；实现钴、镍、锰、锂等元素高效回收；实现隔膜、电解液、有机废液、废气无害化处理；建立拆解物的湿法冶金流程工艺，服务锂电活性材料生产	易梯级利用电池结构设计验证；报废旧电池分级梯级利用系统；专用拆解设备；测试—拆解—深度破碎技术；金属元素热处理分离技术；金属元素复杂溶液提纯与循环利用	拆解流程自动化率不低于60% 金属元素的回收率达到90% 锂元素的回收率达到80% 排放残渣与废水符合国家环保法规与标准	政府主导制定标准，电池生产企业、整车企业以及回收利用企业共同实施
5	动力电池数字化工厂技术研究	高安全、低成本的动力电池对电池的制备精度和制备效率提出了更高的要求，优秀的数字化工厂技术是实现高安全、低成本的必由之路	匀浆浆料变异系数≤0.06% 极片制备，涂布速度大于每分钟100m，厚度精度0.07%；电池组装实现一体自动化	锂电池的规格尺寸标准化研究 高精度、高速度、高可靠性涂布、辊压、组装技术研究 数字化、可视化、信息化操作、检测手段的研究	数字化程度≥90% 制造合格率≥96% 材料利用率≥95%	政府制定电池规格标准，核心企业重点研发装备和数字化技术

第八章

汽车轻量化技术路线图

1 导　言

能源需求与环境污染的压力日益严峻，但汽车在人类的生活和经济活动中也发挥着不可替代的作用，因此，如何减少汽车能源消耗与降低排放成为各国政府和汽车行业面对的主要问题之一。

汽车轻量化是实现汽车节能减排的重要途径，已经成为世界汽车发展的潮流。汽车行驶过程中必须克服多种阻力，包括滚动阻力、爬坡阻力、加速阻力和空气阻力。除了空气阻力外，其他阻力都与整车质量成正比。因此，降低汽车质量可有效降低油耗以及排放。研究表明，汽油乘用车每减重 100kg 将节油 0. 39L/100km，汽车质量每降低 10%，可降低油耗6% ~8%，排放下降 4%。即使是电动汽车，减轻了车身重量一方面可以降低能耗，另一方面也可以在同样整备质量的前提下安装容量更大的电池，两者均可以提升电动汽车的续航能力。由此可见，无论是传统汽车还是新能源汽车，轻量化都是节能减排的重要手段。同时，汽车的轻量化，可以让车辆获得更好的动态响应，包括加速性能、操纵稳定性和制动性能。

汽车轻量化是全球汽车产业发展的重要方向之一，是国内外汽车厂商应对能源环境挑战的共同选择，也是汽车产业可持续发展的必经之路。发展汽车轻量化技术，是我国节能减排的需要，也是产业结构调整的需要，更是提升我国汽车产品国际竞争力、建设汽车强国的需要。

1.1　发展汽车轻量化的战略意义

1.1.1　汽车轻量化是节能减排的重要途径

能源和环境问题是我国汽车产业实现可持续发展所必需面对的严峻挑战。尽管总体上看，在我国机动车保有量和个人汽车消费能力快速提升的背景下，汽车燃油消耗量得到了较好的控制，但仍然保持逐年增长态势。据国家统计局公布的信息，2014 年我国交通运输用油和生活消费用油合计分别占到当年汽油消耗量的 69. 4% 和和柴油消耗量的 70. 1%。

我国机动车污染物排放也表现出同样的趋势，控制污染物排放将是一项长期任务。

从国际上看，解决汽车节能减排问题主要通过以下三种途径：一是大力发展新能源汽车，通过推广使用新燃料和电动汽车来减少对石油资源的依赖；二是大力发展先进发动机技术，通过一系列电子技术的应用，改善燃油经济性；三是大力发展汽车轻量化技术，在保障汽车安全性和其他基本性能的前提下，通过减轻汽车自身重量来实现节能减排。综合考虑以上三种技术途径的潜力和制约因素，大力发展并推进汽车轻量化技术将是节能减排现实可行的重要途径。

1.1.2　汽车轻量化是提升我国自主品牌汽车企业产品市场竞争力的重要途径

近年来，我国自主品牌商用车持续保持较高且较稳定的市场占有率，自主品牌乘用车在中低端汽车市场占据了一席之地。与2002年中国入世第一年比较，2015年我国自主品牌乘用车的市场份额已经由24.9%提升到41.3%。但形势并不容乐观。2008年金融危机之后，国际汽车市场陷入低迷，我国汽车市场对世界汽车巨头保持稳定发展的重要性日益突出，他们开始将竞争的触角伸向原本自主品牌企业占有优势的中低端汽车市场，导致国内企业和国外企业在中国市场的竞争日趋白热化。2014年，通用汽车、大众汽车、现代起亚等跨国公司在中国的汽车销量已分别占到其全球总销量的44.2%、37.0%和24.0%，丰田汽车、雷诺-日产、福特、本田和标致·雪铁龙等跨国公司的这一数字也超过了10%。

与此同时，受到国际市场汽车消费环境、各国政府对本国汽车工业保护的需要和我国自主品牌产品竞争力不足的影响，我国自主品牌汽车难以保持持续的出口增长。在经历了2008年的出口占销量比例高峰年（当年出口量占汽车总销量的7.29%）和2012年的出口总量高峰年（当年出口量达到101.6万辆）之后持续下滑，已跌至2015年的55.36万辆，仅为我国当年汽车产品总销量的2.25%。

要使中国自主品牌产品市场竞争力持续提升，并在国际市场有良好的表现，关键是技术水平。通过提高汽车轻量化水平降低油耗和提高安全性，是提升消费者对自主品牌认可度的重要手段。从发展的眼光看，近年来我国消费者对汽车轻量化的认识在不断提升。越来越多的消费者已经认识到，乘用车轻量化可以提高燃油经济性和安全性，商用车轻量化可有效提高车辆的燃油效率，从而降低油耗，减少运营成本，形成了对我国汽车轻量化技术发展十分有利的局面。

1.1.3　汽车轻量化是提升国家汽车产业自主创新能力的重要途径

汽车轻量化是世界汽车技术发展的重要方向，开展汽车轻量化技术的研究与应用也是调整产品结构和产业结构的需要。汽车轻量化对于提升我国汽车产业自主创新能力有着重要的意义。

首先，汽车轻量化技术对调整我国产品结构和产业结构有重要作用，尤其是对于推动新能源汽车发展意义重大。从汽车工业来讲，由于受到当前电池性能水平所限，导致目前各种新能源汽车较同类汽车明显增重，不仅妨碍电池能量的利用，还会对碰撞安全性造成严重影响。轻量化设计是在保证碰撞安全性的前提下进行产品减重，对于新能源汽车而言，有利于缓解因电池重量带来的压力，有助于推动新能源汽车的市场化进程。从相关工业来讲，现代轻量化技术引发了产业链的延伸，以钢铁企业为例，轻量化所应用的四大钢板成形技术，在国际上已形成1000亿欧元以上的产值，我国也具有1000亿人民币以上的潜在市场，目前外国企业纷纷进入中国设厂，国内钢铁企业也在加大开发与建设力度。

其次，汽车轻量化技术对于提升汽车产业自主创新能力有着重要作用。众所周知，汽车低碳化、信息化、智能化是未来汽车技术发展的三个重要方向，汽车轻量化是汽车信息化与智能化的重要基础。汽车轻量化技术，无论对于传统的燃油汽车，还是对于新能源汽车，都是一项共性的基础技术，对于整个汽车产业的可持续发展有着重要的意义。而汽车轻量化技术又涉及汽车材料技术、设计开发技术、工艺制造技术等多个学科，需要多产业的联合突破。汽车轻量化产业链的形成将带动整个相关的零部件产业的提升和创新发展。

1.1.4 汽车轻量化与提升国家整体工业水平的关系密切

汽车轻量化是一个跨产业的系统工程，涉及冶金、材料、装备、设计、维修、回收再利用等多个相关产业的发展。所以，汽车轻量化产业的形成和发展，需要依托于我国相关产业的大力发展。与国外先进水平相比，我国汽车用高强度钢、铝合金板材、先进复合材料等材料领域的发展相对还比较滞后，无论在产品种类上，还是在生产稳定性上都不能完全满足汽车工业的需求。在标准领域，我国现有的国家标准和行业标准中有关汽车轻量化的标准，要么相当落后，要么完全是空白，与我国快速发展的汽车轻量化产业不相适应。

汽车轻量化产业的发展也会带动相关产业加快发展。如汽车用超高强度钢板在近年来连续增长超过40%，汽车用先进高强度钢也有了较快增长，大大提升了我国汽车用钢的开发和生产稳定性。另外，如汽车用超高强度钢热成形生产线、汽车用液压成型生产线、汽车用锻造铝合金产品生产线的建设，也带动了与之相配套的伺服压力机、气垫式加热炉、模具等装备工业的快速发展。

1.2 汽车轻量化技术路线图的研究范围及目标

汽车轻量化技术路线图研究范围主要包括：分析国内外先进的轻量化材料、制造工艺、零部件优化设计等技术发展现状，明确轻量化技术未来发展趋势，制定发展愿景目标，提出发展技术路线、重大创新需求和行动框架。

汽车轻量化技术路线图的研究力求通过深度分析国内外汽车轻量化技术的发展现状和趋势，提出我国汽车轻量化的发展目标；通过深度分析我国汽车及相关工业的产业特点和与世界主要发达国家的市场特征、政策法规的差异，提出符合中国国情的技术路线，制定出具有引领性、指导性以及战略性的规划和可实现的汽车轻量化技术发展途径；通过深度分析未来汽车结构变化的新特点和核心零部件轻量化发展新趋势，提出我国汽车轻量化技术发展的关键技术和创新需求；通过深度分析我国汽车轻量化技术发展的短板，提出近期优先行动项。上述研究结果将引导我国今后 10 至 15 年内的汽车轻量化技术的发展与走向，为汽车企业的轻量化技术发展提供方向，为我国汽车轻量化技术和产业资源的配置、优化提供指引。

1.3 汽车轻量化的相关定义与技术架构

1.3.1 相关定义

1.3.1.1 汽车轻量化

汽车轻量化是指在满足汽车使用要求、安全性和成本控制的条件下，将结构轻量化设计技术与多种轻量化材料、轻量化制造技术集成应用所实现的产品减重，从而提高汽车的动力性，降低燃料消耗，减少排气污染。

1.3.1.2 乘用车：名义密度

名义密度定义为汽车整备质量与名义体积之比，用名义密度的大小来反映轻量化的水平，名义密度小的车辆轻量化水平高。

$$\rho = \frac{M}{V}$$

式中，M 为汽车整备质量，单位为 kg；名义体积定义为 $V = LB\ (H - G)$，L 为整车长，B 为整车宽，H 为整车高，G 为最小离地间隙。

1.3.1.3 乘用车：整车轻量化指数

通过引入整备质量、名义体积、百公里综合油耗和发动机指标，提出整车轻量化指数 E，其表达式为

$$E = \frac{M}{V}\ \frac{Q}{P}$$

式中，V 为汽车名义体积，单位为 m^3；Q 为百公里综合油耗，单位为 L/100km；P 为发动机功率，单位为 kW。

1.3.1.4 载货汽车：载质量利用系数

载质量利用系数是汽车装载质量与整备质量的比值，是衡量载货汽车轻量化水平的重要参数。在装载质量和使用寿命相同的条件下，载质量利用系数越大，表明该车型的结构和制造水平就越高。

$$\text{载质量利用系数} = \frac{\text{汽车装载质量}}{\text{整备质量}}$$

1.3.1.5 牵引车：挂牵比

牵引车挂牵比是用来衡量重型牵引汽车轻量化的一个重要参数，牵挂比越大，表明该车型单位质量的利用效率越高。

$$挂牵比=\frac{挂车总质量}{整备质量}$$

1.3.2 汽车轻量化技术架构

汽车轻量化技术体系架构包括轻量化材料技术、轻量化先进工艺技术和轻量化结构优化技术三方面，见表 8-1-1。

轻量化材料在选取上主要包括高强度钢、铝合金、镁合金、复合材料等。

轻量化先进工艺技术主要包括先进制造工艺技术与先进连接技术两类。在先进制造工艺技术方面，主要有高强度钢板的热冲压成形、液压成形、激光拼焊成形，管材内高压成形等，铝/镁合金等的半固态成形、高真空压铸、等温挤压、等温锻造等，复合材料的在线模塑成型、在线注射成型、在线模压成型等；先进连接工艺技术主要有激光焊接及激光钎焊、搅拌摩擦焊、锁铆及自锁铆技术、流钻螺钉、胶粘连接等。

轻量化结构优化方面主要包括整车及零部件结构拓扑优化、尺寸优化、形状/形貌优化、多学科多目标优化。

表 8-1-1 汽车轻量化技术概述

<table>
<tr><td rowspan="12">汽车轻量化技术</td><td colspan="2" rowspan="4">轻量化材料</td><td colspan="2">高强度钢：SAPH440、DP980、CP780、TWIP780、热冲压钢、20NiCrMo7 等</td></tr>
<tr><td colspan="2">铝合金：铝合金板材、铸造铝合金、锻造铝合金等</td></tr>
<tr><td colspan="2">镁合金：镁合金板材、铸造镁合金、锻造镁合金等</td></tr>
<tr><td colspan="2">非金属材料：玻璃纤维/碳纤维/玄武岩纤维等增强复合材料、高性能先进工程塑料、车身结构加强胶等</td></tr>
<tr><td rowspan="4">先进工艺</td><td rowspan="3">制造工艺</td><td>汽车钢（板）</td><td>液压成形（内高压成形）、热冲压成形、辊压成形、激光拼焊、不等厚轧制板等</td></tr>
<tr><td>镁合金/铝合金</td><td>半固态成形、高压铸造成型、低（差）压铸造成型等</td></tr>
<tr><td>复合材料</td><td>在线模塑成型、在线注射成型、在线模压成型、RTM 等</td></tr>
<tr><td colspan="2">连接工艺</td><td>激光焊接及激光钎焊、搅拌摩擦焊、锁铆及自锁铆技术、热熔自攻螺钉、胶粘连接等</td></tr>
<tr><td colspan="2" rowspan="4">结构优化</td><td colspan="2">整车及零部件结构拓扑优化</td></tr>
<tr><td colspan="2">整车及零部件尺寸优化</td></tr>
<tr><td colspan="2">整车及零部件形状/形貌优化</td></tr>
<tr><td colspan="2">整车及零部件及总成多学科/多目标优化等</td></tr>
</table>

2 汽车轻量化技术现状分析

2.1 国内外汽车轻量化相关技术现状分析

汽车轻量化技术包括轻量化材料应用、先进工艺和结构优化设计等方面。汽车轻量化始于20世纪70年代的美国，此后受到欧美日等发达国家和地区的高度重视，轻量化材料在汽车上的应用比例不断增加，汽车制造业在成型工艺和连接技术上不断创新，结构优化设计和零部件的模块化水平不断提高，使得发达国家的平均车重在过去的20年间约降低了25%。虽然汽车轻量化已是大势所趋，但国内汽车轻量化相关产业还未形成规模，在轻量化技术研发及应用方面与国外先进水平相比存在较大差距。

2.1.1 汽车轻量化材料技术

2.1.1.1 高强度钢

（1）高强度钢分类

汽车用钢的分类主要有以下两种：一是按力学性能（抗拉强度和屈服强度）来分类，通常分为低强度钢、高强度钢和超高强度钢三类；二是按照冶金学的分类，通常分为低强度钢、普通高强度钢和先进高强度钢三类。低强度钢包括IF钢和软钢；高强度钢包括C-Mn钢、烘烤硬化钢（BH钢）、高强度IF钢和高强度低合金钢（HSLA）；先进高强度钢包括双相钢（DP钢）、相变诱导塑性钢（TRIP钢）、复相钢（CP钢）、马氏体钢（MS钢）和第三代汽车钢（中锰钢和Q&P钢）。

（2）国内外研发及市场应用现状

先进高强度钢在欧洲的生产和应用非常普遍，DP钢的强度水平从500MPa到1180MPa，相应的电镀锌也已经商业化，已经成熟地应用在A、B、C柱加强件，车顶横梁/纵梁，窗框，前后部顶梁，座椅导轨，座椅骨架，保险杠加强件，车门防撞梁等零件中。Mn-B系热成形钢工业产品实物水平抗拉强度已经达到了1470MPa，并且已经广泛地应用于乘用车，目前正在发展2000MPa的热成形钢。

日本先进高强度钢板及其冷成形技术相对较发达，形成了抗拉强度从340~1470MPa的一般加工用钢、强度级别为590~1180MPa的高伸展凸缘成形性用钢、强度级别为590~1180MPa的低屈强比DP钢、抗拉强度为1300~1700MPa的马氏体高强度钢、强度级别为590MPa和780MPa的高延伸率TRIP钢等多个系列的先进高强度钢。

韩国浦项钢铁公司推进强塑积指标更大的X（Extra）-AHSS和U（Ultra）-AHSS钢的研发，开发的MAFE（Micro Alloy Free-Exposed）钢，用纳米级的CuS/MnS代替TiC/NbC，均匀分散在钢组织中，可以提高烘烤硬化钢表面性能，并有效降低生产成本。目前主要被用于发动机罩外板、车门外板、挡泥板等汽车外板。

美国是汽车工业强国，拥有世界知名的福特、通用、菲亚特-克莱斯勒（FCA）等汽车公司，以及美国钢铁公司、纽柯公司、AK Steel 等著名钢铁公司。第三代汽车钢是美国科学家于 2007 年首先提出，并通过粉末冶金与热轧冷轧制备出三个强度级别（900MPa、1200MPa、1600MPa）的新型高强高塑汽车钢。

随着国内汽车对高强度钢需求的快速提高，我国各大钢厂均加大了对汽车用先进高强度钢的开发力度，根据零件对钢材力学性能要求的不同，形成了 DP 钢、TRIP 钢、MS 钢和 PHS 钢系列产品。我国宝钢和鞍钢都实现了 TWIP980 钢的工业试制，并且具备商业供货能力。在第三代汽车钢的研制上，已率先实现了中锰钢热卷、冷卷、镀锌板以及 Q&P 钢的工业生产。中锰第三代汽车钢的温成形技术可明显降低热冲压成形零件的成本，目前已进行了防撞梁、B 柱、侧围等零件的试制与评价。宝钢已经形成了抗拉强度为 980MPa 和 1180MPa 两个强度级别可商业化供货的工业产品，在一汽乘用车、日产乘用车上得到了商业化应用。

目前，各种级别的高强度钢在汽车中的应用比例如图 8－2－1 所示。全球各汽车制造厂的新型高强度钢板使用比例正在不断提高。日本三菱公司为其最新的 SUV 车设计了全新的车身结构，车身 70% 的构件由高强度钢制造，福特的 Windstar 车身骨架中，60% 是高强度钢，丰田 Vitz 车身结构中高强度钢占了 48%。而在 2015 款福特 Edge 汽车中，先进高强度钢约占白车身的 50%，通用 COLORADO 汽车整个车身结构中，热冲压成形钢使用了 5.7%，多相及马氏体钢使用了 20.8%，双相钢 11.3%，低合金强度钢 10%。

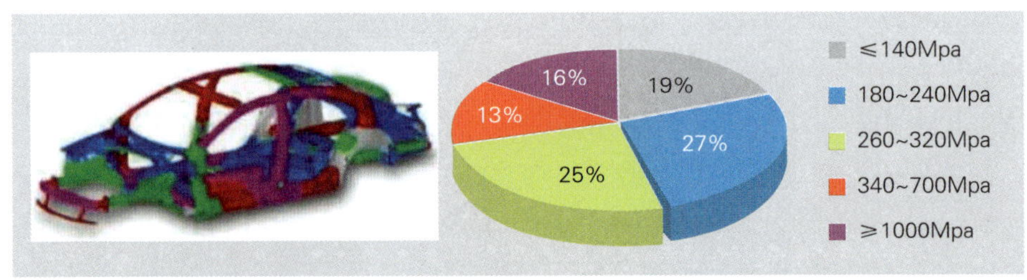

图 8－2－1　高强度钢在汽车中的应用比例

我国自主品牌车身的高强度钢板用量与强度级别也在显著提高，图 8－2－2 反映了 2008 年与 2015 年我国骨干汽车企业最具代表性的自主品牌车型上高强度钢用量的变化情况。但从用钢的强度级别看，我国的汽车企业与跨国公司仍然存在一定的差距。

有数据表明，虽然我国目前高强度钢的总体应用比例与国外差别不大，但国内高强度钢主要集中在屈服强度 210～340MPa 之间，屈服强度大于 550MPa 的超高强度钢用量非常少。相比而言，国外超高强度钢应用比例较大，如马自达 2 汽车中，780MPa 及以上强度钢整车应用比例达到 30%，沃尔沃 XC90 汽车热成形钢（1500MPa 以上）应用比例达到 30%。制约国内高强度钢，尤其是超高强度钢应用的因素主要体现在成形和焊接技术方面，此外限制因素还有国内的供应商配套资源，包括原材料供应商、零部件供应商和模具等工艺器具供应商的能力还有待加强。

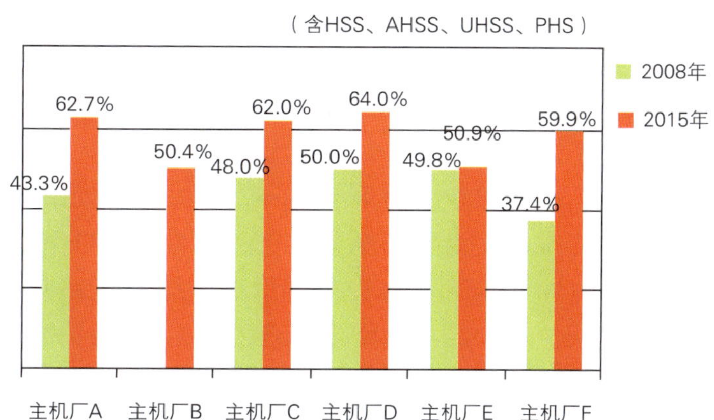

图 8-2-2　2008 年与 2015 年自主品牌企业典型车型上高强度钢用量比较

2.1.1.2　铝合金

铝合金的密度小（2.7g/cm^{3}左右），仅为钢的三分之一，具有良好的工艺性、防腐性、减振性、可焊性以及易回收等特点，是一种非常优良的轻量化材料。典型的铝合金零件一次减重（传统结构件铝替钢后的减重）效果可达 30% ~40%，二次减重（车身重量减轻后，制动系统与悬架等零部件因负载降低而设计得更轻带来的减重）则可进一步提高到 50%，用作结构材料替换钢铁能够带来非常显著的减重效果。

（1）铝合金分类

目前铝合金在汽车中应用的形式有铝合金铸件、铝合金锻件、铝合金挤压件、铝合金板材。其中铝合金铸件中又有砂型铸造、消失模铸造、半固态铸造、挤压铸造以及永久模铸造等形式。

目前针对汽车用铝合金的发展方向主要是围绕提高强度、降低成本展开的。近年来铝合金在汽车上的应用所取得的进展主要如下。

① 铝合金铸件：常用的铝合金为 A356，目前用最新工艺所取得的力学性能为屈服强度 260MPa，抗拉强度 340 MPa，延伸率大于 6%。

② 铝合金锻件：锻造铝合金的牌号主要为 6061，屈服强度为 340 ~390MPa，抗拉强度 380 ~440MPa，延伸率达到 6% ~9%。

③ 半固态铸造铝合金：适于半固态铸造方式制造的汽车铝合金零部件主要牌号为 A356、2618、7075、ZL201、6061、6063、ZL116 等，应用半固态压铸可以取得高于液态压铸 200 以上的强塑积，而接近于锻造铝合金的强塑积。

④ 铝合金挤压件：铝合金的挤压件工艺方便，截面形状的可设计性强，在合理的截面设计下具有很高的冲击、吸能特性。

⑤ 变形铝合金板材：汽车车身铝合金板材主要有 2 个系列，分别为 5XXX 系和 6XXX

系。可用于发动机罩、前翼子板、顶盖、车门、行李箱盖、动力电池壳体、车厢底板结构件甚至全铝车身等。

⑥ 汽车动力电池用软包装铝箔：主要为尼龙—铝箔—高分子材料的三层复合结构，制造技术复杂，目前被日本所垄断。

（2）国内外研发及市场应用现状

美国密歇根大学建立了汽车轻量化材料数据库，其重点内容是关于铝合金铸造工艺性能和应用的设计基础。美国铝业公司采用 Micromill 技术开发的铝合金比目前的合金更加容易成形，可以在 20min 之内将熔融金属轧制成板，成形率提高了大约 40%，应用于制造福特 2015 款 F150 的全铝车身汽车较钢制车身减重 300kg。通用汽车新一代克尔维特采用全新的铝合金框架结构，刚度比现款克尔维特的钢制车架提升 57%，并且重量轻了 45kg。凯迪拉克全新 CT6 采用 Omega 后驱平台打造，其车身框架的 64% 都是由铝合金材料进行打造的，相比全钢车身减轻了 90kg 的重量。美国的豪华电动汽车特斯拉车身采用了大量铝合金挤压件、冲压件和铸件，铝合金应用比例达到了 97%，如图 8-2-3 所示。

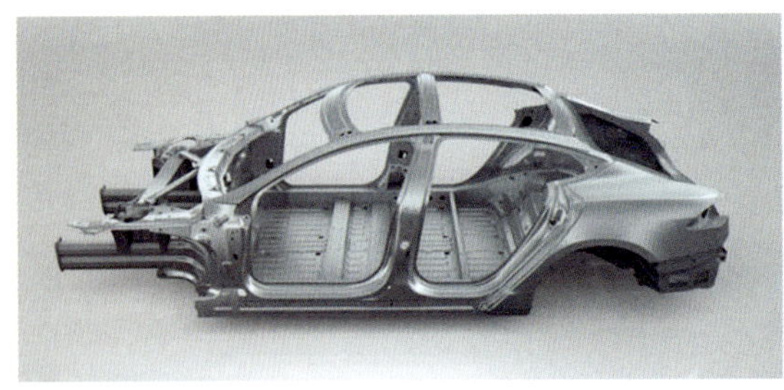

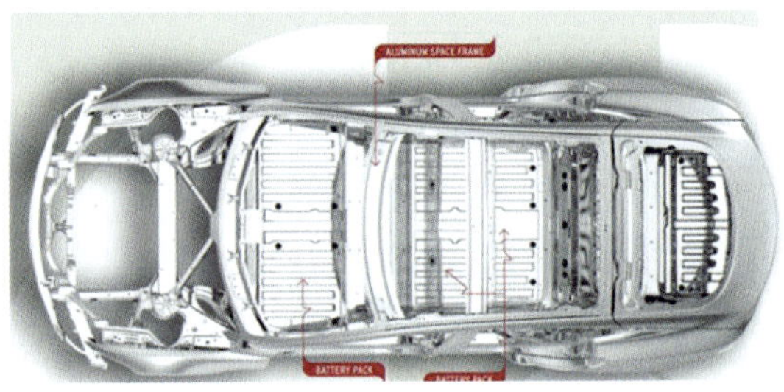

图 8-2-3　特斯拉电动汽车铝合金车身

欧洲国家的技术实力也走在世界前列，早在 1994 年，德国奥迪汽车公司就推出了全铝车身的奥迪 A8 豪华轿车，该车主要使用的铝合金牌号为 6016（外板）与 5182（内板），总质量达到了 300.7kg，相比同体型的钢制车身重量大大降低。新款奥迪 A2 的车身大量使用了铝合金（图 8-2-4），包括冲压成形的铝合金板材覆盖件以及部分车身结构件、挤压型材、液压成形挤压制备的 A 柱与 B 柱以及车头的吸能盒，还有铸造制备的车架以及纵梁。

日本神户钢铁公司研发的 5××× 系及 6××× 系汽车铝板已形成系列，如 KS5J30 合金、Al-Mg-Cu-Sn 合金，其抗拉强度为 300MPa，伸长率为 30%，与低碳钢的力学性能相当，已用于制造车身钣金件。日本汽车用铝的部件主要有高端车型的车身、车轮、底盘、悬架系统中的控制臂、转向节及副车架、保险杠防撞梁、客车车身、座椅骨架和动力电池（正极铝箔、电池铝壳和电池铝托盘及燃料电池高压气瓶内层铝合金容器）等。在 2009 年，日本日产公司便推出了聆风纯电动汽车，在车身结构件中大量使用铝合金，如图 8-2-5 所示。日本本田生产的个别乘用车车身使用铝合金达 162kg，比钢车身减重约 40%。

图 8－2－4　奥迪 A2 车身用铝情况

图 8－2－5　日产聆风解剖图

我国主要铝合金板材生产企业已完成了铝合金汽车板轧制技术开发并试制了相应的铝合金汽车板材，进行了汽车零件试制和试生产，取得了满意的效果。半固态铝合金的工业应用有了一定的基础和进展，但暂时未进入产业化阶段。国内乘用车铝合金基本占到整车质量的 6%～10%。主要用于覆盖件（如发动机罩盖、车门、行李箱盖、车顶盖、翼子板等）、前后保险杠横梁等，其中，在保险杠横梁和发动机罩盖上的应用较多。图 8－2－6 所示为长城和奇瑞车型的铝合金发动机罩盖样件。受成本的制约，国产商用车铝的应用水平远低于乘用车，单车用量大约在 40kg，不到整车总质量的 1%。

长城汽车　　奇瑞汽车

图 8－2－6　自主开发铝合金发动机罩盖样件

2.1.1.3　镁合金

镁合金具有密度小（1.8g/cm^{3}左右）、减振性好、铸造流动性好等特点，在汽车上有着良好的应用前景。

（1）镁合金分类

Mg-Al 系合金是汽车产业中应用最为广泛的一类合金。为改善镁合金的韧性、耐高温性、耐腐蚀性，以 Mg-Al 系为基础发展形成了 AZ（Mg-Al-Zn）、AM（Mg-Al-Mn）、AS（Mg-Al-Si）、AE（Mg-Al-RE）系列合金。

（2）国内外研发及应用现状

汽车产品中镁合金用量较多的主要是北美、欧洲。目前，欧洲使用和研制的镁合金汽车零部件已超过60种，单车镁合金用量为9.3～20.3kg；北美使用和研制的镁合金汽车零部件已超过100种，单车镁合金用量为5.8～26.3kg。

汽车常用镁合金及其零部件见表8－2－1。

表8－2－1 汽车常用镁合金及其零部件

镁合金牌号	汽车典型零部件
AZ91D	手动变速器壳体、进气歧管、后窗框、门内框、辅助转动支架、离合器壳、反光镜支架、机油滤清器壳体、气门罩和凸轮轴罩、脚踏板、转向柱支架、变速器上盖、操纵装置壳、气缸盖罩、前端齿轮室
AZ61	行李架骨架、立柱梁
AZ31	车轮/轮毂
AM50	座椅骨架
AM60B	转向盘骨架、电器支架、仪表板骨架、转向盘、散热器支架、前照灯托座、座椅骨架、车轮/轮毂
AS41B	离合器壳体、变速器壳体
AE44	变速器壳体、油底壳、发动机托架

受成本和技术的限制，目前我国镁合金用量还十分有限，国内平均单车用量不足1.5kg，应用最成熟的是压铸镁合金转向盘骨架。个别车型已应用镁合金座椅骨架、合金仪表板骨架等。部分镁合金汽车零部件如图8－2－7所示。

转向盘骨架

变速器壳体

链轮室罩

EQ6105柴油发动机镁合金气阀室盖（1500g）

镁合金变速器上盖（1500g）

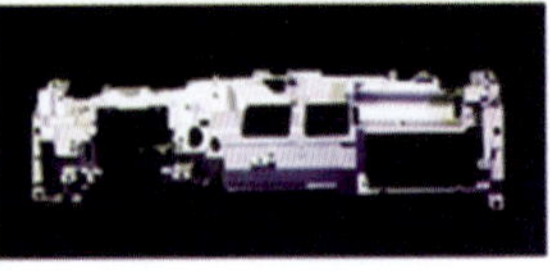
镁合金仪表板骨架

图8－2－7 汽车典型镁合金零件

2.1.1.4　复合材料

（1）复合材料分类

汽车用非金属材料包括通用塑料、先进高性能工程塑料和树脂基复合材料。树脂基复合材料根据增强体和基体材料不同分为多种类型增强基复合材料，如玻璃纤维增强复合材料、碳纤维增强复合材料、生物纤维增强复合材料等。在汽车行业，习惯上把这些树脂基复合材料简称为“复合材料”。

现阶段，玻璃纤维增强复合材料应用较为广泛，如乘用车车身空气导流板、前翼子板和前挡泥板延伸部件、发动机罩、装饰条、尾板等以及商用车保险杠、翼子板、脚踏板、面罩等；商用车导流板、驾驶室壳体等典型零部件。

碳纤维增强复合材料（CFRP）具有绝佳的韧性和抗拉强度，其密度在 1.45 ~ 1.6g/cm^3，拉伸强度可达 1.5GPa 以上，超过铝合金的 3 倍，接近超高强度钢的水平。碳纤维的应用可使汽车车身减轻质量 30% ~60%。但由于碳纤维成本及 CFRP 部件制造成本过高，碳纤维增强复合材料在汽车中的应用仍然有限，仅在一些 F1 赛车、高级乘用车、小批量车型上有所应用，如宝马 i3、Z-9、Z-22 的车身，M3 系列车顶篷和车身，通用的 Ultralite 车身，福特的 GT40 车身、保时捷 911 GT3 承载式车身等。

玄武岩纤维增强复合材料性能低于 CFRP，但优于玻璃纤维增强复合材料，其成本远低于 CFRP，在航空航天等领域应用较多，现在逐渐替代部分玻璃纤维增强复合材料，成为汽车轻量化用材的新宠。

生物纤维增强复合材料主要选取亚麻等植物纤维，便于汽车回收阶段的可降解，是一种无污染的清洁材料，主要应用在汽车门内板、仪表板等内饰零部件，如宝马 i3，有利于实现产品减重。该材料对改善车内空气质量也有较大帮助。

（2）国内外研发及市场应用现状

2015 年 1 月，美国能源部宣布计划在五年里投入 7000 万美元用以推动清洁能源产品所需的轻型复合材料发展。此外，美国政府还宣布组建先进复合材料制造创新研究所，该研究所将与生产企业、高校和国家实验室合作，为创新复合材料技术的开发和研究提供支持。

复合材料的特点是可实现零部件的模块化生产。如宝马系列的汽车变速器组件采用 GF35%/ PA66 复合材料制成，它集成了许多零部件于一体，不仅节约了发动机舱内的宝贵空间，也减少了成型工艺。欧盟曾采用树脂传递模塑成型（RTM）工艺成功地试制出某乘用车碳纤维复合材料底板，零件的数量由 28 个减少到 8 个，重量较钢减轻约 50%，而车身的性能达到了原钢车身水平。

碳纤维的承载式车身能承受更大的拉应力，封闭的座舱能够在车身受到高速冲撞，甚至车体彻底肢解后，保证驾驶者的绝对安全。兰博基尼旗舰款超级跑车 Aventador LP700-4（图 8－2－8）的驾乘舱完全用碳纤维复合材料制造而成，并配以硬壳式结构，结构重量仅为 145.5kg。宝马 i3 作为全球最创新的电动汽车，由于大量使用了碳纤维增强复合材料，使得新宝马 i3 整车仅重 1255kg（图 8－2－9），重量降低了 300 kg 左右。

图 8-2-8 兰博基尼 AventadorLP700-4

图 8-2-9 宝马 i3 电动汽车

在国内，一汽建立了汽车轻量化先进成型技术创新基地，针对材料方面开展了碳纤维复合材料、玻毡增强热塑性塑料（GMT）等轻量化材料在汽车上的应用研究。长安汽车与中国科学院、中航复材以及湖南大学等院校开展合作，正在研制适于规模化生产的碳纤维顶盖和地板。

2.1.2 汽车轻量化先进工艺技术

2.1.2.1 激光拼焊（TWB）及不等厚度轧制板（VRB）

（1）激光拼焊技术

激光拼焊是将不同厚度、不同材质、不同强度、不同冲压性能和不同表面处理状况的板坯拼焊在一起，再进行冲压成形的一种制造技术。

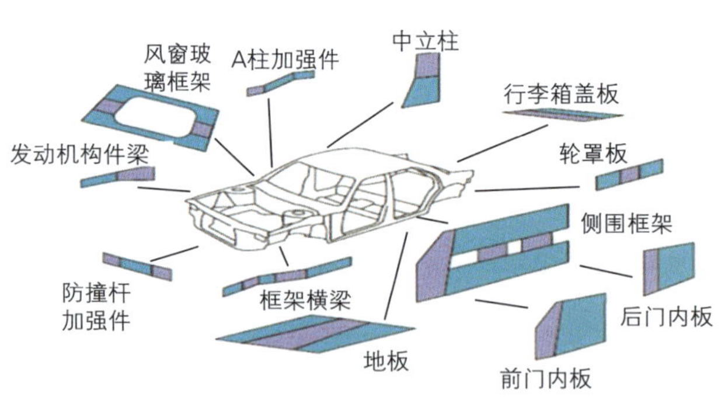

图 8-2-10 激光拼焊技术在车身上的应用实例

德国大众最早于 1985 年将激光拼焊用于汽车。北美于 1993 年也大量应用激光拼焊技术。目前，几乎所有的著名汽车制造商都采用了激光拼焊技术。采用拼焊板制造的结构件有车身侧框架、车门内板、风窗玻璃框架/前风窗框、轮罩板、地板、中间支柱（B 柱）等（图 8-2-10）。最新统计表明，最新型的钢制车身结构中，50% 采用了拼焊板制造。

激光拼焊技术在 20 世纪 90 年代末引入中国，一汽、上汽、长城、奇瑞、吉利等汽车公司在前纵梁、门内板和 B 柱加强板等都有应用。宝钢已有 23 条激光拼焊生产线，年产 2200 多万片板坯，占我国市场份额的 70% 以上，是世界第三、亚洲第一大激光拼焊板生产公司。鞍钢也在与蒂森克虏伯合作，在长春等地建立激光焊接加工生产线。

（2）不等厚度轧制板

变厚板是轧钢机通过柔性轧制工艺生产的金属薄板，即在钢板轧制过程中，通过计算机实时控制和调整轧辊的间距，以获得沿轧制方向上按预先定制的厚度连续变化的板料。图8－2－11显示了变厚板生产的工艺原理。与TWB钢板相比，VRB钢板仅可为同一种钢种，宽度也不能太宽，更适合制造梁类零部件。

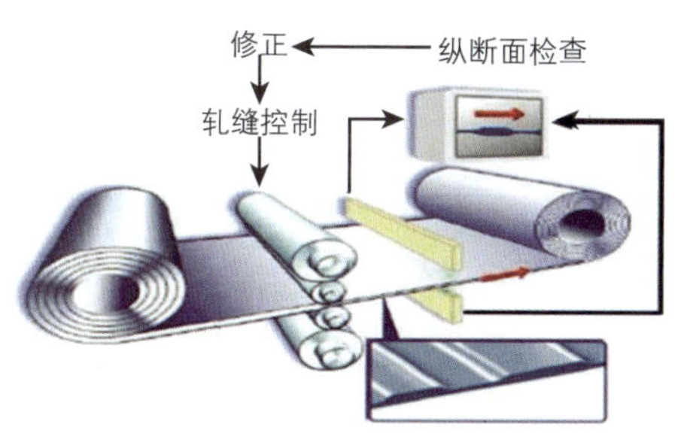

图8－2－11　不等厚度轧制板生产原理

德国Mubea公司有2条变厚板生产线，年产7万t。板厚为0.7～3.5mm，原始板料的最高强度为800MPa级别。目前，欧洲70余个车型使用变厚板或者变厚管产品。奔驰C级车中通道加强板、前地板纵梁、后保险杠、后地板横梁等11个零件使用了VRB钢板。

我国宝钢和东北大学均开展了VRB钢板的研发和生产工作，目前具备了小批量供货的能力。借助于强大的材料开发能力，宝钢形成了VRB零件的设计、材料开发、成形过程模拟、模具设计和产品质量评估的能力，并已试制成功前纵梁、仪表板支架、顶盖横梁等零件，同时也轧制成功了1500MPa级别的非镀层和铝硅镀层的热冲压成形钢板，成功试制了热冲压成形VRB中通道零件。

2.1.2.2　内高压成形（液压成形）制造技术

管件液压成形是将管坯放入模具内，利用高压液体充入管坯空腔，同时辅以轴压补料，使其直径胀大至贴靠凹模的成形过程，如图8－2－12所示。由于内部压力可高达400MPa，在欧洲又称为内高压成形技术（IHPF），在美国则称为管件液压成形技术（TH）。

液压成形适用于汽车领域的沿构件轴线变化的圆形、矩形截面或各种异形截面空心构件。与传统冲压焊接工艺相比，液压成形技术具有成形精度高、可节约材料、减少成形件数量和后续机械加工与焊接量、提高成形件的强度与刚度、减少模具数量、降低生产成本等优点。液压成形在底盘部件中应用较多，如前副车架主管、扭力梁、控制臂等，车身结构件主要应用于A、B柱等件。福特新蒙迪欧车型A柱上部采用DP1000钢管内高压成形，实现减重2.1kg。B柱加强板采用两个内高压成形件，优化了侧碰性能。

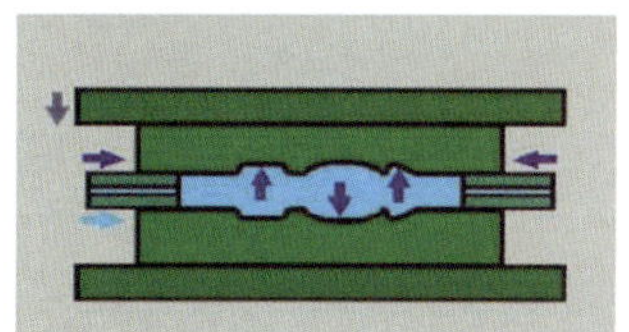

管件液压成形

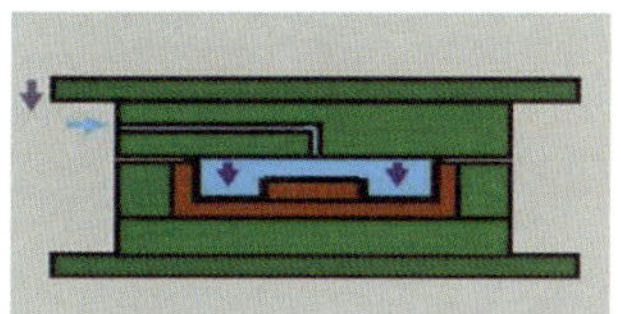

板件液压成形

图8－2－12　液压成形示意图

2.1.2.3 超高强度钢热冲压成形技术

热成形技术通过热处理和高温成形相结合的方式来实现零件的高强度。热成形技术适用于对舒适性、强度和安全性要求高的零件，典型的热冲压零件有前、后门左右防撞杆（梁），前/后保险杠横梁，A 柱、B 柱、C 柱加强板，地板中通道和车顶加强梁等，如图 8-2-13所示。除全铝车身以外，均应用了热成形构件。

国外目前至少有 110 条热冲压成形生产线，主要分布在美国（19 条）、德国（30 条）、日本（10 条）以及法国、西班牙、瑞典等国。

国内已建成和在建的热成形生产线有 30～40 条，热成形件的产量可达到 5000 万件。热成形技术在我国自主品牌汽车中有大量应用。

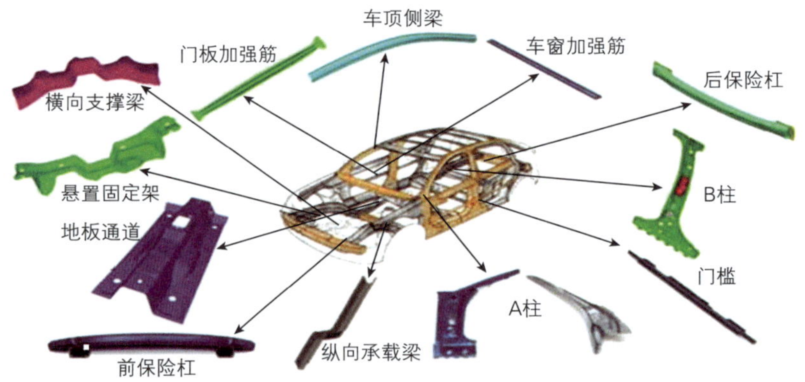

图 8-2-13 热成形技术在汽车车身应用部位

2.1.2.4 辊压成形技术

辊压成形工艺通过顺序配置的多道次成形轧辊，把卷材、带材等金属板带不断地进行横向弯曲，以制成特定断面的型材。辊压成形的优势在于能够加工其他工艺无法实现的复杂形状。一般，辊压成形为等截面零件，近年来开始开发三维变截面辊压成形技术。其优势是合理设计型材的几何断面，提高承载能力，减轻零件重量。辊压成形因其成本低和效率高而得到重视，凯迪拉克 ATS 地板有 8 件采用超高强度钢辊压成形，奔驰新 B 级车地板有多个零件采用辊压成形（见图 8-2-14），材料利用率在 90% 以上。图 8-2-15 所示为三维辊压技术可能生产的乘用车车身变截面零件。

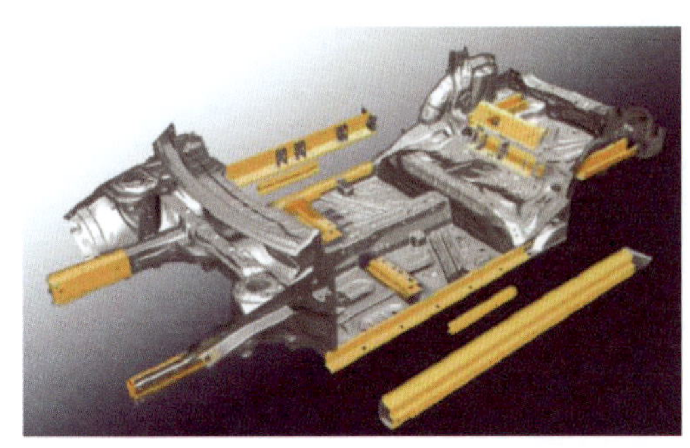

图 8-2-14 奔驰新 B 级车辊压件

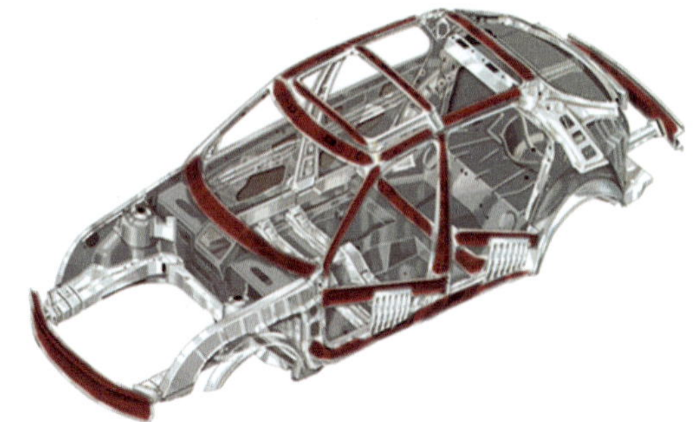

图 8-2-15 三维辊压技术可能生产的变截面零件

2005 年瑞典开发了 3D 柔性辊压，2011 年开发完成世界上第一条 3D 柔性辊压生产线，通过伺服电动机驱动，可以实现轧辊上下移动、水平移动及转动，生产宽度可变、深度可变的零件。德国 DATA M 公司也完成了 3D 柔性辊压生产线的开发，用于商用车大梁及乘用车边梁。

2014 年，我国北方工业大学与一汽集团公司联合开发出我国自主的首套高强度钢三维辊压生产制造控制系统。目前，正在进行 3D 柔性辊压技术开发，用于变截面零件辊压成形。

2.1.2.5　半固态成形技术

麻省理工学院的研究人员在 1972 年首次提出采用半固态加工技术可以得到高性能的铝合金。20 世纪 90 年代，半固态技术开始在汽车部件上应用。目前，美国 AEMP、德国 EFU、意大利 StamPal、法国 Pechiney、美国 Alunax 工程工业公司和瑞士 Alusuisse 公司均已形成相当的产业规模，大量用于交通运输和武器装备零部件的制备。铝合金半固态成形件的单件尺寸与质量也不断加大，意大利 StamPal SPa 和菲亚特公司生产的半固态铝合金零件重达 7kg。

我国目前主要注重半固态浆料的制备研究，华东理工大学、上海大学、东北大学等高校和研究机构在机械搅拌和电磁搅拌方面有一定进展，所研制的多种牌号半固态成形的铝合金零件，与铸造铝合金相比，综合性能均提高了 30% 以上。

2.1.2.6　高压铸造成型技术

高压铝合金铸造件的优势在于其可高效率生产集成设计复杂薄壁构件的能力。除动力传动系统壳体构件和发动机缸体外，奔驰新 SL 大量应用铝合金高压铸造技术，零部件数量大大减少，如图 8－2－16 所示。

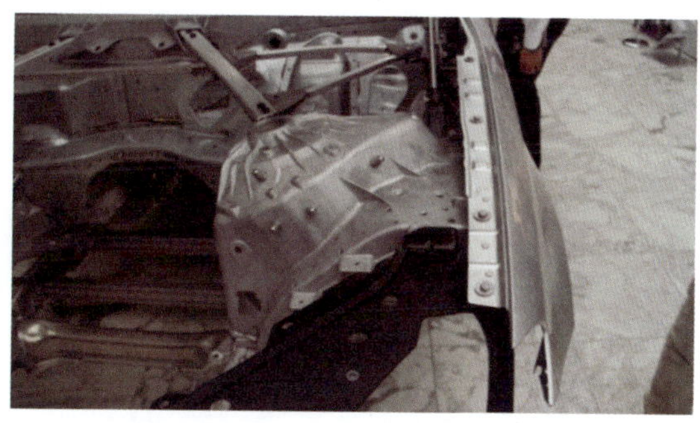

图 8－2－16　奔驰新 SL 铸造构件图及悬架固定座

其中，A 柱由两个铸造件构成，替代了原来的 13 个构件。前悬架固定座整合了 7 个构件，B 柱内板整合了 11 个构件，后纵梁整合了 22 个构件，前防火墙整合了 6 个构件。总体来说，铝合金高压真空铸造悬架固定座已经在国外得到批量应用，达到了较好的轻量化效果，但国内还没有产品化。

2.1.2.7　低（差）压铸造成型技术

低（差）压铝合金铸造件的优势主要在于获得较高工艺品质的同时，可以生产一体化设计的中空、薄壁、复杂构件。除车轮和缸盖外，主要用于汽车悬架系统、转向系统、行驶系统的轻量化构件生产，迄今已在国外高端汽车的上述系统的铝合金构件生产上得到批量应用，达到了极好的轻量化和提高车辆驾乘性能的效果，如图 8－2－17 所示。在国内，除车轮、缸盖外，底盘和悬架系统方面的应用较少。

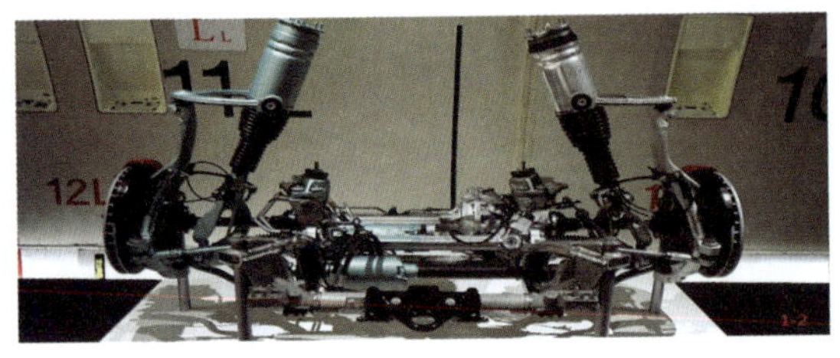

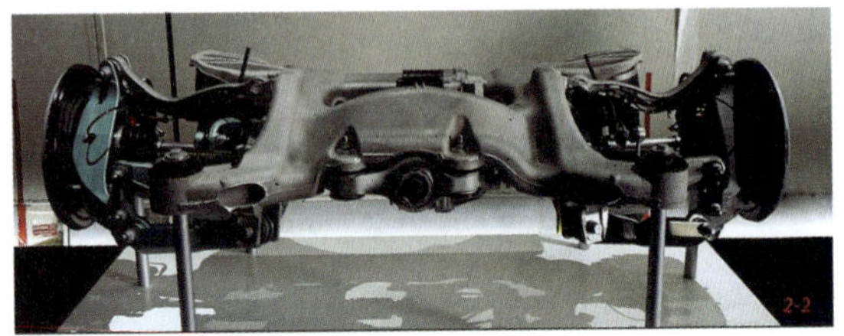

图 8－2－17　路虎揽胜（运动）轻量化全铝悬架

2.1.2.8　复合材料直接在线混合成型技术

为解决传统注塑和模压成型低效率、高成本和高能耗等工艺缺点，20 世纪 90 年代初期，德国、美国和法国分别开展了长纤维增强热塑性复合材料直接在线模塑成型（LFT-D）技术的研究，研发出了短流程、高效率、低能耗和低成本的成型工艺与装备，如在线注射成型工艺（LFT-D-injecting）和在线模压工艺（LFT-D-molding）。在线注射成型适用于制造小型件和复杂零部件，在线模压成型一般用于尺寸较大、形状简单的产品。长纤维增强热塑性复合材料在线模压产品现已被宝马、奔驰、奥迪、马自达等汽车企业广泛地应用于后背门内板、仪表板骨架、前端模块、底护板、备胎舱支架、发动机气门室罩盖、油底壳等汽车关键零部件，如图 8－2－18 所示。在线模压成型可以实现产品减重 30% 以上，是实现汽车轻量化的有效手段之一，我国还处于探索阶段。

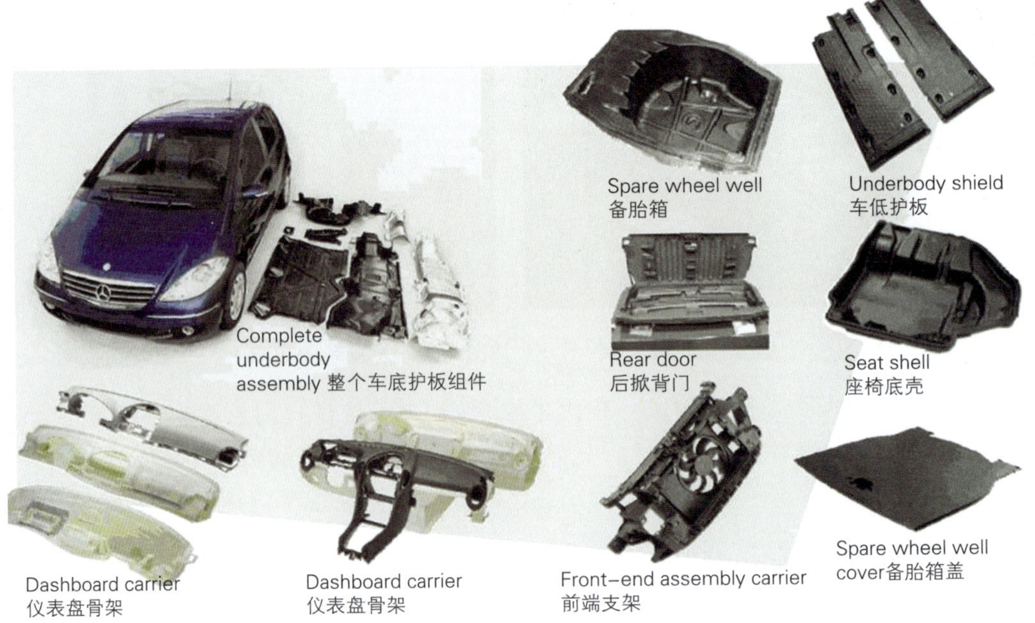

图 8－2－18　在线模压成型生产的典型汽车零部件

2.1.2.9　汽车轻量化连接技术

汽车轻量化连接技术包括激光焊接、搅拌摩擦焊、锁铆技术、自锁铆、热熔自攻螺钉以及胶粘连接等技术，通过上述先进连接技术将轻量化构件连接成零部件总成或车身，以达到较好的刚度和结构强度。上述连接技术在汽车零部件的应用情况及在汽车轻量化进程中的发展方向见表8－2－2。

表8－2－2　汽车轻量化主要连接技术

连接技术	对应的零部件	关键技术	适用材料
激光焊和激光钎焊	车顶、侧围板、地板拼焊、底盘、车桥壳轴头、差速器、行李箱盖等	• 激光焊接夹具柔性化控制技术 • 大功率光纤激光器技术	钢、铝合金、镁合金等同种或异种材料的连接
搅拌摩擦焊和搅拌摩擦点焊	汽车覆盖件、发动机罩盖、车门、转向节、副车架、变速器壳体、离合器壳体、车身地板等	• 高效、可靠、成本低的搅拌摩擦焊和搅拌摩擦点焊工艺和装备开发 • 复杂形状零件搅拌摩擦焊技术 • 异种材料（钢—铝、铝—镁、钢—镁）的搅拌摩擦焊接头性能的稳定性和耐腐蚀性技术 • 薄板搅拌摩擦焊和搅拌摩擦点焊工艺及装备的开发	
锁铆和自锁铆	内板、加强板	• 锁铆工艺、锁铆材料及铆钉结构的研究 • 无铆钉连接和自冲铆钉连接工艺及自动化装备的研究	钢、铝合金、镁合金、复合材料
热熔自攻螺钉	车门内板、车身地板、后板内板，行李箱盖等	• 热熔自攻螺钉连接工艺与接头防腐 • 热熔自攻螺钉连接装备的研究 • 热熔自攻螺钉材料的研究	钢、铝合金、镁合金、复合材料等同种或异种材料连接
胶粘连接	内饰板、底盘部分零部件	• 非金属复合材料与金属（铝、镁、钢）的连接技术 • 胶层的抗老化和抗脆化技术	复合材料

2.1.3　汽车轻量化结构优化设计技术

随着轻量化理论方法和应用工具软件的成熟应用，结构优化设计也是实现汽车轻量化的有效方法。汽车结构优化设计经历了尺寸优化→形状优化→拓扑优化→多学科设计优化等阶段。

尺寸优化是应用最早，也是应用最成熟的一种汽车轻量化技术。它一般以汽车零部件的尺寸（如冲压件壁厚、梁截面尺寸、减重孔的尺寸等参数）为设计变量，以不同工况下的刚度、强度、振动、吸能等为约束条件，以结构质量最小为目标函数构建优化模型。

形状优化主要是指改变结构的整体或者局部外形，使得结构受力更加均匀，从而充分利用材料。对于规则几何外形的结构，可将结构的几何外形参数化，从而将形状优化转变为尺寸优化。对于具有不规则的几何外形，采用不需要尺寸参数的无参形状优化方法。

拓扑优化是通过改变结构的拓扑关系来重新定义材料在零件上的分配，以使得新设计的零件满足某种或多种性能指标的优化设计方法，主要应用于结构概念设计阶段。目前的拓扑优化方法主要是变密度法，其优化结果只能给出材料分布情况，还需要设计人员进行再设计。因此往往将拓扑优化、形状优化和尺寸优化等方法结合起来应用，才能获得减重效果明显的具有可行性的结构方案。

白车身轻量化多目标优化算法及分析流程如图 8-2-19 所示。

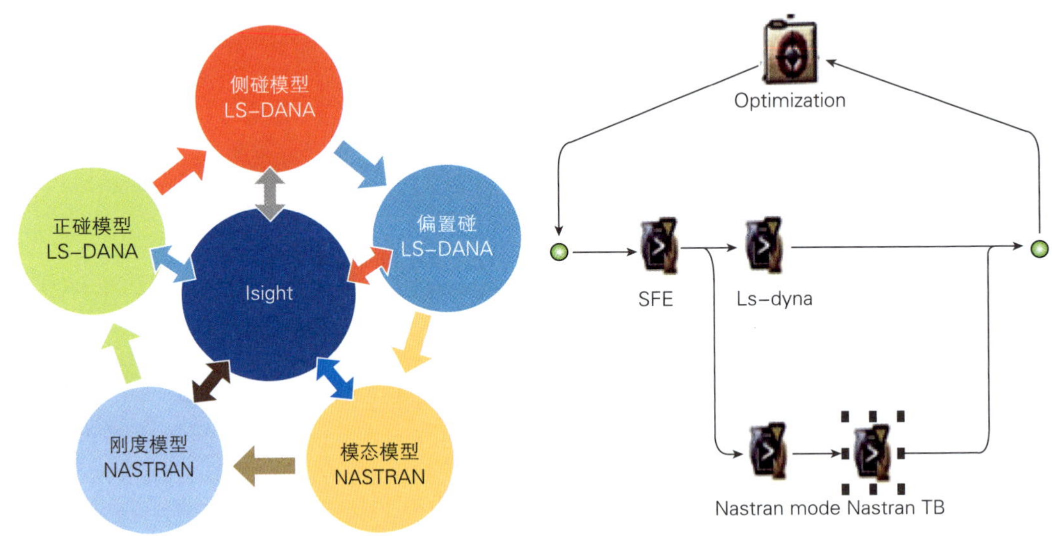

图 8-2-19 白车身轻量化多目标优化算法及分析流程

随着现代优化设计理论的发展以及结构分析能力和手段的不断完善，汽车结构轻量化优化设计的研究已从单一准则减重优化发展到考虑结构强度、刚度、耐撞性、NVH 性能和耐久性优化在内的多学科和多目标优化设计。常用的多目标优化设计算法主要有线性目标规划法、分层求解法、响应面法、模糊优化方法、遗传算法和神经网络方法等。常用的多学科/多目标优化设计软件有 Isight 和 Optimus 等。以其为核心，结合专用的结构参数化设计软件 SFE-Concept 和 DEP-Mopher，通过综合调用相关的结构性能分析软件，即可实现汽车零部件的多学科、多目标优化设计。

2.2 国内外汽车轻量化市场现状分析

2.2.1 欧洲车身会议主要车型轻量化情况分析

2015 年欧洲车身会议上，奥迪、宝马、福特、凯迪拉克、马自达、雷诺、梅赛德斯-奔驰、捷豹等品牌都对其汽车白车身轻量化技术进行了展示和介绍，见表 8-2-3。从该表统计数据和欧洲近年新上市的车型看，未来汽车用材的基本特征如下：

1）主流车型车身用材策略仍然是以钢为主，辅以适当比例的铝合金和复合材料，先进的结构设计思想和热成形、内高压成形、激光拼焊等制造工艺的成熟应用，使得钢在未来汽车用材中仍将占据一定的比重。

2）铝合金在车身上的应用将呈增长趋势，近年也出现了一些铝合金应用的典型案例，如福特15的铝合金应用比例高达94．6%，但找准车辆市场售价与整车用材结构中铝合金应用比例之间的平衡点仍然是不得不考虑的问题。未来一个时期内，铝合金规模化应用的方向仍然是重要的碰撞、吸能安全件和行人保护件等。

3）镁合金与碳纤维在车身上已经有一定比例的应用，代表了今后汽车用材的多元化趋势。随着各种轻质材料应用范围的不断拓展、新工艺的不断涌现和异种材料连接工艺的不断成熟，多材料混合使用必将成为未来汽车用材的重要方向。

表8－2－3 2015年欧洲车身会议用材一览表

基本情况	公司	奔驰	奥迪	马自达	福特	宝马	捷豹	凯迪拉克	雷诺
	车型	AMG GT S	Q7	MX-5	F150	7series	XF	CT6	Espace
钢种比例	普通钢	6.5%	10.3%	34.3%	3.7%	11.0%	16.0%	6.9%	28.0%
	高强度钢	0.51%	15.7%	32.2%	0.5%	30.0%	27.0%	12.7%	34.0%
	先进高强度钢	0.47%	14.9%	9.5%	—	9.0%	8.0%	7.6%	7.0%
	超高强度钢	—	—	11.6%	—	1.0%	—	0.2%	2.0%
	热成形钢	—	9.2%	2.8%	1.2%	15.0%	—	10.5%	12.0%
铝合金比例	7系铝合金	—	—	—	—	—	—	—	—
	6系铝合金	31.92%	35.0%	6.2%	67.2%	7.0%	24.0%	21.7%	4.0%
	5系铝合金	—	—	0.1%	17.5%	6.0%	20.0%	11.7%	8.0%
	挤压铝合金	39.74%	2.6%	3.1%	9.9%	3.0%	2.0%	11.7%	—
	铸造铝合金	17.16%	12.3%	—	—	10.0%	2.0%	17%	—
镁合金比例	镁合金	1.2%	—	—	—	—	1.0%	—	—
非金属材料	纤维增强复合材料	—	2.0%	—	—	3.0%	—	—	2.0%
	硬质塑料	—	—	—	—	—	—	—	1.0%
	热塑塑料	—	—	—	—	—	—	—	5.0%

注：资料来源于2015年欧洲车身会议资料。

2.2.2 我国汽车市场轻量化情况分析

2.2.2.1 乘用车市场轻量化情况分析

分析乘用车轻量化现状或变化情况，首先需选定合适的评价参数。吸收国外对整车轻量化评价的经验，引入了名义密度和整车轻量化指数两个参数来描述我国乘用车的轻量化水平，并对自主品牌和合资品牌的轻量化水平进行比较。图 8－2－20 所示为自主品牌与合资品牌总体及各系品牌车型的名义密度对比。由图可知，在不考虑自主品牌与合资品牌车型性能（动力经济性、油耗和安全性等）的情况下，仅从车型尺寸角度考虑，自主品牌车型的轻量化水平与合资品牌均值相当，但低于日系车和韩系车，高于欧系车和美系车。

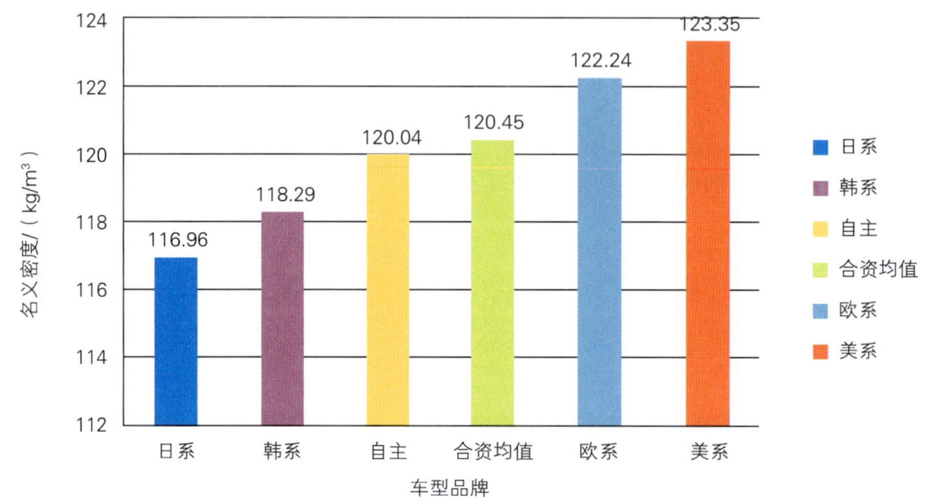

图 8－2－20 自主品牌与合资品牌乘用车总体名义密度比较图

图 8－2－21 所示为各系车型乘用车整车轻量化指数。结合百公里油耗和发动机指标，自主品牌整车轻量化水平略优于欧系车，而显著低于日韩系和美系车型。图 8－2－22 所示为自主品牌与各系车型名义密度及整车轻量化指数差距的对比。可以看出，自主品牌相对于合资品牌汽车有 4.87% 轻量化空间，相对于轻量化程度较好的日系车则有 11.79% 的轻量化潜力。

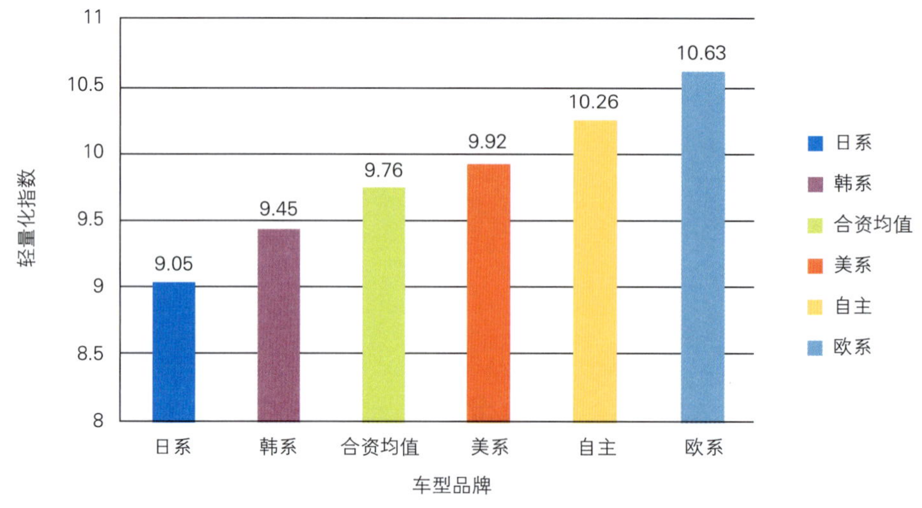

图 8－2－21 各系车型乘用车整车轻量化指数

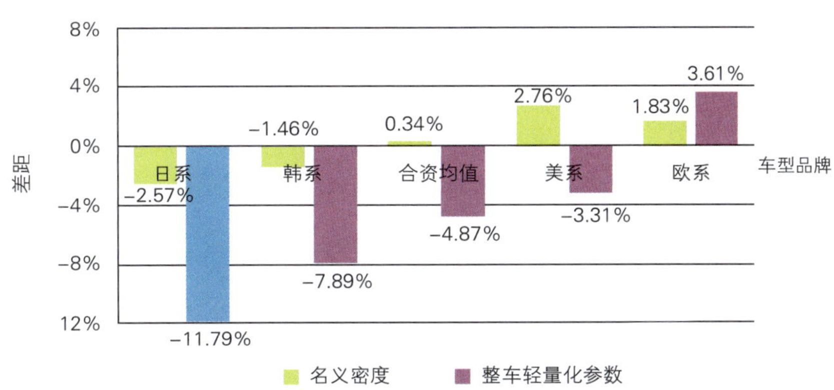

图 8-2-22　自主品牌与其他各系乘用车名义密度及轻量化指数差距的对比

目前，我国乘用车整车应用的轻量化技术主要有高强度钢、铝/镁合金、非金属材料、热压成形、激光拼焊、液压成形、模块化设计等。图 8-2-23 所示为整车各系统的轻量化思路。

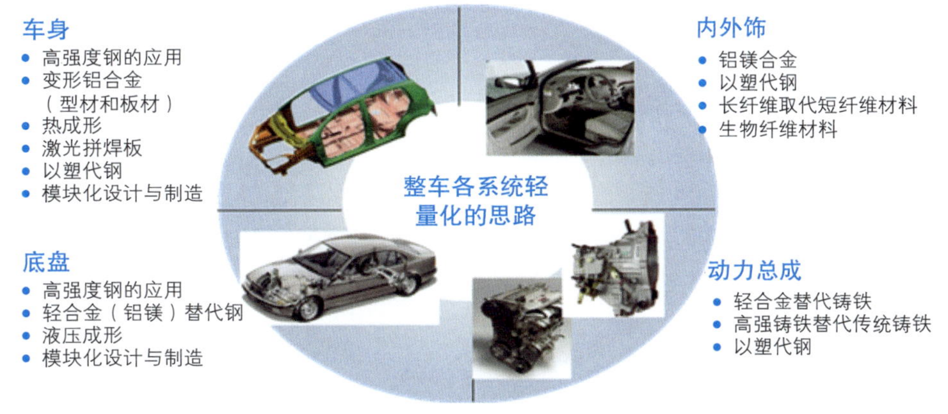

图 8-2-23　整车各系统的轻量化思路

近年来，我国自主品牌汽车企业针对内外饰零部件的轻量化开发开展了很多工作，但平衡好产品性能要求、减重效果与减重成本之间的关系仍面临极大的挑战，表 8-2-4 为部分内外饰典型零部件的轻量化效果与成本变化。

表 8-2-4　内外饰零部件轻量化应用情况

轻量化技术（材料/工艺）	应用零件	减重效果	成本分析（经验数据）
压铸镁合金	转向盘骨架	≈35%	增加约 30%
	仪表板横梁	≥50%	增加约 40%
	前排座椅骨架	≈15%	增加约 60%
	后排座椅骨架	≥40%	增加约 60%
轻质纤维取代塑料	毛毡中饰板	20% ~25%	降本约 30%
天然纤维	门护板	≈20%	增加约 50%
蜂窝状纸板	行李箱隔板	≈10%	增加约 15%
PP-LGF 取代 PC + ABS	仪表板本体	7% ~10%	降本约 30%

底盘包括制动系统、转向系统、悬架系统和传动系统，约占整车重量的25%。底盘典型零部件轻量化技术主要包括铝合金和镁合金应用、液压成形等，见表8-2-5。铝合金是目前汽车零部件用材中技术最为成熟的轻合金，替换钢制件，减重可达30%左右。液压成形在底盘件主要应用于副车架，可以减轻零件重量15%~20%。

表8-2-5　底盘主要零部件轻量化技术应用情况

轻量化技术	应用零件	减重效果	成本分析（经验数据）
铝合金	后转向节（托盘）	约40%	增加约100%
	前转向节	约35%	增约加约80%
	控制臂	约40%	增加约80%
	前后副车架	约35%	增加约150%
液压成形	前后副车架	约20%	增加10%
镁合金	车轮	约30%	增加100%
PP-LGF取代PA-GF	换档底座	约10%	增加约30%
	踏板	约10%	增加约30%

作为汽车核心的动力总成（包含发动机与变速器），重量占整车的15%~20%，其轻量化效果最为突出，主要应用了轻量化结构优化设计技术以及采用了高强度钢、铝合金、镁合金、工程塑料、复合材料等轻量化材料，见表8-2-6。

表8-2-6　我国汽车动力总成轻量化应用情况

系统	轻量化技术	应用零件	减重效果	成本分析（经验数据）
发动机	铝合金	缸体/缸盖	约30%	增加约100%
	不锈钢	排气歧管	约50%	持平
	塑料取代金属	进气歧管	—	—
变速器	镁合金	镁合金气门室罩盖	30%~40%	增加约20%
	镁合金	变速器壳体	约30%	降低约8%
	粉末冶金	齿毂	约10%	降低约25%

2.2.2.2　商用车市场轻量化情况分析

为分析国内外商用车在轻量化方面的状况需引入以下参数来进行评价：一是汽车载质量利用系数（用A表示）；二是相同或类似配置条件下的汽车整备质量；三是牵引车的挂牵比（用B表示）。

表8-2-7~表8-2-9反映了国产重型载货汽车在质量利用系数状况和与国外典型车型的比较，可以看出，在国产重型载货汽车中，23.2%的产品载质量利用系数在1.0左右，43.3%的产品载质量利用系数达到1.6以上。国产重型自卸汽车中，99.2%的样本产品载质量利用系数在1.1以下。与国外先进的商用车产品相比，轻量化潜力巨大。

表 8-2-7　国产重型载货汽车样本产品载质量利用系数情况

A 总质量/t	≤0.95	0.95~1.05	1.05~1.10	1.10~1.25	1.25~1.40	1.40~1.50	1.50~1.60	≥1.60	样本小计
≥29	0	3	0	5	35	14	5	70	132
24.5~29	0	6	1	21	12	11	23	40	114
23.5~24.5	0	28	1	8	0	1	2	3	43
16.5~23.5	0	37	2	5	0	0	2	4	50
15.5~16.5	0	39	2	2	3	0	1	67	104
14~15.5	0	1	0	1	2	0	1	22	27
12.5~14	0	2	0	4	2	12	3	14	37
11.9~12.5	0	29	0	4	6	1	3	32	75
样本小计	0	135	6	50	60	39	40	252	582
占比（%）	0	23.2	1.0	8.6	10.3	6.7	6.9	43.3	100

表 8-2-8　国产重型自卸汽车样本产品载质量利用系数情况

A 总质量/t	≤0.95	0.95~1.05	1.05~1.10	1.10~1.25	1.25~1.40	1.40~1.50	1.50~1.60	≥1.60	样本小计
≥29	0	101	251	1	0	0	0	0	353
25.5~29	0	8	4	0	0	0	0	0	12
24.5~25.5	0	233	192	0	0	0	0	0	425
22~24.5	0	24	8	0	0	0	0	0	32
19~22	0	21	12	0	0	0	0	0	33
15~19	1	57	13	1	0	0	0	0	72
11.5~15	24	2	4	0	0	3	0	3	36
样本小计	25	446	484	2	0	3	0	3	963
占比（%）	2.6	46.4	50.2	0.2	0	0.3	0	0.3	100

表 8-2-9　我国市场部分国外品牌重型载货类汽车载质量利用系数情况

车型		额定载质量/kg	整备质量/kg	载质量利用系数 A
载货车	广州日野	15800~15900	9100~9200	1.72~1.75
	沃尔沃 EF	15300~16300	9700	1.58~1.68（自卸车）
	曼 TGL	7510	4490	1.67（厢式载货车）

对近 5 年国内外同类车型进行比较可以发现，装载质量 10 ~ 15t 的重型自卸车，整备质量基本相当，车辆整备质量类似，平均载质量利用系数也差别不大；但装载质量在 15 ~ 20t 的车型，国产自卸车的整备质量较重，平均载质量利用系数比进口自卸车偏小 13%，见表 8 - 2 - 10。

表 8 - 2 - 10　国产自卸车与进口自卸车轻量化水平比较

分类	载质量 10 ~ 15t		载质量 15 ~ 20t	
	平均整备质量/t	载质量利用系数	平均整备质量/t	载质量利用系数
国产自卸车	12	1.035	14	1.07
进口自卸车	12	1.05	12	1.34
差距	0	1.4%	16.67%	13%

表 8 - 2 - 11 为不同类型牵引车国产与进口整备质量的比较。可以看出，6 ×4 牵引车国产车型总质量比进口车型重 4%，4 ×2 牵引车重更多，达到 13%。

表 8 - 2 - 11　不同类型牵引车国产与进口整备质量比较

车型分类	4 ×2 牵引车	6 ×2 牵引车	6 ×4 牵引车
进口车型整备质量/t	6.5	8.2	8.65
国产车型整备质量/t	7.4	8.5	9
差距/t	0.9	0.3	0.35
国产车比进口车重	13%	3.6%	4%

我国市场重型牵引汽车挂牵比情况见表 8 - 2 - 12、表 8 - 2 - 13。

表 8 - 2 - 12　国产重型牵引汽车样本产品挂牵比情况

B / 总质量/t	2.0 ~ 3.0	3.0 ~ 3.5	3.5 ~ 4.0	4.0 ~ 4.5	4.5 ~ 5.0	5.0 ~ 5.5	5.5 ~ 6.0	≥6.0	样本小计
≥39.5	0	0	1	60	204	3	0	13	281
37.5 ~ 39.5	0	3	27	33	48	37	4	0	152
34 ~ 37.5	1	1	27	38	139	72	8	18	304
30.5 ~ 34	2	5	17	23	14	7	5	0	73
27.5 ~ 30.5	1	1	2	5	1	2	0	0	12
19 ~ 27.5	0	0	4	1	2	1	0	0	8
10 ~ 19	0	1	2	2	0	0	0	0	5
样本小计	4	11	80	162	408	122	17	31	835
比例%	0.48	1.32	9.58	19.4	48.86	14.61	2.04	3.71	100

表 8-2-13　我国市场部分国外品牌重型牵引车挂牵比情况

车型		拖挂车总质量/kg	整备质量/kg	挂牵比
牵引车	奔驰 Actros	60000	8660	6.93
		55000	8215	6.70
		41000	7000	5.86
	沃尔沃 EF	40000	7690	5.2

对比分析表 8-2-12、表 8-2-13 可以看出，国产重型牵引车 80% 的产品的挂牵比在 5.0 以下，与进口车型相比，挂牵比较低。

我国的主要商用车制造企业根据当前市场需要，开展了轻量化技术的开发和集成应用工作，取得了较为显著的效果，见表 8-2-14。

表 8-2-14　我国主要商用车企业轻量化成果

车型	轻量化措施	轻量化效果
一汽 J6	采用全钢驾驶室、单层车架、前后双片簧、φ440 轻量化后桥、前后盘式制动器、铝合金车轮、米其林节油轮胎	整备质量仅为 8.7t
陕汽德龙 F3000	采用辊型车轮，标配法士特铝壳变速器和真空胎	自重仅为 8.7~8.8t（含备胎及 90 鞍座），整备质量降低了 500~600kg
重汽 HOVO A7	采用了宝钢的高强度车架板材、橡胶悬挂、前 4 后 5 的少片簧以及无内胎滚型车轮和无内胎轮胎和铝合金油箱	总质量 8.08t，质量比原车型降低 800kg

在半挂车轻量化方面，在轻量化联盟的支持下，联盟单位自立项目开展了钢制挂车轻量化、铝合金挂车的研制和制造等工作。图 8-2-24 所示为我国自主开发的轻量化挂车，图 8-2-25 所示为我国自主研发的典型铝合金挂车。

图 8-2-24　轻量化挂车

图 8-2-25 典型铝合金挂车

商用车主要总成的轻量化状况如下。

1）驾驶室的轻量化多通过结构优化和高强度钢板的应用来达到减重的目的。用材方面主要以普通钢和热成形钢为主。与乘用车车身相比，高强度钢的应用比例低，600MPa及以上钢材用得少，热成形、辊压成形、激光拼焊等技术的应用也很少。

2）高强度钢车架纵梁。目前我国中、重型车的车架纵梁以双梁结构为主，钢板以510MPa 和 610MPa 为主，牵引车 700MPa 的单梁车架纵梁在目前国内的应用比例不到10%。商用车车架的成形工艺主要为冲压和辊压。

3）桥壳轻量化，主要侧重于新材料、新工艺，如桥壳用高强度钢、热冲压成形工艺等。

4）轻量化车轮及轮胎。商用车铝合金车轮包括铸造和锻造两种，钢制车轮包括型钢车轮和辊型车轮。轻量化钢制辊型车轮和锻造铝合金车轮代表我国商用车车轮的发展方向。在轮胎方面主要是装用宽截面单胎以及超宽无内胎轮胎来达到轻量化的目的。

5）在悬架轻量化方面，主要采用变截面少片钢板弹簧、橡胶悬架、空气悬架、复合材料板簧来达到减重的目的。目前，国外高级大客车几乎全部使用空气悬架，重型载货车使用空气悬架的比例达 80% 以上，我国只应用在一些豪华客车和少部分重型货车和挂车上，见表 8-2-15。复合材料板簧与传统的金属板簧相比，同等性能可减重 50% 以上，目前通过选用不同材料及优化设计，减重比例甚至可以达到 70% 以上，目前在通用、福特、戴姆勒-克莱斯勒、依维柯、康沃斯彼得比尔特、国际卡车等公司已得到应用。

表 8-2-15　空气悬架国内外应用情况

<table>
<tr><th>车型</th><th>欧美</th><th>中国</th><th>备注</th></tr>
<tr><td>客车（公路车、公交车）</td><td>100%</td><td>28%</td><td rowspan="4">前桥载荷小且变化小，少片簧基本可以满足平顺性要求，但需要调节高度的情况只有空气弹簧能够满足要求</td></tr>
<tr><td>重型载货汽车前桥（公路车）</td><td><50%</td><td>0%</td></tr>
<tr><td>重型载货汽车后桥（公路车）</td><td>100%</td><td>0%</td></tr>
<tr><td>挂车车桥</td><td>100%</td><td>0%</td></tr>
</table>

2.2.2.3　新能源汽车市场轻量化情况分析

表 8-2-16 是国内自主新能源汽车与燃油汽车的对比。由此表可以看出同款燃油车改为电动车后，整车质量大幅度增加。虽然电动汽车将汽油发动机、变速器替换为电动

机，动力总成更加简单、高效而轻量，但沉重的动力电池令整车质量大幅度上升。不同车型电动化之后的质量增重不同，且并不完全按照电池容量与电池类型的规律递增。对于目前的新能源汽车，单纯提高电池容量已无法提高其续驶能力，因为电池容量增加将导致车重增加。如比亚迪 E6 即使拥有 57kW · h 容量的大电池，但由于其车重很大，续驶里程也仅为 300km。由此可以看出，车重对续驶能力起到了重要的作用，采用轻质材料零部件对车辆减重将是提高新能源汽车竞争力的重要手段。

表 8 - 2 - 16　自主品牌新能源汽车车重、电池容量、续驶里程对比

	燃油款车重 /kg	电动款车重 /kg	电池容量 /(kW · h)	质量变化 /kg	电池类型	续驶里程 /km
长安逸动 EV	1330	1610	32	280	三元锂电	200
江淮 iEV5	1100	1260	24	160	三元锂电	240
奇瑞 eQ	936	1128	22	192	三元锂电	200
北汽 EV200	1091	1295	30	204	三元锂电	245
北汽 EV160	1091	1295	25	204	磷酸铁锂	200
比亚迪 E6	1610	2380	57	770	磷酸铁锂	300

2.3　国内外汽车轻量化相关政策分析

影响汽车轻量化的政策主要体现在节能减排的政策法规上，以及对汽车燃料消耗量相关的奖惩政策等，如燃油税、财政激励和研发项目资金资助等模式。

2.3.1　美国汽车轻量化相关政策

（1）汽车节能技术法规

美国是世界上第一个强制执行油耗标准的国家，对其影响最大的轻量化相关政策为“平均燃油效率标准”（CAFÉ）。CAFÉ 标准区分了乘用车和轻型货车，两类车型分别对应不同的标准限值，而且 CAFÉ 标准是不断滚动更新的。乘用车 CAFÉ 标准限值从 1978 年的 7.7km/L，更新为 2016 年的 15.1km/L；小型货车的 CAFÉ 标准限值则从 1979 年的 7.3km/L，更新为 2010 年的 9.9km/L。该法规有力地推动了美国乘用车和小型货车燃油经济性的提高。为确保燃油经济性标准的实施，美国政府采取了一系列措施。

1）未达到标准，汽车生产厂必须缴纳罚金，即每超标 0.1mile，每辆车罚款 5 美元。

2）对购买未达到最低燃油经济性标准的汽车用户征收耗油税。

3）政府公布各种汽车的燃油效率信息。新车需明确标识行驶 15000mile 耗油成本，以及其他品牌同型号汽车的燃油效率信息。

2007 年，美国能源局和运输部共同规定，到 2016 年，美国在售车型 CO_2 排放量须达 155g/km 以下。到 2020 年，美国汽车工业必须使汽车油耗降低 41%，使汽车油耗水平达到6.35L/100km。

2013年6月，美国总统奥巴马公布了《总统气候行动计划》。在该计划中，奥巴马承诺，将与相关产业及利益相关者一起制定适用于2018年后的中型和重型车辆的新型能效标准，从而节约燃油成本，并进一步降低对石油进口的依赖。为此，美国政府将车辆分为三类，分别设定了标准：对于重型长途运输载货汽车，要求在2018年前降低20%的油耗和温室气体排放量，每100mile节约4USgal汽油；对于重型敞篷载货汽车等，要求在2018年前降低15%的油耗和温室气体排放量，每100mile可节约1USgal汽油；对于特殊车辆（如校车和救火车等），要求在2018年前降低10%的油耗和温室气体排放量，每100mile节约1USgal汽油。

2016年8月，美国环保署和美国国家公路交通安全管理局正式发布了中重型载货汽车温室气体排放和燃油效率新标准。新标准适用于2021年到2027年车型，要求半挂牵引车、载货汽车、校车等车辆的碳排放量比现行标准再降低25%，大型皮卡和厢式货车的燃油经济性在2021年至2027年间每年提高2.5%。希望通过新标准的实施，到2027年实现11亿t二氧化碳的减排目标。

美国政府在控制汽车油耗和碳排放量方面的举措，无疑将极大地推动汽车轻量化技术的发展和应用。

（2）轻量化相关税收政策

1）联邦消费税：对总重在33t以上的载货车、26t以上的挂车征收，税率为12%。

2）联邦使用税：根据车辆总重不同，按年征收。总质量≤25t的，100美元/年；25t<总质量≤34t，453美元/年；总质量>34t的，550美元/年。

3）惩罚性税收措施：对购买高油耗车型的消费者征收额外的税款，根据所购车型的燃油经济性分为11档征收，从1000美元到7700美元不等。

2.3.2 欧盟汽车轻量化相关政策

（1）汽车节能减排技术法规

欧洲控制汽车油耗的方式与美国不同，主要是控制CO_2排放。欧洲还没有颁布过强制性的油耗法规标准。1980年，欧洲经济共同体（EEC）颁布了“机动车的二氧化碳排放物和燃油消耗量”的指令80/1268/EEC，其中只有试验方法，没有限值，而且只适用于M1类乘用车，对客车和载货汽车无要求。

2009年，欧盟颁布了乘用车的CO_2排放法规（EU R443/2009），该法规规定到2015年时，在欧盟新注册车辆的CO_2排量不得超过130g/km，整车质量也要降至1372kg。超过该限额的制造商将受到处罚。2014年，欧盟宣布将收紧排放标准，规定新车整体在2021年时达到95g/km的目标，这被誉为全球最严碳排放标准，折合到汽车油耗约为4.2L/100km。在此之后，欧盟关于2025年碳排放目标的讨论又进入议事日程，有可能将汽车碳排放量控制在68~78g/km，折合到汽车油耗约为2.9~3.3L/100km。

欧盟碳排放控制政策的变化已经成为汽车企业推动轻量化技术发展的直接动力，更多的轻量化技术不断涌现，多种技术并用成为主流。

（2）轻量化相关税收政策

大多数欧洲国家对汽车征收多种税费，这些税费多数以汽车 CO_2 排放量为依据，也有部分国家兼顾车辆的燃油经济性。为了鼓励民众购买低碳汽车，奥地利、比利时、塞浦路斯、丹麦、芬兰、法国、德国、爱尔兰、拉脱维亚、卢森堡、荷兰、葡萄牙、罗马尼亚、西班牙、瑞典和英国等国陆续出台财税政策，对购买低碳汽车消费者给予税费减免及补贴。

2.3.3　日本汽车轻量化相关政策

（1）汽车节能技术法规方面

日本政府为汽油型和柴油型的轻型乘用车和商用车制定了一系列的燃油经济性标准，标准限值基于按重量分类的平均燃油经济性。日本现有汽油乘用车燃油经济性为 15km/L，计划在 2020 年之前将燃油经济性标准在现有水平上提升至 20.3 km/L。

表 8-2-17　日本基于重量分级的汽油乘用车燃油经济性标准

基于最大净重的机动车分级	对应级别燃油经济性车队平均目标值	
kg	km/L	mile/USgal
<702	21.2	49.8
703—827	18.8	44.2
828—1015	17.9	42.1
1016—1265	16.0	37.6
1266—1515	13.0	30.6
1516—1765	10.5	24.7
1766—2015	8.9	20.9
2016—2265	7.8	18.3
>2266	6.4	15.0

资料来源：2014 年 9 月，《国外燃油经济性控制方法分析》，http://free.chinabaogao.com

此外，日本还实施了相关的奖惩措施，具体如下。

1）在实施汽车产品认证制度时，要求制造商申报认证车辆的燃油经济性水平，由国土交通省对申请值进行审查和认可。

2）针对达不到法规要求的企业采取劝告、公布企业名单、罚款等惩罚措施；对达到油耗限值要求的汽车采取相应的优惠政策，即对取得“低排放车”认可证书的汽车，购买者可减免 1.5 万日元的购置税和第一年 50% 的汽车税。

3）汽车燃油消耗量在国土交通省网站公布，并于每年 12 月底发行《汽车油耗一览》。

2015 年，日本国土交通省和日本经济产业省提出对重量在 3.5t 以下的轻型和中型商用车制定燃油经济性标准。新标准中要求在 2022 年，日本出售的轻型和中型商务车车型的平均燃油经济性为 17.9 km/L，比 2012 年提高了 26%，比 2015 年提高了 23%。

上述政策让走在世界汽车轻量化水平前列的日本企业感受到了新的车辆减重压力，为此特在基础性技术研究、突破性技术研究和实用化技术研究等方面做出了系统安排。

（2）轻量化相关财税政策

与德、英、法、美相比，日本的汽车税费最高，它与车体重量和排气量大小有关，车体越重，排气量越大，税费越多。

在日本所有的税费中，汽车重量税对汽车轻量化有推动作用。根据规定，日本的车主购车后，要按期缴纳汽车重量税。乘用车根据自重不同，按6300日元/0.5t/年征税，载货车总重2.5t（含）以下按4400日元/t/年征税，超过2.5t则按6300日元/t/年征税，客车则统一根据总重，按6300日元/t/年征税。微型汽车则定额征收，4400日元/车/年。

2013年11月7日，日本政府确定了汽车税收改革方案。改革的焦点主要集中在汽车重量税，提出对环境污染严重且车龄超过13年的旧车增加数百日元的税额，对低油耗低排放的车辆实施第一年免税、第二年减税50%等措施。

2016年，为振兴日本汽车制造业，关于包含汽车减税在内的新一轮日本系列税制改革法案的讨论再次引起社会的关注。新法案的最大特点是推动环保，各种新车在购入时可享受的减税额度主要取决于该车的环保指标。根据环保车性质和指标的不同，购置新车时需缴纳的汽车购置税和汽车重量税可以全免、减免75%或减免50%。

2.3.4 我国汽车轻量化相关政策

我国目前尚未针对车辆的生产和消费环节采取直接的鼓励轻量化的税收政策，主要通过油耗限值加以约束，其中部分限制性政策与车辆的整备质量紧密相关。

GB 19578—2004《乘用车燃料消耗量限值》是指导我国汽车节能减排的第一个强制性国家标准，标志着我国汽车节能管理制度的起步。该标准对在我国生产并销售的车辆提出了必须满足的燃料消耗量限值要求，建立了车辆整备质量与油耗限值的关系。该标准自2005年7月1日起分两个阶段实施。在此之后，燃料消耗量限制被不断加严。

2008年2月1日，我国开始实施强制性国家标准GB 20997—2007《轻型商用车辆燃料消耗量限值》。2016年1月20日，国家标准化管理委员会发布了新修订的该标准，并将于2018年1月1日正式实施。新修订的标准分别对以汽油、柴油为燃料的不同类型的轻型商用车按整车整备质量设定了64个燃料消耗量限值。这一标准将汽车正常条件下准备行驶时尚未载人和载物时的整车整备质量作为新的评价参数，取代了原标准规定的“最大设计总质量+排量”的参数。预计新标准的发布与实施将有助于实现我国2020年轻型商用车新车燃料消耗量水平比2012年至少下降20%的目标。

2008年4月和6月，交通运输部分别发布了JT 711—2008《营运客车燃料消耗量限值及测量方法》和JT 719—2008《营运货车燃料消耗量限值及测量方法》。其中，前者提出了基于车长的客车燃料消耗量限制，后者中分别对自卸车、汽车（单车）和半挂汽车列车提出了基于不同吨位的燃料消耗量限值。为配合两个标准的实施，交通运输部于2009年6月发布了《道路运输车辆燃料消耗量检测和监督管理办法》（交通运输部令2009年第11号）。

2012年1月1日开始实施的GB 27999—2011《乘用车燃油消耗量评价方法及指标》标准提出了“车型燃料消耗量+企业平均燃料消耗量目标值”的全新评价体系，明确第三阶段乘用车油耗标准从2012年7月1日起实施。

2012年7月，国务院发布了《节能与新能源汽车产业发展规划（2012—2020年）》，提出到2015年，当年生产的乘用车平均燃料消耗量降至6.9L/100km，节能型乘用车燃料消耗量降至5.9L/100km以下。到2020年，当年生产的乘用车平均燃料消耗量降至5.0L/100km，节能型乘用车燃料消耗量降至4.5L/100km以下；商用车新车燃料消耗量接近国际先进水平。为落实这一规划，新修订GB 19578—2014《乘用车燃料消耗量限值》和GB 27999—2014《乘用车燃料消耗量评价方法及指标》于2014年12月22日正式发布，明确我国从2016年1月1日起实施第四阶段乘用车油耗标准。

2016年7月26日，国家质量监督检验检疫总局、国家标准化管理委员会正式批准发布强制性国家标准《汽车、挂车及汽车列车外廓尺寸、轴荷及质量限值》（GB 1589—2016），规定了汽车、挂车及汽车列车的外廓尺寸及质量限值，适用于在道路上使用的所有车辆，是汽车行业最基本的技术标准之一。这一标准的发布，无疑将对未来我国汽车轻量化技术的发展和应用带来重要影响。

3 汽车轻量化技术国内外对比和发展趋势分析

3.1 国内外汽车轻量化技术发展对比

国外早在20世纪70年代就开始了汽车轻量化的进程。在这一过程中，汽车与相关工业对汽车轻量化的认识不断深刻，合作更加融洽，形成了比较完善的技术体系、产业体系和决策支撑体系。在强大的科技实力和工业实力的支撑下，实现了汽车产业链与涉及的各工业领域的共同成长和发展。

经过近十年的发展，我国自主品牌乘用车在轻量化设计、材料和工艺的应用方面都取得了长足的进步，缩小了与合资品牌的差距。政府、社会、企业和消费者对汽车轻量化的认识也在不断加深。在近年国家发布的《中国制造2025》等一系列文件中，都已将支持轻量化材料的发展和应用列入其中，并在国家"十三五"重点研发计划中做出了相应的安排。但总体而言，国内外轻量化技术的差距仍然不可忽视，我国汽车产品的轻量化水平仍有较大提升空间，汽车轻量化技术发展环境也有待进一步改善，主要表现在以下方面。

1）对轻量化的认识深度。目前，社会上通常用车辆的整备质量或某种材料的用量来衡量一个车型的轻量化水平，但这种衡量方式忽略了针对不同市场或不同消费群体车辆的用材策略对产品市场竞争力的影响。

2）技术的系统性。汽车轻量化技术包括产品策划环节的轻量化目标确定和质量分配相关技术、产品开发技术（包括整车和零件、设计和评价）、生产技术（包括材料制备、成形工艺和装备）、维修技术、回收再利用技术等。我国目前在这些技术领域的研究工作呈现"点"的分布，不具有系统性，无法对产品轻量化水平提升带来有效帮助。

3）决策支撑体系。当今的技术进步，已经让许多零件有了更多的用材选择，如高强度钢、铝合金、镁合金、复合材料等，在确定用材的基本种类之后，又有了更多的成形工艺选择，如高强度钢的热成形、温成形和冷成形。由于缺乏相关的技术经济性分析数据作为支撑，面对如此多的轻量化技术方案和可能导致的生产供应链体系的变化，企业往往难以定夺。

4）成果产业化方式。在国家科技计划的支持下，国内一些高校、材料企业和汽车企业合作，开展了以零件材料替换为目标的轻量化工作，在相关材料制备和零件开发方面取得了一定的成果，但忽略了部分零件重量减轻对整车性能的影响，以及整车开发系统集成能力对先进轻量化技术应用的影响，导致科技成果对减重的贡献有限，甚至出现整车性能的劣化，影响了企业采用新技术的信心。

5）产业创新效率。一方面企业为提升自主创新能力，在推进汽车轻量化技术发展方面投入了大量的人力、财力和物力；另一方面，大量的研究工作在一个又一个的企业中重复进行。汽车产业整体技术实力的提升有待新的创新模式加以推动。

6）相关工业支撑能力。部分材料企业片面强调自身的技术和性能优势，认为汽车轻量化技术是否得到应用的关键在于汽车企业，忽略了材料性能和质量稳定性对零件生产工艺、质量、成本和效率的影响。除宝钢等少数企业外，多数材料企业无力为汽车企业提供有效的技术支持。

导致上述差距的根源在于我国汽车产业链各工业领域、产学研之间的理念差异和协同性不足，其直接后果是所开发的材料难以在汽车生产中得到规模化应用，大量的科研成果难以产业化，实现轻量化的相关工业体系和零件生产体系不完整，单个企业的技术进步无法对产业整体自主创新能力发展提供强有力支持，同时也削弱了汽车产业发展的成果对相关工业的产品结构调整和产业升级的影响。因此，建立我国系统化、规模化的汽车轻量化技术链和产业链已迫在眉睫。

3.2 我国发展汽车轻量化技术的基础及存在的问题

3.2.1 丰富的轻量化材料资源为汽车轻量化的发展提供了条件

与美、日、欧等国家和地区相比，我国在汽车材料，特别是汽车轻量化材料方面具有先天的资源优势。无论在钢铁材料，还是铝/镁合金等有色金属材料，我国都是传统的资源大国，数年来保持全球产量第一，为我国汽车轻量化材料的发展和成本控制创造了有利的先天条件。

目前需要解决的问题是，如何将传统的冶金工业优势转化为高附加值、高品质的轻量化材料。我国主要材料企业已经认识到这个问题的重要性，从材料冶炼开始，到合金制备，到下游产业链的延伸，在自主创新的同时，加强了与国外先进机构的合作，充分利用我国的资源优势，开发和生产汽车轻量化材料，制造汽车用高性能的轻量化零部件。如宝钢不但开发出第三代高强度钢，而且引进国外先进生产装备，与本企业的高强度钢板有机结合，生产热成形、液压成形汽车零部件。西南铝业、徐州财发等铝板生产企业也在与汽车企业一起合作开发汽车用铝合金板材。镁合金生产企业如山西联合镁业，与上海镁镁公司联合开发汽车镁合金零部件。这都表明，我国原材料企业在充分利用其资源优势和成本优势，调整产品结构，服务于下游产业，促进了汽车轻量化产业链的形成。

3.2.2　新能源汽车的发展为汽车轻量化提供了机遇

作为新兴产业的电动汽车要实现快速可持续发展，轻量化是必要的战略选择。国家相关部委在 2013 年 9 月发布《关于继续开展新能源汽车推广应用工作的通知》，将纯电动车的补贴标准由此前的“根据动力电池组能量确定”转变为由“续驶里程”决定。在目前电池能量密度无法实现大突破的背景下，要增加“续驶里程”，最直接的办法是为车辆提供更多的电池组，但这一举措不但会增加其成本，而且整车重量也会随之增加，带来的结果是一方面增加的重量消耗掉了增加电池所带来的能量，另一方面，电池的增加会带来新的安全性问题，或许又会成为困扰车企的一大难题。为了提升续驶里程，又不至于增加太多成本，采取汽车轻量化技术手段是必然选择。

政府各部门和企业发展规划中已明确将发展汽车轻量化作为未来汽车节能的重点发展技术。工业和信息化部和国务院先后发布了《工业转型升级投资指南》《新材料产业“十二五”发展规划》和《中国制造 2025》，指出加快节能减排技术、工艺和装备的研发与应用，推动新能源与新材料的研发和推广，是节能减排领域的重点任务，其中汽车轻量化技术和汽车轻量化材料被放在汽车行业的突出位置。

3.2.3　发达国家的经验为我国汽车轻量化发展提供了导向

过去的十多年里，国外主要的汽车企业在汽车轻量化方面都开展了大量的工作，制定了汽车轻量化的发展路线和目标，显示了企业对轻量化技术未来的发展具有足够的信心。

1993 年开始，美国总统克林顿签署实施了新一代汽车开发计划，目标是开发出百公里油耗为 3L 的汽车。2014 年 2 月，奥巴马总统又发布了一项重大项目，将投资总计 1.48 亿美元用于研发汽车轻量化和新材料制造技术。欧洲也开展了超轻钢汽车车身项目，研究高强度材料在汽车轻量化上的应用。

国外主要的汽车企业也在不遗余力地开展持续的轻量化工作。如前所述，宝马、奔驰、大众、福特、丰田等国际知名汽车公司，都在车型开发中持续引入新的轻量化技术，以提升其产品的市场竞争力。如宝马 7 系每辆车先进高强度钢的用量为 181.4kg，北美轻型车到 2020 年先进高强度钢的用量预计为 204kg。在用铝量方面，欧洲和美国乘用车平均用量已达 140kg 以上。镁合金用量在国外汽车制造中以年均 25% 的速度快速增长。宝马等汽车企业开发出了全碳纤维驾驶舱的电动汽车，已经批量生产投放市场。

发达国家的经验证明，要实现汽车产业的可持续发展和提升汽车产品的国际竞争力，汽车轻量化是必要的技术途径。

在发达国家推进汽车轻量化发展的进程中，一个值得重视的现象是社会组织和产业联盟所发挥的作用，如世界汽车用钢联盟、美国复合材料联盟，都是各自领域推动跨产业协同发展不可或缺的力量。

3.2.4 我国发展汽车轻量化技术存在的问题

汽车轻量化是一项复杂的系统工程，涉及多个领域，汽车轻量化技术水平的提高，仅靠汽车行业或者材料行业的力量是很难实现的。由于我国的工业基础相对薄弱，直接导致跨产业、跨学科的汽车轻量化产业化技术难以快速提升。具体表现在如下方面。

1）材料基础相对薄弱。我国的材料企业大多为传统的冶金企业，疏于材料基础研究，尤其是新型的高强度轻量化材料的基础研究不足，造成了下游用户在设计开发时没有充足的数据支撑，使得模拟过程与实际实验过程偏差较大，造成生产过程中不必要的浪费。

2）工艺和装备发展滞后。随着我国汽车产业的快速发展和汽车轻量化技术的应用不断提升，轻量化汽车零部件的需求也越来越大，但由于我国的装备水平暂时达不到工艺要求，许多高强度钢成形装备还依赖于进口。

3）设计能力不足。汽车轻量化是制造出来的，更是设计出来的。我国整车及零部件企业在轻量化零部件方面，设计经验不足，材料企业也无能为力，造成了有想法，却难以实现，只能更多地依靠外资或者合资企业，甚至造成了从设计到生产全部外包的局面。

4）轻量化评价标准欠缺。汽车实施轻量化后，如何评价一款汽车的轻量化水平是消费者以及主机厂所关心的问题。由于我国汽车轻量化相关技术起步较晚，汽车轻量化评价尚未形成统一的评价标准，尚需不断的探索和实践。

5）行业机构、汽车企业、研究院所等合作主体间协作能力与成果分享以及应用效果仍不理想。需要行业机构定期开展轻量化研究成果交流，建立共性技术研究平台，促进各方合作。

3.3 汽车轻量化技术的发展前景和趋势

3.3.1 轻量化材料发展前景和趋势

（1）高强度钢发展前景和趋势

高强度钢在抗碰撞性能、加工工艺、成本和生产的环保性等方面较铝/镁合金具有明显的优势，在未来相当长的一段时期内，高强度钢仍然是满足车身轻量化、提高撞击安全性的最佳材料。高强度钢呈现出以下几个方面的发展趋势。

1）高强度、高韧性汽车钢。钢铁材料高强度化是汽车用钢发展的必然趋势（图 8 - 3 - 1）。目前，我国已经形成了 780 MPa、980 MPa、1180 MPa、1350 MPa 温成形钢，1470 MPa 热成形钢等（超）高强度汽车钢产品。宝钢、鞍钢、武钢三个钢厂，均形成了 780 MPa、980 MPa、1180 MPa、1350 MPa 温成形钢，1470 MPa 热成形钢产品体系。

开发和应用自主的高强高韧汽车用钢（如 1200MPa、20% 以上的延伸率）、1500MPa 温成形钢和马氏体钢、1800MPa 及以上热成形钢已经成为汽车轻量化高强度钢用材发展趋势。另外，我国具备第三代汽车钢（包括中锰钢、Q&P 钢）开发基础与优势，加大第三代汽车钢也是我国汽车用钢的重要发展方向之一。

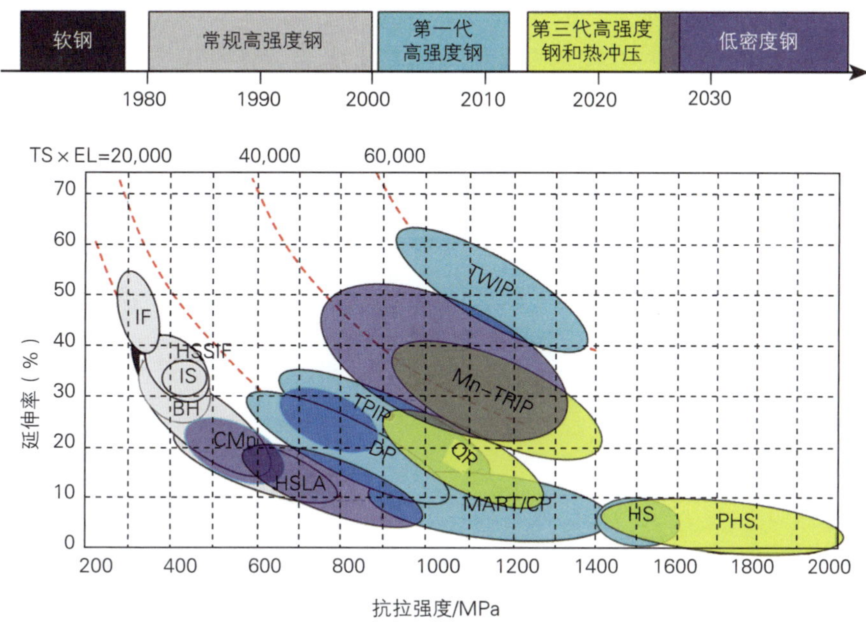

图 8-3-1　高强度钢发展趋势

2）低密度高模量汽车钢。通过向钢中加入 Al、Si、Mn 等轻量化合金元素使合金钢密度降低的低密度钢，以及向铁基合金中引入高模量粒子（如 TiB_2）的高弹性模量钢都是汽车轻量化用钢的重要发展趋势。目前，低密度钢抗拉强度 780～830MPa，延伸率约 40%，强塑积达到 30～35GPa%，密度比传统材料减小 10%；铁基合金中加入 13% 的 TiB_2 时，弹性模量可以达到 250GPa，同时密度降低到 7.39g/cm^3。这两项技术仍在实验室研发和中试阶段。预计到 2030 年前超高强度钢抗拉强度可 1500～2000MPa，同时钢的密度降低 5%，弹性模量提高 10%。

3）高强度钢应用比例与强度等级。现阶段国内汽车企业新开发车型高强度钢应用比例在 50% 左右，部分车型高强度钢应用比例在 60% 以上。其中，980MPa、1180MPa、1470MPa 等汽车钢已经开始使用，但是，主要还是以 590MPa、780MPa 系列为主。进一步提高以 980MPa 及以上（超）高强度钢应用比例、应用等级也是我国汽车行业用钢发展趋势。

（2）铝合金发展前景和趋势

铝合金作为汽车用第二大材料，具有密度小、易成形、易回收利用、易制造等特点，在汽车上用量会明显增加。

随着一些工艺相对简单、生产成本低的铝合金零部件（发动机盖、保险杠和前后防撞梁挤压型材以及电池壳与电池托架等）的完善并投入使用，预计汽车的用铝量将在 2020 年提升到 190kg/车左右。5XXX 系与 6XXX 系高成形性合金板材、6XXX 系挤压型材、电池壳用可焊性板材等材料将得到开发和使用。

随着技术进步带来的成本下降，更多结构复杂、成本较高的铝合金零部件（如副车架、AB 柱、行李箱盖、车门等）将引入到汽车上。预测到 2025 年，汽车的用铝量可达到

250kg/车左右。6XXX 系与 7XXX 系高强高成形性铝合金板材、电池壳用可焊高强度铝合金板材将得到开发和使用。

到 2030 年，一般的汽车用铝合金技术已经趋于成熟，各种结构复杂、性能符合要求的铸造件、挤压件已经能够批量生产，此时全铝车身将占 30%，汽车的用铝量将超过 350kg/车。将重点开发性能更好的铝合金，研发铝合金变截面轧制技术、循环利用技术、车用铝合金统一材料化技术，以提高铝合金零部件的生产效率，降低生产成本。

铝合金性能预测及单车趋势预测如图 8－3－2、图 8－3－3 所示。

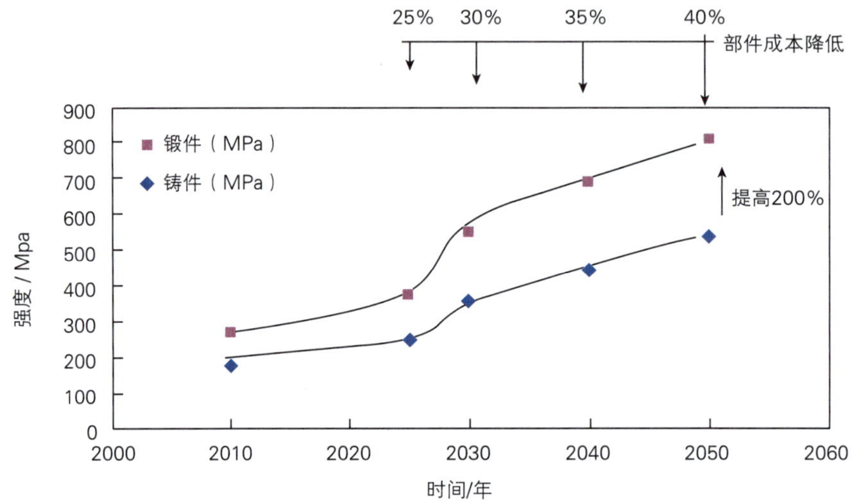

图 8－3－2　铝合金材料性能预测

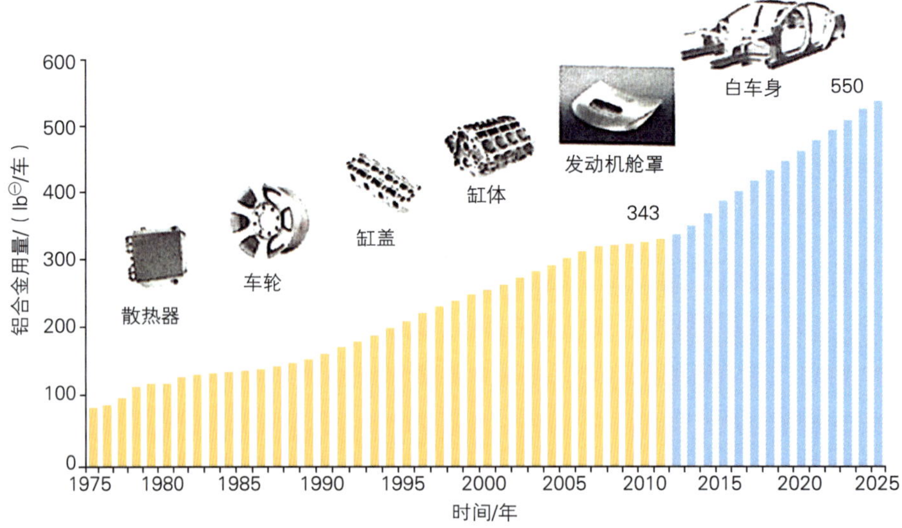

图 8－3－3　铝合金单车用量趋势预测

㊀ 1lb＝0.4536kg。

(3) 镁合金发展前景和趋势

目前，镁合金正逐渐在原有合金系的基础上由二元、三元向多元化发展，这将是未来提高镁合金综合性能的主要趋势。可以预见，随着对镁合金研究的不断深入，未来镁合金铸件在汽车中的应用仍会以较快的速度增长，变形镁合金在汽车零部件中的应用也将逐步增加。新型镁合金的开发、镁合金成形技术、镁合金耐腐蚀技术及镁合金在汽车零部件中应用的相关技术已成为当前国内外研究的热点。预计到 2030 年，使用镁合金的零部件将逐渐向结构件发展，乘用车用镁量将会达到 45kg/辆。镁合金性能预测及发展趋势如图 8-3-4、图 8-3-5 所示。

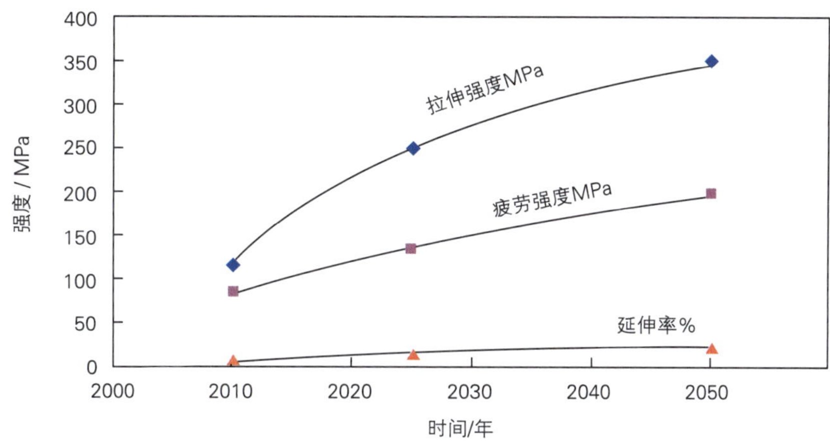

图 8-3-4　镁合金材料性能预测

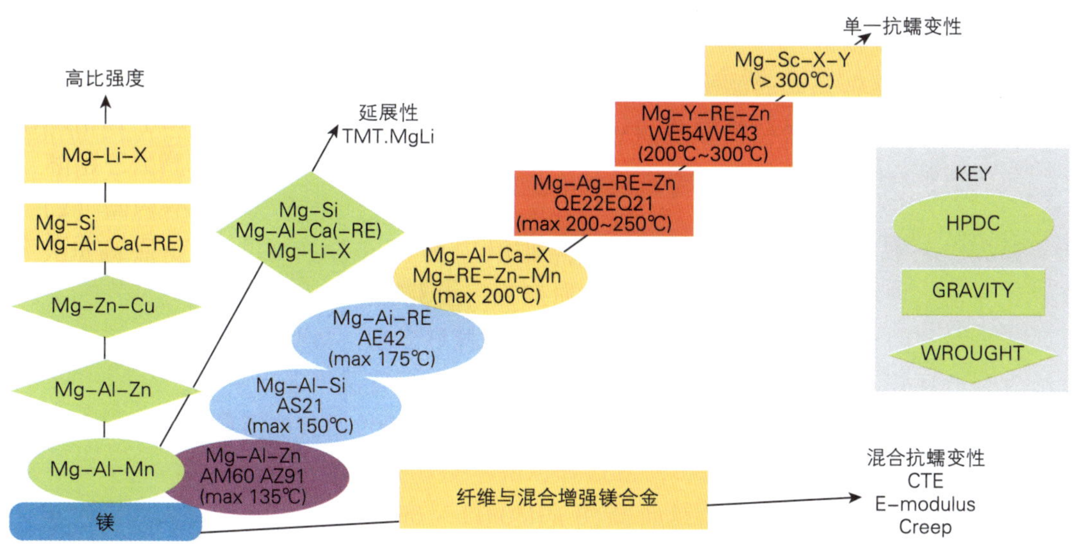

图 8-3-5　镁合金发展趋势

(4) 复合材料发展前景和趋势

随着复合材料技术的发展，原材料价格降低，制造工艺优化，成形周期缩短，复合材料在汽车零部件上的应用越来越多。特别是对于碳纤维增强复合材料来说，随着碳纤维价格逐渐下降、复合材料制造工艺的成熟，各大主机厂纷纷进行碳纤维零部件的开发。随着汽车领域对碳纤维复合材料的不断研究和应用，轻质、高强的碳纤维复合材料应用成本下降，碳纤维复合材料零部件的应用会越来越广泛。预计到2030年，碳纤维复合材料将成为汽车零部件轻量化的主流材料。图8－3－6所示为碳纤维及碳纤维复合材料成本预测，图8－3－7所示为碳纤维复合材料生产周期预测。从图中可以看出，2030年以后，碳纤维复合材料无论成本还是生产周期都会大幅下降，为目前的1/3左右。

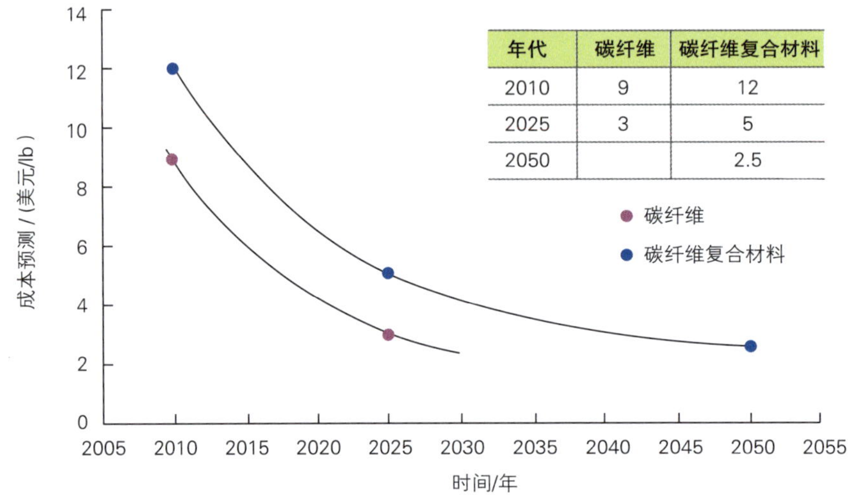

年代	碳纤维	碳纤维复合材料
2010	9	12
2025	3	5
2050		2.5

图8－3－6　碳纤维及碳纤维复合材料成本预测

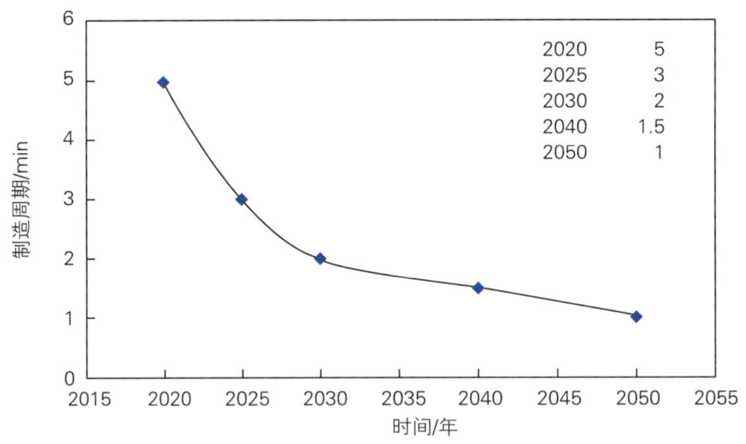

图8－3－7　碳纤维复合材料生产周期预测

3.3.2　轻量化先进工艺技术发展前景和趋势

先进工艺是产品实现轻量化的重要因素之一，汽车零部件的模块化、薄壁化、空心化发展趋势，对工艺技术提出了新的挑战。未来金属冷冲压、热成形技术、半固态成形技术、辊压成形技术、复合材料在线混合成形技术、激光拼焊技术等实现结构轻量化的先进制造技术将迅速推广与应用。与传统的冲压工艺相比，这些先进制造工艺在减轻重量、减少零件数量和模具数量、提高刚度与强度、降低生产成本等方面具有明显的技术和经济优势，会在汽车工业中得到越来越多的应用。

在今后相当长的一段时间内，钢仍然是汽车制造的主要材料。但为满足不同车型在细分市场的定位和竞争需要，汽车用材多元化将成为趋势（图 8－3－8）。工程师们会在"将合适的材料用于合适的部位" 方面做出更多的努力，并由此出现铝密集、镁密集、非金属密集车身与钢车身、全铝车身、多材料车身并存的局面，产品的开发目标将由此演变为寻求轻量化效果、工艺性、性能、安全性、成本的总体上最优化。同时，汽车零件的模块化、制造的集成化和新能源汽车发展提出的全新架构需求，也都将带来整车产品设计理念的重大变化。在这一背景下，轻量化结构设计技术的重要性日益突出。

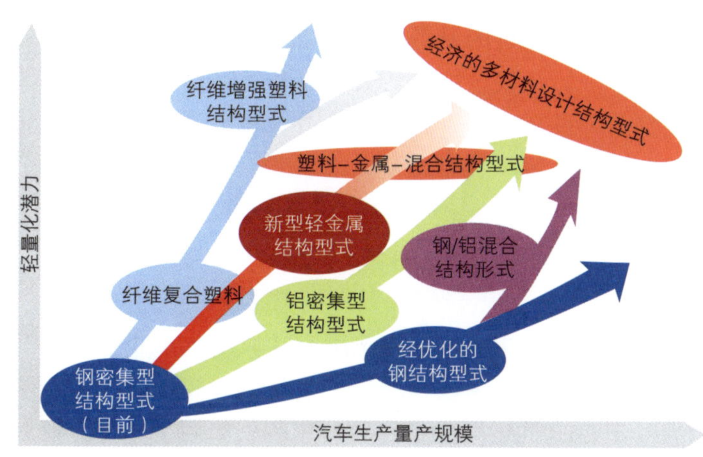

图 8－3－8 未来汽车用材与结构设计发展趋势

3.3.3 轻量化结构优化设计技术发展前景和趋势

轻量化结构设计是实现汽车轻量化的重要途径之一，也是轻量化汽车产品开发的基础和前提。目前，国内外各大汽车企业已经各自形成一套成熟的汽车轻量化设计流程体系，轻量化设计已经成为各企业强化提升汽车结构强度的核心概念之一。随着结构分析能力和方法的不断完善，以及现代优化设计理论的不断发展，考虑结构强度、刚度、耐撞性、NVH 性能和耐久性优化在内的多学科和多目标优化设计是轻量化设计的重要发展趋势。未来，轻量化结构优化设计技术将能在轻量化与材料特性、工艺性、生产批量、成本及其制约因素中找到一个最佳的结合点，实现结构-材料-性能-成本一体化设计，使合适的材料用于合适的部位，缩短产品开发周期，降低生产成本。零部件模块化设计以及大型复杂复合材料零部件集成设计可以减少零件数量，提高零部件的通用性，也是未来汽车轻量化结构优化设计的重要发展趋势，在具体实施的过程中应采取概念设计先行，材料与工艺相辅相成的技术路线。

4 汽车轻量化技术发展的愿景目标

4.1 汽车轻量化技术的发展愿景

以《中国制造2025》重点领域技术路线图为基础，进一步规划我国汽车轻量化技术五年到十年产业技术发展路径，提出我国汽车轻量化的发展愿景为：到2030年，高强度钢、铝/镁合金、碳纤维复合材料等轻量化材料技术方面取得较大突破，轻量化多材料体系达到较好的应用水平，具备先进的制造和连接工艺技术，拥有完善的零部件优化设计和结构—材料—性能—成本一体化设计能力，大幅提升我国汽车轻量化技术水平，形成汽车轻量化整车产品和关键零部件自主开发和生产能力。轻量化技术综合应用进入国际先进行列，由轻量化带动的节能减排效果显著呈现。

4.2 汽车轻量化技术的发展目标

根据国家的油耗目标及国外主要汽车生产国家和典型汽车企业轻量化的目标，结合我国汽车轻量化技术水平现状，综合考虑材料、工艺与成本等因素，提出我国汽车轻量化技术的发展战略目标为：到2030年，我国汽车轻量化技术水平有较大幅度提高，基本掌握汽车轻量化的主要关键技术，形成汽车轻量化整车产品和关键零部件自主开发和生产能力。实现我国当年生产的乘用车和商用车产品的平均单车整备质量与2015年相比，均降低35%。

2016—2020年为汽车轻量化产业发展的第一个阶段，2021—2025年为第二个阶段，2026—2030年为第三个阶段，各阶段的轻量化目标见表8-4-1。

表8-4-1 我国汽车轻量化分阶段目标（在2015年基础上）

目标 \ 阶段	2016—2020年	2021—2025年	2026—2030年
整车整备质量	减重10%	减重20%	减重35%
高强度钢	强度600MPa以上的AHSS钢应用达到50%	第三代汽车钢应用比例达到白车身重量的30%	2000MPa以上钢材有一定比例的应用
铝合金	单车用量190kg	单车用量250kg	单车用量350kg
镁合金	单车用量15kg	单车用量25kg	单车用量45kg
碳纤维增强复合材料	碳纤维有一定使用量，成本比2015年降低50%	碳纤维使用量占车重2%，成本比上阶段降低50%	碳纤维使用量占车重5%，成本比上阶段降低50%

4.2.1　2020 年汽车轻量化阶段目标

从现在到 2020 年为汽车轻量化产业发展的第一个阶段，实现国产汽车在 2015 年的基础上减重 10%，强度在 600MPa 以上的 AHSS 钢应用达到 50%，铝合金单车用量达到 190kg，镁合金单车用量达到 15kg，碳纤维有一定使用量，成本比 2015 年降低 50%。第一阶段以钢材成形技术在轻量化的推广应用为重点发展技术，涉及全钢车身的发展和高强度钢的成形制造技术等，同时开发铝合金零部件及纤维增强复合材料零部件。

4.2.2　2025 年汽车轻量化阶段目标

从 2020 年到 2025 年为第二个阶段，实现国产汽车在 2015 年的基础上减重 20%，第三代汽车钢应用比例达到白车身重量的 30%，铝合金单车用量达到 250kg，镁合金单车用量达到 25kg，碳纤维使用量占车重 2%，成本比上阶段降低 50%。第二阶段在第一阶段高强度钢技术发展的基础上，开发超高强度钢和先进高强度钢的推广应用，并逐步增加铝合金、镁合金和塑料纤维零部件的应用。

4.2.3　2030 年汽车轻量化阶段目标

从 2025 年到 2030 年为第三个阶段，实现国产汽车在 2015 年的基础上减重 35%，2000MPa 级以上钢材有一定比例应用，铝合金单车用量达到 350kg，镁合金单车用量达到 45kg，碳纤维使用量占车重 5%，成本比上阶段降低 50%。第三阶段重点推广应用碳纤维增强复合材料，重点研究多种材料混合结构汽车的设计理论、方法和相应工艺。

5　汽车轻量化技术发展路线

5.1　不同国家汽车轻量化技术路线分析

欧洲在轻量化研究方面开展的工作较为系统，从乘用车到商用车，从材料到设计再到工艺同步进行，制定了较为完备的技术路线图，如图 8－5－1 所示。

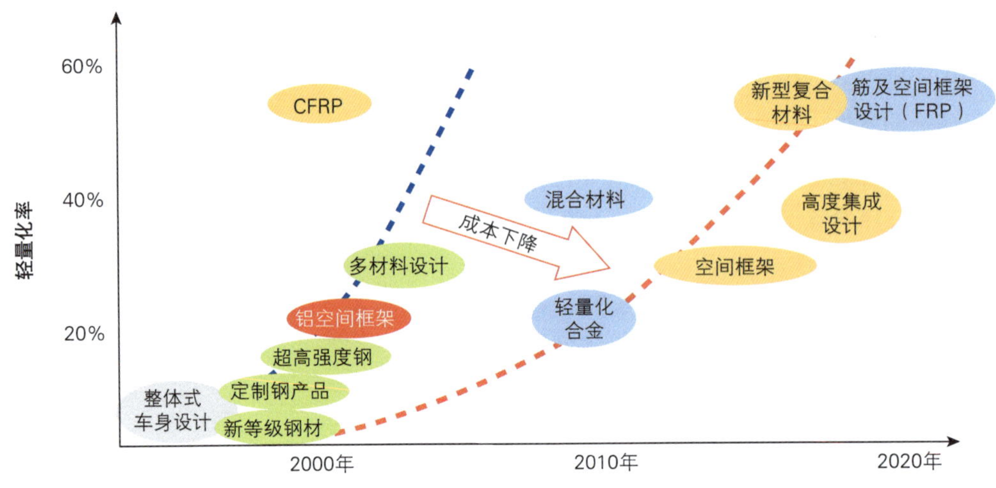

图 8-5-1　欧洲汽车轻量化技术路线图

美国在轻量化技术上投入较大，尽管美系车型整备质量在平均水平上仍比日系车型大，但也正在逐步扭转其车体大、油耗高的形象，在轻量化方面也做了大量工作，制定出了汽车用材料轻量化技术路线图，如图 8-5-2 所示。

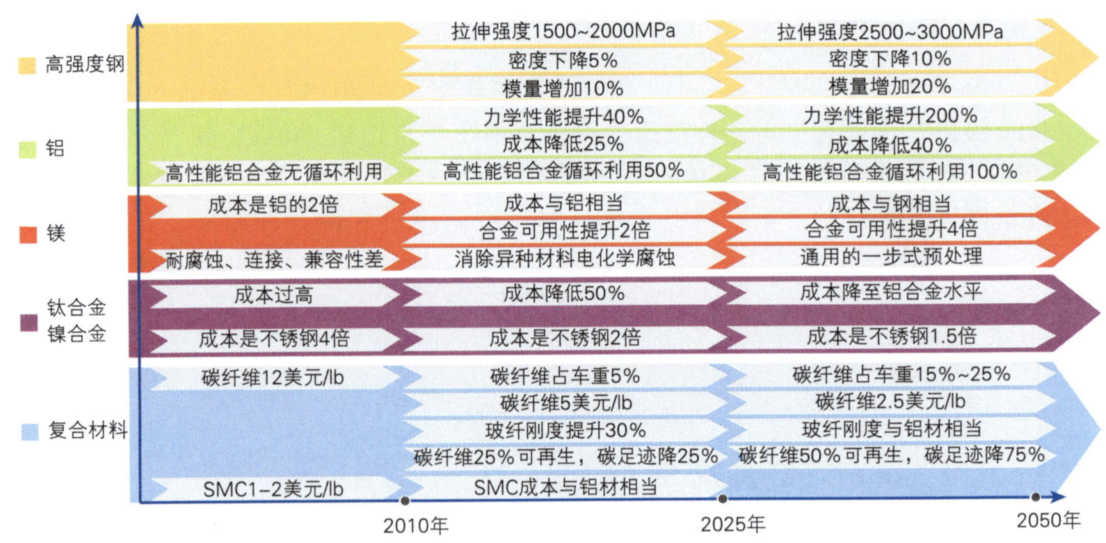

图 8-5-2　美国轻量化材料技术路线图

日系车型在小型化方面具备一定优势，其工作目前主要集中在轻量化材料和工艺的研究上，并且各车企也同步制定了轻量化战略目标，其技术发展路线图如图 8-5-3所示。

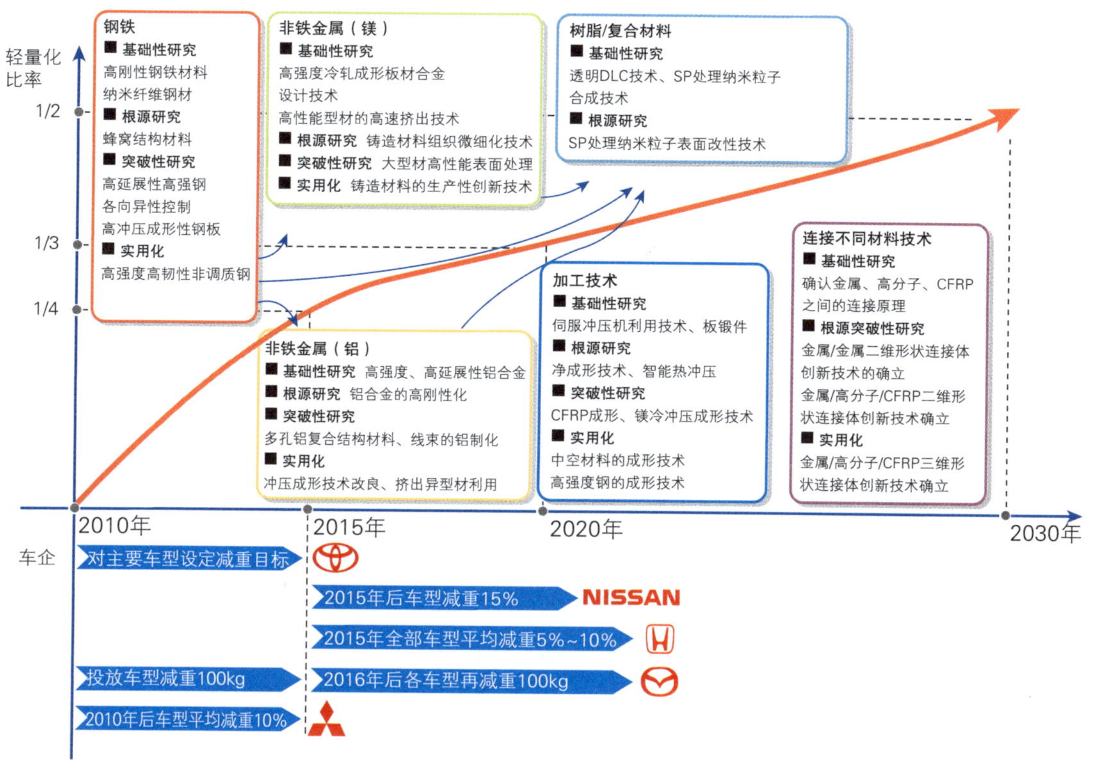

图 8-5-3　日本轻量化技术发展路线图

5.2　汽车轻量化技术总体路线图

充分调研国内主要整车企业、零部件企业和材料企业轻量化技术发展需求情况，根据我国目前轻量化技术水平和自主品牌汽车应用轻量化技术的现状，借鉴参考汽车工业发达国家和地区的经验，制定中国汽车产业轻量化技术路线图，如图 8-5-4 和表 8-5-1 所示。

近期（2016—2020 年）为第一阶段，重点发展超高强度钢和先进高强度钢技术，包括材料性能开发、轻量化设计方法、成形技术、焊接工艺和测试评价方法等，实现高强度钢在汽车应用比例达到 50% 以上。

中期（2021—2025 年）为第二阶段，以第三代汽车钢和铝合金技术为主线，实现钢铝混合车身、全铝车身的大范围应用，实现铝合金覆盖件和铝合金零部件的批量生产和产业化应用，同时加大对镁合金和碳纤维技术的研究开发，增加镁合金和碳纤维零部件的应用比例。

远期（2026—2030 年）为第三阶段，重点发展镁合金和碳纤维复合材料技术，解决镁合金及复合材料循环再利用问题，实现碳纤维复合材料混合车身及碳纤维零部件的大范围应用，突破复杂零件成型技术和异种零件连接技术。

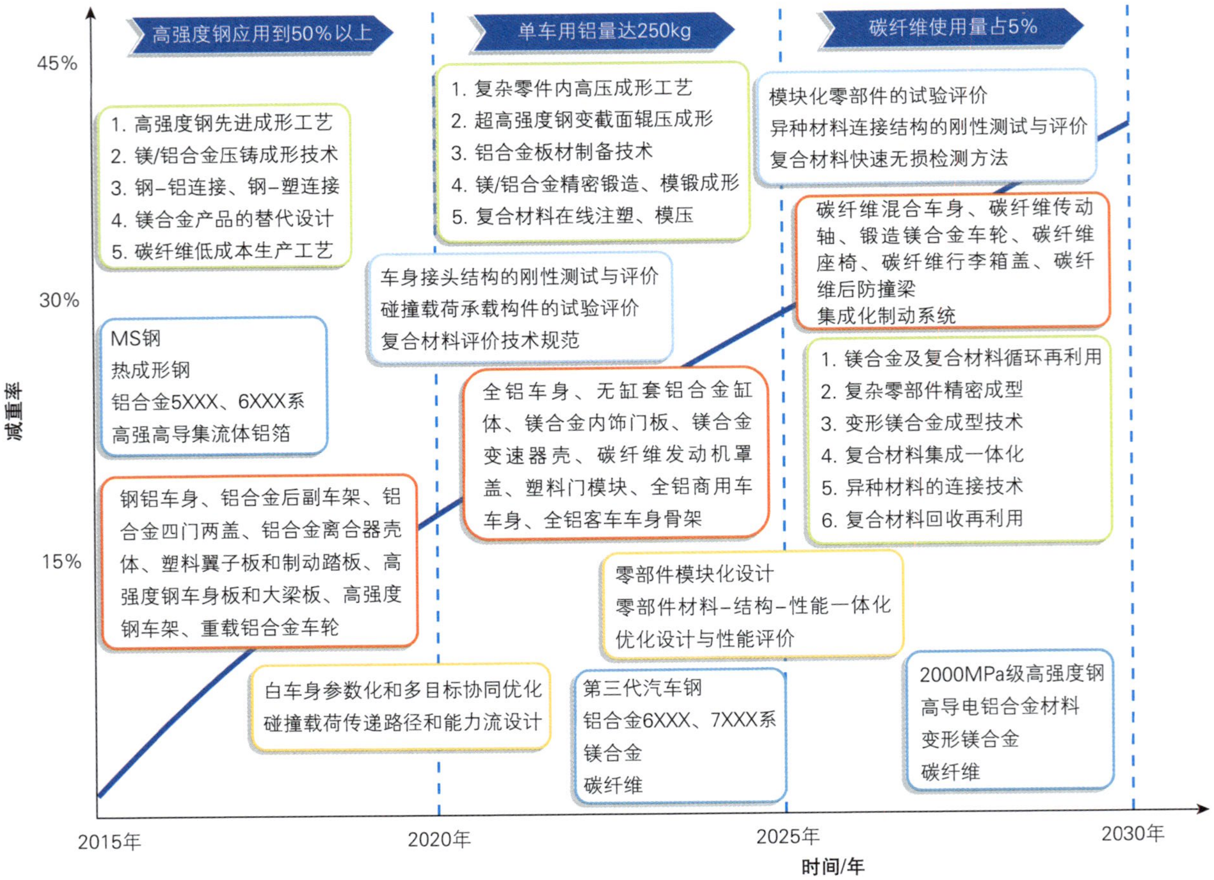

高强度钢应用到50%以上

单车用铝量达250kg

碳纤维使用量占5%

45%

30%

15%

减重率

1. 高强度钢先进成形工艺
2. 镁/铝合金压铸成形技术
3. 钢-铝连接、钢-塑连接
4. 镁合金产品的替代设计
5. 碳纤维低成本生产工艺

MS钢
热成形钢
铝合金5XXX、6XXX系
高强高导集流体铝箔

钢铝车身、铝合金后副车架、铝合金四门两盖、铝合金离合器壳体、塑料翼子板和制动踏板、高强度钢车身板和大梁板、高强度钢车架、重载铝合金车轮

白车身参数化和多目标协同优化
碰撞载荷传递路径和能力流设计

1. 复杂零件内高压成形工艺
2. 超高强度钢变截面辊压成形
3. 铝合金板材制备技术
4. 镁/铝合金精密锻造、模锻成形
5. 复合材料在线注塑、模压

车身接头结构的刚性测试与评价
碰撞载荷承载构件的试验评价
复合材料评价技术规范

全铝车身、无缸套铝合金缸体、镁合金内饰门板、镁合金变速器壳、碳纤维发动机罩盖、塑料门模块、全铝商用车车身、全铝客车车身骨架

零部件模块化设计
零部件材料-结构-性能一体化
优化设计与性能评价

第三代汽车钢
铝合金6XXX、7XXX系
镁合金
碳纤维

模块化零部件的试验评价
异种材料连接结构的刚性测试与评价
复合材料快速无损检测方法

碳纤维混合车身、碳纤维传动轴、锻造镁合金车轮、碳纤维座椅、碳纤维行李箱盖、碳纤维后防撞梁
集成化制动系统

1. 镁合金及复合材料循环再利用
2. 复杂零部件精密成型
3. 变形镁合金成型技术
4. 复合材料集成一体化
5. 异种材料的连接技术
6. 复合材料回收再利用

2000MPa级高强度钢
高导电铝合金材料
变形镁合金
碳纤维

2015年 2020年 2025年 2030年

时间/年

图8-5-4　我国汽车产业轻量化技术路线图

表 8-5-1 我国汽车产业轻量化技术路线

项目		近期（2016—2020）	中期（2021—2025）	远期（2026—2030）
总体目标		国产汽车在 2015 年的基础上减重 10%	国产汽车在 2015 年的基础上减重 20%	国产汽车在 2015 年的基础上减重 35%
指标	高强度钢	抗拉强度 600MPa 以上级别的 AHSS 钢应用到 50% 以上	第三代汽车钢应用比例达到 30%	2000MPa 级以上钢材有一定比例的应用，密度下降 5%，模量增加 10%
	铝合金	发展 5XXX 系与 6XXX 系高成形性铝合金，单车用铝量达到 190kg	发展 6XXX 系与 7XXX 系高强高成形性铝合金，成本降低 25%，单车用铝量超过 250kg	研究铝合金循环利用技术，成本降低 30%，单车用铝量超过 350kg
	镁合金	力学性能提高 50%，单车用镁量达到 15kg	力学性能提高 80%，单车使用镁合金 25kg	力学性能提升 100%，成本与铝相当，单车使用镁合金 45kg
	复合材料	碳纤维有一定使用量，成本在 2015 年基础上降低 50%	碳纤维使用量占车重 2%，成本在 2020 年基础上降低 50%	碳纤维使用量占车重 5%，成本在 2025 年基础上降低 50%
重点产品		钢铝混合车身、铝合金后副车架、铝合金四门两盖、铝合金离合器壳体、塑料翼子板和制动踏板、高强度钢车身板和大梁板、高强度钢车架、重载铝合金车轮	全铝乘用车车身、全铝商用车车身、全铝客车车身骨架、无缸套铝合金缸体、缸盖集成排气歧管结构、镁合金内饰门板、镁合金变速器壳、碳纤维发动机罩盖、塑料门模块、薄壁铸造铝合金减振塔、车门内板等	碳纤维混合车身、碳纤维座椅、碳纤维行李箱盖、碳纤维后防撞梁、碳纤维传动轴、铝导线、锻造镁合金车轮、集成化制动系统
重点技术	材料及工艺	高强度钢温成形技术 铝合金真空压铸、覆盖件成形技术 镁合金产品的替代设计 碳纤维低成本生产工艺 钢-铝连接、钢-塑连接、镁-钢连接技术	高强度钢内高压成形技术 超高强度钢变截面辊压成形技术 铝合金板材制备技术及拼焊技术、温成形技术、液态模锻技术 大型薄壁复杂形状镁合金铸造技术 复合材料在线注塑、模压技术	镁合金及复合材料循环再利用技术 复杂零部件精密成形技术 变形镁合金成形技术 复合材料集成一体化成形技术 复合材料与其他材料零部件连接技术

（续）

项　目		近期（2016—2020）	中期（2021—2025）	远期（2026—2030）
重点技术	优化设计	白车身参数化和多目标协同优化设计 碰撞载荷传递路径和能量流设计 轻合金构件的拓扑优化设计	零部件结构—材料—性能一体化设计与性能评价 疲劳承载构件的轻量化设计准则 材料本构关系模型建立及疲劳载荷提取与优化	连续纤维增强复合材料复杂零部件铺层设计、数值分析、性能预测与仿真评价 材料-结构-性能-成本一体化多目标优化设计
	试验评价	碰撞载荷承载构件的试验评价方法 车身各种接头结构的刚性测试与评价方法 复合材料评价技术规范 复合材料应力—应变关系静动态试验与表征	模块化零部件的试验评价方法 铝合金四门两盖测试评价方法 商用车相关轻量化试验测试方法 复合材料快速无损检测方法	异种材料连接结构刚性测试与评价方法 各种材料典型零件功能测试与评价方法 复合材料零部件性能试验与评价方法

5.3　汽车各总成及零部件轻量化技术路线图

汽车轻量化是一个复杂的、系统的工程，涉及汽车的各个总成和诸多零部件。尽管各部分对整车轻量化的贡献不同，但面对巨大的减排压力，需要将车辆各部分的轻量化技术同步推进。汽车轻量化技术的实施应该从产品开发阶段入手，制定明确的轻量化目标和减重指标，然后再将这些指标从整车分解到各个总成，再分解到具体零部件。图 8－5－5 所示为乘用车轻量化技术路径。

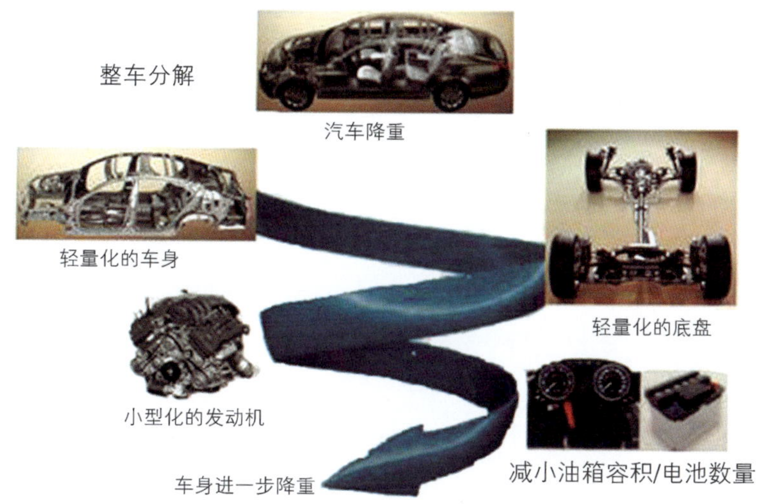

图 8－5－5　乘用车轻量化技术路径

5.3.1　车身与底盘轻量化技术路线图

汽车车身轻量化的目的在于确保车身结构耐撞性、刚度、强度以及 NVH 性能的前提下，减轻车身骨架的质量，同时不提高车身制造成本来增强产品的市场竞争力。车身轻量化近期技术途径为采用以钢材为主的多材料车身结构，加大高强度钢和超高强度钢应用比例，适量应用铝/镁合金及碳纤维增强复合材料，进行车身结构参数化和优化设计，优化板厚与梁断面形状和尺寸，广泛应用激光拼焊、热成形、激光焊接、铆接、胶接等先进成形和连接技术；中长期技术途径为扩大铝/镁合金与碳纤维增强复合材料在车身上的应用比例和零部件数量，根据材料特性和性能要求优化设计零部件结构，应用结构—材料—性能一体化轻量化多目标协同优化设计方法、高效制造工艺和连接技术。

由于结构轻量化技术的限制以及潜力不大，汽车底盘轻量化在保证底盘强度、刚度、耐久性、噪声、振动、操纵稳定性、舒适性的前提下，多采用材料轻量化手段，应用于底盘的轻量化材料主要为高强度钢、铝合金和复合材料。

副车架是底盘重要的结构件，采用的轻量化措施主要有内高压成形、铝板冲焊、整体铸铝、铝型材焊接等。副车架结构轻量化设计方法主要是拓扑优化，优化目标为工况加权应变能最小，约束条件为模型的体积比。控制臂轻量化设计主要集中在铸铝和锻铝的使用上，设计方法采用与副车架相同的拓扑优化方式。

螺旋弹簧、稳定杆、后扭转梁属于底盘性能件，在轻量化时主要考虑轻量化材料的应用、零件新结构和成形新工艺的应用。制动系统轻量化措施主要有铝合金制动钳、支架、塑料制动踏板和通风式制动盘、铝—钢连接混合结构通风制动钳等零部件。

我国车身和底盘轻量化技术路线，如图 8－5－6 所示。

	2020年	2025年	2030年
总体目标	车身减重18% 底盘减重10%	车身减重30% 底盘减重25%	车身减重40% 底盘减重35%
车身材料的提升	适量应用铝/镁合金及碳纤维增强复合材料	扩大铝/镁合金与碳纤维增强复合材料在车身上的应用	形成多种材料混合使用，并加大复合材料的应用比例
车身设计的提升	根据材料特性和性能要求优化设计其零部件结构	应用结构–材料–性能一体化轻量化多目标协同优化设计方法	结合制造工艺和成本控制的集成化设计
车身工艺的提升	冷成形为主，热成形、辊压成形、激光拼焊为辅	重点突破车身用镁合金、铝合金成套成形工艺	重点突破短流程、高效率、低成本多材料车身成型工艺
底盘材料	高强度钢为主，轻合金和工程塑料为辅	提高钢的强度级别和镁铝合金的用量，工程材料为辅	形成钢、镁、铝及复合材料混用，加大铝、镁应用比例
底盘设计	运用拓扑优化、尺寸优化等结构设计	基于疲劳寿命、结构性能多目标优化设计	结构–材料–性能一体化设计
底盘工艺	铸造成型、锻压成形为主，挤压成形、辊压成形、冲压成形为辅	挤压成形、弯折成形、辊压成形为主，加大高效新型成形技术开发	

图 8－5－6　我国汽车车身与底盘轻量化技术路线图

5.3.2　我国汽车发动机与传动总成轻量化技术路线图

发动机在乘用车整车中占整车质量的 12% 左右。发动机的轻量化，除了可以提高汽车动力性、节省材料、降低成本以外，还涉及整车的质量分布。发动机的轻量化必须保证在以工作可靠性和整车安全性为前提下，通过材料、工艺、结构的优化设计达到轻量化目标。轻量化技术途径为采用先进的轻量化材料技术、加工设备及成型工艺技术实现汽车发动机产品零件的轻量化；通过拓扑优化分析相关零件结构并进行尺寸优化和形状优化，降低零件重量并同时降低零件成本；通过不同零件功能组合，进行零件模块化设计，减少零件数量，提高模块通用性。在具体实施的过程中应采取概念设计先行，材料与工艺相辅相成的技术路线。

发动机轻量化在材料方面首先是考虑用铝合金材料、镁合金材料替代密度大的铸铁材料，在优化改进结构的基础上实现结构更强，质量更轻。高强度结构钢使零件设计得更紧凑和小型化，有助于汽车的轻量化，主要应用于气门弹簧、齿轮、涨断连杆等。铝合金主要应用于气缸体、缸盖、活塞、进气管、水泵壳、起动机壳体、摇臂、发动机支架、滤清器底座、齿轮室罩盖、飞轮壳、油底壳等发动机零部件。镁合金主要应用于链条室、气门室罩盖和其他盖板类零件。与金属材质相比，塑料零件可以减轻质量并降低成本，进气歧管、气门室罩盖、油底壳等都有很多应用塑料的实例。铸铁由于其性能和成本方面的诸多优点，主要用于气缸体，采用蠕铁制造的气缸体不仅重量轻、刚度高，还可改善摩擦磨损性能、降低振动和噪声、改善排放。

传动系统质量占整车质量的15%左右，也有较大的轻量化空间。应用于传动系统的轻量化材料主要有高强度铸铁、高强度钢、铝合金、镁合金、碳纤维复合材料等；传动系统轻量化的工艺主要有压力铸造、半固态成形、锻造、焊接、纤维缠绕、注塑等。

发动机及传动系统的轻量化技术路线如图8－5－7所示。

	2020年	2025年	2030年
总体目标	发动机减重15%，传动系统减重15%	发动机减重25%，传动系统减重25%	发动机减重35%，传动系统减重40%
发动机材料的提升	乘用车以铝合金为主，工程塑料、钢材为辅；商用车以铸铁、钢为主，铝合金、复合材料为主		逐渐增大镁、铝合金和复合材料的用材比例
发动机结构性能的提升	拓扑优化、尺寸优化等结构优化		结构工艺性能一体化设计
发动机工艺的提升	铸造、锻造、注塑成型		模压成形，注塑成型，3D打印
传统系统材料的提升	铸铁、合金钢比例提高，轻合金应用少		轻合金为主，钢与非金属材料为辅
传统系统结构性能的提升	结构优化		结构工艺性能一体化设计
传动系统工艺的提升	铸造，锻造，热处理		挤锻组合，铸造，锻造，热压成形

图8－5－7 我国汽车发动机与传动系统轻量化技术路线图

5.3.3 电子电气及空调系统轻量化技术路线图

电子电气系统包括电源系统、控制系统、执行器、显示装置、视听装置、电线束系统等，主要包括蓄电池、配电盒、各类控制器、传感器、电动机、灯具、开关、仪表、音响主机、扬声器、线束等零部件。

在轻量化材料的应用上主要采用铝合金和轻质非金属材料，如铝合金导线、高强度钢发电机带轮、铝合金发电机驱动端盖和电刷端盖、铝合金起动机前端盖、轻质非金属材料起动机拨叉和行星减速齿轮、钕铁硼扬声器磁体等。

在轻量化工艺上，可采用压铸成形扁铜线电动机定子线圈及铆接的扬声器装配机构实现轻量化。

在结构上可采用轻量化线束布置、智能配电盒、后组合灯做成单灯形式、反射器集成在后组合灯中、发电机爪极内嵌入永磁体中以及轻量化的前照灯来实现轻量化。

空调系统主要的三大关键部件——压缩机、冷凝器和蒸发器也需要顺应汽车发展潮流进行轻量化改进、优化。因压缩机、冷凝器和蒸发器这三大关键部件均为二次开发件，故空调系统轻量化的技术路线为根据不同车型选择供应商现有的不同轻量化系列产品。空调系统轻量化技术路线如图 8-5-8 所示。

	2020年	2025年 / 2030年
空调压缩机	定排量压缩机	传统车：轻量化的外控变排量压缩机 电动车：小型化的电动涡旋压缩机
空调冷凝器	普通平行流冷凝器	集成的过冷式平行流冷凝器
空调蒸发器	层叠式蒸发器	微通道平行流蒸发器
空调三箱总成	三箱结构	两箱或单箱紧凑型结构

图 8-5-8 空调系统轻量化技术路线图

5.3.4 我国汽车核心零部件轻量化技术路线图

汽车是复杂的机械系统，通过对核心零部件进行轻量化结构优化设计和高强度钢、铝/镁合金、碳纤维复合材料等轻量化材料以及先进的制造成形工艺的应用，预计到 2030 年，以碳纤维混合车身为代表的轻量化零部件将占市场的 40%。

5.3.4.1 发动机及传动系统核心零部件技术路线

发动机及传动系统核心零部件技术路线如图 8-5-9 所示。

	2020年	2025年	2030年
发动机	缸盖	缸盖集成排气歧管B	
发动机	排气歧管		
发动机	铸铁缸盖	铸铝缸盖	铸镁缸盖
发动机	铸铁缸体	铸铝缸体	铸镁缸体
发动机	实心曲轴	空心曲轴	
发动机	优化实心凸轮轴	应用装配式空心凸轮轴，减轻重量	
传动系统	铝合金压铸变速器壳体	镁合金压铸变速器壳体	
传动系统	铝合金传动轴	碳纤维传动轴和空心齿轮	

图 8-5-9 发动机及传动系统核心零部件轻量化技术路线图

（1）乘用车发动机缸盖及排气歧管模块化设计

发动机模块化设计是实现发动机轻量化的重要手段。在增压汽油发动机中，对发动机气缸盖与排气歧管进行模块化设计，一方面可以对排气歧管进行冷却，提高经济性，解决排气温度过高的可靠性问题，另一方面可以减小排气管法兰、螺栓等连接零件的尺寸，可大幅度降低整机质量，对于2L左右的汽油增压发动机可降低质量2～3kg，是降重的重要途径之一。

（2）乘用车发动机气缸体

对于铸铁气缸体采取保证铸造壁厚，减小壁厚公差、优化局部结构的方法结合铸造工艺的改进进行轻量化。优化主轴承壁、缸体裙部、上下法兰面结构，可降重2%～3%；通过拓扑分析优化主轴承盖结构，降重1%～3%；

铸铝气缸体优先考虑采用压铸铝缸体的技术方案。在保证结构强度的情况下，做到结构最轻量化。主要的工作内容是解决铸铝缸体结构设计、压铸工艺等设计工艺难题，然后扩展应用。

（3）曲轴

发动机曲轴主要采用主轴颈与连杆轴颈空心结构的铸造曲轴达到轻量化的目的，在结构上可以采用优化平衡块数量及外形尺寸、曲柄形状等措施进行轻量化优化设计。在材料上采用高强度球墨铸铁滚压曲轴，替代现有的锻钢曲轴。

（4）凸轮轴

装配式空心凸轮轴是目前非常成熟的凸轮轴轻量化技术，可实现降重30%以上，已在国外发动机中广泛应用。

（5）传动轴

传动轴长度较长时，传统钢制轴管因模态较低、无法满足NVH要求而只能做成两段。碳纤维轴管模态较高，只需做成一段即可，这样可以省掉一个万向节、轴承、中间支承，结构大大简化，重量也显著降低。碳纤维传动轴整体能够比传统钢制传动轴降重50%左右。

5.3.4.2 车身核心零部件轻量化技术路线图

对于承载式车身本体，轻量化技术路线方向之一是全铝车身，方向之二是钢铝混合车身，方向之三是以碳纤维为主的多材料混合车身。需要解决的问题是铝合金材料的制造、铝材/复合材料的性能测试与评价、铝材/碳纤维车身的性能（强度和安全等）模拟、模具的制造技术和不同材料的连接技术。对于非承载式车身本体，轻量化技术路线方向之一为碳纤维车身与塑料车身外覆盖件，方向之二为采用铝制车架。车身本体及车身核心零部件的轻量化技术路线如图8－5－10所示。

在轻量化材料的应用上主要采用高强度钢、铝/镁合金和碳纤维复合材料。高强度钢主要用于车身内外板以及车身结构件，变形铝合金在车身零件及结构件的应用方面发展较快，如应用日益广泛的铝合金行李箱盖、发动机罩、后背门、保险杠横梁等。镁合金目前在车身上的使用主要集中在转向盘骨架、仪表板骨架、座椅骨架等，从成本和性能的综合考虑，可用于车身结构件的复合材料以树脂基碳纤维增强复合材料为首选。碳纤维复合材料在汽车上主要可应用于发动机罩、翼子板、车顶、行李箱、门板、底盘等结构件中。

在先进工艺上主要采用热成形技术、激光拼焊板技术、不等厚度轧制板/差厚板技术、辊压成形技术。热成形技术具有成形精度高、成形性能好等优点，已被广泛用于生产高强度的汽车保险杠、车门防撞杆、A 柱、B 柱、C 柱以及车顶框架、中通道等安全件和结构件等。激光拼焊板技术可应用于车身侧框架、车门内板、风窗玻璃框架/前风窗框、轮罩板、地板、中间支柱（B 柱）等，差厚板可以替代激光拼焊板，更适合制造梁类零部件，如通道加强板、前地板纵梁、后保险杠梁、后地板横梁等。辊压成形技术可合理设计型材的几何断面，提高承载能力，减轻零件重量。

	2020年	2025年	2030年
车身主体	钢制车身（非承载式）	钢制车身与外覆盖件	碳纤维车身+塑料外覆盖件
	钢制车身（承载式）	铝制/钢铝混合车身	钢/铝/塑多材料混合车身
	铝/复合材料闭合件	铝/复合材料闭合件	碳纤维闭合件
	叠层焊接内板件	激光拼焊板内板件	差厚板内板件
	冲压内构（梁）件	辊压内构（梁）件	
	冷冲压成形件	热冲压成形件	
	钢冲压组合纵梁	高强度钢冲压组合纵梁	铝制纵梁
	钢制车门	铝制车门	工程塑料车门（背门）
	钢制机舱盖/行李箱盖	钢制机舱盖/行李箱盖	工程塑料机舱盖/行李箱盖
车身外装件	钢冲压成形保险杠横梁	高强度钢冲压成形保险杠横梁	铝型材保险杠横梁
	钢冲压叠焊悬架固定座	钢冲压拼焊悬架固定座	薄壁铸铝悬架固定座
车身内装件	车身注塑内饰件	微发泡注塑成型	植物纤维成型
	钢制座椅骨架	镁制座椅骨架	碳纤维复合材料座椅骨架
	钢制仪表板横梁	铝制仪表板横梁	镁制仪表板横梁

图 8-5-10　车身本体及车身核心零部件轻量化技术路线图

5.3.4.3　底盘系统核心零部件技术路线图

汽车底盘分为四大部分：悬架系统、行驶系统、转向系统和制动系统。其核心零部件技术路线如图 8－5－11 所示。

（1）悬架系统

悬架系统控制臂主要采用铸铝/锻铝或碳纤维复合材料控制臂实现轻量化；横向稳定杆主要采用空心或碳纤维复合材料横向稳定杆达到轻量化目标；螺旋弹簧主要采用高强度钢空心螺旋弹簧或碳纤维复合材料螺旋弹簧实现轻量化。

（2）行驶系统

行驶系统车轮主要采用铝合金铸旋、铝合金锻造、镁合金锻造或碳纤维复合材料车轮实现轻量化。

（3）转向系统

转向系统主要采用电动助力转向系统及线控转向系统实现轻量化。对于采用铸铁材料的转向节可通过结构设计拓扑优化实现轻量化，或采用铸铝/锻铝及碳纤维复合材料转向节实现轻量化。

图 8－5－11　底盘系统核心零部件轻量化技术路线图

（4）制动系统

制动系统集成化是未来制动系统轻量化的方向。可采用传统真空助力器、ESP、真空泵（真空度不足的条件下）组合的制动系统形式或传统真空助力器、ESP、真空泵组合的形式，少数车型采用无真空泵的液压助力器系统，或进一步采用 ESP 与液压助力器集成的制动系统。制动盘主要采用组合式制动盘实现轻量化，如钢盘帽或铝盘帽 + 陶瓷摩擦环制动盘。制动钳主要采用铝制制动钳实现轻量化。

5.3.5 我国汽车轻量化结构设计、材料及制造工艺技术路线图

图 8－5－12 所示为我国汽车轻量化结构设计、材料及制造工艺技术路线图。通过零部件的结构优化设计技术、高强度钢、铝/镁合金、碳纤维复合材料及先进的制造成形工艺及连接技术在汽车总成及零部件上的应用，预计到 2030 年可实现整车减重 30% ~40%。

图 8－5－12　我国汽车轻量化材料及制造工艺技术路线图

5.3.6　我国新能源汽车电池系统轻量化技术路线图

新能源汽车电池系统主要可以采用铝合金作为电池包装材料与保护壳体材料，包括单独电池单元的铝箔软包装、整个动力电池组的铝制承载架，以及部分铝制导线。其技术路线如图 8－5－13 所示。

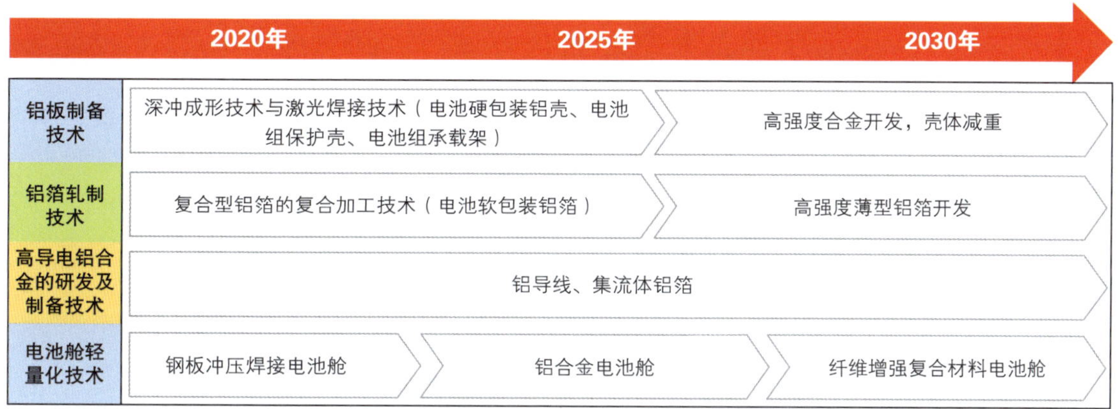

图 8－5－13　新能源汽车电池系统轻量化技术路线图

6 技术创新需求

该轻量化技术路线贯穿整车、系统（总成）、零部件，形成了整车轻量化中集成技术、轻量化材料、轻量化设计、制造和评价技术等，围绕整车轻量化的技术链，构建了汽车轻量化的基础研究、应用技术及其工程化和产业化关键技术。

6.1 基础前瞻

汽车轻量化基础前瞻见表8-6-1。

说明： 实施方式中A为国家主导；B为行业联合，含跨行业联合；C为企业领跑。

表8-6-1 汽车轻量化基础前瞻

序号	项目名称	必要性	项目目标	研究内容	预期成果	实施方式
1	汽车轻量化材料增强、增韧机理及材料多相调控机制研究	突破高强度、高延伸率汽车用超高强度钢材料设计理论及机理 突破汽车覆盖件、动力系统用高性能和高附加值的工程塑料及突破高性能铝合金、镁合金垄断局面 突破汽车轻量化用高性能材料成分调控机理、工艺设计理论与设计方法	2020年实现1800MPa热成形钢及1500MPa辊压成形专用钢、1200MPa冷冲压钢和专用锻造铝合金产业化 与2016年相比，2020年开发出低于50%的汽车专用碳纤维复合材料或混编复合材料 2025年实现与汽车设计同寿命的高性能、低成本的专用工程塑料、专用复合材料及高性能的铝合金、镁合金材料	研究汽车（超）高强度钢增强、增韧的相变控制理论与机理 研究热塑性复合材料纤维-树脂-交联剂等界面控制理论 多层材料组织力学计算与调控理论和调控机理 研究先进工程塑料微观结构控制和增强增韧机制等	突破汽车轻量化用三种超高强度钢、两类汽车工程塑料及建立低成本碳纤维复合材料和底盘、动力等高性能铝合金、镁合金	A
2	轻量化结构设计与计算基础研究	围绕节能与新能源汽车“以钢为主的车身”“多材料车身”“全铝车身”“超轻复合材料车身”及电动车全新架构等发展需求，突破轻量化正向设计基础理论与设计方法	2020年建立“以钢为主车身”“多材料车身”及电动车全新架构设计理论与设计方法，同时搭建其共性基础平台 2025年建立“全铝车身”“超轻复合材料车身”设计理论与设计方法，同时搭建其共性基础平台	研究典型车身材料模型构建与高精度仿真基础理论与方法 研究全新构架轻量化结构形状与尺寸设计、优化方法和优化理论 研究材料—结构—性能—成本一体化设计方法 搭建汽车轻量化结构设计基础共性技术平台	建立能与新能源汽车“以钢为主的车身”“多材料车身”“全铝车身”“超轻复合材料车身”及电动车全新架构等设计理论与设计方法，同时搭建其共性基础平台	A

（续）

序号	项目名称	必要性	项目目标	研究内容	预期成果	实施方式
3	汽车轻量化异种材料连接与性能评价的基础研究	针对节能与新能源汽车典型异种材料连接问题，提升高精度及高效率的界面建模方法、典型载荷下的失效演变预测和性能评价方法，为多材料体结构设计提供有关连接材料种类及参数的匹配规律，为我国汽车研发与轻量化共性技术平台提供基础数据	2020年建立不少于6种汽车异种材料连接典型载荷下的异种材料接触界面特性对其连接性能影响规律，并建立“材料匹配—连接形式—工艺参数”的协同设计新方法 2025年突破“以钢为主的车身”“多材料车身”“全铝车身”“超轻复合材料车身”成套连接技术，建立共性技术平台	研究典型载荷下的异种材料接触界面特性对其连接性能影响规律 研究异种材料连接结构疲劳及高速冲击力学性能和失效模式 研究典型温度场和应力场等复杂环境因素对其结构可靠性的影响 研究服役条件及典型缺陷对接头疲劳性能、极限承载能力和破坏形式的机理与规律	建立典型材料连接工艺及性能评价方法和基础理论，为“以钢为主的车身”“多材料车身”“全铝车身”“超轻复合材料车身”及电动车全新架构提供基础数据和方法	A

6.2 应用技术

汽车轻量化应用技术见表8-6-2。

说明： 实施方式中A为国家主导；B为行业联合，含跨行业联合；C为企业领跑。

表 8-6-2 汽车轻量化应用技术

序号	项目名称	必要性	项目目标	研究内容	预期成果	实施方式
1	轻量化系统集成与设计技术	突破传统设计理念，建立材料-结构-性能-成本一体化集成设计关键技术及车身系统与底盘系统等集成设计方法，是汽车轻量化技术发展的重要趋势	2020 年建立材料-结构-性能-成本一体化集成设计关键技术及车身系统与底盘系统等集成设计方法 2025 年建立轻量化集成设计成套的关键技术	掌握轻量化零部件集成设计方法，重点突破基于轻量化车身、底盘等集成设计，基于轻量化与关键性能设计，轻量化集成设计中关键尺寸控制，轻量化系统性能匹配与设计，全新构架轻量化的底盘匹配与校核等关键核心技术，建立典型系统轻量化设计规范与设计标准等	建立材料—结构—性能—成本一体化集成设计关键技术及车身系统与底盘系统等集成设计正向设计能力	A
2	轻量化连接工艺设计	连接技术作为车身等系统的刚度、强度、疲劳性等基础，一直是我国汽车工业的弱项，系统开展“以钢为主的车身”“多材料车身”“全铝车身”“超轻复合材料车身”成套连接技术是汽车关键技术发展的必然需求	2020 年建立“以钢为主的车身”“多材料车身”等系统连接工艺设计及高精度仿真分析方法 2025 年突破“以钢为主的车身”“多材料车身”“全铝车身”“超轻复合材料车身”等系统连接工艺设计成套关键技术	重点突破异种材料连接工艺设计与应用技术、高速载荷下连接力学性能与零部件结构设计、复杂载荷下连接工艺性能设计、连接处腐蚀性能检测与防护技术、基于关键性能的连接工艺设计与仿真等关键技术，并建立材料连接的设计规范、关键性能检测方法与检测标准等	建立“以钢为主车身”到“全铝车身”“多材料车身”“超轻复合材料车身”及全新架构底盘等创新型系统连接工艺的成套技术和完全正向设计能力	A
3	轻量化零部件结构设计	轻量化结构设计是汽车轻量化工作的基础，关系整个轻量化工作推动的效果、成败，为此，开展汽车轻量化结构设计势在必行	2020 年基于“以钢为主的车身”“多材料车身”乘用车、商用车关键系统建立系统的参数化设计、稳健设计及协同的关键技术 2025 年建立以“全铝车身”“超轻复合材料车身”等系统材料模型	重点开发典型零部件轻量化结构设计，突破结构-性能-材料一体化设计技术、典型零部件拓扑优化与设计、零部件结构稳健设计、典型零部件界面特征与典型工况下力学性能设	建立“以钢为主车身”到“全铝车身”“多材料车身”“超轻复合材料车身”及全新架构底盘等创新型系统结构	A

（续）

序号	项目名称	必要性	项目目标	研究内容	预期成果	实施方式
3			构建、多学科优化设计、零部件形貌优化、结构拓扑设计等关键成套技术	计、复合材料零部件的结构设计、性能分析与仿真评价方法	设计的关键成套技术和完全正向设计能力	
4	轻量化成形工艺与装备应用技术	从传统“以钢为主车身”到“全铝车身”“多材料车身”“超轻复合材料车身”及全新架构底盘等创新型系统，整车生产工艺及生产装备也发生了巨大变化，建立与汽车轻量化新趋势一致的生产工艺与装备是汽车轻量化发展的必然趋势	2020年基于“以钢为主的车身”“多材料车身”“全新架构底盘”等乘用车、商用车关键系统，建立成形工艺与装备关键技术 2025年建立以“全铝车身”“超轻复合材料车身”等系统，建立成形工艺与装备关键成套技术和完全正向设计能力	超高强度钢冷冲压成形、温成形与热成形工艺与模具设计、热冲压成形冷却系统设计与零部件变强度调控、辊压成形典型截面与工艺设计、复合材料一体在线成型工艺与模具设计、低成本快速模塑成型（RTM）工艺与装备设计、铝合金板材热处理工艺设计与控制技术、低成本和高效率热塑性碳纤维复合材料工艺设计与装备等	建立“以钢为主车身”到“全铝车身”“多材料车身”“超轻复合材料车身”及全新架构底盘等创新型系统工艺与装备关键成套技术和完全正向设计能力	A

6.3　示范和产业化

汽车轻量化示范与产业化见表8-6-3。

说明：实施方式中A为国家主导；B为行业联合，含跨行业联合；C为企业领跑。

表 8-6-3　汽车轻量化示范与产业化

序号	项目名称	必要性	项目目标	研究内容	预期成果	实施方式
1	钢铝混合车身、全铝车身或多材料轻量化车身示范工程	国家设立针对性的重大示范工程，将钢铝或全铝混合轻量化车身结构设计与数字化、信息化的绿色制造、智能制造结合，充分践行《中国制造 2025》节能与新能源汽车重点发展领域，反映出汽车产业低碳化、信息化、智能化的技术发展方向	2020 年完成钢铝混合车身、多材料轻量化车身示范工程 2020 年完成全铝车身产业化	研究钢铝混合车身集成设计与质量控制技术 研究异种材料连接与性能评价体系 研究多材料车身、全铝车身具备产业化工艺设计与质量控制 建立自主的钢铝混合车身、多材料车身、全铝合金车身正向设计能力与设计体系	突破自主的钢铝混合车身、多材料车身、全铝合金车身正向设计能力与设计体系，搭建其共性基础数据平台	A
2	超轻复合材料车身示范工程	加大超轻复合材料轻量化车身用碳纤维复合材料、覆盖件用高质量工程塑料及成形工艺等轻量化关键技术、关键装备开发	2020 年建立超轻复合材料车身示范工程 2025 年建立超轻复合材料车身产业化	突破超轻复合材料车身模型构建与优化设计 研究超轻复合材料车身异种材料连接及性能评价技术 研究集成与尺寸、结构等优化 研究超轻复合材料车身正向设计能力与设计体系	突破自主的超强复合材料车身正向设计能力与设计体系，搭建其共性基础数据平台	A
3	全新构架新能源汽车轻量化底盘产业化	开展完全自主的正向设计开发的全新构架新能源汽车轻量化底盘系统，来提升自主纯电动车等新能源汽车竞争力	2020 年突破全新架构轻量化底盘正向设计能力和建立其示范工程 2025 年实现产业化	突破全新架构集成设计与优化技术 研究全新架构轻量化底盘性能匹配与校核技术 研究全新架构轻量化底盘正向设计能力和设计体系	突破自主的全新架构轻量化底盘正向设计能力与设计体系，搭建其共性基础数据平台	A

6.4 行业共性技术平台

汽车轻量化行业共性技术平台见表8－6－4。

说明：实施方式中A为国家主导；B为行业联合，含跨行业联合；C为企业领跑。

表8－6－4 汽车轻量化行业共性技术平台

序号	项目名称	必要性	项目目标	研究内容	预期成果	实施方式
1	轻量化共性基础数据系统	碳纤维复合材料、先进高强度钢、轻合金等轻量化材料的合理选择和混合使用成为重要发展方向。同时，多材料混合应用为异种材料连接带来了新的技术挑战。突破典型的异种材料连接的关键技术，成为节能与新能源汽车轻量化亟待解决的问题	2020年搭建完成“以钢为主车身”“多材料车身”、全新架构底盘等轻量化共性基础数据系统 2025年完成“全铝车身”“超轻复合材料车身”等节能与新能源汽车关键系统的共性基础数据平台	研究碳纤维复合材料、铝合金、镁合金、超高强度钢动态性能及其评价方法 典型复杂零部件成形技术、性能评价方法 多材料连接技术及其失效模式 构建全新架构电动汽车结构-材料-性能一体化	搭建节能与新能源汽车完善的轻量化共性基础数据系统	A

7 近期优先行动项

汽车轻量化近期优先行动项见表8－7－1。

说明：组织模式中A为国家主导；B为行业联合，含跨行业联合；C为企业领跑。

表 8-7-1　汽车轻量化近期优先行动项

序号	项目名称	必要性	项目目标	研究内容	预期成果	组织模式
1	钢车身（以钢为主的承载式车身）	2020 年前我国自主汽车企业主要还是以中低价位的车型为主，选用以钢为主的材料，将更适合企业用材理念和经营模式	在 2015 年基础上实现减重 10% 以上	解决高性能、高附加值汽车钢基础研究，零部件设计、成形、试验与评价方法研究	在 2015 年基础上实现减重 10% 以上	A
2	乘用车和商用车的“全铝车身”	随着整车减重要求越来越高及铝合金应用关键技术突破和成本逐渐降低，“全铝车身”应用将成为新能源汽车发展趋势	在 2015 年基础上实现整车减重 25% 以上	系统开展变截面铝合金零部件结构设计、三维成形技术、铝合金连接与性能评价技术、全铝车身生产制造与质量控制等共性应用基础研究	在 2015 年基础上实现整车减重 25% 以上	A
3	多材料乘用车和多功能用材的商用车车身	随着铝合金、镁合金及低成本的复合材料产品与成型技术不断突破，汽车企业开始加大铝合金、镁合金及低成本的复合材料的使用	在 2015 年基础上实现整车减重 30% 以上	解决全新架构新能源汽车结构与集成设计、零部件成形、性能分析与评价等共性应用基础研究	在 2015 年基础上实现整车减重 30% 以上	A
4	以碳纤维、玻纤、玄武岩纤维等复合材料为主的超轻复合材料车身	为了进一步降低整车重量以及低成本、高效率复合材料成型技术得到较大突破，以碳纤维、玻纤、玄武岩纤维等复合材料得到较大应用	在 2015 年基础上实现整车减重 35% 以上，与汽车工业发达国家汽车轻量化水平相当	系统开展复合材料汽车零部件结构设计、低成本和高效率成型技术与装备、性能分析与评价等共性应用基础研究	在 2015 年基础上实现整车减重 35% 以上，与汽车工业发达国家汽车轻量化水平相当	A

附　录　主要参与单位和专家

《节能与新能源汽车技术路线图》总报告小组			
序号	分　类	单　位	姓　名
1	组　长	中国第一汽车集团公司	李　骏
2	副组长	中国汽车工程学会	张进华
3		清华大学汽车产业与技术战略研究院	赵福全
4		中国汽车工程学会	侯福深
5	执笔单位	中国第一汽车集团公司	李　康、张晓艳、姚一玮、付　磊、董学锋
6		清华大学汽车产业与技术战略研究院	刘宗巍、郝　瀚、史天泽
7		中国汽车工程学会	侯福深、冯锦山、丁彦辞、赵立金、王东升、郑亚莉
8	技术支撑	中国第一汽车集团公司	刘江唯、宫艳峰、杨兴旺、周飞鲲、孙焕丽、邱少波、李红建、徐成林、刘明辉、梁伟朋

节能汽车专题组			
序号	分　类	单　位	姓　名
1	组　长	中国汽车工程研究院股份有限公司	李开国
2	副组长	中国汽车工程研究院股份有限公司	周　舟
3		中国长安汽车集团股份有限公司	詹樟松
4		奇瑞汽车股份有限公司	段志辉
5		国家燃气汽车工程技术研究中心	邹博文
6		中国一汽无锡油嘴油泵研究所	居钰生
7		北京汽车集团有限公司	翁明盛
8		中国石油化工股份有限公司石油化工科学研究院	张建荣
9		东风汽车公司	徐　贤
10	执笔单位	中国汽车工程研究院股份有限公司	抄佩佩、沈　斌、胡钦高、何　璇
11	研究机构及高校	中国一汽无锡油嘴油泵研究所	缪雪龙、夏少华、易正根、杨　凯、张春英、徐明星
12		中国石油化工股份有限公司石油化工科学研究院	刘顺涛、王立华、丁晓亮、刘　倩、徐　杰、段庆华

（续）

节能汽车专题组			
序号	分　类	单　位	姓　名
13	研究机构及高校	上海交通大学	黄　震、谢晓敏
14		国家燃气汽车工程技术研究中心	刘　晓
15	整车企业	中国长安汽车集团股份有限公司	郭七一、苏学颖、姚祖和、聂相虹、张朝俊、余小草、王　鑫、夏　灵、侯　聪、刘　扬、杨志勇、乔　军、徐丽茹、祁芳芳、李　燕、钟　山、杜　炜、刘继伟、王艳军、王厚勇、田　蒙
16		东风汽车公司	李　峥、汪俊君、邹晓军、梁　缘、张文龙、崔燕平
17		广州汽车集团股份有限公司	张安伟、刘巨江、郑淳允
18		华晨汽车集团控股有限公司	李振华、位　君、刘　强、梁东明、李　振、张　颖
19		长城汽车股份有限公司	李书利、杨准营、程　营、郭岩松、赵玉静、张　瀛
20		丰田汽车（中国）投资有限公司	周梅生、任　航、魏之涛、鲁　楠、王　琪
21		奇瑞汽车股份有限公司	胡　鹏
22		陕西汽车控股集团有限公司	刘玺斌、王　佳、谷雪松
23		北京汽车集团有限公司	曹　强、龚朝东、姬广斌、王文杰
24		东风商用车有限公司	何华强、方　红、徐　团
25		郑州宇通客车股份有限公司	李高鹏、尚明利、陈　贞
26		中国重型汽车集团有限公司	李玉生
27	零部件企业	昆明云内动力股份有限公司	冯志文、张海丰、周晓峰
28		湖南江麓容大车辆传动股份有限公司	周云山、王韶峰、高　帅、李　泉、傅　兵
29		盛瑞传动股份有限公司	徐向阳、苏成云、鞠承明
30		上海电驱动股份有限公司	贡　俊、张舟云
31		精进电动科技（北京）有限公司	蔡　蔚、郝同和
32		科力远混合动力技术有限公司	易显科、张　彤、于海生、王玉宝、庞雷保、庹瑞锐
33		广西玉柴机器集团有限公司	朱　赞、班智博
34		深圳市航盛电子股份有限公司	林志宏、徐　辉

（续）

节能汽车专题组			
序号	分　类	单　位	姓　名
35	零部件企业	中国石油润滑油公司	徐小红、李　静、张　超、黄东升、徐晶晶、包华辉
36	零部件企业	三角轮胎股份有限公司	周鹏程、荣英飞、王　雪
37		潍柴集团	李　勤
38		北京经纬恒润科技有限公司	齐占宁、杨　霞

纯电动和插电式混合动力汽车专题组			
序号	分　类	单　位	姓　名
1	组　长	中国汽车技术研究中心	吴志新
2	副组长	北京汽车集团有限公司	詹文章
3		中国科学院电工研究所	王丽芳
4	执笔单位	中国汽车技术研究中心	吴志新
5		北京汽车集团有限公司	詹文章、曹桂军
6		中国科学院电工研究所	王丽芳、李　芳
7		华晨汽车集团控股有限公司	单红艳
8		精进电动科技（北京）有限公司	蔡　蔚
9	研究机构及高校	中国汽车技术研究中心	窦汝振、王慧波、王　芳
10		中国科学院电工研究所	廖承林
11		中国汽车工程研究院股份有限公司	张亚明、赵　军
12		清华大学	张俊智
13		北京航空航天大学	杨世春
14		北京理工大学	王震坡
15		中国电子科技集团公司第十八研究所	肖成伟
16	整车企业	安徽江淮汽车股份有限公司	夏顺礼、徐国胜
17		奇瑞汽车股份有限公司	段志辉
18		奇瑞新能源汽车技术公司	杨兴旺
19		上海汽车集团股份有限公司	汪晓健
20		比亚迪股份有限公司	廉玉波、白云辉、王坤城
21		华晨汽车集团控股有限公司	单红艳
22		郑州宇通客车股份有限公司	朱光海
23		东风汽车公司	朱　禹、吴　磊
24		北京新能源汽车股份有限公司	王可峰、陈　平、郑广州
25		中国长安汽车集团股份有限公司	李文兵、李　俊

（续）

纯电动和插电式混合动力汽车专题组			
序号	分　类	单　位	姓　名
26	整车企业	广州汽车股份有限公司	裴　锋
27		长城汽车股份有限公司	李书利
28		安徽安凯汽车股份有限公司	熊良平
29	基础设施行业	国电南瑞科技股份有限公司	朱金大、吴喻明、俞　波、陈良亮
30		中兴通讯股份有限公司	田　峰
31		精进电动科技（北京）有限公司	郝同和
32	零部件企业	上海大郡动力控制技术要有公司	徐性怡、赵毅、杜朝晖、雷小军
33		上海电驱动股份有限公司	贡　俊、张舟云
34		万向集团公司	陈　军、陈水良、李凡群
35		宁德时代新能源科技股份有限公司	蔡　毅
36		天津力神电池股份有限公司	张　娜

氢燃料电池汽车专题组			
序号	分　类	单　位	姓　名
1	组　长	清华大学	欧阳明高
2	副组长	同济大学	余卓平
3	执笔单位	清华大学	王贺武
4		同济大学	张新丰
5		新源动力股份有限公司	邢丹敏
6		郑州宇通客车股份有限公司	李　进、李飞强
7		神华集团低碳研究所	胡金岷
8	研究机构及高校	清华大学	李建秋、张剑波
9		中国科学院大连化学物理研究所	侯　明
10		同济大学	王　哲
11		武汉理工大学	潘　牧
12	整车企业	中国第一汽车集团公司	周飞鲲
13		东风汽车公司	朱　禹、徐平兴
14		上海汽车集团股份有限公司	兰志波
15		北京新能源汽车股份有限公司	岳凤来
16		中国长安汽车集团股份有限公司	周安建、陈金锐
17		奇瑞汽车股份有限公司	陈效华、海　滨、韩佑国
18		长城汽车股份有限公司	李书利

（续）

氢燃料电池汽车专题组			
序号	分　类	单　位	姓　名
19	零部件企业	新源动力股份有限公司	侯中军
20		神华集团低碳研究所	何广利
21		湖南科力远新能源股份有限公司	张洪涛
22		精进电动科技（北京）有限公司	郝同和
23		深圳市航盛电子股份有限公司	王　冬、林志宏
24		北京亿华通科技股份有限公司	戴　威

智能网联汽车专题组			
序号	分　类	单　位	姓　名
1	组　长	清华大学	李克强
2	副组长	中国汽车工程学会	公维洁
3		中国汽车工业协会	许艳华
4		吉林大学	高振海
5	执笔单位	清华大学	戴一凡、许　庆、孔伟伟
6		中国汽车工程研究院股份有限公司	陈　涛
7		中国汽车工程学会	孙　宁
8	研究机构及高校	清华大学	姚丹亚、杨殿阁、李升波、王建强、罗禹贡、边明远、王易之
9		中国汽车工程研究院股份有限公司	谢　飞、夏　芹
10		清华大学苏州汽车研究院	成　波
11		吉林大学	胡宏宇
12		同济大学	余卓平、白　杰、黄李波
13		北京航空航天大学	王云鹏、余贵珍、秦洪懋
14		中国汽车技术研究中心	王　兆、邓湘鸿
15		交通运输部公路科学研究院	王笑京、李　斌、李振华
16		北京邮电大学	张　琳
17		中国信息通信研究院	葛雨明
18	整车企业	中国第一汽车集团公司	李红建、邱少波、曹　坤
19		中国长安汽车集团股份有限公司	任　凡、易　刚
20		北京汽车集团有限公司	孔凡忠
21		浙江吉利汽车研究院有限公司	刘卫国、贺锦鹏
22		广州汽车集团汽车工程研究院	查鸿山、刘志峰
23		通用汽车中国科学研究院	杜江凌、Hariharan Krishnan

（续）

智能网联汽车专题组			
序号	分　类	单　位	姓　名
24	信息科技企业	大唐科技产业集团有限公司	胡金玲、高　卓、任世岩、房家奕
25		华为技术有限公司	甘剑松
26		奇虎360科技有限公司	谭晓生、刘健皓
27		武汉光庭科技有限公司	朱敦尧、苏晓聪、张　攀
28		北京智行者科技有限公司	张德兆
29		立得空间信息技术有限公司	林　峰
30	零部件企业	上海博泰悦臻电子设备制造有限公司	原树宁、郑洪江
31		苏州智华汽车电子有限公司	邓　博
32		上海琪埔维半导体有限公司	秦　岭

汽车制造专题组			
序号	分　类	单　位	姓　名
1	组　长	中汽学会制造分会/东风汽车公司	邹恒琪
2	副组长	中国汽车制造装备创新联盟	韩　镭
3	执笔单位	东风汽车公司	胡新意、史建鹏、李飞鹏、张运东
4		中国第一汽车集团公司	徐成林、吴涛、马汝成
5		上海交通大学	金　隼、刁俊通、刘　顺
6		精进电动科技（北京）有限公司	蔡　蔚
7		华中科技大学	史玉升、魏青松
8		苏州三基铸造装备股份有限公司	许善新
9		江苏恒神股份有限公司	朱月琴
10		康得复合材料有限责任公司	张保平
11		湖北工业大学	董仕节、胡心彬
12		长泰机器人有限公司	高金锐
13	整车企业	东风汽车公司	徐　卫、崔厚学、曾凯红、陈勋平、瞿　良、周小平、周建军、高东敏、林　平、雷　健、秦　博、刘　鹏、刘建伟、衡俐琼、王泽忠、杨昭岭、袁福安、涂欣达、高方勇、于　涛、江林涛、王希诚、石朝亮、陈　玮、马立坤、王　慧、李　涛、吴杰余、章国光、吴　磊、宋　阳

（续）

汽车制造专题组			
序号	分 类	单 位	姓 名
14	整车企业	中国第一汽车集团公司	郑 虹、江 梅、张亭心、刘世宝、张云山、侯若明、佟国栋、赵慧超、边庆月、肖井广、兰宝存、卢宝胜、陈登鹤、李文刚、宋起峰、田雨苗、刘 强、苏传义、徐 勇、王 强、李 欢、钱 进、王甫峰、赵存宁、高成勇、宋 华、杨成忠、王洪兴、王跃刚、桂安鹏、田 帅、王成刚、孙树臣、夏振佳、赵洪仁、王健东、杨永泉、刘海峰、曹 帅
15		上海汽车集团股份有限公司	刘晔萍、张书桥、李光亚、樊 勇
16		中国长安汽车集团股份有限公司	吴劲浩
17		广州汽车集团股份有限公司	卢俊康
18		比亚迪股份有限公司	杨广明、陈明文
19		北京新能源汽车股份有限公司	王泽兵
20		郑州宇通客车股份有限公司	陈慧勇、陈 贞
21	研究机构及高校	机械工业第九设计研究院	包彩红、王宗林、冯君霞、陈秀和、盖东辉、延玉军、谷 乔
22		东风设计研究有限公司	彭必占
23		北京有色金属研究总院	朱 强、李大全
24		苏州有色金属研究院有限公司	郭世杰、徐 义
25		机械科学研究总院	肖承翔
26		中国科学院重庆绿色制造技术研究院	段宣明
27		中国科学院沈阳自动化研究所	赵吉宾
28		清华大学	柳百成
29		吉林大学	谷诤巍、徐 虹、吕萌萌
30		上海交通大学	陈 坤、代智华
31		华中科技大学	宋 波
32		哈尔滨工业大学	刘 钢
33	信息科技企业	华为技术有限公司	赵爱明、李建文
34	零部件企业	江苏恒神股份有限公司	刘 伟、常 辉、吕兆坤
35		江苏奇一科技有限公司	朱华平、周 谦
36		十堰同创传动技术有限公司	万贤毅、杨宏伟

（续）

汽车制造专题组			
序号	分　类	单　位	姓　名
37	零部件企业	上海电驱动股份有限公司	张舟云、应红亮
38		上海汽车变速器有限公司	陆季波、王彦斌
39		科力远混合动力技术有限公司	王　建、崔　涛
40		质信电机股份有限公司	周　彪
41		广西玉柴机器集团有限公司	吕　剑
42	装备企业	苏州三基铸造装备股份有限公司	周宗震、孙　珏
43		大连机床集团股份有限责任公司	姜怀胜
44		广州金邦液态模锻技术有限公司	罗继相、裴连进、任川东
45		力劲集团上海一达机械有限公司	尹夏荣、周　敏
46	材料企业	宝钢集团有限公司	徐伟力
47		北京京磁科技有限公司	史荣莹

汽车动力电池专题组			
序号	分　类	单　位	姓　名
1	组　长	中国电子科技集团公司第十八研究所	肖成伟
2	副组长	中国科学院物理研究所	黄学杰
3		国联汽车动力电池研究院	卢世刚
4	执笔单位	中国电子科技集团公司第十八研究所	肖成伟
5		中国科学院物理研究所	黄学杰
6		国联汽车动力电池研究院	卢世刚、庞　静、王　耀
7	行业组织	中国汽车工业协会	许艳华
8		中国汽车工程学会	侯福深、赵立金、郑亚莉
9	研究机构及高校	北京理工大学	吴　锋
10		武汉大学	艾新平
11		北京大学	夏定国
12		清华大学	邱新平
13		中国汽车技术研究中心	王　芳
14		中国汽车工程研究院股份有限公司	王新虎
15		天津清源电动车辆有限责任公司	王慧波
16		华中科技大学	李顶根

（续）

汽车动力电池专题组			
序号	分　类	单　位	姓　名
17	研究机构及高校	北京航空航天大学	杨世春
18		中国科学院理化技术研究所	吴大勇
19		中国电子科技集团公司第十八研究所	丁　飞、桑　林、任丽彬
20		机械工业第九设计研究院	刘松平
21		北京有色金属研究总院	熊柏青
22		天津理工大学	张联齐
23		苏州大学	郑洪河
24	整车企业	中国第一汽车集团公司	刘明辉、许立超
25		上海汽车集团股份有限公司	汪晓健、陆珂伟
26		东风汽车公司	吴杰余、朱　禹
27		中国长安汽车集团股份有限公司	姚振辉
28		北汽新能源汽车股份有限公司	俞会根
29		广州汽车集团汽车工程研究院	王清泉、梅　骜
30		华晨汽车集团控股有限公司	潘成久
31		江淮新能源汽车研究院	赵久志
32		长城汽车股份有限公司	李书利
33		比亚迪股份有限公司	陈明文
34		奇瑞汽车股份有限公司	段志辉
35		浙江吉利汽车研究院有限公司	吴旭峰
36	电池企业	天津力神电池股份有限公司	周　江、张　娜
37		万向电动汽车有限公司	陈　军、高新宝
38		宁德时代新能源科技股份有限公司	黄世霖、种　晋
39		中信国安盟固利动力科技有限公司	吴宁宁、江卫军
40		深圳市比克电池有限公司	王　潘
41		比亚迪电池公司	孙华军
42		欣旺达电动汽车电池有限公司	徐智慧、钟文彬
43	材料企业	深圳市贝特瑞新能源材料股份有限公司	黄友元、任建国、吴小珍

（续）

汽车动力电池专题组			
序号	分　类	单　位	姓　名
44	材料企业	天津贝特瑞新能源科技有限公司	苗艳丽
45		北大先行科技产业有限公司	陈继涛
46		宁波杉杉新材料科技有限公司	杜辉玉
47		天津巴莫科技股份有限公司	徐　宁
48		湖南杉杉新材料有限公司	彭世坚
49		国泰华荣化工新材料有限公司	袁翔云
50		深圳中兴创新材料技术有限公司	曹志峰
51		深圳市星源材质科技股份有限公司	许　刚
52		佛山市金辉高科光电材料有限公司	吴耀根
53		上海恩捷新材料科技股份有限公司	程　跃
54		天津金牛电源材料有限责任公司	宁延生
55	电池装备企业	深圳市吉阳自动化科技有限公司	阳如坤
56		北京机械工业自动化研究所	王明睿
57	管理系统企业	深圳市航盛电子股份有限公司	王　冬
58	电池回收企业	广东邦普循环科技有限公司	余海军
59		格林美股份有限公司	许开华、李军秀、张云河

汽车轻量化专题组			
序号	分　类	单　位	姓　名
1	组　长	中国汽车工程学会	张　宁
2	副组长	吉林大学	王登峰
3	执笔单位	吉林大学	陈　静
4		中国汽车工程学会	杨　洁
5	研究机构及高校	钢铁研究总院	董　翰、王存宇
6		北京有色金属研究总院	熊柏青
7		中国汽车工程研究院股份有限公司	万鑫铭、马鸣图
8		中材科技技术研究院	祝海峰
9		重庆科技研究院	潘复生
10		中国一汽无锡油嘴油泵研究所	居钰生
11		重庆大学	蒋　斌、张丁非、龙思远
12		吉林大学	庄蔚敏、马芳武
13		湖北工业大学	董仕节

（续）

汽车轻量化专题组			
序号	分　类	单　位	姓　名
14	行业组织	中国汽车工程学会	陈一龙、王利刚、曲　兴
15	整车企业	中国第一汽车集团公司	董学锋、柏建仁、江　梅、谢文才
16		上海汽车集团股份有限公司	邱国华
17		东风汽车公司	胡新意、康　明、王　勇、冯美斌
18		中国长安汽车集团股份有限公司	刘　波、曹　渡
19		长城汽车股份有限公司	李书利
20		广州汽车集团汽车工程研究院	陈　东、杨万庆
21		奇瑞汽车股份有限公司	陈效华、熊建民、李翿一
22		北京汽车集团有限公司	王　旭、杨子发
23		北汽福田工程研究总院	郭凤刚
24		华晨汽车集团控股有限公司	汤　勇
25		安徽江淮汽车股份有限公司	唐程光
26		郑州宇通客车股份有限公司	魏建华
27	材料企业	中信金属有限公司	郭爱民
28		国汽（北京）汽车轻量化技术研究院有限公司	林　逸
29		北京中材汽车复合材料有限公司	王　婧
30		宝山钢铁股份有限公司	王　利
31		中国铝业股份有限公司	赵丕植、张　海
32		浙江亚太机电股份有限公司	施瑞康
33		浙江万安科技股份有限公司	张　昊

其他参与讨论的部分单位和专家		
序号	单　位	姓　名
1	中国汽车技术研究中心	赵　航*
2	中国汽车工程研究院股份有限公司	任晓常*
3	上海汽车集团股份有限公司	沈浩明
4	中国长安汽车集团股份有限公司	吴礼军
5	北京汽车集团有限公司	郭祥麟
6	国际汽车工程师学会联合会	Paul MASCARENAS*
7	通用汽车	Jon LAUCKNER*、杜江凌、黄　颖、谢崇伟、赵耀炜、李金隆

（续）

其他参与讨论的部分单位和专家		
序号	单 位	姓 名
8	丰田汽车公司	Soichiro OKUDAIRA*、周晓云、余景光、顾明慧
9	大众汽车	苏巴鸿
10	宝马集团	Gerd SCHUSTER*、杨少杰
11	AVL	Helmut LIST*、王秋山、李秋荻
12	株式会社电装	Yukihiko MURAKAMI*、朱 艳
13	日产公司	SAKAMOTO Hideyuki、付冠利
14	罗伯特·博世有限公司	Peter TYROLLER*
15	大陆汽车公司	周立群、罗志民

注：带*的为中国汽车技术战略国际咨询委员会成员